Hypomnemata

Untersuchungen zur Antike und zu ihrem Nachleben

Supplement-Reihe

Herausgegeben von
Friedemann Buddensiek, Sabine Föllinger,
Hans-Joachim Gehrke, Karla Pollmann, Christiane Reitz,
Christoph Riedweg, Tanja Scheer, Benedikt Strobel

Band 2

Walter Burkert, Kleine Schriften

Herausgegeben von Christoph Riedweg,
Laura Gemelli Marciano, Fritz Graf, Eveline Krummen,
Wolfgang Rösler, Thomas Alexander Szlezák†,
Karl-Heinz Stanzel

Band X

VANDENHOECK & RUPRECHT

Walter Burkert

Kleine Schriften X
Varia

Herausgegeben von

Christoph Riedweg

in Zusammenarbeit mit
Valentin Dietrich, Jasmin Li, Maxime Paratte,
Tim Richter und Michèle Schlager (Hegi)

Teilband 2

VANDENHOECK & RUPRECHT

Die Druckvorstufe dieser Publikation wurde vom Schweizerischen Nationalfonds
zur Förderung der wissenschaftlichen Forschung unterstützt.

Herausgeber und Verlag haben sich nach bestem Wissen und Gewissen bemüht,
die Rechteinhaber der in diesem Buch publizierten Aufsätze und Abbildungen zu recherchieren,
was nicht in allen Fällen möglich war. Sollten berechtigte Ansprüche bestehen, bitten wir um
Kontaktaufnahme mit dem Herausgeber bzw. dem Verlag.

Bibliografische Information der Deutschen Bibliothek:
Die Deutsche Nationalbibliothek verzeichnet diese Publikation in der
Deutschen Nationalbibliografie; detaillierte bibliografische Daten sind
im Internet über https://dnb.de abrufbar.

© 2025 Vandenhoeck & Ruprecht, Robert-Bosch-Breite 10, D-37079 Göttingen,
ein Imprint der Brill-Gruppe
(Koninklijke Brill BV, Leiden, Niederlande; Brill USA Inc., Boston MA, USA;
Brill Asia Pte Ltd, Singapore; Brill Deutschland GmbH, Paderborn, Deutschland;
Brill Österreich GmbH, Wien, Österreich)
Koninklijke Brill BV umfasst die Imprints Brill, Brill Nijhoff, Brill Schöningh, Brill Fink,
Brill mentis, Brill Wageningen Academic, Vandenhoeck & Ruprecht, Böhlau und V&R unipress.

Das Werk ist als Open-Access-Publikation im Sinne der Creative-Commons-Lizenz BY-NC-ND
International 4.0 (»Namensnennung – Nicht kommerziell – Keine Bearbeitung«) unter dem
DOI https://doi.org/10.13109/9783666302244 abzurufen. Um eine Kopie dieser Lizenz zu sehen,
besuchen Sie https://creativecommons.org/licenses/by-nc-nd/4.0/.

Das Werk und seine Teile sind urheberrechtlich geschützt. Jede Verwertung in anderen
als den durch diese Lizenz erlaubten Fällen bedarf der vorherigen schriftlichen Einwilligung
des Verlages.

The article »Ancient Views on Festivals« is excluded from all forms of open access licence,
including Creative Commons, and the content may not be reused without the permission
of Oxford University Press. Details of how to obtain permission can be found at
https://global.oup.com/academic/rights/permissions/?cc=gb&lang=en&.

Die folgenden Artikel sind von allen Formen der Open-Access-Lizenz, einschließlich
Creative Commons, ausgeschlossen, und der Inhalt darf nicht ohne die Genehmigung der Frankfurter
Allgemeinen Zeitung weiterverwendet werden: „Unsere Akademiker (7): Die Trümmer der
Griechen. Eduard Zeller (1814 bis 1908)", „Zwölf Sprachen, vier Schriften und keine Identität" und
„Werksbesichtigung (X): Burkert über Burkert. ‚Homo Necans': Der Mensch, der tötet".

Umschlaggestaltung und Satz: SchwabScantechnik, Göttingen
Druck und Bindung: ⊕ Hubert & Co, Ergolding

Printed in the EU

Vandenhoeck & Ruprecht Verlage | www.vandenhoeck-ruprecht-verlage.com
E-Mail: info@v-r.de

ISSN: 1610-9147
ISBN (print): 978-3-525-30224-8
ISBN (digital): 978-3-666-30224-4

Inhaltsverzeichnis

Vorwort zu Band X XVII

1. Philologica 1
A Note on Aeschylus *Choephori* 205 ff. (1963) 3
Nochmals das Arrian-Epigramm von Cordoba (1975) 5
Vorwort *[zu Ernst Risch, Kleine Schriften]* (1981) 9
Die betretene Wiese. Interpretenprobleme im Bereich
  der Sexualsymbolik (1987). 13
Schweiz: Die Klassische Philologie (1989). 27
„Stumm wie ein Menander-Chor": Ein zusätzliches
  Testimonium (2000) 71
Johann Jakob Bachofen, Karl Meuli, and Classical Studies
  in Switzerland (2003). 75
Alfred Heubeck (1914–1987): Erinnerungen vom Aufbau
  eines wissenschaftlichen Lebenswerks (unveröffentlichtes
  Manuskript 2007). 91
Der Klassische Philologe Ulrich von Wilamowitz-Moellendorff (2008) 105
Ludwig Deubner als Philologe und Religionshistoriker
  (unveröffentlichtes Manuskript 2009) 115
Vorwort *[zu M. Haubold, Hg., Erwin Rohde: Briefe aus
  dem Nachlass 1]* (2015) 127

2. Lexikonartikel 131
Artikel 'Herodot' (Lexikon der Alten Welt 1965) 133
Artikel 'Historia' (Lexikon der Alten Welt, 1965). 141

Artikel 'Ktesias' (Lexikon der Alten Welt, 1965) 143
Artikel 'Neupythagoreer' (Lexikon der Alten Welt, 1965) 145
Artikel 'Pseudopythagoreer' (Lexikon der Alten Welt, 1965). 147
Artikel 'Universalgeschichte' (Lexikon der Alten Welt, 1965)........ 149
Artikel 'Xenophon' (Lexikon der Alten Welt, 1965). 151
Artikel 'Gott', Abschnitt I: Antike (Historisches Wörterbuch der
   Philosophie 1974)... 157
Artikel 'Mythos, Mythologie', Abschnitt I: Antike (Historisches
   Wörterbuch der Philosophie 1984)........................... 163
Artikel 'Orphik' (Historisches Wörterbuch der Philosophie 1984) 167
Artikel 'Gordischer Knoten' (Enzyklopädie des Märchens 1987) 171
Artikel 'Pythagoreismus', Abschnitt I: Antike (Historisches Wörterbuch
   der Philosophie 1989)...................................... 175
Artikel 'Praxidikai' (Lexicon Iconographicum Mythologiae
   Classicae 1994)... 177
Artikel 'Seelenwanderung', Abschnitt I: Antike (Historisches
   Wörterbuch der Philosophie 1995) 179
Artikel 'Orphism' (Routledge Encyclopedia of Philosophy 1998)..... 185
Artikel 'Gigon, Olof' (Deutsche Biographische Enzyklopädie 2000) .. 189
Artikel 'Innerer Mensch', Abschnitt II: Antike (Religion in Geschichte
   und Gegenwart 2001)....................................... 191
Artikel '3.c. Initiation' (Thesaurus Cultus et Rituum Antiquorum 2004) 193
Artikel '6.a. Divination'. Mantik in Griechenland (Thesaurus Cultus
   et Rituum Antiquorum 2005)................................. 269
Artikel '6.h. Profanation'. Rituelle Massnahmen gegen Kulte und
   Götter (Thesaurus Cultus et Rituum Antiquorum 2005) 335
Artikel 'Seel, Otto' (Neue Deutsche Biographie 2010) 361

3. Rezensionen 365
Rezension 'Kullmann, Das Wirken der Götter in der Ilias'
   (Gnomon 1957) 367
Rezension 'Dörrie, Leid und Erfahrung' (Gymnasium 1959)......... 375
Rezension 'Bona, Il ‚νόος' e i ‚νόοι' nell'Odissea' (Gnomon 1960) .. 379
Rezension 'Reinhardt, Vermächtnis der Antike' (Gymnasium 1960)... 383
Rezension 'Ries, Isokrates und Platon im Ringen um die Philosophia'
   (Gnomon 1961) 387
Rezension 'Mattes, Odysseus bei den Phäaken' (Gymnasium 1961)... 393

Rezension 'Thesleff, An introduction to the Pythagorean writings of the Hellenistic period' (Gnomon 1962) 397
Rezension 'Reinhardt, Tradition und Geist' (Gymnasium 1962) 405
Rezension 'Bolton, Aristeas of Proconnesus' (Gnomon 1963) 409
Rezension 'Malingrey, „Philosophia" (Gnomon 1963) 417
Rezension 'Fränkel, Dichtung und Philosophie des frühen Griechentums' (Gnomon 1963) 423
Rezension 'Detienne, De la pensée religieuse à la pensée philosophique' (Gnomon 1964) 427
Rezension 'Battegazzore e Untersteiner, a cura di, Sofisti' und ' Untersteiner, a cura di, Zenone' (Gnomon 1964) 433
Rezension 'von Albrecht, Hg., Iamblichi De vita Pythagorica liber' (Gnomon 1965) 443
Rezension 'Delcourt, Pyrrhos et Pyrrha' (Gnomon 1966) 447
Rezension 'Thesleff, ed., The Pythagorean Texts of the Hellenistic Period' (Gnomon 1967) 453
Rezension 'de Vogel, Pythagoras and early Pythagoreanism' (Gymnasium 1967) 463
Rezension 'W. und H.G. Gundel, Astrologumena' (Erasmus 1967) 467
Rezension 'Trencsényi-Waldapfel, Untersuchungen zur Religionsgeschichte' (Gnomon 1969) 471
Rezension 'Cole, Democritus and the sources of Greek anthropology' (Archiv für Geschichte der Philosophie 1969) 479
Rezension 'Cuccioli Melloni, Ricerche sul Pitagorismo' (Gnomon 1970) 487
Rezension 'des Places, La religion grecque' (Erasmus 1970) 489
Rezension 'Stiglitz, Die Grossen Göttinnen Arkadiens' (AnzAW 1971) 493
Rezension 'Szabó, Anfänge der griechischen Mathematik' (Erasmus 1971) 497
Rezension 'Krafft, Dynamische und statische Betrachtungsweise in der antiken Mechanik' (Erasmus 1971) 501
Rezension 'Dion, Les anthropophages de l'Odyssée' (Mus. Helv. 1971) 505
Rezension 'Säflund, ed., Opuscula Carolo Kerényi dedicata' (Mus. Helv. 1971) 507
Rezension 'Kirk, Myth' (Gnomon 1972) 509
Rezension 'Bollack, Empédocle II/III' (Gnomon 1972) 517
Rezension 'Privitera, Dioniso in Omero e nella poesia greca arcaica' (Mus. Helv. 1972) 529

Rezension 'Mythos. Scripta in honorem Marii Untersteiner'
(Mus. Helv. 1972)... 531
Rezension 'Zuntz, Persephone' (Gnomon 1974) 533
Rezension 'Feder, Ancient Myth in Modern Poetry' (Mus. Helv. 1974) 543
Rezension 'Bergqvist, Herakles on Thasos' (Mus. Helv. 1975) 545
Rezension 'Annequin, Recherches sur l'action magique et ses
représentations' (Mus. Helv. 1975) 547
Rezension 'Vernant, Mythe et société en Grèce ancienne'
(Mus. Helv. 1976)... 549
Rezension 'Babut, La religion des philosophes grecs de Thalès
aux Stoïciens' (Mus. Helv. 1976)........................... 551
Rezension 'Lenz, Der Homerische Aphroditehymnus und die Aristie
des Aineias in der Ilias' (Mus. Helv. 1976) 553
Rezension 'Wilkens, Die Interdependenz zwischen Tragödienstruktur
und Theologie bei Aischylos' (Mus. Helv. 1976)............. 555
Rezension 'Richardson, ed., The Homeric Hymn to Demeter'
(Gnomon 1977) 557
Rezension 'Weiler, Der Agon im Mythos' (Mus. Helv. 1977) 565
Rezension 'Gladigow, Hg., Hommel, Symbola' (Mus. Helv. 1977).... 567
Rezension 'Gelzer, Hg., Meuli, Gesammelte Schriften'
(Mus. Helv. 1977)... 569
Rezension 'Brisson, Le mythe de Tirésias' (Mus. Helv. 1978)........ 571
Rezension 'Fleischer, Artemis von Ephesos und verwandte
Kultstatuen aus Anatolien und Syrien' (Mus. Helv. 1979)......... 573
Rezension 'Dörrie, Sinn und Funktion des Mythos in der griechischen
und der lateinischen Dichtung' (Mus. Helv. 1979) 575
Rezension 'McGinty, Interpretation and Dionysus' (AnzAW 1980) ... 577
Rezension 'Janni, Etnografia e mito' (Mus. Helv. 1980) 581
Rezension 'Blázquez, Imagen y mito' (Mus. Helv. 1980) 583
Rezension 'Gagé, Enquêtes sur les structures sociales et religieuses
de la Rome primitive' (Mus. Helv. 1980) 585
Rezension 'Prinz, Gründungsmythen und Sagenchronologie'
(Mus. Helv. 1981)... 587
Rezension 'Böhme, Der Sänger der Vorzeit' (Mus. Helv. 1981)....... 589
Rezension 'Vermeule, Aspects of Death in Early Greek Art and
Poetry' (Mus. Helv. 1981)................................... 591
Rezension 'Ferguson, Greek and Roman Religion – A Source Book'
(Mus. Helv. 1981)... 593

Rezension 'Ranke et al., Hg., Enzyklopädie des Märchens I/II' (Gnomon 1982) 595
Rezension 'van Thiel, Iliaden und Ilias' (Bull. Schweizerischer Altphilologenverband 1982) 605
Rezension 'Meyer, Medeia und die Peliaden' (Mus. Helv. 1982)...... 607
Rezension 'Bloch, éd., Recherches sur les religions de l'antiquité classique' (Mus. Helv. 1982) 609
Rezension 'Düll, Die Götterkulte Nordmakedoniens in römischer Zeit' (AnzAW 1983)...................................... 611
Rezension 'O'Brien, Theories of Weight in the Ancient World' (Mus. Helv. 1983).. 615
Rezension 'Ranke et al., Hg., Enzyklopädie des Märchens III' (Gnomon 1984) 617
Rezension 'Muthmann, Der Granatapfel' (Mus. Helv. 1984)......... 621
Rezension 'Snell, Griechische Metrik' (Mus. Helv. 1984).......... 623
Rezension 'O'Brien, Pour interpréter Empédocle' (Mus. Helv. 1984).. 625
Rezension 'Gnoli/Vernant, éd., La mort, les morts dans les sociétés anciennes'(Gnomon 1985) 627
Rezension 'Simon, Festivals of Attica' (Histor. Zeitschrift 1985)...... 633
Rezension 'Stückelberger, Vestigia Democritea' (Mus. Helv. 1985) ... 635
Rezension 'Eucken, Isokrates' (Mus. Helv. 1985) 637
Rezension 'Schachermeyr, Die griechische Rückerinnerung im Lichte neuer Forschungen' (AnzAW 1987) 639
Rezension 'Bloch et al., D'Héraclès à Poséidon' (Histor. Zeitschrift 1988)... 645
Rezension 'Sfameni Gasparro, Misteri e Culti Mistici di Demetra' (History of Religions 1988) 647
Rezension 'Parke, Athenische Feste' (Histor. Zeitschrift 1989) 651
Rezension 'Turcan, Les cultes orientaux dans le monde romain' (Jahrb. f. Antike und Christentum 1990) 653
Rezension 'Ranke et al., Hg., Enzyklopädie des Märchens IV/V' (Gnomon 1991) 659
Rezension 'Sissa, Greek Virginity' (Mus. Helv. 1991) 665
Rezension 'O'Meara, Pythagoras revived' (Freiburger Zeitschrift für Philosophie und Theologie 1991) 667
Rezension 'Griffiths, Atlantis and Egypt, with Other Selected Essays' (Class. Review 1993) 671
Rezension 'Münkler, Odysseus und Kassandra' (Histor. Zeitschrift 1993) 673

Rezension 'Hughes, Human Sacrifice in Ancient Greece'
(Gnomon 1994) 675
Rezension 'Durling, A Dictionary of Medical Terms in Galen'
(Gesnerus 1994) 681
Rezensionsartikel 'MENTOR – eine Datenbank zur griechischen
Religion' (Mus. Helv. 1994) 683
Rezension 'Drews, The Coming of the Greeks'
(Das Historisch-Politische Buch 1995) 689
Rezension 'Vernant, Mythos und Religion im alten Griechenland'
(Das Historisch-Politische Buch 1995) 691
Rezension 'Buchheim, Die Vorsokratiker' (Archiv für Geschichte
der Philosophie 1996) 693
Rezension 'Westerink, ed., Stephanus of Athens, Commentary
on Hippocrates' aphorisms sections V–VI' (Gesnerus 1996) ... 699
Rezension 'De Lacy, ed., Galen, On the elements according
to Hippocrates' (Gesnerus 1996) 701
Rezension 'Kingsley, Ancient Philosophy, Mystery, and Magic'
(Mus. Helv. 1996) 703
Rezension 'van Straten, Hierà kalá' (Histor. Zeitschrift 1997) 705
Rezension 'Moscati, Die Karthager' (Das Historisch-Politische
Buch 1997) 707
Rezension 'Faulstich, Das Medium als Kult' (Histor. Zeitschrift 1998) 709
Rezension 'Brown, Israel und Hellas' (Mus. Helv. 1998) 711
Rezension 'Duffy, ed., John of Alexandria: Commentary on
Hippocrates' Epidemics VI fragments' und 'Bell et al.,
ed., John of Alexandria: Commentary on Hippocrates' On the
nature of the child' (Gesnerus 1999) 713
Rezension 'Mentor 2. 1986–1990. Guide bibliographique de la religion
grecque. Bibliographical Survey of Greek Religion'
(Mus. Helv. 1999) 715
Rezension 'Damaskos, Untersuchungen zu hellenistischen
Kultbildern' (Das Historisch-Politische Buch 2000) 717
Rezension 'Dreyer, Untersuchungen zur Geschichte des
spätklassischen Athen (323 – ca. 230 v. Chr.)' (Das Historisch-
Politische Buch 2000) 719
Rezension 'Funke, Aiakidenmythos und epeirotisches Königtum'
(Das Historisch-Politische Buch 2000) 721

Rezension 'Hupfloher, Kulte im kaiserzeitlichen Sparta'
(Das Historisch-Politische Buch 2001) 723
Rezension 'Rüpke, Die Religion der Römer' (Das Historisch-Politische
Buch 2001).. 725
Rezension 'Furley/Bremer, ed., Greek Hymns' (Mus. Helv. 2003) ... 727
Rezension 'Sedley, ed., The Cambridge Companion to Greek and
Roman Philosophy' (Mus. Helv. 2004) 729
Rezension 'Nielsen, Cultic Theatres and Ritual Drama' (Klio 2004) .. 731
Rezension 'Mikalson, Herodotus and Religion in the Persian Wars'
(Das Historisch-Politische Buch 53, 2005) 735
Rezension 'Edmonds, Myths of the Underworld Journey'
(Gnomon 2007) 737
Rezension 'Malaise, Pour une terminologie et une analyse des
cultes isiaques' (Gnomon 2009) 743
Rezension 'Lehmann/Schmidt-Glintzer, Hg., WBG Weltgeschichte.
Band 2: Antike Welten und neue Reiche' (Das Historisch-Politische
Buch 59, 2011).. 747
Rezension 'Faraone/Obbink, ed., The Getty Hexameters'
(Gnomon 2015) 749

4. Nachrufe 755
Otto Seel † (1976) 757
Zur Trauerfeier von Fritz Wehrli am 1. September 1987
(unveröffentlichtes Manuskript)............................. 763
Geist der Antike – Gegenwart des Humanen. Zum Tode von
Fritz Wehrli (1987)... 767
Platonische Systematik – menandrische Heiterkeit. Zum Tod von
Konrad Gaiser (1988) 771
Alfred Heubeck † (1988).. 773
Abschied von Ernst Risch (1988) 779
Professor Dr. Hermann Koller (1992) 783
Uvo Hölscher † (1998) 785

5. Gelegenheitsschriften 793

Das Lebensrecht der Klassischen Philologie (1969) 795
Die „Samia" Menanders. Zu einer wiederentdeckten antiken Komödie (1971). 797
Vom Kontinuum geistiger Tradition. Fritz Wehrli zum siebzigsten Geburtstag (1972). 809
Indogermanische Horizonte und griechische Sprache. Ernst Risch zum 70. Geburtstag (1981) 815
Ein Zeuge neben anderen: Klassische Philologie (1982) 819
ΠΟΜΠΕΙΑΔΟΣ Α (1983) 821
Magister Ludi. Zum „Griechischen Lehrgang" von Günther Zuntz (1984). 823
Neues aus der Altertumswissenschaft (1990) 827
GAIA: Mythische Variationen (1992) 833
Der Standpunkt des Schmetterlings (1992) 837
Classics—Past Ideology and Persistent Reality (1993) 839
Randkulturen und Weltreiche. Zum Rücktritt von Professor Peter Frei (1993). 845
„Kunst des Lebens" zwischen Dogmatismus und Skepsis. Die hellenistische Philosophie im neuen „Ueberweg" (1995). 847
Vom Vorlesungsmanuskript zum Standardwerk. Hermann Diels hat die „Vorsokratiker" erschlossen / Würdigung zum 150. Geburtstag (1998). 851
Unsere Akademiker (7): Die Trümmer der Griechen. Eduard Zeller (1814 bis 1908) (2000). 855
Können wir ohne Schuld essen? (2001). 859
Das Wunder der Panaghia (2001) 865
Edle Einfalt. Zufall oder Zusammenfall: Die Konstellation der „Griechischen Klassik" (2002) 867
Impacts, Evasions, and Lines of Defence: Some Remarks on Science and the Humanities (2003). 873
Die Götter wollen das Blut. Opfer als Skandalon des Lebens: Wer gibt dem Menschen das Recht, Tiere und andere Menschen zu schlachten? (2003). 885
‚Rettung der Phänomene' zwischen Sinnlichkeit und Sinn. Anregungen von Jürgen Mittelstraß (unveröffentlichtes Manuskript 2004) 891
Zwischen Ukraine und Griechenland, mit Peter Brang. Eine Plauderei (unveröffentlichtes Manuskript, Datierung unsicher [Terminus post quem 2004]) 901

L'ésotérisme antique (2005). 905
Das sich selbst überholende Handbuch. Neues zur antiken
    Philosophie im „Ueberweg" (2005). 909
Laudatio für Marie Theres Fögen (2007). 913
Zwölf Sprachen, vier Schriften und keine Identität (2008). 921
War der große Homer ein Plagiator? (2008) 927
Heiliger Schauer. Biologische und philologische Blicke auf
    ein Phänomen der Religion (2008) 931
Johannes Vahlen. 27.9.1830 Bonn – 30.11.1911 (unveröffentlichtes
    Manuskript 2009). 937
In Griechenland begann Europa. Christian Meier über eine Kultur,
    die „um der Freiheit willen" geschaffen wurde (2009) 943
40 Jahre Zürich – aus der Sicht eines Nicht-Zürchers
    (unveröffentlichtes Manuskript 2009) 947
Gerontologietag: Tabus im Alter. „Cicero war ein Frühpensionierter".
    Interview mit Marita Fuchs (2010) 959

6. Burkert über Burkert 963

Killing in Sacrifice: A Reply (1978) 965
Werksbesichtigung (X): Burkert über Burkert. „Homo Necans":
    Der Mensch, der tötet (1988) 969
Robert W. Cape, An Interview with Walter Burkert (1988) 975
Dankesrede zum Erhalt des Balzanpreises in Rom, 16.11.1990 987
Forschungen zu Religion und Geisteswelt der Griechen, dargestellt
    anlässlich der Verleihung des Balzan-Preises 1990 991
Nachwort 1996 *[zur zweiten Auflage des Homo Necans]* (1997) 999
Ein Schlußwort als Dank *[in F. Graf, Hg., Ansichten griechischer*
    Rituale. Geburtstags-Symposium für Walter Burkert] (1998) 1013
Deborah Gentry, An Interview with Walter Burkert (1998) 1017
Response: Exploring Religion in a Biological Landscape (1998) 1021
Response *[to the contributions to a special session at the 1997*
    Annual Meeting of the AAR and the SBL] (2000) 1025
Problems of Animal Sacrifice. 'Homo Necans' Revisited
    (unveröffentlichtes Manuskript 2002) 1029
Gegebenes erhellen. Dankrede (2003) 1043
Daniel Barbu, Entretien avec Walter Burkert (2007) 1051

Johan Schloemann, Jesus war kein Vegetarier. Fleischkonsum und schlechtes Gewissen: Ein Gespräch mit dem Philologen und Religionswissenschaftler Walter Burkert zum 80. Geburtstag (2011) . . . 1061

7. Nachrufe auf Walter Burkert und Biographical Memoirs
7.1. Tageszeitungen 1067

Christoph Riedweg
Antike und Anthropologie. Zum Tod des Altphilologen Walter Burkert
   (NZZ 13.3.2015) 1069

Wolfgang Schuller
Richtige Riten. Der Gräzist Walter Burkert ist gestorben
   (SZ 14.3.2015) 1073

Uwe Walter
Der große Gräzist. Zum Tod von Walter Burkert (FAZ 16.3.2015). 1075

Robert Parker
Walter Burkert: Classical scholar whose fascinating books on Greek mythology and religion were packed with fresh insight
   (Independent 31.3.2015). 1077

Miguel Herrero de Jáuregui
Walter Burkert, un gigante del helenismo (El País 1.4.2015) 1081

7.2. Zeitschriften 1085

Pierre Bonnechere
Hommage à Walter Burkert (2015) 1087

Albrecht Dihle
Gedenkworte für Walter Burkert (2015) 1091

Fritz Graf
Hommage à Walter Burkert (2015) 1093

Fritz Graf
Walter Burkert (2. Februar 1931–11. März 2015) (2015) 1103

Martin Hose
Walter Burkert 02.02.1931–11.03.2015 (2015) 1107

Sarah Iles Johnston
In memoriam Walter Burkert (February 2, 1931–March 11, 2015)
(2015)... 1115

Christoph Riedweg
Walter Burkert † (2015)... 1119

Wolfgang Rösler
Nachruf auf Walter Burkert (1931–2015) (2015) 1127

Bernhard Zimmermann
Nachruf auf Walter Burkert (2015) 1129

7.3. Biographical Memoirs und Blogeintrag 1135

Thomas A. Szlezák
Biographical Memoirs: Walter Burkert I (2018).................. 1137

Laura Gemelli
Biographical Memoirs: Walter Burkert II (2018) 1141

Sotera Fornaro/Christoph Riedweg
Il cacciatore di conchiglie: Walter Burkert (2021)................. 1147

Anhang 1155
1. Biographische Daten 1156
2. Verzeichnis der Veröffentlichungen 1158
   a) Bücher und gesondert erschienene Abhandlungen 1158
   b) Aufsätze (einschliesslich Lexikonbeiträge, Personalia) 1161
   c) Rezensionen 1185
3. Liste der von Walter Burkert betreuten Dissertationen 1190

Indizes 1193
a) Ausgewählte Stellen 1193
b) Namen und Sachen 1201
c) Griechische Wörter 1232
d) Moderne Autorinnen und Autoren 1234

Erschienen in: Mus. Helv. 38, 1981, 176.

Rezension 'Vermeule, Aspects of Death in Early Greek Art and Poetry'

Emily Vermeule: *Aspects of Death in Early Greek Art and Poetry*. Sather Classical Lectures 46. University of California Press, Berkeley 1979. XIII, 270 S., 1 Taf., 168 Abb.

Sechs Vorlesungen führen in gelockerter Folge durch griechische Einstellungen und Darstellungen aus dem Grenzbereich des Todes von der Bronzezeit bis zur Klassik, mit Feingefühl für Nuancen und intimer Vertrautheit mit Dichtung, bald realistisch zupackend, bald ironisch distanziert und immer sehr lebendig. Monumente und literarische Überlieferung sind gleichermassen präsent und erhellen sich gegenseitig; man findet kaum bekanntes Material nebst originellen Seitenblicken auf Bekanntes. Die einzelnen Kapitel: 1. ‚Creatures of the Day: The Stupid Dead', konfrontiert Dichteraussagen und praktischen Totenbrauch und betont „ambiguity and confusion" (32) eines ‚Glaubens' zwischen realen und poetischen Notwendigkeiten; 2. ‚Death in the Bronze Age: A House ist not a Home', konstatiert „the unbroken continuity of funeral imagery and behavior" (63) und weist für mögliche Deutungen besonders auf Ägypten hin; 3. ‚The Happy Hero', Kampfes- und Tötungslust des altepischen Helden als „animal style" (85) im Schema des Raubtiers und Jägers, wobei der ungemilderten Wildheit ein grimmiger „humor of life" (96) die Waage hält; 4. ‚Immortals are Mortal, Mortals Immortal', gelegentlich fliessende Grenzen zwischen Göttlichem und Menschlichem nicht nur bei den Monstren am Weltrand; 5. ‚On the Wings of the Morning: The Pornography of Death', von der Assoziation Thanatos-Hypnos-Eros zur Entraffung der Götterlieblinge; 6. ‚Sea Monsters, Magic, and Poetry', von den verschlingenden und weisen Seewesen über Nekyomantie und Sirenen zurück zur poetisch aufgehobenen Totenklage. Trotz einiger weniger philologischer Versehen und gerade wegen vieler Eigenwilligkeiten ist das Buch als Zeugnis einer ganz modernen Vergegenwärtigung des Griechentums ungewöhnlich faszinierend.

Erschienen in: Mus. Helv. 38, 1981, 182.

Rezension
'Ferguson, Greek and Roman Religion – A Source Book'

John Ferguson: *Greek and Roman Religion. A Source Book.* Noyes Classical Studies. Noyes Press, Park Ridge, New Jersey 1980. 208 S.

Ein Lesebuch auf Elementarniveau: eine Auswahl literarischer und epigraphischer Texte ist neu zusammengestellt und übersetzt, mit knappen Einleitungs- und Verbindungstexten und noch knapperen Erläuterungen. Die Gliederung ist systematisch: Olympische Götter – Natur- und Bauernreligion – Riten – Politische Religion – Philosophische Religion – ‚Fears and Needs', d.i. Orakel und Magie – Tod – Mysterien. Griechisches und Römisches wechseln, in den beiden letzten Kapiteln tritt Christliches dazu. Das Schwergewicht liegt in der Kaiserzeit (vgl. J. Ferguson, The Religions of the Roman Empire, 1970). Man findet vieles Gängige, einiges Rare bes. aus Inschriften (S. 38 fehlt die Quellenangabe: SIG 1024). Die angedeuteten Erklärungen sind eher altmodisch; weiterführende Literatur wird nicht angegeben. Das Buch mag seinen Zweck erfüllen. Doch gibt es Versehen wie Boethius/Boethos (106), „on the twelve days" (38) statt ‚am 12. Tag' oder gar „when Halios Pythanna ... held the office of priest in Lindos" (7) statt ‚Heliospriester Pythannas'.

Erschienen in: Gnomon 54, 1982, 713–719.

Rezension
'Ranke et al., Hg., Enzyklopädie des Märchens I/II'

Enzyklopädie des Märchens. Handwörterbuch zur historischen und vergleichenden Erzählforschung. Herausgegeben von **Kurt Ranke**, zusammen mit **Hermann Bausinger, Wolfgang Brückner, Max Lüthi, Lutz Röhrich, Rudolf Schenda**. Berlin/New York: de Gruyter. Band 1 (A bis Ba) 1977. XX S., 1406 Sp.; Band 2 (Be bis Chri) 1979. 1444 Sp.

Wenn das großangelegte internationale Gemeinschaftswerk, in Fachkreisen als EM längst zum Begriff geworden, etwas verspätet auch in dieser Zeitschr. vorgestellt wird,[1] kann es nicht darum gehen, das Unternehmen nach seiner eigenen Problemlage, Intention und Leistung zu würdigen, sondern eher interdisziplinär zu vermitteln zwischen allgemeiner, volkskundlich ausgerichteter Erzählforschung und den auf klassische Texte spezialisierten Altertumswissenschaften: ist diesen zu zeigen, was die EM ihnen bietet, so lassen sich andererseits auch Wünsche und Hinweise für die Erzählforschung aus der Sicht der Altertumswissenschaft formulieren.

Das Werk beruht auf 20jährigen Vorarbeiten vor allem Kurt Rankes. Die Redaktion, unterstützt durch die Deutsche Forschungsgemeinschaft und die Stiftung Volkswagenwerk, ist in Göttingen eingerichtet, wo ein Archiv mit etwa einer halben Million Texten und einem Großregister zur Verfügung steht. Der erste Faszikel erschien 1975. Inzwischen wurde (1981) bereits der dritte Band (Chro–Eng) abgeschlossen. Etwa 12 Bände insgesamt sind vorgesehen.

Daß überlegt und sorgfältig gearbeitet wird, auch was Querverweise und Quellenzitate betrifft, ist von vornherein zu bescheinigen. Es ist eine Ausnahme, wenn in einem aus dem Bulgarischen übersetzten Artikel Isidor von Pelusion als „Isidor Pelusiotski", Anastasios vom

---

[1] An größeren Besprechungen seien genannt: L. Kretzenbacher, Zeitschr. f. Volkskunde 74, 1978, 224–226; 76, 1980, 141–143; H. Rölleke, Arcadia 13, 1978, 191–193; L. Schmidt, Österr. Zeitschr. f. Volkskunde 82, 1979, 327–329; A. Gier, Archiv für das Studium der neueren Sprachen und Literaturen 217, 1980, 173–179 (mit romanistischen Ergänzungen); K. Langosch, Mittellat. Jahrb. 13, 1978, 274–277.

Sinai als „Anastasij Sinait" erscheint (I 662) oder ein andermal „Clemens Alexander" (I 66) auftaucht. Zu wünschen bleibt, daß mehr noch der direkte Zugang zu den Quellen eröffnet wird, statt der Verweise auf andere Enzyklopädien oder gar elementare Nachschlagewerke wie ‚Kleiner Pauly' und ‚Hunger': dies führt zum *circulus vitiosus* mit Vergröberung der Mißverständnisse. Z.B. erstaunt die Behauptung, Berge seien „(schon seit Homer) von den auf sie gebannten Geistern bewohnt" (II 142); Beleg ist ‚Handwörterbuch des Deutschen Aberglaubens' I 1045, wo wiederum auf F. Pradel, Griechische und süditalienische Gebete, Beschwörungen und Rezepte des Mittelalters (RGVV 3, 1907) 104 verwiesen ist: Pradel hat mit Exorzismen Z 345 ff assoziiert, Helena wünscht, der Wind hätte sie ins Gebirge oder Meer entführt ... Zu ‚Belfagor' sollte, statt „Battaglia, S.: Grande dizionario ..." (II 83), doch AT Num. 25, 3; Ps. 106, 28 genannt sein; dann ließe sich auch erkennen, daß die Charakterisierung Belfagors als „phallisches Idol" (II 80) Phantasie von Interpreten ist.

Im Gegensatz zum ‚Handwörterbuch des deutschen Märchens', das zwischen 1930 und 1940 in 2 Bänden bis ‚Gyges' gediehen war, ist die nationale Beschränkung aufgegeben. Wenn der Schwerpunkt beim europäischen Volksmärchen und bei deutschsprachigem Beispielmaterial liege, *[714]* sei dies „eher Ausdruck der hiesigen Forschungssituation als etwa eines ideologischen Ethnozentrismus" (I vi). In der Tat kommen die Mitarbeiter aus allen Kontinenten. Eine genaue Definition oder gar Formalisierung[2] von ‚Märchen' wird schon darum mit Recht vermieden. Es geht, wie der Untertitel anzeigt, um Erzählung überhaupt, primär im Blick auf volkstümliche, mündliche Traditionen. Ausdrücklich einbezogen sind Schwank, Legende und Fabel. ‚Sage' soll im Hinblick auf ein von Lutz Röhrich vorbereitetes ‚Handbuch der Sage' beiseitebleiben, wird aber von Fall zu Fall berücksichtigt (z.B. ‚Bauer', ‚Bergmann', ‚Brüder'). De facto erweisen sich der Typenkatalog von Aarne-Thompson und Thompsons ‚Motif-Index'[3] als Leitfaden. Im übrigen herrscht Methodenvielfalt, und das ist gut. Wenn nach einem Wort von Ernst Robert Curtius die einzige Methode der Literaturwissenschaft darin besteht, sehr viel zu wissen, wird dies umso mehr für die noch weniger gefestigte Erzählforschung gelten. Von hier aus erscheint die EM in ihrer vollen Bedeutung als das ausführlichste Standardwerk der vergleichenden Erzählforschung für Generationen.

---

[2] Eine spitze Bemerkung zum berühmten strukturellen Schema von V. Propp bei I. Levin s. v. ‚Afanas'ev' I 135: „So hat sich das Stilempfinden A.s bzw. des Bauern Zyrjanov ein Jahrhundert später in den USA, Frankreich und Deutschland bei Erzählforschern als ‚Tiefenstruktur' jeder Erzählung, ja des ‚homo narrans' überhaupt geltend gemacht."

[3] A. Aarne, S. Thompson, The Types of the Folktale, Helsinki 1961²; S. Thompson, Motif-Index of Folk Literature I–VI, Kopenhagen 1955/58. Vgl. aber L. Röhrich, Sage und Märchen I, 1976, 148 über „die im Grunde systematische Systemlosigkeit der Thompsonschen Registrierungsmaschinerie".

Das wohlüberlegte Stichwortsystem (vgl. I vii) sei vereinfacht exemplifiziert: Man findet Märchen, Fabeln, Schwänke unter einem konventionellen Stichwort wie ‚Ali Baba', ‚Brüder, die zwei', auch ‚Alice im Wunderland'. Trotz Verweisen (‚Blaubart'→ ‚Mädchenmörder') dürfte nicht alles leicht zu finden sein: J. P. Hebels ‚Seltsamer Spazierritt' von Vater, Sohn und Esel heißt ‚Asinus vulgi';[4] antike Witze sind ‚Baum der Frauen' (Cic. de or. 2, 278) und ‚Bett des Schuldners' (Macr. Sat. 2, 4, 17). Hinzu kommt dann ein buntes Feld von Einzelmotiven wie Tiere und Pflanzen, ‚Baum', ‚Berg', Körperteile (‚Arsch', ‚Auge', ‚Bart'), Lebensbereiche (‚Alte Leute', ‚Arbeit', ‚Bettler'), Psychologisches (‚Aggression', ‚Angst'), Dazwischen stehen prinzipielle Artikel zur Erzähltheorie (‚Affinität', ‚Anordnungsprinzipien', ‚Archetypus', ‚Authentizität', ‚Bearbeitung', ‚Blindes Motiv'), zur ‚Biologie des Erzählguts' (L. Degh), zur stilistischen Charakterisierung (meist M. Lüthi: ‚Abstraktheit', ‚Außenwelt', ‚Ästhetik', ‚Bosheit'). Als besonders hilfreich begrüßt wurden die zusammenfassenden Darstellungen von geographisch-ethnographischen Bereichen wie ‚Abchasen', ‚Albanien', ‚Brasilien'; am gewichtigsten sind hier ‚Ägypten', ‚Arabisch-Islamische Erzählstoffe' und vor allem ‚China', der umfangreichste Artikel (II 1286–1364). Schließlich [715] gibt es biographische Artikel über Erzähler (‚Andersen', ‚Basile') und Erzählforscher (‚Afanas'ev') einschließlich der lebenden (‚Bausinger'); um ihrer Stoffe und ihrer Wirkung willen sind auch Klassiker einbezogen, ‚Ariost', ‚Calderon', so auch ‚Aristophanes'[5] und natürlich ‚Apuleius'. Auch Epochenbegriffe wie ‚Aufklärung' und ‚Barock' fehlen nicht.

Der historisch geschulte Altertumswissenschaftler wird erfreut feststellen, wie weit die Forschung über die romantische Auffassung vom zeitlosen Märchen (vgl. ‚Ahistorisch') oder vom Märchen als germanischer Mythologie (vgl. ‚Christliche Erzählstoffe') hinausgekommen ist. Dadurch, daß die spätmittelalterliche und die Barockliteratur mit ihren Exempeln und Predigtmärchen in den letzten Jahrzehnten gründlich aufgearbeitet wurde, ist die historische Dimension und Kontinuität deutlicher geworden. So wird denn auch die Wechselwirkung von schriftlichen Texten und mündlicher Verbreitung undogmatisch anerkannt. Auch über die französische Märchenliteratur und die Vorgeschichte der Grimmschen Sammlung enthalten bereits die ersten beiden Bände vielerlei präzise Auskünfte (‚d'Aulnoy', ‚Cabinet des Fées': ‚Alte Marie', ‚Aufklärung', ‚Brentano', ‚Bearbeitung'). Trotzdem bleibt in der Frage, auf welche Dimensionen sich die geistesgeschichtliche Perspektive einzustellen

---

[4] Es scheint ein Zusammenhang mit Aristoph. Ran. 31 f zu bestehen, vgl. Radermacher z. d. St.
[5] Der Artikel von H. D. Blume konzentriert sich auf die Widerlegung des Begriffs ‚Märchenkomödie'. Auf die Bedeutung des A. als Zeuge für die Erzählformen der Fabel (z. B. Vesp. 1182) und des Schwanks (Thesm. 473–89) wäre hinzuweisen.

hat, eine fundamentale Unsicherheit: während H. Bausinger und K. Ranke ‚Archaische Züge im Märchen' mit vorsichtigem Optimismus zu bestimmen suchen, äußert D.-R. Moser s. v. ‚Altersbestimmung' radikale Skepsis. Zur Zeit ist der Trend zweifellos mehr auf Zeitbedingtheit als auf ‚neolithische' oder ‚indogermanische' Urzeit gerichtet. Prinzipiell aufschlußreich ist H. Röllekes Beitrag ‚Bärenhäuter'.

Daß der Gegensatz der Methoden und Sympathien zwischen Volkskunde und klassischer Altertumswissenschaft noch nicht ausgeglichen ist, zeigt sich am Problem des Mythos. ‚Amor und Psyche' wird von G. A. Megas als reines Märchen behandelt – während s. v. ‚Apuleius' H. van Thiel ein dankenswertes Motivverzeichnis für die ganzen ‚Metamorphosen' gibt –. Daß in ‚Amor und Psyche' sich Märchen und Mythos mischten, wird als „veraltet" (I 464) abgelehnt, die Parallelen etwa zum orphischen Persephonemythos bleiben ebenso außer Betracht wie die in den Namen angezeigte spekulative Komponente; schließlich kann der griechische Forscher das Märchen in Griechenland ansiedeln (I 471). Auch zu ‚Alkestis' rekonstruiert Megas, im Anschluß an A. Lesky, ein Urmärchen, ohne die mythisch-rituelle Dimension des Ersatzopfers zu sehen. Andererseits meint K. Horálek zum ägyptischen Brüdermärchen, „daß der Verfasser ... die märchenhaften Vorlagen mythologisiert hat" (II 928). Umgekehrt hatte Friedrich von der Leyen das Märchen „die verspielte Tochter des Mythos" genannt, während D. Fehling das Märchen AaTh 425 (‚Tierbräutigam') ganz direkt vom Text des Apuleius herleiten *[716]* will.[6] Hier sind die Positionen und selbst die Begriffe noch weithin ungeklärt. M. Meraklis s. v. ‚Byzantinisches Erzählgut' etwa nimmt die von den alten Kirchenschriftstellern bekämpften μῦθοι schlechtweg als ‚Märchen' (II 1106), selbst wenn eindeutig von Kirke die Rede ist.

De facto sind in die EM mythische Themen oft einbezogen, etwa ‚Anthropogonie', ‚Baumgeburt', auch ‚Brüder' (M. Lüthi) II 855 f. Doch ist die EM nicht etwa ein weiteres mythologisches Lexikon – im Abkürzungsverzeichnis fehlt sogar Roschers Mythologisches Lexikon –. Stichwörter aus antiker Mythologie sind nur in Auswahl auf Grund eines bezeichnenden Motivs aufgenommen, ‚Achillesferse', ‚Achilleus', ‚Aedon', ‚Amphitryon', ‚Äneas', ‚Antaios', ‚Ariadne-Faden', ‚Atalante', ‚Atlas', ‚Augias', ‚Bellerophon', aber z.B. weder Aias noch Aphrodite. Adonis, Aiolos, Amazonen, Cacus hätten immerhin Berücksichtigung verdient. Die Behandlung ist teils recht schlicht – zu ‚Achilleus' werden nur Rascher und Hunger als Literatur genannt –, gelegentlich aber auch allzu gelehrt (Fauth ‚Argonauten'). Meist werden die

---

[6] Amor und Psyche, AbhMainz 1977, 9, vgl. D.-R. Moser, Fabula 20, 1979, 305–308.

Motive nach AaTh und ‚Motif-Index' aufgeschlüsselt; gelegentlich wird die Überlieferungsgeschichte gegeben (musterhaft G. Binder ‚Äneas'). Neben den mythischen Namen gibt es vielerlei Stichworte, unter denen auch oder vorwiegend Antikes erscheint, etwa ‚Bestiarien' (Physiologos), ‚Bilder vom Himmel', ‚Bruder eher als Gatte oder Sohn gerettet'. Ferner sind die Heiligenlegenden erfaßt (‚Alexius', ‚Augustin', ‚Basileios'). Dieses enorme Material ist zwar wissenschaftlich noch keineswegs hinlänglich erschlossen; eben darum ist man schon für vorläufige Orientierung dankbar, etwa den Motivkatalog von K. Ranke zu ‚Acta martyrum et sanctorum' (I 74–78) oder den Artikel ‚Bollandisten'.

Besonders hervorzuheben ist, weil der Titel es nicht verspricht, die Bedeutung der EM für die Fabel. Dabei stehen selbstverständlich die äsopischen Sammlungen mit ihren diversen Redaktionen und ihrer unabsehbar weiten, verästelten Nachwirkung im Zentrum. Ein überaus reiches Material hierzu wird in der EM erschlossen und vorgelegt, das man freilich zu finden hat, z.B. ‚Augenwinken' (Nr. 35 Halm = 22 Perry), ‚Bär: Was der B. dem sich Totstellenden ins Ohr flüstert' (Nr. 311 Halm = 65 Perry); ganz unvorhersehbar ist, daß ‚Pferd und Esel' (Nr. 177 Halm ~ 181 Perry) unter ‚Aufstand der Arbeitstiere' erscheint. Nicht voll gelungen ist die Organisation der zentralen Artikel: ‚Äsop' (B. Holbek) bringt nur die Äsoplegende in überflüssiger Ausführlichkeit, erst ‚Äsopika' (F. Wagner) gibt den Überblick über die Sammlungen; ‚Avianus' (A. Weische) behandelt zu lang das Datierungsproblem, das auch s. v. ‚Äsopika' (I 891 f) und ‚Babrios' (I 1125 f) nochmals aufgerollt wird. Einen Katalog nach AaTh gibt K. Ranke zu ‚Avianus' I 1105, F. Wagner zu ‚Babrios' I 1126 f. Übrigens wird II 141 s. v. ‚Berg' als „Äsop" mit Verweis auf eine amerikanische Übersetzung von 1894 die Berggeburt der Maus angeführt, während in Wahrheit natürlich Horaz ars 138 f (vgl. Ath. 616 D, Diogenian. 8, 75) paraphrasiert ist. *[717]*

Bei dieser und ähnlichen philologischen Unzulänglichkeiten sollte der klassische Philologe sich nicht entrüsten, sondern eher betroffen feststellen, daß seine wohl erschlossene Disziplin dem Außenstehenden noch immer recht undurchsichtig ist. In diesem Sinn einige weitere Ergänzungen und Berichtigungen:

‚Abderiten': K. Ranke ließ sich durch die RE auf den hier belanglosen Abderos führen, fand aber nicht den apokryphen Briefwechsel von Hippokrates und Demokrit, den Wieland benützte (bes. ep. 18: Hippokrates, eingeladen, um Demokrit vom Wahnsinn zu kurieren, stellt die Verrücktheit der Abderiten fest; ferner Ps.-Demosth. 17, 23).

‚Achillesferse': zugehörig vielleicht die protokor. Lekythos Lexicon Iconographicum Mythologiae Classicae I (1981) s. v. Achilleus Nr. 848. ‚Achilleus': die päderastische Komponente beim Troilos-Mord, I 62 „sehr späten Zeugnissen" zugeschrieben, ist auf frühen Vasenbildern deutlich angezeigt, Chr. Zindel, Drei vorhomerische Sagenversionen in der griechischen Kunst, Diss. Basel 1974, 75–80.

‚Aedon': „Pherekydes von Syros" I 125 ist Pherekydes von Athen FGrHist 3 F 124. Es fehlt der Verweis auf den parallelen Mythos von Tereus-Prokne-Philomela.

‚Ammenmärchen': Die bestimmte Angabe I 463 „Schon Platon ... titthōn mythoi" dürfte aus RE XVII 1494 s. v. nutrix stammen, ist aber falsch. Platons sprichwörtliche Formulierung ist γραῶν ὕθλος Tht. 176b (vgl. Gorg. 527 a), Zenob. Par. 3, 5, *aniles fabellae* Cic. nat. deor. 3, 12 etc. – ‚Altweibermärchen' hätte ein Stichwort verdient –. ‚Ammenmärchen' stammt von Quint. inst. 1, 9, 2 *nutricularum fabulae*, vgl. Dion or. 4, 74, Plut. Non posse 1105 B, Aristeid. or. 36, 96, Max. Tyr. 4, 3.

‚Androklus' (sic) ist im Hauptzeugnis keine „Fabel" (I 501), sondern angeblicher Tatsachenbericht: Apion (Gell. 5, 14, 30) versichert, er habe den Mann samt Löwen selbst gesehen *urbe tota circa tabernas ire*: Wir fassen die lebendige Erzählpraxis eines antiken Schaustellers.

‚Aschenkuchen' werden I 860 den „drei Horen" von Delos auf Grund von Hdt. 4, 35 zugemutet. Es handelt sich vielmehr um das Aschendepot am Grab der ‚Hyperboreischen Jungfrauen', das nicht als Abspeisung zu verstehen ist. Im ‚Berg' lebt Zalmoxis – gegen II 144 – nicht laut Hdt. 4, 93–95, sondern nach Strab. 7 p. 298.

‚Biene': Die „Dionysos-Legende ... wonach der Gott in Gestalt eines Stieres zerrissen, als B. aber wiedergeboren wurde" II 299, nach A. Gubernatis (1874), scheint phantastische Kombination von Dionysos βουγενής Plut. Is. 364 F und Bienen-Bugonie Porph. antr. 15 zu sein.

‚Besessenheit' II 197: „Nach Tatian bereiten die Dämonen Heilmittel aus Wurzeln, Sehnen, Knochen u. a., um Kranke in ihre Gewalt zu bekommen" – nein, es sind die Magier, die durch solche Mixturen die Dämonen aktivieren, Tat. 17 p. 18 f Schwartz.

‚Bildzauber' wird II 324 um der ‚Pharmakeutria' willen pauschal „der klassischen griech. und röm. Bukolik (Sophron, Theokrit, Horaz, Ovid)" (sic) vindiziert.

Der Philologe vermißt nicht selten Hinweise auf antike Texte, die in der Regel den ältesten Beleg, oft die direkte Quelle des behandelten Motivs darstellen. Darum sollten sie genannt, nicht etwa nur indirekt über ein Sigel des ‚Motif-Index' angedeutet sein.

‚Antisemitismus': die Mär vom Ritualmord geht nicht „auf das 12. Jh. zurück" (I 613), sondern wird bei Theophanes Chron. p. 83 bereits fürs Jahr 408 n. Chr. in Palästina belegt; der Passus fehlt aber in der lateinischen Bearbeitung des Anastasius Bibliothecarius.

‚Arzt': Das Schwankmotiv vom falschen Arzt (I 850) ist jetzt nicht nur in Menanders ‚Aspis', sondern bereits im akkadischen ‚Armen Mann von Nippur' (Anm. 7) aufgetaucht.

‚Arzt' als Totengräber I 851: Martial 1, 30; 1, 47; Anth. Pal. 11, 112–126; F. J. Brecht, Motiv- und Typengeschichte des griechischen Spottepigramms, Leipzig 1930, 45–49. *[718]*

‚Astrologe': Für den Brunnensturz des Thales ist I 929 ‚Äsop' zitiert, statt Plat. Tht. 174 a. Wenn (ib.) der Sterndeuter am Galgen sich der Voraussage erinnert, „daß er eines Tages über andere erhaben sein und die ganze Welt zu seinen Füßen liegen werde", ist dies Vereinfachung des Wahrtraums der Tochter des Polykrates Hdt. 3, 124f.

‚Bad': Badeverbot für Asketen (I 1139) gilt bereits für Pythagoreer, W. Burkert, Lore and Science in Ancient Pythagoreanism (1972) 172. 177. 186, vgl. Semonides 10a West.

‚Baum': Zum ‚Sympathiebaum' I 1369 vgl. die Myrtenbäume von Patriziat und Plebs Plin. n. h. 15, 120 f; zum blutenden Baum I 1371 Ov. met. 8, 761; zum redenden Baum der Kölner Mani-Codex, A. Henrichs, Thou Shalt not kill a Tree, Bull. Am. Soc. of Pap. 16, 1979, 85–108.

‚Bäume für die nächste Generation' I 1391: wie kann man Vergils *carpent tua poma nepotes* (ecl. 9, 50) vergessen?

‚Bär': der „am weitesten verbreitete" Mythos vom Ursprung des Bärenzeremoniells (I 1199) ist auch mit der ἀρκτεία von Brauron bzw. Munichia verbunden, W. Sale, The Temple-Legends of the Arkteia, RhM 118, 1975, 265–284.

‚Bestechung': Der angebliche Ausspruch des Papstes II 211 n. 12 ist Variation des Apophthegmas von Agesilaos über die persischen ‚Bogenschützen' Plut. Lac. apophth. 40, 211 B.

‚Blume' erzeugt Schwangerschaft (II 486): Ov. fast. 5, 251 f, H. Usener, RhM 30, 1875, 216 f = Kl. Schr. IV, 1913, 129 f – Blumenbrechen als „erotischer Vorgang" (ib.): Sappho 105 c LP, Catull 62, 39–47. – Blumen entstehen aus Blut: Adonis-Röslein, Ov. met. 10, 735; Aias-Hyazinthe Theokr. 10, 28, Euphorion Fr. 40 Powell.

‚Botschaften ins Jenseits' II 639–643: Pythagoras bei Hermipp Fr. 20 Wehrli = Diog. Laert. 8, 40, dazu die arabischen Texte bei G. Widengren, Iranisch-semitische Kulturbegegnung in parthischer Zeit (1960) 62–66, vielleicht für das georgisch-arabische Märchen II 640 f von Bedeutung.

‚Brandstiftung durch Tiere' II 662: Es fehlt die Fabel vom Adler und vom Fuchs Archilochos 174–181 West, Aesop 1 Perry – dazu auch die I 202 referierte ägyptische Fabel.

‚Bräutigam: der dumme B.' II 740: der homerische ‚Margites'.

Prekärer noch als der Status der Antike ist der des Alten Orients: Die Inhalte der altorientalischen Literaturen sind noch kaum ins allgemeine Bewußtsein eingedrungen. Doch geben sie für manche Erzählungen und Motive die um Jahrhunderte oder gar Jahrtausende ältere Bezeugung. Die EM ist an sich durchaus offen für diesen Bereich. Doch daß mit dem Sultantepe-Text ‚Der arme Mann von Nippur' seit 1956 der älteste echte, durchaus typengerechte Schwank vorliegt,[7] hat sich noch nicht herumgesprochen. Die sumerische und akkadische

---

[7] ed. O. R. Gurney, Anatolian Studies 6, 1956; 145–164; ders., The Tale of the Poor Man of Nippur and its Folktale Paralleles, ib. 22, 1972, 149–158.

Fabel[8] ist s. v. ‚Äsopika' nicht existent, so daß schlicht behauptet wird: „Die Fabeln fußen auf mündlicher Tradition" (I 890) – vgl. aber zu ‚Babrios' I 1125. Für Ägypten hat E. Brunner-Traut mit Hingabe gesorgt; doch s. v. ‚Amphitryon' fehlt der Verweis auf den Pharao (vgl. aber I 193; 212). Erfreulich ist der Artikel ‚Achikar', vgl. auch ‚Aramäer',[9] doch sollte unter ‚Adoption' (I 112: do not adopt a child) auf Achikar und seinen Neffen verwiesen sein. Verwirrung gibt's beim Altiranischen: Der Bundahišn *[719]* (9. Jh. n. Chr.) ist nicht tel quel „altiranisch" (II 139), während die Činvat-Brücke nicht „erst im altpersischen Schrifttum ... etwa seit dem 4. Jh. p. Chr. n." (II 828) bezeugt ist, sondern in den Gathas des Zarathustra.

Weil die altorientalische Überlieferung die Zeitdimension am weitesten auszuschöpfen gestattet, über mehr als 4 Jahrtausende hin, kann man von hier aus am ehesten hoffen, über die Grundsatzfrage nach der Möglichkeit der Kontinuität mündlicher Erzählung über Generationen hin Klarheit zu gewinnen. Ein bereits viel diskutierter Fall ist das ägyptische Brüdermärchen: es wurde 1852 entdeckt; erstaunlich enge Parallelen zum Anfangsteil wurden seit 1899 aus mündlicher Tradition in Afrika aufgenommen (K. Horálek II 930). Beweist dies, daß die „mündliche Erzählung ... in der afrik. Volksüberlieferung noch heute lebendig ist" (II 931 vgl. 933), oder ist doch mit Reinfiltration durch die glücklichen Ägyptologen zu rechnen?[10] Parallelen zum dritten Teil des Brüdermärchens wurden eindeutig vor 1852 erfaßt (934 f), sind aber viel weniger eng.

Andererseits stellt U. Masing (II 888) als „eines der ältesten Märchen", belegt vor allem aus dem Raum Kaukasus-Türkei-Rußland, ‚Brüder suchen Schwestern' vor. Er kennt nicht die jetzt aufgetauchte althethitische Erzählung, die eben diesen Motivbestand hat: 30 Brüder wollen 30 Schwestern heiraten, nur einer entzieht sich dem, zu seinem Glück. Es handelt sich offenbar um einen Mythos, der auf die Begründung des hethitischen Königstums in Kaniš Bezug nimmt.[11] Der Gründungsmythos der ‚Danaer' liegt dann nicht weit ab. Leider ist der hethitische Text unvollständig und lückenhaft. Vielleicht kann die typenmäßige Einordnung Interpretationsmöglichkeiten erschließen und

---

[8] W. G. Lambert, Babylonian Wisdom Literature, Oxford 1960, 151–210; S. N. Kramer, History begins at Sumer, London 1958, 127–135.

[9] Die „noch unveröffentlichte Bileam-Prophetie" I 718 ist erschienen: J. Hoftijzer, G. van der Kooij, Aramaic Texts from Deir'Alla, Leiden 1976.

[10] So J. de Vries, Betrachtungen zum Märchen bes. in seinem Verhältnis zu Heldensage und Mythos, Helsinki 1954, 56 f.

[11] H. Otten, Eine althethitische Erzählung um die Stadt Zalpa, Wiesbaden 1973; V. Haas, Magie und Mythen im Reich der Hethiter I: Vegetationskulte und Pflanzenmagie, Hamburg 1977, 14–17 (mit Hinweis auf die Danaiden).

stützen, während die geographische Verteilung der Annahme einer Kontinuität vom Altanatolischen zum modernen Märchen günstig scheint.[12]

So wird die EM durch die einzigartige Stoff-Fülle, die sie verfügbar macht, zu neuen Fragestellungen Anlaß bieten. Sie erweitert die Arbeitsmöglichkeiten auch für den klassischen Philologen, sofern er seine Texte nicht in *splendid isolation*, sondern im Rahmen einer umfassenderen Sprach- und Erzähltradition zu verstehen sucht. Märchenfreunde und Strukturalisten, Sozial- und Altertumswissenschaftler sollten sich hier treffen, nicht in Konkurrenz und Methodenkampf, sondern in fruchtbarer Zusammenarbeit.

---

[12] Vgl. auch W. Burkert, Von Ullikummi zum Kaukasus, WüJb NF 5, 1979, 253–261; V. Haas, Hethitische Berggötter und hurritische Steindämonen, Mainz 1982, 193–214.

Erschienen in: Bull. Schweizerischer Altphilologenverband 20, 1982, 20–21.

Rezension
'van Thiel, Iliaden und Ilias'

Helmut van Thiel: *Iliaden und Ilias*. Basel-Stuttgart: Schwabe & Co. 1982. 696 S. 8 T. sfr 240/DM 285.–

Es mochte scheinen, als sei die Homeranalyse überwunden, nachdem auch in Deutschland die von Milman Parry begründete oral-poetry-Perspektive sich durchzusetzen begann und für unitarische Interpretationen in Anspruch genommen wurde. Freilich sind die alten Probleme eher verdrängt als gelöst. Hier nun tritt mit frischer Energie eine neue Ilias-Analyse auf den Plan, die von vornherein die umfassendste und gründlichste heissen darf von allen, die bisher veröffentlicht wurden: sämtliche Verse von A 1 bis Ω 804 sind im Hauptteil ins entworfene System eingeordnet; eine methodische Einleitung legt die Prinzipien dar, im Schlussteil sind die erschlossenen Vorlagen nacherzählt. An Stelle des Zweischichten-Modells Von der Mühlls – der grosse Dichter ‚A' und der problematische Redaktor ‚B' – tritt ein kompliziertes, ähnlich dem, das Eduard Schwartz und Reinhold Merkelbach für die Odyssee entwarfen: es gab zwei parallele Epen, Frühilias ‚F' und Spätilias ‚S', dazu zwei Einzelgedichte, das ‚Duell' Paris-Menelaos ‚D' und den Mauerkampf samt Zeusberückung ‚W' (wie ‚wall'). Das ganze sei dann vom Redaktor ‚R' der peisistratischen Zeit zusammengearbeitet, wobei dieser möglichst viel vom alten Bestand zu wahren suchte.

Methodischer Ansatzpunkt sind die ‚konkurrierenden Varianten', Parallelversionen wie die beiden Teukros-Szenen Θ 266–334/O 436–483; auch etwa beim Tod des Sarpedon und Patroklos stehen divergierende Erzählansätze nebeneinander. Dies ist unbestreitbar. V.Th.s weitergehende These ist, dass die Einzelstränge der Doppelungen sich eindeutig zu kürzeren, klarer aufgebauten Gedichten zusammenordnen liessen. Der Hintergrund der Mündlichkeit wird verbal anerkannt, de facto aber ausser Kraft gesetzt durch die Annahme, die Dichter seien dann dazu übergegangen, feste Texte zu komponieren und auswendig zu lernen; ‚R' sei wohl die erste schriftliche Fassung.

Scharfsinn und unerhörter Fleiss erheischen Bewunderung. Doch wird das Ergebnis so wenig wie das früherer Analysen sich durchsetzen. Die Rekonstruktionen ihrerseits zu analysieren, ist allzu leichtes Spiel. Statt eines Menis-Gedichts setzt v. Th. gleich an den Anfang eine volle Ilias, mit Presbeia (ohne Phoinix) und Hektors Lösung, weist die Dolonie immerhin ‚S' zu; er stellt den eigentlichen Schiffskatalog und den Troerkatalog auf eine Stufe (‚S'), koppelt Mauerbau und Apate (‚W'). Andererseits *[21]* muss er grossartig sich steigernde Glanzszenen in Parallelfassungen zerschneiden, so die zwei Zornesausbrüche Achills: A 149 ff. ‚F', 225 ff. ‚S', oder Hektor und Andromache: ‚F' bis Z 465, doch Astyanax ‚S': Ausfüllung des eigenen Schemas gewinnt Vorrang vor der Interpretation. Wenn schliesslich massive Umstellungen durch ‚R' anzunehmen sind, nicht nur im schwierigen Buch P, sondern auch z. B. bei der Presbeia, wird die Rekonstruktion zum spielerischen Cento. Vollends unzulässig ist die Wiederkehr des Redaktors als asinus ex machina, der immer wieder für das, was noch „verdächtig" erscheint und „stört", die Verantwortung zu tragen hat. Hier hat die oral-poetry-Hypothese mit der Betonung der Schwierigkeiten des Uebergangs von der Mündlichkeit zur Schriftlichkeit, vom Vortrag zum monumentalen Epos viel einleuchtendere Erklärungen bereitgestellt. Die Vielfalt der mündlichen Vorstufen im Detail rekonstruieren zu wollen, bleibt wohl ein letztlich privates Spiel.

Erschienen in: Mus. Helv. 39, 1982, 318.

Rezension 'Meyer, Medeia und die Peliaden'

Hugo Meyer: *Medeia und die Peliaden*. Eine attische Novelle und ihre Entstehung. Ein Versuch zur Sagenforschung auf archäologischer Grundlage. Archaeologica 14. Giorgio Bretschneider, Roma 1980. XXIII, 156 S., 30 Taf.

Die von Klaus Fittschen betreute Dissertation will programmatisch in Anknüpfung an Carl Robert ‚Sagenforschung' auf archäologischer und auf philologischer Basis wieder zusammenführen. Der erste Teil behandelt 21 attische Vasen (ab 525 v.Chr.) und weitere Monumente mit Darstellungen von Peliaden und Dreifusskessel; alle sind abgebildet, 4 davon zum ersten Mal. Höhepunkt ist das ‚Dreifigurenrelief, das der Verf. direkt mit den (35 Jahre älteren) ‚Peliaden' des Euripides verbindet: Medeia wirkt hier kein Widderwunder, nur Sinnestäuschung (38–48). Der zweite Teil kreist um die Metope 32 von der Sele-Mündung („um 550"); spätere griechische und etruskische Bilder machen wahrscheinlich, dass es um Wiederbelebung oder Verjüngung des Iason geht. Die ikonographischen Analysen sind methodisch vorbildlich und bringen überzeugende Fortschritte. Willkürlichen Einfällen geht dagegen der dritte Teil nach, der die literarische Überlieferung rekonstruiert. Mehrere Versionen von Tod, Wiederbelebung, Verjüngung des Iason vor und bis Eumelos werden aus späteren Zeugnissen erschlossen, der Tod des Pelias im Kessel aber soll just um 525 „ersonnen" sein, und zwar von dem durch schwarzen Humor ausgezeichneten Lasos von Hermione (121–123). Beiläufig wird eine Pelias-Komödie entworfen (115–121). Das Bild des Duris jedoch, Iason im Maul des Drachen neben Athena, bezeichne die Situation um 485, Kleinasiens Griechen in der Gewalt Persiens, wogegen Athen sich stellt (91–94). Nicht kennen konnte der Verf. Chr. Sourvinou-Inwood, Theseus as Son and Stepson (BICS Suppl. 40, 1979), wo das Bildmotiv ‚Theseus gegen Medeia' (ab 500) als Kleisthenes-Propaganda gegen Peisistratiden und ‚Meder' gedeutet ist. Wie im Mythos Überlieferung, Erfindung und Symbolik ineinandergreifen, bedürfte grundsätzlicherer Überlegung.

Rezension 'Bloch, éd., Recherches sur les religions de l'antiquité classique'

Raymond Bloch (éd.): *Recherches sur les religions de l'antiquité classique*. Centre de recherches d'histoire et de philologie de la IVe section de l'École pratique des Hautes Études III. Hautes Études du monde gréco-romain 10. Droz, Genève/Champion, Paris 1980. 424 S., 12 Taf.

Die Forschungsförderung scheint Kollektivpublikationen von einzelnen Instituten (hier: Centre de recherches étrusco-italiques) zu begünstigen und schafft so einen weiteren unbequemen Typ von Mélanges. Voran ging R. Bloch (ed.), Recherches sur les religions de l'Italie antique, Genève 1976 (diese Zeitschr. 35, 1978, 180). Auch hier stechen die Beiträge zu Rom und Etrurien hervor: eine magistrale Übersicht von R. Bloch (347–381) über die neuen Kulte in Rom im 6./5. Jh. im Zusammenhang mit neuen und neuesten Funden – die Servius Tullius zugeschriebenen Tempelgründungen scheinen bestätigt, Verbindungen mit Griechischem treten direkter als zuvor zutage –; zwei Erstpublikationen interessanter etruskischer Vasendarstellungen: eine Oinochoe aus Aleria mit einem flötenspielenden Esel, der Dionysos trägt (L. Jehasse, 259–266; 4. Jh.), eine Bucchero-Oinochoe in Barcelona (6. Jh.) mit Herakles und Kentaurenkampf, der eine wenig beachtete *[337]* vatikanische Amphora mit dem ältesten etruskischen Bild von Achill und Troilos zur Seite tritt (J. M. M. Gran Aymerich, 405–422). Den Drei Funktionen Dumézils huldigen F. Bader, Rhapsodies homériques et irlandaises (9–83) – zu Nestor, Romulus, Achilleus – und D. Briquel, Trois études sur Romulus (267–346) – bemerkenswert ‚Rémus élu et réprouvé' (267ff.), der Luperkalien-Sieger in der wölfischen Gegenwelt. Am umfangreichsten E. Cloche de la Ferté, Penthée et Dionysos, Nouvel essai d'interprétation des ‚Bacchantes' d'Euripide (105–257), an sich weniger neu als konsequent in der „vision préhistorique et rituel" (183) eines Menschenopfers als Kern der ‚Bacchen', die damit freilich „échappent en partie à leur auteur" (158). Ferner M. Yon, Zeus de Salamine (85–103); J.-P. Thuillier, A propos des ‚triades divines' de Poggio Civitate (Murlo) (383–394); Ch. Guittard, L'expression du verbe de la prière dans le carmen latin archaïque (395–403).

Rezension 'Düll, Die Götterkulte Nordmakedoniens in römischer Zeit'

Siegrid Düll: *Die Götterkulte Nordmakedoniens in römischer Zeit*. Eine kultische und typologische Untersuchung anhand epigraphischer, numismatischer und archäologischer Denkmäler. München, Fink. 1977. 452 S., XII Textabb., 80 Tafelabb. 8°. (Münchener Archäologische Studien, 7.)

Überaus verdienstlich ist diese Münchener Dissertation schon allein dadurch, daß sie einen Bereich erschließt, der sonst kaum zugänglich ist infolge mannigfacher, auch sprachlicher Barrieren – die drei Zeilen serbokroatischer Text, die S. 412 f. stehen blieben, machen dies bewußt –. Die Vf. hat systematisch die Museen von Jugoslawien und Bulgarien samt der zugehörigen Literatur durchgearbeitet und die religiösen Dokumente aus dem Bereich des antiken Makedoniens – Axios- und Erigon-Tal mit der Stadt Stobi; oberes Strymon-Tal – zusammengetragen. Auch ‚Unzugänglichkeit' freilich ist relativ: das weit besser erschlossene Südmakedonien im heute griechischen Staatsgebiet „mußte wegen der ungenügenden Unterstützung des Antikendienstes in Athen und der damaligen Unzugänglichkeit der makedonischen Ephoren und Ausgräber" (6) ausgeschlossen werden. Auch so ist ein Katalog von 285 Zeugnissen (S. 269–420) zusammengekommen, vorwiegend Votiv- und Grabstelen und Statuetten, daneben ganz wenige literarische Zeugnisse. Münzen erscheinen in Auswahl. Ausgrabungsbefunde spielen bisher kaum eine Rolle; nur in Styberra ist ein kleiner Tyche-Tempel gefunden, das Theater von Stobi enthielt ein Nemesis-Heiligtum, dazu kommt ein Mithraeum bei Kerameai.

Dem Katalog stellt die Vf. die systematische Auswertung voran (S. 39–156 mit Zusammenfassung 157–168, geographischer Übersicht 169–177, Anmerkungen 179–226); sie gliedert nach griechischen (olympischen und nichtolympischen), einheimischen, römischen, ägyptischen und orientalischen Gottheiten, die dann alphabetisch gereiht sind. Der Kaiser- und Heroenkult wurde leider nicht mit aufgenommen; vom ‚Thrakischen Reiter' ist trotzdem viel die Rede (bes. S. 191, 32). Die archäologische Beschreibung der Einzelstücke ist sehr sorgfältig; systematisch werden Verweise auf Ähnliches in Südmakedonien gegeben, auch die anderen Nachbargebiete, Moesien und Thrakien, bleiben stets im Blick. Nicht ganz so lobenswert ist die Behandlung der Inschriften[1]; man wird auch bei der Auswertung der theophoren Eigennamen monieren, daß Bildungen mit Nik- nicht als „die theophoren Namen der Nike" (131) gelten können, sondern von einer Göttin Nike ganz unabhängig sind[2], und daß Isochrysos (151) mit Isis nicht mehr zu tun hat als Isokrates. Methodisch wegweisend ist die Ausarbeitung eines Punktesystems zur Bezeichnung des ‚Zeugniswertes' *[211]* der einzelnen Stücke (17–22)[3]: je nachdem Gott, Kult, Ort und Zeit feststellbar sind, ergeben sich die Noten (a) ‚vollständig', (b) ‚ausreichend', (c) ‚brauchbar, aber nicht ausreichend' oder (d) ‚unvollständig' hinsichtlich der Etablierung eines Kultes. Dies erleichtert sehr den Überblick über ein großes Material; doch ist zu betonen, daß insbesondere bei Erteilung der Noten (a) und (b) die eigentliche Aufgabe des Interpreten erst beginnt.

Freilich ist es nicht die Aufgabe einer solchen Sammelarbeit, tiefer in Sinn und Funktion religiöser Kulte einzudringen. Das punktuell verstreute Material bietet auch kaum Ansätze; spektakuläre Ergebnisse sind nicht zu erwarten. Während die Münzen ins 4.–2. Jh. v. Chr. führen, sind die übrigen Stücke, wie auch der Titel andeutet, praktisch durchweg kaiserzeitlich, spätantike Koine mit provinziellen Zügen – eine bemerkenswerte Ausnahme, wohl Importstück, stellt ein Doppelnaiskos der Meter aus dem 4. Jh. dar (nr. 280 Abb. 69, S. 153 f.). Immerhin bringen 45 Nummern des Katalogs bisher unveröffentlichte Objekte, von denen 25 in Abbildungen vorgestellt werden. Artemis und Dionysos dominieren, wobei in beiden Fällen nichtgriechischer Hintergrund noch vage faßbar ist. Singulär ist der Zeus Ὑπεραιρέτης (nr. 162)[4], der mit Recht mit Zeus Ὑπερβερέτας/Ὑπερφέρετης zusammengestellt wird (S. 101); freilich „der über alles Erhobene" kann der Beiname kraft seines aktiven Suffixes kaum heißen; er wird bedeutungsgleich mit Ὑπερφέρετης sein, αἴρειν ~ φέρειν. Für die Trias Zeus, Hera, Dionysos auf einer Stele (nr. 104, vgl. nr. 111) wäre doch wohl auf die vieldiskutierte Lesbische Götterverbindung[5] zu verweisen.

In die eigentlich religiöse Dimension führt die Frage, inwieweit Götterdarstellungen auf Grabstelen eine ‚Deifikation' Verstorbener ausdrücken. Die Vf.

---

[1] Kritische Ergänzungen gibt L. Robert Bull. epigr. 1979 nr. 265.
[2] Vgl. M. Meier MH 33, 1976, 181.
[3] Bereits vorgestellt in ΑΡΧΑΙΑ ΜΑΚΕΔΟΝΙΑ I, Thessaloniki 1970, 318–323.
[4] Fehlt noch RE X A 253 ff. bzw. Suppl. XV 1441 ff., obgleich in Spomenik 75, 1933, 39 veröffentlicht; dies zur Sprachbarriere. Text statt „θεο͂ (sic) δῶρο[ν" doch wohl Θεόδωρο[ς sc. ἀνέθηκε.
[5] Alkaios 129 vgl. 130 LP, Sappho 17 LP, C. Gallavotti RFIC 34, 1956, 225–236.

hat sich früher schon[6] hierzu geäußert und wiederholt ihre Argumentation mit aller Vorsicht zu Aphrodite (45–47), Dionysos (80), Herakles (88–90) und Telesphoros (109f.). Eine wichtige Stütze außerhalb des nordmakedonischen Bereichs ist die Bezeichnung einer Toten als Hekate in Mesambria (Thrakien)[7]. Wenn eine Frau „den Mann, sich selbst und die Kinder" auf einer Stele darstellt und das Bild zwischen zwei Erwachsenen einen kleinen Herakles und eine kleine Aphrodite zeigt (nr. 8 Abb. 6), ist in der Tat kaum eine andere Deutung möglich; kaum weniger deutlich ist ein anderes Monument, gleichfalls einem verstorbenen Kind errichtet, *[212]* das einen Knaben mit dionysischen Attributen darstellt (nr. 90). Dagegen hat Louis Robert (Anm. 1) energisch bestritten, daß die Kapuzenfiguren überhaupt den Gott Telesphoros meinen. Daß Unsicherheiten bleiben, weiß die Vf. wohl.

Die eigenartigsten Dokumente der behandelten Region, offenbar einheimischer Tradition verpflichtet, sind die Reliefs des Schlangenkultes (nr. 257; 258; 260; vgl. nr. 93; 103; 25 mit Abb. 14): zwei große Schlangen nähern sich von beiden Seiten einem Gefäß, auf dessen Deckel ein Ei liegt. Die Vf. kann ähnliche Darstellungen aus dem Bereich des Dioskurenkultes nachweisen (S. 140, 9–12 nach Chapouthier). Einzigartig aber ist das Relief einer aufrechtstehenden Frau, die zwei sich bäumenden Riesenschlangen je ein Ei reicht (nr. 184 Abb. 52). Die Vf. betrachtet die Gestalt als Göttin und nennt sie zweifelnd Hygieia (S. 109 vgl. 139); sie verweist außerdem kurz auf den Mythos von Kadmos bei den Illyrern (141). Nun führt gerade in den illyrischen Bereich ein Text, der diese Darstellung am ehesten zu erklären scheint: „Die Epiroten", schreibt Aelian (nat. an. 11, 2), feiern ihr größtes Fest dem Apollon – in Apollonia also? –; der Gott hat da einen Hain, „und drinnen sind Schlangen, und sie sind die Spielgenossen des Gottes. Die Priesterin also, eine unverheiratete Frau[8], geht allein hinein und bringt den Schlangen zu fressen; und wenn diese auf die eintretende Priesterin freundlich blicken und eifrig die Speise zu sich nehmen, so deuten sie damit, wie man übereinstimmend sagt, gutes Gedeihen und ein Jahr ohne Krankheit an". Schlangen fressen Eier[9]. Man darf also wohl in der eigenartigen Stele den Reflex einer solchen Praxis erkennen, stilisiert zum Symbol jenes ‚guten Gedeihens', auf das der Stifter des Monuments gewiß auch seinerseits hoffte.

---

[6] Essays in Memory of B. Laourdas, Thessaloniki 1975, 115–135.
[7] Peek GV nr. 438a; Düll 1975 T. 2.
[8] Codd. γυμνή, von Religionswissenschaftlern verteidigt, vgl. E. Fehrle, Die kultische Keuschheit im Altertum, Gießen 1910, 79; γυνή Lobeck.
[9] καὶ ᾠὰ καταπίνει Arist. hist. an. 594a17.

Daß Nordmakedonien bis zum Ende der Antike praktisch rein griechisch blieb, Römisch-Lateinisches nur ganz vereinzelt einsickert, ist ein bemerkenswertes Nebenergebnis der vorgelegten Dokumentation. Der wackere Johannes von Stobi hätte in diesem Zusammenhang eine Erwähnung verdient. Die Sammlung erfüllt ihren Zweck und wird dankbare Benützer finden.

Erschienen in: Mus. Helv. 40, 1983, 259.

Rezension
'O'Brien, Theories of Weight in the Ancient World'

D. O'Brien: *Theories of Weight in the Ancient World*. Four Essays on Democritus, Plato and Aristotle. A Study in the Development of Ideas. Vol. I: Democritus. Weight and Size. An Exercise in the Reconstruction of Early Greek Philosophy. Collection d'Etudes Anciennes. Les Belles Lettres, Paris/Brill, Leiden 1981. XXI, 419 S.

Entgegen dem Zeugnis des Aetios (1, 12, 6), wonach die demokriteischen Atome kein βάρος haben, und gegen den von Burnet begründeten ‚herrschenden Kompromiss', wonach die Atome an sich gewichtslos sind und nur im kosmischen Wirbel dem Zentrum zustreben, zeigt der Verf., dass den Atomen an sich durchaus etwas wie ‚absolutes Gewicht' zukommt, βάρος ‚je nach Grösse' nicht im Sinn des ‚Fallens', der Bewegungstendenz in eine Richtung, sondern im Sinne der Wucht, ‚force of impact' (ἐμπίπτειν). Dies lässt sich einordnen in eine vorsokratische Konzeption, die βάρος mit Dichte, Leichtigkeit mit λεπτόν assoziiert. Methode ist die genaue Interpretation der einschlägigen Zeugnisse von Aristoteles, Theophrast, Simplikios, denen gegenüber die Angaben des Aetios als Irrtum zu beurteilen und auch zu erklären sind. Jeder Beweisschritt wird mit äusserster Bedachtsamkeit, unter Diskussion aller Alternativmöglichkeiten und bisherigen Auffassungen und ohne Originalitätshascherei vollzogen. Dies gibt dem Gang der Untersuchung ein solides Fundament, legt auch ‚the progress of error' bei namhaften Interpreten von Zeller bis Guthrie bloss, wirkt freilich auch, gerade im Kontrast zur knappen Kühnheit vorsokratischen Denkens, ungewöhnlich redundant. Ein zweiter Band soll der Schwere-Theorie des ‚Timaios', zwei weitere Aristoteles gewidmet sein, vgl. vorläufig JHS 97 (1977) 64–74.

Rezension
'Ranke et al., Hg., Enzyklopädie des Märchens III'

Enzyklopädie des Märchens. Handwörterbuch zur historischen und vergleichenden Erzählforschung. Hrsg. von **Kurt Ranke** zusammen mit **Hermann Bausinger**, **Wolfgang Brückner**, **Max Lüthi**, **Lutz Röhrich**, **Rudolf Schenda**. Band 3: Chronikliteratur–Engel und Eremit. Berlin/New York: de Gruyter 1981. XV S. 1446 Sp.

Das große Gemeinschaftswerk (vgl. diese Zeitschr. 54, 1982, 713–9) schreitet planmäßig fort, mit gleicher Konzeption und gleichbleibendem Niveau. Der umfangreichste Artikel des vorliegenden Bandes ist ‚Deutschland' (447–569) mit dem geistesgeschichtlich besonders wichtigen Abschnitt ‚Geschichte der Forschung' (E. Moser-Rath, 521–69). Methodisch wichtig und auffällig ist; wie oft das stets als grundlegend genommene Verzeichnis der Märchentypen von Aarne-Thompson sich als revisionsbedürftig erweist (z.B. 267, 6: AaTh 1180; 820–5: AaTh 305; 1061: AaTh 1725; 1120: AaTh 1185; 1141: AaTh 44 und 44* 1162: AaTh 1218, 1677; 1193: neuer Typ; 1261: AaTh 1159/60; 1431: AaTh 795). Zum Problem des Verhältnisses mündlicher und schriftlicher Tradition sei notiert, daß mehrfach ein Übergang aus Schriftquellen in orale Tradition konstatiert wird (Perrault 365,28; ‚Chroniken' 6 f; ‚Cymbeline' 193), während umgekehrt H. Jason einen Beweis für orale Tradition hinter der biblischen David-Geschichte versucht hat (366 f). Im Artikel ‚Chronologie' folgt D.-R. Moser weithin der am Literarischen orientierten Position von D. Fehling (15–21); dagegen meint W. Williams-Krapp s. v. ‚Elternmörder' zur Übertragung des Ödipus-Motivs in die Judas- und Gregorius-Legende, „die stoffgeschichtlichen Entwicklungen" seien „viel zu kompliziert, um … von einer direkten Abhängigkeit von der antiken Mythologie sprechen zu können" (1372) – doch ist als Zwischenglied zwischen Statius und den Legenden der ‚Roman de Thèbes' faßbar (um 1150, ed. G. R. de Lage 1966/7). Die Judas-Legende ist bes. in Griechenland volkstümlich geworden und bis in neueste Zeit geblieben. – Hingewiesen sei noch auf den prinzipiell wichtigen Begriff ‚Conduit-Theorie' (L. Dégh, 124–6) zur Beurteilung von Volksüberlieferung.

Ins altertumswissenschaftliche Gebiet fallen Artikel wie Circe, Danae, Danaiden, Daphne, Demeter, Diogenes, Dioskuren, Dädalus und Ikarus, Echo; Biographien von D. Comparetti und R. M. Dawkins; vorzüglich ‚Claudius Aelianus' (H. Gärtner, 66–74), ein Artikel, den freilich jeder unter A' suchen wird (immerhin Verweis I 311 s. v. Älian); an Ausführlichkeit und Gewicht treten ‚Dämon', ‚Dämonologie', ‚Demiurg', ‚Drache', ‚Elementargeister', ‚Engel' in den Vordergrund. Sie fordern den Vergleich mit den entsprechenden Artikeln des RAC heraus – das zu wenig benützt wurde –: dieses bietet an Quellenerschließung und geistesgeschichtlicher Präzision unvergleichlich viel mehr; und doch bringt die EdM auch dem Spezialisten eine Erweiterung in Bereiche, die dem Philologen sonst nicht im Blick sind. S. v. ‚Elementargeister' hätte auf jeden Fall das System der Epinomis genannt werden müssen (984 b–985 c): beseelte Wesen aus Äther, Luft und Wasser; man vermißt aber auch die Nennung von E. T. A. Hoffmann. Als weiteres Defizit *[548]* macht sich bes. bei ‚Drache' und ‚Engel' die unzulängliche Berücksichtigung der Ikonographie bemerkbar: die Entscheidung der EdM, auf Abbildungen zu verzichten, ist gerechtfertigt, und doch ist der Tatsache Rechnung zu tragen, daß jeder aus den in der Kinderzeit gesehenen Bildern lernt, was ein Drache und ein Engel ist. Für den griechischen ‚Drachen' (788) ist ikonographisch klar zu scheiden zwischen der Schlange (Apollon, Kadmos) und dem wal- oder robbenartigen κῆτος (Andromeda, Hesione); der Krokodiltyp (790) findet sich so wenig wie der Tatzelwurm.

Einige weitere Hinweise und Berichtigungen: ‚Daniel': „In der luther. Übersetzung sind Teile des 3. Kap.s und die Kap. 13 sowie 14 ... in den Apokryphen untergebracht" (284): auch einem Laienpublikum muß gesagt sein, daß es sich um die Zusätze der griechischen Übersetzungen gegenüber dem hebräisch-aramäischen Text handelt.

‚Cinderella': Die Geschichte vom Schuh der Rhodope erscheint 41 m. Anm. 5 mit irreführender Stellenangabe; lies Strab. 17, 1, 33 p. 808, Ael. v. h. 13, 33 (vgl. 67, 1).

‚Dädalus': „eine Vase ca. 600 a. Chr. n." (209 mit Verweis auf Gaz. arch. 9, 1884), d. i. eine böotische Kotyle im Louvre, abgebildet und kritisch behandelt bei J. D. Beazley, JHS 47, 1927, 222 f.

‚Drei, Dreizahl': nicht genannt ist die reiche Studie von H. Usener, Dreiheit, RhM 58, 1903, 1–48. 161–208, repr. Hildesheim 1966.

‚Echo': Euripides' Andromeda (412 v. Chr.) ist genannt, trotzdem heißt es „seit dem 4. Jh." (971).

‚Edelstein': für „medizinisch-wissenschaftliche" Tendenz, durch „Aristoteles-Theophrast" vertreten, darf nicht das ‚Steinbuch des Aristoteles' angeführt werden (1006, 27), ein orientalisch-mittelalterlicher Text (ed. J. Ruska 1912), vielmehr Theophrasts *Lithika* (ed. D. B. Eichholz 1965).

‚Ehe': Für den „übernatürlichen Partner" (1033 f) ist, nach der rituellen ‚Heiligen Hochzeit' der Sumerer (S. N. Kramer, The Sacred Marriage Rite, Bloomington 1969), die Episode von Inara und Upasia im hethitischen Illuyankas-Mythos (dazu V. Haas, Ugarit-Forschungen 7, 1975, 227–33) zu nennen, wo bereits das Tabu-Motiv erscheint; dann die in der Ilias vorausgesetzte Geschichte von Thetis und Peleus.

‚Eile mit Weile' erscheine „unter den lat. Sentenzen des MA.s" (1182) – ‚des Kaisers Augustus Devise' ist Suet. Aug. 25, 4 bezeugt.

‚Einigkeit macht stark': Die Geschichte vom Skythenkönig Skiluros erscheint ohne Stellenangabe (1257); siehe Plut. Reg. et Imp. Apophth. 174 f mit den in der Teubner-Ausgabe verzeichneten Parallelen.

‚Einmauern': „Livius berichtet z. B. von der Vestalin Minucia ... oder von vier Vestalinnen, die Caracalla hat einmauern lassen" (1272): die zweite Angabe natürlich nicht bei Livius, sondern bei Dio Cass. 77, 16.

‚Elias': Es fehlt die in Griechenland sehr verbreitete Legende von Elias dem Seemann, der den Ort sucht, wo man das Meer nicht kennt, nach Od. 11, 121–34; vgl. D.-R. Moser, Fabula 20, 1979, 116–36 mit Verweis auf K. Rhomaios, Τό ἀθάνατο νερό, Athen 1973, Nr. 18.

‚Ende der Welt'*: Hier dürfte der Alexanderroman nicht fehlen, 2, 41, vgl. R. Merkelbach, Die Quellen des griechischen Alexanderromans, München 1977^2, 62–5.

Doch sollte der Altertumswissenschaftler nicht nur belehren, sondern auch anerkennen, daß er immer wieder Belehrung findet, oft in überraschender Weise. Genannt seien noch die kuriose Nachwirkung des Mythos von Argos und der Kuh im Märchen vom treuen Diener (651 f) und die bemerkenswerte Parallele zu Illuyankas-Typhon in estnischen Erzählungen vom Diebstahl der Werkzeuge des Donnergotts (763 f).

---

* *[Unsicher lesbare handschriftliche Anmerkung Burkerts: Jeremias, Bis hierher u. nicht weiter.]*

Erschienen in: Mus. Helv. 41, 1984, 242.

Rezension 'Muthmann, Der Granatapfel'

Friedrich Muthmann: *Der Granatapfel. Symbol des Lebens in der Alten Welt.* Schriften der Abegg-Stiftung Bern 6. Office du livre, Fribourg 1982. 178 S., 148 Abb.

Der Prachtband, angeregt durch eine Ausstellung in Riggisberg, stellt eine reiche Bilddokumentation mit einzigartigen Detailaufnahmen von Sumer bis ins Frühmittelalter vor. In lockerer Reihung folgt Beispiel auf Beispiel mit ausführlichen Anmerkungen und Literaturangaben, doch ohne Anspruch auf Vollständigkeit oder in quantitativer Hinsicht repräsentative Auswahl – kaum behandelt ist Mykenisches, auch die griechische Vasenmalerei fällt fast aus –, auch ohne eindringlichen Versuch in bezug auf ‚Symbolik' weiterzukommen. Als Schwerpunkte prägen sich ein: Ausgangspunkt in Mesopotamien, ein Typ ‚Lebensbaum' mit Granatapfel; die Grosse Göttin mit Granatapfel, von Kubaba zu Aphrodite, Hera, Demeter; Verwendung im Grabkult in Griechenland mindestens seit dem 8. Jh., am auffälligsten in lukanischen Grabmalereien des 4. Jh. Sorgfältig behandelt sind dann die wenigen frühchristlichen Belege, besonders ein syrisch beeinflusstes Mosaik in England; die koptischen Textilien, bei denen die Abegg-Stiftung massgebend vertreten ist; die sassanidische Kunst; Armenisches. Einige störende Druckfehler im Kleingedruckten (S. 13 Anm. 3 lies ‚3. Jtsd.' statt ‚2. Jtsd.') können mit der postumen Veröffentlichung zusammenhängen.

Erschienen in: Mus. Helv. 41, 1984, 243.

Rezension
'Snell, Griechische Metrik'

Bruno Snell: *Griechische Metrik*. 4., neubearbeitete Auflage. Studienhefte zur Altertumswissenschaft H. 1. Vandenhoeck & Ruprecht, Göttingen 1982. IV, 76 S.

Bruno Snells Metrik ist seit ihrem ersten Erscheinen (1955) die empfehlenswerteste Einführung, zumindest für deutschsprachige Studenten. Sie baut auf den von Paul Maas gelegten Grundlagen mit sicherem Sinn für übersichtliche Zusammenhänge – wegweisend waren, im Anschluss an Ernst Kapp, die Ableitungen der Epoden-Bildungen und die der äolischen Verse mit ‚innerer' und ‚äusserer Erweiterung' –; dazu kommt befreiende Grosszügigkeit gegenüber terminologischer Scholastik: „Anzunehmen, jede einzelne Periode in den Gedichten Pindars sei ein fest bestimmbares und benennbares Gebilde", ist „grundsätzlich verkehrt" (57). Die Neuauflage ist durchweg überarbeitet, auf die neuen Editionen umgestellt, sie bringt Hinweise auf neue Spezialliteratur und besonders auf die neuen Funde bis zum Stesichoros von Lille (50, 37). Am wenigsten zu ändern war an den feinen metrischen Interpretationen zu Pindar und zur Tragödie (55–57; 58–63). Angefügt sind Bemerkungen zur ‚prosodischen Kunst' und didaktische Hinweise auf Merkverse; auch Snells Lieblingsgedanke einer Entwicklung vom Additiven zum Organischen kommt zur Sprache (41, 9; 48; 57). Der Abschnitt ‚Archilochos und die Epoden-Verse' ist ganz umformuliert (39–43), wobei die Übersicht über die metrischen Formen des Archilochos selbst zugunsten eines Verweises auf West weggeblieben ist. Wests eigenes Buch ‚Greek Metre', gleichfalls auf Maas'scher Grundlage erwachsen, ist gleichzeitig erschienen (Oxford 1982). Für die Sotadeen wird man eher ihm folgen (143–145) als Snell, der den ‚Ionicus a maiore' ganz eliminieren möchte (34; 48).

Erschienen in: Mus. Helv. 41, 1984, 246.

Rezension
'O'Brien, Pour interpréter Empédocle'

D. O'Brien: *Pour interpréter Empédocle*. Les Belles Lettres, Paris; Brill, Leiden 1981. 138 S.

Epikritisches zu N. van der Ben, The Proem of Empedocles' Peri Physios, Towards a New Edition of all the Fragments, Thirty-One Fragments edited, Amsterdam 1975. Dieser möchte das Fragment über Fall und Wanderung der δαίμονες B 115, das gemeinhin als Grundlage und Inbegriff der Empedokleischen Katharmoi gilt, zum Anfang des Naturgedichts machen und damit die übliche Vorstellung von dessen Aufbau und Inhalt umstürzen. Hauptargumente sind für ihn, dass Plutarch De exil. 607C Empedokles B 115 als „Proklamation am Anfang der Philosophie" zitiert, während der Anfang der Katharmoi in B 112 vorliegt, und dass Simplikios Phys. 1184 im gleichen Atem B 17,25, B 115 und B 30 zitiert, während er sonst die Katharmoi nie berücksichtigt. Verf. zeigt dagegen, dass vor Kelsos und Hippolytos auch bereits Plutarch (Is. 361C) B 115 in den Zusammenhang der ‚Reinigung' stellt und dass Simplikios in einer Tradition neuplatonischer Empedoklesauslegung steht, in der B 115 πολυθρύλητον war. Er verteidigt des weiteren die Normalauffassung des Empedokleischen Kyklos, sorgfältig und genau, mit Indices und Bibliographie – nützlich die vollständige Testimoniensammlung zu B 115 (111–114) –, wenn auch ohne neuen Grund zu brechen.

Erschienen in: Gnomon 57, 1985, 209–12.

Rezension 'Gnoli/Vernant, éd., La mort, les morts dans les sociétés anciennes'

Gherhardo Gnoli, Jean-Pierre Vernant (edd.): *La mort, les morts dans les sociétés anciennes.* Cambridge (etc.): Cambridge UP; Paris: Editions de la Maison des Sciences de l'Homme 1982. XVI, 505 S. 55 Abb. 25 £.

Der Tod, in unserem Alltag tabuisiert, hat doch literarische Konjunktur.[1] Vorliegender Band vereinigt, nach doppeltem Vorwort und prinzipieller Einleitung von *Bruno d'Agostino* und *Alain Schnapp* (Les morts entre l'objet et l'image, 17–25), 30 Abhandlungen, die von Homer bis Bali führen. Schwerpunkte sind das archaische Griechenland einerseits (27–119), frühgeschichtliche Archäologie von Mittel- und Süditalien andererseits (203–317). Denn das Buch beruht auf der Begegnung zweier sehr aktiver Forschungsgruppen, von denen wichtige Anregungen ausgegangen sind und ausgehen, des von Vernant inspirierten Kreises am ‚Centre de recherches comparées sur les sociétés anciennes' in Paris und der Mitarbeiter d'Agostinos am Institute Universitario Orientale in Neapel. Hinzu treten Beiträge zum klassischen und hellenistischen Griechenland sowie Ausblicke ins Keltische (J.-P. Demoule, 319–337), Iranische (Gh. Gnoli, 339–347; Ph. Gignoux, 349–354), Mesopotamische (E. Cassin, 355–372; J. Bottéro, 373–406), Hethitische (D. Silvestri, 407–418), Aegyptische (R. Fattovich, 419–427; C. Barocas, 429–440), Indische (Ch. Malamoud, 441–453; P. Simonelli, 455–466; Ch. Silvi Antonini, 467–481) und nach Insulinde (D. Lombard, 483–505). Das ganze beruht, was im Band nicht gesagt ist, auf einem Kongreß, der 1977 auf Ischia stattfand.

Von den Anregungen, die dieser Begegnung verdankt werden, geben die gedruckten Texte mehrfach Zeugnis. In der Tat handelt es sich um ein

---

[1] Von einer „publishing explosion in the mid-seventies, from which fall-out still continues" spricht S. R. F. Price JHS 103, 1983, 196 in der Anzeige von 5 Bänden, darunter dem vorliegenden; dazu u. a. S. Humphreys, The Family, Women and Death, London 1983 (dazu I. Weiler, diese Zeitschr. 56, 1984, 228–32); R. Meyer-Orlac, Mensch und Tod. Archäologischer Befund – Grenzen der Interpretation, Hohenschäftlarn 1982.

bemerkenswertes Zusammentreffen philologischer und archäologischer Forschung. Dies hatte hier eine besondere Chance. Die Pariser Gruppe geht von Texten aus, bearbeitet diese aber mit der Fragestellung nach verborgenen Intentionen, geistigen Strukturen, sozialen Beziehungen; in Neapel begnügt man sich nicht mit der Katalogisierung von Ausgrabungsbefunden, sondern versucht, alle Indizien für soziale Strukturen und damit verbundene ‚Ideologien‘ auszuwerten. In der Blickrichtung aufs Gesellschaftliche und auf ‚Ideologie‘ also liegt die Gemeinsamkeit, Ideologie als Konstruktion und auch Manipulation von Sinnfiguren.

Daß aus einem interessanten Kongreß ein gutes Buch wird, ist nicht selbstverständlich. Vorliegender Band hat durchaus die üblichen Schwächen von Kongreßakten: teils wird vorgetragen, was an anderem Ort ausführlicher und genauer publiziert ist,[2] teils werden Ergebnisse in Vereinzelung vorgelegt, die man zusammenfassend und systematisch dargestellt sehen möchte; originelle Beiträge zu Spezialproblemen werden, indem sie in Mélanges versickern, der Fachdiskussion entzogen: was fruchtet eine neue These über die iranischen fravaši (*Gh. Gnoli*) oder über die Anwendbarkeit der Dumézilschen ‚drei Funktionen‘ auf hethitische Wörter *[210]* im Totenbereich (*D. Silvestri*) an diesem Ort? Es fehlt an Querverweisen,[3] es fehlt ein Index. Ein vollständiges Bild, das der Titel zu versprechen scheint, kommt nicht zustande, fällt doch z.B. der gesamte römische Bereich aus. Man kann auch feststellen, daß die Fixierung auf ‚Ideologie‘ das Schlichtmenschliche, das Emotionale, auch das Traditionelle und Rituelle zu kurz kommen läßt. Von dem, was Erwin Rohdes ‚Psyche‘ ausmacht oder Karl Meulis ‚Entstehung und Sinn der Trauersitten‘, findet man fast nichts in diesem Buch. Auch philologische Kleinarbeit kommt kaum zum Zuge.[4]

So liegt das eigentliche Interesse doch bei den Einzelbeiträgen. Hervorgehoben seien zunächst zwei sich ergänzende Untersuchungen zum gleichen wichtigen Thema, der Entstehung der griechischen Heroenkulte: *Claude Bérard*, Récupérer la mort du prince: héroïsation et formation de la cité (89–105) und *Anthony Snodgrass*, Les origines du culte des héros dans la Grèce

---

[2] Erschienen sind nach 1977: F. Hartog, Le miroir d'Hérodote, Essai sur la représentation de l'autre, Paris 1980 (vgl. hier 143–154); G. Bailo Medesti, Cairano nell' età arcaica, Napoli 1980 (vgl. hier 241–256); N. Loraux, L'invention d'Athènes, Paris 1981 (vgl. hier 27–43).

[3] Der S. 361 f von E. Cassin besprochene Keilschrifttext wird S. 383–86 in Transkription und Übersetzung von J. Bottéro vorgestellt.

[4] Die Parallele von Ilias 22,70–76 und Tyrtaios 10,21–27 kommt zweimal zur Sprache, 35 (Loraux) und 60 f m. Anm. 68 (Vernant); daß hier ein Prioritätsproblem besteht (vgl. P. Von der Mühll, Kritisches Hypomnema zur Ilias, Basel 1952, 332 f), wird nicht diskutiert.

antique (107–119). Daß griechische Heroenkulte nicht, wie Nilsson und andere meinten, ein Erbe aus mykenischer Zeit sind, sondern seit der Mitte des 8. Jh. deutlich neu geschaffen werden, hat sich seit einiger Zeit ergeben; Eindruck hat besonders die These gemacht, hier sei die erste Wirkung der sich ausbreitenden ‚homerischen' Heroendichtung zu fassen.[5] Die beiden hier zu Wort kommenden Autoren meinen demgegenüber, daß die Entwicklung der Heroenkulte unseren homerischen Gedichten vorausliegt und in diesen gelegentlich bereits vorausgesetzt wird (92–94. 115 f). *Bérard* geht aus von dem von ihm ausgegrabenen und publizierten Heroon von Eretria[6] und setzt dieses in Bezug zu der eben damals sich ausformenden griechischen Polis – bekanntlich ist Eretria als Neugründung des 8. Jh. für die griechische Polis-Werdung überhaupt ein einzigartiges Dokument. B. sieht eine „crise de la souveraineté", die mit der in der Polisstruktur verankerten gemeinschaftlichen Verantwortung einhergeht; die Sonderstellung des Fürsten wird nur noch als die des Toten akzeptiert, der gemeinsam verehrt wird. B. weist zugleich auf die besondere Beziehung des Heroenkults zur „fonction guerrière" hin. *Snodgrass* geht gleichfalls vom Bezug zur Polisbildung aus, legt aber den Nachdruck auf wirtschaftliche Aspekte: die „occupation de la terre" im Übergang von einer noch durch Wanderhirten bestimmten Stufe zur städtischen Siedlung mit fest markiertem Grundbesitz. Die Gleichzeitigkeit der Entstehung von Tempeln mit festen τεμένη und von Heroa wird so verständlich: die Heroen drücken die Bindung an den Boden aus und helfen je ihrem Land. Bérards Ansatz führt auf das Problem, wie denn ‚Souveränität' in den bescheidenen Verhältnissen der ‚dunklen Jahrhunderte' vorzustellen ist; doch zeigt das erstaunliche Heroon von Lefkandi,[7] auf welche Überraschungen man gefaßt sein muß. Beide Thesen widersprechen sich im übrigen nicht und lassen auch weitere ergänzende Gesichtspunkte zu, etwa die Zurückdrängung der großen Familien-Einzelbestattungen in der Polis-Gemeinschaft. Daß die Macht eines Heros *[211]* glaubhaft und erlebbar war, setzt im übrigen voraus, daß entsprechende Deutungen und Deuter bereitstanden;[8] auch die Entwicklung der Orakel in eben dieser Zeit gehört wohl in diesen Zusammenhang.

Um Homer kreisen die drei Beiträge von *Nicole Loraux*, Mourir devant Troie, tomber pour Athènes: de la gloire du héros à l'idée de la cité (27–43),

---

[5] Zusammenfassend J. N. Coldstream, Hero-cults in the age of Homer, JHS 96, 1976, 8–17, wovon beide Autoren ausgehen.
[6] Eretria III: L'Héroôn à la porte de l'ouest, Bern 1970, vgl. Eretria VI, Bern 1978, 89–95.
[7] Um 950: Arch.Rep. 1982/3, 12–15; BCH 107, 1983, 807; P. Blome WüJbb. N.F. 10, 1984, 10–22.
[8] Vgl. Rez., Itinerant Diviners and Magicians: A neglected element in cultural contacts, in R. Hägg (ed.), The Greek Renaissance of the Eighth Century B. C., Stockholm 1983, 115–119.

von *Jean-Pierre Vernant*, La belle mort et le cadavre outragé (45–76) und von *Annie Schnapp-Gourbeillon*, Les funérailles de Patrocle (77–88). Loraux führt die Antithesen zwischen den homerischen und den klassisch-athenischen Gegebenheiten durch, Vernant spielt geistreich mit Antithesen innerhalb des heroischen Genre, Schnapp betont die Distanz der Patroklos-Leichenfeier zu jeder möglichen Realität und ihre Funktion innerhalb der Ilias. Zu den Sirenen äußert sich *L. Kahn* (133–142), zur ‚Antigone' *G. Cerri* (121–131), zu stoischen Paradoxen *M. Daraki* (155–176). Je für sich sehr erhellend sind die Beiträge von *Pauline Schmitt-Pantel* über die hellenistischen εὐεργέται und ihre Stiftungen als eine neue Form der „mémoire civique" (177–188) und von *Domenico Musti* über die sozialen Hintergründe und die politische Funktion der Monumente des Antiochos von Kommagene (189–201).

Die archäologischen Berichte der zweiten Gruppe können im einzelnen aufsehenerregende Ergebnisse aus der Epoche vorlegen, als in Italien die ersten Hochkulturen entstanden. Voran steht *Bruno d'Agostino*, L'ideologia funeraria nell' età del ferro in Campania (202–222) über die Ausgrabungen von Pontecagnano. Es folgen Berichte über Valle del Sarno (*P. Gastaldi*, 223–240), Oliveto-Cairano (*G. Bailo Modesti*, 241–256) und Castel di Decima in Latium (*G. Bartoloni, M. Cataldi Dini, F. Zevi*, 257–273). Die Details sind für ein Fachpublikum bestimmt; methodisch wegweisend aber ist, welch vielfältige Aufschlüsse hier den Grabbefunden abgewonnen werden: Differenzierung nach Geschlechtern, Alter, sozialem Status und dementsprechend Wandel der Gesellschaft und Etablierung von Macht. Als wichtiger Sprung erweist sich die ‚orientalisierende' Epoche mit Kontakten zu Phönikern und Griechen. Besonderes Interesse gilt insofern den Mitteilungen *Giorgio Buchners* über die Gräber von Ischia (275–288) – wo etliche der frühesten griechischen Schriftzeugnisse und auch der ‚Nestorbecher' zutage kamen; eine Blütezeit ist dort ca. 750–725 anzusetzen, danach macht sich offenbar der Sog des neugegründeten Kyme/Cumae bemerkbar. Ähnlich läßt sich auch in Latium gegen Ende des 7. Jh. an einer gewissen Verarmung die Fernwirkung der neuen Zentrale Rom feststellen (268 f).

Ähnlich nach Methode und Ergebnissen ist die Behandlung der Gräber von Lokroi (*L. Cerchiai*, 289–298). Ein anderes Niveau der Interpretation ist erreichbar, wenn Bilder dazutreten: *Angela Greco Pontrandolfo* und *Agnès Rouveret* (Ideologia funeraria e società a Poseidonia nel IV secolo a. C., 299–317) können an den lukanischen Grabmalereien im Raume Pästum zeigen, wie im 4. Jh. ein Wandel eintritt: an Stelle der rituellen treten symbolische Darstellungen, die mit den Emblemen von ‚Hochzeit' und ‚Sieg' auf eine Negation des individuellen Todes zielen – die Gleichzeitigkeit mit dem Wirken von Platons Schule scheint bemerkenswert.

Unter den ergänzenden Beiträgen sei die tiefgreifende Deutung des ägyptischen Totenkultes durch *Claudio Barocas* hervorgehoben (La décoration des chapelles funéraires égyptiennes, 429–440): Bezugspunkt aller Grabmalereien sind die Speisegaben *[212]* an den Toten. Dementsprechend wird der Tote selbst als Ernährer, bei Ackerbau und Jagd gezeigt. Realiter sind die Ägypter – seit der Pyramidenzeit – durchweg in die kollektive Arbeitswelt der Nahrungsproduktion eingespannt. Indem der Tote als Bild der Vollkommenheit dargestellt, zufriedengestellt und zugleich durch den mächtigen Grabbau von Lebenden abgeschlossen wird, bindet de facto die unterschwellige Angst vor den Toten die Lebenden an ihr wirtschaftliches System. Wie tragfähig diese These ist, wird freilich Fachdiskussion zeigen müssen.

Hingewiesen sei noch auf die instruktive Sammlung von akkadischen Grabinschriften in Umschrift und Übersetzung, die *Jean Bottéro* vorlegt (Les inscriptions cunéiformes funéraires, 373–406). Einige merkwürdige Texte aus Susa (Nr. 15–21, 393–402), in denen sich der Tote nach einem beschwerlichen Weg den Unterweltsgöttern zu präsentieren scheint, erinnern von fern an die ‚orphischen' Goldblättchen. Man kann auch notieren, daß assyrische Könige bewußt Gräber von Feinden zerstörten und ihre Knochen zu vernichten suchten (*Elena Cassin*, La mort: Valeur et représentation en Mésopotamie ancienne, 355–372, hier 358f. 362–364), ein Verfahren, das als literarisches Motiv bis Horaz Epod. 16,13 wirksam ist.

Erschienen in: Histor. Zeitschrift 241, 1985, 656–657.

Rezension
'Simon, Festivals of Attica'

Erika Simon: *Festivals of Attica*. An Archaeological Commentary. Madison, The University of Wisconsin Press 1983. XX, 122 S., 12 Textabb., 32 Tafeln, $ 28,–.

Feste als kollektive und zeitüberdauernde Konkretisierungen von religiösem Handeln und Erleben sind in ihrer Bedeutung von der Religionswissenschaft seit langem erfasst. Daß dabei archäologische Zeugnisse, Topographisches, Reste von Heiligtümern und Kultgerät, vor allem Bilddarstellungen von erstrangigem Wert sind, war auch den damit befaßten Philologen klar, vor allem Ludwig Deubner in seinem Standardwerk „Attische Feste" (1932). Eine Facharchäologin indessen hat die Monumente von vornherein präziser im Griff; die Behandlung des Parthenonfrieses (58–72) wird erwartungsgemäß zu einem Höhepunkt; E. Simon bringt zudem besondere Vertrautheit auch mit der mythologischen Überlieferung ins Spiel sowie Ideenreichtum und Einfühlungsgabe gerade im Bereich der griechischen Religion; ihr Buch „Die Götter der Griechen" (1969) erscheint soeben (1985) in dritter Auflage. Der vorliegende Band beruht auf Vorlesungen am Bryn Mawr College 1978. Sekundärliteratur ist bis 1979 berücksichtigt, nicht ohne Lücken (zur notwendigen Trennung der herbstlichen Palladionprozession von den Plynteria 46–48 vgl. ZRelGG 22, 1970, 356–368).

„Archäologischer Kommentar" ist nicht im Sinn der Vollständigkeit oder Systematik gemeint. Monumente werden in Auswahl besprochen, mit Hinweis auf umfassendere Sammlungen. Überraschend *[657]* neues Material tritt nicht zutage; erstmalig abgebildet sind zwei Vasenbilder, eleusinische Gottheiten (Hydria der Abegg-Stiftung, T. 9) und Kekropiden (Kelchkrater in Malibu, T. 12,2; 13). Ziel ist, Zusammenhänge und Wesen der Feste und ihrer Götter zu fassen und verständlich zu machen, auch auf dem Hintergrund menschheitsgeschichtlicher Epochen: Jägertum, Neolithicum, mykenische Bronzezeit. Die Vf.in neigt eher Fruchtbarkeits-Deutungen als soziomorphen Modellen zu. Wesentliche Hinweise gelingen auf den Zusammenhang von Tau und Ölbaum

(44f.) oder auf „beholding the grain" in Eleusis (35). Besonderes Interesse beansprucht auch die Behandlung der neueren Funde aus dem Artemisheiligtum von Brauron (83–88); ein eigenartiges Vasenbild mit Bärenmasken wird mythisch, nicht rituell gedeutet (87f.). Manche Fragen sind nicht eindeutig lösbar, wie die Zuordnung des Schiffswagens oder des „Maskengottes" („Lenäenvasen") zu einem bestimmten unter den verschiedenen Dionysosfesten; vielleicht, daß neues Material dereinst Entscheidung bringt. Darum sei auf zwei neugefundene Inschriften, die zu Korrekturen Anlaß geben, noch hingewiesen: Das Heiligtum der Aglauros unterhalb der Akropolis ist identifiziert (G. S. Dontas, in: Hesperia 52, 1983, 48–63), was die lokalen Bezüge von Arrhephoria und Kekropidenmythos (39–46) neu überdenken heißt; Titel der Stadtgöttin Athena, der die Panathenäen galten, war *Archegétis* (T. L. Shear, in: Hesperia Suppl. 17, 1978; J. H. Kroll, in: ebd. Suppl. 20, 1982, 65–76), womit die Gestalt des „alten Kultbildes" (gegen S. 47) gesichert wird: ein Standbild mit Eule.

Erschienen in: Mus. Helv. 42, 1985, 354.

Rezension 'Stückelberger, Vestigia Democritea'

Alfred Stückelberger: *Vestigia Democritea*. Die Rezeption der Lehre von den Atomen in der antiken Naturwissenschaft und Medizin. Schweizerische Beiträge zur Altertumswissenschaft 17. Fr. Reinhardt, Basel 1984. 215 S.

Diese Berner Habilitationsschrift sucht Wirkungen Demokrits nicht im spekulativen, sondern im naturwissenschaftlichen Denken bei Medizinern und Technikern: Corpus Hippocraticum (Kap. III) – wobei die Materialien des Hamburger Hippokrateslexikons verwendet sind –, Erasistratos und Asklepiades von Bithynien (Kap. IV), Ktesibios und Heron (Kap. V). Voran steht eine auch moderne Methoden einbeziehende Untersuchung über ein ‚Experiment' der Meerentsalzung (vgl. diese Zeitschr. 39, 1982, 15–28). Hier wie bei anderen im Corp. Hipp. beschriebenen Experimenten ist, wie der Verf. weiss, die Zurückführung auf Demokrit nicht strikt beweisbar. Für die ἄναρμοι ὄγκοι bei Herakleides und Asklepiades gibt der Verf. zweierlei Erklärung, „fugenlos" (19) und (m.E. richtiger) „locker zusammengefügt" (111), ohne die Gegenbegriffe zu reflektieren – ἁρμονία bei Pythagoreern/Platonikern bzw. ἡνωμένη οὐσία der Stoiker –; wenn dabei der Begriff ἄτομος „offenbar gemieden" (19) ist, so wohl darum, weil eine Korpuskulartheorie die Unteilbarkeit der Korpuskeln eben nicht voraussetzt: können sie nicht doch θραυστά sein (vgl. 111; 21 f.)? Insgesamt bestätigt sich, trotz spürbarem Enthusiasmus des Verf., die beschränkte Wirkung des Atomismus in der Antike. Doch erschliesst der Verf. mit textbezogener Sorgfalt wenig beachtete Bereiche und gibt insofern weit mehr als eine „Materialsammlung" (7); für die Zusammenstellung der zum Teil entlegenen Quellentexte in einem Anhang (163–195) ist man besonders dankbar.

Rezension
'Eucken, Isokrates'

Christoph Eucken: *Isokrates*. Seine Positionen in der Auseinandersetzung mit den zeitgenössischen Philosophen. Untersuchungen zur antiken Literatur und Geschichte 19. De Gruyter, Berlin 1983. VIII, 304 S.

Die umsichtige und ergebnisreiche Arbeit stellt Isokrates im Dialog mit Antisthenes, Platon, Alkidamas dar. Sie kommt über die bisherigen Untersuchungen hinaus, indem sie statt punktueller Abhängigkeiten Argumentationen interpretiert und Isokrates als Denker mit „kohärenter Begrifflichkeit" (18) ernst nimmt. Als originelle Konzeptionen einer „Sozialphilosophie" (2) erscheinen u. a. ein „erfahrungsbezogener, kritisch reflektierter, operativer Doxa-Begriff" (35), eine Theorie vom Konsens, ein Ideal der agonalen Kultur; auch die ‚Goldene Regel' sei, da vor Isokrates nicht nachweisbar, von diesem gefunden (202. 263). Platon nimmt seinerseits Impulse von Isokrates auf: das ‚Symposion' führt Motive der ‚Helena' weiter, das Bild von Urathen im ‚Timaios' antwortet auf den ‚Busiris' (208f.). Die Gefahr, dass aus „verhaltenen" Formulierungen des Isokrates eine explizit inexistente Theorie herauspräpariert wird – gerade ‚Helena' und ‚Busiris' erweisen sich als *[356]* besonders ergiebig –, ist nicht zu übersehen. Jede Berührung wird zur bewussten Stellungnahme, eine unauffällige Verwendung des Wortes ἰδέα z.B. (235ff.) zur Gegenposition zu Platons Ideenlehre; gar die Ideenzahlenlehre sei in der ‚Helena' bezeugt (60). Doch wird stets so klar argumentiert, dass auch Unsicheres als solches hervortritt. Das Hauptinteresse wird den chronologischen Ergebnissen gelten, die teils Bekanntes bestätigen – ‚Gorgias' und ‚Euthydemos' zwischen ‚Sophistenrede' (390) und ‚Helena' (um 385) –, teils Neues bringen: überzeugend ist der ‚Busiris' zur (noch unpublizierten?) ‚Politeia' gestellt (um 375); dass der ‚Phaidros' vor den ‚Brief an Dionys', also um 370 und vor ‚Theaitetos' zu datieren sei, wird allerdings aus dem Argument von Platons Originalität gewonnen (137), das der Verf. sich eigentlich nicht mehr gestatten dürfte.

Erschienen in: AnzAW 40, 1987, 88–92.

Rezension
'Schachermeyr, Die griechische Rückerinnerung im Lichte neuer Forschungen'

Fritz Schachermeyr: *Die griechische Rückerinnerung im Lichte neuer Forschungen.* Mit 14 Abbildungen und 9 Tafeln und einem Beiheft mit 8 Abbildungen und 19 Tafeln. Wien, Verlag der Akademie der Wissenschaften. 1983. 394 S., 14 Abb., 9 Taf.; Beiheft: S. 395–415, Abb. 15–22, Taf. 10–28, 8°. (Österreichische Akademie der Wissenschaften, Philos.-hist. Kl. Sitzungsber. 404.)

Mit unglaublicher Arbeitskraft legt der Verfasser im neunten Jahrzehnt seines Lebens seine Summa archaeologico-historica vor: 5 Bände ‚Die Aegäische Frühzeit' gingen voraus (1976–1982; zu I/II P. Haider diese Zeitschr. 34, 1981, 214–222), ein weiterer Band ‚Griechische Frühgeschichte' folgte 1984. Vorliegender Band setzt sich zum Ziel, die literarische Überlieferung der Griechen mit den archäologischen Befunden zu konfrontieren und dabei überhaupt zu fragen, welches Bild sich die Griechen von ihrer eigenen Vergangenheit gemacht haben (15; 361). Ein erster Teil behandelt die Traditionen „in ihrer Gesamtheit" (13–84), ein zweiter „in ihren Landschaften" (87–332), der Abschluß führt „Von Herakles zu den Doriern" (335–359). Das Beiheft trägt eine „Übersicht zum archäologischen Befund" nach und bringt Abbildungen insbes. zu ‚Nobelkeramik' und ‚Zwischenware'.

Der Verfasser hat das Wachsen des archäologischen Wissens jahrzehntelang mit unermüdlicher Aufmerksamkeit verfolgt und verarbeitet und auch die Frage nach der ‚Rückerinnerung' seit seiner Jugend gestellt. Dem Alterswerk wird man von vornherein gewisse Zugeständnisse machen. An Stelle genauer Argumentation und Auseinandersetzung mit Gegenthesen tritt persönliche Zusammenschau. Man findet keine Analysen von Texten, keinen Querschnitt durch den heutigen Forschungsstand. Die Thesen von Friedrich Prinz, wonach die Gründungssagen nachhomerische Erfindungen seien (Gründungsmythen und Sagenchronologie, München 1979), sind ebenso fern wie die Bestreitung der Dorier-Zuwanderung durch John Chadwick (PP 31, 1976, 103–117; Anz. Ak. Wien 113, 1976, 183–204), die großen Eindruck gemacht hat (Kritik: E. Risch,

Kleine Schriften, 1981, 279–281; P. G. van Soesbergen, Kadmos 20, 1981, 38–51). Grundsätzliche Überlegungen zu Struktur und Funktion von Mythen oder ‚Sagen' haben den Verfasser nie berührt. Kaum entschuldbar ist, daß die Hesiod-Fragmente nach Rzach (1913) zitiert werden, wo doch der Bestand über die Ausgabe von Merkelbach-West (1967) bis zur neuen Oxfordausgabe (1983²) so bedeutend angewachsen ist. Seltsam ist auch, daß der Verfasser hier – anders als in früheren Bänden – die Gliederung der griechischen Dialekte, die Beziehung des Mykenischen zum Attisch-Ionischen und zum Arkadisch-Kyprischen nicht beachtet und darum etwa von „peloponnesischen Familien in ihrem aiolischen Charakter" sprechen kann (332 vgl. 331).

Das Geschichtsbild, das der Verfasser entrollt *[89]* (bes. 54–69), hat die folgenden Konturen: Mykenische Blüte bis zum Ende des 13. Jh.s (III B); Katastrophe um 1200; partielle Erholung des Mykenischen im 12. Jh., Phasen ‚austerity – prosperity – austerity' (III C); Vorstöße nordwestgriechischer Wanderhirten nach 1100; Ionische und Dorische Wanderung um 1000. In bezug auf die ‚Rückerinnerung' ergibt sich: Die unmittelbare Erinnerung reicht, genealogisch gestützt, bis zu den letzten Wanderungen, nicht aber weiter zurück (17; 47f.; 296; 350); die vorangehende Epoche seit der Katastrophe ist völlig vergessen oder bewußt verdrängt worden (49–53); von der mykenischen Glanzzeit aber hat die homerische Dichtung als oral poetry ein freilich vielfach verzerrtes Bild erhalten.

Als historisch dürfen demnach die Gründungsheroen der Ionischen Städte samt ihren Beziehungen zu den Kodriden aus Athen und den Nestor-Nachkommen aus Pylos gelten (137f., 147f., 296–320); freilich gibt es aus Kleinasien (noch) keine archäologische Bestätigung. Der Widerspruch, daß Mimnermos im Gegensatz zu Solon die Neleiden direkt aus Messenien, nicht über Athen kommen läßt, wird durch die Annahme gelöst, Mimnermos meine nur Kolophon (310f. – doch zielt Νηλήϊον ἄστυ nicht auf die Neleiden von Milet?). Auch die Dorische Wanderung läßt sich nicht in der Keramik fassen, nur in einer ‚Bevölkerungsverdichtung' (18; 67f.; 341–349; 352): „Diese hochgemute, männerbündische Herrengesellschaft dachte gar nicht daran, hinsichtlich des keramischen Geschirrs und hinsichtlich der Begräbnissitten höchstselbst die Initiative zu ergreifen" (353) – doch die Bestattungsweise dürfte auch in ‚hochgemuten' Gesellschaften Tradition haben –. Andererseits wird das Eindringen von vordorischen Nordwestgriechen im 11. Jh. keramisch, an Hand der ‚Zwischenware' festgestellt (bes. 66f., vgl. Aeg. Frühzeit IV 251–258). Am dramatischsten scheint sich in Achaia die mykenische Nachblüte im 12. Jh. und ihr Zusammenbruch im 11. Jh. fassen zu lassen (190–197). Hierzu wird aus dem Bereich der ‚Sage' einerseits Oxylos der Aetoler als Eroberer von Elis gestellt (178–186), andererseits Teisamenos der Sohn des Orestes, der laut Strab. 8, 7, 1 p. 383 f. (nicht Ephoros, wie der Verfasser 195 f. annimmt, sondern eine Version des achäischen Bundes) ‚Ionier' aus Achaia vertrieb und im Kampf gegen die Dorier fiel (50; 146; 195 f.; 259–265).

Ganz ausgefallen ist für die griechische Erinnerung das 12. Jh., in dem doch ‚Nobelkeramik' für fürstliche Residenzen (161 ff., 187 u. ö), das Bild einer siebensaitigen Leier (44) auch für poetische Tradition spricht. Fürs 14./13. Jh. zeugt Homer, dessen Bild freilich zu korrigieren ist: Es gibt eine bemerkenswerte Liste dessen, ‚Was Homer verschweigt' (38–46) – so die mykenischen Siedlungen in Kleinasien und Cypern –, vor allem aber seien zwei Troianische Kriege durcheinandergeraten. Der Verfasser hatte in seinem Buch ‚Poseidon' (1950, 189–203) die Erdbebenzerstörung von Troia VI mit dem Mythos vom Hölzernen *[90]* Pferd (= Poseidon = Erdbeben) kombiniert; seit Blegen hat man sich andererseits daran gewöhnt, die Zerstörung von Troia VII A um 1200 (nach Blegen eher 1250) als die homerische Halosis zu sehen. Der Verfasser schreibt diese Zerstörung den Seevölkern zu, zieht daraus aber nicht mit M. I. Finley (JHS 84, 1964, 1–9; Proc. Brit. Ac. 60, 1974, 393–412; vom Verfasser nicht erwähnt) die Konsequenz, daß der Homerische Krieg unhistorisch ist, sondern nimmt an, im Zusammenhang mit jenem Erdbeben habe auch Agamemnon von Mykene um 1300 Troia erobert (17 f.; 36 f.; 133; 292 f.); Minos steht für die Minoische Epoche, sein Sohn Deukalion für die griechische Palastherrschaft in Knossos (32 f.; 288); kurz zuvor, um 1440, hat Theseus die Athener vom kretischen Tribut befreit (39; 125; 286 f.). Kompliziert werden die Verhältnisse in der Argolis, da neben Perseiden und Pelopiden auch Melampodiden, Biantiden und Anaxagoriden Anspruch auf Historizität erheben (118 f.); Diomedes allerdings sei „keine historische Gestalt" (ib.), „unhistorisch" (105 vgl. 98 f.) auch Danaos und Danae. Der Verfasser nimmt an, daß die Goldmasken der Schachtgräber Pelopiden darstellen (102), während der ältere Gräberkreis B den Perseiden zukommt (101 f.; 105; ganz anders C. Brillante, La leggenda eroica e la civiltà micenea, 1981, 87–145). In Theben hat sich Amphions Grab als helladisches Fürstengrab herausgestellt; der Verfasser datiert es eher mittel- als frühhelladisch (Aeg. Frühzeit I 269 f.) und meint, nach den von Amphion (mit Hilfe seiner Leier? Rez.) erbauten Mauern „müßte" man noch suchen (229 vgl. 233 f.). Der Zug der Sieben hinterließ keine Spuren. Die Eroberung durch die Epigonen „könnte" (242 vgl. 239) in der Zerstörung des älteren Palasts auf der Kadmeia faßbar sein (ganz anders C. Brillante, SMEA 21, 1980, 309–340: der jüngere Palast von Amphion erbaut und von den Epigonen zerstört).

Die weiteren detailreichen Aufstellungen lassen sich hier nicht andeuten. Es gibt viele bemerkenswerte Urteile und bedenkenswerte Vermutungen (z. B. zur

Übernahme des Achaiernamens durch Nordwestgriechen 26; 193; das auffallend ‚richtige' Datum von Troias endgültiger Zerstörung beruhe auf schriftlichen Aufzeichnungen der Teukriden von Cypern, 78 f.; 294). Entscheidend ist die kritische Frage, inwieweit gegenseitige Bestätigung oder gar ‚Zusammenfall' von Sagenüberlieferung und archäologischen Befunden beweisbar ist. Da bleibt genau besehen sehr wenig, abgesehen von dem allerdings grundlegenden Faktum, daß Athen nicht von Nordwestgriechen oder Doriern erobert wurde. Teils sind die Befunde vieldeutig, wie in Mykene, Theben, Troia, teils fehlen sie, wie in Lakonien (272) und Ionien; andererseits werden aus archäologischem Material Ereignisse erschlossen, von denen die Überlieferung nichts weiß, z. B. die Nordwestgriechische vor der Dorischen Zuwanderung. Die Lückenhaftigkeit der ‚Rückerinnerung' zeigt freilich besonders der Fall Lefkandi, wo uns der alte Name der Siedlung so unbekannt geblieben ist wie der Name des offenbar *[91]* bedeutenden Mannes, der um 950 in dem erstaunlichen Heroon (Arch. Reports 1982/3, 12–15) bestattet wurde. Es bleibt die Möglichkeit, gleichsam im leeren Raum, wo Falsifikation so unmöglich ist wie Beweis, Additionen vorzunehmen, wie die Erdbebenzerstörung von Troia VI und Agamemnons Krieg.

Volle Sicherheit könnten nur Schriftzeugnisse bringen. Sie sind, trotz aller bronzezeitlichen Schriftsysteme, enttäuschend geblieben. Noch immer kennen wir keinen Namen eines mykenischen Wanax aus Mykene, Pylos oder Theben. So bleibt einzig der kilikische Mopsos, der in Karatepe bezeugt ist (293 f., Aeg. Frühzeit V 167–173), und die ‚Teukrer' unter den Seevölkern (293–295; Aeg. Frühzeit V 113–122). Der Verfasser zeigt einleuchtend, wie hier die Tradition den Wanderbewegungen der Seevölker zu folgen scheint; und doch ist ein Bruch zu überbrücken, indem Enkomi für Salamis gesetzt wird (295). Daß die Inschrift des Amenophis III. ‚Danaia' als Namen für das mykenische Griechenland zu bezeugen scheint, wird in diesem Band, der Danaos und Danae an den Rand drängt (98 f.), nicht erwähnt, wohl aber in dem vorangehenden (Aeg. Frühzeit V 190–192), der auch die vielumstrittenen Achijawa getrost auf die mykenischen Griechen bezieht (V 18–32).

Gegen die Auswertung der homerischen Dichtung als ‚Rückerinnerung' sprechen zwei Überlegungen, von denen der Verfasser nur eine einmal verwendet: (1) Die Patronymika der historischen Adelsfamilien führen in der Regel auf einen obskuren Stammvater, der seinerseits an Iliaskämpfer oder Herakles angeknüpft wird: Nicht nur Agiaden und Eyrypontiden in Sparta, sondern ebenso die attischen Philaiden (-Eurysakes-Aias) und Alkmeoniden (-Nestor), die spartanisch-kyrenaischen Aigeiden (… Polyneikes-Oidipus), die messenischen Aipytiden (-Kresphontes … Herakles), die lesbischen Penthiliden (-Orestes-Agamemnon), die koischen Nebriden (358: … Asklepios), die rhodischen

Eratiden (356: ... Herakles) usw. Die Familientradition, Grundlage der echten Rückerinnerung, ist offenbar systematisch, aber sekundär in den mythisch-epischen Bereich erweitert worden, und zwar nicht nur im Fall der spartanischen Könige (346; vgl. 83). Wenn die echte Erinnerung bis gegen 1000 zurückreicht, ist die ‚homerische' Erweiterung und damit die eigentliche, einflußreiche Blüte des Epos später, vielleicht wesentlich später (8. Jh.?) anzusetzen. (2) Redende Namen sind zuweilen so fest in der Erzählstruktur verwurzelt, daß sie unmöglich von historischen Eltern historischen Söhnen gegeben sein können. Nur dichterische Erfindung kann Polyneikes gegen Eteokles, ‚Vielen Streit' gegen ‚Wahren Ruhm' gestellt haben. Wenn zwei ‚standhafte' Brüder, die eine entführte Frau zurückholen, Agamemnon (*Aga-men-mon) und Mene-laos heißen und ihr Patronymikon in doppelter Verneinung dasselbe ausdrückt, A-tre(s)-idai (τρέσαι Opposition zu μένειν), dann ist dies zu beurteilen wie Phemios Terpsiades, Tekton Harmonides, ein Herold *[92]* Epytides (vgl. L. R. Palmer, Serta Philologica Aenipontana 3, 1979, 258), m. a. W. einen König Atreus von Mykene hat es nicht gegeben. Doch auch Teisamenos führt seinen Namen als Sohn des Rächers Orestes, und dies spricht entschieden dagegen, ihn von Orestes abzutrennen und zum ‚historischen' Anführer späterer Nordwestgriechen zu machen. So bleibt auch fürs Verhältnis des milesischen Ne(s)i-leos zum pylischen Nes-tor ein Fragezeichen; den Mysier Telephos Arkasides (Hes. Fr. 165) hat die Tradition in Umdeutung seines epichorischen Patronymikons bedenkenlos zum Arkader gestempelt.

Schachermeyrs Summa bringt nicht abschließende Ergebnisse, sondern eine aus ungewöhnlich langer und intensiver Forscherarbeit erwachsene persönliche Synthese. Kein anderer konnte zur Zeit ein solches Buch schreiben. Aufmerksamkeit und Achtung ist ihm gewiß.

Erschienen in: Histor. Zeitschrift 246, 1988, 394–395.

Rezension
'Bloch et al., D'Héraclès à Poséidon'

R. Bloch/F. Bader/D. Briquel/F. Guillaumont: *D'Héraclès à Poséidon*. Mythologie et protohistoire. (Centre de Recherches d'Histoire et de Philologie de la IVe Section de l'École pratique des Hautes Études III: Hautes Études du Monde Gréco-Romain, 14.) Genève/Paris, Droz/Champion 1985. 177 S., 38,– sfr.

Vier Studien einer Pariser ‚équipe', die inhaltlich kaum verbunden sind: Nach Umfang beherrschend ist *F. Bader*, ‚De la préhistoire à l'idéologie tripartie: Les travaux d'Héraklès' (9–124); hier wird der Zyklus der 12 Arbeiten des Herakles (Reihenfolge nach Hygin fab. 30) nach dem trifunktionalen System Dumézils im Sinn indogermanischer Krieger-Initiationen bearbeitet, unter Vergleich mit Achilleus, Nestor, Romulus und vorzugsweise dem irischen Cû Chulainn, mit Einbezug kulturhistorischer Perspektiven – Jägertum, Neolithicum – und einer an Lévi-Strauss' ‚Wildes Denken' angelehnten ‚Taxinomie' von Tieren und Gewässern. Dies kreist im selbstgezogenen *[395]* Rahmen um selbstgestellte Fragen. Andere Modelle – Herakles als Schamane? – werden so wenig zum Problem wie die orientalische Herkunft des Löwen. *R. Bloch* steuert Bemerkungen über die mutmaßliche Entwicklung Poseidons vom Erd- zum Wassergott, über den ‚Meergreis', Neptun und den etruskischen Nethuns bei (125–139). Im Anschluß daran untersucht *D. Briquel* Beziehungen von Neptun zum griechischen ‚Meergreis' (141–158). Schließlich geht *F. Guillaumont* (159–177) der Frage nach, warum bei den römischen Auguren, entgegen der üblichen Zuordnung, links als glückbringend galt, und erklärt dies, mit antiken Autoren, aus der Blickrichtung des Vogelschauers nach Süden. Hinter den Erwartungen, die der Untertitel wecken kann, bleibt der Gesamtertrag des kleinen Buches zurück.

Erschienen in: History of Religions 28, 1988, 161–163.

Rezension
'Sfameni Gasparro, Misteri e Culti Mistici di Demetra'

Misteri e Culti Mistici di Demetra. By **Giulia Sfameni Gasparro**. Storia delle Religioni. Collana diretta da Ugo Bianchi e Giulia Piccaluga 3. Rome: "L'Erma" die Bretschneider, 1986. Pp. 371.

The author, well known for her work on the Mother Goddess (*I culti orientali in Sicilia* [Leiden, 1973], and *Soteriology and Mystic Aspects in the Cult of Cybele and Attis* [Leiden, 1985; Italian ed., Palermo, 1979]) presents a comprehensive and well-documented study of the mysteries of Eleusis and related phenomena in the cults of Demeter. For Eleusis (pp. 29–134), Gasparro takes the *Homeric Hymn to Demeter* as a guideline. Among other cults connected with the same myth, the large complex of *thesmophoria* festivals is seen to stand out (pp. 195–212, 223–83); in a final survey, cults of "thesmophoric" type are contrasted with those of "mystery" type (pp. 285–338). The special role of Eleusis, where alone explicit promises for afterlife are to be found, is confirmed, yet it belongs in a larger context of Demeter cults that may properly be called "mystic."

This concept of "mystic" has been worked out by Ugo Bianchi (cf. pp. 21–23). It means a religious experience of participation in the ups and downs of a divine character, a *vicenda divina*. This concept is larger than that of "mysteries," which are characterized by the institution of initiation rituals. The *vicenda* of Demeter is, of course, the well-known myth about the abduction of Persephone by Hades, Demeter's grief, search, and reconciliation. There is evidence that this was intimately connected with the secret *dromena* at Eleusis, but similar interconnections, in varying degrees, are found in other cults as well. *[162]*

The author thus starts an inquiry into myth and ritual, though not with the preconception of strict correlation or even derivation of one from the other, but with attention to cases of "interference" in religious experience. The approach is called an "analisi storico-religiosa" (p. 13), an attempt at "historical typology" (pp. 13, 26, 285); "historical" means that one specific civilization of the past is in focus and generalizations are avoided; apart from this, one might rather speak of "phenomenology": the author seeks to recognize a certain *"facies* religiosa," a "face" of mystic Demeter, even if the fragmentary state of the evidence often allows just a glimpse. She declines to take a stance in questions of historical influence, layers of cults or myths, and wisely does not specify "origins." Nor does she elaborate on the problems of Mycenaean heritage but prefers to stress the multiformity and changeability of cults. She rejects the thesis of Angelo Brelich (and his school), who found the great stages of cultural history reflected in myth and ritual: agriculture versus hunting (pp. 180–84, 252–54, 324–25). She sets forth the importance of the oriental parallels for a god who vanishes and comes back again – Dumuzi and Telepinu (pp. 181–85, 321–22) – but without accepting direct connections. She does not analyze the social framework in which the cults were to function, the organizations of priests and clients, or the position of women. Against Sabbatucci, who found a basic opposition between mysteries and the polis, she rightly insists on the integration of all the cults in question into the polytheistic system of the Greek city-state (pp. 11–13).

The book is well written, sensible, and cautious, with good judgments in many controversies. This is not the place to enumerate agreements or disagreements on details. At a more general level it should be asked whether the use of the myth of Demeter and Persephone as a reference system does not become too exclusive. It rather obscures the specialty of the Arcadian cults at Pheneos, Phigalia, or Andania; the relevance of the Homeric *Hymn* has been questioned seriously with regard to Eleusis (K. Clinton concludes that the author was neither an Athenian nor deeply interested in Eleusis; see "The Author of the Homeric *Hymn to Demeter*," *Opuscula Atheniensia* 16, no. 4 [1986]: 43–49); for *thesmophoria* there should be some mention of the intuition of Karl Kerényi, who found characteristics of menstruation rites in the festival (*Zeus und Hera* [Leiden, 1972], pp. 126–27): segregation of women, "unspeakable" sexual connotations, abstention, blood and fertility in a necessary, "natural" connection – an alternative *facies*, far from the common myth.

The positive impression of the book is marred by a certain lack of precision in argumentation, inconsistent use of the more recent literature, occasional incompleteness of the relevant documentation, and a general negligence as to the philological basis of the evidence. Nothing is said about source problems in Clement and Hippolytus, although the credibility of their unique information on Eleusis must depend on that (for Clement's pagan source, see Ch. Riedweg, *Mysterienterminologie bei Platon, Philon und Klemens von Alexandrien* [Berlin, 1987], pp. 117–21; for Hippolytus, see my *Homo Necans* [Berkeley, 1983],

p. 251). There is no mention of the characteristic stair constructions at Lycosura (cf. pp. 237–330) and Pergamon (cf. pp. 336–38) *[163]* which give an idea where and how a hierophant could "show the sacred objects." *Teleumenai*, in an inscription from Kos, simply cannot mean "donne 'compiute', spose ed eventualmente madri già familiari con la prassi cultuale" (p. 305) – which would be *tetelesmenai* – but only "those who are being initiated." There has been no effort to look up the more recent editions of classical texts or inscriptions (e. g., Aelius Aristides, *Eleusinian Speech*, ed. B. Keil, 1898 [after Dindorf, 1829]; Philikos, *Hymn to Demeter: Supplementum Hellenisticum* [1983], nos. 678–80; *Inscriptiones Graecae* I, 3d ed. [1981] with the important *aparche*-decree, no. 78), and some intriguing misquotations of important texts occur (Proklos "Comm. in Plat. Rempubl., ed. Pitra p. 142" [p. 53, n. 91] should be "*In Alc.* 105a, p. 142 Creuzer [= p. 118 ed. Segonds, 1985]"; for the text of the graffito from Gela [nonsense p. 230, n. 24] see *Kokalos* 14/15 [1968/69], p. 338 with pl. 53, 3, and my *Greek Religion* [Oxford, 1985], pp. 443, 20; on p. 178 read Hyginus for "Antonino Liberale" [twice]).

The book could well be used as a mine of information on Demeter cults even beyond the scope of its self-imposed typology – if it had an index.

Erschienen in: Histor. Zeitschrift 249, 1989, 133–134.

Rezension
'Parke, Athenische Feste'

Herbert W. Parke: *Athenische Feste*. Übers. u. bearb. v. Gertraut Hornbostel. (Kulturgeschichte der antiken Welt, 38.) Mainz, von Zabern 1987. 322 S., 74 Abb., 58,– DM.

Der Autor (1903–1986), hochverdient durch seine umfassenden und detaillierten Werke über griechische Orakel, hat als Emeritus „Festivals of the Athenians" für ein allgemeineres englisches Publikum geschrieben (1977); er nahm als Grundlage das Standardwerk von Ludwig Deubner, Attische Feste (1932), ordnete die Feste nach dem Jahreslauf und fügte einiges Neuere aus bekannten englischen Veröffentlichungen hinzu. Jetzt ist das Werk nach Deutschland zurückgekehrt: Die Bearbeiterin hat einige meist deutsche Literatur (bis 1986) nachgetragen, am Text jedoch kaum etwas geändert, so daß nun die Anmerkungen nicht selten auf andere Thesen als die im Text vertretenen verweisen; die Dokumentation ist nicht erweitert – am wichtigsten wäre der neue Opferkalender von Thorikos (G. Daux, in: AC 52, 1983, 150–74; SEG 33, Nr. 147) –; es fehlt weiterhin die gesamte italienische, französische, amerikanische Forschung. *[134]*

Religionswissenschaftliche Theorie hat den Autor nie berührt, weder die ältere, auf der Deubner aufbaute, noch die soziologischen und strukturalen Ansätze der letzten Jahrzehnte. Er beläßt es bei der Feststellung, daß Polytheismus doch ein rechtes Durcheinander sei. Genau beschäftigt er sich mit realistischen Details einiger Inschriften und des Parthenonfrieses; er liebt Aristophanes und bringt seine Kultparodien in extenso. Anschaulichkeit kommt durchaus zustande. Andererseits gibt es viel Überholtes, Willkürliches, Verfehltes. Einige Beispiele: Deubners Fehlentscheidungen werden perpetuiert, besonders was Thesmophoria/Skira, Anthesteria, Plynteria betrifft. Daß Monatsnamen bereits im Mykenischen bezeugt sind, ist nicht zur Kenntnis genommen (S. 28, engl. Ausg. S. 24). Daß der ‚Tag' für Griechen wie Juden mit dem Abend beginnt, wird zwar einmal (S. 169) erwähnt, doch weder für die Anthesterien noch für die Mysterien angewandt, so daß die nächtliche Mysterienfeier des „20"., d.h.

19./20. Boedromion zugunsten eines improvisierten „Nachtlagers" (S. 100) vertagt wird. Auch einige philologische Schönheitsfehler gehen auf die Originalausgabe zurück: Es ist nicht ganz trivial, daß der Monat des Poseidon *Posideón* (nicht -ei-, S. 144–153, engl. Ausg. S. 97–103) heißt und Artemis als Hirschjägerin *elaphebólos* (nicht -ios, S. 190f., engl. Ausg. S. 125) ist, auch wenn das Fest *Elaphebólia* heißt

Die meist gut lesbare Übersetzung läßt wiederholt mangelnde Sachkompetenz erkennen. Es mag belanglos sein, wenn die Statue im Parthenon jetzt aus „Goldblättchen" besteht (S. 52; „gold plates" engl. Ausg. S. 39) oder Minen anglisiert als „Minas" auftreten (S. 68); aber *lenós* als „wine-vat" (engl. Ausg. S. 105) ist eine Kelter und kein ‚Weinfaß' (S. 156), „myths of Demeter" (engl. Ausg. S. 70) sind nicht „Demeterhymnen" (S. 107); wenn es im Englischen üblich ist, Phylen mit „tribes" wiederzugeben, kann man doch im Deutschen dafür nicht „Stämme" (S. 47 f. u. ö.) sagen. An der Verwechslung von altionischen und kleisthenischen Phylen (S. 37) ist der Autor unschuldig. Wie es zur Übersetzung „Unerklärlichkeit" des Worts Mysterium kommt (S. 80; „shut one's mouth" engl. Ausg. S. 56), bleibt so rätselhaft wie das Wort „Entweihungsschuld" (S. 87). Ein berühmtes Aristotelesfragment über die Mysterien wird, da unverstanden, vollends unverständlich (S. 107).

Der Verlag hat ein sehr schönes Buch herausgebracht, mit herrlichen Abbildungen. Es entspricht weder dem wissenschaftlichen Stand von 1987 noch von 1977.

Erschienen in: Jahrb. f. Antike und Christentum 33, 1990, 248–251.

Rezension
'Turcan, Les cultes orientaux dans le monde romain'

Robert Turcan: *Les cultes orientaux dans le monde romain* = Histoire (Paris, Les Belles Lettres 1989), 8°, 397 S., 24 Tafeln, brosch. FF. 160,–.

Bewußt erinnert der Titel an seinen berühmten Vorgänger, Les religions orientales dans le paganisme romain von Franz Cumont, eine erstmals 1907 publizierte Vorlesungsreihe, die dann über vier Auflagen mit zahlreichen Übersetzungen (deutsch Die orientalischen Religionen im römischen Heidentum[4] [Stuttgart 1931, Nachdruck [8]1981]) bis heute wegweisend geblieben ist für einen besonders eigentümlichen und interessanten Aspekt der spätantiken Kultur. Hinzugekommen ist in den mehr als 80 Jahren, die seither vergangen sind, eine ungeheure Fülle an archäologischen und epigraphischen Materialien, *[249]* ausgebreitet· vor allem in jener von M. J. Vermaseren seit 1961 herausgegebenen Serie, die sich in ihrem Titel wiederum unmißverständlich an Cumont orientiert: Études préliminaires aux religions orientales dans l'empire romain; sie ist inzwischen beim 130. Band angelangt. Etliche Bände des nicht minder monumentalen Werks Aufstieg und Niedergang der römischen Welt kommen dazu.

Man mochte sich fragen, ob es überhaupt noch gelingen könnte, in dieser Datenfülle Orientierung und Sinn zu finden und zu einer neuen Synthese anzusetzen. Jetzt legt Robert Turcan eine solche Synthese vor, eine Gesamtdarstellung, die in jeder Beziehung kompetent, gründlich und zuverlässig ist. T. informiert umfassend sowohl über die Materialien wie über die Probleme, macht souveränen Gebrauch von der Sekundärliteratur bis zu den neuesten Publikationen, ist von nobler Zurückhaltung in der Polemik, ohne auf klare Stellungnahme zu verzichten, zurückhaltend auch in Deutungen, ohne die Frage nach Sinn und Bedeutung aufzugeben.

T. ist seit langem in diesen Bereichen ausgewiesen, er beherrscht wie kaum ein zweiter ebenso den archäologischen (vgl. z.B. Les sarcophages romains à représentations dionysiaques [Paris 1967]; Les religions de l'Asie dans la vallée du Rhône = Ét. prél. aux rel. or. 30 [Leiden 1972]) wie den philologischen (Firmicus Maternus, L'erreur des religions païennes = Collection Budé [Paris 1982]) und den philosophisch-geistesgeschichtlichen Bereich (z.B. Mithras Platonicus = Ét. prél. aux rel. or. 47 [Leiden 1975]). Eine knappe, doch exzellente Darstellung des Mithraskultes war 1981 erschienen (vgl. A. KEHL: diese Zeitschrift 25 [1982] 178/80). Jetzt werden, nach einer gedankenreichen ‚Introduction', der Reihe nach Meter, Isis, Syrische Götter und Mithras behandelt, dann, als *mixtum compositum*, Thrakische Reiter, Artemis von Ephesos und Schlangenkulte; es folgt eine Darstellung von ‚Occultisme et théosophie' sowie schließlich ‚Dionysos et Sabazios'.

Es gibt wenig Anlaß zur Einzelkritik. Man hätte gerne ein zusammenfassendes Literaturverzeichnis und einen noch genaueren Index; zu den Tafeln wäre eine Beschreibung der Details zu wünschen, zumindest Verweise auf die Stellen in Text und Anmerkungen, wo sie behandelt sind. Auswahl und Aufbau der Kapitel ist nicht ohne Probleme. Iuppiter Dolichenus etwa (156/66), dessen hethitisches Erbe T. durchaus betont (vgl. dazu A. ALFÖLDI, Die Struktur des voretruskischen Römerstaates [Heidelberg 1974] 209/17, der dem Phänomen eines ‚Schmiedekönigtums' nachging), steht offenbar Mithras näher als dem Semitisch-‚Syrischen', dem er hier zugeordnet ist. Der persisch-anatolische Men hätte eine selbständige Behandlung verdient. Einige Einzelheiten werden kontrovers bleiben, etwa die Zuweisung des Rituals Firm. Mat. err. 22,1, das T. mit Bestimmtheit auf Osiris bezieht (52. 146 mit Anm. 45). Die Angaben des Clemens von Alexandreia über Eleusis stammen offenbar aus einem Buch, nicht aus persönlicher Einweihung (so T. 330, anders CH. RIEDWEG, Mysterienterminologie bei Platon, Philon und Klemens von Alexandrien [Berlin 1987] 117/20). Wichtig ist T.s Lesung von Firm. Mat. err. 19,1: indem νύμφε statt der Konjektur νυμφίε gehalten wird, ist der Bezug auf Mithras unabweisbar (230; vgl. die o. genannte Edition); daß MERKELBACHS Deutung von νύμφος, Bezeichnung des zweiten Grads der Mithras-Mysterien, als ‚Bienenpuppe' damit widerlegt sei, ist weniger sicher. Entgangen ist T. die Entdeckung von G. SEITERLE, daß die angeblichen ‚Brüste' der Göttin von Ephesos umgehängte Stierhoden sind (Antike Welt 10,3 [1979] 3/16); er spricht weiterhin von der ‚vielbrüstigen' Göttin („polymaste" 35.40.249 ff) und ordnet damit Artemis gar als ‚Mutter' ein (‚Mères d'Éphèse et d'Aphrodisias', 249/53).

Problematisch erscheint dem Rez. das letzte Kapitel: Dionysos wird in dieses Buch aufgenommen, weil sein Kult eine gewisse expansive Rolle besonders im Westen spielt und weil es eine gelegentliche Gleichsetzung oder Parallelität mit dem phrygischen Sabazios gibt. Dabei zeigt aber gerade T.s Darstellung, daß die Überschneidungen mit Sabazios, der im übrigen in der Kaiserzeit eher als ein Zeus/Juppiter gilt, minimal bleiben. Die Beziehung Dionysos-Sabazios beruht im wesentlichen auf der Darstellung, die Demosthenes mit einiger Ausführlichkeit vom Mysterienkult der Mutter des Aischines gibt, und hier eigentlich nur auf einem einzigen Kultruf *saboi* (dazu Amphitheos: FGrHist 431; ferner Diod. Sic. 4,4,1), während für alle anderen Einzelheiten die antiken Kommentatoren (vgl. W. BURKERT, Antike Mysterien [München 1990] 106$_{43}$) auf den Dionysosmythos und ‚bakchische' *Teletai* verweisen. Eben für diese konnte T. den wichtigsten Neufund noch nicht kennen, die Goldblättchen von Pelinna in Thessalien (um 300 v.Chr.), die ‚Weihen' (*telea*) des ‚Bakchios' zur ‚Lösung' des Menschen bezeugen, so daß der Tod zur neuen ‚Geburt' zum glücklichen Dasein im Jenseits wird (K. TSANTANOGLOU/G. M. PARASSOGLOU, Two gold lamellae from Thessaly: *[250]* Hellenika 38 [1987] 3/17; BURKERT a.a.O. 278). Dieser *Bakchios* ist eindeutig *Dionysos Lysios* mit seinen *lysioi teletai*. T.s kürzlich vorgelegter Versuch, *bakchoi* und *bakcheuein* als ‚orphisch' von der dionysischen Orgiastik abzuheben (Bacchoi ou bacchants? De la dissidence des vivants à la ségrégation des morts: L'association dionysiaque dans les sociétés anciennes [Rom 1986] 227/46; hier 294 mit Anm. 15), ist damit aufzugeben. Damit fällt die These, eigentliche Dionysos-Mysterien „en tant que religion initiatique" (298) seien erst im ptolemäischen Ägypten entstanden. Der Neufund weist zugleich die Goldblättchen von Thurioi – ‚Typ A' in der Klassifikation von ZUNTZ – eben den bakchischen *Teletai* zu, nachdem für ‚Typ B' der Goldblättchen schon das 1974 bekanntgewordene Exemplar von Hipponion (um 400 v. C.) die Beziehung auf ‚Mysten und Bakchen' gebracht hatte. Es bleibt festzustellen, daß nunmehr die Mehrheit aller expliziten griechischen Zeugnisse über ‚bakchische Mysterien' bzw. ‚*Teletai*' ins 6. bis 4. Jh. v. C. fällt. Sie laufen in gewisser Weise den Mysterien von Eleusis parallel – die in diesem Buch nicht behandelt sind.

Es bleibt viel zu rühmen an T.s Buch, auch wenn sich über die sorgfältige Verbuchung von Belegen hinaus gelegentlich lebendigere Fragen stellen ließen, Fragen nach den Lebensfunktionen der Kulte – persönliche Krisen und Heilungen, Solidarisierungen und Ergebenheitsadressen, ‚Gemeinde'-Bildungen und -Bindungen; Votivkulte, Opfermahl, Clubs und Mysterien; Einzelgänger, Priester, Vereine, Heiligtümer, *underground* –. Wesentlicher ist jedoch, daß jenes Charisma, das mit dem CUMONTschen Buch gegeben war, heute zu fehlen scheint.

Zwei überlegte Änderungen gegenüber CUMONT charakterisieren T.s Titel: An Stelle von ‚Religionen' steht jetzt ‚Kulte' (vgl. dazu auch BURKERT a.a.O. 11), und der explizite Bezug aufs ‚Heidentum' ist weggefallen. Er bleibt freilich im Hintergrund; er allein erklärt, warum das Judentum nicht behandelt ist, und am Ende steht – immer noch – die Frage, warum das Christentum über alle anderen ‚Kulte' gesiegt hat (325/38). Und doch verschwindet eines der Widerlager für die Antithesen, die in CUMONTS Buch zur Wirkung kamen: Östliche, irrationale, spirituelle Religionen als eine gemeinsame Bewegung gegen ‚abendländisches' ‚Heidentum'. Die Gesamtkonzeption zerfällt nunmehr in Einzelheiten (vgl. die Auseinandersetzung mit CUMONT 14/6).

Damit aber wird schwierig, dem Begriff ‚orientalisch' seinen rechten Sinn zu geben. Was haben die Kulturen, die ungefähr im Osten, Nordosten, Südosten von Griechenland liegen, gemeinsam? Handelt es sich um ein Kulturgefälle von den alten Hochkulturen her? Dies träfe sich mit T.s klugen Bemerkungen über die Situation der behandelten Kulte in den (halb-)gebildeten städtischen Kreisen: Nicht sie haben schließlich überlebt, wohl aber Formen alteingesessener, bäuerlicher ‚Natur'-Religion (326). Aber dann wäre doch wohl der ‚Thrakische Reiter' samt dem ‚Donau-Reiter' aus dem Behandelten auszuscheiden. Nähme man andererseits ‚orientalisch' einfach als Antithese zum gymnasial vertrauten ‚Griechisch-Römischen', fiele die Bedeutung der Himmelsrichtung dahin, und Keltisches, Germanisches, *Saturne Africain* (M. LEGLAY, Saturne africain [Paris 1966]) würden Beachtung fordern. Vertrautheit kann auch irreführen: War die griechisch-syrische bzw. griechisch-punische Kulturbeziehung von grundsätzlich anderer Art als die griechisch-etruskische oder die griechisch-römische, nur daß diese eben in unsere eigene Kultur eingegangen ist? Zwei interessante Besonderheiten der behandelten ‚Kulte' hebt T. hervor: diese Kulte hatten ihre ‚permanents', ihre ‚hauptberuflichen' Vertreter (27), gegenüber den wechselnden Priestertümern der städtischen Kulte in Griechenland und Rom, und sie besaßen eine kosmische Dimension (29 f). Doch wäre hierzu ein genauer Vergleich erst noch zu führen, wobei recht viele Ausnahmen und Überschneidungen zutagetreten dürften.

Die andere Antithese, die beim ‚Orientalischen' bewußt oder unterschwellig immer ins Spiel kommt, ist die vom ‚Irrationalen', eventuell auch ‚Grotesken' gegenüber Rationalität und humanem Maß des ‚westlichen' Menschen. Daher T.s Kapitel VI über Okkultismus und Theosophie, das in überraschender Weise die ‚Kulte' unterbricht; darum auch gerät die Göttin von Ephesos unter die Orientalen. T. weiß natürlich, daß die ausgebildete Astrologie griechisch ist, und man sollte hinzufügen, daß es durchaus altgriechische, sogar vorhellenistische Magie gegeben hat. T. weiß auch, wie problematisch der Begriff einer vorchristlichen oder jedenfalls außerjüdischen Gnosis geworden ist (272; vgl. jetzt J. BÜCHLI, Der Poimandres. Ein paganisiertes Evangelium [Tübingen 1987]). Aber „une lointaine hérédité orientale" (so 270 zu einem griechischen ‚Zoroaster'-Text) für Gnostisch-Theurgisches scheint ihm festzustehen und fürs Verständnis wesentlich zu sein. Wirkt hier nicht doch die Märchenvorstellung vom ‚Orient' in die Geistesgeschichte hinein? Etwas befremdend in *[251]* anderer Weise klingen Bemerkungen über das ‚Levantinische', das ‚typisch Syrische' – „ces dignes descendants des navigateurs phéniciens ont un sens et une passion du gain qui leur font courir le monde ..." (130). Auch Hinweise auf ‚zeittypische' Torheit tragen wenig zur Erklärung bei, etwa im Fall des Alexandros von Abonuteichos – wobei die Darstellung vielleicht allzu getreulich Lukians Zerrbild folgt –: „Glycon, dont le succès prodigieux nous éclaire sur la mentalité du temps" (256; vgl. „mentalités" 263). Es handelt sich immerhin auch um die Zeit des Wissenschaftlers Klaudios Ptolemaios, wie denn im Zeitalter des Computers ein Khomeini und mehr als ein Baghwan nicht ausgeschlossen sind.

T.s Buch ist ein Werk, das umfassend und präzis informiert, es leistet dies in bewundernswerter Weise; es könnte dies nicht, wenn es sich in Grundsatzdiskussionen verlieren wollte. Es hat das Zeug, ein neues Standardwerk zu werden.

Erschienen in: Gnomon 63, 1991, 639–641.

Rezension
'Ranke et al., Hg., Enzyklopädie des Märchens IV/V'

Enzyklopädie des Märchens. Handwörterbuch zur historischen und vergleichenden Erzählforschung. Band 4 [Ente–Förster]. Hrsg. von **Kurt Ranke** zusammen mit **Hermann Bausinger, Rolf Wilhelm Brednich, Wolfgang Brückner, Max Lüthi, Lutz Röhrich, Rudolf Schenda**. Band 5 [Fortuna–Gott ist auferstanden]. Hrsg. von **Rolf Wilhelm Brednich** zusammen mit **Hermann Bausinger, Wolfgang Brückner, Lutz Röhrich, Rudolf Schenda**. Berlin/New York: de Gruyter 1984. XVI S. 1440 Sp.; 1987. XVI S. 1440 Sp.

Wenn auf diese nunmehr bald zur Hälfte vollendete Enzyklopädie der Erzählforschung hier nochmals hingewiesen wird (vgl. diese Zeitschr. 54, 1982, 713–719; 56, 1984, 547 f), so kann es weder darum gehen, die Gesamtkonzeption erneut zu diskutieren, noch kleine Versehen aufzulisten,[1] am wenigsten darum, rasch überholbare Literaturnachträge zu häufen:[2] Hinter jedem Band stehen viele Jahre Arbeit; so ist erklärbar, wenn auch bedauerlich, daß z.B. die Literatur zu ‚Fest' nur bis 1975 reicht oder zu J. G. Frazer die Bearbeitung des ‚Golden Bough' durch Th. Gaster von 1959 als „neuester Stand der Forschung" genannt ist;[3] daß zu ‚Flußgöttern' just ein Aufsatz von 1878 angeführt wird,[4] ist eine Ausnahme.

Auch der vorliegende Band bringt gehaltvolle Artikel von grundsätzlicher methodischer Bedeutung, etwa ‚Epische Gesetze' (wichtig besonders wegen der Forschungsgeschichte), ‚Experimentelle Erzählforschung' (im Ergebnis wenig ermutigend), ‚Fazetie' (für Humanisten), ‚Fiktionalität', ‚Formelhaftig-

---

[1] Spaßhaft IV 149 „Hermeneutiker" statt Hermetiker, IV 1198 eine „Moräne", statt Muräne, von Crassus wie eine Tochter verehrt (Beleg: Ael. nat. an. 8, 4; Macrob. Sat. 3, 15, 4). – Verwirrend V 1003 „Martin von Cochem [1687], dessen Text die ältere dt. Volksbuchtradition folgt" – lies ‚der älteren dt. Volksbuchtradition'. – V 32 W. Schadewaldt 1900–1974, nicht 1970.

[2] Zu der in der EdM immer wieder vorkommenden Thematik der Fabel sei auf das große Werk von F. Rodríguez Adrados verwiesen, Historia de la fábula greco-latina I–III, Madrid 1979/87, statt des einen IV 745 genannten Aufsatzes des Autors.

[3] V 224; siehe jetzt R. Ackerman, J. G. Frazer. His Life and Work, Cambridge 1987.

[4] IV 1375; ib. lies ‚am Spercheios' statt „in Spercheios"; siehe jetzt C. Weiss, Griechische Flußgottheiten in vorhellenistischer Zeit, Würzburg 1984.

keit', ‚Formeltheorie' (natürlich nicht aus der homerischen Sprache erarbeitet wie bei Parry, aber aufschlußreich für das, was außerhalb der Homerstudien daraus geworden ist), ‚Fragmententheorie', ‚Funktion', ‚Funktionalismus', ‚Gattungsprobleme', ‚geographisch-historische Methode', ‚Geschichte' (im Sinn von Erzählung). Als Muster einer substanziellen, knappen Übersicht sei der Artikel ‚Germanisches Erzählgut' hervorgehoben.

Ein Beispiel, wie auch Entlegenes in die Klassische Philologie hineinwirken kann: Als engste Parallele, ja gar als Quelle des Mythos von Prometheus am Kaukasos ist eine georgische Sage behandelt worden (M. West, Hesiod, Theogony, Oxford 1966, *[640]* 314 f, nach Olrik). Hierzu bringt nun der Artikel ‚Georgier' (V 1041) Hintergrund und Kontext sowie den Hinweis auf die neuere Edition und Übersetzung des ‚Amiran'-Textes (M. Tschikowani, Das Buch vom Helden Amirani, Leipzig 1978).

Der Bereich des Altertums und mehr und mehr auch der Alte Orient werden an sich in erfreulichem Ausmaß berücksichtigt. Eher fällt jetzt gelegentlich eine gewisse Distanz zur christlichen Tradition auf. Die Bedeutung des Neuen Testaments für ‚Exorzismus' wird zurückgedrängt, ebenso die solide christliche Dogmatik s. v. ‚Fegefeuer' – wo außerdem Vergil, Aen. 6, 739–747 seinen Platz hätte –. Und wie ist es möglich, s. v. ‚Giftmädchen', zum Motiv der tödlichen Sexualpartnerin, das Buch Tobias nicht zu erwähnen?

Daß freilich der Spezialist immer wieder nicht nur Lücken, sondern auch Fehler findet, ist nicht zu verwundern. Die viel behandelten minoisch-mykenischen ‚Dämonen' sind nicht „menschliche Gestalten mit Eselsköpfen" (IV 446), Priapos ist nicht „spätgriechisch" (V 995); Kaineus (Akusilaos FGrHist 2 F 22) heißt bei Ovid Caeneus, nicht „Caenus" (V 1139); irreführend die Behauptung, die Kaiserapotheose sei zur Zeit Iustins († 165) „nicht mehr vollzogen" worden (IV 50). ‚Erbauung' wird als „Eindeutschung von aedificatio aus dem N.T." bezeichnet (IV 110), als ob Paulus lateinisch geschrieben hätte.

Einige Nachträge: ‚Entführung': Hdt. 1, 1 (IV 8) und Od. 15, 415–453 (IV 11) sind genannt, nicht aber Persephone, Europa, Helena, Oreithyia …; s. v. ‚Entrückung' sind die Jenseitsreisen behandelt, auch aus altorientalischem Bereich, nicht aber das homerische Motiv des (ἐξ)αρπάζειν durch Götter. Beim Hinweis auf ‚Lenore' (IV 11) dürften Protesilaos-Deidameia nicht fehlen.

‚Entlastung des Esels': Als frühestes wird Poggio genannt. Der Scherz ist aber schon Aristoph. Ran. 24–32 ausgeführt und steht wohl auch hinter Aisch. Ag. 1562.

‚Erkennungszeichen': Der in Tragödie und Komödie so beliebte Komplex von Kindsaussetzung und Wiederfinden durch E. ist gar nicht erwähnt; siehe D. Hähnle, Γνωρίσματα, Diss. Tübingen 1929.

‚Fabelwesen': Hinweise auf bronzezeitliche Mischwesen wären zu erwarten, besonders Sphingen, die z. B. in dem ‚erzählenden' Miniaturfries von Thera am Fluß jagen (dazu S. P. Morris, A Tale of Two Cities, The Miniature Frescoes from Thera and the Origin of Greek Poetry, AJA 93, 1989, 511–535).

‚Fährmann': Zu Charon-Darstellungen jetzt ausführlich Lexicon Iconographicum Mythologiae Classicae III, Zürich 1986, s. v. Charon I und Charu(n); zur Jenseitsfahrt mit ambivalentem Helfer (IV 789) wäre an Herakles, Atlas und die Hesperidenäpfel zu erinnern.

‚Feuer': Zum ‚Lebenslicht' (IV 1070 f) ist vor allem Lukians Lychnopolis (ver. hist. 1, 29) zu nennen; diese fehlt auch s. v. ‚Gevatter Tod' (V 1224–1233). Zur Brandstiftung durch Vögel (IV 1074) Archilochos Fr. 180 West.

‚Findelkind': Das interessante Zitat zur Kindsaussetzung „Stobaios (Sermones 77, 7)" (IV 1137) ist als Stob. 4, 24, 40 = Poseidippos Fr. 12 Kassel-Austin zu schreiben.

‚Fisch': Unter ‚Große F.e' sollte Lukian, ver. hist. 1, 30–2, 1 einen Ehrenplatz haben. ‚Große Fische fressen die Kleinen': Dieses Motiv macht den Anfang der indischen Sintflutgeschichte, siehe etwa A. Hohenberger, Die indische Flutsage und das Matsyapurana, Leipzig 1930, 4. 6; dies ist zugleich das Motiv vom ‚hilfreichen Fisch'.

‚Fisch-Menschen': Es fehlt jeder Hinweis auf Altorientalisches und Antikes. Nachzutragen ist K. J. Heinisch, Der Wassermensch, Entwicklungsgeschichte eines Sagenmotivs, Stuttgart 1981, der aber das Altorientalische seinerseits ignoriert (das z.B. über Haussigs Wörterbuch der Mythologie I s. v. Mischwesen oder im Reallexikon der Assyriologie s. v. Fischkentaur zugänglich ist).

‚Frau in Männerkleidung' mit Geschlechtswandel (V 168–171): Iphis Ov. Met. 9, 666–797 (bzw. Leukippos Anton. Lib. 17) ist nicht hier, wohl aber s. v. ‚Geschlechtswechsel' V 1139 erwähnt, doch fehlt auch dort jeder Hinweis auf die dem Motiv zugrundeliegende Initiationsthematik.

‚Gang zum Eisenhammer': Das Motiv ist jetzt schon in der sumerischen Sargonlegende belegt, der Held wird mir einem ‚fatalen Brief' (vgl. II 786) abgesandt, um vom Schmied in den Schmelzofen geworfen zu werden, siehe J. S. Cooper, W. Heimpel JAOS 103, 1983, 67–82; V. K. Afanas'eva Altor. Forschungen 14, 1987, 237–246, bes. 242, 245 (Ich verdanke diese Hinweise Peter Frei).

Bemerkenswert ist, wie leicht Paraphrasen entgleisen und falsch werden, selbst bei *[641]* ganz bekannten Texten. Etwa V 720 s. v. ‚Gast': „Der als Bettler heimkehrende → Odysseus wurde schnöde abgewiesen, dem Sauhirten Eumaios, der ihn schließlich aufnahm, wurde edle Herkunft zugeschrieben …" – das mythologische Stereotyp hat den Text der Odyssee verdrängt. IV 414 s. v. ‚Esel':

„Die theriomorphe Verwandlung ... und Entzauberung ... durch Verbrennen der E.shaut ... ist bereits bei Lukian und Apuleius belegt" – das letztgenannte Motiv gerade nicht. V 721 Philemon und Baukis von den Göttern „mit Reichtum überschüttet" – das ist deutsches Märchen, nicht Ovid, wo beide zu Priestern bestellt werden.[5] Merkwürdig ergeht es Teiresias[6] mit seiner Geschlechtsumwandlung und Auskunft über die neunfache sexuelle Lust der Frau: Nach V 1139 s. v. ‚Geschlechtswechsel' wurde dieser „ausgelöst durch Athene, die Teiresias → nackt im Bad sah", „bzw. von ... Juno (Hera)"; nach IV 245 s. v. ‚Erotik' dagegen „tötete Hera ihn". Hesiod Fr. 275 ist nirgends zitiert.

Es ist ein dringender – wenn auch wohl kaum voll erfüllbarer – Wunsch, daß die Bearbeiter wenn immer möglich auf Textausgaben oder jedenfalls auf Übersetzungen der erzählenden Texte zurückgreifen und nicht aus einem zufälligen Aufsatz paraphrasierende Notizen übernehmen, wie im Fall des Teiresias. Auf solche Weise wird auch der sprichwörtliche Kreter Epimenides zum „Athener Priester" (IV 52), Dionysos erscheint statt Hermes beim Rinderdiebstahl (IV 310, aus J. de Vries, Heldenlied u. Heldensage, Bern 1961, 286). Selbst in dem brillanten Artikel ‚Fischer und seine Frau' von H. Rölleke blieb (IV 1235) die kryptische Angabe einer Parallele im „Tantalus-Mythos (in der antiken Fassung durch Athenaios)" stehen, nach A. Wesselski, Märchen des Mittelalters (1925) 236; gemeint ist immerhin Ἀτρειδῶν Κάθοδος bei Ath. 281 b = Nostoi Fr. 9 Davies.

Bei einem Stichwort wie ‚Erlösung' (IV 195–222) stellt sich das Sprachproblem. Der reiche Artikel von Lutz Röhrich orientiert sich ganz am deutschen Wort, das die Lösung des Zaubers und christliche Erlösung zusammenfließen läßt; anders wäre es doch schon, beispielshalber, im Englischen. Daß der alttestamentliche und neutestamentliche Sprachgebrauch von der ‚Erlösung' (*redemptio*) seinen Hintergrund im Freikauf aus Gefangenschaft und Sklaverei hat, kommt überhaupt nicht zur Sprache.

Überfordert ist die Enzyklopädie des Märchens offenbar mit geistesgeschichtlich diffizilen Artikeln wie ‚Eschatologie' oder ‚Gnosis'. Unter dem erstgenannten Stichwort (IV 397–411) häufen sich mißverstandene Verallgemeinerungen; unter dem zweiten ist viel zuviel von Kabbala und noch Späterem die Rede, Mani wird zum Mandäer (V 1331), Erasmus zum Übersetzer (statt Herausgeber) des Irenaeus; der Verf. nennt noch nicht einmal die seit 1977 vorliegende Gesamtübersetzung der Nag-Hammadi-Schriften,[7]

---

[5] Zu ‚Erdenwanderung der Götter' und ‚Gast' vgl. auch D. Flückiger-Guggenheim, Göttliche Gäste. Die Einkehr von Göttern und Heroen in der griechischen Mythologie, Bern 1984.
[6] Vgl. auch L. Brisson, Le mythe de Tirésias, Leiden 1976.
[7] The Nag Hammadi Library in English, ed. J. M. Robinson, Leiden 1988³.

geschweige den Kölner Mani-Codex; zu kurz (V 1333 f) behandelt er das fürs Phänomen ‚Märchen' doch wichtigste Dokument, das ‚Perlenlied' der Thomasakten – einer der ganz seltenen alten Belege für eine typische, voll ausgeführte Märchenstruktur, neben dem (fast gleichzeitigen) Amor- und Psyche-Text, wie dieser allegorisch verwendet; der Urtext ist syrisch.[8] Für Geistesgeschichte wird man nach wie vor das Wesentliche vom RAC erwarten – das aber im Alphabet von der EdM nunmehr nahezu eingeholt ist.

---

[8] Dazu R. Merkelbach, Roman und Mysterium, München 1962, 299–320.

Erschienen in: Mus. Helv. 48, 1991, 193.

Rezension 'Sissa, Greek Virginity'

Giulia Sissa: *Greek Virginity*. Translated by **A. Goldhammer**. Harvard University Press, Cambridge, Mass. 1990. 240 S.

Das Buch (urspr. Le corps virginal, Paris 1987) unternimmt es, im Sinn der „Pariser Schule", Anschauungen und Begriffe der griechischen Welt ganz aus dieser zu entwickeln, im Kontrast zum scheinbar Selbstverständlichen und vermeintlich Natürlichen. Im Zentrum steht, dass für die Griechen, trotz Hymenaios, der Hymen offenbar nicht existierte; die früheste Diskussion findet sich bei Soran, die realistische Keuschheitsuntersuchung im Protevangelium Iacobi 19f. Es gilt also einen Begriff der ‚Jungfräulichkeit' zu gewinnen, der nicht an dieses ‚Zeichen' oder ‚Siegel' geknüpft ist. Die Verf. findet ihn in einem Alternieren von Offenheit und Geschlossenheit in Relation zum doppelten ‚Mund' des weiblichen Wesens, was auch das prophetische Sprechen und das Mysterien-Schweigen ins Spiel bringt. So gilt das erste Kapitel der ‚jungfräulichen' Pythia, die sich mit dem Gott vereint – wobei die aufsteigenden Dämpfe im Adyton als ursprünglich angenommen und mit Räucherungen für Vagina und Uterus in hippokratischen Schriften verglichen werden. Im dritten Teil wird die Strafe der Danaiden als Misslingen der weiblichen Wandlung gedeutet: Sie verharren zwischen Defloration und Mutterschaft, geöffnet doch unfüllbar gleich dem löchrigen Pithos.

Dies ist geistvoll und mit gründlicher Kenntnis der medizinischen Literatur geschrieben. Ob die Funktion des ἀπόρρητον hinlänglich bedacht ist, wird man doch fragen. Aus bloss Gesagtem könnte sich auch ein Phantombild zusammensetzen lassen. Das traditionelle Geheimwissen der Hebammen konnten und/oder wollten Männer nicht teilen. Die Spezialuntersuchung durch einen männlichen Arzt erschien noch in der Neuzeit als unerhört (177, vgl. jetzt H. P. Duerr, Intimität, Frankfurt 1990).

Schönheitsfehler wie „canephorae" (77), „thesmophorae" (86), „Telephus, son of Augeus" (78, cf. 82) sind erst in die englische Fassung eingedrungen.

Erschienen in: Freiburger Zeitschrift für Philosophie und Theologie 38, 1991, 502–506.

Rezension
'O'Meara, Pythagoras revived'

Dominic J. O'Meara: *Pythagoras revived*. Mathematics and Philosophy in Late Antiquity. Oxford: Clarendon Press 1989. XII + 251 S.

Aus sprödem Material hat der Verfasser ein interessantes Buch gemacht. Ihm liegt eine Neuentdeckung zugrunde: Eine Schrift des Michael Psellos (11. Jh.) ‚Über Zahlen' enthält Exzerpte aus verlorenen Büchern jenes umfassenden [503] Werks, in dem Iamblich die ‚Pythagoreische Philosophie' dargestellt hatte. Von dieser pythagoreischen Enzyklopädie, Περὶ τῆς Πυθαγορικῆς αἱρέσεως, enthält ein Florentiner Codex (Laur. 86,3) das gesamte Inhaltsverzeichnis und die vier ersten Bücher; der Rest ging verloren, lag aber Psellos offenbar noch vor: Seine Exzerpte περὶ τοῦ φυσικοῦ, ἀριθμοῦ, περὶ τῆς ἠθικῆς ἀριθμητικῆς καὶ τῆς θεολογικῆς gehen auf das 5., 6., 7. Buch jenes Werkes zurück. Nicht nur, daß das dritte Exzerpt ausdrücklich den Namen Iamblichs nennt, die Titel stimmen zu jenem Inhaltsverzeichnis, und zwei Zitate in Syrians Metaphysikkommentar (p. 140,15 – Iambl. Zeile 53–58; 73; p. 149,28–31 – Iambl. Zeile 90–92) treten bestätigend hinzu (57; 130). O'Meara hat seine Entdeckung 1981 vorgestellt und den Text ediert („"New Fragments from Iamblichus' *Collection of Pythagorean Doctrines*", AJP 102, 26–40) und gibt jetzt die damals schon (34) angekündigte ausführliche Behandlung in weitem philosophiegeschichtlichem Horizont. Die neuen Texte sind als Appendix I (217–229) mit Übersetzung und Testimonien, ohne textkritischen Apparat abgedruckt. Appendix II (230–232) informiert zusätzlich über arabische Kommentare zu den pythagoreischen ‚Goldenen Versen'.

    Das erste Kapitel gilt den ‚Varieties of Pythagoreanism' vor Iamblich, nämlich Numenios, Nikomachos, Anatolios, Porphyrios. Außer Betracht bleiben nicht nur Moderatos, sondern vor allem die praktizierenden Pythagoreer wie Apollonios von Tyana und Alexandros von Abonuteichos, der manchen als Reinkarnation des Pythagoras galt (Luk. Alex. 40). Die vier erhaltenen Bücher Iamblichs werden vorgestellt, gefolgt von einem einläßlichen Kommentar der neuen Texte (53–85); dann werden Parallelen und Unterschiede zu anderen Werken Iamblichs behandelt. Nachdem so ‚The Revival of Pythagoreanism in the Neoplatonic School' dargestellt ist, verfolgt der zweite Teil des Buchs die Nachwirkung von Iamblichs Konzeption und Werk bei Hierokles, Syrian und Proklos. Vom Früheren wie Späteren her ergibt sich, daß die systematisierende Heraushebung und Verherrlichung des Pythagoras und seiner Philosophie die spezielle Leistung Iamblichs ist: Er hat die „mathematization of Neoplatonism" gebracht und damit diesem eine neue Wendung gegeben. O'Meara bescheinigt Iamblich nicht nur Konsequenz in seiner protreptischen Absicht, sondern „comprehensivenes and systematic rigour" (104).

Allzu viel Aufschluß darf man von dem neuen, überaus knappen, ja kärglichen Material – insgesamt 188 Zeilen anstelle dreier Bücher – nicht erwarten. Es gelingt dem Verfasser mit Sorgfalt und Gelehrsamkeit, philosophiegeschichtlich relevante Kontexte zu gewinnen, indem er die Formulierungen der Exzerpte in erster Linie mit Aristoteles von der einen und den späteren Aristoteleskommentatoren von der anderen Seite her konfrontiert. In Iamblichs Lehre von den ‚physischen Zahlen' läßt sich Auseinandersetzung mit der Physik des Aristoteles fassen, auch dessen Ethik scheint für Iamblichs Behandlung einen Leitfaden zu geben; die ‚Theologie' dagegen bewegt sich in rein neuplatonischen Bahnen, wobei die höheren Wirklichkeiten über Plotin und *[504]* Porphyrios hinaus komplexer ausgestaltet werden. Insbesondere erscheinen die ‚göttlichen Zahlen' noch über dem intelligiblen Sein angesetzt, womit O'Meara, gegen Saffrey und Westerink, eine Vorstufe der ‚Henaden' des Proklos entdeckt (82–84; 205,25).

Etwas vernachlässigt erscheint die platonische, doch als pythagoreisch geltende Lehre von den ‚Ideenzahlen', die über Aristoteles den Späteren gegenwärtig blieb; auch wird p. 13 zu dem berühmten Satz des platonischen *Philebos* 16c über die philosophische ‚Gabe von den Göttern' nicht angemerkt, daß es sich dabei gerade um die wiederum als pythagoreisch geltende Lehre von πέρας und ἄπειρον handelt. Ein wichtiges negatives Ergebnis auf Grund der neuen Materialien ist, daß die selbständig überlieferten Θεολογούμενα τῆς ἀριθμητικῆς, eine Exzerptensammlung aus Nikomachos und Anatolios (ed. De Falco, Teubner 1922), nichts mit Iamblichs pythagoreischer Enzyklopädie zu tun haben (15,24). Doch zu Unrecht bleiben die arithmologischen Texte dann ganz beiseite. Zeile 93 τὸν ἄρτιον ὡς διεχῆ λέγειν διάκενον heißt genaugenommen nicht „to speak of even number as a discontinuous gap" (223), sondern ‚die gerade Zahl, als diskontinuierlich, ‚leer' nennen'; vgl. über Arist. phys. 213b27 (68) hinaus zur ‚geraden Zahl' Plut. Aet. Rom. 264a διάστασις, Plut. De E 388a χώρα, theol. ar. p. 9,7 (Nikomachos) διαχωρισμός. Zeile 48 wird nicht in Text und Übersetzung (226f.), doch 75,63 als „corrupt" bezeichnet: „should 4 ... be corrected to 5?" Tatsächlich ist offenbar Konfusion durch Kürzung im Exzerpt zu diagnostizieren: ‚Gerechtigkeit' kann ebenso mit der Zahl 4 verbunden werden (Gerechtigkeit als ‚Quadratzahl': Pythagoras bei Arist. MM 1182a14; als Zahl 4: theol. ar. p. 29,7 [Anatolios]) wie mit der Zahl 5 – dies in der Fortsetzung des Exzerpten-Textes.

Der zweite Teil des Buchs gibt einen kompetenten Querschnitt durch die von Iamblich beeinflußten Neuplatoniker der Athener Schule. Sehr geringe Abhängigkeit zeigt Hierokles, selbst im Kommentar zu den pythagoreischen ‚Goldenen Versen'; mehr Benützung des ‚göttlichen Iamblichos' ist bei Syrian zu finden, der aber seine eigene Darstellung der pythagoreischen Philosophie (met. p. 81–83) selbständig entwirft. Auch Proklos lobt, kennt und benützt Iamblich, geht aber über diesen in entscheidender Weise hinaus: Er hat gegenüber ‚Pythagoras' energisch wieder Platon ins Zentrum gestellt und gibt, dank seinem Sinn für eigentlich ‚beweisende' Wissenschaft, auch der Geometrie weit mehr Gewicht als der Arithmetik.

Ein wichtiges Ergebnis O'Mearas betrifft das Verhältnis des ersten Proömiums in Proklos' Euklidkommentar zum dritten Buch von Iamblichs Enzyklopädie, *De communi mathematica scientia*: Die textlichen Parallelen sind seit je bekannt und in den Apparaten der Editionen verzeichnet, doch bestand die Tendenz, statt auf direkte Abhängigkeit des Proklos von Iamblich auf Benützung einer gemeinsamen Quelle durch beide zu schließen; am energischsten hat dies unlängst B. L. van der Waerden verfochten (Die gemeinsame Quelle der erkenntnistheoretischen Abhandlungen von Iamblichos und Proklos, Sitzungsber. *[505]* Heidelberg 1980,12). Diese These durch genaue Einzelinterpretation widerlegt zu haben, ist nicht das geringste Verdienst O'Mearas (157–164; auch in: Gonimos, Festschrift L. G. Westerink, Buffalo 1988, 49–59). Daß man als ‚Quelle' einen Autor des 1. Jh. n. Chr., Geminos, bestimmen wollte, erweist sich geistesgeschichtlich-terminologisch als unhaltbar. Die Besonderheit der proklischen Bearbeitung zeigt sich gerade in einem Passus, der auf Plotin aufbaut, für den also Geminos in keinem Fall in Frage kommt. Die Darstellung des Proklos ist besser, klarer durchdacht und genauer in den Zitaten, doch nicht weil ‚originalere', ältere Quellen verwendet sind; Proklos ist einfach der weitaus überlegene Philosoph.

Hier tritt ein allgemeineres Problem auf, das durch O'Mearas fast liebevollen Umgang mit Iamblich-Fragmenten doch etwas in den Hintergrund gedrängt wird: Die Frage des philosophischen und auch schriftstellerischen Niveaus schlechthin. Iamblichs zweifelhafter Ruf gründet auf der bekannten, philologisch längst festgestellten Tatsache, daß gerade die Bücher der pythagoreischen Enzyklopädie größtenteils aus anderen Quellen centoartig zusammengeschrieben sind – am meisten ist über die Aristotelica im *Protreptikos* diskutiert worden. Gewiß kann man die so zustande gekommenen Texte für sich betrachten, ohne sie von vornherein nur als Steinbruch wertvollerer älterer Fragmente auszubeuten. Doch zeigt sich auch in O'Mearas Behandlung überdeutlich, daß Iamblichs konstante Beschwörung der ‚genauen Beweise' einer angeblich pythagoreischen Mathematik und Philosophie in seinen eigenen Texten nicht im mindesten eingelöst wird, daß da nirgends Denken geübt, sondern in verwaschenen, wenngleich superlativischen Wendungen Hochstapelei betrieben wird. O'Mearas unbestechliche Interpretation läßt *malgré lui* erkennen, wie Syrian und erst recht Proklos auf ganz anderem Niveau stehen. Die Paradoxie, daß ein intellektuell wenig ansprechender Guru geistesgeschichtlich Epoche gemacht hat, bleibt unaufgelöst.

O'Meara stellt abschließend die Frage nach Iamlichs Motivation bei seinem ‚pythagoreischen' Unternehmen (213–215). Er sieht Konkurrenz zu der Leistung, die Porphyrios mit seiner Plotinedition vorgelegt hatte. Porphyrios freilich hatte sein Vorbild nicht nur in der tetralogischen Platon-Edition, sondern besonders auch in der Aristoteles-Edition des Andronikos; Iamblich hatte keinen Klassikertext vorzustellen, er beläßt es wohlweislich bei vagen Hinweisen auf die Existenz pythagoreischer Schriften nebst vereinzelten Zitaten. Bewußte Konkurrenz zum Christentum scheint O'Meara unerweislich (214f.). Er nennt hier nicht Apollonios von Tyana, der in Iamblichs Epoche als Konkurrent zu Christus portiert wurde, den ein Epigramm offenbar aus eben dieser Zeit als ‚vom Himmel gesandt' rühmt (SEG 31, 1320), Apollonios, der selbst als Pythagoreer gegolten hatte und aus dessen Pythagorasbiographie Iamblich wesentliche Passagen seines Βίος Πυθαγόρειος entnahm, gerade Passagen über „divine origin and mission" des Pythagoras (O'Meara 37); dabei erscheinen die Pythagoreer in Iamblichs Formulierung ausgerechnet als κοινόβιοι (Iambl. V.P. 29, *[506]* vgl. W. Burkert in B. F. Meyer, E. P. Sanders, Self-Definition in the Graeco-Roman World, London 1982, 13). Am auffallendsten ist in dieser Perspektive aus den neuen Exzerpten die Formulierung ἔστιν οὖν τὸ πρῶτον καὶ κυρίως ἕν, ὃ δὴ φαίημεν ἂν ἡμεῖς ὁ θεός, ἑνὰς καὶ τριάς (Zeile 70f.). O'Meara weist die Zwischenbemerkung dem Psellos zu, läßt die Aussage über die ‚Trinität' aber dem Iamblich selbst (82f.). Wenn dies zutrifft, wäre eine der erstaunlichsten Überschneidungen mit der christlichen Theologie festzustellen. Leider läßt die Spärlichkeit des Exzerptes Sicherheit nicht zu.

Rezension 'Griffiths, Atlantis and Egypt, with Other Selected Essays'

J. Gwyn Griffiths: *Atlantis and Egypt, with other selected Essays*. Pp. xiv + 329. Cardiff: University of Wales Press, 1991. £ 39.95.

J. Gwyn Griffiths has been an eminent mediator between Egypt and the classics for a long time; we all respectfully use his commentaries on Plutarch, *De Iside*, and Apuleius XI. The collection of his minor essays, arranged by himself, will be welcome from the start. There may be some slight disappointment none the less: what might be expected to be an impassioning account of the meeting of two major civilizations that coexisted for so many centuries turns out to be mostly an exercise in *rivulos consectari*, scholarly and competent, no doubt, but often *marginalia*, incidental contributions to congresses and *Festschriften* determined by their respective topics. The title essay makes a notably weak case for Egyptian elements in Plato's Atlantis, hardly redeemed by Brandenstein's suggestion that Atlas might be a Berber word, 'and the Berber languages were at least related to Egyptian' (24). In the overdetermined SATOR square, does it help to insist on the assonance of AREPO to Harpocrates (41–3)? We learn about Egyptian religious symbols in the legendary death of Cleopatra (47–54), but one should equally notice the parallel Greek imagery, the Dionysiac snake crawling from the *kiste* – Antony and Cleopatra had been playing Dionysiac games all the time. There is a short essay on 'Early Egyptian Syncretism' (159–71), but some major issues such as Osiris-Dionysus, Sarapis, Hermetism, Magical texts do not come to the fore in this volume. One might have wished to find the article 'The Flight of the Gods before Typhon' which concerns Pindar fr. 91, reprinted from *Hermes* 88 (1960), 374–6. It is still amusing to know how the river Isis got to Oxford (291–5).

There are remarkable contributions on the Jewish and Christian tradition, such as 'The Rise of the Synagogue' (99–113) or 'Egyptian Influences on Athanasius' (143–56). Outstanding is the essay on βασιλεὺς βασιλέων (252–65), the rare example of a formula which can be translated into quite different languages and has become productive as a rhetorical figure in most of them, down to *vanitas vanitatum*. G. traces the title back to Amenophis II and thinks it more at home in Egypt than in Mesopotamia. Another essay of basic importance is 'Allegory in Greece and Egypt' (295–324): G. gives various examples of allegorical tales and allegorical explanations from Egypt, presents what is called 'ritual allegory' in the Ramesseum text, and identifies the explicit concept of allegory, literally 'another saying', in the Book of the Dead (312f.). G. can thus claim that allegory 'originated in Egypt' (317), without excluding 'coincidence' as to the Greek development (ib.). He still ignores the oldest document of explicit Greek allegory, the Derveni Papyrus.

Personal experience gives value to G.'s study on 'Bilingualism among the Mahass' (229–33). Finally, the thrill of a detective story goes with the unpromising title 'Some Claims of Xenoglossy in the Ancient Languages' (266–90): this is not only on W. F. Jackson Knight to whom Virgil spoke, but especially on the case of 'Rosemary', the medium who was fluent in ancient Egyptian, claiming an earlier incarnation in the reign of Amenophis III. G. recalls a personal encounter with Rosemary's mentor in 1944, and he analyses the registrations of the medium's utterings which seem to have *[150]* become better and better Egyptian in vocabulary and grammar as her mentor made progress in his own Egyptian studies (285).

There is selective updating in some pieces, and a laudable index.

Erschienen in: Histor. Zeitschrift 256, 1993, 126.

Rezension
'Münkler, Odysseus und Kassandra'

Herfried Münkler: *Odysseus und Kassandra*. Politik im Mythos. Frankfurt am Main, Fischer Taschenbuch 1990. 157 S., 7 Abb., 16,80 DM.

Das Bändchen vereinigt acht ursprünglich für die „Frankfurter Allgemeine Zeitung" geschriebene Essays des Frankfurter Politologen, überarbeitet und ergänzt um einen Anmerkungsapparat. Der Verfasser möchte die fortlaufende ‚Arbeit am Mythos' (H. Blumenberg) verdeutlichen und weiterführen, „die mythische Geschichte noch einmal erzählen und dabei einige ihrer Ausdeutungen genauer ins Auge fassen" (S. 8). Dies ist stets geistreich zu lesen, Versehen sind selten (eigentümlich die Verwandlung des Homerischen Apollon-Hymnus in einen „Pseudo-Homer Hymnis", S. 92); doch wird natürlich weder im Mythologischen noch im Historischen noch im Literarischen verbindlich und aus erster Hand gearbeitet – ein Zeugnis eher der (oft schon totgesagten) Bildung als der Wissenschaft. Auch das ‚Politische' ist mehr ein gelegentlich benutzter Aspekt als durchgehendes Thema. Der Horizont reicht von Nebukadnezar bis weit über Freud hinaus; neue Einblicke werden teils durch Konfrontation gewonnen, wie im Titelpaar ‚Odysseus und Kassandra', das schließlich den Sieg „der instrumentellen über die emanzipatorische Vernunft" präfiguriert (S. 89), oder in ‚Judith und Penthesilea', ‚Simson, Siegfried und die Frauen'; teils auch durch Umkehrung der Perspektive: ‚Goliath und David', ‚Oedipus' Eltern'; ‚Judas Ischariot' als Verbrecher, als Idealist oder als Voraussetzung des Heils? Einen zusätzlichen Schwerpunkt bilden Malerei und Plastik der frühen Neuzeit, besonders zu den Themen ‚David', ‚Pegasus', ‚Mars und Venus'. Hierzu würde man sich statt der etwas zufälligen Auswahl mehr Abbildungen wünschen.

Erschienen in: Gnomon 66, 1994, 97–100.

Rezension
'Hughes, Human Sacrifice in Ancient Greece'

Dennis D. Hughes: *Human Sacrifice in Ancient Greece*. London/New York: Routledge 1991. XIV, 301 S. 35 £.

Das Thema ‚Menschenopfer' fasziniert seit je und erregt Emotionen: Die Kriminalgeschichte der Religion im Konflikt mit humaner Moral.[1] Es besteht eine gewisse Parallele zum Thema ‚Kannibalismus', das zu entsprechenden ethnographischen Kontroversen Anlaß gab und gibt.[2] Gegen Gruselphantasien stellt sich die aufgeklärte Skepsis; zuweilen mag es dann aussehen, als wäre das Phänomen erst bestätigt, wenn die beglaubigte Aussage eines Opfers vorläge.

Für die griechische Welt durchmustert H. mit umfassender Sorgfalt und kritischem Scharfblick[3] die Texte, die Ausgrabungen, die Sekundärliteratur. Das Material ist uneinheitlich, mehrdeutige archäologische Befunde auf der einen Seite, literarisch gestaltete Mythen auf der anderen; dazwischen einige historisch-antiquarische Angaben von strittiger Authentizität. Das Ergebnis kann den Philhellenen beruhigen: Menschenopfer sind bei den Griechen so gut wie nirgends historisch nachweisbar; insbesondere habe gegenseitige Bestätigung von Archäologie und Literatur so gut wie nicht stattgefunden: Keine Menschenknochen bei Zeus Lykaios in Arkadien (104 f). Möglich bleibe „a practice of the prehistoric Greeks" (191).

H. beginnt mit ‚terminology and types' (1–12). Er faßt den Begriff des Menschenopfers als „ritual killing" (2) derart, daß Entsprechung zum üblichen Tieropfer besteht (4): „The slaying of human beings in the same circumstances, in the same manner, and with the same ritual purposes as the customary slaying of animals". Dies ist vernünftig und praktikabel. Allerdings wären

---

[1] Vgl. auch – von H. nicht mehr zitiert –: P. Tierney, The Highest Altar. The Story of Human Sacrifice, New York 1989.
[2] W. Arens, The Man-Eating Myth, Anthropology and Anthropophagy, New York 1979. Vgl. H. 211,56.
[3] Siehe z. B. 119 mit Anm. 145: Korrektur zu Farnell und Nilsson in Bezug auf Clem. Protr. 3,42. – Ein Schönheitsfehler ist die Unform *thyeskein* 145.

dann die Tötung von Frauen oder Dienern bei der Bestattung oder auch rituell ausgestaltete Exekutionen und ‚Racheopfer' keine ‚Menschenopfer' (8). Sie werden trotzdem in die Untersuchung einbezogen, wie auch die Pharmakos-Problematik.

Das zweite Kapitel ‚Archaeological Evidence' beginnt mit den beiden sensationellen Funden aus Kreta, die unlängst Aufsehen erregt haben; sie sind freilich nicht der griechischen, sondern der minoischen Kultur zuzurechnen: Die Skelette in dem erdbebenzerstörten Heiligtum von Anemospilia bei Archanes, um 1700, und die rituell beigesetzten Kinderknochen mit Messerspuren aus einem Haus unweit des Palastes von Knossos, um 1450.[4] H. informiert sorgfältig und zeigt, daß mehrere Interpretationen möglich bleiben. Ob man von der Zukunft deutlichere Ergebnisse erwarten kann (17. 24), scheint weniger sicher. Eine Appendix (199–202) gilt dem vielbehandelten Text Tn 316 aus Pylos, laut welchem zusammen mit goldenen Gefäßen insgesamt zwei Männer und acht Frauen Göttern ‚zugesandt' werden. Die Interpretation bleibt auch hier offen.

Auch beim archäologisch faßbaren Totenkult gibt es einen sensationellen neuen Befund, die Bestattungen im ‚Heroon' von Lefkandi, noch aus dem 10. Jh. v. Chr. H. konnte dies offenbar gerade noch, doch kaum mit der rechten Gewichtung *[98]* aufnehmen.[5] Zur Brandbestattung eines ‚Fürsten' gehört hier das unverbrannte Skelett einer reich geschmückten Frau; ihr Tod dürfte so wenig zufällig erfolgt sein wie der der daneben bestatteten Pferde.

Auch H. erkennt hier „a fairly strong case" von Opfertötung, zieht allerdings den indischen Begriff ‚suttee' vor (47). „Judgment should be suspended until the appearance of a more detailed publication" (47) – auch hier löbliche Vorsicht, die kaum weiterhilft. Allerdings wird man über das Maß wirklicher oder angeblicher Freiwilligkeit beim Tod jener Frau immer nur spekulieren können. Die Assoziation mit dem Polyxena-Komplex im alten Epos ist unabweisbar, wird aber von H. auch im folgenden Kapitel über ‚Funerary ritual killing in Greek literature and history' nicht hergestellt (61 f); H. nennt auch nicht die oft beigezogene Parallele vom Totenritual der ‚Rus' an der Wolga samt Tötung einer Frau nach dem Bericht eines arabischen Autors.[6] Vor allem: Wenn ein solches Opfer einmal gesichert ist, kippen die Wahrscheinlichkeiten, was auch weniger eindeutige Befunde affiziert. H. ist geneigt, auch in Dendra einen Fall von ‚suttee' anzuerkennen (26–31, vgl. 43–46), findet außerdem auf Cypern, in Lapithos und Salamis, den Befund für rituelle Tötung von ‚Dienern' „convincing" (48, cf. 37f. 40 f). Er

---

[4] Vgl. dazu auch P. Warren, Minoan Religion as Ritual Action, Göteborg 1988, 4–9.

[5] H. nennt für Lefkandi nur Popham et al., Antiquity 56, 1982, 169–174. Vgl. inzwischen P. Blome, Lefkandi und Homer, WüJbb 10, 1984, 9–22; ders. in: J. Latacz, Hrsg., Zweihundert Jahre Homer-Forschung, Stuttgart 1991, 46–50; Archaeological Reports 1988/9, 117–129; M. R. Popham, Lefkandi II: the Protogeometric Building at Toumba 1. Pottery, London 1990.

[6] H. L. Lorimer, Antiquity 8, 1934, 58–62, vgl. W. Burkert, Homo Necans, Berlin 1972, 80.

meint, daß die Tötung der Troianer am Scheiterhaufen des Patroklos als „vengeance killing" von solcher Praxis herzuleiten sei (70),[7] insistiert aber im übrigen eher auf den Divergenzen von Bodenfunden und Literatur. Mit weiteren Neufunden ist im übrigen immer zu rechnen.[8]

Weniger düster erscheint das Kapitel über Menschenopfer „in Greek myth, cult, and history" (71–138): Der legendäre Charakter der Überlieferung ist in fast allen Fällen unübersehbar, meist geht es um Abschaffung und Ersatz des angeblichen ‚ursprünglichen' Opfers; das Schema ist die Überwindung einer Krise, von der das Menschenopfer ‚erlöst', um dann seinerseits durch ein übliches Opfer abgelöst zu werden (91). Eine Interpretationsmöglichkeit, die sich in vielen anderen Fällen bewährt, ist das Prinzip der Initiation, wonach das Kind, der/die Ungeweihte, zu ‚sterben' hat. Die Symbolik solcher ‚Tötung' ist ja auch außerhalb des Griechischen reich belegt.

So läßt sich von Andromeda und Iphigeneia bis zu den Lykaia und ins Dionysische hinein die Überlieferung interpretieren. Auch die lokrischen Mädchen – die ja nicht eigentlich ‚geopfert' werden – sind, mit Graf und gegen Fontenrose, hier eingeordnet (166–184). Das Motiv der ἀποτροπή in der Situation tödlicher Bedrohung, des Ersatzopfers für das eigene Leben kommt dabei wohl etwas zu kurz. *[99]*

Für das angebliche Gefangenen-Opfer vor der Schlacht bei Salamis folgt H. der Kritik von Albert Henrichs.[9] Es bleibt als unbehaglicher Rest die Angabe des Porphyrios über Rhodos: Daß da ein verurteilter Verbrecher am Kronia-Fest getötet wurde, wird nicht als abgeschafft erwähnt, sondern als fortbestehender Brauch. H. beruhigt: Insofern es sich um Hinrichtung handle, sei „implied that the killing was not considered or performed as a sacrifice any longer" (125) – und doch: Das Ritual ist da, durchaus „in the same circumstances, in the same manner ... as the customary slaying of animals", am Götterfest, mit Prozession, Götterbild, Tränken vor dem ‚Schlachten'.[10] Wenn das nicht Erfindung

---

[7] Erwähnenswert ist die Formulierung in den Annalen des Assurbanipal, daß er nach dem Mord an seinem Vater Sanherib Feinde ‚zu seinem Totenopfer' (ina kispišu) niedermetzeln ließ: M. Streck, Assurbanipal und die letzten assyrischen Könige bis zum Untergang Niniveh's, Leipzig 1916, II 38f. Vgl. auch A. R. W. Green, The Role of Human Sacrifice in the Ancient Near East, Missoula 1975.

[8] Vgl. den vorläufigen Bericht über früheisenzeitliche Funde von N. Stambolidis in Eleutherna, Kreta, Archaeological Reports 1990/91, 77. Siehe auch J. B. Hennessy, Thirteenth Century B. C. Temple of Human Sacrifice at Amman, in E. Gubel-E. Lipinski, Phoenicia and Its Neighbours (Studia Phoenicia, 3), Leiden 1985, 85–104 (Tempelareal mit vielen verstreuten Menschenknochen).

[9] In: Entretiens sur l'antiquité classique 27, Vandœuvres-Genève 1981, 195–235.

[10] Porph. abst. 2,54: προαγαγόντες τὸν ἄνθρωπον ἔξω πυλῶν ἄντικρυς τοῦ Ἀριστοβούλης ἕδους οἴνου ποτίσαντες ἔσφαττον.

ist, bleibt religiös gestalteter Terror, der kaum anders als ‚Menschenopfer' benannt werden kann.

Die Besprechung des Pharmakos-Komplexes bringt wenig Neues, auch wenn die Chance, den Sprung vom leukadischen Felsen zu überleben, mit dem Sturz von der Golden Gate Bridge zusammengestellt wird (161). Die Kontroverse um die angebliche Tötung und Verbrennung des Pharmakos konzentriert sich seit langem auf die Frage, was genau Tzetzes mit Berufung auf Hipponax behauptet. H. sucht zu zeigen, daß das ‚Verbrennen auf wildem Holz' nicht aus Hipponax stammt, sondern von der Beseitigung von καθάρματα (143. 148), vielleicht auch von Lukian her übertragen ist.

Der Schlußabschnitt geht sehr knapp den allgemeineren Fragen nach Ursprung und Funktion der Opferideologie nach: So viel Rauch ohne Feuer? Hingewiesen wird auf die literarische Fruchtbarkeit des Motivs, von der Tragödie über die Lokalhistorie bis zum Roman. Daß auch die philosophisch-religiöse Spekulation diese Traditionen akzeptiert und verarbeitet, indem böse, blutgierige Dämonen postuliert werden (Xenokrates Fr. 230 Isnardi Parente bei Plut. Def. or. 417cd), ließe sich ausführen. Weiter nachzugehen wäre auch der eigentümlichen Tatsache, daß – gerade wegen des Zusammenhangs mit den Tieropfern – die Metaphorik des ‚Opfers' für die Griechen anders läuft als für die nachchristliche Welt: Man spricht nicht von den ‚Opfern' einer Katastrophe, auch der Einsatz zum Heldentod im Krieg wird kaum je als ‚Opfer' bezeichnet.[11]

Hervorgehoben wird zu Recht das Bedürfnis der Griechen, sich in der Antithese selbst zu definieren: es sind jeweils die ‚anderen', besonders die ‚früheren', bei denen es Menschenopfer gibt oder gab. Die griechische Distanzierung vom Menschenopfer artikuliert sich früh schon in der Busiris-Legende, konkreter dann in der Tradition, Gelon habe nach dem Sieg von Himera von den Karthagern die Einstellung ihrer Menschenopfer für ‚Kronos' verlangt und durchgesetzt.[12] Allerdings geraten wir eben damit wieder in aktuelle historische Kontroversen: Die *[100]* ‚bekannten' phönizischen ‚Moloch'-Kinderopfer schienen durch die ‚Tophets' von Karthago, Mozia, Sardinien, mit so

---

[11] Vgl. 117 m. Anm. 141: Pindar Fr. 78 ist eine einmalige Metapher, ungewöhnlich auch Plut. Pelop. 21,3 über Leonidas, τρόπον τινὰ προθυσάμενον ἑαυτὸν ὑπὲρ τῆς Ἑλλάδος. Vgl. auch M. Hengel, The Atonement. The Origin of the Doctrine in the New Testament, London 1981.

[12] Nur kurz und indirekt erwähnt H. 128. 239, vgl. 187 zu Plat. Minos 315bc. Ältestes Zeugnis für Gelons Forderung ist Theophrast Fr. 586 Fortenbaugh im Schol. Pind. Pyth. 2,2; dazu Plut. Reg. et imp. apophth. 175a, De Sera 552 a. Iustin 19,1 behauptet, bereits Dareios habe den Karthagern diese Opfer untersagt. Vgl. auch Porph. abst. 2,56 über Iphikrates und ein ‚Jungfrauenopfer' der Karthager (H. 129 m. Anm. 170). – Römische Gesetzgebung 97 v. Chr.: Plin. n.h. 30,12.

vielen verbrannten und rituell beigesetzten Kinderknochen, schaurig-schön bestätigt; doch gerade diese Befunde sind von Spezialisten der Phöniker-Forschung neuerdings wieder anders interpretiert, die Menschenopfer als griechische Verleumdung denunziert worden:[13] Immer nur ‚die anderen'? Die Faszination des Unmenschlichen im Menschen, wie es in den Entwurf des Göttlichen ausstrahlt, wird auch weiterhin in Kontroversen sich entladen.

Auch die Menschenopfer der Azteken – bislang ‚pièce de résistance' – werden im Kolumbus-Jahr bestritten: P. Hassler, Menschenopfer bei den Azteken?, Bern 1992.

---

[13] S. Moscati, Il sacrificio punico dei fanciulli: Realtà o invenzione? Accademia Nazionale dei Lincei, Quaderno 261, Rom 1987 und Tra Tiro e Cadice. Temi e problemi degli studi fenici, Rom 1989, 99–113; S. Moscati, S. Ribichini, Il sacrificio dei bambini: Un aggiornamento, Quaderno 266, Rom 1991. Moscati ist allerdings geneigt, ‚uccisione rituale' im Kontrast zu eigentlichen Opfern bei den Karthagern anzuerkennen. Die Gelon-Tradition wird ignoriert.

Erschienen in: Gesnerus 51, 1994, 310–311.

Rezension
'Durling, A Dictionary of Medical Terms in Galen'

Richard J. **Durling**: *A Dictionary of Medical Terms in Galen*. Leiden, New York, Köln, E. J. Brill, 1993. XIII, 344 S. (Studies in Ancient Medicine, vol. 5). Hfl. 200.–; US$ 114.50. ISBN 90–04–09754-6; ISSN 0925-1421.

Galen hat von allen nichtchristlichen Autoren der Antike das umfangreichste Œuvre hinterlassen: Die letzte, unvollständige Gesamtausgabe von Carl Gottlob Kühn (1821–1833) umfasst 20 Bände, mit lateinischem Index. Seit einigen Jahren steht der elektronische Thesaurus Linguae Graecae (TLG) zur Verfügung. Ein brauchbares Lexikon herzustellen, erfordert trotzdem enorme Mühe, für die man dem Autor ehrlich dankbar sein muss. Dabei sind, wie schon im TLG, neuere Spezialausgaben durchweg berücksichtigt.

Das Lexikon konzentriert sich auf den Fachwortschatz aus Anatomie, Physiologie, Pathologie, Chirurgie und besonders auf die Pharmakologie mit ihren vielen Pflanzen- und Drogen-Namen. In ihrer Identifizierung und Übersetzung liegt der wichtigste Fortschritt, wobei vor allem J. André, Les noms de plantes dans la Rome antique (1985) benützt ist. Mindestens 7 Wörter sind aufgetaucht, die im Standardlexikon von Liddell-Scott-Jones (LSJ) nicht zu finden sind – freilich leicht verständliche Ableitungen bekannter Wörter –, dazu das aus dem Lateinischen transskribiert ἔρβα (s. v. Σαβίνα).

Schwierig bleibt das Auswahlprinzip für Lemmata und Belege. Manchmal scheint alles Material gegeben; oft ist mit al. seine Unvollständigkeit angezeigt. Unklarheiten bleiben, die den Griff zum TLG nahelegen werden. Der Autor berichtet, dass das Lexikon ab Buchstabe ε knapper gefasst ist. So werden denn s. v. αἷμα ca. 2000 Belege aneinandergereiht, was die Grenze des Sinnvollen überschreitet. Wichtiger ist φάρμακον (ca. 6 Seiten); dort erscheinen mindestens 30 Spezialbezeichnungen, die nicht als eigene Lemmata auftreten, allerdings in LSJ zu finden sind. Auch sonst ist die Zuordnung zu Stichwörtern schwankend; *herba Sabina* erscheint unter Σαβίνα, μῆον Ἀθαμαντικόν aber unter μῆον, auch andere interessante Herkunftsbezeichnungen *[311]* –

φάρμακον Μηδείας, Διοσπολιτικόν, στυπτηρία Μιλησία – sind nicht unter dem jeweiligen geographischen oder mythologischen Stichwort zu finden. Für ‚Lemnische Erde' gibt γῆ ἡ Λημνία 3 Belege, Λημνία sc. γῆ andere 8, ohne dass eine Beziehung hergestellt ist. Das Lexikon verzeichnet ἔνεμα ‚Einlauf', nicht aber das zugehörige Verbum ἐνίημι in seiner entsprechenden Spezialbedeutung (vgl. LSJ), doch s. v. φάρμακον; ἐνιέμενα φάρμακα.

Auf Orthographie geht das Lexikon nicht ein: Als Lemma steht ὑγεία, statt ὑγίεια in neueren Ausgaben, aber ὑγιεινός, während ὑγεινός s. v. φάρμακον auftaucht. Unsicherheiten bzw. Druckfehler kommen bei Akzenten vor.

Rezensionsartikel 'MENTOR – eine Datenbank zur griechischen Religion[1]'

Das Projekt MENTOR in Lüttich, das die Veröffentlichungen zur griechischen Religion mit Hilfe der Informatik erfasst, ist ein grosses, auf internationaler Zusammenarbeit aufbauendes Unternehmen, das alle Aufmerksamkeit verdient. Über den derzeitigen Stand der ‚MENTOR Database' ist in vorliegendem Band zu lesen, dass direkte elektronische Abfrage noch nicht möglich sei – die rechtlichen und finanziellen Probleme mehr als die technischen werden den Gebrauch der Datenbanken *in humanioribus* noch länger verzögern –, wohl aber Anfragen per Telephon oder Fax; ein ergänzendes Stichwortverzeichnis für Anfragen, *Thésaurus complémentaire*, ist abgedruckt (763–781).

Einstweilen ist nun doch ein Buch traditioneller Art herausgekommen, weniger und mehr zugleich als eine Datenbank: Sein Kernstück, *Corpus* (189–738), ist eine Sammlung von 2060 bibliographisch erfassten Titeln zur griechischen Religion vom 19. Jh. Bis 1985, alphabetisch nach Verfassern geordnet und durchnummeriert: sie sind aus mehr als 8000 gespeicherten Titeln nach Relevanzkriterien ausgewählt; stets sind Inhaltsangaben, gelegentlich auch Beurteilungen (appr[éciation]) beigefügt, wobei die Ausführlichkeit zwischen 3 und 46 Zeilen (Nr. 1026) variiert. Voran geht ein *Organon*, Entwurf einer systematischen Übersicht im Dezimalsystem, sowie ein *Thesaurus* als wohlüberlegtes Stichwortverzeichnis. Ein dichtes Verweissystem verbindet die drei Teile, wobei das *Organon* noch einmal mit den Siglen A und B das Wichtige vom weniger Wichtigen scheiden möchte. Die Einleitungskapitel und viele Stichworte sind zweisprachig, englisch-französisch – eine Euro-Parodie (*Avertissement-Foreword*; *Introduction-Introduction*; *deformity*, cf. *difformité*), die das Problem der Transskription griechischer Namen immer noch nicht löst (*Pro-*

---

[1] *Mentor. Guide bibliographique de la religion grecque. Bibliographical Survey of Greek Religion.* Sous la direction scientifique de **A. Motte**, **V. Pirenne-Delforge** et **P. Wathelet**. Université de Liège, Centre d'Histoire des Religions, 1992. 781 S. Kernos Suppl. 2.

dicos? Proclos?). Vor Druckfehlern schützt im übrigen auch Informatik nicht, besonders bei deutschen und griechischen Wörtern.

Dass hier ein Arbeitsinstrument von einzigartigem Wert geboten wird, sehr viel mehr als ein Computerausdruck oder *Année-Philologique*-Verschnitt, ist von vornherein klar. Jeder wird MENTOR fortan stets benützen, und jeder wird mehr finden, als ihm sonst zur Hand ist. Mehr als 120 Kollegen zeichnen verantwortlich für Abschnitte des *Organon* und *Corpus*. Dabei liegt ein Hauptteil der Leistung im Unsichtbaren, im Weglassen.

Im Sinn des *appel à la critique*, den die Herausgeber ergehen lassen, seien im folgenden einige Probleme ins Auge gefasst:

Das *Organon* entwirft ein System des Zugangs zur griechischen Religion, ohne die damit verbundenen Festlegungen reflektieren zu können. Die Reihenfolge 1 *Vocabulaire* – 2 *Croyances, mythes et symboles* – 3 *Sentiment religieux* – 4 *Cultes, fêtes et rites* – 5 *Religion et société* suggeriert einen konventionellen Aufbau des Phänomens Religion, der sich auch bestreiten und umkehren liesse. Zur Eingrenzung des Feldes ‚griechisch' wird auf „la présence des Grecs" verwiesen (11), also auf Volk und Sprache. Sind hellenistische und kaiserzeitliche Religion damit zu fassen? Andererseits wird die minoische Religion, wie üblich, diskussionslos vereinnahmt (mit einem einzigen Titel zu Linear A, Nr. 1263), trotz *absence des Grecs*. Die anderen Nachbarkulturen sind anhangsweise als *Religions en contact* genannt, in nicht eben glücklicher Reihung: 82 *Domaine anatolien et assyro-babylonien*, 83 *Domaine sémitique*, als Unterabteilung 832 *Juif* – als ob die Sprache der *Assyro-babyloniens* nicht semitisch wäre oder das Judentum sich als Untergruppe fassen liesse. Unterrepräsentiert *[227]* ist auch 85 *Domaine iranien*; MENTOR scheint unschlüssig, ob Mithras zur *religion grecque* gehört: Nichts unter Cumont und Vermaseren, das Buch von Turcan (1ca981) fehlt wie das von Merkelbach (1984), doch führt der *Thesaurus* auf den Übersichtsartikel von Roger Beck in ANRW 1984 (Nr. 117). Ganz am Schluss kommt 891 *Domaine indo-européen*, was andere an den Anfang setzen würden. Rätselhaft ist 876 *Orient celtique*, mit dem Verweis auf das Stichwort *Scythes*, wo man dann F. Hartogs Arbeiten zu Herodot findet ...

Die Systematik des *Organon* kann den phänomenologischen und historischen Gliederungen der griechischen Religion nicht gerecht werden. Diese zeigt in ihren Epochen doch mindestens vier ganz verschiedene Aspekte: Mythos und Ritual zuerst, dann philosophische *theologia*, Synkretismen zumal im Hellenismus und schliesslich die *résistance païenne* gegenüber dem Christentum. Herausgeber und Mitarbeiter von MENTOR stehen dem ersten Aspekt am nächsten, während besonders der letzte vernachlässigt ist: Sallustios, durch

A. D. Nock erschlossen, ist weder unter den *Sources* noch im *Thesaurus* oder im *Corpus* zu finden.

Der Abschnitt *Sources* im *Organon* bleibt in dem Dilemma stecken, ob eine Einführung für Nicht-Spezialisten zu geben sei, mit Editionen von Herodot, Platon, Aristoteles, oder eine Hinführung zu den Spezialquellen, die dem Forscher den Weg weist. So wichtige mythologische Texte wie die eratosthenischen Katasterismen fehlen ganz, ebenso Parthenios und Antoninus Liberalis; Mythographi Vaticani haben ihren Platz gefunden, nicht aber Vergil samt Servius. Unverzeihlich auch das Fehlen der Paroemiographi. Unter *Lexicographes* wäre, neben Harpokration (ed. J. J. Keaney 1991), auf Pausanias Atticista und seinesgleichen zu verweisen, auch auf Etymologica und Bekkers *Anecdota*; statt dessen stösst man auf die Bibliothek des Photios. Ganz unbefriedigend ist 881 *Religion chrétienne: Accès aux sources*. Gemeint sind christliche Quellen zur griechischen Religion, wobei dann von Clemens nur der *Protreptikos* genannt ist, die Apologeten ganz fehlen (Geffckens Buch im *Corpus* Nr. 746); dafür taucht hier Porphyrios auf, aber einzig mit seinem Werk gegen die Christen. Zu rühmen ist dagegen der Abschnitt *Sources iconographiques* (67–74, A. Verbanck-Piérard).

Über die im *Corpus* getroffene Auswahl zu streiten hat keinen Sinn: jeder wird seine Klagen haben. Der Benutzer sei gewarnt: Er darf nicht annehmen, dass unter dem Namen eines Autors dessen wichtigste Werke erscheinen, und schon gar nicht, dass die Länge der Inhaltsangaben mit der Wichtigkeit der Beiträge korrespondiert. Der Schwerpunkt liegt auf den Erscheinungen nach 1945, das Frühere ist radikal ausgeräumt: Lobecks *Aglaophamus* ist offenbar als ältestes geblieben, nichts aber von Creuzer, K. O. Müller, Welcker. Es erstaunt, wenn auch von Usener nur die *Götternamen* genannt sind. Dass ausser Salomon Reinach auch Richard Reitzenstein, von dem immerhin eine ‚Religionsgeschichtliche Schule' ihren Ausgang nahm, unter den Autoren des *Corpus* fehlt (erwähnt unter Nr. 787/8), ist verblüffend. Vereinsamt steht Freuds *Totem und Tabu* (Nr. 716), ohne dass der *Thesaurus* s. v. *psychanalyse* darauf verwiese.

Einige dringende Änderungsvorschläge:
1. Beiträge in Enzyklopädien sind ausgeschlossen (doch erscheinen LIMC-Artikel Nr. 1129/30). Wenn jedoch überhaupt ein Urteil über Wichtiges und Unwichtiges fallen soll, müsste es mehr Ausnahmen geben und Deubners ‚Personifikation' (*Roschers Myth. Lex.*) dürfte so wenig fehlen wie Schwabls ‚Zeus' (*RE*).
2. ‚Kleine Schriften' erfolgreicher und produktiver Gelehrter werden fast ganz ignoriert; nicht einmal A. D. Nocks *Essays on Religion and the*

Ancient World sind aufgenommen, nicht Karl Meulis *Gesammelte Schriften* (wohl aber Dodds Nr. 558, Gernet Nr. 754); kaum je wird bei den Einzelaufsätzen auf solche Bände verwiesen (Ausnahmen z.B. Nr. 674; 1351). Dabei sind diese nachträglichen Publikationen in den üblichen Bibliotheken sehr viel leichter erreichbar (vgl. Karl Reinhardt Nr. 1540/1), gelegentlich sind sie überarbeitet, sie geben eine Vorstellung vom Gesamtwerk, oft mit persönlicher Bibliographie: Es wäre eine geringe Zusatzarbeit für das Team, entsprechende Verweise zu liefern.

3. Die laufenden Nummern geben mit hochgestellter Indexziffer jeweils das Erscheinungsjahr an, eine nützliche Information. Nun wird hier aber in naivem Fortschrittsglauben bei mehreren Auflagen grundsätzlich die späteste für den Index genommen, gelegentlich auch bei blossen *[228]* Nachdrucken. Dies macht Information zur Desinformation: Fontenroses *Python* ist 19 Jahre vor und nicht zwei Jahre nach seinem Delphi-Buch erschienen, Nilssons *Geschichte der griechischen Religion* stammt nicht aus seinem Todesjahr 1967, und auch Cumont hat 1960 nicht mehr publiziert. Der Unsinn siegt, wenn Nietzsches *Geburt der Tragödie* ins Jahr 1949 verlegt wird, weil damals eine französische Übersetzung erschien; unsinnig auch, Harrisons *Themis* von 1912 nach der Paperbackausgabe von 1962 zu datieren, welche *Themis* obendrein zum Anhängsel der *Epilegomena* von 1921 gemacht hat. Für Frazers *Golden Bough* ist eine *Abridged Edition* von 1922 zum Leitstern genommen; die massgebende 13bändige 3. Auflage (1911–1936) ist im Orcus versunken, samt Gasters *New Golden Bough* (1959). Die wissenschaftsgeschichtliche Wirkung geht in der Regel von der ersten Auflage aus, spätere Drucke sind bereits dadurch bedingt: Man ordne nach diesem Kriterium; Hinweise auf spätere Auflagen sind leicht anzufügen.

4. Man sollte die Hinführung auf Quellen ernster nehmen, besonders auf neuentdeckte Quellen. Die Nag-Hammadi-Bibliothek, die doch lauter griechische religiöse Texte in Übersetzung enthält, scheint nirgends erwähnt. Am wichtigsten wurden in den fünfziger Jahren die Texte der hethitischen Mythologie, Kumarbi und Ullikummi – kein Hinweis auf die Editionen in MENTOR –, in neuester Zeit die Funde zur Orphik. Die Pelinna-Täfelchen freilich sind erst 1987 veröffentlicht worden; doch die Erstausgabe der so wichtigen Lamella von Hipponion (G. Foti, G. Pugliese Carratelli, *PP* 29, 1974, 91–126, vgl. *SEG* 34, 1002; 37, 778) fehlt ebenso wie die vorläufige Ausgabe des Derveni-Papyrus (*ZPE* 47, 1982, *1–*12), während der *Thesaurus* unter den Stichworten *Derveni* und *lamelles orphiques* Beiläufiges und Überholtes bringt.

5. Die Bearbeiter der Inhaltsangaben sollten Vor- und Rückverweise auf Studien zum gleichen Thema beifügen, damit das Netz der Diskussionen

nachvollziehbar wird. Dies ist nur in Ausnahmefällen geschehen (z. B. Nr. 291; 472; 738). Dagegen stehen z. B. zwei Arbeiten zu θεοὺς νομίζειν (Nr. 649/1364) beziehungslos im Raum, auch der *Thesaurus* schafft keine Verbindung, da er das Stichwort nicht enthält. Es scheint im übrigen fast Prinzip zu sein, verschiedene Aufsätze des gleichen Autors verschiedenen Referenten zuzuweisen, was dem genannten Ziel nicht dienlich ist. Dass unter Nr. 677 und 678 ein Buch und ein Einzelaufsatz aus eben diesem Buch nebeneinander erscheinen, mit verschiedenen Referenten, ist wohl Versehen.
6. Dringend notwendig sind Hinweise, wenn ein Neufund eine neue Lage schafft. Picard wusste, als er 1922 über Ephesos und Klaros schrieb (Nr. 1448), nichts von den späteren Ausgrabungen, und als er 1948 die mykenische Religion behandelte (Nr. 1452), nichts von Linear B. Wenn unter Nr. 1445 Philippsons Behandlung von Philodem *De pietate* gerühmt wird, wäre doch ein Verweis auf die Edition von A. Schober (unpublizierte Diss. Von 1923) in *CrErc* 18 (1988) 65–125 dringend erforderlich. Zuntz gab in *Persephone* (Nr. 2059[71]) die gründlichste Behandlung der *lamelles orphiques* – was dieses Stichwort im *Thesaurus* nicht verzeichnet –, doch der Hipponion-Text hat 1974 seine Hauptthese bündig widerlegt. Bedauerlich, wenn auch sonst MENTORs Information der Informatik folgt und über Titel nicht hinausreicht: Wie soll der Computer wissen, dass unter Kahil (Nr. 995–999) auf Ghali-Kahil (Nr. 757) zu verweisen wäre, dass Ghialouris (Nr. 758) mit Yalouris (Nr. 2044) identisch ist, oder dass Merkelbachs Behandlung der ‚Gefesselten Götter' (Nr. 1257) sehr viel ausführlicher in Meulis *Gesammelten Schriften* zu finden ist?

Grosse Arbeit ist Dankes wert. Freuen wir uns des neuen Hilfsmittels, ohne mögliche Löcher und Fallen aus den Augen zu verlieren. Auch eine *Database* wird kritisches Selber-Lesen nicht ersetzen.

Erschienen in: Das Historisch-Politische Buch 43, 1995, 456.

Rezension
'Drews, The Coming of the Greeks'

Robert Drews: *The Coming of the Greeks*. Indo-European Conquests in the Aegean and the Near East. 257 S., Princeton University Press 1995, 12,95 £.

Das Buch erschien 1988; die Paperback-Ausgabe zeugt von seinem Erfolg in einem Problemfeld, das viele als hoffnungslos abschreiben möchten: Die in sich stimmige Rekonstruktion einer indogermanischen Grundsprache mit einigen durch Geographie und Keramik definierten prähistorischen Kulturen zu korrelieren und beides in Ereignisgeschichte umzusetzen, erfordert Sprünge über die Grenzen der Fachmethodik hinweg. Drews stellt die bisherigen Fragestellungen und Lösungsvorschläge klar und geradezu spannend dar und verficht seine eigene These. Neben die meist diskutierten Modelle von ‚Völkerwanderung' oder ‚Infiltration' als Grundlage des Sprachwandels stellt er ein weiteres ‚takeover' als die von außen erfolgte Machtübernahme durch eine Minorität. Mit den Hyksos in Ägypten, den Kassiten in Babylon, der Herrschaft von Hethitern und Hurritern fast gleichzeitig ist die mit den Schachtgräbern von Mykene plötzlich auftretende Kultur und Machtstruktur im ‚mykenischen' Griechenland: ‚Takeover' einer durch Streitwagen ausgezeichneten Elite; sie setzte ihre Sprache durch, die wir griechisch nennen. Voraussetzung ist die Erfindung des Streitwagens, der die Kriegführung revolutionierte. Genau und überzeugend zeigt Drews – und dieser Abschnitt wird seinen besonderen Wert behalten –, wie die Domestikation des Pferdes, das Speichenrad, das Zaumzeug mit Gebiß zeitlich zu trennende Erfindungen sind; erst seit ca. 1650 ist der Streitwagen einsatzbereit. Dieser nun sei – obgleich von anderen Völkern sogleich übernommen – in besonderer Weise mit den Indogermanen verbunden, entwickelt in Armenien, das neuerdings auch als Ursprungsland der Indogermanen im Gespräch ist. Hier werden Kontroversen bleiben; daß Jahrtausende früher Indogermanen die Expansion des neolithischen Ackerbaus betrieben hätten, ist die extreme Gegenthese Colin Renfrews.

Erschienen in: Das Historisch-Politische Buch 43, 1995, 363.

Rezension 'Vernant, Mythos und Religion im alten Griechenland'

Jean-Pierre Vernant: *Mythos und Religion im alten Griechenland.* 100 S., Campus, Frankfurt/Main 1995, 28,– DM.

Die weit über Fachgrenzen hinaus ausstrahlende Leistung von Jean-Pierre Vernant und seines Pariser ‚Centre' in der Erhellung antiker Gesellschaftssysteme durch ihre Religion und Mythologie wird allmählich auch im Deutschen rezipiert. So wird hier der Artikel „Greek Religion" der *Encyclopedia of Religion* (1987) als Buch vorgelegt, französisch mit neuem Vorwort 1990 erschienen – die einschränkende Vorbemerkung „Greek religion during the Archaic and Classical periods" ist dabei weggefallen. Neu sind nicht immer glücklich gesetzte Zwischenüberschriften sowie einige Bildtafeln in prekärem Verhältnis zum Text (die Berliner Kore, Abb. 4, war gewiß keine „Kultstatue", S. 50). Der Verfasser tritt dafür ein, griechische Religion als Religion ernst zu nehmen, und gibt eine großzügig-anregende Darstellung der Eigenart des mythischen Polytheismus, des Staatskultes, des Opferrituals, auch der Gegenphänomene von Mysterien und Orphik (noch ohne die neusten Funde). Die Götterfamilie als System bleibt allerdings sehr skizzenhaft, ganz fehlen die Seher und Orakel, auch die Heilkulte; Minoisch-Mykenisches kommt einmal im Zusammenhang mit dem kretischen Zeus zur Sprache. Die deutsche Bearbeitung hat einige Mängel (S. 43 „Das gleiche gilt" statt „an entirely different matter"; S. 44. „Pan" statt „Paian"; S. 87 „Thiaden" und „Thyaden" statt „Thyiaden"), die nicht dem Verfasser zur Last fallen.

Erschienen in: Archiv für Geschichte der Philosophie 78, 1996, 60–65.

Rezension
'Buchheim, Die Vorsokratiker'

Thomas Buchheim: *Die Vorsokratiker*. Ein philosophisches Porträt. München: Beck 1994. 262 S.

Es ist etwas still geworden um die Vorsokratiker. Die Impulse, die im deutschen Raum seit Beginn unseres Jahrhunderts von Philologie und Philosophie ausgegangen waren und sich mit dem Aufschwung der damaligen Avantgarde verbunden hatten,[1] von Karl Reinhardt zu Heidegger und Gadamer, zu Hermann Fränkel, Bruno Snell, Olof Gigon und Uvo Hölscher, scheinen verebbt; Gadamers repräsentative Sammlung ‚Um die Begriffswelt der Vorsokratiker' (1968) liegt bald ein Menschenalter zurück. Die vielfältigen internationalen Studien zur griechischen Philosophie konzentrieren sich wieder mehr auf die ‚großen' erhaltenen Texte einerseits, Platon, Aristoteles, Plotin, und auf die dazwischen liegenden kontinuierlichen Entwicklungen andererseits, die hellenistischen Schulen,[2] die Vorbereitung des Neuplatonismus. Das zufällig fragmentierte, vieldeutige und kaum vermehrbare[3] Material der Vorsokratiker bleibt eher im Hintergrund.

---

[1] Vgl. G. W. Most, „Πόλεμος πάντων πατήρ. Die Vorsokratiker in der Forschung der Zwanziger Jahre", in: H. Flashar, Hg., *Altertumswissenschaft in den 20er Jahren*, Stuttgart 1995, 87–114.

[2] Vgl. jetzt das umfassende Handbuch von M. Erler, H. Flashar, G. Gawlick, W. Görler, P. Steinmetz, *Die hellenistische Philosophie* (Grundriß der Geschichte der Philosophie begründet von F. Ueberweg: Die Philosophie der Antike 4), Basel 1994.

[3] Immerhin: die Publikation eines Strassburger Papyrus mit ca. 70 Versen des Empedokles ist angekündigt von Alain Martin, Brüssel; ein neues Testimonium zum Datum des Anaximandros: SEG 33,802; ein Testimonium über Thales und zwei Heraklit-Fragmente im Homerkommentar das Oxyrhynchos-Papyrus 3710, vgl. W. Burkert, „Heraclitus and the Moon: The New Fragments in *P. Oxy.* 3710", *Illinois Classical Studies* 18 (1993) 49–55; Heraklit-Zitate im Derveni-Papyrus, S. N. Mouraviev, „The Heraclitean Fragment of the Derveni Papyrus", *ZPE* 61 (1985) 131 f.; A. V. Lebedev, „Heraclitus in P. Derveni", *ZPE* 79 (1989) 37–47; Demokrit-Testimonien in neuen Fragmenten der Inschrift von Oinoanda: M. F. Smith, *Diogenes of Oinoanda. The Epicurean Inscription*, Neapel 1992, Fr. 9 VI; 10 V; 43 II; 173 II.

Um die Vorsokratiker webt der Zauber des Ursprungs. Hermann Diels hatte in der drucktechnischen Anlage seiner maßgebenden Ausgabe die eigentlichen ‚Fragmente der Vorsokratiker' von den indirekten Berichten augenfällig getrennt. Die philologische Frage nach den *ipsissima verba* verband sich alsbald, im Zusammenbruch der klassischen Metaphysik, mit dem Verdacht, daß gerade die Klassiker, Platon und Aristoteles, Wichtigstes vom Ursprung der Philosophie bereits aufgegeben *[61]* oder verloren hatten. So sucht auch Thomas Buchheim – der sich besonders Uvo Hölscher verpflichtet weiß (11) – „die gemeinsame Form des vorsokratischen Denkens in Absetzung von den uns vertraut gewordenen Mustern der klassischen griechischen Philosophie" (9). Er behandelt dabei, nach einem Einleitungskapitel über die „Charakteristik des vorsokratischen Denkens", der Reihe nach Anaximandros, Heraklit, Parmenides, Empedokles, die Atomisten und Anaxagoras; als „Anhang" sind instruktive Kurzinformationen und Literaturangaben zusammengestellt.

Buchheim findet, was er sucht, in einer besonderen „Stellung zum Seienden" jener Denker: Denken erscheine hier nicht als wissenschaftliche Zuwendung zu einem „Objekt oder einem objektiven Weltbefund" (46), sondern als eine „Reaktion des Denkenden auf die Welt als einer Lage, in der er selbst gefangen ist" (9; vgl. 14); Sein erscheint als „Widerfahrendes", eine „Konferenz der Kräfte", in der der Mensch seiner selbst und der Welt zugleich gewahr wird. Sprechen und Sagen wird zum „Spiegel des eigenen Daseins" (15), oder, umgekehrt gesehen, Philosophieren ist ein „zu-sich-Kommen des Seins" (180). So ereignet sich eine „Verschmelzung von Erkennen und Sein" (28–35): „Weltgewahrung und Gewahrtes sind […] eins im andern rege und wirksam" (46f.). „Alles, was eines Seienden gewahr wird […] bleibt in dasselbe Reich eingegliedert […]. Es ist ungeschieden das gleiche Seiende selbst, das in irgendwelcher Gewahrung auf sich oder in die Nähe seiner selbst kommt […]" (205). Solches Denken sei genuin philosophisch, insofern es die eigene Stellung zur Sache stets mit im Blick hat (15).

Zurück also hinter die cartesianische Spaltung von Subjekt und Objekt, von Geist und Materie. Dies trifft Wesentliches und ist als neuer, lebendiger Zugang zu begrüßen. Das Noch-Nicht der Vorsokratiker gegenüber platonischer Geistesphilosophie kann als Vorgriff auf das Moderne, das uns Nahe genommen werden. Und doch: Sollte man statt existenzialistisch klingender Widerfahrnis nicht eher den Optimismus des Sagens und Erkennens in den Vordergrund rücken – Buchheim selbst spricht von der „Zufriedenheit des Verstehens" im „Entwurfsdenken der Vorsokratiker" (48) –, die individuelle Gewißheit, daß sich Gültiges erfassen und aussagen läßt,[4] unabhängig, ja im Widerspruch zu dem, was die ‚Sterblichen' meinen, seien es die Alten oder die zeitgenössischen Partner; Gültiges, das als ‚Seiendes' und als *physis* erscheint, wobei dann freilich die Beziehung der beiden sich als das eigentliche Problem erweist.

Völlig verschwindet in Buchheims Ansatz, was bei vielen Vorsokratiker-Darstellungen im Vordergrund steht: Der Bezug auf Naturwissenschaft, auf Geographie, Astronomie, Meteorologie, Mathematik, Medizin, die erstmalige Konstruktion eines wissenschaftlichen Weltbilds. Der Fortschrittsglaube ist still verabschiedet. Nicht einmal die berühmt-berüchtigte Sonnenfinsternis des Thales[5] ist erwähnt. Von den Annäherungen an das in unserer Sicht Richtige – die Himmelskugel und die gestuften *[62]* Gestirnabstände, die frei im Raum schwebende Erde mit der Erklärung der Mondfinsternisse, schließlich die Kugelgestalt der Erde – ist nicht die Rede; auch nicht vom aufbrechenden Gegensatz zwischen ‚Materialismus' und den Ansätzen einer Kosmos-Religion bei Anaxagoras und Anaxagoreern. Läßt sich die Frage der Rationalität, die Problematik der Wissenschaftstheorie in solcher Weise ausblenden? Hat der Grundsatz des Parmenides vom ungewordenen und unzerstörbaren Seienden nicht doch etwas zu tun mit jenen Erhaltungssätzen, die in unserer Physik noch heute sich bewähren?

Buchheim entwirft seinerseits eine Seinshermeneutik in eigenwillig geformter Sprache, mit ungewöhnlichen Formulierungen und Wortschöpfungen: „Der Lebende ist ein ‚Mitmischer' und ‚Zutuer' im Kreis der Dinge" (46); „Existenz bedeutet für die vorsokratischen Denker also zuerst und besonders Zugetanheit [...]" (47). Dies hat seinerseits Tradition, erregt Aufmerksamkeit und Sympathie, und ist doch nicht jedermanns Sache.

Bedenklich wird es, wenn der Stil ausstrahlt auf die Wiedergabe des Griechischen: Alltagswörter werden unversehens preziös. Etwa zu Heraklit B 80 (75):[6] „Das Wort *chrasthai* [...] bedeutet so viel wie: ein Widerfahrnis „ausstehen" oder „erleiden", einem Einfluß unterstehen [...]. Die Dinge widerfahren einander nach Heraklit in der Weise des Streits und werden dabei zugleich, was sie sind." Genügt es nicht, daß die Dinge Streit ‚gebrauchen'? Zu Demokrit B 9 (27): „Aber wir werden [...] in der Tat keines unverwirbelten Dinges (*ouden atrekes*) inne"; es gebe also „eine gewisse ‚Verwirbelung' oder ‚Aufquirlung'

---

[4] Man stellt sich vor, daß Heraklits Buch begann: Ἡρακλείτου Βλόσωνος Ἐφεσίου λόγος ὅδε, worauf B 1 folgt; ‚Demokrit' B 165, d.i. wohl Leukipps *Megas Diakosmos*, begann: Τάδε λέγω περὶ τῶν ξυμπάντων.

[5] Wichtig hierzu das Zeugnis des Aristarch von Samos in dem neuen Zeugnis P. Oxy. 3710, o. Anm. 3.

[6] B. hält wohl mit Recht, gegen Diels-Kranz und Marcovich, an der überlieferten Lesart χρεώμενα (Konjektur: χρεών) fest.

einer Nähe und Haftung zwischen den Atomen" (200) – doch *atrekes* ist ein längst übliches Wort für ‚genau, wahr'; niemand konnte damals die (linguistisch problematische) Beziehung zu *trepo* bzw. *torqueo* herstellen.

Man liest Buchheim trotzdem mit Gewinn. Es gibt viele geistvolle und bedenkenswerte Einzelinterpretationen. Mit besonderer Einfühlungskraft ist Heraklit behandelt; gegen Reinhardt wird dabei ein vorparmenideisches Denken von Gegensätzen, im Sinn einer ‚Gegenwirksamkeit', durchaus akzeptiert (79). Für Parmenides wird herausgestellt, daß – anders als bei Demokrit – ‚Sein' und ‚Nichtsein' eben nicht symmetrisch sind, insofern die Intention des ‚Suchens' den Vorzug des Seins von Anfang an begründet.

Markant ist stets die Frontstellung gegen simples materialistisches Verständnis. Für Anaximandros etwa insistiert Buchheim darauf, daß das *apeiron* nicht etwas ist, ‚woraus' die Welt entsteht noch ‚in das' etwas vergehen kann, sondern das „Markierungslose", „Uferlose", „in dem man rettungslos verloren ist" (20); dann freilich kann das *apeiron* auch nicht ‚steuern'. „Werden und Vergehen der Dinge sind verknüpft" (62; vgl. 58; 65 f.), doch nicht wie Aristoteles und Theophrast es verstanden – denen wir doch alle Kenntnis über Anaximandros verdanken. Auch die stoffliche Interpretation des Anaximenes fällt damit weg (72). Für Empedokles gibt es keine ‚Grundstoffe', die sich mischen (151), vielmehr seien die ‚Wurzeln' eher als ein Netzwerk von ‚Lebenslinien' zu begreifen, in der wechselnden ‚Atmosphäre' von *[63]* Liebe und Haß; insofern die Wurzeln sogar ‚lernen', gebe es eine „Archivierung des Wachstums" (170 ff.), wie auch die ‚Eide' (B 30) der wechselnden Mächte von Liebe und Haß einen „inneren zeitlichen Sinn" ausdrücken (168) – gemeinhin freilich versteht man das μάθον, μεμαθήκασιν der Elemente als ‚sich gewöhnen/gewohnt sein' ohne psychische Konnotation, wie dies auch in den hippokratischen Schriften belegt ist. Auch das Prinzip ‚Gleiches zu Gleichem' im Erkenntnisprozeß wird von Buchheim entstofflicht, als Wirkungszusammenhang, nicht aber als eigentliche Gleichsetzung des einen mit dem anderen (175 ff.). Selbst der Atomismus wird dem Materialismus entrückt: Die ‚Berührung', *diathige*, sei Impulsgröße, die ‚Gestalten' der Atome nicht festgestellte räumliche Formen, sondern „zuckender Impuls" oder „Drall" im Wirkungszusammenhang, „der als Gestaltzug mißverstanden werden konnte" (194); mit dieser Interpretation freilich scheint Buchheim selbst zu zögern (194–198).

Die Grundkonzeption vom ‚Widerfahren und Gewahren' hat die Konsequenz, daß Anaxagoras an den Rand gedrängt wird: Er hat mit seinem ‚ungemischten' Nous, der alle „Entschiedenheit des Seins" stiftet (209), der platonischen Auffassung bedenklich vorgearbeitet. So wird ihm das letzte Kapitel zugewiesen, nach Demokrit, der sich doch seinerseits mit Anaxagoras lobend und polemisch auseinandergesetzt hat.⁷ Anaxagoras hat vor Empedokles und wohl auch vor Zenon geschrieben, er ist nicht nur aus Athener Sicht eine maßgebende Gestalt.⁸ Der moderne Interpret verliert mit der chronologischen Orientierung den lebendigen Dialog der Vorsokratiker aus den Augen.

Nicht recht befriedigend bleibt der philologische Hintergrund. Eine Sammlung repräsentativer Texte mit Kommentar zu geben, nach Art von Kirk-Raven-Schofield oder Mansfeld,⁹ liegt nicht in der Absicht des Buchs; es treibt nicht philologische Detailarbeit und verzichtet auf griechische Buchstaben;¹⁰ es läßt sich nicht ein *[64]* auf sattsam bekannte oder auch neue Kontroversen: Ein jeweils ‚richtiges‘ Verstehen wird entfaltet, dem nur Mißverständnisse gegenüberstehen können. Selbst das vertrackte Problem des doppelten Entstehens und Vergehens bei Empedokles (B 17,1–7) wird eben „aufgeklärt" (160). Doch gibt es nicht nur einige philologische Lapsus.¹¹ Zwei allgemeinere Warnungen sind vonnöten.

Zum einen: Das ganz auf die *ipsissima verba* der B-Fragmente konzentrierte Interesse führt leicht dazu, daß der Kontext der Zitate unberücksichtigt bleibt, samt ihren Filiationen.¹² Theophrast und teilweise noch Simplikios hatten jedoch die vollständigen Texte vor Augen. Wenn also Theophrast zu Parmenides B 16 über die zwei Verse hinaus, die er wörtlich zitiert, wichtige Zusatzinformationen gibt (sens. 3 = A 46), sind auch diese als authentisch zu akzeptieren; damit ist die Übersetzung ‚voll‘ von *pleon*, statt ‚mehr‘, samt Buchheims geistvollen Erwägungen hierzu (141 f.) erledigt.

---

7   Demokrit VS 68 A 111 = Anaxagoras B 21a = Sextus M. 7,140; 68 A 1 = Diog. Laert. 9,35.
8   Aristoteles hat Verwirrung gestiftet durch seine Bemerkung, Anaxagoras sei gegenüber Empedokles „der Zeit nach früher, den Werken nach später", τῆι μὲν ἡλικίαι πρότερος ὢν τούτου, τοῖς δ' ἔργοις ὕστερος, *Met.* 984a11 = A 43. Er rechtfertigt damit lediglich seine eigene Disposition, die von dem einen materiellen Prinzip über die vier des Empedokles zu den unendlich vielen des Anaxagoras fortschreitet. Klar spricht Theophrast von der Priorität des Anaxagoras, Simpl. phys. 25,19 = Theophr. phys. op. Fr. 3 Diels, Dox. 447. Theophrast spielt mit der Formulierung des Aristoteles in Bezug auf Platon, der seinen Vorgängern gegenüber τῆι μὲν δόξηι καὶ τῆι δυνάμει πρότερος, τοῖς δὲ χρόνοις ὕστερος sei, Simpl. phys. 26,7 = phys. op. fr. 9, Dox. 484. Zum Verhältnis Anaxagoras – Zenon D. Furley, *Cosmic Problems*, Cambridge 1989, 58–62.
9   G. S. Kirk, J. E. Raven, M. Schofield, *The Presocratic Philosophers. A Critical History with a Selection of Texts*, Cambridge 1953, 1983², jetzt deutsch: *Die vorsokratischen Philosophen*, übers. v. Karlheinz Hülser, Stuttgart 1994; J. Mansfeld, *Die Vorsokratiker. Auswahl der Fragmente, Übersetzung und Erläuterung*, Stuttgart 1983/85; 1987².
10 S. 184 ist der zum Verständnis nötige griechische Buchstabe drucktechnisch ausgefallen.
11 Wenn S. 106 Parmenides B 1,14 „die unermüdliche Dike" übersetzt wird, scheint πολύποινος mit πολύπους verwechselt, was die Beziehung zu Heraklit B 94 verschwinden läßt. – S. 118 ist ein unmögliches Wort *peuthô* (analog zu πειθώ) gebildet.
12 S. 197 (vgl. 198) ist „Demokrit, Testimonium 37 [nach Simplicius]" zitiert, ohne Hinweis, daß es sich um einen Text des Aristoteles, Περὶ Δημοκρίτου (Fr. 208 Rose) handelt.

Zum andern: Es bleiben immer wieder ungelöste, oft unlösbare Probleme der Textkritik. Eine alte *crux* ist Parmenides B 7,1, wo man heute meist *damêi* liest, ohne es recht zu verstehen. Buchheim findet elegante Formulierungen zum Sinn eines „Gebändigt-Seins" (124). Doch der philologische Befund ist klar: *damêi* ist eine Schreibung der Verzweiflung in byzantinischen Codices, veranlaßt durch ein bewußt ungenaues, metrisch falsches Zitat Platons;[13] Parmenides' Text ist uns verloren – für den Sinn wird man sich an Platon halten. *[65]*

Buchheims Buch ist Zeugnis eines angeregten und anregenden Umgangs mit den Vorsokratikern, auch wenn es nicht *die* neue, grundlegende und umfassende Darstellung sein kann.

---

[13] Platon zitiert *Soph.* 237a: οὐ γὰρ μήποτε τοῦτ' οὐδαμῆι εἶναι μὴ ἐόντα (so einheitlich überliefert); er weiß, daß dies unmetrisch ist und sagt es ausdrücklich: πεζῆι τε ὧδε ἑκάστοτε λέγων καὶ μετὰ μέτρων, „so sagt er je nachdem in Prosa oder auch in Versen". Nicht, als ob Platon Prosaschriften des Parmenides gekannt hätte; er zitiert aus dem Kopf und hält es nicht der Mühe wert, nachzuschlagen; er wiederholt das Zitat in derselben Fassung, 258d. Aristoteles zitiert genau nach Platon, mit der gleichen Korruptel, *Met.* 1089a4: Der Hauptcodex A^b hat eben οὐδαμῆ, (Ps.) Alexander p. 805,29f. paraphrasiert μηδαμῆ; δαμῆ schreiben einige Aristoteles-Handschriften, ohne daß wir wissen, was sich die Schreiber dachten. Simplikios nimmt sein erstes Zitat des Verses, phys. p. 135,21, über Alexander ausdrücklich aus Plat. *Soph.*; p. 143,31 dürfte davon beeinflußt sein, jedenfalls taucht an beiden Stellen οὐδαμῆ in der Überlieferung auf, neben μηδαμῆ und δαμῆ. Simplikios' drittes Zitat, 244,1, steht wiederum in einem Kontext, der ausdrücklich Platons Parmenides aufgreift und genau die zwei Verse von *Soph.* 237a/258d anführt; Hss. οὐδαμῆ, μηδαμῆ, δαμῆ. Auch Simplikios hat es versäumt, die Verse in seinem Parmenides-Exemplar zu verifizieren und Platon zu korrigieren. Die metrische Anomalie war in der Spätantike nicht mehr zu bemerken. δαμῆ wurde dann als Form von δάμνημι von H. Stein, *Symbola Philologorum Bonnensium in honorem F. Ritschelii*, Leipzig 1863/67, 785 vorgeschlagen; für die Übersetzung muß seither eine sonst nie bezeugte Bedeutung des Worts erfunden werden, vgl. das Lexikon von Liddel-Scott-Jones s. v. Für den Text des Parmenides läßt sich am ehesten οὐ γὰρ μή ποτε τοῦτο δάμ' ἦι (W. Borgeaud *MH* 12 (1955) 277, mit einer verselbständigten Partikel δαμά) oder οὐ γὰρ μηδαμὰ τοῦτό ποτ' ἦι vermuten. – B. scheut im übrigen textkritische Erörterungen nicht, z.B. S. 100 zu Heraklit B 10, vgl. auch Anm. 6. Die richtige Fassung von Anaxagoras B 1 (D. Sider, *The Fragments of Anaxagoras*, 1981, 43) ist S. 207 nicht zur Kenntnis genommen.

Erschienen in: Gesnerus 53, 1996, 134.

Rezension
'Westerink, ed., Stephanus of Athens, Commentary on Hippocrates' aphorisms sections V–VI'

Stephanus of Athens: *Commentary on Hippocrates' aphorisms sections V–VI*. Text and translation by Leendert G. Westerink. Indexes by Jutta Kollesch et Diethard Nickel. Berlin, Akademie-Verl., 1995. 396 p. (Corpus medicorum graecorum, XI 1, 3, 3) DM 289.–. ISBN 3-05-002448-8.

Ein seltenes Ereignis: Eine *editio princeps* wird hier vorgelegt – nur Exzerpte waren 1834 gedruckt worden –, Medizin-Vorlesungen aus Alexandreia um 600 n. Chr., wobei für diesen dritten Teil allerdings offen bleibt, ob Stephanos oder sein Lehrer Asklepios als ‚Verfasser' zu gelten hat (darüber Westerink Band I [1985] 19–23). Erstmalig wird auch eine Übersetzung in eine moderne Sprache gegeben. Der Text ist in einer einzigen verstümmelten Handschrift des Escorial erhalten.

Eine einzigartige Position fällt der Edition auch in der Geschichte jenes *Corpus Medicorum* zu, das Hermann Diels zu Beginn des Jahrhunderts als Unternehmen der (damals) Preussischen Akademie der Wissenschaften begründet hatte: Sie übergreift den Untergang der DDR, die immerhin jahrzehntelang ein kompetentes Team für das *Corpus* zur Verfügung gestellt hatte, das jetzt von der Berlin-Brandenburgischen Akademie der Wissenschaften übernommen worden ist; so ist nun nach Westerinks Tod (1990) die Ausgabe mit Perfektion zu Ende geführt; über 100 Seiten Indices wurden neu erstellt. Der neue Band ist zugleich der erste, der ganz mit Computersatz hergestellt wurde. Die Kombinationen von Circumflex und Spiritus im griechischen Text laufen dabei allerdings zu einem Flecken zusammen, der selbst mit Lupe nicht zu analysieren ist.

Viel Originalität zwischen Galen und dem späteren byzantinischen Bearbeiter Theophilos hat der neue Text nicht zu bieten; trotzdem einige zufällig zusammengeraffte Hinweise: Bemerkenswert ist der Ausgleich des alten Klassikertextes mit fortgeschrittenem Wissen, hatte doch Hippokrates z. B. von Nerven (p. 228, 3–16) keine Ahnung. Das christliche Referenzsystem macht sich bemerkbar, wenn *Hellen* nunmehr ‚Heide' heisst (p. 76, 16). Der

Autor verwendet das Wort παλιγγενεσία weder im Sinn der Seelenwanderung noch der Taufe als christlicher ‚Wiedergeburt', sondern schlicht für die biologische ‚Fortpflanzung' (p. 102, 33; 156, 24 f.; 270, 16), was unsere gängigen Lexika nicht verzeichnen. Dabei meint er, nur „die Alten", und „heute noch die Perser" legten auf Fortpflanzung grossen Wert, weshalb sich auch Hippokrates so sehr der Frauenkrankheiten annehme (p. 156, 24–28). Bei Schwangerschaftsbehandlungen komme es auf das Leben der Mutter an, das Kind sei reproduzierbar (II p. 206). Interessant auch der Hinweis auf Hebammen mit der Praxis manueller Schwangerschaftsuntersuchung (p. 126) und ihrer Anweisungen beim Geburtsvorgang (p. 148, 27).

Auf fortdauernde Vitalität des *Corpus* ist zu hoffen.

Erschienen in: Gesnerus 53, 1996, 284.

Rezension 'De Lacy, ed., Galen, On the elements according to Hippocrates'

Galen: *On the elements according to Hippocrates/De elementis ex Hippocratis sententia.* Edition, translation and commentary by Phillip de Lacy. Berlin, Akademie-Verl., cop. 1996. 236p. (Corpus medicorum graecorum V 1,2). DM 220.–. ISBN 3–05–002877-7; ISSN 0070-0347.

Der durch Galenausgaben im *Corpus Medicorum* hochverdiente Editor (On the doctrines of Hippocrates and Plato, 3 vol. 1978–1984; On Semen, 1992) legt jetzt die mustergültige Ausgabe eines kleineren, doch philosophiegeschichtlich interessanten Werks vor, mit englischer Übersetzung und einem gerafften, inhaltsreichen Kommentar samt Namen- und Wortindex. Gegenüber der letzten kritischen Ausgabe (Helmreich 1878) ist nicht nur die Zahl der griechischen Handschriften vermehrt, sondern vor allem die arabische Übersetzung des Ḥunayn ibn Isḥāq (9. Jh.) herangezogen, dazu lateinische Übersetzungen aus dem Arabischen und aus dem Griechischen – die ihrerseits keinen selbständigen Zeugniswert haben. Der Text beruht so schliesslich auf vier Säulen, der arabischen Übersetzung, der ältesten Handschrift (Laurentianus Gr. 74,5, 12. Jh.) und zwei weiteren Handschriftengruppen. Dazu kommen Exzerpte und Zitate. Der Kommentar verzeichnet vor allem die Parallelen in Galens üppigem Œuvre und klärt die terminologischen und inhaltlichen Beziehungen zu den philosophischen Vorgängern.

Die Schrift ist als Kommentar zu den ersten Kapiteln der Hippokratischen Schrift „Über die Natur des Menschen" mit der berühmten Vier-Säfte-Lehre angelegt; Galen findet die Lehre von den vier Elementen (*stoicheia*) eben dort in vorbildlicher Weise behandelt. Er setzt sich dabei vor allem mit dem Atomismus auseinander und mit dessen Neugestaltung, die Asklepiades von Bithynien versucht hatte. Im nun konstituierten Text ist am bedeutendsten ein Zusatz aus der arabischen Quelle, „Diodoros und Leukippos" (p. 62,7) statt „Leukippos" allein (dazu De Lacy p. 22 und p. 164): Mit der Nennung des Diodoros Kronos (um 300 v.Chr.) wird ein wichtiges Zwischenglied der Leukippos-Tradition namhaft; dass der sorgfältige Ḥunayn den Namen von sich aus interpoliert hätte, ist so gut wie ausgeschlossen. Ein anderes philologisch-philosophiehistorisches Problem wird eher verschärft: Hat Demokrit (A 49 Diels-Kranz) die kuriose Wortbildung *dén* als Kontrast zum „Nichts" (*medén*) verwendet? Die allgemein akzeptierte Konjektur *dén* (p. 60,18, zweimal) wird vom arabischen Text nicht bestätigt, er hatte, gleich den griechischen Codices, *hén* vor Augen, was De Lacy nun als Text Galens akzeptiert und übersetzt.

Erschienen in: Mus. Helv. 53, 1996, 308.

Rezension 'Kingsley, Ancient Philosophy, Mystery, and Magic'

Peter Kingsley: *Ancient Philosophy, Mystery, and Magic. Empedocles and Pythagorean Tradition.* Clarendon Press, Oxford 1995. IX, 422 S., 2 Karten.

Ein originelles, imponierendes, provozierendes Buch: Nicht nur, dass fürs Verständnis der frühgriechischen Philosophie Aristoteles und Theophrast ausser Kurs gesetzt werden, der Begriff der Philosophie als eines ‚rationalen' Unternehmens wird zur Disposition gestellt und durch Verweise auf Hermetik, Gnosis, islamische Sufis ergänzt oder ersetzt. Zu sehr genauen philologischen Untersuchungen treten Kenntnisse orientalischer Sprachen, besonders des Armenischen und Arabischen: polemische Verve kommt dazu. Eine erste, zentrale These ist, dass Empedokles in dem berühmten Rätsel über die vier Elementen-Götter (B 6) mit Zeus die Luft, mit Hades das Feuer meine, wobei der sizilische Aetna in Aktion tritt; stärkstes Argument ist die vorsokratische Verwendung von *Aither*: ‚Luft', nicht ‚Feuer'. Ein weiterer Hauptteil analysiert das System der unterirdischen Flüsse im Mythos von Platons *Phaidon* und schliesst auf pythagoreischen Hintergrund. Überraschend deutlich lässt sich dabei der Mechaniker, Philosoph, Pythagoreer Zopyros fassen. Wichtig ist auch die Behandlung der Zeugnisse über Empedokles beim armenischen Philon, wobei sich die Unzuverlässigkeit der gängigen Übersetzungen erweist. Insgesamt wird ein Bild von Empedokles als einem Mysterienpriester in seinem Umfeld entworfen, wovon Traditionen bis ins arabische Mittelalter geblieben seien. Die Rationalität der Philosophie bedarf wohl neuer Verteidigung. Doch sollte die ‚klassische' Philologie den neuen, mit Scharfsinn, Energie und einer Fülle von Gelehrsamkeit durchgeführten Zugang nicht marginalisieren.

Erschienen in: Histor. Zeitschrift 264, 1997, 427.

Rezension
'van Straten, Hierà kalá'

Folkert T. van Straten: *Hierà kalá*. Images of Animal Sacrifice in Archaic and Classical Greece. (Religions in the Graeco-Roman World, Vol. 127.) Leiden/New York/Köln, Brill 1995. VIII, 374 S., $ 123,–.

Ikonographie als besondere ‚Sprache' und damit als geistesgeschichtliches Zeugnis ersten Ranges ist in neuerer Zeit zunehmend wichtig geworden; zugleich wurde für die alte Welt das Tieropfer-Ritual in seiner dichten Symbolik, in seiner politisch-sozialen Verflechtung und in seinem (prä-)historischen Tiefgang neu erschlossen und vielfach diskutiert. Aus doppelter Sicht also ist das zusammenfassende Buch des durch einschlägige Arbeiten längst bekannten Vf.s hochwillkommen, das an Vollständigkeit und Gründlichkeit alle früheren Studien dieser Art weit hinter sich läßt.

Der Vf. hat einen Katalog von 431 Vasenbildern des 7. bis 4. Jh.s v.Chr. und 243 Votivreliefs des 5./4. Jh.s zusammengestellt. Er bespricht die Darstellungen, unterstützt von 168 Abbildungen, in der Reihenfolge ‚Pre-Kill – The Killing – Post-Kill'. Dabei gibt er genaue Detailbeschreibungen mit Spezialangaben zu den einzelnen Monumenten, unter Berücksichtigung ihres Kontextes und ihrer Verwendung, samt reicher Sekundärliteratur; er kann überzeugend viele reale Einzelheiten aufklären, wie etwa Inhalt und Verwendung des Opferkorbs (S. 31ff., 162ff.), die verbrannten Teile des Tieres: Schwanz und *osphys* (S. 119ff.), Mehlbällchen als *thylemata* (S. 139ff.). Besonders hervorzuheben, weil nicht mehr selbstverständlich, ist die kompetente Behandlung der literarischen und epigraphischen Texte, die dem präzisen Umgang mit den archäologischen Monumenten zur Seite steht; manche Aristophanes-Passage wird so wohl endgültig erklärt. Es bleibt ein gewisses Problem der internen Bezüge, insofern – aus verständlichen technischen Gründen – der Katalog nicht auf die zugehörigen Besprechungen verweist; bei mehrfach behandelten Monumenten wie der ‚Ricci Amphora' (V 154) wird dem eiligen Benutzer manches entgehen.

Sehr zurückhaltend ist der Vf. mit weitergehenden Interpretationen, etwa was die Zugehörigkeit zu bestimmten Festen betrifft. Auffallend bleibt, daß das eigentliche Schlachten so gut wie nie dargestellt ist – mit einer frühen Ausnahme, V 148 –, durchaus im Gegensatz zu späteren Monumenten. Ob dies „lack of interest" (S. 188) anzeigt oder bewußtes Aussparen des Zentrums – was an die Tragödie denken ließe –, sei dahingestellt.

Erschienen in: Das Historisch-Politische Buch 45, 1997, 364–365.

Rezension
'Moscati, Die Karthager'

Sabatino Moscati: *Die Karthager*. Kultur und Religion einer antiken Seemacht. 247 S., Belser, Stuttgart 1996, 49,80 DM.

Preiswerte Ausgabe des Bildbandes *Cartaginesi* (Milano: Jaca Book 1982). Die deutsche Fassung ist im gleichen Verlag mit gleichem Text 1984 erschienen (271 S.), was die Neuausgabe nicht angibt. Die wunderschönen Abbildungen sind jetzt an Zahl reduziert, einige davon sind neu; bei der Beschriftung sind Pannen passiert, vor allem ist diese viel zu knapp, ohne chronologische Angaben, ohne Transkription oder Übersetzung der Inschriften; dabei fehlt es völlig an Querverweisen zwischen Bildern und Text. Auch der Index ist weggelassen. Der Text von 1984 indessen ist *[365]* buchstabengetreu wiederholt; vor Angaben wie „neustens" sei darum gewarnt. Vor allem hat Sabatino Moscati selbst 1987 die umstrittene These aufgestellt, die berüchtigten ‚Moloch'-Kinderopfer habe es nicht gegeben, in den *tofets* seien natürlich verstorbene Kleinkinder beigesetzt: S. Moscati, „Il sacrificio punico dei fanciulli: realtà o invenzione?", *Quaderni dell' Accademia Nazionale dei Lincei 261*, Roma 1987; S. Moscati, *Gli adoratori di Moloch. Indagine su un celebre rito Cartaginese* Milano 1991. Vorliegendes Buch aber stellt nunmehr 1996 mit naiver Selbstverständlichkeit die „Kinderopfer" vor (bes. S. 221) und wagt es, ‚Religion' in den Untertitel des Nachdrucks aufzunehmen.

Erschienen in: Histor. Zeitschrift 267, 1998, 722–723.

Rezension
'Faulstich, Das Medium als Kult'

Werner Faulstich: *Das Medium als Kult*. Von den Anfängen bis zur Spätantike (8. Jahrhundert). (Die Geschichte der Medien, Bd. 1.) Göttingen, Vandenhoeck & Ruprecht 1997. 327 S., 93 Abb., 78,– DM.

Der Vf. hat Recht: Die aktuelle Medien-Diskussion macht eine Geschichte der Medien zum Desiderat. Er stellt sich der Herausforderung und hat einen Band 2 „Medien und Öffentlichkeiten im Mittelalter 800–1400" 1996 publiziert, dem rasch Band 1 folgt. Gemäß sozialwissenschaftlicher Definition sind Medien „komplexe institutionalisierte Systeme um organisierte Kommunikationskanäle von spezifischem Leistungsvermögen" (S. 10). Der Vf. unterscheidet ‚Menschmedien', ‚Gestaltungsmedien' (Kerbholz bis Pyramide) und ‚Schreibmedien', mit verfeinerter Unterteilung (S. 294). Für die Urgeschichte gilt „die Frau als Medium" (S. 35 ff.), am Ende erscheinen „die Druiden ... als letztes genuines Menschmedium der Geschichte" (S. 283 ff.). Daneben sei nicht etwa die Schrift, sondern jeweils Höhlenwand, Tontafel, Buchrolle oder Codex (S. 130 f.) als ‚Medium' zu fassen; die Kontinuität von der Papyrusrolle zum Buch wird bestritten (S. 243 ff.). Fachkompetenz besitzt der Vf. in keinem der behandelten Bereiche. Er weiß um den daraus folgenden Nachteil „weitestgehender Abhängigkeit von vorliegenden bzw. verfügbaren Arbeiten" (S. 12). Zustande kommt eine Kompilation von Zitaten mit ‚theoretischen' Bemerkungen nach gelegentlich bizarren Leitlinien, für die Frühzeit geprägt von Klischees *[723]* wie Matriarchat und Heilige Hochzeit, im folgenden bestenfalls geordnete Nacherzählung nicht ohne Verwirrungen, Mißverständnisse und Mißverständliches. Die Darstellung springt oft unversehens zwischen Kulturen und Jahrtausenden hin und her: „Im Übergang zur ägyptischen Hochkultur" (S. 133) werden die mesopotamischen Zählsteine behandelt, als Beispiel für den Brief in Ägypten erscheint eine Keilschrifttafel (Abb. 88), während im restlichen Kapitel über den Brief die Keilschriftbriefe vergessen scheinen; zur Illustration des homerischen Sängers (S. 188 f.) dient ein mesopotamisches

Relief (Abb. 63), ein Symposiast mit Hetäre wird zum kranken Mann „im Tempel" (Abb. 10), ein ägyptisches Ostrakon sei „gefunden in Turin" (S. 97). Trotz reicher Bibliographie kann von einem Ertrag des Bandes kaum die Rede sein.

Erschienen in: Mus. Helv. 55, 1998, 254.

Rezension
'Brown, Israel und Hellas'

John Pairman Brown: *Israel und Hellas*. Beihefte zur Zeitschrift für alttestamentliche Wissenschaft 231. De Gruyter, Berlin 1995. XII, 407 S.

Ein wertvoller Beitrag zum Thema Orient und Griechenland, der zahlreiche frühere Veröffentlichungen des Autors zusammenfasst. Dieser hat lange in Beirut gelebt und kennt die Welt, die er vorstellt. Im Zentrum steht, neben dem Griechischen, die hebräische Bibel; die Keilschriftkulturen bleiben am Rande. Strenge Linguistik oder Methodik der Kulturwissenschaft kommt kaum zum Einsatz, stringente Beweise für Entlehnungen werden nicht geführt und nicht behauptet. Wohl aber zeigt sich in überzeugender Weise die gemeinsame Welt von ‚Israel und Hellas', wie sie auch in der Sprache sich spiegelt. Vielerlei Kontexte aus Literatur und Leben werden erhellt durch nebeneinander gerückte Texte, die meist im Urtext und in Übersetzung präsentiert sind, von der Konkubine (παλλακή – hebr. pilägäsh) bis zum Opferkult (βωμός – bamah). Die wichtigsten Isoglossen sind wohl ‚Wein' (Ϝοῖνος – aramäisch wajn, hebr. jain) und ‚Stier' (ταῦρος – aramäisch tawru, hebr. shor). Sehr gründlich sind ‚Eide und Verträge' behandelt (253–289): besonders interessant auch ein Abschnitt über Goldwirtschaft (299–308) sowie eine Zusammenstellung ‚internationaler Sprichwörter' (316–327). Ausführliche Indices erschliessen die Sammlung.

Erschienen in: Gesnerus 56, 1999, 137.

Rezension 'Duffy, ed., John of Alexandria: Commentary on Hippocrates' Epidemics VI fragments' und 'Bell et al., ed., John of Alexandria: Commentary on Hippocrates' On the nature of the child'

Johannes (Alexandrinus): *John of Alexandria – Commentary on Hippocrates' Epidemics VI fragments. – Commentary of an anonymous author on Hippocrates' Epidemics VI fragments.* Ed., transl, and notes by **John M. Duffy**. – *John of Alexandria – Commentary on Hippocrates' On the nature of the child*. Ed. and transl. by **T. A. Bell, D. P. Carpenter, D. W. Schmidt ... [et al.]**. Berlin, Akademie-Verl., 1997. 201 S. (Corpus Medicorum Graecorum, XI-1,4). DM 220. –. ISBN 3–05–003190-5; ISSN 0070-0347.

Das *Corpus Medicorum Graecorum* setzt seine Publikationen zum letzten Stadium griechischer Wissenschaft in Alexandrien mit einer weiteren Erstpublikation fort (vgl. *Gesnerus* 53 [1996], S. 134 zu Stephanus von Athen): Vom Kommentar des Ioannes zu *Epidemien* VI war bisher nur die lateinische Übersetzung im Druck erschienen (C. D. Pritchet, Leiden 1975); erhalten ist dieser Text in Abschnitten, die in einer Reihe von Codices in die vielgebrauchte Übersetzung eines arabischen medizinischen Handbuchs (Ἐφόδια) eingefügt sind. Der zweite Text, zu *Nat. puer.*, war nur einmal von F. R. Dietz 1834 gedruckt worden. Methodik und Geist dieser späten Form griechischer Wissenschaft in christlicher Umwelt ist jetzt neu dokumentiert. Das auf Galen abgestellte Curriculum lässt sich deutlich fassen (9–11). Der wissenschaftliche Arzt nennt sich „hippokratisch" im Kontrast zum „vulgären" Arzt (ἀγελαῖος 44,26f.); darum muss man den überholten Klassiker, der mehr als tausend Jahre früher schrieb, studieren. Was unverständlich oder offensichtlich falsch ist, lässt sich als Interpolation wegschieben (34,15; 142,9). Man findet Floskeln vom Schöpfer, der „allein die Ursache kennt" (164,39 vgl. 60,31; 130,14) – so konnten auch heidnische Platoniker sprechen –; doch gegen Wirkung vom „Göttlichen" verwahrt man sich: „als Ärzte akzeptieren wir das nicht" (104,4 vgl. 156,14). Heikel wird die Diskussion in dem von „Hippokrates" beschriebenen Fall einer Abtreibung (p. 146,16 zu *Nat. Puer.* 490 L.).

Die Editoren geben neben den Lesarten der Handschriften sorgfältig die zu ermittelnden Quellen der Zitate an. Dem ersten Text hat Duffy wertvolle „Notes" (108–117) beigegeben. Der Philologe findet Auffälliges in Grammatik und Wortschatz, was in einem *Index grammaticus* und einem *Index verborum* erschlossen ist. Einige Unsicherheiten bleiben in der Orthographie: ἐρεῖσθαι 28,13 ist m.E. als αἱρεῖσθαι zu lesen („choose" statt „discuss"); ἐνδυάζω 72,30 könnte man unbedenklich mit üblicher Orthographie ἐνδοιάζω schreiben.

Erschienen in: Mus. Helv. 56, 1999, 262–263.

Rezension 'Mentor 2. 1986–1990.
Guide bibliographique de la religion grecque.
Bibliographical Survey of Greek Religion'

Mentor 2. 1986–1990. Guide bibliographique de la religion grecque. Bibliographical Survey of Greek Religion. Sous la direction scientifique de **A. Motte**, **V. Pirenne-Delforge** et **P. Wathelet**. Kernos Suppl. 6. Université de Liège: Centre d'Histoire des Religions 1998. 531 S.

Im Abstand von 6 Jahren zum ursprünglichen MENTOR (diese Zeitschrift 51, 1994, 226–228) erscheint die Fortsetzung für die nächste Fünfjahresperiode, mit Kurzreferaten zu 1310 Publikationen, ausgewählt aus 2577 Titeln, die in der Datenbank MENTOR für diese Zeit gespeichert sind. Die explodierende Produktivität ist nicht einzuholen: um so dankbarer ist man für die hier gebotene Hilfe. Der Aufbau ist gleich geblieben. Das systematische *Organon* bringt substanzielle Nachträge insbesondere zu *Linéaire B* (P. Wathelet), *Sources épigraphiques* (A. Chaniotis) und *Sources numismatiques* (P. Bonnechere), mit Angaben bis 1996. Der *Thesaurus* benannte Sachindex ist nicht auf die Titel, sondern auf den Inhalt bzw. die Referate abgestellt; er ist jetzt entschiedener französisch (p. 23,3): also *Énée* statt *Aineias*, *grue* statt *geranos*, dazwischen einzelne griechische Original-Termini. Für das *Corpus* haben 88 Mitarbeiter Referate geliefert, oft mit knappen Beurteilungen; ein grosser Teil stammt von den Herausgebern selbst. Man kann an Kleinigkeiten mäkeln, z.B. dass der *Thesaurus* s. v. *Delphes: oracle* 6 Nummern, s. v. *oracle: Delphes* nur 4 von diesen nennt, oder dass eine Arbeit, die kurz auf Englisch und ausführlich auf Deutsch publiziert wurde, zweimal durch zwei Referenten vorgestellt *[263]* wird (Nr. 2942/3). Aber man hat ein unentbehrliches Arbeitsinstrument zur Hand – bis die Zukunft doch wohl endgültig elektronisch wird.

Erschienen in: Das Historisch-Politische Buch 48, 2000, 352–3.

Rezension 'Damaskos, Untersuchungen zu hellenistischen Kultbildern'

Dimitris Damaskos: *Untersuchungen zu hellenistischen Kultbildern*. 300 S., Steiner, Stuttgart 1999, 124,– DM.

Eine umfassende Bestandsaufnahme vorab der archäologischen Befunde – oft sind nur Statuen-Basen geblieben –, mit gründlicher Behandlung der Inschriften, unter Einbezug auch der Münzbilder und literarischen Texte. Die Untersuchung ist eingegrenzt auf den eigentlich griechischen Raum einschließlich Kleinasien, ohne Italien und Sizilien, Syrien und Ägypten. Sie ist den jeweils neuesten Ergebnissen auf der Fährte; bisherige Deutungen und Zuschreibungen werden kritisch überprüft, nicht selten auch mit klarer Argumentation in Frage gestellt. Recht oft ist auf Unveröffentlichtes hinzuweisen. Dies betrifft auch den Bildhauer Damophon, der neuerdings sehr viel genauer faßbar geworden ist. Selbständige Entdeckungen von Statuen-Fragmenten werden zu Hera Basileia in Pergamon und zu Athena in Notion vorgestellt; neue, überzeugende Deutungen auch zum Tempel R – Herakles Epitrapezios – in Pergamon, zum Orakelheiligtum von Klaros, zur Stadtgeschichte von Priene. Nacheinander sind „Götterkultbilder" und „Herrscherkultbilder" behandelt; „Kultbild" ist primär durch den „Aufstellungskontext" definiert, als griechischer Terminus bewährt sich *ágalma*. Die eindrücklichen Ausführungen zum Herrscherkult können durchaus *[353]* Differenzierung gegenüber Götterbildern einerseits, Ehrenstatuen andererseits aufzeigen. Interessant, doch offen bleibt die Frage nach römischen Stiftungen in der letzten Phase des Hellenismus.

Erschienen in: Das Historisch-Politische Buch 48, 2000, 131.

Rezension 'Dreyer, Untersuchungen zur Geschichte des spätklassischen Athen (323 – ca. 230 v. Chr.)'

Boris Dreyer: *Untersuchungen zur Geschichte des spätklassischen Athen (323 – ca. 230 v.Chr.).* 487 S., Steiner, Stuttgart 1999, 176,- DM.

Die Göttinger Dissertation widmet sich mit enormer Gründlichkeit und Detailkenntnis einer Epoche, die nur lückenhaft durch die antike Geschichtsschreibung erhellt ist sowie durch epigraphische Dokumente, deren Kontext und Datierung nicht selten kontrovers sind. Es geht um einen Stadtstaat, der inmitten der Konflikte mehrerer Großmächte seine ‚Autonomie' und Demokratie bewahren möchte; es endet mit der Kapitulation vor Makedonien 262 (261?) v. Chr. Die Untersuchung, die mit reichster Bibliographie alle verfügbaren Quellen diskutiert, ist verwickelt, insofern Leitlinien des historischen Geschehens vorausgesetzt sind, die Dokumente aber mehrfach unter verschiedenen Gesichtspunkten erscheinen. Sie konzentriert sich einerseits auf Fragen nach dem Charakter der einzelnen ‚Regime' zwischen Oligarchie, Tyrannis, und Demokratie, andererseits auf die Sicherung der Chronologie von Jahr zu Jahr. Eine „chronologische Übersicht" mit einer neu erarbeiteten Archontenliste ist eine wesentliche Beigabe. Die Quellenlage läßt oft nur Wahrscheinlichkeiten zu; simple Details der Ereignisgeschichte – wann genau war der Piräus makedonisch besetzt, wann wurde er ‚befreit'? – bleiben im Ungewissen. Die kulturellen Aspekte, mit Philosophie und ‚Neuer Komödie', und der soziologische Wandel der Demokratie durch ‚Elitisierung' werden eher beiläufig eingebracht. Es gibt ganz wenige Versehen (statt Asterix S. 375 lies Asterisk).

Erschienen in: Das Historisch-Politische Buch 48, 2000, 573.

Rezension 'Funke, Aiakidenmythos und epeirotisches Königtum'

Susanne Funke: *Aiakidenmythos und epeirotisches Königtum*. Der Weg einer hellenischen Monarchie, 238 S., Steiner, Stuttgart 2000, 80,– DM.

Epeiros, Land der Molosser, ein Randbereich Griechenlands, war durch zwei Besonderheiten ausgezeichnet: einen Bundesstaat mit monarchischer Spitze, der etwa 200 Jahre lang Bestand hatte, und ein Königshaus, das sich die vornehmste mythische Genealogie zugelegt hatte: Abstammung von Neoptolemos/Pyrrhos, dem Sohn des Achilleus. Die vorliegende Kölner Dissertation geht in einem ersten Teil dem „molossischen Aiakidenmythos" nach und läßt dann Studien „zur historisch-politischen Geschichte" bis zum Ende der Dynastie (232 v. Chr.) folgen. Für den genealogischen Mythos wird zu Recht die Bezeugung schon in der ‚kyklischen' Epik herausgestellt, was ins 7. Jahrhundert v. Chr. führt. Pindar kennt und gestaltet diesen Mythos. Die bedeutendste Aktualisierung erfolgt in der *Andromache* des Euripides, die geradezu als „Auftragswerk" (S. 140) im Kontakt mit Tharyps, dem Begründer des monarchischen Bundesstaates, erscheinen kann. Mehr als ‚Erfindung' durch einen Sänger homerischen Stils wird für die Anfänge nicht angeboten. Man vermißt eine Diskussion des Doppelnamens Neoptolemos/Pyrrhos: War nicht nur einer der Namen einheimische Tradition? Die Familie nannte sich *Pyrrhidai*, und der lokale Name des Stammvaters war, statt Achilleus, Aspetos (Plut. *Pyrrhos* 1, 2f.). Welcher der Namen war eigentlich mit dem Opferplatz und Heroon in Delphi verbunden? Für dieses wird die ältere Lokalisierung beim Daochos-Monument verteidigt (S. 87–91); die rituellen Beziehungen zum lokalen Opferkult und zum ‚Delphischen Messer' bleiben unbemerkt. Im zweiten Teil wird mit sorgfältiger Besprechung der eher spärlichen Quellen und der neueren Diskussionen die Entstehung und das Funktionieren des Bundesstaates untersucht. Die einzigartige Genealogie wird als entscheidender und dauerhafter Prestigefaktor der Königsfamilie in Rechnung gestellt; doch sei selbst der sprichwörtlich berühmte König Pyrrhos (S. 296–272 *[richtig wohl: 205–211]*) nicht absoluter, sondern „konstitutioneller" Monarch gewesen (S. 211). Daß die epeirotischen Stämme seit den faßbaren Anfängen als Griechen galten und nur sekundär und vorübergehend als ‚Barbaren' abqualifiziert wurden (S. 123–6), ist ein nicht unwichtiges Nebenergebnis.

Erschienen in: Das Historisch-Politische Buch 49, 2001, 247–8.

Rezension 'Hupfloher, Kulte im kaiserzeitlichen Sparta'

Annette Hupfloher: *Kulte im kaiserzeitlichen Sparta*. Eine Rekonstruktion anhand der Priesterämter. 245 S., Akademie, München 2000, 148,– DM.

Während frühere religionswissenschaftliche Studien zu antiken Kulten meist auf einen hypothetischen ‚Ursprung' zielten, konzentriert sich die vorliegende Münchener Dissertation entschieden auf die relativ bestbezeugte Epoche, unter Einbezug des „am dichtesten belegten" Kultes, des Kaiserkultes. Im Blick sind „sozial wirksame Symbolsysteme" (S. 22, 66); am „kaiserzeitlich aktiven Pantheon" interessiert besonders die „Alters- und Geschlechtsdifferenzierung bei der Verwaltung von Kulten" (S. 213). Es geht damit um die Auswertung von Ehreninschriften in Verbindung mit dem Augenzeugenbericht des Pausanias, dessen Fragestil mehrfach einleuchtende Erhellung findet. Altberühmtes wird bei Gelegenheit sorgfältig besprochen, so das Peitschenritual der Ortheia – zugleich Musterbeispiel eines offenbaren historischen Wandels –, Hyakinthos in Amyklai, Karneia-Legenden, der Bezirk der Athana Chalkioikos; doch Leitfaden sind die inschriftlich bezeugten Priesterämter des 1. bis 4. Jahrhunderts n. Chr. Man wird der Verfasserin zugestehen, daß sie die „Priesterämter, die von Frauen besetzt wurden", voranstellt und die gemeinsam besetzten und die männlichen Chargen folgen läßt. Interessant sind zwei Einzelfälle aus dem 3. Jahrhundert, in denen eine Frau und ein Mann je sechs bzw. gar siebzehn Priesterämter kumulieren; es läßt sich daraus eine Rangfolge der Ämter ableiten. Beleuchtet wird die Prestigegesellschaft einer lokalen Elite, bei der die fiktive Abstammung von Herakles bzw. den Dioskuren noch immer ihre Rolle spielt. Die verwirrende Kultvielfalt läßt sich nicht reduzieren; Zuordnungen im einzelnen bleiben oft unsicher. *[248]* Anschaulichkeit, über Opfer und Festmähler hinaus, ist aus den Inschriften nur ansatzweise zu gewinnen. Es bleiben Vergleiche mit anderen Poleis, gelegentlich auch phantasiereiche Ergänzungen etwa im Fall des Dionysos. Dabei sind die epigraphischen Zeugnisse sehr genau und kritisch, auch textkritisch und oft auf Grund von Autopsie behandelt. Auch die Topographie wird kundig diskutiert; Sekundärliteratur besonders neueren Datums ist in Fülle verwendet. Man vermißt einen Index der Inschriften, da die gleichen Zeugnisse mehrfach unter verschiedenen Rubriken erscheinen.

Erschienen in: Das Historisch-Politische Buch 49, 2001, 464–5.

Rezension
'Rüpke, Die Religion der Römer'

Jörg Rüpke: *Die Religion der Römer*. Eine Einführung. 264 S., Beck, München 2001, 39,80 DM.

Nicht eine Kurzfassung älterer Handbücher wird hier geboten, schon gar nicht eine ideologisierende Suche nach dem ‚Altrömischen' oder ‚Echt Römischen'. Durchweg ist das Griechische mit im Blick, wie auch das Christentum als Gegenpol; nur das Etruskische mit seiner speziellen Problematik tritt ganz zurück. Die Aufmerksamkeit reicht von der Frühzeit bis zur späten Kaiserzeit; sie gilt immer wieder dem Polytheismus als Problem, der politischen Instrumentalisierung, dem Verhältnis von Elite und Unterschicht. Die Phänomene sind in drei Hauptkapitel gegliedert, ‚Strukturen' – ‚Leistungen' – ‚Soziale Realität', gerahmt von zwei historischen Abschnitten, ‚Von der Wölfin zu Caesar' und ‚Vom Caesar zum Lamm'. In diesem Rahmen wird Wesentliches eindringlich besprochen, dem Verständnis nahegebracht, problematisiert: Ritus und Mythos, ‚Theologie' und Schriftlichkeit, Götterbilder und Tempel, Opfer, Gabe, Gelübde, Divination. Unter ‚Großstadtreligion' wird vor allem das Wirken der vielerlei Vereine dargestellt. Der Kalender, der nicht ‚Festkalender' heißen soll, und die Priester als „Spezialisten und Dienstleister" erscheinen erst gegen Ende. Interessante Einzeltexte, auch aus Inschriften, werden vorgestellt, dazu sehr sorgfältig kommentierte Abbildungen. Vereinfachende Thesen und Modelle werden immer wieder relativiert, in Frage gestellt. Eher besteht eine gewisse Scheu gegenüber simplen Daten und Fakten: Als der Kapitolinische Tempel vorgestellt wird, erfährt man seine Maße (S. 58), doch daß er der Dreiheit Jupiter, Juno, Minerva geweiht war, steht beiläufig in einer Bildbeschreibung (S. 78). Der Abschnitt ‚Quellen' (S. 46–50) nennt weder Varro (nachgeholt S. 64f.) noch Ovids *Fasti* (vgl. aber S. 186). Es gibt keine Anmerkungen; Belege sind unregelmäßig gegeben; das Literaturverzeichnis folgt in lockerer Weise den einzelnen Kapiteln. Alles in allem ein sehr kundiger Essay *[465]* über antike Religion überhaupt, der vielfältig anregende

Diskussion statt Lernstoff bietet, mit dem steten Blick auf Soziologie und Kommunikationswissenschaft, modern auch im Jargon: Das mit NEFAS ausgedrückte Tätigkeitsverbot wandert „mit einigen Priestern" in einer „Zeit-Raum-Blase" durch die Stadt (S. 188 f.).

Erschienen in: Mus. Helv. 60, 2003, 222.

Rezension
'Furley/Bremer, ed., Greek Hymns'

William Furley/Jan Maarten Bremer: *Greek Hymns*. Bd. I: *The Texts in Translation*; Bd. II: *Greek Texts and Commentary*. Studien und Texte zu Antike und Christentum 9/10. Mohr Siebeck, Tübingen 2001. XXX, 854 S.

Ein sehr gründliches und nützliches Buch: Es stellt Texte zusammen, die in den überlieferten Hymnen-Corpora von ‚Homer', ‚Kallimachos', ‚Orpheus' nicht enthalten sind, und will damit zugleich ein umfassendes Bild von Bestand und Typologie des griechischen Hymnos geben. Betont ist der kultische Bezug. So gilt zunächst eine Anordnung nach Heiligtümern – Delphi, Delos, Epidauros –, dann nach Dramendichtern; ‚Miscellaneous' folgt. Die Sammlung beschränkt sich auf Vor-Kaiserzeitliches, schliesst Isis-Hymnen ebenso wie Mesomedes und Späteres aus, auch Philosophisches, ausser Aristoteles' *An die Arete* (7.4). Die Auswahl bleibt heterogen, schafft freilich eben dadurch interessante Assoziationen. Dankbar ist man vor allem für die inschriftlichen Texte aus Heiligtümern, die man selten genau kommentiert findet; doch trifft man auch bekannte Lyrik von Sappho (2, nicht 1) bis Pindar, dessen Paiane und Dithyramben sehr sorgfältig besprochen sind; auch die Theorie des ‚Paian' überhaupt ist diskutiert. Bei Tragödie und Komödie, von den sog. Zeushymnen des Aischylos bis zum Iakchos-Lied aus Aristophanes' *Fröschen*, muss die Kommentierung empfindlich knapp bleiben. Nicht überraschend fehlt der Schlusschor aus Aristophanes' *Vögeln* und erst recht der *Ithyphallos* auf Demetrios Poliorketes (erwähnt I 29,83) – Herrscherkult ist kein Kult. Man bedauert, dass der *Demeter-Hymnus* des Philikos (*Suppl. Hell.* 678/680) fehlt, wegen seines fragmentarischen Charakters (I 217,24) – für einen Kommentierungsversuch wäre man gerade deswegen sehr dankbar. Eher könnte man auf das angebliche Dankeslied des geretteten Arion (12.2) verzichten.

Der erste Band, mit ausführlicher Einleitung und Übersetzungen, mit eingehenden Interpretationen und Diskussionen der einzelnen Gedichte samt Informationen zu Kontext, Datierung, Kontroversen soll vor allem den griechisch-losen Interessenten bieten, was ihnen bisher kaum zugänglich war. Der zweite Band mit Text, Apparat und philologischem Kommentar erfreut den Spezialisten. Die Autoren haben die Texte selbständig und genau geprüft, ohne die Spezialausgaben zu ersetzen. Nützliche Listen von ‚Epithets and attributes of the gods' und von ‚Sacred places in the hymns' beschliessen den Band. Die zweimalige Bibliographie, mit wechselnder Vollständigkeit, war offenbar nötig, um dem ersten Band eine unabhängige (Paperback-)Existenz zu sichern.

Religionsgeschichtlich am interessantesten sind der ‚diktäische' Hymnos von Palekastro (1.1), der seinerzeit Jane Harrison zum Einstieg in *Themis* diente, der Philodamos-Hymnos aus Delphi (2.5) und das Dionysos-Lied der Frauen von Elis (12.1). Für Palekastro wird die 1987/88 gefundene minoische Goldelfenbeinstatue ins Bild gerückt und für bronzezeitliche Wurzeln der Kuros-Verehrung in Anspruch genommen (71–76). Der sehr eigentümliche Philodamos-Text verträgt auch nach den ausführlichen gattungsspezifischen Behandlungen durch Käppel (1992) und Schröder (1999) nochmals detaillierte Kommentierung. Die Original-Steine in Delphi scheinen übrigens seit langem unauffindbar zu sein. Für das Elische Lied, die kurze, vieldiskutierte Anrufung des ‚Heros Dionysos', machen die Autoren immerhin einen nicht belanglosen Druckfehler der Teubner-Ausgabe Plutarchs (299b) dingfest (δύων statt θύων), den Denys Page in Poetae Melici Graeci (871) ungeprüft übernommen hatte.

Erschienen in: Mus. Helv. 61, 2004, 229.

Rezension 'Sedley, ed., The Cambridge Companion to Greek and Roman Philosophy'

David Sedley (ed.): *The Cambridge Companion to Greek and Roman Philosophy*. Cambridge University Press, Cambridge 2003. XIII, 396 S.

‚Companions' zum Gebrauch der Studenten wuchern, ausgerichtet auf ein weltweites anglophones Reservoir. Griechische Buchstaben dürfen da nicht stören, auch nicht Latein, überhaupt „books requiring knowledge of Greek and Latin" (362); selbst die Bibliographie hat nichts Nicht-Englisches.

Griechische Philosophie also ohne Zeller – Diels taucht als Editor ein paar Mal auf. Uneinheitlich ist das Verfahren in bezug auf Transkriptionen; und was an Schulwissen in philosophischer Terminologie vorausgesetzt werden kann, scheint nicht immer bedacht; Rez. gesteht, Metaphysik des Aristoteles (142f.) oder „intellect" bei Themistios (266f.) ohne den Originaltext nicht zu verstehen. Immerhin steht am Anfang die Versicherung, hier werde eine erste Einführung gegeben, der Gang zu den Quellen solle folgen. Hoffen wir es.

Nun ist es aber gelungen, exzellente Mitarbeiter zu gewinnen. Sie bieten lebendige, durchdachte Texte, nicht Faktengerippe oder Leitfaden, wohl aber einige hilfreiche Tabellen. Dass die „vier Elemente" des Empedokles gar nicht mehr aufgezählt werden, überrascht dann doch. Die Einführung eines Kapitels „Roman Philosophy" zwischen Hellenismus und Spätantike, von Lucrez und Cicero bis Mark Aurel, lässt Epiktet fast im Nichts versinken.

Erweiterung ins Unbestimmte wie „Philosophy and Literature" (M. Nussbaum) wird dem von Paraphrasen ‚begleiteten' Studenten eher zusätzliche Phrasen bringen. Etliche Kapitel aber werden zu einem herausfordernden Lesevergnügen; Rez. würde besonders „Argument" (J. Barnes), Platon (Chr. Rowe), Hellenismus (D. Sedley/J. Brunschwig), „Philosophy and Religion" (G. Most) herausheben.

Erschienen in: Klio 86, 2004, 455–7.

Rezension 'Nielsen, Cultic Theatres and Ritual Drama'

Inge Nielsen: *Cultic Theatres and Ritual Drama*. A Study in Regional Development and Religious Interchange between East and West in Antiquity, Aarhus (Aarhus University Press) 2002 (Aarhus Studies in Mediterranean Antiquity 4), 395 S., 71 Taf., 128 Abb., ISBN 87–7288–897-2 (geb.) € 51,–

Die Anregung, ‚rituellem Drama' in der Alten Welt nachzugehen, kommt aus Bali und trifft sich doch mit Themen, die in der Graezistik und Orientalistik seit über 100 Jahren im Schwange sind. Über Bisheriges hinaus gelangt N(ielsen) durch einen doppelten Brückenschlag: Sie stellt prinzipiell den Nahen Osten und die Mediterrane Welt nebeneinander, und sie geht vor allem den archäologischen Relikten dramatischer Aufführungen nach, ‚kultischen Theatern'. Sie nimmt Kulturtransfer *[456]* von Ost nach West bereits in der ‚orientalisierenden Epoche' an und zeigt umgekehrt die Rückwirkungen von West nach Ost in der Kaiserzeit. Dementsprechend ist der Hauptteil regional aufgebaut: Ägypten, Naher Osten, Anatolien, Griechenland, Rom; dann die meist kaiserzeitlichen Wechselbeziehungen: Ägyptische, Syro-Phönizische, Anatolische Götter. Aufeinander folgen jeweils „evidence for ritual drama" und „evidence for cultic theatres". Die Begriffsbestimmung ist nicht ohne Probleme: Was ist ‚Drama' über Festrituale wie Prozessionen oder Sportveranstaltungen hinaus? Die Antwort (12, vgl. 149) nennt drei Elemente, dramatische Darstellung, ‚plot' durch Göttermythos und räumlich-institutionelle Bindung an Feste und Heiligtümer. Dabei geht es um Aufführungen im subliterarischen Bereich, der dann vom entwickelten Theater der Griechen überlagert wird. Zum Nachweis dienen verschiedene Kategorien von Zeugnissen: Beschreibende Texte, Bilddarstellungen, vor allem Anlagen zum Schauen im Tempel-Kontext.

Anscheinend am konkretesten sind die äußeren Anlagen; ihre Beschreibung macht den soliden Großteil des Buches aus; 58 der „best preserved theatres" faßt die Übersicht zusammen. Regelmäßig sind Pläne beigegeben – die freilich, aus anderen Publikationen verkleinert, oft die Beschriftung nicht mehr erkennen lassen –; viele Tafeln kommen dazu. Eigentliche *theatron*-Konstruktionen sind offenbar eine Erfindung der Griechen, zunächst Stufen-Anlagen, die einer größeren Menschengruppe das ‚Schauen' gestatten, auch gewinkelt oder gerundet, schließlich die bekannte Theater-Architektur. Freilich bleibt immer eine Mehrdeutigkeit oder Multifunktionalität der Schau-Anlagen, die ebenso auch politischen Versammlungen wie Sportereignissen dienen können. So häufen sich die Möglichkeitsformen in beunruhigendem Maße: „probably – possibility – might indicate – could perhaps – we may well imagine – might – we should envisage" (163); „probable – could probably – it seems unlikely – implied – suggesting – probably seems – probably – maybe – perhaps – could" (191). Immerhin findet sich im italischen Raum auffällig häufig die Verbindung von Tempel und Theater, was den Begriff ‚Tempel-Theater' rechtfertigt. Im Osten treten kultische Theater offenbar erst in der Kaiserzeit auf, durch Rückwirkung vom Westen her. Ganz isoliert bleiben die bekannten Treppenanlagen in den minoischen Palästen Kretas.

In Bilddarstellungen ist zwischen ‚Tänzen' und ‚Prozessionen' einerseits, eigentlichen Theaterszenen andererseits ‚rituelles Drama' nur schwer zu fassen. Am eindrucksvollsten sind die beiden Freskenbilder zum Isiskult aus Herculaneum. Anderwärts ist ein wichtiges Indiz die Rolle von Masken; gerade hier möchte N. eine Ausbreitung von oder über Phönikien fassen, besonders, schon in archaischer Zeit, zu Ortheia in Sparta, dann auch zu den Etruskern. Maskenbrauch freilich ist seinerseits vielgestaltig und vieldeutig. Man vermißt eine prinzipielle Diskussion. Die Masken in der römischen *pompa funebris* gestalten kein ‚ritual drama', auch nicht das Bettel-Maskenspiel, dem Karl Meuli nachgegangen ist. Über die Masken bei den Phönikern ist so gut wie nichts bekannt; die mesopotamische Humbaba-Maske, aus Darmschlingen geformt, hat offenbar eine eigenartige, nicht exportierbare Bedeutung. Dagegen werden die bemerkenswert alten Masken von Tiryns nur beiläufig erwähnt, obgleich zu ihnen Mythos und Ritual sich konstruieren lassen (W. Burkert, Homo Necans, Berlin 1972, 190f.). Der Demeter-Kult von Pheneos fehlt ganz (Paus. 8, 15, 1–4), wo doch Maske und Aktion bezeugt sind, auch wenn Pausanias den Mythos nicht mitteilen möchte. Auch die auffallenden Stiermasken im bronzezeitlichen und archaischen Cypern werden nur kurz berührt; zu ihnen gibt Ovids Text über die *Cerastae* in Cypern (met. 10, 221–237) einigen Aufschluß.

Schließlich kommt es doch auf die Texte an. Hier liegen deutliche Schwächen des Buches. Es sollte bei fremdsprachlichen Kulturen feste Regel sein, sich an genaue Übersetzungen zu halten – für lange Zeit bestimmend: ANET = J. B. Pritchard, Ancient Near Eastern Texts relating to the Old Testament,

Princeton ³1969; dazu jetzt TUAT = O. Kaiser, Texte aus der Umwelt des Alten Testaments, Gütersloh 1982–2001. Indirekte Berichte moderner Gelehrter lassen Information und Interpretation allzu leicht ineinander fließen. N. schließt sich weithin an Theodore Gasters „Thespis" von 1958 (New York ²1961) an, dem die neueren Editionen der ugaritischen Texte noch nicht vorlagen, abgesehen davon, daß die jahreszeitlich-agrarische Interpretation durchaus bestritten ist.
[457]
Für Ägypten folgt N. im wesentlichen H. W. Fairman, The Triumph of Horus, Berkeley 1974, der den ptolemäischen Text von Edfu behandelt (M. Alliot, Le culte d'Horus à Edfou aux temps des Ptolémées II, Kairo 1954). Sie greift nicht Reinhold Merkelbachs Rekonstruktion eines dramatischen Spiels des Totengerichts auf (Isis Regina – ZeusSarapis, Stuttgart ²2001, 24–29), sie nennt auch nicht das von Siegfried Schott rekonstruierte „Schöne Fest vom Wüstentale" (Abh. Mainz 1952, 11). Immerhin: Daß es in Ägypten kultische Spiele gab, ist unbestritten und wird auch von den ‚ägyptischen' Kulten der Kaiserzeit her bestätigt.

Im Keilschriftbereich gibt es zwei ausführliche Beschreibungen je eines tagelangen Festes: Das babylonische Akitu-Ritual (ANET 331–334), und die Einsetzung einer Frau des Wettergottes in Emar (D. Arnaud, Recherches au pays d'Aštata, Paris 1987, 326–337). N. geht Einzelheiten hier nicht nach; nur:, „a *hieros gamos* was apparently re-enacted on that occasion" (40). In der Tat schreibt der Emar-Text tagelange Umzüge und Opferhandlungen vor; zum Schluß: „Die Gottesherrin steigt auf das Bett und legt sich nieder"; nichts von weiterem ‚enactment'; daß die ‚Gottesfrau' kinderlos sterben wird, ist in den folgenden testamentarischen Bestimmungen vorausgesetzt. Der Text zum Akitu-Fest, seit 1921 ediert und übersetzt, ist kompliziert genug, enthält aber keinerlei Hinweis auf Rollenspiel; das Ritual sei „based on the Babylonian creation poem" (41) – eine grobe Vereinfachung, auch wenn das *Enuma elish* im Lauf des Festes rezitiert wird. Falsch auch die Behauptung, „Sumerian Dumuzi and Akkadian Tammuz … were destroyed by Inanna/Ishtar after their *hieros gamos*" (41): vom *hieros gamos* war in der Forschung die Rede, ehe man den sumerischen Text einigermaßen vollständig kannte. Für das Phönikische mangelt es bekanntlich ganz an alten Texten. Für den Umzug in Byblos hat N. (45 mit Anm. 24) falsches Zitat mit falschem Text, Euseb. Pr. Ev. 1.10.12: *zygophorumenos*, nicht *xylophoroumenos*, also ‚mit Gespann transportiert', nicht „portable *naos*". Menander von Ephesos (FGrH 783 F 1) spricht für Tyros weder von „burial rites for the dead god" Melqart noch von „*hieros gamos*" (44), nur von „Erweckung" *(egersis)* des Herakles; „Tag des Begrabens der Gottheit" steht, ohne Gottesnamen, in der Pyrgi-Inschrift (KAI 277). Was N. zum

Adonisfest in Alexandreia bemerkt, geht samt *hieros gamos* über Theokrit 15 weit hinaus (46). So ist der Ertrag der ersten Kapitel nicht nur mager, sondern immer wieder irreführend; trotzdem wird im folgenden darauf als auf ‚Bekanntes' zurückverwiesen.

Die griechischen Texte sind gegenüber dem, was schon Jane Harrison kannte, kaum zu vermehren; wenig fügt sich dem Konzept. Suggestiv sind Lykosoura und Demeter von Pergamon. In Brauron gab es offenbar ‚rituelles Drama', wie die Ikonographie anzeigt, aber keinen Theaterbau. In Delphi gab es ein rituelles Drama am Fest Septerion (nicht „Septarion", 131) und eine passende Lokalität, aber Plutarch (de def. or. 418a) betont ausdrücklich, daß das, was man spielte, zum Standardmythos vom Drachenkampf gerade nicht paßte – was die Nacherzählung N.s verwischt. Daß der so oft diskutierten Entstehung von Tragödie, Komödie und Satyrspiel ein ‚rituelles Drama' zugrundeliege, wird, wie oft schon, postuliert, aber nicht belegt. Bei den lateinischen Texten wird der problematische, konstruierende, aber doch grundlegende Livius-Text (7, 2) zu den etruskischen *ludiones* 364 v. Chr. herausgehoben; aber während Livius ausdrücklich sagt, es habe sich um Aufführungen ohne Worte und ohne mimetischen Gehalt gehandelt, *sine carmine ullo, sine imitandorum carminum actu* (7, 2, 4), spricht N. von „ritual dancers" (161) und leitet daraus mögliche „ritual dramas" ab (163). Überzeugendes Material liegt bei Isis und Mater Magna vor, wobei die Ost-West-Beziehungen eine Rolle spielen – allerdings auch hier nicht ohne Komplikationen: Die ‚theatrale' Treppenanlage am Palatintempel der Mater Magna in Rom wurde alsbald wieder überbaut; in Pessinus gibt es in der Kaiserzeit einen Tempel mit Theater, seine Zuweisung an den Meter-Kult aber ist nicht gesichert.

Es ist ein Verdienst N.s, daß sie ein großes Projekt umfassend in Angriff genommen hat, und man wird gern zu ihrem reichen Katalog der Anlagen für mögliche Aufführungen greifen. Literaturangaben sind reichlich und auf neuestem Stand. Kompetenz in allen Bereichen ist bei einem so weitgesteckten Unternehmen nicht zu erwarten. Mangelnde Griechischkenntnisse treten dennoch schmerzlich hervor, etwa „Stoa Basileus" (117 und Index) statt Basileios, „Apollo Ismaeus" (84) statt Ismenios, „Tyche Protogoneia" statt Protogeneia (232; 331), dazu, auf die Dauer doch lästig, die konsequent falsche Pluralbildung zu Temenos (Neutrum).

Erschienen in: Das Historisch-Politische Buch 53, 2005, 350.

Rezension
'Mikalson, Herodotus and Religion in the Persian Wars'

Jon D. Mikalson: *Herodotus and Religion in the Persian Wars*. 269 S., University of North Carolina Press, North Carolina 2003, 33,50 €.

Aus der oft kunterbunten Überlieferung pflegt moderne Geschichtswissenschaft die rationalen Interessen und Entscheidungen herauszufiltrieren; in vorliegendem Buch wird demgegenüber entschieden die religiöse Orchestrierung verfolgt, die unsere Quellenautoren den Ereignissen zur steten Begleitung beigeben, insbesondere Herodot: Orakel, Seher, ‚göttliche' Eingebungen und Wirkungen, Weihgeschenke. Mit Recht betont der Verfasser, daß dies zum zeitgenössischen Erlebenshorizont gehört und daß dergleichen durchaus nicht durchweg „concocted" sei; und man wird dem Urteil zustimmen können, daß Herodot „our best single source for the religion of his time" (S. 195) ist. So bietet der Hauptteil eine Nacherzählung der berühmten Ereignisse von 510 bis 479 mit besonderer Hervorhebung eben jenes religiösen ‚Apparats', den man sonst eher beiseite lässt. Die Darstellung ist klar und zuverlässig, sie arbeitet mit ausführlichen Zitaten; moderne Kontroversen, etwa um den Themistokles-Beschluss oder den Eid von Plataiai, sind erwähnt und in den Anmerkungen belegt, werden aber nicht selbständig diskutiert. Ein Schlußkapitel stellt „some religious beliefs and attitudes of Herodotus" zusammen, auch dies als knappe und klare Information. Interessant ist insbesondere, was Herodot ausdrücklich nicht ‚glaubt': Dabei lässt sich aufzeigen, inwiefern seine Darstellung einerseits der poetischen Tradition, andererseits der praktischen Volksfrömmigkeit verpflichtet ist. Eine detaillierte Übersicht über Herodots Theorien vom Ursprung der Götter, mit Sammlung aller Angaben über die Beziehungen nichtgriechischer und griechischer Götter, beschließt das Buch.

Erschienen in: Gnomon 79, 2007, 294–297.

Rezension 'Edmonds, Myths of the Underworld Journey'*

Radcliffe G. Edmonds III: *Myths of the Underworld Journey*. Plato, Aristophanes and the ‚Orphic' Gold Tablets. Cambridge: Cambridge UP 2004. XII, 276 S. 45 £.

Die Neufunde von ‚Goldblättchen' in Gräbern von Makedonien bis Kreta und Sizilien gehören zum sensationellsten Zuwachs unseres Wissens in den letzten Jahrzehnten. Nicht nur die Datierung hat sich bis an den Rand des 5. Jh. v.Chr. verschoben – Nilsson hatte die Goldblättchen in den zweiten Band seiner Geschichte der griechischen Religion eingeordnet –, neben Unteritalien und Kreta sind Thessalien und Makedonien hervorgetreten, und vor allem ist die Zuordnung der Texte zu ‚bakchischen' *teletai*, zu Gruppen von ‚Mysten und *bakchoi*' durch die Texte von Pelinna und Hipponion nunmehr gesichert.[1] Besonders der letztgenannte Text zeigt die ‚Mysten' auf ihrem ‚Weg' im Jenseits. Der Verf. stellt sich die Aufgabe, diesen Jenseitsweg in Verbindung mit anderen seit je bekannten Zeugnissen der Literatur zu interpretieren, Aristophanes' ‚Frösche' und Platons ‚Phaidon'-Mythos.

Verf. analysiert die drei verschiedenen Textgruppen an Hand eines selbstentworfenen Schemas (‚storyline' 131; ‚common pattern of action' 221): Obstacle – solution – result. Das Hauptinteresse liegt dabei nicht in den Details einer wunderlichen Jenseitswelt, sondern in der Art, wie damit jeweils diese unsere Welt abgebildet und kommentiert ist. Ausgehend von einem Begriff des Mythos als ‚traditional tale', von Erzählungen mit einer begrenzten Zahl von Motiven sucht der Verf. nach den stets wechselnden Interpretationen, je nach

---

* *[Im Original ist die Fussnotennummerierung nicht fortlaufend, sondern beginnt auf jeder Seite neu.]*
[1] M. P. Nilsson, Geschichte der Griechischen Religion II, München 1961², 235–238. Sammeleditionen: G. Pugliese Carratelli, Le lamine d'oro orfiche. Istruzioni per il viaggio oltremondano degli iniziati greci, Milano 2001; A. Bernabé, A. I. Jiménez San Cristóbal, Instrucciones para el Más Allá. Las laminillas órficas de oro, Madrid 2001; Hipponion: Pugliese Carratelli I A 1; Pelinna: Pugliese Carratelli II B 3/4; jetzt: A. Bernabé, Poetae Epici Graeci II 2, München 2005, nr. 474–496.

Weltmodell und Verhaltensmustern (25 f, 221 f). ‚Manipulation' des Mythos ist die wiederholte Feststellung, fast auch das letzte Wort des Buchs (236). Auch Lévi-Strauss' Ausdruck von der ‚Bastelarbeit' (bricolage) wird aufgegriffen. Entschieden stellt sich der Verf. gegen die Rekonstruktion von ‚Orphik' als eines religionsgeschichtlich faßbaren, einheitlichen Phänomens (13 ff; 37–46; vgl. 227 f),[2] was freilich seit den bestimmenden Seiten von E. R. Dodds, The Greeks *[295]* and the Irrational (1957) 147–149, nicht mehr dringend ist. Drei wichtige Zeugnisse auch zu ‚Orpheus' sind immerhin neuerdings dazugekommen, die Graffiti von Olbia, die Basler Vase mit der Buchrolle in der Hand des Seligen Toten und vor allem die vom Derveni-Papyrus gebotene Theogonie[3] – was hier nicht zur Sprache kommt. Daß die Goldblättchen, gerade die neu gefundenen, keinen direkten Hinweis auf Orpheus liefern, steht fest. Mehr als Vorschlag denn in der Durchführung bringt der Verf. dann doch eine neue Definition der ‚Orphik' ins Spiel, als „appeal to an authority that contradicts the mainstream tradition" (103 f; 228; vgl. 231); er nennt solche Tendenzen auch ‚countercultural' (25 vgl. 231).

Dem entspricht seine Interpretation der Goldblättchen, Hauptteil des vorliegenden Buchs (29–110).[4] Nicht behandelt sind die kurzen Texte, die nur Namen, Widmung an Unterweltsgötter und/oder die Bezeichnung μύστης enthalten, ohne Hinweis auf die Unterwelts-Wanderung; sie sind ihrerseits wichtig für Umfang und Datierung des Gesamtbestands; sie bringen Pella und Aigion in Aetolien ins Spiel, sie reichen in Kreta bis an die Schwelle der Zeitenwende.[5]

Verf. stellt seine Interpretationen unter den eindrucksvollen Titel ‚Roadmaps of Deviance', oder ‚chemins de déviance' (68): Der Begriff stammt von Marcel Detienne, der damit Pythagoreer und Orphiker im Bereich der Opferpraxis von der Normal-Polis zu unterscheiden unternahm.[6] Für die Goldblättchen freilich geht es um andere Differenzierungen. Verf. findet Abweichungen vom ‚mainstream' der Polis-Tradition etwa in ‚Askese', insofern der Durst

---

[2] Dazu schon der Artikel ‚Tearing apart the Zagreus Myth: A Few Disparaging Remarks on Orphism and Original Sin', Classical Antiquity 18 (1999) 35–73.

[3] Graffiti: L. Dubois, Inscriptions grecques dialectales d'Olbia du Pont, Genf 1996, nr. 94; das Bild: LIMC VII (1994) s. v. Orpheus nr. 88; der Papyrus: R. Janko, The Derveni Papyrus: An Interim Text, ZPE 141 (2002) 1–62; F. Jourdan, Le Papyrus de Derveni, Traduit et présenté, Paris 2003; G. Betegh, The Derveni Papyrus. Cosmology, Theology and Interpretation, Cambridge 2004.

[4] Praktische Konkordanz der Ausgaben (oben S. 294 Anm. 1) S. 110.

[5] Siehe Bernabé-Jiménez L 16; demnächst publiziert wird ein etwas längerer Text des ‚Typs B' von Sfakaki (Kreta) durch Y. Z. Tzifopoulos (freundliche Mitteilung von Chr. Riedweg), ein Text ganz anderen Typs aus Pherai von M. Stamatopoulou und R. Parker in Ἐφημ (freundliche Mitteilung von R. Parker).

[6] M. Detienne, ‚Les Chemins de la Déviance: Orphisme, Dionysisme et Pythagorisme', in: Orfismo in Magna Grecia, Napoli 1975, 49–79.

an der ersten Quelle zu unterdrücken ist; in der Rolle der ‚Erinnerung' als neue, personale Bewußtheit gegenüber der alten diesseitigen Sehnsucht nach ‚unvergänglichem Ruhm' (53 f); im Insistieren auf der ‚Reinheit' und dem Entwurf einer göttlichen Abstammung (75 ff) – was sich durch Hinweise im Siebten Platonischen Brief (334b: συγγένεια ψυχῶν, vgl. 333e) und in der Inschrift vom Meter-Heiligtum von Phaistos (IC I xxxiii 3 = OF 32 b IV: οἳ γονεὰν ὑπέχονται) noch erweitern ließe. Verf. spricht von ‚Selbstdefinition' (225) unter Aufhebung des Normalstatus der diesseitigen Polis-Welt (101). Ein modernisierender Effekt wird erzielt, indem die im Jenseits wandernde Person durchgängig als feminin bezeichnet wird (33,15; 64; 65 f), nachdem zwei fach-archäologisch gesicherte Gräber mit Goldblättchen Frauenbestattungen enthielten; die häufigeren Hinweise auf Maskulines werden nicht verschwiegen.

Die ‚kontra-kulturelle' Deutung ist trotzdem kaum überzeugend. Der Tod selbst ist an sich ‚contra-cultural'; was aber über 400 Jahre Bestand hat, zeigt sich als durchaus etabliert. Die soziale Verortung der ‚Orphik' in den unteren Klassen [296] hat forschungsgeschichtliche Tradition.[7] Doch gibt es zur Sprache der Goldblättchen bemerkenswerte Parallelen in der offiziellen Literatur vor allem bei Pindar,[8] denen Verf. nicht nachgeht.

Der einzige Name eines ‚Mysten', der uns etwas sagt, ist Poseidippos in Pella:[9] der Mann im Grab mit dem Goldblättchen ist kaum identisch, aber doch wohl familiär verbunden mit dem neuerdings berühmt gewordenen Dichter. Vom Dichter Poseidippos kannte man seit längerem einen Hinweis auf den ‚mystischen Weg zu Rhadamanthys'.[10] Auch die unteritalischen Prachtvasen mit ihren Hinweisen auf Orpheus weisen nicht auf eine Gegen-Kultur. Nichts sichert, daß der bakchische (orphische?) Jenseitstrost ‚abwegiger' war als der von Eleusis, das der Verf. im folgenden Kapitel (138–147; 230 f) mit Recht ins Zentrum des athenischen Selbstverständnisses rückt.

Es bleiben kenntnisreiche Kommentare zu Einzelheiten. Textprobleme sind gelegentlich diskutiert (61,91. 82 ff); Schwierigkeiten werden nicht übergangen; Durchbrüche sind nicht zu verzeichnen: Die ‚weiße Zypresse' bleibt so rätsel-

---

[7] Vgl. auch W. Burkert, Lore and Science in Ancient Pythagoreanism, Cambridge, Mass. 1972, 132 mit Verweis auf Plut. Lac. Apophth. 224c.

[8] W. Burkert, Die Griechen und der Orient, München 2003, 87 f; von einer neuen und schöneren Geburt im Tod kann, fast wie in den Texten von Pelinna, auch in einer offiziellen Leichenrede die Rede sein, Hypereides 4.28: καλλίω γένεσιν τῆς πρώτης.

[9] Bernabé-Jiménez L 16b; M. Dickie, The Dionysiac Mysteries in Pella, ZPE 109, 1995, 81–86.

[10] Corpus Hellenisticum 705,22 = Poseidippos 118,25 (ed. C. Austin, G. Bastiniani 2002); dort auch (43) ein neues Grabepigramm, das die ‚heiligen Orgien der frommen Mysten' in der Unterwelt im Zusammenhang mit Triptolemos, d. i. Eleusis nennt.

haft wie das ‚Böcklein in der Milch' (88 ff).[11] Die mögliche Rolle der Seelenwanderung bleibt in Varianten verstrickt (91–96). Rituellen Interpretationen steht der Verf. skeptisch gegenüber (104–108), ohne einen ‚rite de passage' auszuschließen (106) – der neue Text von Stamatopoulou/Parker (oben S. 295 Anm. 3) dürfte hier wichtig werden.

Die anderen beiden Kapitel, zu Aristophanes und Platon, sind gleichfalls durch klare Darstellung und ausführliche Belege aus Primärquellen und Sekundärliteratur ausgezeichnet, bringen aber wenig Überraschendes: Bezugsgröße ist für Aristophanes die Polis, für Platon die Philosophie.

Zu den ‚Fröschen' (111–158) wird de facto ein Kommentar zur ersten Hälfte des Stücks vorgelegt, mit Analyse der Szenen nach der Folge von ‚obstacle' – ‚solution' – ‚result'. Die Interpretation richtet sich vor allem gegen die von Charles Segal entwickelte ritualistische Interpretation, als ob es sich um eine ‚Initiation' des Dionysos selber handle (115 f). Zu kurz kommt die Empusa, obwohl es gerade für sie einen rituellen Hinweis gibt: Die Mutter des Aischines hat in ihren Initiationen persönlich die Empusa gespielt.[12]

Geschickt verfolgt Verf. die parodistische Verwandlung traditioneller Motive. Der Gegensatz zwischen Todes- und Lebensbereich wird akzentuiert und dann doch wieder gebrochen durch Aktuelles, Bürgerliches, spezifisch Athenisches: Das Rudern im Acherusischen See wird zu einem Navy-Training, die ‚Tore des Hades' sind der Tür eines Bürgerhauses verblüffend ähnlich, wo man nach dem *[297]* Sklaven ruft. Eigentliches Anliegen ist immer wieder die Polis Athen, für die Muster akzeptablen Verhaltens neu definiert werden (137 vgl. 156), nicht nur in der Parabase.

Dagegen geht es in Platons ‚Phaidon' durchweg um Philosophie (159–220). Zum Verständnis des Mythos und seiner Rolle bei Platon verwirft der Verf. die *mythos-logos*-Opposition – mit der gerade Platon spielt – (4 ff; 161–171); er zeigt, wie die mythische Erzählung wichtige Ideen ins Licht rückt (160); ja er formuliert, Platon benütze den Mythos qua traditionelle Erzählung, um seine eigenen Innovationen zu verbergen (232). Philosophie führt durch das Totenreich, erweist sich als eigentliche *teleté* (195, 205). Das Schema ‚obstacle' – ‚solution' – ‚consequence' wird erneut angewandt (166), um die Transformationen in den einzelnen Szenen zu fassen: An Stelle der Reinigung des Toten tritt die Reinigung durch Philosophie schon vor dem Tode; Totenritual ist ersetzt durch μελέτη θανάτου. Der Glaube an ruhelose Gespenster wird neu

---

[11] Eubuleus sei Dionysos (59 f), was den Mythen, in denen Eubuleus auftaucht, widerspricht. Nach Eleusis kam Eubuleus offenbar mit Theos und Thea durch das Delphische Aparche-Orakel, IG I³ 78,39 (wo allerdings Eubulos geschrieben ist).

[12] Idomeneus FGrHist 338 F 2, vgl. Demosth. 18,130.

gedeutet, indem vielmehr die Last der Körperlichkeit zur Verstrickung wird, die den Aufstieg verhindert (184 ff). Vom *daimon* sich führen zu lassen, heißt den eindeutigen Weisungen der Philosophie zu folgen. Rekonstruktion von Vorgegebenem, etwa ‚Orphischem' ist auch hier nicht versucht; die ‚Manipulation' des Hergebrachten im Mythos (171 vgl. 166; 219) läßt sich auch so erkennen.

Es ist lobenswert, daß ein Buch vom Jahr 2004 in den Anmerkungen griechische Originaltexte ausführlich wiedergibt; die elektronische Technik freilich scheint neue Probleme für Akzente und Interpunktionszeichen bereitzuhalten.

Erschienen in: Gnomon 81, 2009, 82–83.

Rezension 'Malaise, Pour une terminologie et une analyse des cultes isiaques'*

Michel Malaise: *Pour une terminologie et une analyse des cultes isiaques*. Bruxelles: Académie Royale de Belgique 2005. 282 S. (Mémoires de la Classe des lettres. Collection in 8°, 3e série. 35.). 25 €.

Michel Malaise ist seit 1972 als erstrangiger Spezialist für ägyptische Kulte im Römerreich bekannt; er kann hier auf 20 frühere Publikationen verweisen. Die neue, dem Titel nach der ‚Terminologie' gewidmete Untersuchung möchte Ordnung schaffen im Umgang mit den *Aegyptiaca* des Römerreiches. Dies weitet sich aus zu einer enzyklopädischen Übersicht über die Gesamtheit der Zeugnisse, Statuen und Statuetten, Münzen, Inschriften (nach SIRIS und RICIS),[1] wobei für alle behandelten Details praktisch sämtliche neueren Belege verzeichnet sind. Der Verf. scheint alles zu kennen, veröffentlichte und auch unveröffentlichte Monumente, er kennt das authentisch Ägyptische einschließlich der Sprache; er diskutiert von Fall zu Fall die chronologischen Probleme; er hat auch die Vor-Alexanderzeit immer im Blick. 28 Seiten Bibliographie und ein sorgfältiger Index sorgen für weitere Erschließung. Griechische Buchstaben sind vermieden, was bei Zitaten von Inschriften Probleme bringen kann.

Es geht darum, den Isis-Kult samt seinen Verzweigungen vom lokal Ägyptischen und vom speziell Alexandrinischen einerseits, von bloßen Zeugnissen der Ägypten-Verehrung oder Ägyptomanie außerhalb Ägyptens andererseits abzuheben. *[83]* Die eigentlich terminologische Frage ist rasch erledigt: der Verf. greift, gestützt auf antike Bezeugungen und moderne Verwendungen, das Wort *isiaque* auf und präzisiert es, als Substantiv oder Adjektiv, auf „ceux qui adhérèrent à des croyances venues d'Égypte, après un travail d'hellénisation" (29), bzw. „documents … intégrés à un milieu cultuel hors d'Égypte" (30); so

---

* *[Im Original ist die Fussnotennummerierung nicht fortlaufend, sondern beginnt auf jeder Seite neu.]*

1 L. Vidman, Sylloge inscriptionum religionis Isiacae et Sarapiacae, Berlin 1969; L. Bricault, Recueil des Inscriptions concernant les Cultes Isiaques, Paris 2005.

steht Kultisches gegen allgemein Kulturelles. Damit kontrastieren die authentisch ägyptischen Kulte (119 f), die griechischen Kulte in Ägypten (121–125), die speziell alexandrinischen Kulte (127–180), schließlich allgemein die Produkte der Kulturbegegnung, „Aegyptiaca, Pharaonica, Nilotica, et Aegyptomania" (201–220).

Dies ist klar und einleuchtend, kümmert sich allerdings nicht darum, wie diese ‚Terminologie' in anderen europäischen Sprachen nachzuvollziehen wäre. Fürs Italienische (*Isiaci*) und wohl auch fürs Englische (*Isiac*?) ergeben sich kaum Probleme, wohl aber fürs Deutsche: Bildungen mit *-aken* (Isiaken?) haben unentrinnbar peiorativen Klang. In der Übersetzung von Cumonts ‚Religions Orientales' wurde versuchsweise das Adjektiv ‚isisch' verwendet;[2] dies blieb vereinzelt. Wir müssen es bei mühseligeren Umschreibungen des Isis-Bezugs bewenden lassen.

Die weitere Analyse führt zunächst die mit Isis im Kult verbundenen Gestalten der Reihe nach vor, „La *gens* isiaque" (33–78), außer Horus, Apis, Boubastis auch den weniger kenntlichen Hydreios (59–66), sowie „Les éventuels compagnons de la *gens* isiaque" (79–117), darunter Bes, Thot und auch Antinous. Unter den alexandrinischen Kulten gilt besondere Aufmerksamkeit dem *Sérapis* (128–139) und dem *Agathos Daimon* (159–176). Vor dem letzten Kapitel, das den allgemein kulturellen Rest zusammenrafft, werden noch eindringlichere Differenzierungen von „interprétations grecque et égyptienne" (181–192) und Überlegungen zu „polymorphie et polysémie" (193–199) diskutiert.

Zur vielbehandelten Problematik vom ‚Ursprung' des Sarapis gewinnt Verf. eine neue Perspektive: Der Kult des Osiris-Apis ist in Memphis zuhause und war wohl auch den dort ansässigen Griechen längst vor Alexander bekannt. Mit der Übernahme des Kultes nach Alexandrien wollte Ptolemaios I. die neuen griechischen Einwanderer ans Vorbild der längst eingewurzelten Griechen heranführen (138), indem er das ältere Modell religiöser Gemeinsamkeit aktualisierte. Für diesen Sarapis wurde eine neue Ikonographie geschaffen (128–137; 166), doch vielleicht erst unter Ptolemaios III.; die älteste Gestalt des Kultbildes ist unsicher.

Vermissen mag man inmitten der präzisen Gelehrsamkeit jeden Versuch, etwas zum Gehalt, zum Anspruch und Zuspruch der Isis-Religion zu sagen, etwa in der Art von Reinhold Merkelbach[3], oder auch als Gegenentwurf zu

---

[2] F. Cumont, Die orientalischen Religionen im römischen Heidentum, Leipzig, 1931³, 84.
[3] R. Merkelbach, Isis Regina – Zeus Sarapis. Die griechisch-ägyptische Religion nach den Quellen dargestellt, Stuttgart 1995, 2001².

dessen Gesamtbild. Der – gelegentlich überstrapazierte – Text des Apuleius, *Met.* 13 spielt bei Malaise kaum eine Rolle. Wir finden in seinem Buch unentbehrliche Materialien und Anmerkungen zum Unerschlossenen.

Rezension 'Lehmann/Schmidt-Glintzer, Hg., WBG Weltgeschichte. Band 2: Antike Welten und neue Reiche'

Gustav Adolf Lehmann, Helwig Schmidt-Glintzer (Hg.): *WBG Weltgeschichte*. Band 2: Antike Welten und neue Reiche (1200 v.Chr. bis 600 n.Chr.). 500 S., Wissenschaftliche Buchgesellschaft, Darmstadt 2009, 58,20 €.

‚Global' nennt sich dieses sechsbändige Werk: Es will die westlich-europäische Sicht überwinden, womit auch der Fortschritts-Gedanke entfällt. Als Herausgeber steht hier der Sinologe neben dem Althistoriker. Zwei ‚große Geschichtsräume' sind zu erfassen, der ‚vorderasiatisch-mediterrane' und der ‚ostasiatisch-chinesische'. Das knappe Indien-Kapitel ist, trotz größerer Nähe zum ‚Westen', dem ‚asiatischen' Teil zugeordnet. Kulturübergreifend ist das Kapitel ‚Die Religion der Seidenstraße', das sich auf Buddhismus und China konzentriert, ‚westlich' interessierende Stichwörter wie ‚Tocharer' und ‚Manichäer' fehlen im Index. 19 Abschnitte sind auf 14 bewährte Autoren verteilt. Es gibt etliche Abbildungen und sehr hilfreiche Karten, aber keine Anmerkungen und Quellennachweise. ‚Chronologie' stellt ein Anhang dar, in dem auch Alt-Amerika auftaucht. Die Bibliographie folgt den Kapiteln, nennt aber fast nur Bücher nach 1990 – auch eine Art der ‚Modernisierung'. Den Hauptteil bildet die vertraute Geschichte der Antike, etwas enteuropäisiert: Auf die Phönikier verweist schon die Einleitung. Am Anfang stehen *[255]* die Assyrer, das Achaimeniden-Reich folgt. Sehr gut gelingt es Josef Wiesehöfer, dieses aus den griechischen Verzerrungen zu lösen. Später sind die Sassaniden eindrücklich dargestellt. Israel erhält zwei Kapitel, mehr Seiten als das ‚Imperium Romanum'; deutsche Sonderpflicht? Das Hauptziel, Kulturen und Ereignisse in ihren Wechselbeziehungen darzustellen, läßt sich nur partiell erreichen. Weithin bleibt es beim lückenhaften Mosaik, nicht ohne Überschneidungen. Das Perserreich wird Seite 67 abgeschlossen, Griechenland kommt Seite 92 ins Spiel, dazwischen ist Israel vom Anfang bis zu König Herodes behandelt; ein Stück assyrischer Geschichte erscheint hier zum zweiten Mal (S. 40/79); auch Herodes kehrt später wieder. Hauptproblem bleibt die überall notwendige starke Verkürzung. Ein Sinngebilde als lesbaren Text zu gewinnen, scheint für die vertrauten Bereiche der Antike im ganzen gelungen, mit Glanzlichtern an Einsichten und Formulierungen; im Nicht-Vertrauten findet der Nicht-Spezialist ein schwer rezipierbares Vielerlei. Die Sonderstellung Griechenlands ist durch Sonderkapitel zum Drama und zur klassischen griechischen Kunst gewürdigt. Griechische Frühgeschichte erscheint in der Einleitung. Die griechische Philosophie als weit ausstrahlende Bildungsform hätte ein Kapitel verdient. Unzulänglich ist ‚Naturwissenschaft und Technik' (S. 212–222), wo die Entdeckung der beweisenden Mathematik so wenig klar wird wie die Funktion einer astronomischen Epizykeltheorie.

Erschienen in: Gnomon 87, 2015, 481–484.

Rezension
'Faraone/Obbink, ed., The Getty Hexameters'

Christopher A. Faraone, Dirk Obbink: *The Getty Hexameters*. Poetry, Magic, and Mystery in Ancient Selinous. Oxford: Oxford UP 2013. XV, 216 S. 2 Abb. 5 Taf.

Der Titel kann falsche Erwartungen wecken: Es handelt sich nicht um die erwartete ‚große Ausgabe' einer neuerdings nochmals erweiterten Textgruppe, deren wichtigstes Exemplar in die Getty-Sammlung gelangt ist, sondern um die Publikation eines ‚workshops' vom 5. November 2010 zu eben diesem Text. Acht bekannte Spezialisten äußern sich zu dem 1981 aufgetauchten Dokument. Eine ‚preliminary edition' haben D. R. Jordan und R. D. Kotansky 2011 vorgelegt (ZPE 178, 2011, 54–62), nachdem Alberto Bernabé 2005 eine eher verwirrende Synthese mehrerer Versionen in seine Orphica-Sammlung aufgenommen hatte (Poetae Epici Graeci II 2, Nr. 830F). Die Erwartung gilt nun einer Gesamtausgabe von Richard Janko, die als ‚forthcoming' bereits in die Bibliographie aufgenommen ist (Janko 2014) und in Jankos Beitrag benutzt wird.

Die Beschäftigung mit griechischer Magie faßte Fuß in der Schule Useners, mit Albrecht Dieterich (gest. 1908) und Richard Wünsch (gest. 1915); sie führte – nach dem ersten Weltkrieg – zur Standardedition der Papyri Graecae Magicae (PGM) durch Karl Preisendanz (I 1922; II 1931; 2. Aufl. Albert Henrichs 1973/4. Englische Übersetzung, mit Erweiterungen, von Hans Dieter Betz 1986; 1992). 1899 tauchte eine Bleifolie aus Phalasarna (Kreta) auf, damals ein vereinzeltes Dokument (wiedergegeben hier S. 185–187; vgl. auch S. 64). Auffallend war der ganz andere Charakter dieses Textes, im Kontrast zu PGM: Weder Ägyptisches noch Jüdisch-Christliches taucht auf, nur griechische Götternamen. Ganz anders war auch die Datierung: 4. Jh. v. Chr. Inzwischen sind Paralleltexte dazugekommen, insbesondere eine kaiserzeitliche Folie aus Oxyrhynchos, die in Köln aufbewahrt wird (Bernabé Nr. II, S. 352 f) sowie, als umfangreichster Text, eben die Getty-Folie, die offenbar aus Selinus stammt; dies ist wiederum ein früher Text, vor 300 v. Chr. anzusetzen. Neuerdings sind kleinere Fragmente aus Lokroi und Himera dazugekommen (Rocca 2009) mit einer noch früheren Datierung: 5. Jh. v. Chr. Diese Textgruppe ist also erstaunlich alt, erstaunlich dauerhaft und erstaunlich weit verbreitet. Perfekte Hexameter stehen neben fragmentarischen, offenbar korrupten Stücken. Wie man so etwas edieren, was man rekonstruieren sollte, ist ein besonderes Problem; jedenfalls wird man sich nicht auf ein einzelnes Dokument konzentrieren können.

Hier also die ‚Getty Hexameters'. Die ‚Introduction' von Christopher Faraone und Dirk Obbink weist, neben grundlegender Information, auf den doppelten Weg hin von Mündlichkeit zu Schriftlichkeit und umgekehrt von korrekten Hexametertexten zu unverständlichen Formeln. Die genannten Göttinnen Demeter, Persephone und Hekate werden als Hinweis auf Eleusis genommen.

Es folgt ‚Greek Text and Translation', ohne kritischen Apparat, ohne Diskussion verschiedener Lesungen. Die beigegebenen Fotos (S. 15–18, „an excellent set" S. 4) sind schwer lesbar; weit klarer ist, was der Schutzumschlag bietet – echtes Foto oder Computer-Konstruktion? Hilfreich sind die ‚tracings' von Kassandra Jackson (Abb. 2).

Den Anfang macht dann Jan Bremmer mit Hinweisen zu ‚Date, Author and Place of Composition'. Die Folie ist zusammen mit der großen Lex Sacra aus Selinus (M. H. Jameson, D. R. Jordan, R. D. Kotansky, A Lex Sacra from Selinus, Durham 1993) in den Handel gekommen. Mehrfach zeigen sich Beziehungen zu *[482]* den Kulten von Selinus, was die Herkunft aus dieser Stadt bestätigt. Sprachliche Parallelen bei Euripides führen auf eine Datierung zwischen Euripides' Hekabe und die Zerstörung von Selinus im Jahr 409.

Mit überlegener Kennerschaft entwirft Richard Janko (31–56) einen Weg ‚From archetype to exemplar', unter Verwendung seiner eigenen angekündigten Ausgabe (Janko 2014). Er klärt das Verhältnis der beiden Fragmente des Getty-Textes – sie stammen vom gleichen Exemplar –, und präsentiert dann (40 f) seinen eigenen Text mit einem detaillierten Kommentar zum Vokabular; die parallelen Versionen – in vorliegendem Band nicht enthalten – sind voll mit einbezogen. Man bewegt sich offenbar im 6./5. Jh. v. Chr.

Christopher Faraone (57–70) geht ‚spoken and written boasts' nach, die als bezeichnend für magische Texte zwischen Mündlichkeit und Schriftlichkeit genommen werden. Er wendet sich besonders Kolumne II zu und notiert Parallelen zu anderen Beschwörungen in frühgriechischen literarischen Texten.

Der Beitrag von Alberto Bernabé (71–95) folgt Satz für Satz einer bereits 2003 auf Spanisch in der Zeitschrift MHNH (5–28) publizierten Studie zu den Ephesia Grammata, mit einem zusätzlichen Verweis auf Rocca 2009. Die Bibliographie nennt Bernabé 2003, doch ist in den Texten des vorliegenden Bandes diese frühere Publikation sonst nirgends erwähnt und offenbar auch den Teilnehmern am ‚workshop' nicht gegenwärtig (S. 124 n. 10, lies dort S. 78 n. 32 = Bernabé 2003 n. 32). Bernabés Studie verdient auch nach zehn Jahren noch Aufmerksamkeit; der Begriff des ‚workshop' ist aber so doch ad absurdum geführt.

Radcliffe G. Edmonds III spricht dann resolut von Ephesia Grammata, bestreitet aber für den Text die Rolle des ‚Orphischen' und auch die eines Mysterienkultes. Nur eine späte Bezeugung (PGM 70) spricht von einem Logos Orphaikos: dies sei ein sekundärer Zusatz. Anders sei auch die Rolle von Persephone in den Goldblättchen. Es bleibt die Schutz-Magie.

Ein zweiter Beitrag von Faraone (107–119) stellt die Frage: ‚Composite Amulet or Anthology?' Der Getty-Text ist keine Einheit. Zweimal wird zu den Ephesia Grammata angesetzt (ΚΑΤΑΣΚΙ 8. 33; den Übergang von ΚΑΤΑΣΚΙ zu Normalsprache in Vers 8: κατὰ σκιαρῶν ὀρέων stellt Obbink 182 heraus). Auch PGM bietet ja mehrfach Anthologien verschiedener Zaubertexte. Dem entsprechen auch Beobachtungen zum Text von Phalasarna. Refrain und ‚rubric' werden diskutiert, zwischen Mündlichem und Schriftlichem.

Dem Zentrum des Textes widmet sich Sarah Iles Johnston, ‚Myth and the Getty Hexameters' (121–156). Dies ist das interessanteste, das eigentlich phantasieanregende Stück der Textgruppe, das in allen Exemplaren wenigstens in Spuren zu finden ist (131 f): Die Szenerie einer Götterhandlung um Demeter, Persephone und Hekate. Aus dem ‚Garten der Persephone' führt ein Kind eine Ziege zu reichlichster Melkung herbei; ihr folgt ‚die Wegegöttin (Einodia) Hekate', die mit wilder Stimme eine ‚gottgesprochene' (θεόφραστα) Botschaft verkündet – hier bricht das Erhaltene ab; auch die Parallelen bleiben fragmentarisch. Johnston spricht, mit einem für Magie und Volkskunde üblichen Terminus, von einer historiola – nicht erwähnt ist das für Deutsche bekannteste Beispiel, die althochdeutschen Merseburger Sprüche –; Johnston differenziert mit Recht: In unserem Text wird ja nicht eigentlich ‚erzählt', nur ein Anfang gesetzt. Der Text ist auch nicht, wie in den üblichen historiolae (dazu Johnston 125 f), durch simple *[483]* Analogie aufzulösen (146 f). In den Paralleltexten tauchen fünfmal Ziege und Melken auf; es handelt sich also um einen zentralen Teil der Epoidai. Aber das inszenatorische Versprechen bleibt uneingelöst. Auch die zahlreichen sonstigen Zeugnisse zu Demeter/Persephone lassen uns im Stich. Wer ist der παῖς, der aus dem Garten kommt? Wer ist der Gott, der Hekate ‚folgt'? Hat ‚Persephones Garten' etwas mit dem Entführungsmythos zu tun? Ist, was Hekate ‚herausschreit', eben dieser Zaubertext? Die Rolle der milchspendenden Ziege läßt an Amaltheia denken, von der es aber keinen alten Text gibt. Ägyptische Milch-Texte lassen sich als mögliche Parallelen nennen (132–139), ohne daß die Ähnlichkeiten schlagend sind.

Ian Rutherford geht dann der vierfachen, leicht variierten Anrufung von Paieon nach, dem Helfer-Gott, der ‚jegliche Abwehrmittel sendet', und von dem eben auch die ‚unsterblichen Verse' stammen, die hier wirken sollen. Die Grundlagen der Anrufung sind schon bei Homer gelegt; die Beziehung von Paieon und Apollon ist in unserem Text nicht thematisiert. Zur Anrufung des Gottes als Textunterbrechung wäre insbesondere Aischylos *Agamemnon* 146 zu vergleichen.

Dirk Obbink gibt zum Schluß Bemerkungen über Dichtung und Mysterien. Zum Verständnis des Getty-Textes trägt indes, was wir über Mysteria wissen, nur wenig bei. Auch die Goldblättchen sind nicht nur im Material ganz anderer Art. Insofern steht der Schluß-Satz, es handle sich um ein „poem ... for performance at a religious rite" (184), im Leeren.

Keiner der Beiträge nimmt sich der Einleitung (1–5) an, die doch das eigentlich Neue ist. Der erste Halbvers ist weggebrochen (e. g. ταῦτα δέ κύρια πάντα] καὶ οὐκ ἀτέλεστ᾽ ἐπαείδω: ‚Dies singe ich zu als etwas, das nicht unerfüllt bleibt: Wer immer dieser heiligen Verse Buchstaben in klarer Form einritzt, in Zinn geritzt ... den wird nicht schädigen, was immer die weite Erde nährt, auch nicht, was immer im Meer die wunderlich stöhnende Amphitrite zur Weide führt'. Gegenstück ist der Zauber-Wunsch auf einer Bleifolie aus Selinus: ἀτέλεστα καὶ ἔργα καὶ ἔπεα εἶναι (SEG 26, 1112; 6. Jh.); ἀγάστονος ist ein neues, aber klar verständliches Wort; das gleiche gilt von ἀλέξιμος Vers 6, vgl. ὠφέλιμος. Hier also wird die Funktion dieses Textes ausgesprochen, mit direkter Nennung der Metallfolie: Schutz vor jeglichem Unheil auf der Erde und im Meer; dazu bedarf es des ‚geritzten' Metalls – zwischen Zinn und Blei klar zu unterscheiden, war für die Alten schwierig. Im folgenden steht ΛΑΟΣ ΕΝ ΟΙΚΩΙ (Vers 3), was allgemein als ‚in a house of stone' übersetzt wird (S. 2.34.58. 65.68.107. 123. 129). Der pure Anglizismus – Haus eines Steins? – scheint nicht aufzufallen; im Griechischen ist ein solcher Genitiv (statt λάινος, Parmenides B 1,12) ungebräuchlich. Obendrein fehlt in diesem mit ὅστις beginnenden Satz das Verbum; der vorgeschlagene Text (S. 10) konstruiert am Ende von Vers 2 καλύ⟨ύ⟩ψει (vgl. auch Faraone 107); Janko 40,36 stellt καλύψει ... κεκολαμμένα und κολάψει ... κεκαλυμμένα zur Auswahl und übersetzt „graves ... and hides them"; die ‚Introduction' S. 2 übersetzt „hidden in a house of stone", Faraone 65 „whoever hides in a house of stone"; *kekolammena* liest Iles Johnston 129. Καλύψει steht nicht da, Jordans ältere Ausgabe hat am Ende von Vers 2 κολάψας; dies steht unverkennbar auch in den ‚tracings' – ein Partizip also, das auf ein folgendes Verbum vorverweist. Ich habe vorgeschlagen (ZPE 183, 2010, 109 f), statt ΛΑΟΣ vielmehr *[484]* ΑΛΟΙ zu lesen, mit altertümlichem, gebrochenem Iota. Das Original schrieb kein h (Janko 44 f). Spuren dorischen Dialekts bespricht Janko 46–49. Diese Lesung war, 2012 publiziert, dem ‚workshop' nicht zugänglich; buchstabengetreu macht sie Sinn: Die Folie wird ‚genagelt'. In welchem Stadium des Textes (h)ΑΛΟΙ richtig verstanden bzw. nicht verstanden wurde, steht freilich dahin.

Das eigentliche Problem ist das von Verständlichkeit und Unverständlichkeit – ein typisches Problem der Magie. Ihr kommt es auf die Wirkung an, die durch einen perfekten Text gerade nicht garantiert wird. Darum kann ein magischer Text nicht bloß ein wohlgestaltetes Gedicht sein. Es scheinen besonders im zweiten Teil des Getty-Textes Bruchstücke von Hexametern aufgenommen, die in anderen Zeugen mehr oder weniger vollständig auftauchen. Doch die Hypothese, daß am ‚Ursprung' lauter perfekte, verständliche Hexameter standen (3), ist trotzdem nicht gerechtfertigt: Wenn wir versuchen, vollständige Verse zu rekonstruieren, tun wir möglicherweise, was die Anwender der Zauberverse gerade nicht wollten. Die Ephesia Grammata ihrerseits setzen prinzipiell auf Unverständlichkeit, laden aber die ‚Wissenden' zur Deutung ein.

Die schlicht praktische Funktion von Magie, die im Text deutlich genug ausgesagt ist, wird im ‚workshop' wenig zur Kenntnis genommen. Auch die sprachliche Grundlage läßt zu wünschen übrig: Die Mitarbeiter sind sich über den zu lesenden Text nicht immer einig, diskutieren dies aber nicht miteinander. Es ist gut, wenn das im schönsten Oxford-Stil hergestellte Buch das Interesse an diesem originellen Komplex altgriechischer Magie belebt; Ziel und Ende sind noch nicht erreicht.

4. Nachrufe

Erschienen in: Gnomon 48, 1976, 217–221.

Otto Seel †

Mit dem Tod von Otto Seel ist ein Ausstrahlungszentrum erloschen, das jahrzehntelang spürbar und denen, die ihn kannten, oft wegweisend geblieben war. Otto Seel hinterläßt kein Standardwerk als Pflichtlektüre, er würde seine Lebensleistung auch nicht an den Editionen messen, die nicht so bald ersetzt sein werden – Iustinus, Pompeius Trogus –. Doch wenn er schon 1935 schrieb: „Der Grad der Vergegenwärtigung, der unmittelbaren Verlebendigung eines Sachgebietes muß Maßstab der Fruchtbarkeit einer Fragestellung sein"[1], so war ihm selbst dies in besonderer Weise gegeben, vor allem in der Unmittelbarkeit des Vortrags und des persönlichen Gesprächs; doch auch in der Fülle seiner Publikationen – 27 selbständige Veröffentlichungen, über 50 Aufsätze – zeugt jedes Stück von der Begegnung mit Wesentlichem im Einsatz der Person. Wie die Vielgestaltigkeit des Werks aus einem nicht immer einfachen Leben erwuchs, ist hier zunächst darzustellen.

Geboren am 18.1.1907 in Annweiler in der Pfalz als Sohn eines Kgl. bayerischen Steuereinnehmers, stammte er, wie er gern betonte, weder von jenseits des Limes noch aus einer „völlig weinlosen Gegend".[2] Indem er sich gegen einen hochbegabten *[218]* älteren Bruder zu behaupten hatte, wurde ihm früh seine besondere Gabe sprachlichen Ausdrucks bewußt. Die Studienrichtung stand, nach Abschluß des Gymnasiums in Landau, dennoch keineswegs fest; er begann ein Studium der Naturwissenschaften, um nach einem Jahr dann doch der Antike sich zuzuwenden. Er hat erzählt, daß bei dieser Entscheidung vor allem ein Horazvers im Spiele war, der ihm von der Schule her im Ohr klang und einfach großartig vorkam: *post equitem sedet atra cura*. Merkwürdig, daß von seinem Lebensverhältnis zu Horaz seine Publikationen nur sporadisch und verhalten Kunde geben.

---

[1] Hirtius (vgl. Anm. 6) 11.
[2] So J. Burckhardt über Mittelfranken (Briefe an einen Architekten, 1913, 49), von Otto Seel oft zitiert.

Auch daß er zum Professor in Erlangen werden sollte, jener liebenswerten, aber von Natur und Regierung eher karg bedachten dritten bayerischen Landesuniversität, war nicht vorauszusehen. Er begann sein Studium der Alten Sprachen in Frankfurt bei Karl Reinhardt und Walter F. Otto – um nach einem Jahr geradezu zu flüchten; ihm schien, er müßte hier hoffnungslos zum Affen der genialen Meister werden. Nach einem Münchner Semester kam er nach Erlangen; der ihn dort hielt, war Kurt Witte. Von der Faszination dieses Gelehrten geben seine publizierten Werke kaum eine Vorstellung; er hatte sich damals mit seinen Studien zur lateinischen Dichtung, hat sich dann mit seinen Platonanalysen in völlige Isolierung verrannt; von seinen bedeutenden Ansätzen bleiben vor allem die ganz frühen Homerarbeiten, die für Milman Parrys Durchbruch den Grund gelegt haben.[3] Neben Witte standen Alfred Klotz, Otto Stählin, Adolf Schulten. Bereits im 6. Semester war die Dissertation über Sallust[4] abgeschlossen, die die Echtheitsfrage der Briefe in den Versuch verwandelt, eine schillernde Persönlichkeit in ihrer Komplexität zu begreifen. Zugleich war damit ein Themenkreis betreten, der Otto Seel nicht wieder losließ: die Epoche von Caesar und Cicero mit ihren literarischen Triumphen und politischen Katastrophen, in der Spannung von Macht und Wort.

Ein Stipendium machte es möglich, in Florenz bei Giorgio Pasquali und vor allem in Kiel bei Felix Jacoby weiterzustudieren. Neue Aufgabe war der Iustin-Text. Die Ausgabe dieser verdünnten Epitome, eine Pflichtarbeit, die zugleich Staatsexamensarbeit war, wuchs in unerwartete Dimensionen. Hinter dem Abriß erschien das Problem des Originals, eine römische Weltgeschichte aus augusteischer Zeit; römische Rom-Kritik; auch dies hat ihn bis zuletzt beschäftigt.[5]

Mit der Arbeit ‚Hirtius'[6] erfolgte die Habilitation im Mai 1935; eine üble Zeit für den Start einer akademischen Karriere. Nachgeborene, an Demokratie und Wohlstand Gewöhnte tun wohl daran, sich zu vergegenwärtigen, wie die Lage eines jungverheirateten Privatdozenten war zwischen politischem Druck und wirtschaftlicher Misere; Assistentenstellen gab es nicht, geschweige denn

---

[3] M. Parry hat seine beiden Bücher, L'épithète traditionelle und Les formules et la métrique d'Homère, 1928 Kurt Witte zugesandt; sie fanden sich unaufgeschnitten im Nachlaß.

[4] Sallust, von den Briefen Ad Caesarem zur Coniuratio Catilinae, Diss. Erlangen 1930. 92 S.; vgl. Die Invektive gegen Cicero, Leipzig 1943 (repr. Aalen 1961; 1966); Sallusts Briefe und die pseudosallustische Invektive, Nürnberg 1967.

[5] M. Iuniani Iustini Epitoma historiarum Philippicarum Pompei Trogi, Leipzig: Teubner 1935, 1972²; vgl. Die Praefatio des Pompeius Trogus, Erlangen 1955; Pompei Trogi Fragmenta, Leipzig: Teubner 1956; Eine römische Weltgeschichte. Studien zum Text der Epitome des Iustinus und zur Historik des Pompeius Trogus, Nürnberg 1972; Pompeius Trogus, Weltgeschichte, übersetzt von O. S., Zürich: Artemis 1972; vgl auch diese Zeitschr. 47, 1975, 660–665.

[6] Hirtius. Untersuchungen über die pseudocaesarischen Bella und den Balbusbrief, Leipzig 1935.

Diätendozenturen. Ein Felix Jacoby hatte den Eintritt in den ‚Stahlhelm' empfehlen können, was zur automatischen Mitgliedschaft in der SA führte; der einzige bezahlte Posten, den dann Erlanger Ordinarien offerieren konnten, war der eines Geschäftsführers des Nationalsozialistischen Dozentenbundes. Einen Caesar in seiner charismatischen Amoralität mit dem ‚Führer' in Parallele zu setzen,[7] war mit dem Verweis auf die Iden des März im Grunde überaus riskant. *[219]*

Als Otto Seel 1940, nach einem Vertretungssemester in Frankfurt, als Nachfolger von Alfred Klotz die Professur in Erlangen erhielt, war der Krieg da. Auf den Militärdienst folgte die Entlassung. Otto Seel wirkte als Herausgeber der ‚Anker'-Bücherei im Klett-Verlag, war dann Gymnasiallehrer, bis er nach dem Tod Kurt Wittes 1950 an die Universität zurückberufen wurde, und zwar, neben dem Latinisten Carl Koch, auf den gräzistischen Lehrstuhl.

In diesen Jahren war für ihn Cicero in den Vordergrund getreten. Das Lesebuch ‚Vox humana'[8] und die Ausgabe des ‚Orator'[9] waren Vorläufer eines Buches, das dann 1953 gedruckt werden konnte.[10] Gegen die frühere, viel wilhelminisches Selbstbewußtsein atmende Cicero-Kritik setzte Otto Seel nicht vordergründige Apologetik, sondern ein intimes Verstehen mit der scheinbar paradoxen These, gerade der Scheiternde sei, bei aller „Erbärmlichkeit" (252), doch modellhaft, ja vorbildlich in der Differenziertheit seines Reagierens, vorbildlicher als die tugendhaften Doktrinäre Cato und Brutus, bedeutend vor allem durch seine Gestaltung im Wort, den „gleichsam verlustlosen Transport vom Sein zum Sagen" (155). Wer überhaupt Cicero nahekommen will, wird auf den hier erschlossenen Zugang angewiesen bleiben.

Der neuen Aufgabe, über griechische Literatur zu lesen, hat sich Otto Seel mit Freude und Entdeckerlust zugewandt, und er hat sie mit Brillanz erfüllt. Vom Umfang seiner Belesenheit bis hin zum Entlegenen und Skurrilen zeugt sein griechisches Lesebuch,[11] dem die ‚Antiken Entdeckerfahrten'[12] und der ‚Physiologus'[13] zur Seite stehen. Zu einem Buch von besonderem Reiz[14] führte die Beschäftigung mit Aristophanes; schien ihm doch, hier sei eine „verlorene

---

[7] Caesar und seine Gegner, Erlanger Universitätsreden 24, 1939.
[8] Vox humana. Ein Lesebuch aus Cicero, Stuttgart 1949, 1963².
[9] Cicero, Orator, Heidelberger Texte 21, 1952.
[10] Cicero. Wort, Staat, Welt, Stuttgart 1953, 1961².
[11] Eiresione. Ein griechisches Lesebuch, Stuttgart 1957.
[12] Antike Entdeckerfahrten. Zwei Reiseberichte, Zürich 1961.
[13] Der Physiologus, Zürich 1960.
[14] Aristophanes oder Versuch über Komödie, Stuttgart 1960; vgl. Aristophanes, Die Wolken. Übersetzung, Nachwort und Anmerkungen von O. S., Stuttgart: Reclam 1963.

Provinz" wiederzugewinnen, ein wahrhaft welterschütterndes Lachen, das in der totalen Vernarrung doch die humane Mitte nie zerstört.

Zugleich empfand Otto Seel stark die Ferne, ja Fremdheit der griechischen Welt. Daher wandte er sich gegen Interpretationen, die diese Distanz noch zu steigern, ein ‚Noch Nicht' als Ausgangspunkt geistesgeschichtlicher Entwicklungen zu fassen suchten.[15] Als der überraschende Tod Carl Kochs[16] den latinistischen Lehrstuhl 1956 frei machte, kehrte er zurück in sein eigentliches Element der römisch-lateinischen Kontinuität.

Als Erbe von Alfred Klotz stand eine neue Caesar-Ausgabe an. Wiederum sprengte unter seiner Hand die Pflichtarbeit die ihr gesetzten Grenzen, wurde zu einer temperamentvollen Auseinandersetzung um Caesarstil und Caesarinterpretation: der bloß klare, analogiebeflissene Caesar schien suspekt als rationalistische Konstruktion; das von innen Bewegte, Anomale trat in den Blick. Freude machten Entdeckungen wie die Erklärung der berüchtigten Elche aus den Elefanten des ‚Physiologus' oder die Wirkung von Plutarchs Bericht über Caesars Pläne auf den letzten Akt des ‚Faust'.[17] Der eigentlichen Edition[18] kam all dies weniger zugute.

Dann entstanden nebeneinander die beiden Bücher, die wohl die Akme seines Schaffens markieren, ‚Weltdichtung Roms'[19] *[220]* und ‚Römertum und Latinität'.[20] ‚Weltdichtung' ist keine Literaturgeschichte, wenn auch die Darstellung deren Epochen folgt. Es geht, ‚zwischen Hellas und Gegenwart', mehr um Wirkungen als um Fakten. These ist, daß das Römische im Kontrast zum Griechischen ein Stil und eine Haltung sei, die in spezifischer Weise Tradition zu bilden und zu prägen imstande war. Die Frage nach dem, was jeweils an lateinischer Dichtung bis heute lebendig wirkt, ist insofern zugleich Rezeptionsgeschichte, nicht als Programm oder Stoffsammlung, sondern als selbstverständliche geistige Präsenz.

‚Römertum und Latinität' geht aus von der merkwürdigen Tatsache, daß Sprache und Literatur des Imperium Romanum nicht ‚römisch', sondern ‚lateinisch' heißen, und entwickelt daraus eine geistige Morphologie, in der die

---

[15] Zur Vorgeschichte des Gewissens-Begriffes im altgriechischen Denken. Festschrift F. Dornseiff, Leipzig 1953, 291–319; Wege und Irrwege der Antikendeutung, in: Aus dem Bildungsgut der Antike, München 1956, 21–59.

[16] Diese Zeitschrift 31, 1959, 286f.

[17] Caesar-Studien, Stuttgart 1967; Ambiorix, Jahrbuch für fränkische Landesforschung 20, 1960, 49–89 = Caesar, hgg. v. D. Rasmussen, Darmstadt 1967, 279–338.

[18] C. Iulii Caesaris Commentarii rerum gestarum I: Bellum Gallicum, Leipzig: Teubner 1961, 1968².

[19] Weltdichtung Roms. Zwischen Hellas und Gegenwart, Berlin 1965; Poesia universale di Roma, trad. di R. Prati, Roma 1969.

[20] Römertum und Latinität, Stuttgart 1964.

Polarität Caesar – Cicero gleichsam ihre letzte Sublimierung erreicht. Beides, Rom und seine Sprache, wird dabei vielschichtig differenziert und in einer Fülle von Antithesen entfaltet; Griechisches dient mehr als Kontrast, auch Jüdisch-Alttestamentliches taucht als Bezugspunkt auf. Dieses Werk mit seinem Reichtum an Assoziationen und Anregungen wendet sich, gleich jenem anderen, weniger an den Fachgelehrten als an ein gebildetes Publikum überhaupt – dessen Existenz freilich prekär geworden ist.

Die kleineren Arbeiten von Otto Seel können hier nicht aufgezählt werden, obgleich unter ihnen besonders ansprechende sind, etwa die Reflexionen über *captivus – cattivo*[21] oder die Interpretationen um Statius' Gedicht an den Schlaf.[22] Durch diese Mannigfaltigkeit hindurch ziehen sich als feste Koordinaten doch bleibende Denkformen und Motivationen. Da ist einmal ein tiefes Mißtrauen gegen alle glatten, simplen, schwarz-weißen Lösungen; Alternativen eines Entweder-Oder werden regelmäßig hinterfragt und von anderer Ebene aus in Polaritäten aufgelöst. ‚Ambivalenz', ‚Transparenz', ‚Doppelbödigkeit' und ‚Obertöne' waren die Standardvokabeln in wohlgemeinten Seel-Parodien bei Erlanger Studentenfesten. Dazu gehörte indes, wie immer wieder zu erfahren war, ein enorm rasches und präzises Erfassen komplizierter Verhältnisse und Situationen. Unerhört war die Gabe zur Formulierung zumal im mündlichen Wort, aus äußerster geistiger Beweglichkeit und stets präsenter, scheinbar unerschöpflicher Bildung fließend. Nicht immer war es leicht zu folgen, doch stets kamen die Augenblicke blitzartiger Erhellung, neuer, weiterführender Einsicht. Seel mußte sich mit einem Gegenstand identifizieren; kalte Stoffhuberei war ihm verhaßt. Die ‚Relevanz' des Faches wurde nicht als Problem debattiert, sie war in seiner Darstellung gegeben. Darum war ihm auch die Verbindung zur Schule immer selbstverständlich, wie sie in der regelmäßigen Teilnahme an den Tagungen in Marktoberdorf zum Ausdruck kam. Maßstabsetzend war ihm die Literatur – nicht die antike allein; Goethe, Kleist, Hofmannsthal waren gleichermaßen feste Bezugspunkte –. Durch sie gestaltet empfand und lehrte er die Kontinuität des Humanum, vor allem als Erlebnisfähigkeit, Betroffen-Sein, Offenheit, nicht als humanitäres oder humanistisches Programm, wohl aber mit dem Sinn für „jenes Minimum des Anteils am Schönen und Wahren und Guten, auf dem allein die Identität der Menschheit über Zeit und Raum hinweg gegründet ist".[23] Was Philologie als geistige

---

[21] Schlecht ... und recht. Wort- und Sinnspielereien, GRM 43 N. F. 12, 1962, 78–96.
[22] Lyrische Variationen, Gymnasium 68, 1961, 489–502.
[23] Jacob Burckhardt und die europäische Krise, Stuttgart 1948, 77.

Existenz sein kann, im weiten Bildungshorizont einer von Latinität geprägten humanitas, hat Otto Seel in kaum wiederholbarer Weise vorgelebt.

Heute scheint zwischen Technisierung und Barbarisierung jene Bildungswelt, die man jetzt die ‚bürgerliche' nennt und die doch historisch sehr viel tiefere Wurzeln hat, im Untergang begriffen. Otto Seel hat diesen Wandel in nervöser Feinfühligkeit wahrgenommen, besonders als seit 1964 im eigenen Kreis die doppelte Krise sich abzeichnete, die Verdrängung des Lateins an Schule und Universität und die Revolte der Studenten. Dem einen suchte er durch *[221]* noch gesteigerte Aktivität zu begegnen, auch nach außen, auch auf Politiker gerichtet; das andere traf ihn, der wie kaum ein anderer in seiner Vorlesung lebte, im Grunde schutzlos. Im Sommer 1968 kam der Zusammenbruch, ein Herzversagen, von dem er sich nicht wieder voll erholt hat.

Was ihn, durch medizinische Technik einigermaßen wiederhergestellt, aufrechterhielt – die Reflexionen über ‚nostri superstites'[24] deuten die Situation dieser Jahre an –, war rastlose Weiterarbeit, auch über die 1972 erfolgte Emeritierung hinaus. Neben Einzelinterpretationen, die mehr als zuvor im Fragen aufgehen, neben den großen, erst jetzt abgeschlossenen Arbeiten zu Pompeius Trogus schrieb er ein Buch über Quintilian.[25] So blieb geformte Rede lateinischer Tradition sein Umgang bis zuletzt. Er hat die ersten Korrekturen noch gelesen, ehe am 11.2.1975 der Körper endgültig den Dienst versagte.

---

[24] Nostri superstites? Eine tacitische Denkanregung, in: Aufrisse. Almanach des Ernst Klett Verlages, 1971, 64–83; Verschlüsselte Gegenwart, Stuttgart 1972, Kap. 3.
[25] Quintilian oder Die Kunst des Redens und Schweigens, Stuttgart 1975/6.

Unveröffentlichtes Manuskript.

Zur Trauerfeier von Fritz Wehrli
am 1. September 1987

Fritz Wehrli hat nie gewollt, dass viel Aufhebens von seiner Person gemacht werde, das offizielle ‚Muss' zumal war ihm zuwider; eine Trauerfeier in kleinem Kreise war sein Wunsch. Aber von einem Mann, der so in einer auch sprachlich geprägten geistigen Welt zuhause war, können wir uns nicht schweigend verabschieden. Es ist an uns festzuhalten, was Fritz Wehrli gewesen ist, auch für die Universität Zürich und für die Welt der Wissenschaft.

Mir persönlich trat, wie ich mich wohl erinnere, der Name Fritz Wehrli zuerst durch die Studie ‚Zum antiken Humanitätsbegriff' entgegen. Ich erinnere mich auch, wie eigentümlich mich der Untertitel berührte, ‚Neujahrsblatt zum Besten des Waisenhauses zu Zürich'. Im Nachkriegsdeutschland 1954 waren dies Klänge wie aus einer anderen Welt, einer versunkenen, einst intakten Pestalozzi-Welt, sozusagen. Ich ahnte damals nicht, dass ich Fritz Wehrli je kennenlernen würde, und dass ich an seinem Beispiel verstehen würde, wie tragfähig eine solche Tradition urbaner Solidarität sein kann, in der er zuhause war.

Wenig später begann ich dann mit der Fragmentsammlung ‚Die Schule des Aristoteles' zu arbeiten, und ich merkte rasch, wie hilfreich, ja unentbehrlich dieses Werk war für jede Beschäftigung mit der griechischen Geistesgeschichte – jenes Werk, das vor allen anderen den Namen Fritz Wehrli weitertragen wird. Es gibt in der Klassischen Philologie eine ganze Reihe von imponierenden Fragmentsammlungen, ‚Epicurea', ‚Fragmente der Vorsokratiker', ‚Stoicorum Veterum Fragmenta', ‚Fragmente der griechischen Historiker'. Mit der ‚Schule des Aristoteles' war eine Lücke zu füllen; Fritz Wehrli hat sich dieser Aufgabe sofort zugewandt, als er 1941 an die Universität berufen wurde, und er hat sie in 18 Jahren zu einem vorläufigen Ende geführt. Die Schule des Aristoteles ist eine merkwürdige Gruppierung von Literaten, bei denen Philosophie im eigentlichen, engeren Sinn fast am wenigsten ausmacht; die Breite der Interessen eines Aristoteles, der das gesamte Wissen seiner Zeit umspannte, hatte sich bei seinen Schülern nach allen Seiten hin aufgefächert, erweitert und verfeinert, wobei das Prinzipielle, also Erkenntniskritik und Metaphysik freilich auf der Strecke blieb. Dafür aber ist eine Zeitlang praktisch alles, was es bei den Griechen an Bildungstradition gab, durch die Schule des Aristoteles gelaufen, wurde da kanalisiert, fixiert, diskutiert, das Literarische, Historische, Anthropologie, Kulturgeschichte, Wissenschaftsgeschichte, Ethik und Diaetetik. Wer die verlorenen Werke der Aristoteles-Schüler aus ihren Fragmenten verstehen will, muss sich darum mit praktisch allen Wissensgebieten beschäftigen, die in der griechischen Literatur überhaupt auftauchen, von der Textgeschichte der frühen Lyrik bis zu kniffligen mathematischen und astronomischen Problemen, nicht zu vergessen alle möglichen Kuriosa, Rätsel, Sprichwörter, Wundergeschichten. Fritz Wehrli war der Mann, dies mit gleichmässiger, ruhiger Gelehrsamkeit zu leisten, auch mit sozusagen gleichmässiger Freundlichkeit. Von Felix Jacoby, dem Herausgeber der Historikerfragmente, sagte man, dieser Mann müsste für Polemik eigentlich Vergnügungssteuer bezahlen. Fritz Wehrli war anders, er stellt mit ruhiger Sachlichkeit alles an seinen Platz, jeder kann es finden und benützen. Ganz leise nur deutet sich eine persönliche Konzeption, deuten sich Vorlieben an. Eine wichtige Kontroverse unter den Schülern des Aristoteles war die Frage, was denn die ‚Seele' sei: etwas Göttliches, Unsterbliches, wie Platon gelehrt hatte, oder etwas primär Biologisches, wozu Aristoteles neigte, eine ‚Harmonie', Zusammenspiel der Körperfunktionen, oder gar bloss ein leeres Wort? Fritz Wehrli hat die Skeptiker, Dikaiarchos und Aristoxenos, an den Anfang gestellt und die Vertreter der schamanistischen Wundergeschichten erst später behandelt – doch behandelt hat er auch sie. Im Grund ging es ihm nicht um Dogmatik, sondern um das verfeinerte Menschenbild, das von der aristotelischen Ethik her gewonnen worden war, das Humanum im Gleichgewicht von Geistigkeit und Realitätssinn, um das er sich selbst in seinem Leben bemühte.

Zur ruhig-sicheren Art von Fritz Wehrli gehörte es auch, fertig zu werden. Er hat die ‚Schule des Aristoteles' in 10 Faszikeln, mit 2 Supplementen, abgeschlossen, sogar eine 2. Auflage noch folgen lassen. Eine grosse Übersicht über die Schule des Aristoteles ist dann erst 1983 im ‚Neuen Ueberweg', dem grossen philosophiegeschichtlichen Handbuch, gedruckt worden; Fritz Wehrli hatte allerdings, der ursprünglichen Absprache gemäss, das Manuskript bereits 10 Jahre vorher fertiggestellt. Seine Art war es nicht, unlösbare Probleme für unendliche Kontroversen aufzureissen und weiter zu komplizieren; er arbeitete intensiv, kompetent, mit klarem Blick fürs Wesentliche, doch ohne Hektik, Besessenheit, ‚Trauerarbeit'.

Die ‚Schule des Aristoteles' ist gleichsam Mitte eines weit reicheren Lebenswerkes. Die früheren Bücher haben neuerdings wieder Interesse gefunden, die Habilitationsschrift *ΛΑΘΕ ΒΙΩΣΑΣ* wurde nachgedruckt; das Buch über

Menander, ‚Motivstudien zur griechischen Komödie', nimmt 1936 eigentlich modernere Methoden vorweg, insofern der Blick nicht auf den Geist des Autors und das einmalige Werk gerichtet ist, sondern auf das Instrumentarium der Motive und Szenen, aus deren gleichsam technischer Kombination die vielgestaltige Produktion hervorgeht. Es gibt eine stattliche Anzahl weiterer Aufsätze – die wichtigsten wurden vor 15 Jahren in dem Band ‚Theoria und Humanitas' gesammelt –. Bemerkenswert ist die Weite der Interessen und der Kompetenz. Fritz Wehrli hat sich nie zum Spezialisten für einen Autor gemacht, wie viele Kollegen heutzutage; alles über nichts zu wissen, war nie seine Richtung. So konnte er in einem schmalen Band eine griechische Geistesgeschichte schreiben, ‚Hauptrichtungen des griechischen Denkens', dem es nirgends an Kompetenz und Tiefe mangelt. Noch in seinem letzten, vor knapp 2 Jahren gedruckten Aufsatz, ‚Zum Problem des Platonismus in der christlichen Antike', bewundert man, mit welch selbstverständlicher Sicherheit er sich zwischen Anaximandros und Augustin, zwischen Homer und Boethius bewegt; ganz leise wieder und doch kaum zufällig ist die Formulierung von der „Überzeugung, dass Glaube und Philosophie gehaltsmässig im wesentlichen übereinstimmen".

Auf zweierlei möchte ich noch eigens hinweisen, die Arbeiten zur griechischen Mythologie und einen Aufsatz zu Thukydides. In der Mythologie sucht Fritz Wehrli nicht die unheimlichen Urtiefen, nicht die Analyse des Unbewussten; das Grauenhafte ist ihm ebenso fern wie das Fratzenhafte – mit leisem Schauder erzählte er, anlässlich des Princeton-Aufenthaltes, von einem Besuch in Mexiko –. In Anlehnung an seinen Lehrer Howald sah er in der Gestaltung des Mythos lieber die Hand des bewusst schaffenden Dichters. Es befriedigte ihn nachzuweisen, dass die Häufung der Greuel und ausweglose Verkettung etwa in der Sage um Agamemnon und sein Haus offenbar erst nach Homer von der Phantasie archaischer Dichter ausgestaltet und gesteigert worden ist. Der Gestalt des Ödipus freilich wird, fürchte ich, durch solche Betrachtung doch etwas Wesentliches genommen. Anerkannt ist sein Nachweis, wie in der Prometheus-Erzählung des Hesiod ein ursprünglicher Götterschwank überformt ist: der Theologie ging die Erzählung voraus.

An Thukydides fasziniert seit dem vorigen Jahrhundert die Theorie von der unausweichlichen Notwendigkeit der Macht, die nach ihren eigenen Gesetzen die Akteure der Geschichte zwingt, so und nicht anders Gewalt anzuwenden, einen Krieg zu beginnen, auch Schwächere zu morden, die im Wege sind. Grausamkeit als höchste Rationalität. Fritz Wehrli hat in seinem Aufsatz über ‚Gewaltherrschaft und Hegemonie' (1968) gezeigt, dass Thukydides in seinen Formulierungen und Motiven gar nicht so originell ist, sondern transformiert, was in volkstümlichen Erzählungen über die Tyrannen schon vorher gestaltet war, in Erzählungen, die gleichsam experimentell von Exzessen scheinbar rationaler Rücksichtslosigkeit handeln, mit der Distanz des Anekdotenerzählers, fast mit dem wohligen Grausen des Märchens. Thukydides hat dies entpersonalisiert, verallgemeinert, zum Gesetz der Staaten und ihrer Politik gemacht. Fritz Wehrlis Interpretation macht dies rückgängig und lässt hinter dem scheinbar kalten Kalkül wieder Menschengesichter erscheinen, einen Periandros, Peisistratos; was aber ein menschliches Gesicht trägt, ist ansprechbar, veränderbar; was böse Menschen verüben, können gute Menschen vielleicht doch unterlassen oder verhindern. Ich habe damit mehr gesagt, als was in Fritz Wehrlis Text steht, glaube aber doch das Angedeutete explizit zu machen.

Von Fritz Wehrlis 26-jähriger Tätigkeit in seinem Klassisch-Philologischen Seminar, in der Philosophischen Fakultät I, der er 1956/8 auch als Dekan vorstand, an der Universität überhaupt kann ich als sein Nachfolger nicht aus Augenzeugenschaft sprechen. Nach allem, was mich an Ausstrahlung erreichte, hat Fritz Wehrli auch hier in selbstverständlicher Präsenz das Seine getan, ohne Rangelei um Einfluss, Macht und Mittel. Dass er den Standpunkt hatte, auch das Fachinteresse sei dem Gesamtinteresse des Gemeinwesens, des Kantons Zürich also, unterzuordnen, man könne also nicht soviel Mittel als nur irgend möglich verlangen, hat selbst seine Schweizer Kollegen leicht befremdet und war doch sehr bezeichnend. Gleichsam als Abschiedsgeschenk an die Fakultät hat er eine gemeinsam erarbeitete Broschüre über die Bedeutung des Lateins für die Geisteswissenschaften zustandegebracht, die wir noch heute verwenden; sie trägt bezeichnenderweise nicht seinen Namen als den des spiritus rector, vor dem gemeinsamen Anliegen tritt er als Einzelner zurück.

Die letzten 20 Jahre seines Ruhestandes werden, meine ich, im Rückblick schliesslich doch als ein glückliches Alter in Erinnerung bleiben. Er fand eine so diskrete Balance zwischen Zurückgezogenheit und Präsenz. Zu einem Gastvortrag aus seinem Fach ist er noch Ende April dieses Jahres als Zuhörer gekommen, aber leise gegangen, noch ehe wir ihn ausführlich begrüssen konnten.

Rückschauend zögere ich, von der ‚Leistung' dieses Lebens zu sprechen, weil das Verspannte, Zwanghafte, das unsere ‚Leistungsgesellschaft' kennzeichnet, so ganz zu fehlen scheint. Lieber spreche ich von der dauerhaften Präsenz von Fritz Wehrli in der Welt des Geistes und der Bildung, in seiner Stadt Zürich, an dieser Universität: Fritz Wehrli bleibt präsent in der Fachwelt, in der sein Werk seinen Platz gefunden hat, und erst recht für uns, die wir ihn kannten.

Erschienen in: NZZ 200, 31.8.1987, 19 = Bull. Schweiz. Altphilologenverband 30, 1987, 8.

Geist der Antike – Gegenwart des Humanen
Zum Tode von Fritz Wehrli

Mit Fritz Wehrli ist am 27. August nicht nur ein Universitätsprofessor von ausserordentlichem internationalem Ansehen dahingegangen, sondern eine Persönlichkeit, in der in besonderer Weise weltoffener akademischer Geist mit der urbanen Tradition seiner Vaterstadt zusammenklang: Kein aktuelles Thema, über das er nicht sein wohlbedachtes Urteil hatte, und zugleich schien jedes bedeutende Haus, jede alte Familie der Stadt Zürich in seinem Geiste mitzuleben.

In Zürich hatte Ernst Howald den Studenten von der Geschichte zur Klassischen Philologie, mit dem Nachdruck auf Griechisch, gezogen; das Studium führte dann über Kiel, eine damals für die Altertumswissenschaft besonders durch Felix Jacoby und Eduard Fraenkel bedeutsame Universität, zum Doktorat in Basel bei Peter Von der Mühll, mit dem ihn lebenslange Freundschaft verband. Ein Nachspiel im Berlin der zwanziger Jahre schloss sich an. Dann führte ihn die berufliche Tätigkeit mit Selbstverständlichkeit ans Zürcher Literargymnasium. Die akademische Laufbahn begann mit einer Habilitationsschrift zur ältesten Ethik bei den Griechen (1931), deren Titel „Lathe Biosas", „Lebe im Verborgenen", mancher gelegentlich auf den Verfasser zu beziehen geneigt war; lag ihm doch alles Outrierte oder Marktschreierische so ferne. Am griechischen Komödiendichter Menander, dem sein nächstes Buch galt, rühmt er einmal, wie „Feinhörigkeit und die Scheu, aufdringlich zu werden, die Verständigung auf die leisesten Mittel beschränken". Die zurückhaltend-vornehme Persönlichkeit bleibt eben darum unvergesslich, mit einem Œuvre, das Bestand haben wird.

Die internationale Anerkennung hat sich Fritz Wehrli gesichert, indem er gleich nach seiner Berufung an die Universität Zürich (1941) mit dem Projekt „Die Schule des Aristoteles" hervortrat. Vordergründig geht es um die streng fachlich-esoterische Aufgabe, von einer Gruppe verlorener Werke der antiken Literatur wenigstens Fragmente aus Zitaten zurückzugewinnen, in ihren ursprünglichen Zusammenhang einzuordnen und so verständlich zu machen.

Ein solches Unternehmen hatte berühmte Vorgänger, „Die Fragmente der Vorsokratiker" von Hermann Diels, „Die Fragmente der griechischen Historiker" von Felix Jacoby. Fritz Wehrlis Wahl zielte auf eine Epoche des Umbruchs im Gefolge von Alexander dem Grossen, als der rasche schöpferische Aufstieg des griechischen Geistes umzuschlagen scheint in eine reproduktive Phase, in der doch eben darum erstmalig eine eigentliche literarisch geprägte Bildungswelt entsteht. Noch nicht der eigentliche Begriff, doch gleichsam die Atmosphäre des spezifisch „Humanen" wird damals gewonnen. Diesem differenzierten Menschenbild nachzugehen war Fritz Wehrlis eigentliches Interesse; die weltoffen-gelassene Art des Aristotelismus stand ihm näher als Platons Radikalitäten. Es ist kaum ein Zufall, dass dieses Werk begonnen wurde in einer Zeit, in der die Flut der Barbarei ringsum im Steigen begriffen war. Dass es gelte, die humane, humanistische Kultur zu bewahren, war eine Überzeugung, die auch bei der damals unter Fritz Wehrlis Mitwirkung erfolgten Gründung einer eigenen schweizerischen Zeitschrift für die Altertumswissenschaft Pate stand, des dann lange von ihm mitherausgegebenen „Museum Helveticum". Philologische Arbeit hat ihre eigene Zeit. Als „Die Schule des Aristoteles" mit dem 10. Faszikel 1959 abgeschlossen war, hatte die Welt sich abermals verändert, ohne den humanistisch-urbanen Idealen näherzukommen. Der internationale Wissenschaftsbetrieb hat das Werk alsbald vereinnahmt. Eine zweite Auflage konnte folgen, zwei Supplementbände kamen noch dazu; das Ganze ist selbstverständliches Arbeitsmittel der Philologen in aller Welt geworden, die sich der umfassenden, zuverlässigen Gelehrsamkeit bedienen. Die persönliche Konzeption ist aufgegangen im Standardwerk.

In seinem lebendigen Wirkungskreis in Zürich ist Fritz Wehrli 25 Jahre lang für sein Fach und seine Universität tätig gewesen, 1956/58 auch als Dekan. Er organisierte eine Ringvorlesung über „Das Erbe der Antike" (1963), aus einer Vorlesung für Hörer aller Fakultäten entstand seine umfassende griechische Geistesgeschichte, „Hauptrichtungen des griechischen Denkens" (1964), die später auch als Taschenbuch erschien. Seiner Fakultät hinterliess er eine Denkschrift, „Zur Bedeutung des Lateins in den Geisteswissenschaften". In der Fachwelt etabliert ist eine stattliche Reihe von Aufsätzen, die den ganzen Bereich der Antike umspannen, das Poetische wie das Philosophische und Historische von den Anfängen im Mythos bis zu den späten Romanen und bis zum Christentum; „Theoria und Humanitas" ist der Titel, unter dem seine Kleinen Schriften zum 70. Geburtstag gesammelt wurden; er deutet auf den Doppelaspekt eines Lebenswerks, in dem Wissenschaft und Ethik nie auseinandertreten konnten.

Der Rücktritt vom Professorenamt bereits mit 65 Jahren 1967 bedeutete keinen Bruch in dieser geistig-persönlichen Welt. Fritz Wehrli blieb präsent, ohne je sich aufzudrängen, in seinen Gängen durch Zürich, gelegentlich bei gesellschaftlichen Anlässen, auch in der wissenschaftlichen Produktivität. Sein letzter Aufsatz, über das Problem des Platonismus in der christlichen Antike, erschien im Jahrgang 1985 des „Museum Helveticum". Fast unverändert schien die schlanke Gestalt. der immer noch lebhafte Schritt, die Beweglichkeit im Gespräch, bis dann wenig vor dem 85. Geburtstag ein Schlaganfall ihn traf, von dem er sich nicht mehr erholt hat.

Erschienen in: NZZ 110, 13.5.1988, 27.

Platonische Systematik – menandrische Heiterkeit
Zum Tod von Konrad Gaiser

Am 3. Mai ist der Gräzist Konrad Gaiser, Professor an der Universität Tübingen, im 59. Altersjahr verstorben – ein jäher und unerwarteter Verlust, auch wenn Freunde seit langem von seiner gefährdeten Gesundheit wussten. In der Fachwelt seit langem bekannt und angesehen, hatte Konrad Gaiser darüber hinaus auch weitere Kreise anzusprechen gewusst und gerade in der „Neuen Zürcher Zeitung" immer wieder seine Entdeckungen und neuen Vorschläge vorgestellt, aus den beiden Bereichen, in denen er vor allem zu Hause war: Platons Philosophie und die Neue Komödie Menanders.

Dass der tiefdringenden Spekulation humane Heiterkeit die Waage halten konnte, war eine sehr persönliche und sehr bezeichnende Verbindung. Gewiss ist Gaiser auch in seinen Menander-Studien dem Philosophisch-Ethischen nachgegangen, etwa der Diskussion um autoritäre oder liberale Erziehung, aber ebenso ging es ihm um Aufgaben der philologischen Rekonstruktion und Interpretation mit dem Blick auf das Lebendige, Ganze. Als die Menander-Komödie „Der Schild" neu gefunden war, hat er sie alsbald übersetzt und ergänzt, sie wurde in dieser Form auch in Zürich aufgeführt. Am weitesten greift der Versuch aus, das Stück „Hydria" aus Papyrusresten, einem antiken Mosaik und einer mittelalterlichen Bearbeitung zu rekonstruieren (1977), ohne dass freilich die Zeugen sich ganz zusammenfügen.

In erster Linie wird der Name Konrad Gaiser, zusammen mit dem von Hans Joachim Krämer, mit dem „Tübinger Platon" verbunden bleiben, jener Interpretationsrichtung, die in den sechziger Jahren aus der Schule Wolfgang Schadewaldts hervorging. Die an sich alte Frage, wie Platons Dialoge sich zu den recht andersartigen Angaben seiner Schüler über ein Zahlen- und Prinzipiensystem verhalten, wurde in neuer Weise aktualisiert, indem das scheinbar abgeschlossene und wohlbekannte Schriftenwerk vom Hintergrund eines weit ausgreifenden ontologischen Entwurfes aus gedeutet wurde. Den Grund hatte Krämer mit seiner Abhandlung „Arete bei Platon und Aristoteles" gelegt (1959); „Platons ungeschriebene Lehre" ist dann der programmatische Titel des

Hauptwerkes, das Gaiser 1963 veröffentlichte (2. Auflage 1968). Dabei geht es Gaiser nicht eigentlich um Esoterik, schon gar nicht um dürre Begrifflichkeit, sondern im Grund um ein Ideal des Wissens, das mathematische und historische Wissenschaften zur Einheit zusammenfügt, von Platon erahnt oder gar erreicht.

Zweierlei an Gaisers Leistung ist dabei noch festzuhalten: Er gab seinem Buch das solide philologische Fundament bei, „Testimonia Platonica", wovon die Diskussion seither zehrt; und er hat seine zahlreichen späteren Beiträge zum Thema nicht darauf ausgerichtet, eine Position zu verteidigen, sondern das weiterführende Gespräch gesucht. Sosehr er sich in spekulative Logik vertiefen konnte – dem selbstversponnensten Text Platons, der „Hochzeitszahl", hat er eine besonders gründliche Studie gewidmet –, so sehr hatte er zugleich den Sinn für Realitäten: er konnte aus der Erwähnung des Sarkophagsteins von Assos in einer Schrift Theophrasts, nicht ohne Unterstützung durch Mineralogen, ein wichtiges Zeugnis für die Chronologie des Theophrastischen Œuvres gewinnen (1985).

Der „Tübinger Platon" hat teils Begeisterung, teils fast wütende Kritik ausgelöst; dies ist verebbt, doch kann die Frage auch nach fast 30 Jahren nicht als entschieden gelten. Offenbar kommen vielerlei Grundsatzfragen der Interpretation und der Interpreten mit ins Spiel, Textphilologie gegen Rekonstruktion, Philosophie als Gespräch oder als System, abgerundetes literarisches Kunstwerk oder Horizonte der Spekulation. So geht die Diskussion weiter, auch ausserhalb des deutschen Sprachraums, wobei im Angelsächsischen die Skepsis bisher überwog, Zustimmung vor allem aus Italien kam. So ist ein zusammenfassendes Platon-Buch Gaisers denn auf italienisch erschienen, „Platone come scrittore filosofico" (1984). Eine grossangelegte Darstellung im Rahmen des neuen Ueberweg-Handbuches kam nicht mehr zum Abschluss.

Es war ein neues Dokument zu Platons Leben, das Gaiser in den letzten Jahren vor allem faszinierte, ein Papyrustext aus Herculaneum, 1902 in unvollständiger und verwirrender Weise ediert, jetzt im Rahmen der durch Marcello Gigante in Neapel wiederbelebten Herculanensischen Studien erst richtig erschlossen. Genaue Untersuchung hat die Reihenfolge der Bruchstücke geklärt und vor allem deutlich gemacht, dass grössere Passagen je einer Quelle entstammen. Ein grosses Textstück des Aristotelikers Dikaiarchos ist auf diese Weise zutage getreten, der aus der Sicht des Enkelschülers Platons Leistung würdigt. Diesen „Academicorum Index" insgesamt zu erschliessen, mit möglichst vollständiger Ergänzung des lückenhaften Papyrus, mit Übersetzung und erschöpfendem Kommentar, war das Unternehmen der letzten Jahre. Soeben ist der stattliche Band unter dem Titel „Philodems Academica" erschienen. Konrad Gaiser hat dieses Ereignis nur um wenige Wochen überlebt.

Erschienen in: Gnomon 60, 1988, 283–285.

Alfred Heubeck †

Alfred Heubeck,[1] geb. am 20.7.1914 als Sohn eines Lehrers in Nürnberg – das er nie verlassen wollte –, gehörte zu der Generation, die in ihrer Entfaltung am härtesten durch den 2. Weltkrieg getroffen wurde.[2] Nachdem er an der nahegelegenen Universität Erlangen in der Minimalzeit von 6 Semestern bei Kurt Witte 1936 promoviert hatte, war der Blick auf weitere wissenschaftliche Tätigkeit frei; die Dissertation über ‚Das Nationalbewußtsein bei Herodot' gab Felix Jacoby Anlaß, in einem ausführlichen Brief Stellung zu nehmen. Doch waren, mangels irgendwelcher ‚Nachwuchsstellen', erst die Examina für den Bayerischen Schuldienst zu absolvieren, und der Anstellung am Erlanger Gymnasium 1938 folgte alsbald der Kriegsausbruch. Kriegsdienst mit Gefangenschaft dauerte 6 Jahre, Frühjahr 1940–1946, ein Jahr als Bauhilfsarbeiter folgte, ehe Heubeck ans Gymnasium zurückkehrte. Dabei hatte sich längst das neue, eigentliche Zentrum der wissenschaftlichen Interessen herausgebildet: Homer.[3] Bestimmend war auch hier Kurt Witte, der lange zuvor mit grundlegenden Studien zur homerischen Sprache hervorgetreten war,[4] inzwischen freilich anderen, eigenwilligen Interessen nachging, seinen Schülern aber vor allem einen entschiedenen homerischen ‚Unitarismus' auf den Weg gab. Heubeck verband damit Interessen und Methoden der Indogermanischen Sprachwissenschaft, die er bei Alfred Schmitt kennengelernt hatte – später stand er mit Manfred Mayrhofer, Karl Hoffmann und besonders Günter Neumann in enger Verbindung.

---

[1] Vollständige Bibliographie bis 1984 in: Kleine Schriften zur griechischen Sprache und Literatur, Erlangen 1984 (im folgenden: KS), 557–579. Für einzelne Angaben danke ich Frau Walburga Heubeck sowie Günter Neumann und Egert Pöhlmann.
[2] Die Habilitationsschrift ist zwei gefallenen Freunden gewidmet, darunter Georg Deininger (Der Melierdialog, Diss. Erlangen 1939).
[3] Zwei Arbeiten erschienen noch vor 1945, zu Meleagros (KS 128–135) und Phoinix (diese Zeitschr. 20, 1944, 126–134).
[4] Zu K. Witte (1885–1950) vgl. diese Zeitschr. 48, 1976, 218 und J. Latacz, Homer, Tradition und Neuerung, Darmstadt 1979, 9, mit Wiederabdruck der Arbeit ‚Zur Flexion homerischer Formeln' (1912) 109–117.

Präzise Methodik entsprach seiner knappen, klaren Art, die weit eher zu humorvollem Understatement als zu Pomp und Pathos neigte; dazu der Sinn für kleinen, aber merklichen Fortschritt im Detail. Das Vorgriechische und Anatolische trat früh schon in den Blick.

Die Homerstudien konzentrierten sich zunächst in dem schmalen Band ‚Der Odysseedichter und die Ilias', 1950 wenige Tage vor Wittes Tod als Habilitationsschrift eingereicht, 1954 in einem kleinen Verlag gedruckt, eher noch der kargen Nachkriegszeit als der folgenden Expansion zugehörig. Ziel ist, die Odyssee als Werk eines einheitlich planenden Verfassers vom Vorbild der Ilias abzuheben; Arbeiten von Schadewaldt, Jacoby, Klingner, Reinhardt stehen im Hintergrund. Am originellsten sind wohl die formalen Analysen zur Gestaltung der Doppelhandlung; geistesgeschichtliche Differenzierungen auf den von Snell und Jaeger eingeschlagenen Wegen treten dazu.[5] Parry und Oral Poetry waren damals in Erlangen noch nicht bekannt.

Den Alltag beherrschte weiterhin die Arbeit an der Schule; Verbindung mit der Wissenschaft *[284]* zu halten und produktiv zu bleiben, gelang nur dank beharrlicher Nachtarbeit. Diese Situation hat wohl den Arbeitsstil von Heubeck mitgeprägt: die erstaunlich große Anzahl der Rezensionen, die kleinen, konzentrierten Veröffentlichungen. Es begann die kontinuierliche Berichterstattung über Homerica im ‚Gymnasium',[6] während die selbständige Forschung verstärkt nach Osten ausgriff. Der große Aufsatz über ‚Mythologische Vorstellungen des Alten Orients im archaischen Griechentum'[7] ist nicht nur eine Leistung der Vermittlung mit Bezug auf den damals aktuellen ‚Kumarbi'-Fund, sondern richtungweisend durch die Diskussion über die Zeitstellung der griechischen Orientkontakte, wobei Heubeck für die ‚Dunklen Jahrhunderte' statt Mykenischer Vermittlung optierte. Weitere Studien sprachwissenschaftlichen Gehalts führten zu den beiden kleinen Büchern ‚Lydiaka' (1959) und ‚Praegraeca' (1961), die sich durch Ergebnisse und Anregungen die Auf-

---

[5] W. Theiler nahm seine Rezension zum Anlaß, die radikale Analyse gegenüber der „unitarischen Nacht" zu statuieren, DLZ 77, 1956, 345–350 = Untersuchungen zur antiken Literatur, Berlin 1970, 124–129. Eigenwillig im entgegengesetzten Sinn äußerte sich F. Dornseiff diese Zeitschr. 29, 1957, 584–588; differenzierende Zustimmung bei H. Erbse, Gymnasium 63, 1956, 432–435.

[6] Gymnasium 1951, 1955, 1956, 1959, 1964, 1971, zuletzt 1982, ferner in: Homer, Odyssee, übertr. v. A. Weiher, München 1974, 671–711 (Auszug in Latacz – o. Anm. 4–556–571) und KS 22–38 (urspr. 1978).

[7] Gymnasium 62, 1955, 508–525, nachgedruckt in: Hesiod, hrsg. v. E. Heitsch, Darmstadt 1966, 545–570.

merksamkeit der Spezialisten sichern; der Versuch einer Rekonstruktion vorgriechischer Phonetik hat Heubeck auch weiterhin beschäftigt.[8]

Inzwischen war längst das Ereignis eingetreten, das Heubecks Studien den· neuen Impuls und die neue Richtung geben sollte, die Entzifferung von Linear B, die 1953 bekannt wurde. Mit seiner Ausrichtung auf Homerica, Vorgriechisches und Linguistik war Heubeck prädestiniert, auf dem neuen Gebiet zu arbeiten; er war von Anfang an fasziniert und engagiert: Seine ersten Publikationen zu Linear B wurden 1957 veröffentlicht; 1958 war er auf dem 2. ‚Colloquio Internazionale di Studi Minoico-Micenei' in Pavia dabei; damals erschien auch der Aufsatz, der einen der wesentlichen Fortschritte der eigentlichen Entzifferung markiert, die Bestimmung des Zeichens Nr. 16 als qa.[9] Gewiß, der Vorschlag lag gleichsam in der Luft und wurde auch von anderer Seite gemacht. Bleibende Anerkennung nach Methodik und Ergebnissen fanden darüber hinaus die Detailstudien zur Wort- und besonders zur Namenbildung, die damals zu erscheinen begannen. Der Wortstamm θεν-/φον- in der Bedeutung ‚schwellen, prangen' ist nahezu Heubecks Entdeckung.[10]

Der Status des international anerkannten Spezialisten war längst erreicht, als Heubeck 1961 schließlich als Nachfolger von Reinhold Merkelbach den gräzistischen Lehrstuhl an der Universität Erlangen übernehmen konnte. Zuvor hatte sich die Bindung an die Schule noch verstärkt, als er 1956 zum Direktor des Melanchthon-Gymnasiums in Nürnberg ernannt wurde. Heubeck hat sich an der Schule dauerhafte Freunde geschaffen, auch begabte Schüler zum Studium der Alten Sprachen an die Universität gezogen. Dort hat er in Vorlesungen und Seminaren die klassische Literatur in ihrer ganzen Ausdehnung behandelt, auch Dissertationen in großer Breite betreut;[11] die Publikationen konzentrierten sich nach wie vor auf die Spezialgebiete. Größere Projekte konnten jetzt reifen: 1966 erschienen ‚Aus der Welt der frühgriechischen Lineartafeln', für lange Zeit die beste Einführung in Linear B in deutscher Sprache. Bestimmt wird hier auch ausgesprochen, was als kontroverse These mit seinem Namen verbunden bleibt: daß Homers Welt und die Lineartafeln toto coelo verschieden sind, daß daher die Mykenische Tradition für Homer „geringfügig und unbedeutend" sei (71).[12] Es wäre ungerecht, hierin die Tendenz des Unitariers

---

[8] Zuletzt: Überlegungen zur Sprache von Linear A, in: Res Mycenaeae, Akten des VII. Internationalen Mykenologischen Colloquiums, Göttingen 1983, 155–170.

[9] Griech. βασιλεύς und das Zeichen Nr. 16 in Linear B, IF 63, 1958, 113–138 = KS 353–378.

[10] Zu ‚Argeiphontes' KS 247–253 (1954) vgl. 477–480.

[11] Zusammengestellt KS 580f.

[12] Vgl. Geschichte bei Homer, KS 39–62 (1979) und (ohne Belege) Homer und Mykene, Gymnasium 91, 1984, 1–14.

zu sehen, der sich seine homerischen Kreise nicht stören lassen will;[13] eher war es Nüchternheit, die der überwältigenden Neuentdeckung gegenüber auch deren Grenzen im Auge behielt. Im übrigen hat Heubecks Position inzwischen von seiten der Archäologie und der Religionswissenschaft zunehmend Unterstützung erfahren.

Dann wurden die Forschungsberichte zweier Jahrzehnte zusammengefaßt in dem Buch, das wohl die weiteste Verbreitung fand, ‚Die [285] Homerische Frage' (1974). Es will Bericht sein, keine originale Untersuchung, und ist doch sehr viel mehr als Bibliographie, weil es gelingt, den Wirrwarr der Diskussionen zu ordnen und Fortschritte wie Probleme unbestechlich aufzuzeigen. Daß die Oral-Poetry-Forschung eher als Nachtrag erscheint (130–52), könnte man als kontinentale Verspätung kritisieren; doch die Vielzahl neuer Kontroversen um diesen Begriff scheint Heubecks Zurückhaltung eher zu bestätigen.

Daß der Iliasdichter die Schrift im 8. Jh. v. Chr. benützt hat, davon war Heubeck überzeugt; insofern ist der Band ‚Schrift' in der Archaeologia Homerica (1979) folgerichtige Weiterarbeit. Besonders genau wird, mit Recht, der Nestor-Becher von Ischia behandelt (109–116), insgesamt aber ist eine Übersicht sowohl über ‚die voralphabetischen Schriftsysteme des Ägäisraumes' wie über die Alphabetschriften vorgelegt, die nach Reichhaltigkeit und Präzision einzigartig ist. Eine Publikation dieser Art wird in Details durch Neufunde rasch überholt: ein rätselhaftes Dokument, die ‚Würzburger Alphabettafel', hat Heubeck noch selbst in der letzten Arbeit, die er zur Publikation begleitet hat, bekannt gemacht und diskutiert.[14]

Mit 65 Jahren, ‚um Jüngeren Platz zu machen', ließ sich Heubeck 1979 emeritieren. Es folgte ein gesundheitlicher Zusammenbruch, der eine Zäsur setzte: doch er konnte sich wieder aufraffen zu gesteigerter wissenschaftlicher Tätigkeit. Zusammen mit Günter Neumann organisierte er das 7. Internationale Mykenologische Kolloquium in Nürnberg (1981) und brachte es zur Publikation (1983). Zugleich war er als einer der Hauptherausgeber für das große Projekt des Odyssee-Kommentars der Fondazione Lorenzo Valla gewonnen, und er führte diese Arbeit von der knappen ‚Interpretazione della Odissea' im 1. Band (1981) über die ganz von ihm bearbeiteten Irrfahrtenbücher (1983) bis zu den beiden Schlußbüchern (1986). Die englische Ausgabe des Kommentars ist im Manuskript fertiggestellt. Die originellsten Beiträge liegen wohl wiede-

---

[13] Zu weit geht Heubeck in der Annahme selbständigen dichterischen Wollens, wenn er die homerischen Äolismen als bewußtes Stilmittel erklären will, KS 63–78 (1981).
[14] WüJbb N.F. 12, 1986, 7–20.

rum im sprachlichen Detail; insgesamt ist die unitarische Position, einschließlich ω,[15] aufrecht erhalten.

Zum 70. Geburtstag haben die Erlanger Kollegen ‚Kleine Schriften' herausgebracht, eine Auswahl nur, ohne Rezensionen, die doch auf 554 Textseiten erstmals erkennen ließ, welchen Umfang die Produktivität des scheinbar der ‚kleinen Form' verpflichteten Gelehrten erreicht hatte: „an enviable record for any scholar".[16] Etwa 20 Aufsätze und noch mehr Rezensionen sind danach noch dazugekommen,[17] vieles hätte Heubeck noch zu sagen gehabt. Sein Leben erlosch am 24. Mai 1987.

---

[15] Dazu die von Heubeck betreute Dissertation: H. A. Stößel, Der letzte Gesang der Odyssee. Eine unitarische Gesamtinterpretation, Diss. Erlangen 1975.
[16] J. B. Hainsworth, ClRev 36, 1986, 361.
[17] Genannt sei (zur Etymologie von νόος): Zu den griechischen Verbalwurzeln *NES- und *NEU, Studies in Mycenaean and Classical Greek pres. to J. Chadwick (Minos 20/22), 1987, 227–238 sowie die Rezension des Kirk'schen Iliaskommentars diese Zeitschr. 58, 1986, 577–589.

Erschienen in: Bull. Schweiz. Altphilologenverband 32, 1988, 6–10 = Universität Zürich, Jahresbericht 1988/89, 135–138.

Abschied von Ernst Risch
Gesprochen in der Kirche zu Kilchberg, 7. September 1988

Es fällt schwer, von Ernst Risch Abschied zu nehmen. Zu lebendig steht er noch vor uns mit seiner unverwechselbaren Lebhaftigkeit. Vielleicht, dass man in letzter Zeit gelegentlich eine gewisse Anstrengung hinter dieser Lebhaftigkeit bemerkte. Aber man meinte doch, es sollten ihm, wie seinem Lehrer Manu Leumann, noch gut 10 Jahre gegeben sein, um seine zusammenfassenden Werke zum Abschluss zu bringen, eine Darstellung des Mykenischen, eine Darstellung der griechischen Dialekte. Wie hatte ich mich persönlich daran gewöhnt, in fachlichen Fragen stets Ernst Risch zuhanden zu haben: das Gespräch mit ihm brachte immer Gewinn – oft kritische Einwände, unerwartete Komplizierungen, aber auch Erhellung, Erweiterung, Lösungsmöglichkeiten. Wir müssen nun ohne ihn auskommen. Dies setzt eine schmerzliche Zäsur.

Ernst Risch war einer der international anerkanntesten Vertreter seines Faches, der Vergleichenden Indogermanischen Sprachwissenschaft, und zugleich in besonders markanter und bewusster Weise Professor in Zürich. Dazu gehörte in erster Linie sein Seminar mit seinen Studenten, mit denen er enge, auch ganz persönliche Gemeinschaft hielt, mit allwöchentlichem gemeinsamem Essen am ‚heiligen' Donnerstag, mit festen, weit über das Studium hinausreichenden Bindungen; sein Einfluss auf die Schweizer Gymnasien wird noch lange anhalten. Dazu gehörte, selbstverständlich, seine Fakultät, der er 1972/4 als Dekan vorstand; er hat diese Verbindung mit dem Dekanat als Altdekan in ganz besonderer Weise weitergeführt; auch seine langjährigen Dienste als Präsident der Lehrauftragskommission sind zu nennen. Dazu gehörten die Gymnasien des Kantons Zürich, war er doch selbst fast zwei Jahrzehnte Gymnasiallehrer gewesen, und er wusste wie kaum ein anderer, was es heisst, Studenten *[7]* zu Gymnasiallehrern auszubilden; für die Prüfungen, besonders die Diplomprüfungen, fühlte er sich in besonderer Weise verantwortlich. Dazu gehörte aber auch seine Zunft, mit der er freudig das Sechseläuten feierte; auch seine Tätigkeit für den Vortrags-Verein der Freunde Griechenlands, die ‚Hellas', deren Vorstand er so lange angehörte und die ihn zum Ehrenmitglied machte, soll nicht vergessen sein. Im Hintergrund, und immer nah, war die Bündner Heimat, die ihm so am Herzen lag, die rhätischen und lepontischen Inschriften ebenso wie Tschappina mit dem Glaspass, wo er regelmassig Ferienwochen verbrachte, zuletzt noch vor wenigen Wochen. Auch seine Aktivdienstzeit hat er nicht ungern erwähnt, und dass er einmal Kommandant des Heididörflis gewesen sei. Dieser Professor in Zürich, dieser so sehr mit seiner Heimat verbundene Mann war aber in Russland geboren, hatte in München bei Ferdinand Sommer studiert, hat seinen ersten Ruf nach Deutschland, nach Mainz, erhalten; ein amerikanischer Professor hat es sich zur Ehre angerechnet, sein Nachfolger zu werden. Ernst Risch stand immer im regen Kontakt mit den Kollegen aus Deutschland, Frankreich, Italien und nahm regelmassig und gern entsprechende Einladungen wahr. Ich selbst habe ihn vor etwa 25 Jahren, längst ehe ich wusste, dass ich je sein Kollege sein würde, bei Gastvorlesungen in Erlangen kennengelernt, und ich erinnere mich noch genau an seine Themen und Thesen: aus Kleinigkeiten baute er die Geburt der attischen Literatursprache um 430/20 v. Chr. auf. Erst dieses Frühjahr sprach er auf einem internationalen *Convegno* in Rom über Mykenisch und Griechisch, und im Mai konnte er in Wien die Ehrenmitgliedschaft der Österreichischen Akademie der Wissenschaften entgegennehmen. An weiteren Plänen – Kongressplänen, Reiseplänen – fehlte es nicht.

Der entscheidende Lehrer war in Zürich Manu Leumann gewesen. Auf seinen Bahnen entstand die Dissertation über Homerische Wortbildung, die, als Buch erschienen, gleich grosse Beachtung fand: in der zweiten Auflage von 1974, stark erweitert vor allem durch Einbezug des Mykenischen, ist sie ein bleibendes Standardwerk. Auch die Habilitationsarbeit über die griechischen Determinativkomposita liegt in verwandtem Gebiet. Mehr als Leumann hat sich Ernst Risch von Anfang an aufs Griechische konzentriert, ungeachtet der selbstverständlichen Beherrschung des Altindischen, der starken Beachtung des Hethitischen, und der besonderen Beziehung zur Schulsprache Latein, der das letzte Buch gilt, das er veröffentlicht hat: *Gerundivum und Gerundium*. Dabei ging es ihm in seiner Forschung in der Regel um Einzelprobleme: gerade *[8]* das Schwierige, Verzwickte zu fassen, die Probleme zu sehen und schliesslich doch eine anerkannte Lösung zu finden, war seine Stärke. Er war sehr vorsichtig; er brauchte, glaube ich, nichts zurückzunehmen. Als Arbeitsgebiet hatte er sich der griechischen Dialektgeographie zugewandt; da kam, als entscheidender Einschnitt, die Entzifferung von Linear B im Jahr 1952/3. Man bedenke: Seit fast 150 Jahren hatte die vergleichende Sprachwissenschaft vom Griechischen und Altindischen aus eine ‚Ursprache' rekonstruiert, und nun wurden plötzlich griechische Texte lesbar, die 500 Jahre älter waren als alles bisher Bekannte – und siehe da, die Rekonstruktion bestätigte sich in entscheidenden Punkten; freilich gab es auch neue, komplizierte Probleme. Hier war Ernst Risch von der ersten Stunde an dabei, und er ist unstreitig zu einem der besten Kenner der ganzen Materie, eben des Mykenischen, geworden. Ein kompliziertes Zeichen, *dwo*, hat er erst noch identifiziert und in der Folgezeit gelegentlich wie ein persönliches Siegel im Kreis der Wissenden verwendet. Die Berücksichtigung von Linear B war für ihn fortan ein Kriterium, an dem er Beiträge zur Sprachwissenschaft, zumindest zur griechischen Sprachwissenschaft mass. Nicht, dass er sich darauf beschränkt hatte: Die ‚Kleinen Schriften‘, die zu seinem 70. Geburtstag 1981 herausgebracht wurden, füllen einen Band von 783 Seiten und bringen, ausser den Beiträgen zum Mykenischen, zur Wortbildung, zu den Dialekten, zum Lateinischen auch wichtige Arbeiten zur griechischen Dichtersprache – in einem der schönsten Gedichte Sapphos hat er ein entscheidendes Wort, vom zaubrischen Schlaf, der ‚herabgreift‘, festgestellt –, dazu etliches zum Hethitischen sowie einen grundlegenden, zukunftweisenden Aufsatz zur indogermanischen Nominalflexion. Ein rundes Dutzend Publikationen sind seither noch dazugekommen. Aber dem Mykenischen blieb ein besonderer Rang; ihm galt die Gesamtdarstellung, der er sich nach der Pensionierung zunächst zuwandte. Die grosse internationale Festschrift mit Beiträgen von mehr als 70 Fachgenossen, die ihm vor weniger als 2 Jahren zum 75. Geburtstag überreicht wurde, hat denn auch diesen verschlüsselten Titel: *o-o-pe-ro-si* – nur die in Linear B Eingeweihten verstehen, dass dies, in Schulgriechisch transkribiert heisst: ὃ ὀφείλουσιν, „was sie schulden".

Diese neuentdeckte, älteste griechische Sprachform hat auch für die Untersuchung der Dialekte eine neue Basis geliefert. Ernst Risch fand bestätigt, was sich ihm bereits ergeben hatte: Schon im Jahre 1955 erschien die Abhandlung „Die Gliederung der griechischen Dialekte in *[9]* neuer Sicht", die wohl den grössten Erfolg gehabt, ja Ernst Risch berühmt gemacht hat; alle weiteren, gegebenenfalls differenzierenden Studien seither knüpfen daran an. Dabei wird die vergleichende Sprachwissenschaft zugleich zum Wegweiser in die geschichtliche Realität, geht es doch darum, die griechischen Stämme und ihre geschichtlichen Verschiebungen und Überlagerungen deutlich zu machen. So ist die Frage, ob es eine ‚Dorische Wanderung‘ zwischen 1200 und 100 v. Chr. gegeben hat, in den letzten Jahren heftig diskutiert worden; Ernst Risch hatte dazu sein klares, wohl begründetes Urteil, im Ergebnis konservativ, in der Begründung auf dem neuesten Forschungsstand beruhend.

Es war aber für Ernst Risch undenkbar, solche Fragen nur theoretisch, ohne praktische Anschauung abzuhandeln: Immer wieder unternahm er Reisen nach Griechenland und zu den anderen klassischen Statten, insbesondere natürlich zu den Orten der mykenischen Kultur und zu Stellen mit interessanten Inschriften. Er hat solche Reisen mit dem Seminar und den Studenten organisiert – ich selbst habe an nicht weniger als vier solchen Reisen mit ihm teilgenommen –, und es war ein Erlebnis, ihn vor den Tontafeln von Pylos zu sehen, oder vor der Inschrift am Stadion von Delphi, wo ἐσφέρεν gerade nicht ‚hineinbringen', sondern ‚herausbringen' heisst, oder vor der ‚Schlangeninschrift' von Tiryns, wo ein archaischer Trinker-Club mit der merkwürdigen Bezeichnung πλατίϝοινοι sich verewigt hat; in mehreren Sommern hat er die griechischen Inseln mit einem gemieteten Kajiki befahren, von Familienangehörigen und von Studenten begleitet; dass er nie nach Troia gekommen war, bedauerte er sehr; er wollte es demnächst noch nachholen.

Von seinen Verdiensten um Fakultät und Universität war bereits kurz die Rede. Eines möchte ich, wieder als persönlicher Zeuge, doch noch festhalten: das unermüdliche Pflichtbewusstsein, das Ernst Risch bewies bei allen Aufgaben, die sich im Universitäts- und Schulbereich stellten. Undenkbar, dass Ernst Risch – was sonst ja vorkommen mag – zu einer Sitzung nicht erschienen wäre oder sich auch nur verspätet hätte, dass es ihm zu lang geworden wäre: nie hörte man einen Laut der Unlust oder Klage, wenn noch einmal ein Termin zu vereinbaren war. Es war für ihn selbstverständlich, und es freute ihn, dabei zu sein, Verantwortung zu übernehmen und auszuüben. Dabei war er aber kein verkniffener ‚Workaholic'. Wie konnte er Feste mitfeiern, mitgeniessen! *[10]*

Ich glaube, Ernst Risch hat sehr viel Freude in seinem Leben gehabt, Freude an seinem Beruf, an seinen Entdeckungen und Anerkennungen, Freude an seinen Studenten, Freude an seiner Heimat, Freude an seiner Familie. Ernst Risch hat das ihm gemässe Leben erfüllt; ich möchte sagen, er hat es, trotz dem jähen Abbruch, vollendet.

Erschienen in: Universität Zürich, Jahresbericht 1991/92, 170–171.

Professor Dr. Hermann Koller

Mehr als drei Jahrzehnte hat Hermann Koller an der Universität Zürich Klassische Philologie gelehrt. Er war zur Wissenschaft auf dem damals noch unüblichen „zweiten Weg" gekommen, hatte nach Abschluss der Sekundärschule zunächst das Lehrerseminar absolviert und war als Lehrer tätig, 1941/42 an der Schweizerschule in Barcelona. Auf Grund privater Vorbereitung studierte er dann Griechisch und Latein in Zürich unter Ernst Howald, Manu Leumann und Fritz Wehrli. Die Dissertation, mit der er 1947 promovierte, galt dem Aufbau des Platonischen Symposion. Als Mittelschullehrer tätig, arbeitete er weiter an einer Habilitation, die 1952 zustande kam. Das Buch *Die Mimesis in der Antike* (1954) hat weitum Eindruck gemacht und die Diskussion befruchtet. 1953 war Hermann Koller für sechs Jahre Leiter der Schweizerschule in Barcelona geworden. Dann übernahm er Stellen an Zürcher Mittelschulen und war 1965–1973 erster Rektor der neugegründeten Kantonsschule Wiedikon. Die Universität verlieh ihm 1961 den Professorentitel.

Sein originellstes Arbeitsgebiet hatte er mit der Habilitationsschrift gefunden, Wurzeln der Kultur in Rhythmus und Musik: Mimesis nicht als „Nachahmung", sondern als Darstellung und Ausdruck. Er suchte dann auch weitere Verzweigungen der griechischen Musikkultur zu fassen, bis in die Geschichte der Logik und der philosophischen Begriffe hinein. In dem Buch *Musik und Dichtung im alten Griechenland* (1963) hat er seine Sicht zusammengefasst, später auch für die *Propyläen Geschichte der Literatur* (1981) den Beitrag über Musik verfasst und einschlägige Artikel zum *Historischen Wörterbuch der Philosophie* beigesteuert. Daneben stehen scharfsinnige Studien zur homerischen Sprache, aber auch weiter ausgreifende Untersuchungen zu Motiven der Jenseitsreise und der Apotheose; genannt sei besonders seine Abhandlung zum Freskenzyklus der Kirche von Wiesendangen und ihrem Hintergrund, der Idee vom kosmischen Palast des orientalischen Königs (1970). In regelmässiger Lehrtätigkeit am Klassisch-Philologischen Seminar der Universität bot Hermann Koller neben der kursorischen griechischen Lektüre, die er jahrzehntelang betreute, vor allem ein Colloquium Latinum an, eine Übung im lebendigen Lateinisch-Sprechen, *[171]* worin er Meister war. Hauptberuf blieb bis 1983 die Tätigkeit an der Kantonsschule, wo er dankbare Schüler fand. Ein Zeichen der Verbindung von Schule und Universität und beiderorts viel gebraucht ist sein *Orbi Pictus Latinus* (1976), rund 1000 Illustrationen zu Gegenständen und Situationen des antiken Lebens mit ihren lateinischen Bezeichnungen.

Erschienen in: Gnomon 70, 1998, 474–477 = Jahrbuch der Heidelberger Akademie der Wissenschaften für 1998, 143–148.

Uvo Hölscher †

Mit Uvo Hölscher[1] ist nicht einer unter vielen Philologen ans Ende seines Lebens gelangt, vielmehr wohl einer der letzten, der seine Wissenschaft so eindrücklich wie selbstverständlich als geistig-ästhetische Existenz im Horizont gegenwärtiger Kultur überhaupt zu führen wußte: Wissenschaft als Kunst, Kunst als Leben – nicht beiläufig hat er dieses Postulat Nietzsches selbst zitiert.[2] War dabei ‚Unbehagen' an der Gegenwart zu registrieren, so hat Hölscher eben diesem seismographisch genauen Ausdruck gegeben, ohne der Hoffnung ihre Zukunft zu nehmen.

Mit seinem Jahrgang 1914 war Uvo Hölscher – geb. 8.3.1914 in Halle († 31.12.1996) – geprägt von den Bewegungen des Aufbruchs und Neuanfangs, die über den ersten Weltkrieg hinweg zur Wirkung kamen; er wurde dann, mit seinen Altersgenossen, in entscheidenden Jahren besonders hart vom zweiten Weltkrieg getroffen. Der Vater, Gustav Hölscher, war Professor der Alttestamentlichen Theologie, den die Karriere über Gießen und Marburg nach Bonn führte; dort wurde er 1934 entlassen, dann nach Heidelberg ‚strafver-

---

[1] Hölschers gesammelte Aufsätze sind von J. Latacz und M. Kraus unter dem Titel ‚Das nächste Fremde' (München 1994) herausgegeben (im folgenden NF); dort auch (401–412) seine Bibliographie; der S. 406 bereits genannte Beitrag ‚Strömungen der deutschen Gräzistik in den Zwanziger Jahren' ist erschienen in H. Flashar, Hrsg., Altertumswissenschaft in den 20er Jahren, Stuttgart 1995, 65–86; ferner ‚Der epische Odysseus', in: G. Fuchs, Hrsg., Lange Irrfahrt – Große Heimkehr, Frankfurt 1994, 29–47. Hölscher selbst hat seine Studien zur frühgriechischen Philosophie unter dem Titel ‚Anfängliches Fragen' (Göttingen 1968) gesammelt (im folgenden AF). Einen knappen Überblick über seine Entwicklung gab er selbst in seiner ‚Antrittsrede vor der Heidelberger Akademie der Wissenschaften', Jahrbuch der Heidelberger Akademie der Wissenschaften für das Jahr 1969, Heidelberg 1970, 76–80 = NF 394–400. Als Festschriften erschienen: A. Patzer, Hrsg., Apophoreta für Uvo Hölscher zum 60. Geburtstag, Bonn 1975; D. Bremer, A. Patzer, Hrsgg., Wissenschaft und Existenz. Ein interdisziplinäres Symposium Uvo Hölscher zum 70. Geburtstag, Würzburg 1985 (WüJbb Beiheft 1). Als Privatdruck erschien: J. Latacz, Hrsg., In Memoriam Uvo Hölscher. Gedenkfeier des Instituts für Klassische Philologie der Universität München am 9. Mai 1997, Basel 1997 (mir durch J. Latacz freundlicherweise zugänglich gemacht). Für ein persönliches Gespräch bin ich Frau Dorothea Hölscher-Lohmeyer zu besonderem Dank verpflichtet.

[2] WüJbb Beih. 1, 109 (Nietzsche, Geburt der Tragödie, Nachwort).

setzt'. Den Gymnasiasten Uvo Hölscher hatten weniger die Schulen in Marburg und Bonn als die Lektüre von Hölderlin und Nietzsche zum Griechentum geführt – daß er besondere Beziehungen zum George-Kreis gehabt habe, ist Legende. Bei Studienbeginn 1932 schwankte er zwischen Naturwissenschaften, sei es Astronomie, sei es Geologie, und einer ‚Kulturwissenschaft' im Sinne Jacob Burckhardts; erste Semester in Tübingen und München verstärkten die Zweifel. Anregungen aus Walter F. Ottos Schriften folgend, ging er gleichsam versuchsweise nach Frankfurt, wo ihn Karl Reinhardt vor allen anderen zu fesseln verstand. Reinhardt hatte eben im Sommer 1933 widerstrebend seine Vorlesungen wieder aufgenommen.[3] Die regelmäßigen Samstags-Einladungen ins Haus Reinhardt wurden dann, Hand in Hand mit dem Studium, zum geistigen Zentrum dieser Jahre: Man traf sich, abgeschirmt vom Ungeist rundum, zu Gesprächen und besonders zur Dichter-Lektüre, wobei, neben Karl Reinhardt selbst, Max Kommerell die bestimmende Persönlichkeit war. Als Studentin gehörte auch Dorothea Lohmeyer, namhafte Goethe-Forscherin, zu diesem Kreis; sie wurde 1940 Uvo Hölschers Frau. Bereits 1937 kam, mit Auszeichnung, Uvo Hölschers Promotion zustande; der nächste Tag brachte die Einberufung zur Wehrmacht, woraus mehr als neun Jahre schmerzlicher Unterbrechung werden sollten. Die Dissertation konnte 1939 erscheinen, ein erster Vorsokratiker-Aufsatz 1944.[4] Die Habilitation wurde 1944 in einem kurzen Urlaub bewältigt, dank der Unterstützung durch Bruno Snell in Hamburg. Die Arbeit, ‚Ekkyklema-Szenen im griechischen [475] Drama', blieb unveröffentlicht. Die Partei erzwang eine Erklärung, Uvo Hölscher werde sich nie um eine Professur bewerben. Nach den schließlich doch überstandenen Kriegsjahren wurde die Gefangenschaft, infolge eines mißlungenen Fluchtversuchs aus dem Hungerlager, erst recht zum Horrorszenarium. Dann erst tat sich 1946 die Rückkehr zum normalen Leben auf.

Uvo Hölscher konnte sich nach München umhabilitieren, wo er eine Weile allein sein Fach vertrat, ehe Friedrich Klingner und Rudolf Pfeiffer die Ordinariate übernahmen. Es ergab sich dann auch Gelegenheit, einen England-Aufenthalt nachzuholen; Gastaufenthalte in Princeton, an der Universität und am Institute for Advanced Study, sind später dazugekommen. 1954 erfolgte die Berufung an die Freie Universität Berlin, 1962 die nach Heidelberg, schließlich 1970, nach Ablehnung des Rufs nach Tübingen als Nachfolger Wolfgang Schadewaldts, die Rückberufung nach München.

---

[3] Vgl. Reinhardts Selbstdarstellung in: Vermächtnis der Antike, Göttingen 1960, 388–395.
[4] ‚Die milesische Philosophie und die Lehre von den Gegensätzen', Philologus 96, 1944, 183–192.

Uvo Hölscher ist der einzige eigentliche Schüler von Karl Reinhardt geblieben.[5] Man sieht von Reinhardt auch die Hauptthemen seines wissenschaftlichen Œuvres geprägt: Vorsokratiker und Homer.

Die Odyssee-Dissertation fiel in eine Epoche, als die von Wilamowitz und Eduard Schwartz zu einem kontroversen Höhepunkt geführte Homer-Analyse einer neuen Art ganzheitlicher Interpretation Platz zu machen begann. Sie zielte auf literarisch-geistige Formen. Reinhardts und Hölschers Studien waren parallel zu Schadewaldts ‚Iliasstudien', die ihrerseits 1938 im Druck erschienen; Karl Reinhardts eigene Odyssee-Studien sind erst 1948 veröffentlicht worden.[6] Der schmale Band von Uvo Hölscher steht insofern am Anfang dieser Unternehmen; er zeigt den neuen Ansatz schon im Titel: ‚Untersuchungen zur Form der Odyssee'. Es geht darum, ‚Gleichzeitigkeit' als eine durchgehende ‚Form der Odyssee' zu verstehen, im Kontrast zu der vordergründigen These, Homer könne Gleichzeitigkeit der Handlung ‚noch nicht' darstellen. Eine breitere Wirkung des Buchs haben die Zeitumstände damals verhindert; es wurde zu einem *rarissimum*. Einen Nachdruck hat Uvo Hölscher nicht gewollt.

Nach dem Krieg hat Uvo Hölscher die beiden Linien der Forschung, Homer und Vorsokratiker, erst recht aufgegriffen. Fast am Anfang steht die vielleicht wirkungsvollste Publikation, ‚Anaximander und die Anfänge der Philosophie' (1953).[7] Hier wird der Hintergrund für die Entwürfe eines Thales und Anaximandros in orientalischer mythischer Kosmogonie erschlossen. Die Zeit war reif: Nicht nur, daß eine neue intensive Beschäftigung mit den Vorsokratikern in Gang gekommen war – durchaus auf den Spuren von Karl Reinhardts ‚Parmenides' publizierten eben damals Gadamer und Schwabl,[8] soeben wurden die sensationellen hethitischen Texte über das Königtum im Himmel und über Ullikummi bekannt, dazu die Texte von Ugarit, die zu einer Aufwertung des

---

[5] Vgl. seine Gedenkrede auf Reinhardt NF 239–247, ausführlicher in: Die Chance des Unbehagens, Göttingen 1965, 31–52.

[6] ‚Die Abenteuer der Odyssee', in: Von Werken und Formen, Godesberg 1948, 52–162 = Tradition und Geist, Göttingen 1960, 5–124. ‚Das Parisurteil' erschien Frankfurt 1938.

[7] Hermes 81, 1953, 257–277. 385–418, Neudruck in: H. G. Gadamer, Hrsg., Um die Begriffswelt der Vorsokratiker, Darmstadt 1968, 1983², 95–178; überarbeitet und erweitert in AF 9–89. Englische Teilübersetzung in D. J. Furley, R. E. Allen, Studies in Presocratic Philosophy I, London 1970, 281–322, italienisch in W. Leszl, Hrsg., I presocratici, Bologna 1982, 259–274; gerade die Passagen mit dem orientalischen Material sind in diesen Sammelbänden weggelassen.

[8] H. G. Gadamer, ‚Retraktationen zum Lehrgedicht des Parmenides', in: Varia Variorum, Festgabe für Karl Reinhardt, München 1952, 58–68; H. Schwabl, ‚Sein und Doxa bei Parmenides', WSt 66, 1953, 50–75 = Begriffswelt (oben Anm. 7) 391–422.

Philon von Byblos führten.⁹ Hölscher geht aus von dem Detail, daß für Thales die Erde ‚auf dem Wasser schwimmt', was evidente östliche Parallelen hat, und arbeitet allgemeiner die Konzeption vom negativen Weltanfang heraus, sei es Abgrund, Wasser oder Nebel, aus dem der Kosmos hervorgeht. Die Anfänge der griechischen Philosophie *[476]* liegen demnach nicht in dieser selbst, sondern in einem viel weiter zurückreichenden interkulturellen Kontext. Daß ein solcher Ansatz nicht im Nebulosen steckenbleiben muß, sondern sehr präzise philologische Arbeit an den griechischen Zeugnissen erst recht hervorruft, hat Hölscher zugleich eindrucksvoll demonstriert. Die Wichtigkeit einer „Öffnung nach rückwärts" der Klassischen Philologie hat Hölscher auch in seiner Heidelberger Antrittsrede betont;¹⁰ er selbst hat diese Forschungen aber nicht weiter verfolgt.

Von den weiteren Vorsokratiker-Studien Hölschers sei nur Weniges genannt: die kritische Behandlung des empedokleischen ‚Kyklos', die sich mit Solmsen und Bollack traf;¹¹ die existentiale Interpretation des ‚Seins' bei Parmenides, die dem sprachanalytischen Zugriff ergänzend entgegentrat,¹² ergänzt durch eine prinzipielle Untersuchung des Seinsbegriffs in der frühgriechischen Philosophie überhaupt;¹³ ‚Parmenides' fand eine schmale, ansprechende Sonderausgabe.¹⁴ Eine ins Auge gefaßte größere Behandlung von Heraklit ist nicht zustande gekommen.

In Homericis erregte 1955 besondere Aufmerksamkeit die Gnomon-Rezension zu Schadewaldts ‚Von Homers Welt und Werk'.¹⁵ Mit einem meisterhaften Überblick über die zeitgenössische Homerforschung, berührt vom Zweifel, ob es denn überhaupt Fortschritt in Homerstudien geben könne, bekennt sich Hölscher zur Methode des „behutsamen Beobachtens" (388), verbindet aber damit vor allem eine scharfsinnige Kritik an jenem Neuansatz, der eben als entscheidender Fortschritt präsentiert worden war und später ‚Neo-Analyse' genannt wurde, der Versuch von Pestalozzi und Schadewaldt, eine epische ‚Aithiopis' in ihren Hauptszenen zu rekonstruieren und als Vorbild unserer

---

9   Hölscher beruft sich auf seinen Englandaufenthalt 1950. Hauptquelle ist für ihn die exzellente Sammlung von J. B. Pritchard, Ancient Near Eastern Texts, Princeton 1950 (1955², 1974³). Hölscher nennt nicht F. M. Cornford, A Ritual Basis for Hesiod's Theogony, in: The Unwritten Philosophy and Other Essays, Cambridge 1950, 95–116, der parallele Ergebnisse vorstellt.
10 NF 397. Der eigene Vater, Alttestamentler, warnte Uvo Hölscher vor solcher *metabasis*.
11 Hermes 93, 1965, 7–33, erweitert AF 173–209; F. Solmsen, Love and Strife in Empedocles' Cosmology, Phronesis 10, 1965, 109–148; J. Bollack, Empedocle I–IV, Paris 1965/9.
12 Antrittsvorlesung München 1972, NF 137–148.
13 ‚Der Sinn von ‚sein' in der älteren griechischen Philosophie', SBHeid 1978, 3 = NF 198–231.
14 Parmenides, Vom Wesen des Seienden, Frankfurt 1969, 1986².
15 Diese Zeitschr. 27, 1955, 385–399, bes. 391–398.

Ilias zu fassen.¹⁶ Wie sehr hier Konstruktion über die erhaltenen Texte hinausgeht, hat Uvo Hölscher zu Recht moniert und die sich entfaltende Euphorie nachhaltig gedämpft. Wolfgang Kullmann allerdings hat den Ansatz dann mit Energie weitergeführt und auch außerhalb der deutschsprachigen Philologie im Prinzip akzeptabel gemacht;¹⁷ das *caveat* Hölschers klingt nach.

Sehr viel Arbeit erforderte die Edition von Karl Reinhardts postumem Ilias-Buch, das aus 4000 ungeordneten Manuskriptseiten zu gestalten war;¹⁸ der rechte Impuls für die Homerforschung blieb diesem Werk dann doch versagt. Hölschers eigene Forschung zielte weiterhin auf die Odyssee. Vielbeachtete Einzelstudien führten schließlich zu der Publikation, die wohl auch in der Sicht des Autors als sein Hauptwerk zu gelten hat, schlicht ‚Die Odyssee' betitelt. Das Buch hat in wenigen Jahren drei Auflagen erreicht.¹⁹

Die aktuellen Homerstudien sind weniger von den internen Analyse-Problemen bestimmt als von der Diskussion der äußeren Rahmenbedingungen: Da ist die mykenische Kultur mit ihrer nunmehr entzifferten Sprache, da sind die archäologisch mehr und mehr erhellten ‚dunklen Jahrhunderte' und die sich mehrenden frühen Zeugnisse der Schrift, vor allem der ‚Nestor-Becher' von Ischia, da hat insbesondere Milman Parry ein neues sprachliches Fundament geschaffen, mit der Konsequenz einer ‚mündlichen Technik', die hinter unseren Texten steht.

Während Karl Reinhardt sich noch geweigert hatte, Parry zu akzeptieren,²⁰ hat Hölscher *[477]* alles Neue rezipiert und bleibt doch in gewissem Sinne unberührt davon. Er führt die Konzeption von Karl Reinhardt fort, wonach als Hintergrund des Epos ‚einfache Formen', die man auch ‚Märchen' nennen kann, zu fassen sind; daraus sind Voraussetzungen der Einzelinterpretationen zu gewinnen. Traditionell auch, daß uns nach wie vor der ‚große Autor' gegenübersteht, den Postmoderne doch auflösen möchten. Daß in der Tat der Odysseedichter im 24. Buch mit dem ‚schönen Lied' von Penelope sich selbst als Autor vorstellt, hat Hölscher eindringlicher als andere herausgearbeitet. Ablehnend bleibt er gegen die zu vermutenden epischen Vorstufen unserer Texte. So kritisiert er besonders jene Rekonstruktion eines Argonautenepos als Quelle der

---

16 H. Pestalozzi, Die Achilleis als Quelle der Ilias, Erlenbach 1945; W. Schadewaldt, ‚Einblick in die Erfindung der Ilias', Varia Variorum (1952) 13–48 = Von Homers Welt und Werk, Stuttgart 1951², 155–202. Von ‚Deuteroschadewaldt' sprach W. Theiler DLZ 77, 1956, 350 = Untersuchungen zur antiken Literatur, Berlin 1970, 128.
17 W. Kullmann, Die Quellen des Ilias, Wiesbaden 1960 – dazu U. Hölscher, diese Zeitschr. 38, 1966, 113–127; weitere Studien zusammengefaßt in: W. Kullmann, Homerische Motive, Stuttgart 1992.
18 K. Reinhardt, Die Ilias und ihr Dichter, Göttingen 1961.
19 München 1988, 1989², 1990³.
20 Die Ilias und ihr Dichter 15f.

Bücher 10–12 der Odyssee, die Karl Meuli – ‚Neoanalyse' avant la lettre – mit großem Beifall vorgestellt hatte.[21] Hier werden ihm nicht alle folgen. Es bleibt in jedem Fall eine packende Gesamtdarstellung in einer besonders lesbaren Form, mit vielen Einzelbeobachtungen, an denen man seine Freude hat. Tiefer noch dringen Reflexionen über das Leiden in der Welt angesichts des nicht zu beschönigenden Massenmords in diesem klassischen Text (259–271); Interpretation wird hier fast zu einem Ringen mit dem Dichter selbst. Hölschers Buch wird noch lange seine Wirkung haben.

Dabei war philologische Produktion für Uvo Hölscher keineswegs der volle Lebensinhalt. Ihm lag es nicht, sich in wissenschaftlicher Routinearbeit einzuspinnen; er suchte öffentlichen Einsatz für Dichtung und Literatur. Nur fünf von 29 später gesammelten Texten waren in gängigen Periodica der Klassischen Philologie erschienen.[22] ‚Empedokles und Hölderlin' (Insel-Verlag 1959) zeigt sein weiter ausgreifendes Anliegen. Zwölf Jahre lang (1978–1990) war er Präsident der Hölderlin-Gesellschaft. Viele Vorträge vor den verschiedensten Gremien lassen sich verzeichnen. Die Stadt Pforzheim verlieh ihm 1989 den hoch angesehenen Reuchlin-Preis.

Zugleich lagen dem Professor vor allem seine Studenten am Herzen. In den revolutionären Jahren um 1968 nahm Hölscher eine selbständige Stellung zwischen den Fronten ein, die von beiden Seiten respektiert wurde. Von München aus hat er regelmäßig Seminare im Nietzsche-Haus in Sils Maria organisiert, wie überhaupt Nietzsche für ihn immer ein Daimon seines ‚Humanismus' blieb. Wie in der fortschreitenden Moderne sich das Klassische mehr und mehr verflüchtigt, hat er besonders lebhaft empfunden. ‚Selbstgespräch' ist der Text in dem Bändchen ‚Die Chance des Unbehagens' (1965) überschrieben, der klarsichtig, schonungslos und doch ohne Resignation die veränderte geistige Situation analysiert, die die klassischen Studien ins Abseits drängt – dies lange vor den durch ‚Globalisierung' und Mittelverknappung neuerdings auftretenden Verschärfungen. Nach mehr als 30 Jahren liest sich Hölschers Text noch immer als erstaunlich aktuell. Hölscher hielt daran fest, daß in den Studien des Klassischen Altertums eine Chance zu ‚gesteigertem Leben' zu finden sei – Erziehung durch eine Sprache, die vom Jargon befreit, Begegnung mit großen Werken, geschichtliche Einsicht, die die Kontinuität der Weltentwicklung zeigt und damit das Bewußtsein von der Gegenwart vertieft. Die

---

[21] K. Meuli, Odyssee und Argonautika, Diss. Basel 1921; dazu Hölscher, Odyssee 170–185 (174 m. Anm. 22 zitiert die Kritik von Wilamowitz an Meulis Rekonstruktion des Argonautenkatalogs, ‚Hellenistische Dichtung' II, Berlin 1922, 243, nicht jedoch die grundsätzlich zustimmende Bemerkung von Wilamowitz ib. 236: „Nun hat Meuli schön erwiesen ...").

[22] NF IX.

in diesem Aufsatz gefundene glückliche Formulierung vom Griechentum als dem „Nächsten Fremden" (81) wurde für seine gesammelten Schriften aufgegriffen. „Humanismus, als erneuerte Wirkung des Altertums, liegt nicht in seiner (des Philologen) Hand. In seiner Hand aber liegt das Überdauern der großen Texte" (86). Wenn zwischen Elfenbeinturm und totalisierter Kommunikation der Philologie weiterhin ihre Chance bleibt, wird Hölschers Beispiel nicht rasch verblassen.

# 5. Gelegenheitsschriften

Erschienen in: Neues aus der Universität Zürich, No. 11, Mai 1969, 3–4.

Das Lebensrecht der Klassischen Philologie

Von der Technischen Universität Berlin an die Universität Zürich überzuwechseln, heisst eine intakte Universität vertrauten Stils suchen, in einem Land, in dem die humanistische Bildung sich weithin noch selbstverständlicher Achtung erfreut. Nicht, als ob Selbstverständlichkeiten sich konservieren liessen. Das Unbehagen an den Traditionen, der Wellenschlag jugendlicher Unruhe geht längst über die Grenzen hinweg. Die so entstehenden Spannungen fühlt die Klassische Philologie in besonderem Mass, ist sie doch die traditionellste der Wissenschaften, insofern sie die von der griechisch-römischen Antike bestimmte geistige Tradition Europas zum Gegenstand hat und selbst längst Bestandteil dieser Tradition geworden ist, da sie ja seit Jahrhunderten die Schulbildung mitbestimmt. Dabei wird der Umgang mit Klassikern, der ihr Zentrum bleibt, durch Zuwachs an Wissen und Wandel der Perspektiven zusehends schwieriger.

Der Bereich des Wissbaren hat sich erweitert fast ins Unabsehbare, weniger durch unmittelbaren Zuwachs an klassischen Texten als durch die fortschreitende Erschliessung von Umwelt und Hintergrund durch Archäologie, Orientalistik, Vorgeschichte. Es entspricht der Sicht der modernen Weltzivilisation, wenn auch im Bereich des Altertums das Griechisch-Römische mehr als Ausschnitt und Episode im weiteren Rahmen früher Hochkulturen erscheint. Was dabei „klassisch" heissen kann und mit welchem Recht, diese Frage ist mindestens seit Nietzsche gestellt. Sie lässt sich historisch einkreisen: eben wenn „die Griechen" kein absoluter Neuanfang sind, sondern im Zusammenhang älterer Überlieferungen erscheinen, müssten die entscheidenden Weichenstellungen zu fassen sein, die die folgenden Jahrtausende geistiger Entwicklung griechisch geprägt sein liessen. Freilich, Begriffe wie Rationalität und Wissenschaft, Menschlichkeit und künstlerische Geformtheit zu präzisieren, erfordert immer neue Interpretationen und Diskussionen, zumal da von den rasch wechselnden modernen Blickpunkten aus in Zweifel rückt, was jeweils Fortschritt, was Irrweg war.

Eine geistesgeschichtliche Kehre, deren Erforschung mich persönlich seit längerem beschäftigt, ist der Übergang von der brauchtümlichen, mythisch-rituellen Religion bei den Griechen zur Philosophie und zu philosophisch-metaphysischen Formen der Religion. Was diesen, die unmittelbar bis zur Gegenwart wirken, vorausliegt, scheinbar primitiv, mehr in Ritualen als in Vorstellungen und Lehren fixiert, lässt sich nur bruchstückweise erhellen, und doch kann es in seiner sozialen und psychologischen Notwendigkeit einsehbar werden und Aufschluss geben über Wirkungskräfte, die aus den Experimenten frühester Menschheitsgeschichte erwachsen sind. *[4]*

Dass wir von der Vergangenheit geprägt sind und geistiger Fortschritt stets auch weiteres Bewusstwerden der Vergangenheit erfordert, darin liegt das Lebensrecht der Klassischen Philologie. Orientierung zu suchen im gemeinsamen Gespräch, im Wissen des Nichtwissens, ist eine ihrer Traditionen, die mit den Namen des Sokrates und der platonischen Akademie verbunden ist. Dass solche Diskussionen in einem Stil geführt werden, der ohne ideologische Verklemmung dem selbständigen Denken des einzelnen seine Freiheit lässt, bleibt in einem Land mit unversehrter demokratischer Tradition – hoffentlich – eine Selbstverständlichkeit.

Erschienen in: NZZ 340, 25.7.1971, 37–38.

Die „Samia" Menanders
Zu einer wiederentdeckten antiken Komödie

I

Die Wiederentdeckung Menanders ist einer der schönsten Gewinne, die der klassischen Philologie und darüber hinaus der allgemeinen Literaturwissenschaft in unserem Jahrhundert zugewachsen sind. Unter den zahlreichen Papyrusblättern mit Menander-Versen, die der ägyptische Wüstensand erhalten hat, stehen zwei große Funde oben an: der 1905 in Aphroditopolis bei Kairo gefundene Menander-Kodex mit Resten von 5 Stücken, darunter das „Schiedsgericht" und Bruchstücke dreier Akte der „Samia", und der von Martin Bodmer für die „Bibliotheca Bodmeriana" in Genf erworbene Kodex, aus dem 1959 der „Dyskolos" veröffentlicht wurde[1], das erste vom ersten bis zum letzten Vers vollständige Menander-Stück.

So gut Erhaltenes konnte nur der Mittelteil eines größeren Fundes sein. Die damit geweckte Neugier ist nach zehn Jahren endlich befriedigt worden: voran ging dem „Dyskolos" im Bodmer-Kodex die „Samia", es folgt ihm der „Schild" – Aspis –, von dem, wie sich zeigte, durch einen Florentiner Papyrus schon 87 Verse bekannt waren. Beide Stücke liegen jetzt in vorzüglicher Ausgabe vor, die in Zusammenarbeit von *Rodolphe Kasser* in Genf und *Colin Austin* in Cambridge erstellt wurde[2].

An Neuigkeitswert tritt in den Vordergrund der „Schild"; doch brachte der Bodmer-Papyrus gerade für die „Samia" entscheidenden Gewinn: Jetzt lie-

---

[1] Papyrus Bodmer IV: Ménandre, Le Dyscolos, ed. V. Martin, Cologny-Genève 1959; vgl. Menandri Dyscolus, rec. H. Lloyd-Jones, Oxford 1960. Menander, Dyskolos, griechisch und deutsch von M. Treu, München (Tusculum) 1960. Menander, Dyskolos, übertragen von H. Hommel, Schweizer Monatshefte 1966. – 1964 kamen beachtliche Fragmente der „Sikyonier" Menanders zu Tage: Menandri Sicyonius, ed. R. Kassel, Berlin 1965, vgl. H. Marti, „NZZ" vom 1.5.1966.

[2] Papyrus Bodmer XXV: Ménandre, La Samienne, ed. R. Kasser/C. Austin, Cologny-Genève 1969; Papyrus Bodmer XXVI: Ménandre, Le Bouclier ou Les Funérailles, ed. R. Kasser/C. Austin, Cologny-Genève 1969. Menandri Aspis et Samia I: Textus; II: Subsidia interpretationis, ed. C. Austin, Berlin 1969/70. Menander, Der Schild oder die Erbtochter, eingeleitet, übersetzt und ergänzt von

gen 737 Verse vor anstelle von zuvor 341; daß noch etwa 150 Verse fehlen, beeinträchtigt den Gesamteindruck nur noch wenig. Die „Samia" ist damit nach dem „Dyskolos" das zweite praktisch vollständige Stück Menanders, das zudem jenen an komödiantischer Wirkung, an psychologischer Feinheit, kurz an Qualität durchaus übertrifft.

Menander (342–291 v. Chr.) gehörte nicht nur zu den viel gelesenen, sondern zu den meist gespielten Autoren, solange es Theater in der griechisch-römischen Welt gegeben hat. „Weswegen wird ein gebildeter Mensch ins Theater gehen, wenn nicht um Menanders willen", schrieb Plutarch; und Theater gab es überall, wohin der Einfluß der griechischen Kultur drang, von den Parthern bis zu den Römern, von Lepcis Magna bis Avenches.

Vor wenigen Jahren ist in Mytilene auf Lesbos ein kaiserzeitlicher Mosaikfußboden ausgegraben worden, der Szenenbilder zu mindestens elf Menander-Stücke bringt[3]. Ähnliche Funde aus anderen kaiserzeitlichen Städten bestätigen: überall gehörte Menander zum festen Bestandteil der Bildung, nicht als triste Pflichtlektüre, sondern als heitere, reizvolle Unterhaltung und Theaterreminiszenz.

Daß der Menander-Text je verlorengehen konnte, ist von hier aus paradox, besonders wenn man die Tatsache dagegenhält, daß Aristophanes erhalten blieb. Natürlich, Aristophanes, ist ein ganz anderer Meister der explosiven, wahrhaft welterschütternden Komik; wie aus der tiefsten, ungeheuerlichsten Unverschämtheit das Lachen nach oben bricht, ist einzigartig. Aber im Detail zu verstehen ist Aristophanes mit seiner Fülle von zeitbedingten Anspielungen doch nur mit Kommentar; Menander ist ohne gelehrten Ballast unmittelbar zugänglich und vergnüglich.

Dies war es wohl gerade, was dem Menander-Text zum Verhängnis wurde: er war zu lebendig und wurde darum nicht genügend mumifiziert durch gelehrte Tradition. Man mag sich vorstellen, wie in einer Epoche der Verwirrung und des Zusammenbruchs die schweren Folianten der Klassikerausgaben bessere Überlebenschancen haben als die beliebten Paperbacks. Daß Plautus und Terenz erhalten blieben, hängt mit an ihrer ganz anderen Stellung in der römischen Literatur: da standen sie am Anfang, waren kommentierungswürdige Klassiker. Durch ihre Vermittlung hat das Theater Menanders auf das Drama der beginnenden Neuzeit einen gar nicht zu überschätzenden Ein-

---

K. Gaiser, Zürich 1971 (Lebendige Antike). Deutsche Übersetzung der früher bekannten Teile der „Samia": G. Goldschmidt, Menander (Bibliothek der Alten Welt 1949) 81–99; erste Übersetzung der neuen Szenen: W. Morel, Gymnasium 77, 1970, 265–282.

[3] S. Charitonidis/L. Kahil/R. Ginouvès, Les mosaïques de la Maison de Ménandre à Mytilène, Antike Kunst, 6. Beiheft, Bern 1970, vgl. Ch. Leon, „NZZ" vom 29.10.1970.

fluß geübt; das Thema der fünf Akte etwa, von dem das klassische Drama der Griechen noch nichts weiß, ist, wie wir jetzt sehen in der „neuen" Komödie Menanders etabliert.

II.

Die Handlung der „Samia" zwischen dem jugendlichen Liebhaber Moschion, dem Vater Demeas und dem Nachbarn und prospektiven Schwiegervater Nikeratos ließ sich auf Grund der Kairo-Fragmente bereits im wesentlichen erraten; wie kunstvoll der Aufbau, wie lebendig die Charaktere sind, zeigt sich erst jetzt, nachdem das Ganze wie die Durchführung im Detail vor Auge liegt.

Die Exposition im Prolog gibt Moschion selbst: verlegen sieht er der Rückkunft des Vaters von einer Reise entgegen, des Vaters, mit dem er bisher in bestem Einvernehmen stand. Der Vater hat es ihm an nichts fehlen lassen, freilich hat auch Moschion sich gut betragen, war nie in einen Skandal verwickelt und voll Verständnis auch für die Bedürfnisse des alten Herrn: als er merkte, daß dieser, offenbar verwitwet, auf seine alten Tage sich in eine Hetäre aus Samos, Chrysis, verliebte, da fand der Sohn dies durchaus „menschlich", und er veranlaßte, daß die Frau in Haus und Familie aufgenommen wurde, weil ein älterer Herr doch nicht auf freier Wildbahn mit jüngeren konkurrieren kann. So nimmt nun die titelgebende „Samierin", ohne standesamtliche Beurkundung, die Stelle der Hausfrau ein. In einer aufgeklärten Stadt wie Athen findet man daran nichts Besonderes, auch die Nachbarn haben in netter „Menschlichkeit" die Samierin akzeptiert.

Die freundnachbarschaftlichen Beziehungen sind indes für Moschion nicht ohne Folgen geblieben: Als einmal die ganzen Frauen zusammen, einschließlich der Nachbarstochter Plangon, im Garten das Adonisfest feierten, da ist zur Nachtzeit in einem Winkel des Gartens das passiert, weswegen Moschion nun so verlegen ist. Das Mädchen bekam ein Kind, just als die beiden Väter auf einer Reise waren. Moschion hat der Mutter des Mädchens gegenüber seine Vaterschaft anerkannt, aber das entscheidende Wort haben die beiden Väter zu sprechen, von denen Nikeratos als der schwierigere gilt.

Zufällig – die Göttin des Zufalls ist dem Komödiendichter hold – hatte Chrysis fast zur gleichen Zeit eine Totgeburt; die jungen Leute hatten, zusammen mit den Frauen und wohl beraten vom gewitzten Sklaven Parmenon, die Idee, das Kind von Plangon und Moschion erst einmal als Kind der Chrysis auszugeben, bis man die Hochzeit nachgeholt habe und dann die Väter mit ihrem unerwarteten Großvaterglück konfrontieren könnte.

Der *1. Akt* setzt ein mit der Meldung, daß Demeas und Nikeratos von ihrer Reise zurückgekehrt sind; wenig später betreten sie die Bühne, froh, der dicken Luft von Byzanz entronnen und wieder in Athen zu sein. Sie haben unterwegs beschlossen, ihre Kinder miteinander zu verheiraten. Was den reichen Demeas veranlassen konnte, für seinen Sohn die mitgiftlose Tochter des armen Nachbarn auszusuchen, das ist das einzige Problem des Stücks, das infolge einer Textlücke nach wie vor dunkel bleibt.

Was immer Menander sich einfallen ließ, der dramatische Effekt ist klar: Demeas sieht Schwierigkeiten mit Moschion voraus, Nikeratos größere Schwierigkeiten mit seiner Frau – die Tochter wird nicht gefragt –, umgekehrt glaubte Moschion Schwierigkeiten mit dem Vater und dem Nachbarn gewärtigen zu müssen; doch siehe da, alle Beteiligten treffen in ihren Wünschen zusammen, nur daß die Väter keine Ahnung haben, wie weit ihnen ihre Kinder bereits voraus sind.

Zu Beginn des *2. Aktes* tritt Moschion dem Vater gegenüber. Die Begegnung läßt sich nicht gut an. Demeas ist schlechter Laune: seine Hetäre ist unversehens zur Ehefrau geworden; dabei hatte man doch nach athenischen Prinzipien die Frau zum Kinderkriegen, die Hetäre zum Vergnügen – die damalige Methode der Geburtenbeschränkung. Jetzt hat Chrysis ein Kind und will es auch behalten – Demeas hätte gute Lust beide, Mutter und Kind, aus dem Haus zu werfen. „Nein, ja nicht!" ruft Moschion, verständlicherweise entsetzt – was der Vater nun gar nicht versteht: schließlich hat er um des Erbes willen dafür gesorgt, daß nur ein Sohn vorhanden ist; wenn ein zweiter, auch nur halblegitimer Erbe da ist, kommen auf Moschion unabsehbare Schwierigkeiten zu.

Moschion greift zu Gemeinplätzen moderner Moral: ehelich geboren oder nicht, auch das außereheliche Kind ist doch ein Mensch! Demeas zeigt sich verblüfft – hier ist wieder eine kleine Lücke im Text. Offenbar wird Demeas, gutmütig wie er ist, nachgeben und Chrysis behalten.

Auf die geplante Hochzeit kommt er nun zu sprechen: hier ist der doppelseitige Überraschungseffekt, wie gleichsam in prästabilierter Harmonie ihre Wünsche sich treffen. Beide sind beglückt: heute noch soll die Hochzeit sein. Moschion will davonlaufen, um mit den Vorbereitungen zu beginnen; Demeas meint, noch sei abzuwarten, ob die Mutter des Mädchens zustimmt, doch Moschion versichert, die habe bestimmt nichts dagegen. Die Behauptung müßte Demeas befremden, doch fern allen Argwohns glaubt er, seinen Sohn so gut zu verstehen: er hat sich verliebt – der Zufall ist wirklich ein Gott!

Den Rest des 2. Aktes füllt ein Gespräch des Demeas mit Nikeratos über die Hochzeitsvorbereitungen; der Sklave Parmenon wird ausgesandt, einen Koch zu dingen; zum Schluß erscheint Nikeratos nochmals und berichtet, seine

Frau sei in der Tat verblüffend bereitwillig auf die Verheiratung der Tochter eingegangen – wie Moschion prophezeit hatte. Alles scheint auf bestem Wege.

Da betritt zu Beginn des *3. Aktes* ein völlig verwandelter Demeas die Bühne. Ihm ist eine Welt zusammengebrochen, er weiß nicht, ob er überhaupt noch bei Sinnen ist – und eben war die Welt doch noch in Ordnung. Er erzählt, was passiert ist: Es ging drunter und drüber in seinem Haus ob der plötzlichen Hochzeitsvorbereitungen; alle Mägde rennen durcheinander, Kuchen müssen gebacken werden, als Pater familias hatte Demeas die Vorräte aus der Speisekammer, zu der er allein den Schlüssel hat, auszuteilen. Wie er nun in der Speisekammer war, da lag in einer angrenzenden Kammer vergessen und brüllend das Baby, und Demeas hat gehört, wie eine alte Magd, Moschions Amme, hinzukam und das Baby beruhigte und vor sich hin sagte: „Ach ja, wie lang ist's her, da hielt ich Moschion so in den Armen, und jetzt ist's schon Moschions Kindchen ..."

Moschions Kind! Ruhig, unheimlich ruhig ist Demeas aus der Speisekammer herausgekommen, ganz ruhig ist er auch jetzt auf der Bühne, versichert er. Was weiß er denn sicher? Jawohl, er hat gesehen, wie Chrysis das Kind an die Brust legte, also *mater certa, pater incertus* – nein, er will noch keinen Verdacht aufkommen lassen. Moschion hat sich immer so tadellos aufgeführt – und doch, gegen seinen Willen hat dieser ihn dazu gebracht, das Baby zu akzeptieren ...

Zum Glück kommt Parmenon soeben mit dem Koch vom Marktplatz, und sowie dieser im Haus verschwunden ist, nimmt Demeas den Sklaven ins Gebet; denn der Sklave weiß doch Bescheid, was im Haus vorgeht. Demeas beginnt sein Verhör mit dem alten Trick: „Ich weiß alles. Von wem ist das Kind?" „Von Chrysis", sagt Parmenon ausweichend. „Und von welchem Vater?" „Von dir" – die Antwort klingt wenig überzeugend, und als Demeas losfährt: „Du lügst. Ich weiß genau, das Kind ist von Moschion", da gibt dies Parmenon schnell zu: „Ja, aber ...", doch Demeas läßt ihn nicht ausreden, schreit nach guter Komödienmanier nach einem Riemen, um auf den Sklaven einzuprügeln, und Parmenon, dem die Situation zu brenzlig wird, rennt kurzerhand davon.

Demeas bleibt mit seiner halben Wahrheit zurück. Was er sich zusammenreimen muß, ist für ihn ein fast tödlicher Schlag. Tragische Verse aus dem „Ödipus" des Euripides kommen ihm von den Lippen – doch er ruft sich zur Besinnung: Nein, Moschion ist unschuldig. Eine messerscharfe psychologische Deduktion führt ihn auf diesen Schluß: Hätte Moschion so etwas willentlich getan, dann entweder aus Liebe zu Chrysis oder um seinen Vater zu kränken. In beiden Fällen müßte er seinem Vater als Feind gegenüberstehen. Nun aber hat er eben erleichtert und mit Freuden der Hochzeit mit der Nachbarstochter zugestimmt. Also bleibt nur eine Erklärung: Chrysis, das Luder, hat ihn gegen seinen Willen verführt, und deshalb ist Moschion froh, durch Heirat dem Verhältnis mit dieser „Helena" zu entrinnen.

Demeas' Entschluß ist gefaßt: er wird sich nichts anmerken lassen, die Hochzeit findet statt – aber Chrysis samt Bastard soll zum Teufel gehen. Leicht wird's ihm nicht, „sei hart", muß er sich zurufen wie später Catull bei der Trennung von Lesbia. Er stürzt ins Haus und prallt fast mit dem Koch zusammen, der herauskommt, Parmenon zu suchen. Zeit, sich zu verwundern, bleibt diesem nicht; man hört Geschrei im Haus, Chrysis samt Baby kommt heraus, von Demeas drohend verfolgt. Sie möchte wenigstens wissen, warum sie verstoßen wird; Demeas weicht aus; um ein Haar wäre ihm der wahre Grund entfahren – doch daß in diesem Augenblick der Koch sich berufen fühlt, zu vermitteln, gibt Demeas Anlaß, gegen diesen loszufahren; für *[38]* Chrysis bleiben sentimentale Gemeinplätze: alles hat sie Demeas verdankt, durch Leiden wird sie jetzt lernen, was sie sich verscherzt hat. Damit verschwindet Demeas im Haus und läßt Chrysis stehen.

Zum Glück kommt eben Nikeratos vom Markt nach Haus, mit einem reichlich mageren Schaf für den Hochzeitsbraten; Chrysis klagt ihm ihr Leid. Nikeratos findet es reichlich dumm, was sie sich mit dem Kind eingebrockt hat, aber Demeas sei denn doch zu komisch; die dicke Luft am Pontos ist ihm offenbar schlecht bekommen. Nikeratos nimmt Chrysis samt Kind ins Haus, bis der Nachbar sich beruhigt hat. Ende des 3. Akts.

Zu Beginn des *4. Akts* tritt Nikeratos auf, seinerseits nun recht verärgert. Die Hochzeitsstimmung ist verpatzt: da ist Chrysis ins Haus gekommen, und Frau und Tochter regen sich darüber maßlos auf, alle heulen – er muß doch Demeas die Meinung sagen, daß er sich unmöglich benimmt. Da kommt Moschion: ihm vergeht die Zeit viel zu langsam, erst am Abend kann, dem Brauch entsprechend, die Hochzeit sein, aber die Sonne will nicht sinken; soll er zum drittenmal baden gehen? Da trifft er Nikeratos, erfährt von Chrysis' Verstoßung – und dies regt auch ihn mehr auf, als Nikeratos erwartet.

Ehe es zu weiteren Erklärungen kommt, ist Demeas zur Stelle, wütend: auch in seinem Haus allgemeines Weinen, weil Chrysis weg ist, und die Hochzeitsvorbereitungen klappen natürlich überhaupt nicht mehr. „O Apollon!" – er wendet sich an die Statue des Türhüter-Gottes vor seiner Haustür –, „bewahre mich, daß ich mich nicht verrate, zwinge du mich, das Hochzeitslied zu singen", wonach ihm doch ganz und gar nicht zumute ist. Da faßt sich Moschion ein Herz und wendet sich an seinen Vater, um für Kind und Chrysis einzutreten. „Komm, auf ein Wort" – „Komm du zu mir!" – wieder kein verheißungsvoller Auftakt.

Aus der Lüge, die zwischen ihm und dem Vater steht, bricht jetzt die Eskalation des Mißverständnisses hervor. „Warum ist Chrysis fort?" – „Das geht dich, bei Apollon, doch überhaupt nichts an!" – und zugleich mit der barschen Antwort bricht dem Demeas die Welt nochmals zusammen: Moschion setzt sich für Chrysis ein, Moschion ist kein verführtes Opfer, Moschion ist schuldig. Der verlegt sich indes wieder auf Allgemeinheiten: Man darf sich nicht so gehen lassen, und was sollen die Leute sagen?

Demeas ist jetzt am Rande seiner Fassung angelangt: „Das ist denn doch der Gipfel!" Man dürfe dem Zorn seinen Lauf nicht lassen, redet Moschion weiter, will schon Chrysis rufen lassen, um den Vater im Sturm zu erweichen. „Laß mich, laß mich", ruft Demeas mit letzter Kraft, „ich weiß alles". Moschion tut, als verstehe er nicht: „Ich will doch nur, daß Chrysis bei der Hochzeit dabei ist." Den Demeas packt der Verfolgungswahn, einer Verschwörung sieht er sich gegenüber; gleich wird die Wut ihn zerreißen. Ins Gesicht sagt er Moschion: „Das Kind ist von dir!" „Was kann dann Chrysis dafür?" Moschions entwaffnende Antwort ist Öl ins Feuer: Demeas' Fassung ist dahin, er brüllt. „Und du wagst es noch, mir in die Augen zu sehen?"

Und nochmals bringt Moschions Antwort eine Steigerung: die Sache sei doch gar nicht schlimm, unzählige junge Männer hätten's schon so gemacht wie Moschion. Jetzt muß Demeas statt Apollon gar Zeus anrufen ob solcher Unverschämtheit. „Und wer", schreit er, „ist die Mutter des Kindes?", wobei er Nikeratos, der angesichts der familiären Auseinandersetzungen etwas zurückgetreten ist, als Zeugen herbeizieht.

Da verliert Moschion seine Nonchalance, denn vor Schwiegervater Nikeratos hat er Angst. Der aber hat sich zusammengereimt, was für ein Skandal im Haus des Nachbarn und Freundes passiert ist, und steigert sich mit der Wonne des Unbeteiligten in einen gerechten Zorn hinein. Alle Tragödien müssen herhalten, die er gesehen hat, Tereus, Ödipus, Thyestes – alle Greuel hat Moschion noch übertroffen, blenden müßte Demeas den Sohn frei nach Euripides; er, Nikeratos, würde die Konkubine in die Sklaverei verkaufen – was rechtlich gar nicht möglich ist – und den Sohn dazu – was noch weniger legal wäre –, daß alle Coiffeurstuben zu schwatzen hätten, wie Nikeratos ein Mann sei, der den Mord geahndet habe.

„Wieso Mord?" kann Moschion kleinlaut einwerfen, wird aber überfahren von Nikeratos, der unter lebhafter Zustimmung des Demeas beschließt, seinerseits zu handeln und Chrysis samt Kind in seinem Hause länger nicht zu dulden. Er stürzt hinein – und jetzt endlich findet Moschion den Atem, seinem Vater klarzumachen, daß eben nicht Chrysis die Mutter des Kindes ist, sondern Nikeratos' Tochter.

Endlich weiß Demeas die ganze Wahrheit, und eigentlich hat damit die Handlung ihr Ziel erreicht. Moschion sucht wieder einmal das Weite, Demeas' Erleichterung aber geht unter in dem Spektakel, den nun Nikeratos vollführt; die Spannung der Gesamthandlung ist verpufft, doch dies wird durch eine um so lebhaftere Bühnenhandlung überspielt: Nikeratos ist jetzt wirklich außer sich. Er hat gesehen, wie seine vermeintlich jungfräuliche Tochter dem Kind die Brust gereicht hat. Jetzt heißt's für ihn: *mater certa, pater incertus.*

Demeas ist innerlich so erleichtert, daß er zu spaßen beginnt: Hat Nikeratos geträumt? Hat ihm der Schnupfen die Augen getrübt? Aber der ist schon wieder ins Haus gerannt, man hört ihn schreien: verbrennen will er das Kind. „Wie der Blitz" kommt er wieder herausgerannt, um Demeas zu verkünden, Chrysis „rotte sich zusammen wider ihn", sie wolle das Kind nicht herausgeben, und seine Frau verrate ihm auch nichts: also werde er jetzt Chrysis erschlagen und wolle dies nur im voraus ankündigen.

Jetzt ist es an Demeas, festzustellen, daß der Nachbar nicht recht bei Troste sei. Zum zweitenmal stürzt Chrysis mit Kind auf die Bühne, verfolgt vom Hausherrn, nur kommt sie diesmal aus der anderen Tür. Ihr Angstschrei „Das Kind will er mir entreißen!" ist die schönste Charakteristik der Titelheldin. „Hierher, Chrysis", ruft Demeas, und in diesen zwei Worten des plötzlichen Einverständnisses ist die Versöhnung markiert.

Demeas tritt Nikeratos in den Weg, fast würden die beiden Alten sich prügeln, wenn sie nicht doch davor Angst hätten; so verlegen sie sich aufs Juristische, rufen nach Zeugen, wer zuerst angefangen habe. „Das Kind gehört überhaupt mir!" ruft Demeas und bringt Nikeratos damit endgültig aus der Fassung: „Jetzt bringe ich meine Frau um; was bleibt mir anderes übrig?" Doch wieder tritt ihm Demeas in den Weg; da dämmert Nikeratos, daß dieser mehr weiß als er – und schlagartig wird ihm klar: Moschion hat ihm diese Suppe eingebrockt …

Das Stück wäre zu Ende; doch bringt der *5. Akt* ein Nachspiel, in dem – zum erstenmal – Moschion aktiv wird: Nachträglich ist ihm klargeworden, welch unerhörten Verdacht sein Vater gegen ihn gehegt hat; so etwas, meint er, darf man einem Vater nicht durchgehen lassen. Dies wäre ein Grund, in die Fremdenlegion zu gehen, nach Baktrien oder wenigstens nach Karien; freilich, Heiraten ist angenehmer, die „liebste Plangon" hält ihn. Doch einen gehörigen Schrecken kann er dem Vater einjagen, damit der sich künftig besser benimmt.

Der entlaufene Parmenon kommt in diesem Augenblick zurück – er hat sich überlegt, daß er, Parmenon, an den ganzen Verwicklungen eigentlich wirklich fast gar nicht schuld ist; Moschion befiehlt ihm, Mantel und Schwert zu holen, damit er sich als Krieger kostümieren kann. Dann soll der Vater ihn so richtig anflehen, dazubleiben, und dann wird er sich gnädig dazu herablassen.

Parmenon kommt erst einmal ohne Waffen zurück: die Hochzeit ist in vollem Gang, nur der Bräutigam fehlt – doch der bleibt fest: Waffen will er. Freilich kommen ihm Bedenken: was tun, wenn der Vater sagt: „Geh zum Teufel!" Aber schon ist der Sklave da mit Mantel und Schwert, Moschion ist als Krieger angetan, programmgemäß erscheint Demeas, und er ist programmgemäß entsetzt. Er bricht in rührende Selbstvorwürfe aus – man wird an die andere Menandrische Gestalt des „Selbstquälers", des Heautontimorumenos in ähnlicher Situation erinnert: er versteht ja, daß Moschion erzürnt ist, aber der solle doch auch ihn zu verstehen suchen. „Ich habe verkannt, ich habe mich verfehlt, ich war von Sinnen" – seine Zerknirschung ist größer als die Moschions im Prolog. Und was sollen die Leute dazu sagen …

Eine letzte unprogrammäßige Überraschung – die Wilamowitz richtig vorausgesehen hatte – kommt in die Szene durch Nikeratos, der plötzlich erscheint. Er erfaßt die Situation sofort aus seiner Perspektive: da will sich der Verführer seiner Tochter aus dem Staub machen und sich seinen standesamtlichen Verpflichtungen entziehen. Er schreit nach der Polizei, den „in flagranti ertappten und geständigen" Wüstling festzunehmen – Nikeratos übertreibt, aber er erreicht sein Ziel: „Ihr habt mit Flehen mich erweicht", sagt Moschion – der hoheitsvolle Ton klingt nicht mehr überzeugend, er läßt sein Schwert fahren; die Braut wird gerufen, die Vermählung vollzogen, „Als Mitgift erhältst du mein ganzes Vermögen, wenn ich sterbe. Hoffentlich passiert das nie!" sind Nikeratos' letzte Worte.

III

Man sagte von Menander, der Lebensodem seiner Dichtung sei der Eros. Hier scheint sich die heutige Sicht von der antiken zu distanzieren. Natürlich, es läuft auch in der „Samia" auf eine Hochzeit hinaus, ja das Hochzeitsritual mit seinen Vorbereitungen, mit Koch und Opfertier, Pfannen und Töpfen, Sesamkuchen, Bad des Bräutigams und Hymenaios gibt kontrapunktisch den Hintergrund der Handlung ab, während sich im Vordergrund die Schwierigkeiten türmen. Aber Plangon, die Braut, ist nur zuletzt als stumme Person zugegen, und auch in Moschions Denken und Reden spielt sie nicht die Rolle, die ihr zukäme; „o liebste Plangon", diese einmalige Apostrophe ist das einzige Stück Liebessprache in der „Samia"; eine Liebesszene ist in allen Menander-Funden noch nicht aufgetaucht – während es sie bei Plautus durchaus gibt. Chrysis, die

Samierin, ist lebendig und sympathisch gezeichnet, doch tritt sie nur in drei kleinen Szenen auf. Im übrigen ist die Welt dieser Komödie eine Männerwelt; das eigentliche Thema ist das Verhältnis von Vater und Sohn.

Eben dies ist seit je ein zentrales Thema der Komödie – Fritz Wehrli hat dies schon 1936 gezeigt[4]. Die griechische Gesellschaft war extrem patriarchalisch; Ehrung des Vaters, Ehrung der Alten stand in der Popularethik obenan. Mehrere griechische Wortstämme bedeuten „alt" und „geehrt" zugleich. Wer gar Gewalt gegen den Vater brauchte, war ein Monstrum. Die Komödie ihrerseits wirkt offenbar als Ventil der so gestauten Spannungen: schon bei Aristophanes wird, wie gleichsam der Unterleib über den Kopf gestellt wird, auch die Ordnung von Alt und Jung ins Gegenteil verkehrt; auch der Angriff auf die Regierenden und der Antimilitarismus – von Aristophanes bis zum „Miles gloriosus" – gehört zur Protesthaltung. Indem freilich diese Verkehrung sich selbst als Komödie, als verkehrte Welt versteht, ist sie de facto konservativ und bestätigt e contrario das Bestehende.

Zu den Komödienthemen gehört also die Überlegenheit der Jungen über die Alten – bezeichnenderweise haben die Komödiendichter, im Gegensatz zu den Tragikern, in ganz jungen Jahren ihr Metier ergriffen; Aristophanes wie Menander haben mit 17 Jahren ihr erstes Stück aufgeführt. Alle Varianten werden durchgespielt: der vertrottelte, lächerliche Alte, der geprellte Alte, der Alte in hoffnungsloser erotischer Konkurrenz zum eigenen Sohn. Als Umkehrung der Verkehrung wird aber auch das Einverständnis von Vater und Sohn dargestellt, bis zur Komplizenschaft *in eroticis*, wobei gegebenenfalls eine gestrenge Mama den gemeinsamen Gegner abgeben kann.

Die „Samia" geht aus vom Typ des guten, des idealen Verhältnisses von Vater und Sohn, das durch eine nochmalige Umkehrung auf die Spitze getrieben wird: der Sohn verschafft dem Vater die Gespielin, deren er als „Mensch" bedarf; er ist der Überlegene. Die Handlung der „Samia" besteht darin, daß das ideale Vater-Sohn-Verhältnis doch als brüchig sich erweist, umschlägt in die vermeintliche Konkurrenz, bis der Vater den Sohn verwirft und verdammt: „Du Auswurf der Gesellschaft!" Die Schlußszene gleitet zurück zur normalen Komödiensituation, zur Erhöhung des Sohnes über den Vater. Insofern ist der 5. Akt nicht äußerlich angestückt; er erst schafft die Symmetrie der Vater-Sohn-Handlung. Deutlich ist er als Gegenstück zum Prolog gestaltet: dort der verlegene Sohn in Erwartung des Vaters, hier der Vater flehend vor dem Sohn, den er an Zerknirschung übertrifft; gegen das schlechte Gewissen des Liebhabers am Anfang steht das Imponiergehabe des Kriegers am Schluß, das frei-

---

[4] Fritz Wehrli, Motivstudien zur griechischen Komödie, Zürich 1936, Kap. IV/V.

lich in der Komödie immer lächerlich genommen wird. So ist ja auch Moschion erleichtert, als er das Schwert fahren lassen kann; und schon ist er verheiratet.

Eine Besonderheit der „Samia" liegt darin, daß Chrysis nicht einfach eine Hetäre ist, sondern, ins Haus aufgenommen, die Stelle der Hausfrau vertritt und „den Göttern opfert". Die vermutete Beziehung des Sohnes zu ihr gewinnt damit eine Tiefendimension, die dem Dichter durchaus bewußt ist; nicht umsonst wird aus dem „Ödipus" – des Euripides – zitiert. Was Demeas dem Moschion zutraut, ist die „ödipodale" Handlung: die Quasi-Mutter heiraten und den Vater stürzen: „Soll ich etwa selbst aus dem Hause gehen und euch zwei darin zurücklassen? ... Eine Verschwörung gegen mich ist im Gange!"

Das Ödipus-Motiv – das in der Mythologie auch des Orients nicht selten ist – zeigt sich weniger als ein sexuelles denn als ein Machtproblem: es ist die mythische Form der Sukzession, in der der Sohn den Vater verdrängt. Daß die Griechen selbst dieses Problem als zentral empfanden, zeigt die Ausdrucksweise in der „Samia": Hätte Moschion vollbracht, was man ihm zutraut, so wäre dies geradezu ein religiöser Frevel, „Asebie"; Demeas weigert sich, daran zu glauben, weil er die „Frömmigkeit", die Eusebie des Moschion gegen den Vater kennt. Hier ist ein Tabubereich jenseits rational-diskutabler Ethik berührt.

Freilich nur berührt: Käme das Schockierende zum Durchbruch, würde die Komödie in der Tragödie untergehen. Der angesteuerte Konflikt ist in Menanders Stück von vornherein in doppelter Weise entschärft: Chrysis ist ja doch nur Quasi-Mutter, Konkubine ohne verbrieftes Recht, Moschion aber ist nicht Demeas' leiblicher Sohn, sondern adoptiert. Dieses Motiv spielt für die Handlung keine Rolle – man kann es in der Inhaltsangabe ohne weiteres weglassen; daß es mehrfach und betont eingeführt ist, erklärt sich nur aus dem Bestreben, dem „ödipodalen" Tabu nicht allzu nahe zu kommen. Die Mächte der Tiefe sind nur eben angerührt, das Spiel bleibt Spiel, wenn auch auf hohlem Boden: der Ausdruck des Zorns kommt aus irrationalen Tiefen, bei Demeas wie bei Nikeratos.

Die Charaktere sind so angelegt, daß sie sich gegenseitig ironisieren. Moschion ist alles andere als ein strahlender Held – schon der Name, der das „Kalb" enthält, weist in ganz andere Richtung; und doch, wer möchte ihn verdammen? Er ist so „menschlich". Hauptperson ist Vater Demeas; wie er, vom Argwohn verfolgt, immer neue Konstruktionen entwirft, um seine Beziehung zu Moschion und damit seine Welt zu retten, ist psychologisch – grandios fast könnte man hier an den „Ödipus" des Sophokles erinnern. Wenn er dann in der Schlußszene sich in Selbstvorwürfen ergeht, geht er freilich offensichtlich doch zu weit in seinem Willen, Kameradschaft zur jungen Generation zu halten. Nikeratos, Schwiegervater in spe, ist die kontrastierende Vatergestalt für

Moschion; vor ihm hat er ungeschminkte Angst: „Ich bin tot, wenn ich den nur sehe!" Nikeratos ist arm, schlichten Gemüts und grob, aber er erfaßt eine Situation ohne viel Worte und setzt sich zuletzt durch.

Welches Verhalten der arroganten Jugend gegenüber das richtige ist, das des Demeas oder das des Nikeratos, bleibt in der Schlußszene durchaus in der Schwebe. Es ist natürlich auch sinnlos zu fragen, auf welcher Seite Menander stehe. Wir wissen auch nicht, in welche Lebensepoche Menanders die „Samia" fällt. Die zeitgenössischen Anspielungen scheinen auf eine frühe Datierung zu führen, unweit von seinem Erstlingsstück von 324 und noch vor dem „Dyskolos" von 316 v. Chr.

Es bleibt die Freude daran, ein Stück des Dichters wieder zu haben, der nicht immer als Klassiker, unangefochten und zu Recht aber als Meister des Vergnügens gegolten hat.

Erschienen in: NZZ 315, 9.7.1972, 49–50.

Vom Kontinuum geistiger Tradition
Fritz Wehrli zum siebzigsten Geburtstag

Der geschmackvoll-gediegene Band, den zeitig zum 70. Geburtstag von Fritz Wehrli der langjährige Kollege namens des zuständigen Seminars herausgebracht hat, greift in seinem Anspruch über den festlichen Augenblick und den Kreis der persönlich verbundenen Freunde zweifellos hinaus. Die Reproduktion verstreuter wissenschaftlicher Beiträge aus mehr als drei Jahrzehnten, die je an ihrem Ort ihre Wirkung getan haben, kann sich ja nur darin bewähren, daß eine neue, aussagekräftige Einheit geschaffen wird, daß entsprechend der beigefügten Porträtaufnahme auch eine geistige Physiognomie Gestalt annimmt, die zugleich *[50]* für den Gegenstand, die Welt der Antike, angemessen und erhellend ist[1].

Von vornherein bewundernswert ist die Vielfalt der behandelten Themen, wobei die 37 vorgelegten Arbeiten nur einen Ausschnitt aus einem Œuvre von bereits mehr als 100 Titeln darstellen. Längst ist in den Altertumswissenschaften wie anderwärts die Spezialisierung dahin gediehen, daß kein einzelner Forscher mehr die ganze Breite seines Faches beherrscht; so pflegen denn die Spezialisten für Homer oder für griechische Tragödie, für Platonismus oder für Aristoteles je im eigenen geschlossenen Zirkel zu diskutieren.

Fritz Wehrlis unangefochtenes internationales Ansehen als Philologe gründet sich auf die große Fragmentsammlung der „*Schule des Aristoteles*" (10 Bände 1944–1959, 2. Auflage 1967–1969), eine Leistung, die noch über viele Jahrzehnte hin Geltung haben wird. Man könnte demnach in Wehrlis Kleinen Schriften vor allem Parerga erwarten zu diesem über 25 Jahre sich erstreckenden magnum opus, dessen Fortsetzung in Aussicht steht. Tatsächlich aber setzen die Studien ein mit Homer und der frühgriechischen Sagendichtung, um über sophistische Dichtungstheorie und thukydideisches Geschichtsdenken,

---

[1] Fritz Wehrli: Theoria und Humanitas. Gesammelte Schriften zur antiken Gedankenwelt. Zum siebzigsten Geburtstag von Fritz Wehrli am 9. Juli 1972 herausgegeben im Namen des Klassisch-Philologischen Seminars der Universität Zürich von Heinz Haffter und Thomas Szlezák. Zürich: Artemis-Verlag 1972, 331 S.

über Platonisches und Aristotelisches bis zum spätantiken Roman, zum Römer Horaz, zum Christen Laktanz zu führen, nicht ohne Ausblicke auf den Atheisten Diagoras, den Sokratiker Aischines, auf frühe und späte Stoa; es folgen noch die Würdigungen von fünf klassischen Philologen unseres Jahrhunderts. Und in allen Bereichen bewährt sich die gleiche Intensität geistiger Durchdringung.

Nicht funkelnde Formulierungen freilich, nicht revolutionierende Fragestellungen und provokante Thesen geben dem Ganzen sein Gepräge. Hier herrscht ein Stil der ruhigen, knappen Feststellung, sachlich fundiert, reich an Details und doch in souveränem Überblick. Wie viele Einzelprobleme und Kontroversen dabei jeweils berührt, geklärt, entschieden werden, merkt der Spezialist; jeder Leser steht unter dem Eindruck der dauernden Präsenz einer großen Gesamtkultur. Aus der Folge der Feststellungen entwickelt sich ein komplexes Beziehungsgefüge, in dem historische und stilistische, individuelle und gattungsbedingte Differenzierungen sich überlagern und durchdringen; die Elemente der Beschreibung zielen auf ein übergreifendes Ganzes, letztlich auf das Kontinuum geistiger Tradition überhaupt.

Nicht vereinzelnde Interpretation der großen Autoren und Werke leistet Wehrli. Ihm geht es ums Verbindende, wobei Motive, Topoi, Typologien ins Zentrum der Aufmerksamkeit rücken, sei es im Bereich erzählender Dichtung, sei es in dem der theoretischen Reflexion. Lücken der Überlieferung lassen sich mit dieser Methode schließen, wenig beachtete Zwischenbereiche wenigstens partiell erhellen.

So zeigt sich am Thema „*Penelope und Telemachos*" (39–49), wie in unserer Odyssee einander widerstrebende ältere Konzeptionen nicht ganz zum Ausgleich gekommen sind, an „*Hesiods Prometheus*" (50–55), wie eine ältere, burleske Fassung überformt ist. Eine Aufsatzreihe (60–94) gilt der archaischen *Sagendichtung*, die, fast verschollen und doch überaus einflußreich, zwischen Homer und der griechischen Tragödie steht. In ihr erst sind offenbar jene generationenlangen Folgen von Greuel und Verhängnis fixiert worden, die dann durch Aischylos und Sophokles zu weltliterarischer Geltung kamen, die Mythen vom Haus des Atreus, von der Familie des Ödipus. Wehrli rechnet damit, daß nachhomerische Dichter, mit einer „neuen, befremdenden Neigung zum Gräßlich-Hintergründigen" (78), die Mythen wesentlich umgestaltet oder gar neu geschaffen haben. Am überraschendsten ist dabei wohl, wenn der Mythos von Vatermord, Mutterheirat und Katastrophe des Ödipus auf eine „Dichtung verhältnismäßig geringen Alters" (70) zurückgeführt wird. Hier ließe sich auch anders argumentieren; wenn in der von der Ilias unabhängigen thebanischen Epik der Fluch des blinden Vaters sich im gegenseitigen Brudermord der Söhne erfüllt, war damit Aufstieg und Sturz des alten Königs doch wohl von Anfang an gegeben. Da indes die Probleme von Beständigkeit und Wandel, Wesentlichem und Zufälligem in der Geschichte der Mythen weithin noch im Dunkel liegen, ist ein energischer Zugriff auf jeden Fall erhellend; und von aller dogmatischen Einseitigkeit ist Fritz Wehrli frei, wie besonders die Behandlung von „*Io. Dichtung und Kultlegende*" (88–94) zeigt.

Archaische Erzähltradition anderer Art verfolgt Wehrli bis zum späten griechisch-römischen Roman (242–265), den er durch eine Auswahl von Novellenmotiven am Leitfaden größerer Abenteuererzählungen zustande gekommen sieht. Eine weitere, merkwürdige Verwandlung von Erzählmotiven führt unmittelbar zu Thukydides (149–162): seine politische Theorie von der Macht als dem Agens der Geschichte, das in seiner amoralischen Eigengesetzlichkeit dem handelnden Politiker den Weg der Expansion und Unterdrückung vorschreibt und keine Umkehr zuläßt, erscheint in seiner illusionslosen Rationalität als ausgesprochen modern, ein Entwurf der sophistischen Epoche; Wehrli aber kann zeigen, wie in den weit älteren Novellen um Tyrannen wie Periandros von Korinth eben dieses Problem des unausweichlichen Zwangs zur Gewalt umspielt, variiert und eben damit reflektiert wird: was die Novelle am einzelnen Tyrannen gezeigt hatte, hat Thukydides auf die kollektive politische Gemeinschaft übertragen, damit freilich verallgemeinert und in neuer Weise virulent gemacht. Indem das scheinbar Neue seine Prägung durch die Tradition verrät, wird zugleich die Kontinuität von der archaischen zur sophistischen Epoche augenfällig.

Wie die Sophistik des 5. Jahrhunderts, die ihrerseits in der Überlieferung durch Platons Werk verdunkelt und fast ausgelöscht worden ist, über Platon hinweg auf die Folgezeit gewirkt hat, wird an der Theorie des literarischen Stils einerseits, an medizinisch-ethischen Grundauffassungen anderseits gezeigt. Die Abhandlungen „*Der erhabene und der schlichte Stil in der poetisch-rhetorischen Theorie der Antike*" (97–120) und „*Ethik und Medizin*" (177–206) sind nach Umfang und Gehalt wohl die gewichtigsten Beiträge des Bandes.

Der Entwurf des Ideals eines erhabenen Stils, bestimmt durch die Begriffe des „Enthusiasmus" des Dichters und der seelischen Überwältigung des Hörers, der „Psychagogie", wird bei Demokrit und Gorgias gefunden; die Darstellung folgt den Modifizierungen und Gegenentwürfen der Theorie bis weit in die Spätantike; die gegenläufige Forderung eines schlichten, klaren, sachbezogenen Stils ist besonders für die Geschichtsschreibung relevant geworden (132–144). Rückwärts führt die Untersuchung des Zentralbegriffs der aristotelischen Ethik, des Guten als einer „Mitte" zwischen den Extremen, der „Mesotes": Aristoteles zeigt sich weniger Platon verpflichtet als dem medizinischen Denken, wie es die Sophisten bereits aufgegriffen und reflektiert hatten; von hier stammt das Prinzip der Gesundheit als des rechten Gleichgewichts, wobei die je besonderen individuellen Verschiedenheiten betont und berücksichtigt waren; eine naiv monistische Anthropologie behandelte Körper und Seele mit Selbstverständlichkeit als Einheit. Platon steht in spannungsvoller Distanz zu dieser Tradition, wie seine Arztvergleiche zeigen (206–214). Noch hinter empirische Medizin und sophistische Begrifflichkeit zurück führen indes die von den Pythagoreern erhobenen und praktizierten Forderungen einer körperlich-seelischen „Reinigung", womit das Ideal von Maß und Mitte schließlich in kultischen Bereichen sich verwurzelt zeigt.

Solche Beziehung überzubetonen wäre indes nicht im Sinne des Autors. So wenig wie der kultische Hintergrund bei den Mythen oder die Mysterienthematik im Roman ist eine mystische Dimension in der Philosophie für ihn das Entscheidende. In der Einleitung zu Platons „Phaidon" (214–217) führt er aus, daß der Entwurf einer Jenseitswelt für Platon nur notwendig war, um „das Geistige überhaupt" in seiner Möglichkeit zu sichern; der „Phaidon" sei „von keiner dualistischen Stimmung im Sinne einer Lebensfeindschaft beseelt" (218), wogegen die Weisheit des Silens, daß nicht geboren zu sein das beste wäre, „an sich völlig unfromm" heißt (218). An solchen Stellen entdeckt man hinter der distanzierten Sachlichkeit einen Autor, der mit seinem Hauptwerk, dem Peripatos, auch in wesentlicherem Betracht verbunden bleibt. Weder dem metaphysischen Rigorismus Platons noch dem moralischen Rigorismus der Stoa will der Peripatetiker folgen, auch Hedonismus und Materialismus bleiben außerhalb des Gesichtskreises; in der realen Wirklichkeit sucht er die geistige, gerade auch die literarische Form zu fassen, wobei eben die Geistigkeit zum Wesensmerkmal spezifisch menschlicher Existenz geworden ist.

In diesem Sinn einer Humanität, die zugleich Urbanität ist, steht mit Recht am Anfang des Sammelbandes der weit ausgreifende Aufsatz „Vom antiken Humanitätsbegriff" (5–26). Weniger begrifflich als im Blick auf die Fülle gelebten Lebens schildert er die Verbindung von Stadtkultur, Bildung und Menschlichkeit bei den Griechen in ihrer Entstehung und weiterzeugenden Wirkung, ausgehend von einer feinsinnigen Darstellung der athenischen Gesellschaft des 5. und 4. Jahrhunderts v. Chr.; dem respondiert am Schluß das Genrebild „Vom eidgenössischen Humanismus in Zürich" (310–317), das besonders die antike Tradition in der Ausgestaltung der Tellspiele im 16. Jahrhundert zum Gegenstand hat. So rundet sich das Buch in der Hinwendung zur eigenen Vaterstadt, deren Geist und Geschichte der Autor sich so sehr verbunden weiß. Aus der gelebten Kontinuität heraus zielt der Rückgriff auf die Antike gern auf eine „statische Welt", „wo nicht das Heute das Gestern zerstört" (120); und doch endet das Buch mit dem Satz:

"Die sagenhaft-dichterischen Leitbilder, womit frühere Generationen sich ihre politischen Ideale vor Augen hielten, bleiben des Gedenkens wert; wir selbst haben für unsere Überzeugungen den uns gemäßen Ausdruck zu suchen."

Im Bewußtsein vergangener Werte bleibt jener „peripatetische" Wirklichkeitssinn, vorbildlich eben in seiner Ausgewogenheit, dem sich erneuernden Leben zugewandt.

Erschienen in: NZZ 234, 9.10.1981, 41.

Indogermanische Horizonte und griechische Sprache
Ernst Risch zum 70. Geburtstag

Geist ist Sprache; Geisteswissenschaften verstehen sich heute gern als Sprachwissenschaften im weiteren Sinn. „Indogermanische Sprachwissenschaft" freilich kann für Laien recht akademisch, für den Akademiker eher altväterisch klingen. Die entscheidende Entdeckung der indogermanischen Sprachverwandtschaft liegt gut 160 Jahre zurück, und es könnte scheinen, als seien alle wesentlichen Feststellungen längst getroffen und es gebe nur noch Verfeinerung und Komplizierung im Detail, was einigen wenigen Spezialisten zu überlassen wäre. Doch bleibt die Faszination jenes weitgespannten Bogens, der von Indien bis Nordeuropa führt, der Nachweis, dass Altindisch, Persisch, Armenisch und fast alle europäischen Sprachen sich auf eine gemeinsame „Ursprache" zurückführen lassen, die bis in minuziöse Feinheiten von Phonetik, Flexion und Wortbildung zu rekonstruieren ist, wobei die Rekonstruktion mehr als vier Jahrtausende lebendiger Entwicklung umgreift. Auch die moderneren Richtungen der Sprachwissenschaft, die sich programmatisch den allgemeinen Theorien mit mathematischen Modellen zuwenden anstelle der historischen Zufälligkeiten – und wie wunderlich und scheinbar unlogisch ist doch jene „Ursprache" mit ihren verschiedenen konkurrierenden Konjugationen, Deklinationen, Stammbildungsprinzipien –, können nicht daran vorbeigehen, dass hier der grösste Komplex historischer Sprachentwicklung dokumentiert und wissenschaftlich erschlossen ist.

Die Gefahr der Sterilität ist zudem immer wieder durch Neuentdeckungen gebannt worden: Erst in unserem Jahrhundert trat mit der Wiederentdeckung des Hethitischen in Anatolien die ältest bezeugte indogermanische Sprache überhaupt in den Blick. 1952 folgte die Entzifferung der mykenischen Silbenschrift „Linear B", womit die längst zu Touristenattraktionen gewordenen Burgen und Paläste von Mykene, Tiryns, Pylos und Knossos in ihrer eigenen Sprache zu reden begannen, in einem altertümlichen Griechisch; es verständlich zu machen lieferte die indogermanische Sprachwissenschaft entscheidende Hilfe, wie umgekehrt die neuen Zeugnisse ältere Rekonstruktionen schlagend bestätigt haben. Griechisch, dank seiner frühen und reichen Literatur seit je ein Eckpfeiler der Indogermanistik, ist damit die ältest bezeugte der noch heute gesprochenen indogermanischen Sprachen; Daneben bleibt dem Altindischen und auch dem Lateinischen als der Muttersprache der romanischen Einzelsprachen eine respektable Position im Kosmos der Indogermanistik gesichert.

Mit einer solchen Skizze ist bereits das Arbeitsgebiet des Wissenschafters umrissen, der an der Universität Zürich seit rund vier Jahrzehnten – seit 1959 als Ordinarius – indogermanische Sprachwissenschaft lehrt: Ernst Risch, der heute seinen 70. Geburtstag feiert. Bündner von Herkunft und Überzeugung, der doch seine ersten Lebensjahre in Russland verbrachte, durch das humanistische Gymnasium über Latein und Griechisch zur Arbeit an Sprache überhaupt geführt, begann er schon als Gymnasiast eine Grammatik des Zürichdeutschen zu entwerfen und fand dann an der Universität Zürich eine glänzende Tradition indogermanischer Sprachwissenschaft vor, in die er eintreten konnte; die Namen Eduard Schwyzer und Manu Leumann werden noch vielen Generationen durch die von ihnen verfassten Handbücher der griechischen bzw. lateinischen Grammatik ein Begriff bleiben. Indessen hat Ernst Risch auch in München studiert, wo Ferdinand Sommer soeben die sprachliche Bewältigung des Hethitischen vorangebracht hatte; er konzentrierte die eigene Arbeit dann auf das Griechische, zunächst auf Probleme der Wortbildung. Dass hier komplizierte Regeln im Zusammenspiel der formalen und semantischen Aspekte gelten, war in den Vordergrund des Interesses getreten. Gleich die Dissertation über „Homerische Wortbildung" ist, zumal in zweiter Auflage (1974), zu einem Standardwerk geworden. Die Habilitationsarbeit über „Griechische Determinativkomposita" folgte in schwieriger Kriegszeit. Viele weitere Einzelstudien sind seither dazugekommen; auch die von Ernst Risch betreuten Zürcher Dissertationen haben zusätzliche Kapitel zur Wortbildung beigesteuert.

Daneben stand von Anfang an, nicht ohne Anregung durch die hochentwickelte schweizerische Dialektforschung, die Erforschung der griechischen Dialekte. Die historische Sprachwissenschaft gestattet, unter den breitgefächerten Dialektvarianten Altertümlichkeiten von Neubildungen zu trennen, und bietet damit eine Chance, auch in die Entwicklung der historischen griechischen Stammesverbände Licht zu bringen. Gerade in diese Situation fiel die Entzifferung von „Linear B". Ernst Risch hat, während andere Zurückhaltung zeigten, als einer der ersten sich dem Neuen zugewandt; ihm gelang gleich noch die richtige Bestimmung eines zunächst ungedeuteten Zeichens der Silbenschrift, „dwo"; vor allem aber konnte er bereits 1955 mit der Arbeit hervortreten, die die weiteste internationale Resonanz gefunden hat, „Die Gliederung der griechischen Dialekte in neuer Sicht". In den bis heute heftig geführten Diskussionen um die griechische Frühgeschichte, das Problem der „Dorier" und der „dorischen Wanderung" nach der Katastrophe der mykenischen Palastkultur, hat dank Ernst Risch die historische Sprachwissenschaft ein entscheidendes Wort mitzureden. Regelmässig hat Ernst Risch im übrigen an den internationalen Kolloquien zur Mykenistik teilgenommen und im Jahre 1975 das sechste „Colloque Mycénien" auch selbst in der Schweiz organisiert, geleitet und ediert.

Es geht bei alledem um hochspezialisierte Argumentation mit immer weiter verfeinerter Methodik. Die eigentümliche Leistung von Ernst Risch ist indessen, dass er das Spezialistentum des Forschers stets zu verbinden wusste mit lebendiger, ausstrahlender Lehre. Die in Zürich traditionelle Verbindung der indogermanischen Sprachwissenschaft mit der klassischen Philologie bot ihm die Basis für die nachhaltige und fruchtbare Arbeit mit „seinen" Studenten, denen sein Einsatz unermüdlich galt. Eine ganze Generation von Lehrern der alten Sprachen ist aus Manu Leumann und seiner Schule hervorgegangen. Der kompliziert vielseitige und doch strenge Regelbau der Sprachwissenschaft fordert und bestärkt zugleich eine besondere Art geistiger Arbeit und wird so zur eigenen Formkraft.

Wie kontinuierlich, reich und vielseitig sich die wissenschaftliche Produktion von Ernst Risch entfaltet hat, wird als Ganzes erstmalig sichtbar durch den stattlichen Band der „Kleinen Schriften", den seine Schüler zum 70. Geburtstag herausgebracht haben.* Diese Arbeiten waren an sehr verstreuten Orten erschienen – nicht wenige Artikel aus Festschriften bezeugen die internationalen Verflechtungen – und fügen sich doch zusammen durch Gegenstand und Methodik. Wenn das Griechische dominiert, von den mykenischen Archiven bis zur Dichtersprache, so ist doch auch das Lateinische samt dem Italischen wohlvertreten, daneben Altpersisches und mit besonderem Nachdruck das Hethitische. Ernst Risch ist alles andere als ein *simplificateur*. Er sucht das Komplizierte, um es durchsichtig zu machen. Ziel ist nicht die Rekonstruktion hypothetischer „Urformen", sondern die Erklärung der konkret vorliegenden Formen und Texte. Er geht den allgemeinen Problemen am komplexen Einzelfall nach und kann doch mehr und mehr auch allgemeinere Perspektiven erhellen.

Eines steht jetzt schon fest: Die „Kleinen Schriften" sind keine Ausgabe letzter Hand. Während die akademische Lehrtätigkeit von Ernst Risch ihr gesetzliches Ende findet, ist er in ungebrochener Produktivität bereits mit

---

* Ernst Risch: Kleine Schriften. Herausgegeben zum 70. Geburtstag, von Annemarie Etter und Marcel Looser. Walter de Gruyter, Berlin 1981.

neuen, weiterführenden Arbeiten beschäftigt. Seinen Freunden steht er in geradezu zeitloser Frische vor Augen. Ihre guten Wünsche möchten ihn in eine neue Lebens- und Schaffensepoche geleiten.

Erschienen in: Schwerpunkt „Literaturwissenschaft", Zürich Uni 13,3, Mai 1982, 6.

Ein Zeuge neben anderen: Klassische Philologie

Dass es der Klassischen Philologie um den literarischen Text gleichsam in der Potenz, um den „klassischen" Text eben geht, scheint selbstverständlich. Tatsächlich ist aber Literaturwissenschaft nur eine Option im Umgang mit alten Literaturen. Legitim ist auch die Aufgabe, Gesellschaften und Geisteswelten der Vergangenheit in ihrem Zusammenhang wiederzugewinnen und durchschaubar zu machen, unter letztlich kulturanthropologischem Aspekt, wobei oft Mythologie und Religion besonders faszinieren. Dem geistigen Selbstverständnis abendländischer Kultur dient die Klassische Philologie, indem sie Entstehung und Wandel der Grundbegriffe beschreibt, mit denen die Sprache in fortschreitender intellektueller Zergliederung die Wirklichkeit zu fassen suchte, und die weithin mit Grund bis heute ihre griechischen und lateinischen Namen tragen. Für Kultur- wie für Begriffsgeschichte ist der literarische Text zunächst ein Zeuge neben anderen. Doch entfaltet das Kraftfeld der literarischen Texte der Antike seine spezifische Wirkung, so dass die Untersuchungen immer wieder um Homer, Tragödie oder Platon, um Cicero oder Vergil zu kreisen beginnen.

Die Klassische Philologie ist die älteste Literaturwissenschaft, und sie trägt an dieser Bürde. Die historische Distanz zur Welt der Griechen und Römer ist enorm und wächst noch ständig. Der Forscher läuft Gefahr, seine ganzen Energien bereits auf dem Wege aufzubrauchen. Tote Sprachen müssen ihm lebendig werden, die Texte sind unsicher und teilweise fragmentarisch überliefert, sie sind durch die Tradition künstlich vereinzelt; es bedarf der Textkritik, der Kommentierung, um sie voll verständlich zu machen. Beides ist seit Jahrhunderten virtuos betrieben worden, und so kann man sich auf Bergen der Sekundärliteratur tummeln, ohne zum Ziel zu kommen. Immerhin hat die Diskussion Distanzen geschaffen und den Blick geschärft für Beziehungen und Proportionen. Man weiss, wie man die formalen Traditionen zu verstehen hat, denen ein Text unterliegt, man kennt die Gesetze der literarischen Genera, die exemplarisch entfaltet vorliegen. Modernere Gesichtspunkte schliessen sich leicht an, Fragen nach gesellschaftlichen Zusammenhängen, „Produktionsbedingungen", „Erwartungshorizont", Rezeption; gerade hier bietet das Verhältnis der griechischen zur lateinischen Literatur und beider Literaturen zu Mittelalter und Neuzeit ein weites und reiches Feld. Andererseits hat die Anfangsstellung der griechischen Literatur am Musterbeispiel Homer zu eindringlichen Untersuchungen über die Besonderheit mündlicher Dichtung und ihr Verhältnis zur Schriftlichkeit geführt, wovon Impulse weit über die Klassische Philologie hinaus ausgegangen sind.

Im übrigen hat die Klassische Philologie sich auch in jüngster Zeit als wenig theoriebedürftig erwiesen. Dies hängt weniger an jenem Energieaufwand, den der Zugang fordert, als daran, dass hier nicht ein unübersehbares und immer wachsendes Feld von Hervorbringungen zu vermessen und übersichtlich einzuteilen ist. Die Auswahl des „Klassischen" fand vor einenhalb Jahrtausenden und mehr statt, und da das „Deklassierte" verloren ging, ist sie für uns nicht zu ändern und kaum zu kritisieren. Positiv gewendet bedeutet dies, dass man eben die ausgewählten, „klassischen" Texte als ganze kennenlernen, zu ihnen immer wieder zurückkehren, mit ihnen vertraut werden kann. Eine Auswahl von „Klassikern" hat als Reduktion von Komplexität für die Gemeinsamkeit geistiger Horizonte und damit für kulturelle Verständigung überhaupt durchaus ihren Wert, auch wenn sich dergleichen heute nicht künstlich wiederherstellen lässt. Dass aber die Wege zu klassischen Texten, sei es über Kultur- und Geistesgeschichte, Sprache oder Literaturwissenschaft im engeren Sinn, über das methodische Spiel hinaus zur packenden Begegnung werden können, ist die wiederholbare Erfahrung, auf die es schliesslich ankommt.

Unveröffentlichtes, zum Erinnerungsabend verfasstes Scherzepyllion über die Erlebnisse in Pompeji bei der Süditalienexkursion des Klassisch-Philologischen Seminars der Universität Zürich im April 1983.*

ΠΟΜΠΕΙΑΔΟΣ Α

  Μῆνιν ἄειδε, θεά, Πομπείων ἀμφὶ θέμεθλα,
ἤματι τῶι, ὅτ᾽ ἐπῆλθον ἀπόπροθεν ἄσπετα φῦλα
Μυρμιδόνων, τῶν ἦρχε Ποτίσκος· τοὺς δ᾽ ἄρα πάντες
Μυρμιδόνας καλέεσκον, ἐπεὶ μύρμηξιν ὁμοῖοι
5 ἀρχαίοισι λίθοισιν ὑπερφιάλως χαίρεσκον.
Οἱ τότε ῥ᾽ ἐξ ἠοῦς εἰς ἠέλιον καταδύντα
μίμνον ἐφεσταότες κλεισταῖσι πύλαις, ἐθέλοντες
εἴσω τ᾽ ἐλθέμεναι καὶ θέσκελα ἔργα ἰδέσθαι.
Ἀλλ᾽ οὐκ ἦν· φύλακες γὰρ ἐφέστασαν οὐδὲ πυλάων
10 ἂψ ἔθελον χείρεσσ᾽ ὦσαι βαλανωτὸν ὀχῆα.
Οἱ δὲ πανημέριοι εἰς ἠέλιον καταδύντα
μίμνον τειρόμενοι, ταλασίφρονα θυμὸν ἔχοντες.
Ἀλλ᾽ ὅτε δὴ φήμη στυγερὴ μετὰ λαὸν ἵκανεν,
ὡς πόρος οὐκ ἔσται καὶ ἐτώσιος ἔπλετο μόχθος,
15 δὴ τότ᾽ ἄρ᾽ ἀζηχὴς δῦνεν χόλος ἦτορ ἁπάντων,
ἔξοχα δὲ φρεσὶν ἧισιν ἐπεστενάχιζε Ποτίσκος,
ἀρχὸς Μυρμιδόνων, πεπνυμένα πολλά τε εἰδώς.
Ἦν δέ τις ἐν κείνοισιν ἀνὴρ κρατερός τε μέγας τε,
τῶι δ᾽ ἔμπνευσε μένος βριαρώτατον ὄβριμος Ἄρης·
20 αἶψα πύλαις κλεισταῖσιν ἐφίστατο δαίμονι ἶσος·
τρὶς μὲν ἐπειρήτιζε, μέγαν δ᾽ ἐλέλιζε σίδηρον·
Μυρμιδόνες δ᾽ ἰάχησαν ἀγασσάμενοι μέγα ἔργον·
αὐτὰρ ἐπεὶ τὸ τέταρτον ἐπέσσυτο, δὴ τότε κλῆιθρα

---

* *[Der Herausgeber durfte an der Exkursion teilnehmen: Wegen mehrtätigen Streiks standen wir wiederholt vergeblich vor den Toren Pompejis, an denen wir dann am dritten Tag unwillig zu rütteln begannen, bis sie sich öffneten... (der Latinist Hermann Tränkle – Ποτίσκος – ging beherzt allen voran in die Ausgrabung hinein, der Linguist Ernst Risch etwas zögerlicher; Walter Burkert beobachtete die Szenerie von außen). Siehe auch Burkerts Bemerkungen dazu am Schluss des in Kapitel 1. Philologica abgedruckten Vortrags über Alfred Heubeck oben S. 102–103.]*

ῥῆξε βίηι, καὶ χάσμ' ἀχανὲς γένεθ', οἱ δ' ἄρα πάντες
25 Μυρμιδόνες κλάζοντες ἐπείσβαλον ἱερὸν ἄστυ.
Οἱ μὲν ἄρ' ἀρχαίοισι λίθοις χαίροντες ἐπῆισαν,
πᾶσι μάλ' ἑξείης· ἦρχεν δὲ Ποτίσκος ἀγαυός,
δεικανόων χείρεσσι, καὶ ἔφρασε θέσκελα ἔργα.
Οὐδ' ἀλαοσκοπίην εἶχον φύλακες μεγάθυμοι,
30 Μυρμιδόνας ῥ' ὡς εἶδον ἀμειβομένους μέγαν οὐδόν.
Ὧδε δέ τις εἴπεσκεν ἰδὼν εἰς πλησίον ἄλλον·
"Ὦ πόποι, ἦ μέγα ⟨θαῦμα⟩[1] τόδ' ὀφθαλμοῖσιν ὁρῶμαι·
πέπτανται δὲ πύλαι, ἑάλωκεν δ' ἱερὸν ἄστυ
Μυρμιδόνων ὑπὸ χερσί· νεμεσσητὸν δέ κεν εἴη.
35 Ἀλλ' ἄγε δὴ καλέσωμεθ' ἀρωγοὺς ὅττι τάχιστα
Πουλύποδας· τοὶ γάρ θ' ἡμῖν ἐπιτάρροθοί εἰσιν·
τῶν πέλει ἄπλητος θυμός, χεῖρες δὲ τ' ἄαπτοι.
Ὣς οἱ μὲν τοιαῦτα πρὸς ἀλλήλους ἀγόρευον.
Αὐτίκα δὴ πρόεσαν θοὸν ἄγγελον αἰθερίφοιτον
40 Πουλυπόδων μεθ' ὅμιλον, ὄτρυνον δέ σφιν ἀρῆξαι.
Ζεύξαντες δ' ἀνέβησαν ἐφ' ἅρματα παμφανόωντα,
πανσυδίηι δ' ἵκοντο πύλας ἠδ' ἱερὸν ἄστυ
ῥοίζωι θεσπεσίωι, δῦνον δ' ἄρα ἄστεος εἴσω.
Καὶ τότε Μυρμιδόνας κλεινοὺς χλωρὸν δέος εἷλε,
45 Πουλύποδας ῥ' ὡς εἶδον ἐπεσσυμένους ἀλαλητῶι.
Οἶος δ' ἄλκιμον ἦτορ ἔχων τότ' ἔμμνε Ποτίσκος,
τοῦ μέλιτος γλυκίων αὐδὴ ῥέε· δῶκε δ' Ἀθήνη·
Ἦκα δὲ μειδήσας ἔπεα πτερόεντα προσηύδα·
Δαιμόνιε, τί βέβηκας; ἀνάρσια ἔργα φαείνεις·
50 ἤλθομεν ὀψόμενοι Πομπείων θέσκελα ἔργα,
πέπτανται δὲ θύραι· τί σὺ κωλύεις μεμαῶτας;
Ὣς φάτο· τὸν δ' οὔ τι προσέφη Πολύπους στυγερόφρων,
ἀλλ' ἔτι μᾶλλον ἔειργε, βίην δ' ἀμέγαρτον ἔφαινε.
Καὶ τότε δὴ γίνωσκεν, ὅ τ' οὐκέτι φυκτὰ πέλοντο.
55 Ὡς δ' ὅτ' ὄνος παρ' ἄρουραν ἰὼν ἐβιήσατο παῖδας,
κείρει δ' εἰσελθὼν βαθὺ λήιον· οἱ δέ τε παῖδες
σπουδῆι ῥ' ἐξήλασσαν, ἐπεί κ' ἐκορέσσατο φορβῆι,
ὣς τότε Μυρμιδόνας, μετὰ τοῖσι Ποτίσκον ἀγαυόν,
ἐξέβαλον πόλιος Πομπείων εὐρυαγυιῶν,
60 ἔρξαντας μέγα ἔργον, ὅου κλέος οὔποτ' ὀλεῖται,
ἀλλὰ καὶ ἐσσομένοισιν ἐπικλείουσιν ἀοιδοί.

---

[1] *[ἔργον im Original ist wohl ein* lapsus calami *(ich danke Luigi Bravi für den Hinweis).]*

Erschienen in: NZZ 77, 31.3./1.4.1984, 70 = Latein und Griechisch in Berlin 28/3, 1984, 38–40.

Magister Ludi
Zum „Griechischen Lehrgang" von Günther Zuntz

Seit der Neuhumanismus das Altgriechische zum Kenn- und Kernfach des Gymnasiums erhob, haben Generationen von Pädagogen ihr didaktisches Bemühen in griechische Übungsbücher und Grammatiken umgesetzt – der Zürcher Adolf Kaegi (1849–1923) ist dabei noch immer weitum mit Respekt zu nennen. Basis und Gerüst hatte der seit je etablierte Lateinunterricht geliefert, nur dass Griechisch eben noch kompliziertere Paradigmen zu bieten hat: Die Anekdote von den „Verben auf -mi", die man gelernt haben muss, um etwas fürs Leben zu haben, ist international verbreitet. Inzwischen hat sich Griechisch am Gymnasium von der tragenden Säule zum erlesenen Zierat gewandelt, von Kennern geliebt und verehrt und nicht ohne Bangen verteidigt, während auf der Universitätsstufe der Bedarf nach Griechischunterricht eher zunimmt, nicht nur bei Theologen. In diese Situation, aus ihr erwachsen und doch auch eigentümlich quer zu ihr stehend, tritt dieses einzigartige Werk: ein Meister seines Fachs, einer der international besten Graecisten hat es unternommen, als Abschluss eines imponierenden Lebenswerks ein Elementarbuch für den Griechischunterricht neu zu erarbeiten.[1]

Die Biographie, die dahinter steht, ist bewegend und doch nicht untypisch für unser Jahrhundert: Berliner, Jahrgang 1902, besucht königlich preussische Gymnasien, studiert kurz nach dem Ersten Weltkrieg noch unter der beherrschenden Gestalt Ulrich von Wilamowitz-Moellendorffs, promoviert in Marburg bei dem Wilamowitz-Schüler Paul Friedlaender, der feinfühliger als andere den Umbruch der Zeiten registrierte, wendet sich dann aus eigenem Entschluss dem Lehramt am immer noch preussischen Gymnasium zu; da treibt ihn das Jahr 1933 ins Exil, über Dänemark gelangt er nach England und findet nicht wie andere in Oxford, wohl aber an der Universität Manchester eine neue Wirkungsstätte. Dort gehören griechische Elementarkurse zu den

---

[1] Günther Zuntz: Griechischer Lehrgang. I. Lektionen, II. Exercitia, Vokabular, III. Appendix Grammatica, Summa Grammatica. Vandenhoeck & Ruprecht, Göttingen 1983.

energisch ergriffenen Aufgaben. Zugleich entstehen die Werke, die den Namen Günther Zuntz für alle Graecisten zum Begriff gemacht haben, ausgezeichnet durch Weite des Wissens, Präzision im Detail und Scharfsinn der Ergebnisse, vor allem die Bücher zu Euripides.

Fast legendär geworden ist, wie Günther Zuntz die alte Streitfrage nach dem gegenseitigen Verhältnis der beiden wichtigsten Euripides-Handschriften entschied, indem er jenen unscheinbaren Punkt entdeckte, mit dem der Schreiber der einen Handschrift einen Materialfehler der anderen kopiert hatte. Dann erschien 1971 in Oxford das grosse Buch „Persephone, Three Essays on Religion and Thought in Magna Graecia", in dem Prähistorie und Archäologie, beschriftete Goldblättchen und philosophische Religion zu einer faszinierenden Einheit verbunden sind. Damals hatte Günther Zuntz bereits begonnen, „alle seine Zeit" – so sein Zeugnis – jenem anderen Projekt zu widmen, einem wirklich guten Lehrgang des elementaren Griechisch. Nach der Emeritierung ergab sich eine glückliche Verbindung zu den Philologen und Theologen der Universität Tübingen, die Günther Zuntz zum 21. Juni 1983 den Ehrendoktor verliehen hat. So wurde auch das Erscheinen des „Lehrgangs" in einem deutschen Verlag ermöglicht: ein versöhnlicher Abschluss nach 50 Jahren.

Der Grundgedanke des Werks ist einfach und durchschlagend zugleich: Nicht ein neuer Programmhumanismus, nicht pädagogische Finessen oder programmierter Unterricht, vielmehr die Überzeugung: Worauf es ankommt, ist gutes Griechisch. Die sprachliche Tradition hat die Lebendigkeit und die Kraft, für sich selbst einzustehen.

Welche Sätze einer Sprache eigentlich sprachrichtig sind, ist in der modernen Sprachwissenschaft zu einem verzwickten Problem geworden. Sprachunterricht führt aus Systemzwang fast immer zu künstlichen, eigentlich unsinnigen Bildungen. Dies ist keineswegs nur ein Problem der alten Sprachen; ein Lehrbuch des Türkischen kann durch den Mustersatz „Bin ich ein Schneider?" erheitern. Das Gymnasium hat in seiner langen Tradition etliches hervorgebracht, was längst wieder Eigenleben gewonnen hat; sogar das sprichwörtliche „Ceterum censeo" des alten Cato gehört dazu. Und doch ist die Antwort des Philologen auf die Frage nach den sprachrichtigen Sätzen im Prinzip so einfach wie möglich: man wähle Originalsätze der klassischen Literatur. Nur sitzt der Teufel auch hier natürlich im Detail. Man stelle sich vor, welche Sucharbeit es kostet, auch nur zu einem einzigen Substantiv wie z.B. „Fisch" alle Casus, Singular und Plural, zu belegen. Dies für alle im Elementarunterricht relevanten Wörter und Wortformen zu leisten wird zu einer Ameisenarbeit von schier übermenschlichem Umfang. Eben dies hat Günther Zuntz geleistet. Es ist ihm gelungen, eine erstaunliche Fülle von knappen, einfachen, einprägsamen Sätzen zusammenzubringen und fortschreitend zu ordnen, ohne dass der erforderliche Kommentar den elementaren Zweck erstickt.

Natürlich kommt auch Günther Zuntz nicht ohne Eingriffe aus. Es bedarf gelegentlich der Vereinfachung, es bedarf der systematischen Variation zum Einüben der Grammatik. Und doch ist das zustande kommende Bild von unerhörter Lebendigkeit, Farbigkeit und Authentizität. Der Kenner vernimmt ein Konzert von vielen vertrauten und überraschend vielen neuen Stimmen, in denen das pulsierende Leben der antiken Kultur nuancenreich eingefangen ist; für den Anfänger dürfte sich ein Effekt der „Immersion" in die klassische Sprache einstellen, der in dieser Weise bisher nicht zu erzielen war. Man bedauert, dass der Verfasser nur in einer Minderzahl der Fälle die jeweilige Quelle im Kleindruck nennt. Er wollte eben keinen Thesaurus für Adepten vorlegen, sondern einen Lehrgang für die pädagogische Praxis, aus der das Werk erwachsen ist. Nach seiner Erfahrung lässt sich der Stoff in 90 bis 100 Unterrichtsstunden bewältigen, was auch einem zweisemestrigen Universitätskurs etwa entspricht. Freilich wird sich das Buch erst noch im „Blindversuch", ohne den Elan und das Charisma des Autors, zu bewähren haben.

Denn es ist eine starke und eigenwillige Persönlichkeit, die durch das Werk sich ausspricht. Sie verbindet mit dem authentischen Klang des Griechischen den unverwechselbaren Ton des alten Gymnasiums. Ein Band „Lektionen", ein Band „Exercitia" mit „Vokabular", ein Band „Appendix Grammatica" mit den Paradigmen als „Summa Grammatica". Der Lernende wird unnachsichtig mit „du" angeredet und erhält seine Anweisungen: „Wiederhole und präge dir ein!" „Begreife den fundamentalen Unterschied!" „Wie erklärst du dir …?" Es gibt keine Konzession an die Bequemlichkeit. Das Vokabular geht mit rund 3500 Wörtern über das übliche Graecum-Mass hinaus. Am Ende stehen, wie könnte es anders sein, die „grossen Verben auf -mi". Doch sichert überlegene Kennerschaft die Konzentration aufs Wesentliche. Der Dual erscheint nur anhangsweise, und jene Terminologie der Akzenttypen, die Alfred Andersch den Rektor Himmler, „Vater eines Mörders", vorexerzieren lässt, erscheint nebenbei als „eine Serie von Termini, absonderlich, aber nützlich". Die Genauigkeit aber geht bis ins letzte Detail etwa der Akzentuierung, ja man erfährt, dass die verschiedenen Formen des Buchstabens Sigma „eine unnütze Erfindung von Renaissance-Druckern" sind.

Wenn überhaupt Bedenken angebracht sind, werden sie am ehesten der Skizze der Grammatik gelten. Sie baut auf solider Gymnasialpraxis auf, doch ohne Berücksichtigung des heutigen Stands der Indogermanistik und überhaupt der modernen Sprachwissenschaft. Der Begriff „Phonem" erscheint so wenig wie das Mykenische. Von einem „Ablaut i/o" (im Fall píno „ich trinke") wird man heute so wenig sprechen wie davon, „die uralte homerische Kunstsprache" sei „Ionisch auf einer älteren, äolischen Basis". Fühlbar ist der alte Stand des gymnasialen Unterrichts auch darin, dass mit Selbstverständlichkeit und stets der Lateinunterricht als Hintergrund vorausgesetzt wird. Dies hat seine historische Rechtfertigung aus der Perspektive von Mittel- und Westeuropa, ist aber weder sprachgeschichtlich begründet, noch erschöpft es die Nachwirkung des Griechischen: unabhängig vom Latein wirken seine Ausstrahlungen in die arabische wie in die slawische Welt. Je wichtiger diese Bereiche für das heutige Bewusstsein werden, um so weniger kann man voraussetzen, dass jeder Latein vor Griechisch lernt. Weit mehr als früher ist dem touristisch mobilen Zeitgenossen auch bewusst, dass Griechisch keine tote Sprache ist, sondern eine der ältest bezeugten unter den heute noch gesprochenen Sprachen. Zumindest den Hinweis auf die heutige Aussprache sollte man dem Griechisch Lernenden nicht vorenthalten.

Das Buch, getragen von wahrhaft ehrfurchtgebietender Kompetenz, ist zugleich Denkmal einer Epoche. Dass es nicht nur für Kenner aus kastalischen Provinzen ein Genuss ist, sondern lebendige Wirkung tun kann, ist gewiss. Zumindest sollte jeder Lehrer des Griechischen das neue Buch neben das ihm vertraute Übungsbuch legen und sich selber prüfen, ob er den Unterschied erkennt. Hier ist zu lernen.

Erschienen in: Uni-Zürich 6/1990, 3–6.

Neues aus der Altertumswissenschaft*

Auch die älteste der Geisteswissenschaften wird durch Neufunde in Bewegung gehalten.

Weh dir, dass du ein Enkel bist?

Die klassische Philologie kann sich rühmen, seit gut 2500 Jahren kontinuierlich und sogar am gleichen Gegenstand betrieben zu werden, seit „Homer" zum Klassiker erklärt wurde und doch erklärungsbedürftig war. Durch einen – durchaus problematischen – Auslesevorgang sind dann die weiteren „klassischen" Texte der Literatur hinzugewachsen und als Gegenstand einer philologia perennis erhalten geblieben. Philologie in Gestalt von Lexikographie und Wörterlisten ist noch weit älter, sie reicht in Mesopotamien bis weit ins 3. Jahrtausend zurück.

Moderne Zeiten sind nicht dazu angetan, solchen Erbes leichthin froh zu werden. Es mag deprimierend erscheinen: In keiner anderen Wissenschaft trifft man auf so viele Vorgänger, so vieles, das so oft schon hin- und hergewendet, gepriesen und kritisiert, umgeändert und wieder restituiert worden ist. Der Bestand an „klassischen" Texten ist konstant, die Überlieferungszeugen, die Handschriften, sind seit dem vorigen Jahrhundert im wesentlichen bekannt, ausgewertet, ediert. Es bleibt die Aufgabe, die Kontinuität zu erhalten und doch den Kontakt zur Gegenwart nicht zu verlieren.

Eben die Gegenwart sorgt allerdings mit ihren rasch wechselnden Gesichtspunkten dafür, dass sich auch immer neue, gelegentlich aufregende Perspektiven auf das Alte eröffnen. So entdeckt man zurzeit dank neueren funktionalen und strukturalen Theorien der Gesellschaft den „Geist" der Alten Welt anders

---

* *[Der Beitrag wird hier ohne die ursprüngliche Bebilderung und Erwähnung des Balzan-Preises abgedruckt.]*

als zuvor in seiner notwendigen Verknüpfung mit der archaischen Gesellschaft und der griechischen Polis, und man diskutiert den Übergang von einer oralen Kultur zur ersten eigentlichen Schriftkultur am Beispiel der Homerischen Dichtung. Bei alledem kommt es darauf an, das einmal erreichte philologische Niveau zu halten, was mit der langen Kette der Ahnen auch immer längere, arbeitsintensivere Bemühung erfordert.

Chancen neuer Funde

Um so mehr freut man sich, dass es auch in der klassischen Philologie Neufunde gibt, die unser Wissen und damit unser Gesamtbild erweitern, bereichern, *[4]* gelegentlich sogar auf eine neue Grundlage stellen können. Sie hängen fast stets zusammen mit der hochentwickelten Archäologie, die direkte Zeugnisse alter Kulturen zutage fördert. Dass ein neuer „Klassiker" aus dem Orcus auferstünde, damit ist freilich kaum zu rechnen. Doch auch kleine, unscheinbare Dokumente können neue Perspektiven eröffnen und sorgfältige, bewundernswerte Handbücher geradezu schlagartig ausser Kraft setzen.

Seit dem vorigen Jahrhundert ist man in Ägypten auf die Papyri aufmerksam geworden, die Reste antiker Bücher, wie sie sich fast nur in dem besonderen Klima Ägyptens – vor dem Bau des Assuan-Staudamms – erhalten konnten. Die Funde nehmen in diesem übervölkerten Land heutzutage freilich ab. Mehr Chancen haben Schriftdokumente auf Metallfolien, die in der ganzen Alten Welt gelegentlich verwendet wurden; dabei kommen jetzt moderne Metalldetektoren zum Einsatz, freilich meist in illegaler Such- und Handelstätigkeit. Inschriften auf Steinen hat man seit langem gesammelt, doch wächst der Bestand an solchen Texten kontinuierlich. Am dauerhaftesten ist Keramikgeschirr, das darum in der Vor- und Frühgeschichte seit langem das eigentliche Leitfossil zur Bestimmung der Kulturen und Epochen geworden ist; nicht selten hat man, zum Glück, Keramikscherben auch zum Schreiben verwendet. Der Philologe ist auch von solchen Graffiti entzückt. *[5]*

Eine gnostische Bibliothek

Einige Hinweise auf Entdeckungen der letzten 40 Jahre, die im engeren Kreis der Wissenden als Sensationen gewirkt haben: Der bedeutendste Papyrusfund, um 1945, ist die „Gnostische Bibliothek von Nag Hammadi", 13 relativ gut erhaltene Codices aus dem 4. Jh. n.Chr.; sie ist freilich dem klassischen

Philologen nur indirekt zugänglich, handelt es sich doch um koptische Übersetzungen ehemals griechischer Originalschriften. Seit 1977 liegt die gesamte Nag-Hammadi-Bibliothek in englischer Übersetzung vor. Die Erforschung der „Gnosis", jener mit dem frühen Christentum einhergehenden spekulativen religiösen Bewegung, steht seither auf einem neuen Fundament. Ein Stück von einem dieser Codices ist übrigens seinerzeit illegal nach Zürich gekommen und als „Codex Jung" C. G. Jung geschenkt worden; er wurde inzwischen nach Kairo zurückgegeben.

Mani

Fast noch wichtiger ist ein Buch von der Grösse einer Streichholzschachtel, das 1969 nach Köln gelangte, eine griechisch geschriebene Biographie des Religionsstifters Mani. Der Manichäismus war eine Weltreligion, eine Weiterentwicklung des Christentums unter Einbezug persischer und indischer Elemente, eine Religion, die durch die vereinten Bemühungen von christlicher Kirche, Islam und Buddhismus im Lauf von rund 1000 Jahren dann freilich vernichtet wurde. Am bewegendsten ist im neuen Text die Jugendgeschichte des Religionsstifters: Wie er in einer christlichen Sekte aufwuchs und dann mit dieser brach, kraft einer persönlichen Inspiration, die er – Mohammed vergleichbar – als Zuspruch eines göttlichen „Zwillings" erlebte.

Menander

Anderer Art ist der Papyruscodex, der zu Beginn der fünfziger Jahre von Martin Bodmer für seine Bibliotheca Bodmeriana in Cologny bei Genf erworben wurde: drei Stücke des Komödiendichters Menander. Man kannte Menander als „Klassiker" nur in den lateinischen Bearbeitungen des Plautus und Terenz, die allerdings das Theater der Neuzeit mitgeprägt haben. Einem ersten grossen Fund von 1911 ist schliesslich der Bodmer-Codex gefolgt, dank welchem ein Drama des Menander jetzt vollständig vorliegt, Dyskolos „Der Bösgelaunte" (ediert 1958); ein zweites, Samia „Die Frau von Samos" (ediert 1969), ist nahezu vollständig zu lesen oder auch zu spielen. Ein kleines Bruchstück eines anderen Menanderstücks, in England befindlich, hat sich als die direkte Vorlage der Bacchides des Plautus herausgestellt: Veröffentlicht 1968, lässt dieses Fragment erstmals die Arbeitsweise des Plautus im Detail erkennen – der Lateiner hat sich dabei als überraschend selbständig erwiesen.

Ein verbranntes Buch aus Griechenland

Der ganz unwahrscheinliche Fall, dass ein Papyrusbuch ausserhalb Ägyptens erhalten blieb, ist 1962 eingetreten: In einem Grab bei Derveni, unweit Thessalonikis, fanden sich Reste einer verkohlten Papyrusrolle; das Buch war beim Leichenbrand nicht ganz zerstört worden. Der Fund ist an sich nicht ganz einzigartig, auch in Kallatis in Rumänien und sogar mitten in Athen fand man in sogar noch älteren Gräbern Papyrusrollen, die aber, da unverbrannt, alsbald zerfallen sind. Beim Papyrus von Derveni handelt es sich um das bislang älteste griechische Buch, das wir in Resten besitzen, hergestellt wohl in der Mitte des 4. Jh. v. Chr.; der Text ist einige Generationen älter, ein „vorsokratischer" Kommentar zur Theogonie des „Orpheus". Die als „Orphik" bezeichnete religiöse Bewegung hat, als Alternative zur Religion der olympischen Götter, seit bald 200 Jahren Anlass zu heftigen Kontroversen gegeben, besonders was die zeitliche und damit die geistesgeschichtliche Einordnung zwischen Archaik und Spätantike betrifft. Jetzt haben wir einen ohne Zweifel frühen Text. Überraschend, bestätigend, gleichwohl rätselhaft treten dazu Knochenblättchen aus der griechischen Stadt Olbia am Schwarzen Meer, an der Dnjepr-Mündung, veröffentlicht 1978, datiert ins 5. Jh. v. Chr.: Klar zu lesen steht da Orphikoi nebst Hinweisen auf Dio(nysos), „Leben Tod Leben" und „Seele". Dazu kommen noch Goldblättchen, gefunden in Gräbern – 1974 in Unteritalien, 1987 in Thessalien, datiert rund 400 und 300 v. Chr. –, mit Anweisungen für den Toten und Hinweisen auf die „Bakchischen" Weihen des Dionysos. Alle Arbeit über „Orphik" hat hier neu einzusetzen.

Archaische „Lyrik"

Zurück zur Literatur im eigentlichen Sinn: Aus Papyrusbruchstücken, die seit langem in England lagern und in mühseliger Kleinarbeit allmählich zu Texten zusammengesetzt werden, ist ein ganz neues Bild einer besonderen Form der frühgriechischen Lyrik erwachsen, die mit dem Namen des Dichters Stesichoros verbunden ist, „lyrische" Darbietung der Heroenmythologie, formal ein Zwischenglied zwischen dem Epos Homers und der attischen Tragödie. Auf anderem Wege, aus ägyptischer Mumienkartonnage ausgewaschen, ist ein fast vollständiges Gedicht des ersten griechischen Lyrikers Archilochos, der ins 7. Jh. v. Chr. gehört, wiederum nach Köln gekommen, veröffentlicht 1974. Der Inhalt verblüfft: Bericht eines „Ich" über ein sexuelles Abenteuer mit einem Mädchen, vom Zwiegespräch bis zum Orgasmus; man kann den Text in seiner Unbefangenheit bewundern, sogar Zartheit im Direkten finden – andere meinten, das müsse doch wohl eine hellenistische Fälschung sein, was sich aber philologisch widerlegen liess. *[6]*

Homer

Fast am wichtigsten für die griechische Literatur ist ein in viele Scherben zerbrochener Keramikbecher, der 1955 in Ischia aus einem Grab zutage kam, datiert um 730 v.Chr. Dort, in Sichtweite der Küste Italiens, hatten sich griechische Händler neben Phönikern erstmals niedergelassen, ehe die Griechen wagten, auf dem Festland zu siedeln, wo dann die „Neustadt" Neapel entstand. Auf jenem Becher nun stehen drei Zeilen griechischer Dichtung, drei Verse säuberlich untereinander geschrieben. Sie nehmen Bezug auf den „wohl zu trinkenden Becher des Nestor". „Wer aber aus diesem Becher trinkt, sofort wird ihn die Sehnsucht der schönbekränzten Aphrodite ergreifen." Es ist dies eines der ganz frühen Zeugnisse für die griechische, von den Phönikern übernommene Schrift, zugleich eines der frühesten direkten Zeugnisse griechischer Dichtung – allenfalls ein seit langem bekanntes Graffito in Athen macht Konkurrenz –, und dabei handelt es sich offenbar bereits um eine Parodie auf den aus Homers Ilias bekannten „Becher des Nestor". Dabei ist die Schrift in diesem Fall so schön und so gekonnt, dass kein Zweifel besteht: Derjenige, der dies schrieb, im 8. Jh. v.Chr., kannte bereits Bücher, kannte griechische Poesie in Buchform. Kannte er unsere Ilias? Darüber kann man, wird man weiter streiten. Immerhin ist der an sich unscheinbare Fund zu einem Schlüsseldokument für die „Homerische Frage" geworden, die Frage nach dem Übergang von einer oralen Dichtung zur Buchkultur, nach der Möglichkeit der Entstehung eines monumentalen verschriftlichten Epos. Die Scherbe aus dem Grab, in Verbindung mit dem raffinierten System moderner Keramikbestimmung und -datierung, leistet so entscheidende Hilfestellung, um den ersten und massgeblichen „Klassiker" in die historische Realität seiner Zeit und Kultur zurückzubinden. Ein einzigartiger Glücksfall war die 1952 gelungene Entzifferung der bronzezeitlichen Silbenschrift „Linear B", die in Griechenland und Kreta vor 1200 v.Chr. in Gebrauch war, die Entdeckung des „mykenischen Griechisch"; leider sind offenbar nur Verwaltungstexte aufgezeichnet worden, keine Literatur oder gar Dichtung im Stil Homers. Immerhin ist damit Griechisch zu einer der ältest bezeugten der bis heute kontinuierlich gesprochenen Sprachen der Welt geworden.

Erschienen in: Gaia 1 (Jan./Feb.), 1992, 2–3.

GAIA: Mythische Variationen

Gaîa ist ein Wort der altgriechischen Sprache, dort bereits eine archaisch-dichterische Form. Die innersprachliche Entwicklung hat im Laufe von 3000 Jahren dazu geführt, daß das Wort im heutigen Griechisch ‚ji' klingt, ein Aufschrei an Stelle des einstigen mythischen Vollklangs.

Während wir unsere Alltagsmythen zu überwinden suchen, greift das Wort *Gaîa* auf den alten Mythos zurück, der bei den Griechen die Dichtung beherrschte, ferner auch noch den Anfang der Philosophie, die dann doch in Aufklärung, Logik und Technik zu münden bestimmt war. Wir suchen nach den ‚Wurzeln' – und befinden uns damit bereits im Bereich der erdverhafteten, quasi-mythischen Metaphorik.

Gaia ist das allererste, das ins Dasein treten mußte, als „fester Sitz von allen Wesen", sollten sie nicht insgesamt, samt den Göttern auf ihrem Götterberg Olympos, im gähnenden Abgrund versinken, der ‚Chaos' heißt. So die älteste griechische Kosmogonie des Hesiod. Uralt freilich ist auch die Polarisierung, die der ‚Erde' den ‚Himmel' gegenüberstellt als den eigentlich göttlichen Bereich: Nach dem Anfang unserer Bibel schuf Gott „Himmel und Erde", in dieser Reihenfolge offenbar; der Stern bezeichnet ‚Himmel' und ‚Gott' schon in den Vorstufen der mesopotamischen Keilschrift. Die menschliche Existenz scheint dann zwischen diese beiden Pole gespannt, erdverhaftet und doch dem Himmel zugewandt, ja vielleicht verwandt. Rationalisierende Anthropologie wird den Menschen ermahnen, sich seiner aufrechten, zum ‚Höheren' aufgerichteten Haltung bewußt zu werden. Platon geht so weit, den Menschen gleichsam auf den Kopf zu stellen, ihn als ‚Himmelspflanze' anzusprechen, die nur sekundär in die ‚unteren' Regionen hineingewachsen sei.

Doch der reale, lebendige Mensch bleibt *nolens volens* auf der Erde. ‚Mutter Erde' ist zwar keine universelle Uridee der Menschheit, wie gelegentlich angenommen wurde, doch vielerorts *[3]* eine Formel feierlicher, religiös ausgeformter Tradition, die immer von neuem einleuchten wird. Gaia die Mutter erscheint als der gebärende und nährende Urgrund, besonders in der Sicht der so ganz von Landwirtschaft abhängigen archaischen Gesellschaften. Man kann sich vorstellen, auch die Menschen seien einst pflanzengleich aus ihr emporgewachsen. Dem steht, wiederum seit Urzeiten, gegenüber, daß man die Toten in der Erde bestattet. So entspricht dem Herauf ein Hinab, dem Geben ein Nehmen, dem Hervorbringen ein Empfangen. Dies ist der Kreislauf des Lebens, der von der ‚dunklen Erde' selbst geleitet wird. Mit der Garantie des uralten und ewigen Bestands wird Gaia auch zur Grundlage jenes Rechts, das den freien Verfügungen der Menschen vorgeordnet ist, ja vielleicht sogar der Willkür himmlischer Götter.

Die Menschen freilich finden sich immer wieder in einer Situation der Konkurrenz um das Stück Erde, auf dem und von dem zu leben sie gewillt sind. Dieses Stück wird denn alsbald in männlich-aggressiver Ideologie als die ‚väterliche' Erde benannt und herausgehoben, lateinisch übersetzt *patria* (*terra*), das ‚Vaterland' – zugleich immer noch die ‚Mutter', der wir verbunden bleiben, für die und um die unter Einsatz des eigenen Lebens zu kämpfen die nachwachsende ‚Jungmannschaft' immer wieder aufgerufen wird. Nachdenklichere Philosophen allerdings betonen, daß die Erde, soweit sie überhaupt ‚bewohnbar' ist, die ‚Oikumene' zwischen sonnenverbrannter Wüste und ewigem Eis, doch eigentlich der ganzen Menschheit als gemeinsamer Besitz zur Verfügung steht; es gelingt ihnen kaum, sich durchzusetzen.

In der alltäglichen Realität erfährt allerdings der Bauer, daß Mutter Erde ihre Nahrung nicht von selbst zu spenden bereit ist; sie muß ihr in harter Arbeit abgerungen werden. Die Erde muß aufgebrochen, ‚verwundet' werden, um den Samen aufzunehmen, und ist dann auf den himmlischen Regen angewiesen. „Vieles Gewaltige lebt, doch nichts ist gewaltiger als der Mensch", heißt es in Sophokles' *Antigone*, „Und der Götter höchste, die Erde (*Gâ*), die ewig quellende, die nie müde, quält er mit wendenden Pflügen Jahr um Jahr ..."

Älter noch, quälender ist die Vorstellung, daß die schiere Menge der wachsenden Menschheit die Erde bedrückt. Im altgriechischen Epos begann der Troianische Zyklus mit diesem Motiv: Zeus, der höchste Gott, „empfand Mitleid" mit der allnährenden Gaia in ihrer Bedrängnis und beschloß, sie „von Menschen zu erleichtern"; darum der Troianische Krieg. Viel ausführlicher war der Gedanke ein volles Jahrtausend früher schon in einem erst 1969 veröffentlichten babylonischen Epos gestaltet, das nach dem ‚überaus klugen' Haupthelden ‚Atrahasis' benannt wird. Dort „schreit das Land wie ein Stier" unter dem Gewühl der sich mehrenden Menschen. Die Einfälle des höchsten Gottes, dem abzuhelfen, schlagen jedoch sämtlich fehl: Ob Seuche, Hungersnot oder gar die Sintflut, wieder und wieder stellt sich nach der Katastrophe heraus, daß die Menschheit immer noch da ist, ja weiter wächst. Es bleibt ihm nichts weiter übrig als der Auftrag an die Geburtsgöttin: „Lass das Gebären aufhören", eine Aufgabe, die freilich nur über rituelle Tabus durchführbar erschien – im Zweistromland vor 3700 Jahren.

Erschienen in: Swissair Gazette 6/92, 55.

Der Standpunkt des Schmetterlings

Gewiss hat „Fliegen" den Menschen seit je fasziniert, als das, was er eben nicht kann. Gegen die Phantasie steht hart und schwer die Wirklichkeit. Nur ein Kind läuft einem Vogel nach, der dem Jäger aufflatternd ein Schnippchen schlägt. Himmel und Erde sind getrennt, der Mensch hat sich zu Recht als Erdenkloss zu fühlen. Und doch steckt in uns, von unseren baumkletternden Vorfahren ererbt, Wonne und Schrecken der Höhe und der Tiefe, mit jenem unausrottbaren Reflex des Schwindels, der erregenden Spannung auf des Messers Schneide zwischen Festklammern und Sprung nach unten. Im Dialekt heisst „hinfliegen" so viel wie stürzen, und Sprachwissenschafter können die gleiche Ambivalenz von Flug und Sturz in alten Wortwurzeln nachweisen. Eine andere Ambivalenz ist in unserer Sprache noch deutlicher enthalten: Fliegen und Fliehen, Flug und Flucht, *to fly und to flee: a pleasant flight?*

Eben diese Doppelung stellt der bekannte griechische Mythos vom Fliegen vor Augen: Dädalus flieht, samt Sohn, mit selbstgebastelten Flügeln aus dem kretischen Labyrinth, wo König Minos ihn gefangen hält; der Knabe Ikarus aber stürzt ab und ertrinkt im Meer, als die schlecht konstruierten Flügel sich lösen. Und doch, eigentlich wären Fluggeräte wie zur Flucht so erst recht zum Angriff tauglich, zum Über-Fall: Perseus bekämpft das Meeresungeheuer mit Hilfe von „Flügelschuhen" aus der Luft, Bellerophontes findet ein Flügelpferd Pegasos, mit dem er die feuerspeiende Chimaira bekämpft. Als er freilich zum Himmel auffahren will, kommt der unvermeidliche Absturz. Sekundär haben dann luftige Poeten das Flügelross sich angeeignet, nicht ohne eigenes Risiko.

Der Mensch kann nicht fliegen; doch fühlt er sich herausgefordert und geängstigt von Flugphantasien. So beobachtet er nicht nur aufs genaueste die fliegenden Vögel und glaubt gern, dass sie ihm Zeichen geben, er bewundert besonders die Raubvögel, die sich von oben auf ihre Beute stürzen können: Der Falke, der Adler sind wahrhaft königlich. Zusätzlich bevölkert die mythische Phantasie die Welt mit allerlei geflügelten Zwischenwesen, die die Kluft zwischen dem Erdverhafteten und dem Himmlischen überbrücken. Es ist recht leicht, Flügel zu zeichnen und zu malen, und so werden entsprechende Bilder rasch populär und verbreiten sich selbst über Sprach- und Kulturgrenzen hinweg: Ägypten, Mesopotamien, Kreta, Griechenland, schliesslich das Abendland – Flügelwesen überall, oft rätselhaft, manchmal drohend, immer irgendwie einleuchtend. Fliegen können Götter und Götterboten, aber auch böse Dämonen, die uns unversehens attackieren, und natürlich auch ihr Oberster, der Teufel; fliegen aber können offenbar auch die flüchtigen Totenseelen, die uns bald nahe scheinen, bald ungreifbar entschwinden. Dass die menschliche Seele eigentlich selbst ein Flügelwesen sei, aus himmlischen Regionen ins Irdische abgesunken, hat Platon als Mythos dargestellt. Der Philosoph hofft, der Seele könnten durchs rechte philosophische Training ihre Flügel wieder wachsen zur endgültigen Flucht aus allem Irdisch-Niedrigen.

Das griechische Wort für Seele, *psyche*, bezeichnet zugleich den Schmetterling; möglicherweise steckt recht Altes hinter der sprachlichen Zweideutigkeit. Psyche, die Menschenseele, wird jedenfalls dann in der Spätantike eben mit Schmetterlingsflügeln dargestellt, vor allem im Gegenüber mit dem anders beflügelten Eros/Amor, der die „Seele" quält und doch so glücklich macht.

Jetzt ist Fliegen längst Realität, jenseits aller Phantasie für den erfahrenen Passagier, der die rationellste Passage von einem Punkt der Erde zum anderen gewählt hat. Nur gelegentlich noch mag den gepflegten Drink im Fauteuil ein leichtes Kribbeln wie von Flucht und Sturz begleiten. Nur ein Kind wird das Wunder erleben, in dem die Phantasie sich erfüllt, beim Blick durchs Fenster ins rings umgebende Blau: „Jetzt ist der Himmel unten."

Erschienen in: Chronicle. A Magazine of American Culture, April 1993, 19–21.

Classics—Past Ideology and Persistent Reality*

This year the Ingersoll Foundation has decided to present the Richard M. Weaver Award for Scholarly Letters to a professor of classics. Amidst joy and gratitude, this will bring to the fore some of the uneasiness that has been associated with the word and concept of "classics" for a long time, an uneasiness that seems to shift between defense, nostalgia, and resignation. Indeed the claim implied in the concept of "classical" has come under continuous attack during the whole of this century, and if from time to time the attacks seem to die away, this may be due to the impression that the victim is finally dead.

Apparently the claim of "classical" is difficult to maintain for any cultural production these days, whether in literature, art, or philosophy. The word was coined to signify what belongs to a category of value beyond dispute, what is distinguished by a generally recognized and invariable standard, an authoritative model of achievement. This status had been conferred on ancient Greek and Roman culture, or at least on certain Greek and Roman writers, poets, philosophers, and historians, and on Greek and Roman works of art and architecture in past generations since the Renaissance; their praise has resounded through the centuries, and all sorts of copies and imitations fill our museums and libraries and even the streets and public places in our cities.

But it is evident that classical art of the traditional kind has lost its immediate appeal, that it has had little impact on what constitutes modern or postmodern arts and fashions; that contemporary literature has mostly pursued forms other than classical lyrics or classical drama, let alone epic, which has been extinct for a long time; that the "end of history" has been proclaimed recently, preceded by the end of classical historiography; and that science has reached levels of sophistication that ancient philosophers and scientists would hardly have dreamt of or even considered desirable. Most violent attacks, I come to learn, have been directed in this country against the cultural inheritance of old

---

* *[All rights reserved by the Charlemagne Institute.]*

Europe, including its ancient background, attacks against the preponderance of "dead white men"; and the ancient Greeks, being the oldest of these, should be more dead than any of them. We are living in a multicultural society amidst rapid and worldwide communication, with multifarious and changing lifestyles, tendencies, fashions, and slogans. In this whirlpool the European heritage is dwindling, let alone the heritage of ancient Greece. And yet the Nobel Prize winner in literature of 1992, Derek Walcott, a native of the Caribbean who has remained consciously indebted to Afro-American culture, has entitled his principal work (completed in 1990) *Omeros*. Homer, the most ancient of the ancient Greeks, still appears to be around, to be not so dead after all.

If I take the occasion to look back on my own work, which I have pursued for about 40 years, I find that in a way I have always been sidestepping the "classical" aspect of classics. Taking for granted the rational achievements of the Greeks, I have been mainly interested in what was before and beside rationalism. A book that made a profound impression on my studies was *The Greeks and the Irrational*, published in 1951 by E. R. Dodds. Thus in my own book *Lore and Science in Ancient Pythagoreanism* (1962) I tried to understand what was there before geometry, before mathematics and astronomy, before science, and I found perplexing miracles, shamans, primitive but consistent rules of life, sayings of wisdom striving to encompass the whole of the cosmos.

I went even farther back into prerational behavior and symbolism with the study of religious ritual, delving down to the Paleolithic and beyond in the continuum of life, guided by ethology as taught by Konrad Lorenz; I pursued the strange fascination with death and violence in sacrificial ritual, which means to slaughter animals at altars stained with blood for serene and immortal gods. Why must religion be that cruel and sanguinary? The answer seemed to lie in the reversal of the question, as the ineradicable cruelty of life seems to be realized, to be transformed and channeled into an order of the sacred through religion. I doubt whether I would dare to write a book such as my *Homo Necans* (1972) today, a synthesis that is only possible if one avoids staring at every pitfall or precipice that threatens the advance of the argument. Still, Greek literature, which we used to call "classical"—Homer and tragedy most of all, the pre-Socratic philosophers, and Plato—never receded into the background; on the contrary, [20] there seemed to be a chance to better understand it by seeing tragedy and sacrificial ritual in their mutual relation, by perceiving Greek religion in its compelling character without losing sight of its dark and so-called primitive antecedents. This meant situating "classical" ancient civilization within the horizon and against the background of more general anthropology. If there is progress in the "history of the mind," in the accumulation and processing of knowledge, and in the basic assumptions that are to conform with reality, the basic problems of life with which humans are confronted seem not to have changed too much in the past 30,000 years.

After my general account of *Greek Religion* (1977) and further explorations of myth and ritual in my Sather Lectures, entitled *Structure and History* (1979), I have spent time getting better acquainted with the ancient Near East, searching once more for the historical antecedents and parallels of "classical" Greek achievements. The outcome is a book on archaic Greece with the title *The Orientalizing Revolution* (1992). It is perhaps more than coincidence that this recent work of mine evolved parallel to the book whose very title has had quite an impact on classical studies in America, Martin Bernal's *Black Athena*. I find the designation "black" preposterous, as far as antiquity is concerned; but it is arguable that Greece, ancient Greece, belonged to Oriental rather than to "Western" civilization; at any rate, the Greeks are the most Eastern of Westerners. In a way these Oriental studies lead back to fields treated in my earlier Pythagorean investigations of seers, oracles, and prescientific wisdom about the divine and the cosmos. Even here, though, "classical" Greece is seen in a fresh light, particularly what the Greeks have brought to light and what, in some way or other, will abide with thinking man.

To give some examples: philosophy, mathematics, and physics are Greek words, Greek concepts discovered by the Greeks from the 6th to the 4th centuries B. C. Yet it is clear that Oriental forms of literature and science, proven to have existed more than 1,000 years before any possible date for Homer, did not only anticipate discoveries in mathematics and astronomy but led toward Greek natural philosophy in a double way, through wisdom and literature as well as through cosmogonic myth. Both traditions, wisdom and cosmogony, were taken up in a form remarkably close to Oriental antecedents in the works of Hesiod, about 700 B. C.; detailed correspondences with Hittite mythology wrought a sensation when they were discovered more than 40 years ago. There are repercussions of both wisdom and cosmogony even in Homer's *Iliad*. Later on the so-called pre-Socratics, in the 6th and 5th centuries, continued the trends of Homer and Hesiod with the addition of empirical knowledge and further Eastern impulses. But there is a new stance and a new spirit, an aspiration toward the absolute, reflection based on the Greek language but going far beyond in consequence.

The book of Heraclitus, about 500 B. C., must have been quite close to more ancient collections of "wisdom" in its form, such as the proverbs of Solomon, which we read in the Holy Bible. Let me quote the beginning of Solomon's book: "The sayings of Solomon, son of David, king of Israel ... in order that they may give intelligence to the inexpert ... and even a wise man may hear them to increase his wisdom ..."; contrast the beginning of Heraclitus: "This is the formula of Heraclitus, son of Bloson, the Ephesian: Of this formula, which is eternal, men prove to be uncomprehending, both before they have heard it and when they have heard it for the first time." This sounds like a scornful parody. "This is what the inexpert may learn, and the wise man too"—this is Solomon, optimistic and naive in his appraisal of knowledge. "This is what people do not understand even if it is burning on their nails"—this is Heraclitus in his paradoxical arrogance. Why such arrogance? The word translated as "formula" is logos in Greek, which means word, speech, account, calculation, and proportion.

Later in his book, we find among the sayings of Heraclitus: "All things are exchangeable for fire and fire for all things, as goods for gold and gold for goods." This is a simile taken from market economy; it is labeled "Heraclitus' theory of fire" in all manuals of the history of philosophy. Some earlier interpreters, in the wake of Aristotle, found the formulation of Heraclitus queer; Heraclitus must have meant, they presumed, that fire is a substance that takes on various states, so there should be modification, not "exchange"; the simile appears to be incorrect, misleading, "archaic." Strangely enough, if seen from modern physics Heraclitus' sentence will look much more intelligent. Our modern specialists constantly talk about subatomic particles exploding into other particles or coalescing from these, with energy emitted or absorbed, with calculable relations of mass and energy in each of the processes. "All things are exchangeable for fire and fire for all things, as goods for gold and gold for goods"—energy instead of mass, mass instead of energy. This is not to say that Heraclitus had the faintest idea of subatomic physics, but that he was stating a principle of change that constitutes reality, not just the permanence of stones or of other things of the kind, or even of gods, but a formula, a *logos*; it is the case that such change can be expressed in a formula, a *logos*, which means speech, account, calculation, and proportion. Thus according to Heraclitus it is the logos that is permanent—and somehow he was right, difficult though it may be to resume his insight in a single modern phrase; we can hardly replace physics with "sayings" of wisdom any more.

Or take Heraclitus' quasi-contemporary Parmenides with his paradoxical thesis that "the naught," "nothing," does not exist and his startling consequence that there is no change at all, that it is impossible for anything to come into existence or perish totally, because this would mean that it had risen from nothing or would dissolve into nothing. How right he was we realize today with desperation, as we try to get rid of all the refuse our civilization is producing—worst of all, the radioactive refuse: there simply is no possibility of dissolving it into nothingness, in spite of all that fantasy or speculation might suggest. Parmenides intuitively had the impulse to formulate the most basic laws both of logic and of natural science, the exclusion of contradiction and the preservation of being—of mass or energy, in our view. He tried to prove his insight from an analysis of the Greek verb "to be," which implies persistence in contrast to "becoming," *esti* versus *genesis* or *physis*. This surely is not a compelling starting point for those who are ignorant of Greek. It seems more generally acceptable that Parmenides insisted "being" be in strict correspondence to "cognition" and to "speech": you can only come to know that which is, and to say something meaningful is to say what is the case, to pronounce being. This correspondence of *logos*—to come back to the word used by Heraclitus—and "being" has remained fundamental for the whole of Greek philosophy. [21]

I have the impression that it is here that our world has lost contact with what was taken for granted by our civilization for so many centuries. Physical reality has proved to be much more complex and enigmatic than our habits of speaking and thinking had presupposed; correspondingly, in our more and more refined debates on linguistics, hermeneutics, or semiology, plain reality, "that which is simply there," is found to evaporate. This also means that claims of factual truth seem to become more and more evanescent, as if arguments were just for self-indulgent edification or direct political fights and not for establishing what is the case. In the 50's, eminent classicists such as Walter F. Otto and Wolfgang Schadewaldt could still say that Homer's achievement was to reveal "being." Today, in the more modern and postmodern interpretations, self-reflecting structures are brought to light, texts refer to texts that can all be "deconstructed," or else the bias of ideologies is indicted—the interests involved in the production and reception of texts and all other cultural achievements. There is even the unmasked irruption of group interests, which try to dictate what must be true and what cannot be the case because it must not be.

I know we cannot get back to the ideal of "classical" man with classical learning, classical books, and a closed and classical world view in which everything is neatly and finally put in its place; "classical man" of this kind was living in quite another world than ours, if he ever was alive. We have consigned the *logos* to computers, which make it incredibly effective yet unintelligible (safe, specific details perceived by specialists of details), and to the media, where entertainment successfully masks the tyranny of money.

The study of humanity's evolution in history—and this finally is what classical scholars, for their part, try to do—may still encourage a fuller understanding of our world in which humans are confronted with each other and with reality, confronted with the strangeness of people and the strangeness of being, to be—one can hope—overcome by insight. The hope of Greek philosophers that it is possible to speak with intelligence about what is real should still persist, and even a Hellenist will acknowledge that this must not necessarily be done in Greek—although a lover of ancient Greek must be deeply grateful to the Ingersoll Foundation for calling attention to the classics.

Erschienen in: NZZ 99, 30.4.1993, 55.

Randkulturen und Weltreiche
Zum Rücktritt von Professor Peter Frei

Ein markanter Forscher und Lehrer tritt nach 25jähriger Tätigkeit an der Universität Zürich in den Ruhestand, Peter Frei, Professor für „das Gesamtgebiet der Alten Geschichte, bes. des Vorderen Orients".

Peter Frei hat mit dem Studium der Alten Sprachen und insbesondere der indogermanischen Sprachwissenschaft unter Manu Leumann an der Universität Zürich angefangen und sich dann auf die Geschichte des Altertums konzentriert. Die Indogermanistik hatte gerade eine ganz neue Provinz dazugewonnen, das Hethitische, die Sprache des ersten kleinasiatischen Grossreichs im 2. Jahrtausend v. Chr., das sich der mesopotamischen Keilschrift bediente. Die Frage nach dem Weiterwirken dieser Sprache und Kultur über die Bronzezeit hinaus war gestellt. Peter Frei hat sich den Lykiern zugewandt, einem Volk anatolischer Tradition an der Südwestecke Kleinasiens, das mit den Griechen rivalisierte, ins Perserreich integriert wurde, schliesslich in der hellenistischen Zivilisation aufging.

Mit indogermanischen Sprachen, denen auch das Persische zugehört, kreuzen sich altkleinasiatische und semitische Sprachen, Akkadisch als Weltsprache Mesopotamiens, Aramäisch als Verwaltungssprache des Perserreichs, nicht zuletzt Hebräisch als die Sprache Israels und seiner Bibel: Man sieht, welcher Energie und welch mannigfaltiger linguistischer Kompetenzen es bedarf, sich auf diesem Feld mit Sicherheit zu bewegen – und gewiss ist Peter Frei in den Augen seiner Studenten auch die Verkörperung strenger Arbeitsenergie. Dabei kommt ebenso die Religionsgeschichte ins Spiel, Bronzezeitliches und Griechisches, Christentum und Islam, wie das Phänomen der erobernden Weltreiche, von den Assyrern über die Perser zu Alexander, zu den Römern und schliesslich wiederum zum Islam.

Peter Frei hat den Nahen Osten wiederholt bereist, er hat, eine Initiative von Professor Marcel Beck weiterführend, insbesondere auch Studenten durch regelmässige mehrwöchige Studienreisen in die Welt des Nahen Ostens eingeführt. Man nannte dies „Morgenlandfahrten", doch zum Erlebnis wurden vor allem die hautnahen, harten Realitäten, die kleineren und grösseren Abenteuer, wenn man weitab vom Tourismus in „Kochgruppen" sich organisierte, im Freien übernachtete, Sprit und vor allem Wasser zu beschaffen hatte. So entwickelte sich, neben allen indogermanischen und semitischen Studien, eine intensive Beziehung zum türkischen Volk und seiner Sprache; für die „Morgenlandfahrer" war Peter Frei stets, mit türkischem Titel, der *müdür*.

In seiner Zürcher Lehrtätigkeit hat Peter Frei, auch hier Anregungen Marcel Becks weiterführend, besonders noch die Epoche zwischen Antike und Islam erschlossen durch das von ihm geleitete „Byzantinische Kolloquium", das Dozenten eines halben Dutzends benachbarter Fächer zusammenbringt. Eher esoterisch blüht daneben die „Akkadische Lektüre", die zusammen mit der Theologischen Fakultät durchgeführt wird.

Unter den Ehrenämtern, die Peter Frei übernahm, bleibt seine Tätigkeit als Erziehungsrat 1975–1985 in Erinnerung. Viel Arbeit hat er auch den Lateinkursen an der Universität gewidmet. Traditionelle klassische Bildung in Auseinandersetzung mit den weiten Perspektiven des Orients, wie denn die in Antike und Christentum begründete Kultur Europas sich mehr denn je den östlichen, islamischen Nachbarn zu stellen hat. Es bleibt zu hoffen, dass die Universität solches Wissen und solche Perspektiven auch weiterhin präsent erhalten kann.

Erschienen in: NZZ 263, 11./12.11.1995, 70.

„Kunst des Lebens" zwischen Dogmatismus und Skepsis
Die hellenistische Philosophie im neuen „Ueberweg"

Dass Handbücher aus der Hand, ja ausser Rand und Band geraten, ist keine neue Erfahrung. Handbuch, *manuale*, geht zurück auf jenen „handlichen" Auszug, den Arrian aus 20 Büchern Vorlesungsnachschriften seines philosophischen Lehrers Epiktet herstellte; er umfasst – in modernen Druck umgesetzt – knappe 20 Seiten. Als Friedrich Ueberweg 1863–1866 seinen „Grundriss der Geschichte der Philosophie von Thales bis auf die Gegenwart" in drei Bänden erscheinen liess, der die Darstellung von Leben und Lehre der Philosophen mit möglichst vollständiger Sekundärbibliographie verband, wurden Neuauflagen alsbald nötig; 1924–1927 war die 12., „völlig neue" Bearbeitung dank der Expansion der Neuzeit auf fünf Bände angewachsen. Mit der explosionsartigen Vermehrung des Wissens, der Diskussionen, der Publikationen ist seither der Begriff des Handbuchs weiter ausgeufert zu unvorhersehbaren Grössenordnungen.

Den ersten Band im „Ueberweg", „Altertum", hatte 1909–1926 in drei Auflagen ein einziger Forscher verfasst, Karl Praechter, Professor erst in Bern, dann in Halle, eine konzise und gehaltvolle Übersicht, die mit Recht noch 1955/60 unverändert nachgedruckt wurde. Doch steht seit dem Ende des Zweiten Weltkriegs die Idee einer abermaligen „völlig neuen" Bearbeitung des „Ueberweg" im Raum; sie wird seit 40 Jahren vom Verlag Schwabe in Basel vorangetrieben. Freilich bedarf es jetzt eines grossen internationalen Gremiums; und wieviel Bände dereinst vorliegen werden, ist nicht zu prognostizieren. Den Bereich Altertum betreut Hellmut Flashar, der bereits 1983 einen bewunderungswürdigen Band 3, „Ältere Akademie, Aristoteles, Peripatos", herausgebracht hat. Jetzt liegt der anschliessende Teil 4 vor, „Hellenistische Philosophie", der freilich, bei einem Umfang von 1272 Seiten – gegenüber 80 Seiten bei Praechter –, seinerseits in zwei Bände zerfällt. Die vorangehenden Bände, „Vorsokratiker", „Sokrates", „Platon", sowie die folgenden, die das weite Feld der Spätantike einschliesslich Patristik zu erfassen haben, sind geplant, doch noch lange nicht in Sicht.

„Hellenismus" meint, grob gesagt, die Epoche zwischen Alexander dem Grossen und Kaiser Augustus. Die Geistesgeschichte bekennt ihre Abhängigkeit von der politischen Geschichte. Dies gilt auch insofern, als die konkurrierenden Philosophenschulen sich in der seit Alexander politisch bedeutungslos gewordenen Stadt Athen etablierten, bis die Eroberung und Plünderung Athens durch die Römer im Jahr 86 v. Chr. dem vorübergehend ein Ende machte. Zugleich allerdings hatte sich, während Rom schrittweise zur politischen Supermacht avancierte, die griechische Bildungsmacht von den Säulen des Herkules bis Afghanistan durchgesetzt. Philosophie empfahl sich als die bewusste „Kunst des Lebens" und fand damit allgegenwärtiges Interesse, an Königshöfen, in reichen Städten, bald auch in Rom. Man studierte in Athen, doch die Professoren stammten aus Zypern, Kleinasien und Ägypten, viele aus Syrien, einige auch aus Karthago. Die griechische Bildungssprache genoss ihr absolutes Monopol, ungeachtet anderer längst etablierter östlicher Literatursprachen, bis die Herrschenden auch die Philosophie in ihren Bann zogen und das philosophische Latein zustande kam.

Paradox der Überfülle

Philosophische Bücher sind damals zu Hunderten geschrieben worden, sie füllten die allenthalben entstehenden Bibliotheken. Paradox der Überfülle: Fast alles davon ist wieder verlorengegangen, mangels Interesse der Nachgeborenen. Die Bibliothek von Herculaneum, die vom Vesuvschlamm zerstört und konserviert worden ist, umfasst mehr als 1800 Buchrollen, Bestand einer epikureischen Privatuniversität, in der doch noch nicht einmal die Werke von Platon und Aristoteles, geschweige denn die überreiche Produktion der Stoiker Platz gefunden hatten, wohl aber mehr als 160 Volumina des Schulvorstehers Philodemos. Der Zustand der Texte ist jammervoll, und doch, welche Andeutung von Reichtum angesichts der übrigen Verluste!

Geblieben sind in direkter Tradition eigentlich nur drei Briefe Epikurs, dazu die lateinischen Adaptationen: Lukrez, mit der berühmten Darstellung der antiken Atomtheorie, und Cicero, der bewusst sein Latein zur Sprache der Philosophie gemacht hat. Die jetzt gegebenen Darstellungen des Lukrez durch Michael Erler, des Philosophen Cicero durch Günter Gawlick und Woldemar Görler haben denn auch den Umfang eigener Bücher angenommen. Wenn dabei für Lukrez 35 Ausgaben sowie Übersetzungen in 18 Sprachen angeführt werden, ist allerdings des Guten doch wohl zuviel getan.

Im übrigen hat das Handbuch der hellenistischen Philosophie mit Fragmenten zu tun; sie fordern besonders liebevolle Behandlung vom Philologen, der das Unrecht der verfehlten Wirkungsgeschichte wiedergutzumachen sucht; daher der enorme Umfang des Ganzen. Eine fast unübersehbare Fülle von Detailinformationen steht an, die zu einem Gesamtbild zusammenzusetzen sind. Man muss die Gründlichkeit bewundern, mit der dies hier geleistet ist. Aufeinander folgen jeweils, mit von Fall zu Fall angepasster Gewichtung, die Abschnitte Überlieferung, Leben, Werkbeschreibung, systematisch-kritische Darstellung, Wirkungsgeschichte, Sekundärbibliographie, wobei dieser Teil entsprechend der Tradition des „Ueberweg" besonders ausgebaut ist; er wird auch am schnellsten veralten sein. Überall ist die Nachwirkung in die europäische Tradition hinein ausführlich dokumentiert. Ein Lesebuch konnte so nicht entstehen, eher eine unerlässliche Arbeitshilfe von Spezialisten für Spezialisten, doch zugleich ein gesicherter Zugang auch für gelegentliche Interessenten, durchaus benutzerfreundlich – auf griechische Lettern ist fast ganz verzichtet, antike Texte werden auch in Übersetzung geboten. Ein 100seitiges Register erschliesst das Gesamtwerk; es verzeichnet auch Sachbegriffe, einschliesslich eines griechischen und eines lateinischen Glossars.

Nicht immer ein Gewinn

Für die Epikureer hat Michael Erler in seiner ebenso gründlichen wie verständnisvollen Darstellung auch die herculanensische Bibliothek genau aufgeschlüsselt, wofür jeder, der nicht zum engsten Kreis der *studi Ercolanesi* gehört, besonders dankbar ist. Unter den späteren Stoikern hat seit langem Poseidonios durch Originalität und Universalität Aufmerksamkeit erregt; Karl Reinhardt hatte seinerzeit mit einem „neuen Poseidonios" provoziert, wobei er dessen „innere Form" des Denkens auch unabhängig von direkter Bezeugung fassen wollte; zwei ganz unterschiedliche Fragmentsammlungen sind die Folge, von Willy Theiler auf Reinhardts Spuren, von Ludwig Edelstein und Ian Kidd auf der positivistischen Basis der direkten Zitate. Für den „Grundriss" bleibt ein längeres Referat über die „Poseidonische Frage", mit dem Ergebnis, dass man „mit beiden Fragmentsammlungen arbeiten" müsse: Die Literatur vermehrt sich ohne entscheidenden Erkenntnisgewinn. Man versteht, dass der Bearbeiter der Stoa, Peter Steinmetz, auch einmal vollere Akkorde sucht und den ganzen Zeushymnus des Kleanthes wiedergibt und kommentiert, obwohl dies philosophisch wenig bringt.

Neben Epikureismus und Stoa ist die Skepsis, vor allem in Platons Schule gepflegt, ein bezeichnendes Unternehmen der hellenistischen Epoche, das neuerdings vermehrte Aufmerksamkeit findet: Kann man die widerstreitenden

Dogmen, die Möglichkeiten der Erkenntnis grundsätzlich hinterfragen, ohne die Reflexion über ein vernünftiges Leben preiszugeben? Eine deutsche Gesamtdarstellung hat lange gefehlt; Woldemar Görler hat sie jetzt gegeben. Der Historiker stösst hier auf besondere Probleme: Markante Skeptiker wie Pyrrhon und Karneades waren konsequent genug, keine schriftliche Lehre zu hinterlassen. Um so komplizierter wird die Dokumentation: Karneades nimmt 49 Druckseiten in Anspruch.

Für die Gesamtanlage des Werks bleibt das Problem, wie die von der historischen Epoche gesetzten chronologischen Koordinaten mit den parallel laufenden Schulzusammenhängen zu korrelieren sind. Als Einteilungsprinzip sind die Schulen genommen, nacheinander also Epikureismus, Stoa und Skepsis, worauf Cicero als der umfassende Vermittler folgt. Mehrere charakteristische Richtungen der hellenistischen Philosophie fallen damit aus diesem Band heraus: die Peripatetiker, schon in Band 3 aufgenommen; die Kyniker im engeren und weiteren Sinn, ebenso die für die Geschichte der Logik besonders wichtigen „Megariker", die als „Sokratiker" Band 2 zugeordnet sind; die Pythagoreer oder Pseudopythagoreer, die für die Spätantike reserviert bleiben, obwohl sie im Späthellenismus eine prominente Rolle spielen. Das Problem, geistige Diskussionen ebenso in ihrer Gleichzeitigkeit wie in ihrer diachronen Folgewirkung wiederzugeben, bleibt unlösbar.

Das Meer des Wissens ist längst nicht mehr auszutrinken; es zur Gänze in die Datenbanken am Rand der Internet-Autobahn umzulagern, wie Moderne vorschlagen, ist auch kaum praktikabel. Was in einem Werk wie dem vorliegenden an Verarbeitung geleistet ist, nicht nur durch Mengen von Information, sondern durch geistige Ordnung, so dass der Zugang zum Detail der Überlieferung und zu ihren Grundlagen für den Spezialisten wie für den allgemein Interessierten gebahnt ist, bleibt grossen Dankes wert. Vivant sequentes.

Grundriss der Geschichte der Philosophie, begründet von Friedrich Ueberweg, völlig neubearbeitete Ausgabe. Die Philosophie der Antike, Band 4: Die hellenistische Philosophie, von Michael Erler, Hellmut Flashar, Günter Gawlick, Woldemar Görler, Peter Steinmetz, hgg. v. Hellmut Flashar, Schwabe & Co., Basel 1994. Rund 1300 S., Fr. 290.–.

Erschienen in: Der Tagesspiegel 18.5.1998, 30.

Vom Vorlesungsmanuskript zum Standardwerk
Hermann Diels hat die „Vorsokratiker" erschlossen / Würdigung zum 150. Geburtstag

Hermann Diels, dessen Geburtstag sich am 18. Mai zum 150. Mal jährt, mag als Inbegriff des Professors einer weit zurückliegenden Zeit erscheinen, mit freundlich blickenden Brillengläsern über wallendem Vollbart: Der unentwegt Fleißige, der in 17stündigem Arbeitstag Standardwerke schafft im Dienste einer als Selbstzweck anerkannten Wissenschaft. Er war Sekretar der philosophisch-historischen Klasse der Preußischen Akademie der Wissenschaften über 25 Jahre hin und damit Leiter ihrer Großprojekte. Diels war zugleich ein Organisator internationaler Zusammenarbeit von Petersburg bis USA. Nicht eine besonders farbige Persönlichkeit steht uns vor Augen, kein geistiger Revolutionär, Anreger oder Warner, wohl aber der Autor von Werken, die für Philologie und Philosophiegeschichte über mehr als ein Jahrhundert hin Bestand haben.

Diels kam aus dem aufstrebenden Kleinbürgertum. Der Vater war Bahnbeamter in Hessen. Für naturwissenschaftliche Experimente, die den Jungen reizten, war kein Geld da; so blieb der Aufstieg übers Gymnasium direkt zum Studium der Alten Sprachen. Später ist „Antike Technik" das populärste, oft aufgelegte Buch von Hermann Diels geworden. Zunächst aber fand er an der Universität Bonn den Meister, der ihm den Weg wies: Hermann Usener war ein Philologe mit vielfältigsten Interessen. Usener setzte seinen Schüler auf das Problem der „Doxographen" an: Von der mehr als tausendjährigen Geschichte der griechischen Philosophie sind ja nur die großen Gipfel direkt erhalten: Platon, Aristoteles, Plotin. Für Jahrhunderte lebhafter Auseinandersetzungen mit Tausenden von Buchrollen liegen nur indirekte Zeugnisse vor – vor allem jene dürren Zusammenstellungen von Lehrmeinungen, die man Werke der „Doxographen" nennt.

Einen Stammbaum dieser Texte aufzustellen, ihre Verzahnungen, ihre Quellen aufzuzeigen, war die Aufgabe, die Hermann Diels als Doktorand aufgriff und nach fast zehnjähriger Arbeit zur Vollendung führte: 1879 erschienen die „Doxographi Graeci", ein lateinischer Wälzer mit 854 Seiten, abschreckend und doch unheimlich imponierend: Jahrhunderte der Geistesgeschichte waren jetzt besser als je zuvor dokumentiert und in ganz neuer Weise erhellt, Texte ließen sich rekonstruieren, die man nicht gekannt hatte.

Eine persönliche Karriere war damit noch nicht gelungen. Hermann Diels hatte Jahre lang im Schuldienst zu arbeiten, zur eigenen Qual. Die Wendung kam durch einen der ganz großen Gelehrten des 19. Jahrhunderts, den Schwaben Eduard Zeller, der seit 1872 an der aufblühenden Universität Berlin tätig war. Zeller arbeitete sein langes Leben lang an einem Meisterwerk, der „Geschichte der griechischen Philosophie in ihrer historischen Entwicklung" – sechs Bände in immer neuen Auflagen.

Eben Zeller nun hatte sich mit den antiken Aristoteles-Kommentaren abzumühen, einer Textmasse der Spätantike, die als historisches Zeugnis, vor allem aber auch um der Zitate längst verlorener Schriften willen unentbehrlich ist. Die Kommentare lagen in alten, unbequemen, unzuverlässigen Drucken vor. Im aufstrebenden Berlin des späten 19. Jahrhunderts gelang es, die Preußische Akademie für das Projekt einer Gesamtedition der Aristoteles-Kommentare zu gewinnen. Dafür holte Eduard Zeller Hermann Diels nach Berlin, zunächst noch als Gymnasiallehrer, bald als Mitglied der Akademie (1881), schließlich auch als Professor an der Universität (1886). Der Rest ist rasch berichtet: Diels hat in 31 Jahren die Ausgabe der Aristoteles-Kommentare abgeschlossen, in 23 voluminösen Bänden, mit vorbildlichen Indices versehen.

Dabei hat Diels jeden Bogen mitgelesen. Er selbst übernahm den Kommentar des Simplikios zur aristotelischen „Physik". Dieser Simplikios war der einzige Kommentator, der sich die Mühe machte, jene Texte, auf die Aristoteles Bezug nimmt, selber nachzuschlagen, soweit seine Bibliothek dies erlaubte; und da war, im 6. Jahrhundert nach Christus, noch viel zu finden.

Noch vor Abschluß der großen Edition erschien das wichtigste Werk von Diels, dessen Titel zum geflügelten Wort geworden ist: „Die Fragmente der Vorsokratiker" (1903). „Vorsokratiker", „Presocratics", „Presocratiques", „Presocratici" – erst von diesem Buch aus ist der Begriff in den allgemeinen Sprachgebrauch eingegangen. Dabei hatte Diels zunächst eher an ein Vorlesungsmanuskript für Studenten gedacht, das er rasch, fast mit lockerer Hand präsentieren konnte. Unversehens war dann das Standardwerk da.

Zwei Eigenheiten gaben ihm seine Wirkung: die Trennung von „A" und „B", von Doxographie und authentischen Fragmenten in jedem der Kapitel, und die deutsche Übersetzung, die den B-Teilen beigegeben ist. Die getrennte Präsentation, in einem einprägsamen Druckbild, stellte nun jedoch zum ersten Mal einen Unterschied vor Augen, um den man sich früher wenig gekümmert hatte: „Vorsokratiker" schreiben anders als Platon und Aristoteles, sie argumentieren anders, sie kennen nicht die spätere Terminologie und Logik, nicht die leidige Trennung von Geist und Materie; sie scheinen aus einem „Ursprung" von Sprechen und Denken zu schöpfen, was gerade damals, inmitten der Abdankung des 19. Jahrhunderts und vielfältiger „expressionistischer" Neuansätze, weite Resonanz fand.

Hermann Diels hat die Tragweite seiner Edition kaum ganz gesehen. Er hat den Schritt ins 20. Jahrhundert nicht eigentlich vollzogen. Der Aufschwung der Vorsokratiker-Forschung ging in der Folge von Karl Reinhardt aus, er wirkte insbesondere hin zu Martin Heidegger und Hans-Georg Gadamer. Und doch: Grundlage war und blieb der Text von Hermann Diels. Bleibende Leistung, Klärung und Neuaufbau im schriftlichen Gedächtnis unserer Kultur sind mit seinem Namen verbunden, Werkzeug für Generationen im echten oder vermeintlichen Fortschritt.

Erschienen in: FAZ 26.6.2000, BS 3. © Frankfurter Allgemeine Zeitung GmbH, Frankfurt. Alle Rechte vorbehalten. Zur Verfügung gestellt vom Frankfurter Allgemeine Archiv.*

Unsere Akademiker (7): Die Trümmer der Griechen
Eduard Zeller (1814 bis 1908)

Selten, dass ein Gelehrter so eins wird mit seinem Werk: Eduard Zeller, das heißt „Die Philosophie der Griechen", griechische Philosophie, das heißt zunächst einmal „Zeller". Mehr als fünfundsechzig Jahre lang hat Eduard Zeller an seinem Werk gearbeitet: fast einhundert Jahre nach seinem Tod bleibt es unüberholt, ja unüberholbar. Nach Weltkriegen, inmitten der Umbrüche der Moderne und der Modernismen steht die Singularität des Zeller'schen Werkes erst recht vor Augen. Dabei ist „der Zeller" ein typisch deutsches Buch geblieben: meist nur einige Zeilen Text, der Rest ist Anmerkung. Lesbar ist das kaum, doch jedem Benutzer hilfreich und unentbehrlich. Ansätze zu französischen und englischen Ausgaben sind stecken geblieben. Und doch sagte ein französischer Spezialist im vorigen Jahrhundert, bei einer schwierigen Aristoteles-Passage sehe er immer erst einmal nach, was Zeller dazu meine. Und „Aristoteles" ist nur einer von sechs Bänden.

Hinter dem Werk steht ein scheinbar undramatisches Professorenleben: Sohn eines Amtmanns im schwäbischen Kleinbottwar bei Stuttgart, achtes von neun Kindern; fürs Pfarramt bestimmt und darum schon als Sechsjähriger vom Vater ins Griechische eingeführt; auf der Württembergischen Stipendienbahn über Maulbronn ins Tübinger Stift gelangt, Studienabschluss 1835, Doktortitel 1836; dann hauptsächlich „Repetent" am Stift, bis 1847 der Ruf nach Bern die Selbständigkeit des Professors brachte und zugleich die Familiengründung ermöglichte. Weitere Stationen führen von Marburg bis nach Berlin, samt Mitgliedschaft in der Preußischen Akademie. 1878 wird Zeller Rektor der Humboldt-Universität. Der Achtzigjährige erst kehrte zum Ruhestand nach Stuttgart zurück, wo er, von Jüngeren jetzt unterstützt, bis zuletzt die Neuauflagen seines Werkes betreute.

---

*   *[Der folgende Artikel ist von allen Formen der Open-Access-Lizenz, einschließlich Creative Commons, ausgeschlossen, und der Inhalt darf nicht ohne die Genehmigung der Frankfurter Allgemeinen Zeitung weiterverwendet werden.]*

Dramatisch allerdings waren die Anfänge in Tübingen, durch Kontakt und Freundschaft mit zwei Gelehrten, die damals die Grundfesten von Theologie und Kirche zu erschüttern schienen, Ferdinand Christian Baur und David Friedrich Strauß. Strauß' „Leben Jesu" erschien 1835. Das Maß der Erregung, die der historische Zugriff auf die Evangelien und die Anfänge des Christentums damals auslöste, fast bis zur Ketzerverfolgung, ist heute kaum mehr nachzuvollziehen. Zeller ergriff entschieden Partei und schrieb manch kämpferisches Pamphlet. Die Berufung von Strauß an die neu gegründete Universität Zürich hat den Schweizer Kanton in politische Wirren gestürzt; als Bern Zeller zum Professor berief, gab es auch dort politischen „Zellerlärm" ob angeblicher „Religionsgefahr", die sich allerdings wieder legte. Dem Ruf nach Marburg folgte Zeller vor allem wegen der weit besseren Bibliotheksverhältnisse. Der hessische Landesherr allerdings insistierte, dass er als Philosoph, nicht als Theologe berufen wurde; so war dieser seiner eigentlichen Bestimmung zugeführt. Das vitale Interesse an der theologischen Stellungnahme hat er beibehalten. Aber sein Feld war, was er die „Wissenschaft vom reinen Denken" nannte.

Bis ins achtzehnte Jahrhundert hinein hatte die Philosophie sich um ihre eigene Geschichte kaum gekümmert; Kant hat Platon wohl nie im Original gelesen. Der Wandel kam durch Schleiermacher und Hegel; ihre Wirkung hatte Tübingen voll erreicht. Zeller kam von der Theologie: Eben in den Untersuchungen über das Urchristentum war dem Kenner des Griechischen die Bedeutung der griechischen Philosophie aufgegangen. Das eigene Werk aber, dessen erster Band 1844 erschien, nannte er ausdrücklich „kein philosophisches, sondern ein geschichtliches Werk". Er distanziert sich sowohl von der bloßen Faktensammlung wie von Hegel'schen Konstruktionen; es gehe um „die Tatsachen", doch so, dass „aus der gegebenen Überlieferung selbst durch kritische Sichtung und geschichtliche Verknüpfung die Einsicht in ihre Bedeutung und ihren Zusammenhang zu gewinnen" sei.

Seine eigentliche Form hat Zellers Werk erst mit der zweiten Auflage angenommen, die 1856 bis 1868 erschien. Das Einzigartige ist denkbar einfach: Die „gegebene Überlieferung" beansprucht Vollständigkeit. Man lese sämtliche Quellen im Original, analysiere sie und setze jede Einzelheit genau an den richtigen Platz: Dies ist „Die Philosophie der Griechen" in ihrer geschichtlichen Entwicklung. Was solch ein Programm an Zeitaufwand und Energie erfordert, wobei die kontinuierliche Beachtung der Sekundärliteratur noch dazukommt, ist zu ahnen. Nachgetan hat es Zeller keiner. Hermann Diels, selbst ein unerhörter Schaffer, hebt mit Recht auch schon „die ungeheure, nicht bloß intellektuelle und künstlerische, sondern rein manuelle Arbeitsleistung" hervor, die in den rund fünftausend Seiten steckt. Letztlich entscheidend aber ist, dass die Texte richtig verstanden sind, dass sie in der Zusammenordnung mit allem anderen ihren Gehalt so recht entfalten können. Dies hat Zeller mit einer Überlegenheit klaren Geistes geleistet, die immer wieder erstaunt, mit gleich bleibender Intensität über mehr als eintausend Jahre antiker Geschichte hinweg. Das Hegel'sche Konzept einer Geistesgeschichte hat so in einem der imponierendsten Werke des „Historismus des 19. Jahrhunderts" seine Realisierung gefunden.

Was an Einzelheiten dabei zu beurteilen, zu entscheiden, zurechtzurücken war, ausgeführt in Abertausenden von Anmerkungen, was alles auch wiederum kritisierbar ist und seither kritisiert und verändert wurde, ist hier nicht einmal anzudeuten. Eigentümlich ist die Fehlbeurteilung gerade in einem zentralen Bereich, bei Platon. Ihm galt Zellers frühestes Buch, die „Platonischen Studien" von 1839; es brachte die kühne, später wieder aufgegebene These, Platons Nomoi seien unecht. Für Zeller musste Platons „System" in der Ideenlehre von *Phaidros, Phaidon* und *Politeia* gipfeln. So wehrte er sich später energisch gegen die neueren Untersuchungen, die zum Umsturz der platonischen Chronologie führen sollten: Heute sieht man, wie Platon nach seinem Hauptwerk, der *Politeia*, in eine Spätphase der Selbstkritik und der Neuansätze eintritt; dabei scheint die logische Intensivierung des „späten Platon" weithin sogar interessanter als der Entwurf der Ideenlehre. Zeller scheint den Einbruch des Modernen hintanzuhalten; schon in den Nachrufen erscheint er als ein Mann des „vorigen Jahrhunderts".

Erstaunen, ja irritieren mag dabei die scheinbar unerschütterliche geistige Sicherheit, die grundstürzenden Zweifel nicht zu kennen scheint. Schon Nietzsche hat sich daran geärgert. „Die alten Philosophen reden zu uns nicht mehr in der mitteilsamen Art, wie sie zu Zeller geredet haben", formulierte Karl Reinhardt nach dem Ersten Weltkrieg. Diels, mit Zeller durch jahrzehntelange Freundschaft verbunden, schrieb einmal: „So ... stört es mich doch immer etwas, daß ich jedesmal genau weiß was Zeller über jedes Ding denken und sagen wird, während das Unberechenbare und oft Widerspruchsvolle der Mommsenschen Art den Eindruck des Dämonischen hervorruft." Nein, „dämonisch" war Zeller nicht. Ein Fundus an Frömmigkeit verbindet sich mit Aufklärung und Fortschrittsoptimismus zu einer geistigen Welt, die weder Weltkriege noch Weltkrisen ahnen lässt. Und doch, wenn der Philosophie die metaphysische Dimension und der Historie die Philosophie abhanden kommt, würde dann nicht auch die „Philosophie der Griechen" zu einer mit Informationen überfüllten Hülse? Eduard Zeller ist in jener schmalen Übergangsepoche zu Hause, als die traditionelle Philosophie so weit in Distanz gerückt war, dass sie historisch werden konnte, und doch noch so lebendig blieb, dass sie eine Lebensarbeit fraglos wert war.

Was hat die Weltstadt Berlin dem Schwaben bedeutet? Er war etabliert, ja berühmt, als die neue deutsche Metropole ihn berief. Er hat sich in Berlin wohl gefühlt, er bejahte das Bismarck-Reich trotz süddeutscher Vorbehalte, er hat insbesondere die Mitarbeit in der Akademie sehr ernst genommen und keine Sitzung versäumt; und er hat die Möglichkeiten eben der Akademie zur Durchführung von Großprojekten genutzt: *Commentaria in Aristotelem Graeca*. Er hatte diesen Riesenbestand spätantiker Philosophie, der so viel historisch Wichtiges, so viele Fragmente älterer Philosophen erhalten hat, in uralten Drucken mit besonderer Mühe durchgearbeitet. Jetzt gewann er den entscheidenden Mitarbeiter, Hermann Diels, den er 1878 von Hamburg nach Berlin holte, wo dieser alsbald Mitglied der Akademie, dann auch Professor wurde. Mit der Autorität der Akademie ließ sich ein internationales Team organisieren; die Finanzierung war schwierig, aber sie gelang. In seiner Gedächtnisrede auf Zeller konnte Diels mitteilen, dass der letzte Band der *Commentaria* sich im Druck befand – insgesamt dreiundzwanzig voluminöse Bände, mit vorbildlichen Indizes versehen. Ein Bestseller ist daraus nicht geworden; und doch greift weltweit jeder Spezialist dankbar und bewundernd nach dem, was hier bewältigt ist, eine der bedeutendsten editorischen Leistungen der Berliner Akademie – ergänzend zu jenem von Zeller bereits zuvor geschaffenen Monument der griechischen Philosophie. Nachdrucke halten es präsent.

Erschienen in: Berliner Zeitung 57/23, 27./28.01.2001, Magazin, 4.*

Können wir ohne Schuld essen?

Rinderwahn – man mag das Wort nicht mehr hören, und doch wird es vorderhand in den Schlagzeilen bleiben. Minister purzeln, als ob das Problem durch cleveres Management zu beseitigen wäre; Bauern erheben sich, weil die Maßnahmen, die ergriffen werden, ihrerseits an Wahnsinn zu grenzen scheinen: Totalverbrennung ganzer Rinderherden in der Hoffnung, das verdrehte Prion, das gefährliche Molekül, das die Wissenschaft entdeckt hat, aus der Welt zu schaffen.

Die moderne, reiche Gesellschaft – und nur eine reiche Gesellschaft kann sich solche Analyse und solche Wertvernichtung leisten – sieht sich eingeholt von ihrem eigenen zweckrationalen Handeln. Man hat die Nutztiere als Protein-Maschinen behandelt, in denen Proteindepots, sprich Haustiere, in Form von Tiermehl zu rezyklieren waren; jetzt stellt sich heraus, dass in diesem quasi-kannibalischen Kreislauf die falschen Prionen sich ballen und wie Tiere bald auch Menschen zu verwüsten drohen.

In modernstem Management und modernster Wissenschaft tauchen uralte Probleme, Bedenken und Ängste auf, die die Menschheit seit je begleitet haben. „Die größte Gefahr des Lebens liegt darin, dass die Nahrung der Menschen aus lauter Seelen besteht", sagte in den zwanziger Jahren ein Eskimo-Schamane zum europäischen Polarforscher Knud Rasmussen. Die Gefahr des Lebens liegt darin, müssen wir heutzutage sagen, dass wir auf Protein-Nahrung angewiesen bleiben, die leicht einmal auch die falschen Moleküle enthalten kann.

Dabei besteht kein Zweifel, dass es die Menschen in ihrer biologischen und kulturellen Evolution so weit gebracht haben, indem sie von Anfang an die erreichbaren Tiere gegessen haben. Das geht bis ins Vormenschliche zurück: Man weiß inzwischen, wie gern Schimpansen kleinere Affen jagen und mit Behagen, in gieriger und doch befriedeter Gemeinschaft, verzehren. Das größere Gehirn des Menschen, auf das wir pochen, hat umso mehr proteinreiche

---

*   *[Eine leicht gekürzte Fassung auch im Tagesanzeiger 20.2.2001, 59.]*

Nahrung verlangt. Man streitet um das Jägertum des „Ur-Menschen", traditionelles Männerwerk, was Feministen ungern akzeptieren. Aber man darf behaupten, dass unsere fernen Vorfahren nur dadurch in der Lage waren, die Savannen Afrikas zu verlassen und den gesamten eurasischen Raum zu bevölkern, schon vor Jahrmillionen, ja Eiszeiten zu überdauern, weil sie die Jagd auf essbare Tiere weit über jene Anfänge im Schimpansenbereich hinaus ausgebaut hatten. In einem zu Afrika konträren Lebensraum, im arktischen, ist Jagd die einzige Strategie des Überlebens; daher die düstere Weisheit des Eskimo-Schamanen. Der besondere Fleischgeschmack aber ist auch den Bewohnern gemäßigter Zonen zur Natur geworden. Dies setzt dem Vegetarismus bei denen, die es sich leisten können, noch immer seine Grenzen. Keine Grenze setzt es übrigens dem Kannibalismus, der sogar bei Schimpansen vorkommt.

Und doch ist, im Gegensatz zu den Schimpansen, für den sprechenden und denkenden Menschen das Fleischessen seit vielen Jahrtausenden zum Problem geworden. Wir haben es mit lebendigen Partnern zu tun, die wir längst zu Hausgenossen gemacht haben, und die wir dann vernichten. Man isst mit Behagen, aber irgendwie überschattet von „Schuld" und schlechtem Gewissen. Es gibt verschiedene kulturelle Lösungen des Problems. Manche Jägergesellschaften führen Zeremonien durch, die man „Unschuldskomödie" genannt hat; „Nicht wir haben dich getötet, die bösen Russen waren es", sagen die sibirischen Jäger zum erlegten Wild. „Nicht wir haben dies getan, alle Götter haben es getan", sagen die babylonischen Priester nach dem Stieropfer zum toten Stier. Verbreitet ist die Regel, dass der Jäger, der das Fleisch liefert, selber gerade kein Fleisch essen darf.

Der in den Hochkulturen des Altertums herrschende Brauch bedeutet demgegenüber eher ein trotziges „Nun-erst-recht": Man beteiligt die Götter an der Fleischmahlzeit, macht sie zu Ehrengästen, ja Stiftern und Herren der Opferpraxis. Fleischessen ist damit höchster Autorität unterstellt. Man könnte versucht sein zu formulieren, die Götter seien bei den sprachbegabten Schimpansen-Verwandten unter anderem eben dazu erfunden worden, der Fleischmahlzeit ihre höhere Rechtfertigung zu verleihen. Man isst – angeblich – nicht aus Gier oder um des Behagens willen, sondern weil man Götter zu ehren hat. Immerhin wird damit auch das Tier zu besonderer Würde und Schönheit stilisiert: Es wird dem Gott geschenkt, dem Heiligtum, es wird zum Fest geschmückt, man behauptet, dass es sich selbst zum Opfer drängt. Doch bleibt es Fleischlieferant; gerade die Schlachtzeremonie wird zum „heiligen" Fest.

Der früheste Text, der davon handelt, rund 4000 Jahre alt, ist ein Mythos der Sumerer – er ist erst 1983 veröffentlicht worden. König Lugalbanda, wird da erzählt, erkrankt auf einem Kriegszug und wird von seinen Kameraden in einer Höhle zurückgelassen, um zu sterben. Doch Lugalbanda betet zu den Göttern, er wird wieder gesund; sein Essensvorrat aber ist zu Ende. Was tun? Lugalbanda erfindet das Feuer neu und wird zum Jäger: Es gelingt, mit Fallen ein Wildrind und zwei Ziegen einzufangen. Wie weiter? Hier greifen Götter ein: Ein Gott erscheint Lugalbanda im Traum und gibt ihm Anweisung zum Opferritual: Er muss die Tiere regelrecht schlachten, den Stier mit der Steinaxt, die Ziegen mit dem Messer, so dass ihr Blut in eine Grube rinnt. Lugalbanda erwacht vor Tagesanbruch, und er tut wie geheißen: Er erschlägt den Ochsen mit der Axt, er schlachtet die Ziegen, das Blut fließt, und so lädt Lugalbanda mit Tagesanbruch die vier großen Götter zu Tisch, Anu, Enlil, Enki und Ninhursag; er gießt Libationen (Trankopfer) von Bier und Wein aus, er schneidet und röstet das Fleisch, der Duft steigt empor als Wohlgeruch, und „von der Speise, die Lugalbanda bereitete, verzehrten Anu, Enlil, Enki und Ninhursag die besten Teile". Für Lugalbanda blieb genug, den eigenen Appetit zu stillen.

Auch für das Alte Testament wurde eine Traditionslinie rekonstruiert, wonach die Menschen bis zur Sintflut vegetarisch gelebt haben. Nach der Sintflut aber entsteigt Noah der Arche und bringt das Opfer dar, genau so wie auch die mesopotamischen Sintfluthelden es taten: Seit der Sintflut besteht das Tieropfer, das der Mensch vollzieht und zu dem die Götter, oder Jahwe der einzige, geladen sind.

Das populärste Stück der Odyssee Homers führt den Kyklopen Polyphem ein, den Menschenfresser. Der haust in einer Höhle in idyllischer Eintracht mit seinen Schafen und frisst seine Gäste. Doch der kluge Mensch Odysseus erfindet die Waffe, die Urwaffe sogar, den feuergehärteten Holzspeer: Der Kyklop wird geblendet, die Tiere aber werden Besitz der Menschen. Und so opfert denn der glücklich entronnene Odysseus den Widder, der ihn gerettet hat, dem Gott Poseidon. Das für jedes Gefühl skandalöse Töten geschieht im Blick auf die Höheren. Der Kreis des animalischen Fressens und Gefressen-Werdens wird aufgesprengt, indem Götter die Szene betreten.

Die Bibel handelt vor allem im vierten Moses-Buch ausführlich vom Schlachten, vom Hantieren mit Blut und Eingeweiden, und vom Essen. Die Opfer-Zeremonie heißt im Hebräischen einfach „Schlachten", aber auch „Friedensfest", weil man sich eben so wohl dabei fühlt. Ins Zentrum gerückt ist dann jedoch in Israel eine „gereinigte" Form: geschlachtete Tiere werden als „Ganzes" verbrannt, als „Holokaust" – dies die griechische Bezeichnung –, „Gott zu einem süßen Geruch". So vor allem das Standard-Opfer von Jerusalem, tägliches Verbrennen von zwei einjährigen Widdern im Vorhof des Tempels. Der Rationalist wird die sinnlose Vergeudung von Proteinen monieren. Mit dem Essen ist der einzige einsichtige Grund fürs Tiere-Töten dahingefallen, es bleibt Töten an sich als Ehrung für den Herrn des Lebens. „Gereinigte" Religion hat ihre besonderen Paradoxe.

Eine Erzählung, die dies begründet, ist die Geschichte von Abraham und Isaak. Abraham, der Vater, ist bereit und drauf und dran, den einzigen Sohn zu schlachten und auf dem Holzstoß zu verbrennen; er tut es dann an einem Schaf. In der jüdischen Tradition ist diese Geschichte viel besprochen und kommentiert worden, ist sie doch allem Gefühl zum Trotz zu akzeptieren als Inbegriff des Opfers, des Gehorsams gegen Gott. Merkwürdig, wie die Geschichte in der islamischen Tradition übernommen und überhöht worden ist: Es gilt als ausgemacht, dass der Felsen des Berges Moria, wo Abraham den Isaak zum Opfer band, eben der Felsen zu Jerusalem sei, über dem der Felsendom errichtet wurde. Zugleich aber gilt diese Erzählung als Stiftungstext für einen ganz realen „Tag der Opfer", der jedes Jahr mit großem Aufwand begangen wird, besonders in Nordafrika: Da schlachtet möglichst jeder Haushalt ein Schaf, in Erinnerung und mit gutem Gewissen dank dem, was Abraham zur Ehre Gottes tat und Gott ihm gebot. Schlachtabfälle verstopfen die Straßen, während allenthalben Schafe gegessen werden. So ist man, über die in der jüdischen Religion vollzogene „Reinigung" hinweg, wieder beim unausrottbaren Behagen der Fleisch-Esser angelangt. Das Bedenken eines irgendwie „schuldhaften" Schlachtens und Essens ist durch die ungeheure, dem Humanisten so gar nicht geheure Frömmigkeit des Erzvaters Abraham beiseite geräumt. Übrigens sagt jeder islamische Metzger beim Schlachten eines Tiers: „im Namen Allahs".

Radikalste Absage an solche Praxis gab es in einer längst ausgestorbenen Religion, im Manichäismus. Dies war ein „ketzerischer" Zweig des Christentums, begründet vom Syrer Mani 240 n.Chr. Mani, der in einer christlichen, vegetarisch lebenden Sekte aufwuchs, verweigerte die Gartenarbeit, denn er hörte Stimmen sogar in den Pflanzen, wie sie jammern, wenn sie geerntet werden: „Blut strömte herab von der Stelle, die von der Sichel getroffen wurde, und sie schrien mit menschlicher Stimme unter den Schlägen. (...) Die Feige schreit, wenn sie gepflückt wird, und ihre Mutter, der Baum, weint milchige Tränen". Überall in unserer Welt sind – so erlebt es Mani – göttliche Lichtfunken in harter Materie gefangen und leiden, und „Gierteufel" sind es, die dieses Leiden immer wiederholen und steigern. Mani knüpft an Paulus an, der im Römerbrief vom Seufzen der unerlösten Kreatur geschrieben hatte, er geht aber im Sinne eines radikalen Christentums weit darüber hinaus: Es ist der leidende Jesus selbst, der überall präsent ist, Jesus, der Gekreuzigte, „aufgehangen an jedem Holz". Überall ist das „Licht" des Lebens gekreuzigt;

und gerade der arbeitende Mensch, auch der scheinbar harmlose Bauersmann, fährt fort, solches „Licht" zu verletzen. Wer immer mäht oder sät, wer pflügt oder keltert, der quält und mordet. Mani hat die Seelenwanderungslehre aufgegriffen: „Wer mäht, muss wieder geboren werden als Gras, Bohne, Gerste, Weizenähre oder Gemüse, damit sie gemäht und abgehauen werden." Talion, Vergeltung durch das gleiche Übel, in einem trostlosen Zyklus.

Jede Einwirkung des Menschen auf seine Umwelt, jede Arbeit ist also ein Zufügen von Gewalt und Schmerz, ein zerstörerischer Eingriff in geheimnisvoll vernetzte Zusammenhänge des Lebendigen. „Kreuzigung des Lichts", crux luminis, wohin man greift. Mehr als die Arbeit jedoch ist das eigentliche Problem des Lebens das Essen, um deswillen wir arbeiten. Wir zerstören, indem wir essen. Gleich jenem Eskimo-Schamanen sehen Manichäer die „Seelen", die Funken des Lebens in der Nahrung, nun aber auch im vegetarischen Bereich. So kommt es zu einer unvermeidbaren „Schuld" jeden Essens. Nur eine kleine Gruppe von „Auserwählten" kann ihr entgehen: Sie verzichten auf Arbeit und lassen sich das Notwendige schenken, Bettelmönche, die doch durch ihr asketisches Leben die Erlösung der ganzen Welt befördern. Sie versammeln sich am Abend zur feierlichen Mahlzeit. Was immer sie essen, es ist „Fleisch und Blut Jesu", gegenwärtig in jeder Pflanze. So sprechen sie beim Essen zum Brot: „Nicht gemäht habe ich dich, nicht gemahlen, nicht geknetet, nicht in den Backofen geworfen. Ein anderer hat dies getan und mir gebracht. Ich aß ohne Schuld." Die im Lebensprozess enthaltene „Schuld" des Essens ist hier auf die Spitze getrieben. Kein Wunder, möchte man sagen, dass eine solche Religion ausgestorben ist. Und doch bleibt ein eigentümlich pathetischer Appell ihres Lebensgefühls. Ein Manichäer durfte kein Tier auch nur erschrecken, keine Ameise zertreten.

Das normalisierte Christentum hat dem Menschen die Herrschaft über die Tiere freigegeben und das Tieropfer nur als ein sublimes Symbol vom „Lamm Gottes" im Messetext bewahrt. So hat sich die Herrschaft über die Natur fast ungehemmt entfaltet. Die Frage, ob wir „ohne Schuld" essen können, scheint unverständlich im Paradies der Konsumenten, die auf ihrem Behagen insistieren. Und doch steht da unversehens die Frage im Raum, ja die Angst: Können wir ohne Risiko essen? Herden von Haustieren fallen einem neuen, rationalen und doch die Vorstellung sprengenden Holokaust zum Opfer. Wo wird man die nächsten falschen, verdrehten Moleküle entdecken? In Schafen kennt man sie, doch scheinen sie da weniger gefährlich. Kann die Ingenieurkunst der Molekularbiologie eine Lebenswelt ohne alles Risiko bereitstellen, ohne die ganze bedrohliche Vernetzung alles Lebendigen? Welcher Vernichtungen wird es dafür noch bedürfen? Der souveräne Mensch, verlassen nicht nur von den Göttern, sondern bald einmal von all seinen lebendigen Partnern, Konsument unter Konsumenten und absoluter Herr der Moleküle – das scheint nicht einmal Zukunft, sondern fast schon unsere Gegenwart.

Erschienen in: Magazin UniZürich 4/01, 59.

Das Wunder der Panaghia

Einige „alte Bücher" aus einem Nachlass wurden dem Klassisch-Philologischen Seminar vor einiger Zeit mit der Vermutung überlassen, sie seien dort willkommen. Eines sah in der Tat recht alt aus: Ein handgeschriebener griechischer Codex, in Leder gebunden, vor langem schon von Würmern angefressen, dann offenbar einigermassen repariert, auseinanderfallend, doch mit sehr schöner Schrift, mit prächtig roten Überschriften und Initialen.

Ein beiliegendes Typoskript zeigte gleich, dass es sich um die Abschrift einer neugriechischen Version des Neuen Testaments handelte, die ein gewisser Maximos Kallipolites geschaffen hatte; sie war auf Kosten niederländischer Kalvinisten 1638 in Venedig gedruckt worden. Der Patriarch Kyrillos hatte sie damals empfohlen, seine orthodoxen Nachfolger haben sie später wieder verboten. Diese Edition war hier kopiert worden. Die ersten Seiten des Codex sind offenbar verloren. Der eigentliche Textteil beginnt mit dem Empfehlungsschreiben des Patriarchen Kyrillos; am Anfang der gezählten Seiten stehen dann mehrere Epigramme – in der altgriechischen „Reinsprache" – zu Ehren der neuen Gestalt des Evangeliums. Es folgt der Text der Apostelgeschichte und der Briefe, sorgfältig aufgeteilt in Perikopen zur Lesung von Sonntag zu Sonntag.

Ein Stempel sichert die Zugehörigkeit des Codex zum „Heiligen Kloster Gonia". Dieses Kloster liegt auf Kreta beim Dorf Kolimbari, etwas westlich von Chania. Der Schreiber nennt seinen Namen, Dimitrios Souroumis, und datiert sein Werk auf den 27. Oktober 1691. Damals war Kreta, das lange unter der Herrschaft Venedigs gestanden war, bereits von den Türken erobert. Zuvor hatte sich dort das byzantinische Spätmittelalter fast bruchlos fortgesetzt, wenn auch in Berührung mit der europäischen Renaissancekultur. Im Kloster Gonia hielt man offenbar auch 1691 noch daran fest, dass man ein Buch nicht kauft, sondern durch Kopisten sich zu eigen macht – im prächtigen Handschriften-Stil uralter Buchkultur.

So zeugt diese Handschrift von einem merkwürdig vielfältigen Hintergrund der Geistes- und Machtgeschichte am Rande Europas. Noch dramatischer war offenbar ihr neueres Schicksal. Der Zweite Weltkrieg hat Westkreta besonders übel mitgespielt; dort begann der deutsche Angriff, dort konzentrierten sich Widerstand und Guerillakämpfe. Grosse Soldatenfriedhöfe sind geblieben. Auch das Kloster Gonia wurde offenbar mehrfach besetzt, beschädigt, beraubt.

Irgendwie muss die Handschrift damals in den Besitz eines deutschen Soldaten geraten sein, der dann ein friedliches Leben als Pfarrer in Deutschland aufnahm. Er hat, wie das Typoskript zeigt, die Handschrift im Jahr 1953 dem führenden deutschen Byzantinisten, Franz Dölger, in München vorgelegt; Dölgers Mitarbeiterin Pia Schmidt verfasste eine mehrseitige Expertise unter Beiziehung älterer Literatur und sogar eines Katalogs der Kloster-Handschriften von Gonia.

Der legale Eigentümer der Handschrift, belegt durch zweifachen Bibliotheksstempel, stand damit von vornherein fest; von dringender Rückgabe war die Rede. Doch erklärte Franz Dölger, seine eigene Forschungsarbeit in Griechenland wäre gefährdet, wenn er in irgendeiner Weise mit einem aus Griechenland geraubten Manuskript in Verbindung gebracht werden könnte. Man schickte dem Herrn Pfarrer, zu seiner Verwunderung, den Codex zurück; unter den Restbeständen seiner Bibliothek ist er nun fast ein halbes Jahrhundert später wieder aufgetaucht.

Ich versuchte den Kontakt mit Kreta herzustellen; ein Brief an die ermittelte Adresse des Klosters blieb aber ohne Antwort. Schliesslich hat Dimitris Kyrtatas, Professor der Geschichte an der Universität Kreta in Rethymnon, die Verbindung mit dem Kloster aufgenommen. Anlässlich eines internationalen Symposiums an der Universität Kreta fand kürzlich die Übergabe des Codex an das Kloster statt. Neben wenigen Mönchen war auch der zuständige, mehr als 90-jährige Bischof zugegen.

Es sei das erste und bislang einzige Mal, dass etwas von dem im Krieg Verlorenen ins Kloster zurückkomme, sagte man. Mehr noch als Codices vermisse man aber ein bestimmtes Bild der Allerheiligsten Gottesmutter, der Panaghia, das einmal dagewesen war. Immerhin, dass jetzt dieses Buch auf dem Umweg über die ferne Schweiz zurückkehre, sei fast unglaublich – es müsse sich, sagte der Bischof, wahrhaftig um ein Wunder der Panaghia handeln.

Erschienen in: Berliner Zeitung 58/98, 27./28.04.2002, Magazin, 1–2.

Edle Einfalt
Zufall oder Zusammenfall:
Die Konstellation der „Griechischen Klassik"

„Klassik" setzt Klassifizierung voraus und damit eine von oben her urteilende Instanz. Dass die fast zufällige Metapher eines römischen Literaten, der nach dem Muster alter Steuerklassen den „klassischen" Schriftsteller dem „proletarischen" gegenüberstellte, zur anhaltenden gesamteuropäischen Wirksamkeit gelangte, zur Stil- oder Markenbezeichnung geworden ist, lässt ermessen, wie sehr auch Geisteskultur einschränkender Regelung bedarf. Dass Epochen, die sich „klassisch" nannten, insgeheim nur allzu sehr nach den Oberen, den Mächtigen schielten, ist ein nicht eben neuer Verdacht und Vorwurf. Davon unbeschadet mag man festhalten, dass der Begriff der „Klassik" immer wieder durchaus im Dienst der Unabhängigkeit und Eigenständigkeit gestanden hat, um sich über ein fernes Vorbild dem allzu Nahen, Bedrängenden, Ausufernden zu entziehen, sei es gegenüber dem Spätmittelalter, dem Spätbarock oder der Romantik. In einer pluralistischen, multikulturellen Welt aber kann es keine Klassik geben.

Man könnte trotzdem festhalten, dass unabhängig von Macht und „Klasse" mit dem Begriff der Klassik ein Menschenideal einherging und einhergeht, das Anerkennung der Individualität in einer besonderen Geformtheit verheißt. „Edle Einfalt und stille Größe" war einmal eine durchschlagende Formulierung gewesen. Analoge Ansätze und Tendenzen wären auch heute auszumachen, auch wenn unvorhersagbar bleibt, was im Rauschen der Medienvielfalt sich durchzusetzen vermag oder untergeht.

Was einmal „Klassik" hieß, ist allerdings durchweg problematisch geworden, in der Bildkunst, in der Baukunst, in der Poesie. Die Architektur der Säulen und Giebelfelder hat über die monarchischen Städtekonstruktionen des 19. Jahrhunderts hinweg bei Bankbauten in den USA geendet. Die bildende Kunst hat seit Beginn des 20. Jahrhunderts ganz neue Wege eingeschlagen. Antike Tragödien scheinen noch aufführbar, doch wird das Theater allgemein durch einander überbietende Regieexperimente seinem Fundament als Sprachkunstwerk gänzlich entrissen. So erscheinen Versuche einer Wiederholung von

„Klassik" immer [2] dünner, wenn nicht geradewegs verfälscht – oder sollte selbst „faschistische" Architektur demnächst wieder denkmalwürdig werden?

Davon unberührt steht die Klassik der Griechen im wissenschaftlich geschützten Raum der Historie. Ihre Gefahr ist, dass zu vieles als allzu bekannt, zu oft beredet und gerühmt erscheint. Faszination geht eher vom Fremden, Fernen, vom entrückten Früheren aus. Und doch gibt „griechische Klassik" zum Staunen und zum Entdecken Anlass, in all dem, was eine Ausstellung zeigen kann, und darüber hinaus.

Zugegeben: Von „höheren" und „niederen" Kulturen zu reden, ist nicht mehr politisch korrekt. Doch unbestreitbar ist, dass gewisse Erscheinungen zu ihrer Zeit sich in markanter Weise durchsetzen können und durchgesetzt haben, als Formkräfte, die die folgenden Zeiten dann in einer Weise zu prägen vermochten, dass sie ohne diese nicht verständlich, ja nicht einmal mehr vorstellbar sind. Dies gilt beispielshalber von der griechischen Kultur um 500 v. Chr. Damals hat etwa gleichzeitig der Großkönig von Persien für seine neu zu schaffende Residenz Persepolis griechische Bildhauer herangezogen, während weit im Westen auf dem Kapitol von Rom dem „besten größten" Gott Jupiter ein etruskisch-griechischer Tempel errichtet wurde und die griechischen Dioskuren Tempel und Kult auf dem Forum Romanum erhielten; noch weiter westlich, in der Provence, wurde damals – auf Bleifolie geritzt – ein Vertrag über das „Leasing" eines Schiffs aufgesetzt, griechisch geschrieben für keltische Partner; das Wort für die geleistete „Anzahlung" ist phönikisch-karthagisch. Als etwas früher in Hochdorf bei Stuttgart ein keltischer Fürst mit ausgesuchtem Pomp bestattet wurde, war sein großer Met-Bottich aus Bronze mit griechischen Bronzelöwen verziert. Die nichtgriechische Stadt Segesta auf Sizilien hat um 420 den Säulenkranz eines Tempels angelegt – niemand weiß, was er umschloss; aber der Stil ist perfekt griechisch. Dies sind einige äußere Randdaten eines einzigartigen kulturellen Erfolgs, der gerade nicht auf politisch-militärischer Vormacht, auf Eroberung oder Reichsbildung beruhte, sondern auf glänzend entwickeltem „internationalem" Handel im Verbund mit Handwerkskunst höchsten Niveaus. Die attische rotfigurige Keramik fand ihren Weg nach überall rund ums Mittelmeer, ja bis Deutschland und in die Ukraine. In Griechenland selbst aber entstanden die bedeutendsten Tempel, Olympia, Athen.

Das eigentlich Erstaunliche bleibt, wie damals ganz verschiedene kulturelle Leistungen nahezu gleichzeitig in einer neuen, originellen, zukunftbestimmenden Weise gelungen sind: Architektur, Plastik und Malerei, Dichtung und Geschichtsschreibung, Mathematik und Physik, die Entdeckung der „Natur" an sich samt dem, was dann auf die Dauer „Philosophie" heißen wird. All das formt sich damals in dem knappen Raum von etwa 150 Jahren, von kaum mehr als vier Generationen mit dem Zentrum Athen. In diesem Sinn ist der Begriff der „griechischen Klassik", der grob gesagt für die Epoche von 500 bis 350 v. Chr. steht, nicht überholbar.

Dabei ist der notwendige Zusammenhang der gleichzeitigen Phänomene gar nicht so einfach zu sehen. Gemeinsam mag eher erscheinen, dass es in keinem Fall um die Errichtung einer dauerhaften Plattform geht, sondern je um einen prekären Übergang. Die Tempelarchitektur ist eine paradoxe Umsetzung von Holzarchitektur in Stein mit dem fernen Hintergrund ägyptischer Monumentalität, mit sorgfältigster Steinmetzarbeit – Sklavenarbeit war hier nicht einzusetzen –, mit einer ins Einzelne gehenden, jeden Block vorausbestimmenden Konstruktion, deren raffinierte Maßzahlen durch „Kurvaturen" nochmals unterlaufen werden. Diese Architektur ist alles andere als kolossal, die Umsetzungen ins Riesengroße sind allemal gescheitert, in Athen, in Selinus, in Agrigent. Und doch ist der Tempel bestimmender Blickpunkt für die Stadt, angelegt fürs frei-gelöste Umwandeln innerhalb des Säulenkranzes, ein Orientierung gebendes Zentrum zum Blick in die Welt, während das Innere, spärlich erhellt und nur dem Licht der aufgehenden Sonne offen, auf göttliches Geheimnis weist; oft standen recht schlichte alte Holzbilder dort, im Parthenon freilich ein aufwändiges Werk aus Gold und Elfenbein. Daneben und zugleich nun aber der Blick auf das lebendige, autonome Werden und Wachsen in der Welt, für das man neu das Wort „physis" prägt – mit „natura", haben die Lateiner dies ihrerseits übersetzt –: Was hat das Bild im Parthenon damit zu tun? Da erscheint das Göttliche, wenn überhaupt, in ganz anderer Gestalt.

Anaxagoras hieß der Mann, der damals Aufsehen in Athen erregte. Ein Meteoritenfall gab ihm Anlass zur Behauptung, dass die Himmelskörper, unsere Sonne zumal, glühende Klumpen seien, und er begriff und konnte sehen, wie bei einer Mondfinsternis der Schatten unserer Erde über den Trabanten wandert: Eine neue Raumvorstellung von „unten" und „oben" war einzuüben; und wenig später – wir wissen nicht, von wem zuerst formuliert – war die Einsicht da: Unsere Schatten werfende Erde ist selbst eine Kugel. Die wechselnde „Neigung" der Sonne zwischen Süd und Nord – „Klima" heißt diese „Neigung" auf Griechisch – war rasch als Bestätigung entdeckt, und weniger als hundert Jahre nach Anaxagoras wurden bereits Zahlen für den Erdumfang angeboten. Die Erde ist kleiner als man meint, schreibt Aristoteles und nennt dann eine um fünfzig Prozent zu hohe Zahl. Die Probe aufs Exempel hat man erst fast zweitausend Jahre später gemacht, von Columbus bis Magellan. Die Forschung war im Methodenstreit stecken geblieben. Dafür analysierten die alten Astronomen des Näheren den „Schraubengang" von Sonne und Planeten im Jahreslauf. Bis zur Konstruktion praktisch verwendbarer Schrauben freilich sollten noch ein paar Jahrhunderte vergehen.

Scheinbar ganz anders sind die literarischen Gestaltungen jener Epoche, die noch direkt zu uns sprechen, allen voran die Tragödie. Ein Maskenspiel mit einer hochstilisierten, metapherngesättigten Sprache und mit dem Bildungshintergrund einer komplizierten Dichter-Mythologie wurde da einem Massenpublikum zugemutet; die Theater fassten Tausende von Zuschauern, hatten freilich sozusagen ein Medien-Monopol. Da steht dann ein jeglicher Illusion beraubter König Ödipus, „ohne Gott", wie er selber sagt, und doch: „Niemand kann dies ertragen als ich." Diese Tragödie lebt noch ganz in der lebendigen „Performanz", der Dichter ist Regisseur und Musiker zugleich, und doch ist sein Werk schon ein Buch, das mehr und mehr Leute auch lesen möchten. Die Dichtung umfasst in ihrem Anspruch noch alles, rationales Wissen, moralischen Anspruch, Politik, und Schönheit überhaupt. Und doch nimmt mehr und mehr das Diskutieren überhand, Ringen um Argumente, Wissen in der Fachschrift, bald auch Prosa-Philosophie.

Denn all dies entfaltet sich auf dem Hintergrund einer lebhaften, freien, ständig diskutierenden und einander widersprechenden, mehr und mehr auch literarisch gebildeten Gesellschaft, inmitten der griechischen Stadtkultur auf dem Weg zur erstmalig so benannten „Demokratie". Dass kulturelle Leistungen in gesellschaftlichen Prozessen zu verorten sind, ist heutzutage unbestritten. Warum also die griechische Klassik? Man sollte sich freilich im Klaren sein, dass Fragen der Kausalität in der Geschichte, erst recht in der Geistesgeschichte, kaum einfache Antworten zulassen. Festzustellen ist immerhin, dass mindestens vier historische Prozesse damals zusammentrafen, die nicht notwendig aneinander gebunden sind; sie waren jeweils bereits auf ihrem Weg gewesen, haben sich aber damals, praktisch in einer Generation, in einmaliger Weise verstrickt: Die Politisierung, die Monetarisierung, die Alphabetisierung; und zu alledem dann der große Perserkrieg.

Dass an Stelle eines Stammesverbandes eine Vielzahl von kleinen, überschaubaren, selbstständigen und selbstverantwortlichen staatlichen Gebilden zustande kam, war in gewissem Maße durch die Geografie vorgezeichnet, hatte aber im Bereich von Anatolien-Syrien-Palästina durchaus Gegenstücke. Nicht eine Einzelperson, nicht eine Familie, sondern Gruppen von „Gleichen" waren die Entscheidungsträger. Eine neue Stufe ergab sich in Athen, der durch Handel, Handwerk und Silberbergwerke ausgezeichneten Polis, als im Jahre 510 eine „Tyrannen"-Familie gestürzt wurde und danach laut und ausdrücklich ein Prinzip der „gleichen Verteilung", der „Isonomie", proklamiert und in Staatsverfassung und Verwaltung durchgeführt wurde.

Der Gebrauch von standardisierten Edelmetallstücken zur Erleichterung und Beschleunigung des Handels hat sich, vom metallreichen Königreich der Lyder ausgehend, seit etwa 600 v. Chr. mehr und mehr durchgesetzt; dass die Athener auf eigenem Territorium bei Laurion ein ertragreiches Silberbergwerk eröffnen konnten, gab dieser Stadt wachsende Bedeutung. Dareios, der Perserkönig, der das Reich organisierte, erkannte die Zeichen der Zeit und setzte den griechischen Silbermünzen persische Goldmünzen entgegen, was Austausch und Handel erst recht beflügelte. Politischer Einfluss, Abhängigkeiten, Kriegführung zumal liefen von jetzt an mit gemünztem Geld. Als Eigenart der Griechen mag man nehmen, dass die geprägten Münzen kleine Kunstwerke geworden sind; der banale Wert „4 Drachmen" erscheint in Syrakus in Gestalt von vier kleinen Delfinen, die sich durch die Locken der Quellnymphe Arethusa schlängeln.

Die Alphabetschrift war im mediterranen Raum seit Jahrhunderten bekannt. Kaufleute wussten von Anfang an, was sie daran hatten, und erst recht die Literaten. Für die Münzstempel wurden von Anfang an Buchstaben verwendet. Aber dass der Schriftgebrauch über berufsständische Clubs, über Kaufleute oder Literaten hinaus Allgemeingut wurde, war neu. Gerade in Athen hatte man eine besondere Anwendung der Schrift entdeckt: die schriftliche Abstimmung. Als billiges Schreibmaterial standen Tonscherben zur Verfügung; daher das „Scherbengericht". Anekdoten zeigen, dass es mit der allgemeinen Schreibfähigkeit zunächst noch haperte, Manipulationen waren möglich. Doch als man das „Scherbengericht" wieder aufgab, konnten selbst die Sklaven schon lesen.

In diese Welt hinein trat, was man traditionellerweise als Geschichte überhaupt betrachtet hat, die Kriegsgeschichte. In einem Machtgebilde von der Art des Dareios-Reiches mussten ja wohl immer wieder innere Turbulenzen auftraten, und ebenso wenig überraschend war, dass eine Tendenz zur Erweiterung des Reiches bestand, nach Osten, Norden, Süden oder Westen. Der Aufstand der anatolischen Provinz Ionien, nach mehr als vierzig Jahren unangefochtener Perserherrschaft, zog wie durch Versehen Athen in den Konflikt hinein. Die Vergeltungsaktion des Königs Xerxes, zum großen Eroberungszug ausgebaut, scheiterte dann entgegen jeder vernünftigen Erwartung in Griechenland, zur See wie zu Land, bei Salamis und Plataiai. Kein Wunder, dass sich für die Griechen daraus ein historisch-heroisches Lebensgefühl ganz besonderer Art ergab, wie es nie zuvor und auch nie mehr danach zustande kam. Und die Literatur stand bereit, von der Tragödie zur Prosarede übergehend und Geschichtsschreibung begründend, das Selbstgefühl dieser Erfahrung auf die Dauer festzuhalten. So haben wir jene Gipfel der Gleichzeitigkeit, Sophokles und Herodot, Parthenon, Anaxagoras und Sokrates.

Zur Idealisierung besteht wenig Anlass. Die „Demokratisierung" trug durchaus Elemente eines Klassenkampfes in sich; die Frauen waren keine „Bürger"; den Sklavenhandel hat die Monetarisierung erst recht in Schwung gebracht. Die Vorrangstellung Athens wurde durch rücksichtslosesten Machtgebrauch durchgesetzt, und bald war der innergriechische Krieg da, der nach dem Urteil des Thukydides an „Größe" den Perserkrieg weit hinter sich ließ. Das etwas spätere Angebot historischer Größe, die Welteroberung durch Alexander „den Großen", haben die Griechen sich nie recht zu Eigen gemacht. Sie hatten ihre Klassik in menschlicherem Rahmen gehabt.

So blieb in der Mittelmeerwelt und darüber hinaus der Eindruck: Da war etwas Besonderes gegeben, das nachzumachen lohnte, diese Architektur, diese Kunst, dieses Handwerk, und nunmehr auch diese Buchkultur mit Theater, Rhetorik, Historie und Philosophie. Nicht nur Alphabetisierung, Griechischkenntnisse waren von nun an angezeigt. Selbst das Neue Testament konnte nur griechisch geschrieben werden.

Keine Monarchie, kein Palast als Zentrum wie in Ninive und Persepolis, keine Gräberkultur wie in Ägypten; kein Papst, kein Kalif; wohl aber eine literarische Streitkultur in Selbstverantwortung und Freiheit, somit auch eine durchaus politische Dimension: Reden als die bevorzugte Form der Kommunikation, ein freies Reden, dem es – wenn möglich – um die Sache geht, mit der Entdeckung der „Natur", mit Zeigen, Überzeugen, Beweisen statt Zelebration der Hackordnung. Es lohnt sich noch immer, darüber nachzudenken, ja daran festzuhalten, auch in der Auseinandersetzung mit dem Islam oder mit China. Ob das Nahe oder das Fremde mehr berührt, mag jeder für sich erproben, im Rahmen einer Ausstellung und überhaupt.

Erschienen in: W. Rüegg, ed., Meeting the Challenges of the Future. A Discussion between 'The Two Cultures' (Balzan Symposium 2002), Florenz 2003, 91–102.

Impacts, Evasions, and Lines of Defence: Some Remarks on Science and the Humanities

Interdisciplinary encounters are in fashion; they enjoy a certain popularity and high prestige, they are encouraged in various ways, by symposia, publications, television, and the Internet. One may have the suspicion, nevertheless that they are more recommended than practised, and whether they succeed in bridging the gap between the 'two cultures' is an open question. At any rate, they are not without their special risks and traps. One danger is that the disciplines that meet are too close to each other, such as a specialist in quantum physics meeting a specialist in surface physics. Such a meeting may generate particular effects, that is, specialized progress, but the interested layman – if such a construct still exists – will probably not understand either A or B. The other and opposite danger is what I would call the great embrace. Six years ago Alan Sokal, in the periodical *Social Text*, published an article 'Transgressing the Boundaries. Towards a Transformative Hermeneutics of Quantum Gravity'. Look at the boundaries falling, as four catchwords show up of which we, the 'interested laymen', think we have a certain understanding: 'Transformation' is what we are doing all the time in linguistics and literature, be it with Chomsky or with Lévi-Strauss; 'hermeneutics' is a favourite activity of the humanities, from Gadamer via Ricœur to Derrida and beyond; quantum physics has become popular since Max Planck and keeps stirring the fantasy with paradoxes that run counter to our normal world-view; and finally, 'gravity' – we know gravitation has become complicated with Einstein and still presents diverse problems in the 'standard system'. So how nice to get 'Transformative Hermeneutics of Quantum Gravity'. Yet the headline and the whole of the article were deliberate nonsense, aping the style of certain highly regarded thinkers *[92]* or gurus, but the paper was accepted for a serious journal. In a way this is frightening, beyond laughter. Who would have detected it – the referees of the periodical did not – if the authors themselves had not exposed it, and even made a book out of it?[1] How many nonsense texts of a similar calibre may be lying in peaceful oblivion in our periodicals? Is this the gist, or the fate, of interdisciplinary discourse?

Being tied to the humanities myself, and even to the oldest branch of the humanities, classics, I wish, first of all, to insist on the growing and nearly insurmountable difficulties of making distant fields of scholarship meet. If Aristotle and perhaps even Leibniz could claim to comprehend the whole knowledge of their time, the sheer amount of available knowledge has risen immensely since, with more and more sophisticated methods to apply. Each individual scholar will be strained to the utmost within her or his own sector of research, as if fettered at the bottom of a cliff without any prospect of ever getting to the top of the mountain for a clear view; we are not even sure there is a top of the mountain. The methods of special fields, especially the mathematical intricacies of physics, go far beyond high-school level by now and thus remain inaccessible to most. The number of possible partners, in our world of 6 billion, held together by the Internet, has risen far beyond any number which an individual can keep in mind or use for discourse. Note that our system of scholarship and research is mainly built on personal competition: the best candidate will get the job or the subsidies – which means that just proving this becomes the main occupation. Even high-ranking researchers have to devote more and more time and energy to extolling their own projects to raise funds. And even if all these tensions could be overcome from time to time, maybe by the coincidence of personal collaboration, perhaps even friendship, even then the amount of time and energy that has to go into establishing and maintaining interdisciplinary contacts is enormous. Organization may outgrow its boundaries and leave no time and energy for real research. So I see no reason for optimism. And I am deeply conscious that the following remarks will come, and must come, from a very limited personal corner. A specialist in the *[93]* history of culture and the history of religion, especially ancient history, who tries to keep an eye on the other side of the cliff, the grandeur of science, is about to speak on some experiences of research in the humanities in the last decades.

For a start, the enormous advance of science in the twentieth century cannot be sketched in a few words: the theory of relativity and quantum mechanics in the first half of the century, molecular biology and genetics in the second half,

---

[1] A. SOKAL, in *Social Text*, 46/7, 1996, pp. 217–252; see also A. SOKAL, and J. BRICMONT, *Impostures intellectuelles*, Paris, 1997/*Intellectual Impostures. Postmodern Philosophers' Abuse of Science*, London, 1998/*Fashionable Nonsense: Postmodern Intellectuals' Abuse of Science*, New York, 1998/*Eleganter Unsinn. Wie die Denker der Postmoderne die Wissenschaften mißbrauchen*, Munich, 1999.

from the 'double helix' to the complete genetic code, and parallel to all this, the emergence of computers and, recently, of the Internet. What has been the impact on humanities from all this? Of course, we are all writing with computers now and using electronic databases, lexicons, and bibliographies. But what comes out of that? To an outside spectator it might well appear that nothing has really changed since the end of the nineteenth century, when Wilhelm Dilthey had tried to establish *Geisteswissenschaft* versus *Naturwissenschaft*,[2] and to secure a certain self-consciousness of the *Geisteswissenschaften*. *Geisteswissenschaft* has remained a German term;[3] we may still find it more meaningful than 'humanities', which just keeps to the Renaissance style. Evidently, 'cultural studies' or even 'cultural sciences' would be more pertinent; *Kulturwissenschaft* is gaining use in Germany nowadays. This gives a pointed antithesis to the objects of research: culture versus nature, not without the soothing certainty that 'culture' is a human speciality and thus represents a 'higher' level than 'nature'. Thus, while indicating a basic phenomenon of anthropology, it entails a claim of triumph. If 'the supernatural' of the old Christian tradition has largely vanished, the higher level, the specific characteristics of mankind, still go with 'culture' in the 'humanities'.

In the security guaranteed by Dilthey's division, *Geisteswissenschaften* have largely been pursuing their own internal discussions. Some disturbances have been activated by political factors, exorcising Nazism in Germany or denouncing racism in America with 'affirmative action' and 'political correctness'; and then there has been the tide of feminism. The moral impulse tended to appear in leftist designs, with a critical attitude to tradition and the ruling class – but orientations may be changing since the demise of communism and since 11 September 2001. Anyway, the *[94]* intrinsic development of cultural studies made 'hermeneutics' a central movement and a programme with wide and multiform applicability. Besides Hans-Georg Gadamer, I must mention, as one of the central promoters of hermeneutics, Paul Ricœur, to whom a Balzan Prize was awarded in 1999. Language, in a more and more complex sense, is the field of cultural studies. Look how cultural messages are encoded, decoded, and processed, how within the cultural context they are becoming polysemous and show new contents while still bound to the cultural complex, this enormous treasure of cultural tradition we have been handing over for more than 2,000 years. There may be manifold indirect approaches or diverg-

---

[2] W. DILTHEY, *Einleitung in die Geisteswissenschaften*, Leipzig, 1883, = *Gesammelte Schriften I*, Leipzig, 1921.
[3] See A. DIEMER, *Geisteswissenschaften*, in *Historisches Wörterbuch der Philosophie III*, Basel, 1974, pp. 211–215.

ing interpretations; the search for hidden motivations proves thrilling. We have seen the disappearance of the author from literature; we encounter hypotexts and hypertexts and new constructs. This makes for lively discussions, and of course there are trends, parties, pressure groups. There is anything but stagnation; there is an academic world which is very much alive. The question is how far that can be recognized from outside.

What stands out in diverse schools of contemporary cultural studies is criticism or, at least, a certain scepticism as to 'facts'; it can be raised to the contention that there are no facts at all, there are just cultural constructs. This thesis may even claim some background in science, as we are taught that each so-called 'scientific world picture' is an imperfect model, a construct developed to illustrate certain aspects, and that even the world of everyday experience is a construct, built up in a complicated way by processing sense perceptions in the brain and linking the past to the present. We accept the results of such an approach in the history of science where, instead of linear progress, the 'paradigm change' has become a slogan, after Thomas Kuhn.[4] It should not be overlooked though, that some 'paradigms' are more useful than others; I think Kepler was more correct than Copernicus. Yet in the social field the thesis of 'constructs' has been developing for a long time a more aggressive potential. Not only ideologies such as patriotism, but also 'natural' facts such as gender and sex are proclaimed to be social constructs; in consequence, this must turn against science itself. Science, we have read several times, is a 'Western' construct, or, worse perhaps, a Western male construct.[5] It is not *[95]* that clear what the alternatives should be – medieval Islam or Indian spirituality or impulses from tribal Africa. Anyway, it must have been almost a surprise to some, and a relief to others, when the solar eclipse of 11 August 1999 happened exactly when and where it had been predicted. The eclipse was not a construct, no projection or fiction of Western or any other ideology; it was just a fact, a natural event we could experience, as it had been predicted and described in precise forms by astronomy – it lasted for four minutes.

But I do not wish to play the game of controversies now. May I just state my old-fashioned conviction that science and the humanities are still dealing with the same complex reality, reality for humans, and they should meet at least now and again. In this sense I wish to point to a few fields, where, within the last fifty years, there has been some interpenetration of scholarly spirits

---

[4] T. S. KUHN, *The Structure of Scientific Revolutions*, 2nd ed., Chicago, 1970.
[5] For discussion, see e.g. R. G. NEWTON, *The Truth of Science: Physical Theories and Reality*, Cambridge, Mass., 1997.

from both sides, where cultural studies have answered an impact of science in some way. I shall speak about three quite different fields, structuralism, sociobiology, and human history in the light of genetics. I shall approach a more general problem in the end.

Structuralism has mainly been the work of Claude Lévi-Strauss.[6] It was already proposed by 1956 and had its great days in the 1970s, but it has gradually been given up even in Paris after 1980. It has still been a major incentive for international *Geisteswissenschaften* for some decades, and has left its traces in anthropology, sociology, and even history, with an increasing interest in systems, alternatives, and processes. Lévi-Strauss took his model from linguistics, from phonology, and extended it to the language of mythology – mainly Amerindian mythology. The strange details that show up in myths, he claimed, are to be seen not as single pictures, scenes, or motifs, but in strict relation to each other, logical relations in fact, antithesis, parallels, permutations; relationships that can be written down in quasi-mathematical formulas even if these have coyotes or parrots, honey or ashes in their arguments. This should characterize 'wild thinking',[7] or even the working of 'Mind' as such, *l'esprit*. Lévi-Strauss gave work to practising ethnographers, for whom details, hardly noticed before, found their necessary places in the ensuing charts. Marcel [96] Detienne successfully applied the method to ancient Greek mythology and ritual, with similar memorable transformations, 'from myrrh to lettuce'.[8] Structuralism could understand itself as part of a more general theory of semiotics, and immerse itself in the anti-realistic trend. Is there any reality beyond signs? With its persistent use of logical concepts, proportions, and systems, including logical and mathematical operators, it definitely played a role in bringing humanities out of the sphere of uncontrolled empathies towards colder and bolder analysis, with the model of science somewhere in the background; Lévi-Strauss clearly aimed at a *science de l'esprit*.

From quite another side, from biology, including zoology, came the impact that has fascinated me much more, 'ethology', as introduced by Konrad Lorenz, and 'sociobiology', developed later by Edward O. Wilson. This evidently means an impact of biology on cultural studies. Most important was the book *Das sogenannte Böse* by Konrad Lorenz (*On So-called Evil* – the title of the

---

[6] *Anthropologie structurale*, Paris, 1958; *Mythologiques*, Paris, 1964–1971; *Anthropologie structurale Deux*, Paris, 1973. For a German account of structuralism see M. OPPITZ, *Notwendige Beziehungen. Abriß der strukturalen Anthropologie*, Frankfurt, 1975.

[7] *La Pensée Sauvage*, Paris, 1962.

[8] M. DETIENNE, *Les Jardins d'Adonis*, Paris, 1972, pp. 115–138: 'De la myrrhe à la laitue'.

English translation, *On Aggression*, shifts the focus).[9] I still think and wish to insist that Konrad Lorenz was a first-rate scientist, and his 'evolutionary theory of knowledge' is a durable contribution to philosophy.[10] But with Konrad Lorenz there was also that appealing personal closeness to animals which made them understandable to an unprecedented extent. Thus the approach of Konrad Lorenz had the potential to transcend science and enter 'humanities' directly, to explain cultural phenomena and individual experience in a new key, including patterns of behaviour, religious rituals, and the functioning of society in general.

I wish to mention just one detail which I still find remarkable: the 'sacred shivers' of enthusiasm. To quote Konrad Lorenz:[11] 'A shiver runs down the back and, as more exact observation shows, along the outside of both arms. One soars elated, above the ties of everyday life... The head is proudly raised, the chin stuck out, and the facial muscles mime the "hero face"'. And then comes the explanation: 'Anybody who has ever *[97]* seen the corresponding behaviour of the male chimpanzee defending his band or family will doubt the purely spiritual character of human enthusiasm'. The shiver, which is a *heiliger Schauer* in German poetry, turns out to be 'the vestige of a pre-human vegetative response of making a fur bristle which we no longer have'. But we cannot but feel it. The sacred shiver is, of course, well known in ancient literature, especially in poetry. The Greek word for it is *phrike*, the Latin *horror*, and both are currently used to describe religious experiences or surroundings, situations, and activities in relation to the 'sacred'. This means that there is an aspect of the sacred which is inseparable from biological aggressive behaviour. If this dimension was unknown to ancient practitioners, it can hardly be left out by a modern analyst. I think this is a more penetrating contribution from zoology to anthropology than many a book describing the phenomenology or hermeneutics of the sacred.

Konrad Lorenz met with strong opposition from leftist sociology, and on account of certain stains from the Nazi period he has practically disappeared from contemporary screens.[12] It may be more important that his form of biol-

---

[9] K. LORENZ, *Das sogenannte Böse*, Vienna, 1963; 2nd ed. 1970; *On Aggression*, New York, 1963; cf. W. BURKERT, *Homo necans. Interpretationen altgriechischer Opferriten und Mythen*, Berlin, 1972.

[10] K. LORENZ, *Die Rückseite des Spiegels. Versuch einer Naturgeschichte des menschlichen Erkennens*, Munich, 1973.

[11] *On Aggression*, cit., pp. 259–261.

[12] For a pupil's attempt at a balanced account, see N. BISCHOF, *Gescheiter als alle die Laffen. Ein Psychogramm von Konrad Lorenz*, Hamburg, 1991.

ogy has been overtaken, if not superseded, by new developments. The application of computers, computer models, computer games was still unknown to Konrad Lorenz in the sixties. Now one current slogan, based on computer games, comes from Richard Dawkins: *The Selfish Gene*.[13] Old Darwinians, including Lorenz, had been working with the idea of 'group selection', which went together with a general appeal to solidarity; nature selects what is good for the group. In the more modern view it is the single gene that must win. This theory has definitely won the day, exactly in symmetry with a new wave of capitalism that has swept the globe since about 1980.

The theoretical impulses were taken up again by Edward O. Wilson with *Sociobiology: The New Synthesis*, followed by other studies and, most recently, by his book *Consilience: The Unity of Knowledge*.[14] Here we have a claim that the great synthesis between the 'two cultures' has been achieved, or at least lies within sight, based on biology, but including history *[98]* and the humanities. The advocates of the traditional humanities are not very happy with that; 'a dangerous book', I heard one say. Should the manifold aspects and contexts of interpretation be immobilized by one form of 'knowledge'?

Wilson and his followers have a modern approach, with a sound basis of statistics and attention to demonstrable details. The fundamental hypothesis of sociobiology is rather general, the 'co-evolution of genes and culture', with constant feedback between the two; this is plausible enough. From the Darwinian inheritance sociobiology takes the concept of fitness, related to the chances of procreation, though with the more advanced formulation of 'inclusive fitness', a concept due to W. D. Hamilton.[15] Hence one tries to correlate certain behaviours, ideas, or institutions with fitness for survival. 'Cultural success consists in accomplishing those things which make biological success (that is, a high inclusive fitness) probable'.[16] Misfits will diminish in number and gradually disappear. Cultural progress and modification of genes go together; the modification of the genes marks a way of no return.

One important and impressive example is the development of speech. A very small genetic change in how to produce sounds went hand in hand with

---

[13] R. DAWKINS, *The Selfish Gene*, Oxford, 1976.
[14] E. O. WILSON, *Sociobiology: The New Synthesis*, Cambridge, Mass., 1975; *On Human Nature*, Cambridge, Mass., 1978; *Consilience: The Unity of Knowledge*, New York, 1998/*Die Einheit des Wissens*, Berlin, 1998. W. BURKERT, *Creation of the Sacred: Tracks of Biology in Early Religions*, Cambridge, Mass., 1996.
[15] W. D. HAMILTON, *The Genetic Evolution of Social Behavior*, "Journal of Theoretical Biology", 7, 1964, pp. 152.
[16] W. IRONS in *Evolutionary Biology and Human Social Behavior: An Anthropological Perspective*, ed. N. A. Chagnon and W. Irons, North Scituate, Mass., 1979, p. 258.

a capacity for enormous social effect, so that the hominids who could not or would not speak in the same way, the so-called Neanderthals, it seems, became extinct in a relatively short period, between 40,000 and 30,000 BC.

There are other insights in unforeseen places. Sociobiology can also try to explain, for example, a phenomenon discovered by Johann Jakob Bachofen in the context of his studies on *Mutterrecht*, the so-called *Avunculat*,[17] that is, the prominent role of the mother's brother in certain societies. There the mother's brother is found to be much more important and involved in the family than what we call the legal father, the mother's consort. Genetic relationship can offer an explanation. If there is a high degree of sexual freedom for females in the family, the probability that a child is the offspring of the legal husband may be less than 50 *[99]* per cent, and then the relationship with mother's brother results in a higher percentage of common genes – brother and sister share an average of 50 per cent. So in such societies, *Avunculat* makes sociobiological sense; it is not just a relic of bygone lore.

But I still think we have not yet arrived at the final 'unity of knowledge'; we still have to work on it – and there are difficulties. There are general questions about the explicatory power of Darwinian evolution for cultural phenomena. Which are long-lasting enough to have anything to do with genes? Is it really just 'fitness' that comes in numbers that count? People have drawn attention to apparent opposites that come around in evolution, such as the 'handicap principle'.[18] In the history of religion we have examples of how self-destructive behaviour proves to have some very strange effectiveness.[19] Can biology explain suicidal attacks?

The very progress of biology at a molecular and trans-molecular level has brought about new forms of precision, but also new difficulties of interpretation. It had been so easy to say that this or that trait or behaviour must be 'innate', as it appears not only in different individuals but in closely related classes – say, chimpanzees and humans. But once we have to follow all the way from the genetic code through the expression and interaction of various incredibly complicated proteins to the development of a certain organ and its multiple functions, then we lose the thread of determinism; everything becomes at least as complicated as our still unpredictable weather. Admittedly this is a

---

[17] This is the main theme in J. J. BACHOFEN, *Antiquarische Briefe, 1800–1886*, in *Gesammelte Werke VII*, Basel, 1966.

[18] A. ZAHAVI, *The Handicap Principle: A Missing Piece in Darwin's Puzzle*, New York, 1997.

[19] J. BRONKHORST, *Asceticism, Religion, and Biological Evolution*, in Method & Theory in the Study of Religion, 13, 2001, pp. 374–418.

layman's expression. But the reasonably ordered, the mindful universe envisaged by older philosophers seems to explode in every atom.

The third field I wish to discuss is the contribution of genetics to human history, and to European prehistory in particular. We have heard about this from Luigi Luca Cavalli-Sforza, who is one of the foremost researchers in this field.[20] Human history through the last 10,000 years, and European history in particular, has been known so far thanks to two channels of information, the work of prehistorians and the work *[100]* of linguists. As to the Mediterranean regions and Europe, prehistorians have determined a lot of local cultures with their similarities and differences; they have succeeded in establishing a chronology, especially through dendrochronology, in a very precise form. One main cultural event, evidently, was the impact of the 'Neolithic Revolution', the introduction of food production, of growing grain, together with the domestication of animals. This development went from east to west, with its beginnings in the Fertile Crescent before 8000 and a gradual progress towards the West – sixth millennium in Greek Thessaly, fourth millennium in Switzerland. The other beam of light comes from linguistics: There is no doubt that the main languages of Europe, such as Greek, Latin, Celtic, Germanic, and Slavic, belong to one great family, Indo-European; but there are relics of Pre-Indo-European strata. The reconstruction of Indo-European – down to the smallest details of phonology, grammar, and word formation – is a major achievement of linguistics. Yet it is difficult to make history out of that. We know that Hungarian arrived from the east at a well-known time, about AD 900. But what about the old non-Indo-European patches, such as Etruscan and Basque? Etruscan disappeared in late antiquity, Basque survives in a limited area of north-western Spain. How to correlate the prehistorians' and the linguists' findings? What is the history of non-Indo-Europeans and Indo-Europeans that must be in the background? Were there two cultural movements from the east towards the west that swept Europe, the Neolithic and the Indo-European wave, or are we to identify both, as Colin Renfrew has proposed?[21]

It is genetics that is now introducing a totally new, third set of data. The mixture or superimposition of different groups of people should still show through. One recent study by Hamel, Vennemann, and Forster[22] argues that

---

[20] See the Cavalli-Sforza paper in this volume and L. L. CAVALLI-SFORZA et AL., *Le radici prime dell'Europa*, Milan, 2001.

[21] C. RENFREW, *Archaeology and Language: The Puzzle of Indo-European Origins*, London, 1987; cf. C. RENFREW in *Time Depth in Historical Linguistics*, ed. C. Renfrew et al., Cambridge, 2000, pp. 413–439.

[22] "Bild der Wissenschaft", 5, 2002, pp. 32–44.

the genetic similarity of average Europeans with Basques is close enough to allow the thesis that Basques were the original group which resettled Europe after the great Ice Age, after about 10,000 BC. There had been a chance to survive the Ice Age right in the Basque region; it should have been the Magdalenian culture that survived there. This thesis would entail the statement that the Neolithic Revolution, *[101]* which came some millennia later, did not wipe out an existing population, but rather was adopted by indigenous partners – or, as the analysis so far depends mainly on mitochondrial DNA, that is, the female line; at least, the females survived the 'revolution' to become the new basis of population. Whether the linguistic impact of 'Indo-Europeans' is identical or a separate event, whether it can be seen with more precision on the basis of genetics too – Cavalli-Sforza pointed to Near Eastern elements in Western European genes – these, as far as I see, are still open questions, and I am not in a position to present any results here. I am just pointing out that new data will accumulate, that analysis will become more precise, and more complicated, in due time. It is from science that this new impact has come to the historians; they will have to answer it, to study the appropriate methods of science, especially statistics, to take part in common discussions. The history of Europe in the last 10,000 years, our prehistory, will have new foundations, thanks to the supplementary data infused from the 'other culture'.

I see still another, more general, and more demanding challenge for a meeting of science and the humanities. This concerns nothing less than 'Mind' itself, the *Geist* of *Geisteswissenschaften*. Science has brought absolutely new approaches and new insights into what philosophy and anthropology have been calling 'mind', 'spirit', or 'personality', including 'free will'. Many seem still to hold to the opinion that this will remain the proper domain of the 'humanities', as it has always been. It is intimately intertwined with our values and ideals, such as freedom, responsibility, human rights, and democracy. Being a historian of ancient thought, I can see clearly the stations and contributions by which the parts and functions of 'Mind', the concepts of the 'Immaterial', the 'Spiritual', the 'Personality' have been established, discerned, and named. The change wrought in recent times by the sciences of the brain may still have escaped some who work in the 'humanities'. Yet my impression is that the older forms of discussion, say in the style of Descartes, are no longer possible in a serious, meaningful way nowadays; nor can we accept the biblical, theological, or philosophical thesis about 'Mind' being added to the body from outside, which also means disclaiming many lines of our classical poets, such as Goethe, about the 'Eternal' and 'Indestructible'. The work of science has long broken through the boundaries. Experiments to ascertain the interactions of physical, electro-chemical events and acts of consciousness abound. It seems that even the idea of a 'mind' somehow using corporeality as its tool – originally an idea of Aristotle's – is hardly applicable any more. Neural activities appear to *[102]* be prior to mental activities, to acts of consciousness. But how to find, through such methods in an incredibly complex whole, something like the 'ego', the 'personality', 'free will', or just 'mind'? Is the conscious 'person', the central 'mind' dominating consciousness, just a traditional expression, a cultural construct, as some have come to suspect? In such a case, I think, scientists will desperately need the hermeneutical potential from the other side beyond the divide, the effort to make sense of constructs. There should be a common enterprise to grasp and to describe the 'mindful', responsible personality which we still need in practical life – if there is ever to be real progress instead of wilful 'transgressing boundaries' or building up the last defensive walls. What must probably be transgressed is linguistic tradition, 'humanistic' tradition, but also forms of cautious politeness that keep the 'two cultures' at a comfortable distance from each other. What must be given up is methodical self-complacency on both sides. I hope scholarship will continue to strive for common knowledge in a common language, for a new science of the mind, *Geisteswissenschaft*.

Erschienen in: Süddeutsche Zeitung 7.2.2003, 17.

Die Götter wollen das Blut
Opfer als Skandalon des Lebens: Wer gibt dem Menschen das Recht, Tiere und andere Menschen zu schlachten?

„Opfer" ist ein Begriff der traditionellen Religion, den moderne Theologen zumal protestantischer Provenienz eher meiden, so sehr uns allen doch aus so vielen musikalischen Gestaltungen der Messe die Worte vom „Lamm Gottes" in den Ohren klingen. Ein Kernpunkt unserer religiösen Tradition endet in Verlegenheit. Und auch der Historiker kann kaum helfen, wenn er, rückblickend, einen grotesken Horizont blutiger Opferhandlungen ausleuchtet. Zur Einweihung des ersten Tempels zu Jerusalem, heißt es, opferte Salomo 22 000 Rinder: ein Exzeß der Frömmigkeit, oder aber ein „Mordrausch", gegen den Zarathustra die Stimme des Rindes klagen ließ?

Allerdings führt, was „Opfer" betrifft, die deutsche Alltagssprache auf ein besonderes Geleise: In ihr sind zwei lateinische Wörter zusammengekommen, die unsere europäischen Nachbarsprachen durchaus auseinanderhalten, *sacrificium* und *victima*, *sacrifice – victim(e)*, „Opfer" als Heilige Handlung – lateinisch auch als operari, „Handeln" überhaupt, bezeichnet, daher unser Wort „Opfer" –, und das von dieser Handlung betroffene Objekt, auch „materia" der heiligen Handlung benannt. Die „Opfer" in diesem Sinn scheinen vorab nach Mitgefühl zu schreien und evozieren die Frage nach dem „Täter". Das „Heilige" ist uns abhanden gekommen. So sprechen Zuschauer über „Opfer" mit Betroffenheitsgestus, vom sicheren Sitz ihrer Ethik aus, ohne zu ahnen, wieso je Bedürfnis nach einer „Heiligen Handlung" bestand in einer Lebenswelt, die simplem Optimismus keinen Anhalt gibt.

Die entsorgte Angst

Es ging beim „Opfer" nicht nur um Gabentausch, der freilich menschliche Gesellschaften wirtschaftlich dominiert und durch Einführung göttlicher Gaben-Empfänger in charakteristischer Weise gestaltet hat, sondern um Opferung im Sinn von Gewalt und Vernichtung, wie es sich in der Geschichte von

Abraham und Isaak oder eben in der Symbolik vom Blut des Lammes manifestiert.

In den Religionen jener Welt, in der das Christentum aufgewachsen ist, in Israel wie bei den Orientalen, bei Griechen und Römern, auch bei „barbarischen" Kelten und Germanen, bedeutet die zentrale „Heilige Handlung", das Opfer, ein Schlachten von Tieren, ein zeremonielles Blutvergießen. Allenfalls besteht dann die Option, ob man das Fleisch des Tieres isst oder sich enthält; wem die jeweiligen Rollen zufallen, wer beteiligt oder ausgeschlossen ist, bleibt Sache der liturgischen Regelung. Im Tempel von Jerusalem hat man Tag für Tag zwei einjährige Widder verbrannt, nicht ohne sie vorher nach geheiligten Regeln zu schlachten.

Es geht nicht darum, dass solche Schlachterei in den Hochkulturen bald einmal auch kritisiert wurde, in Israel und Griechenland wie bei Indern und Persern; sie wurde nicht abgeschafft, nicht im östlichen Christentum, nicht im Judentum, nicht im vielgestaltigen Indien, nicht im Islam. Dort liefert die Geschichte von Abraham und Isaak mit der Ablehnung des Menschenopfers vielmehr die Rechtfertigung für ein großes jährliches Schaf-Schlachtfest, von Pakistan bis Marokko, an dem noch heute die Schlachtabfälle die Straßen der Städte verstopfen. Auch die Passah-Feier war ein gottgebotenes, feierliches, aber reales Fleisch-Essen. „Mich hat herzlich verlangt, dies Passah-Lamm mit euch zu essen", sprach Jesus (Lukas 22,15).

Was hat diese „Heilige Handlung" in sich, was ihr solche Verbreitung und solche Beharrlichkeit gesichert hat? Die internen Begründungen der Praktizierenden selbst scheinen oft nur eine Art von Ausreden zu sein: Die Götter, heißt es, oder die Ahnen, oder die Geister, wollen das Blut, brauchen das Blut; es macht sie „groß", es ehrt sie; es gehört Jahwe, denn dies sei die „Seele" …

Zweierlei scheint sich in den Tieropfer-Ritualen zu durchdringen: Zum einen das Prinzip des stellvertretenden Todes, des Ersatzes. Das Tier entsorgt die Vernichtungs-Angst. Der Widder tritt ein für Isaak; das Passah-Blut lässt den Würgeengel vorübergehen. Zum anderen aber ist da die scheinbar banale Praxis des Essens, was Vergießen von Blut voraussetzt. In der Theorie, in Ansätzen der Theologie scheint es angebracht, beides zu trennen; in der Praxis gibt es immer wieder Überlappungen. Huhn oder Gans, beim jüdischen Reinigungsfest im Haushalt geschlachtet, mag in den Kühlschrank wandern.

Es gibt Ausnahmesituationen, in denen Ersatz-Opfer oder Teil-Opfer durchaus vernünftig erscheinen. Daß der „Eine" für die „Vielen" sterben soll, formuliert auch das Neue Testament (Johannes 11,50). Kriegsstrategen haben mit Selbstverständlichkeit Truppenteile „geopfert". Akzeptabel erschien auch, daß der Mindere für den Höheren hingegeben werden könnte, sogar die Frau für den Mann – so im Mythos von Alkestis, die anstelle ihres Gatten stirbt. Möglich ist dank menschlicher Freiheit auch die heroische Umkehrung, das freiwillige Selbstopfer für die anderen, für die Ehre, für das Vaterland – gewiss keine Besonderheit Europas oder des Abendlandes; Japan war weit radikaler. Dringend in persönlicher Sicht und gestützt von genetischen Programmen ist allerdings mehr die Bewahrung des einzigartigen „Ich", wofür „Opfer" der anderen akzeptiert werden. In eigener Todesangst sieht die Frage der Stellvertretung einigermaßen anders aus als im Licht distanziert-kritischer Moraldiskussion.

Für alle Art von Bedrohungen haben die alten Religionen „Opfer" angeraten oder angeboten und dazu Tiere, meist Haustiere herangezogen. Für Israel war es besonders die „Sünde", die nur durch „Sündopfer" aufgehoben werden konnte; darum als sprichwörtlicher Sonderfall der „Sündenbock", den man in die Wüste treibt und den Dämonen überlässt. Solche „Frömmigkeit" war durchaus realistisch: Man verzeichnete alle Arten von Unglück als Folge der „Sünde" und hatte dem vorzubeugen. Die Katastrophen des Lebens mußten den früheren Menschen auch in den sogenannten Hochkulturen weit unmittelbarer als heute vor Augen sein, Hunger, Krieg, dazu allgegenwärtig die Krankheiten, die zum Tode führen. Man opfert, um Rettung zu gewinnen, und dann auch wiederum als Dank für die Rettung.

Wir haben inzwischen die Landwirtschaft zur Überproduktion gesteigert, wir feiern die Triumphe der Medizin, wir waren dabei, den Krieg zu vergessen. Schrecknisse verschwimmen am Horizont, von Kambodscha bis Ruanda; was aber geschieht im Irak? Die „Opfer", die dort fallen, gehen uns nicht direkt an. Uns bleibt erbauliche Anteilnahme.

Unaufhebbar, unheimlicher bleibt das andere, banale Opfer-Motiv, das Essen. Seit je haben Menschen Tiere getötet und gegessen, weit über das hinaus, was etwa Schimpansen praktizieren. Das Tiere-Töten begleitet die sogenannte Menschwerdung. Man darf daran erinnern, dass Hominiden ohne ihre effiziente Jagdpraxis mit Waffengebrauch wohl nie *out of Africa* Fuß gefaßt hätten, während unser großes Gehirn, auf das wir so stolz sind, besonders reichliche Proteinnahrung verlangt. Wir wissen noch wenig über die vielleicht 6 Millionen Jahre der Hominiden-Evolution. Aber es scheint, dass das Tiere-Töten nicht nur immer vollzogen, sondern auch immer wieder als etwas Unheimliches erlebt wurde, umso schrecklicher, weil es so unverzichtbar war.

Eine Lösung des Dilemmas war, die Götter verantwortlich zu machen und zu beteiligen: Fleischmahlzeit als „Heilige Handlung", *sacrificium*. Ja man könnte versucht sein zu formulieren, die Götter als Lebens-Herren seien erfunden worden, um das Töten im Opfer zu legitimieren. Der älteste Text, der davon handelt, ist ein sumerischer Mythos von Lugalbanda, dem ausgesetzten, hungernden König, der die Jagd erfindet und dann von Göttern im Traum über die rechte Art des Schlachtens belehrt wird. Dazu sind die Götter dann geladen. Die Griechen erzählten lieber vom Trickster Prometheus, der es so eingerichtet hat, daß die Götter Knochen und Fettdampf erhalten, so ziemlich das ganze gute Fleisch aber den Menschen zum Festmahl zur Verfügung steht. Die Juden entschlossen sich, das zentrale Opfer zu Jerusalem als Ganz-Verbrennen, als „Holokaust" zu inszenieren; daneben bleibt den Menschen „normales" Fleischessen, unter der Voraussetzung der rituellen Schächtung. Denn „das Blut ist die Seele", und die gehört Gott. Die Fleischmahlzeit bleibt an die göttliche Überwelt gebunden.

Der Vegetarismus als Ausweg ist eine Option für Minderheiten geblieben – ändert er wirklich das Grundproblem, daß jedes Lebewesen Leben vernichtet, indem es sich ernährt? Auch „friedliche" Wesen müssen, wenn sie in Massen auftreten, ihre Umwelt zerstören. Das Skandalon eines todumfangenen Lebens ist nicht aufzuheben. Die Religion der Manichäer, eine immerhin tausend Jahre bestehende Weltreligion, hat den „Auserwählten" jede Mitarbeit an der Nahrungsbeschaffung verboten, denn diese vergewaltigt die Natur, zumindest die lebendigen Pflanzen; nur geschenkte Speise sei gestattet. So sprechen die „Auserwählten" zum Brot: „Nicht gemäht habe ich dich, nicht gemahlen, nicht geknetet, nicht in den Backofen geworfen. Ein anderer hat dies getan und mir gebracht. Ich aß ohne Schuld" – eine merkwürdige „Unschuldskomödie" im Bemühen, „ohne Schuld" zu essen. Manche Religionen deuten an, dass wahre Heiligkeit im freiwilligen Verhungern bestünde.

Wir aber leben

Durchsetzen kann sich dies nicht. Jeder Lebende ist ein Überlebender. „Heilige Handlungen", die Bewahrung verheißen, wurden daher oft geradezu zu einem Zelebrieren des Todes, des Tötens. Es obsiegt die aktive Opferpraxis: Wir aber leben. Bei den Griechen der klassischen Zeit durchdringen sich Krieg und Opfer: Mit Tiere-Schlachten im Angesicht des Feindes erfolgt das erste Blutvergießen: „Wir" töten inmitten eigener Lebensgefahr – mögen andere sterben. Im Schlachten der Tiere kann man dann noch auf Vorzeichen achten; auf göttliche Hilfe ist man auf jeden Fall angewiesen. Nach dem Sieg über die Perser bei Marathon, 490 v. Chr., beschlossen die Athener, für jeden gefallenen Perser eine Ziege der Göttin Artemis zu opfern; sie vollzogen das mit 500 Tieren pro Jahr und waren nach 90 Jahren noch nicht fertig. Welch sakraler *body count*! Das liegt weit hinter uns, wenn heutzutage der Spezialist seinen Job tut und mit Knopfdruck die intelligente Bombe auslöst.

Das gänzlich unbedenkliche, schuldfreie Leben ist allenfalls in einer Utopie der totalen Technik vorstellbar. In einer Welt der Zukunft wird man vielleicht, zwischen vollsynthetischen Macdonalds und computerisierten Disneyparks, Tiere und Tieropfer endgültig entbehren können. Die alten Religionen bemühten sich um einen legitimen Weg in der Verworrenheit des Lebens. Der Tod wird auch durch Klonen nicht aus der Welt geschafft. Und wer auf Krieg setzt, tut gut daran, die Opfer zu bedenken.

Unveröffentlichtes Manuskript eines Vortrags, der am 28. Januar 2004 im Rahmen von „‚Homo sapiens' und ‚Homo faber' – Symposion anlässlich der Emeritierung von Jürgen Mittelstraß" an der Universität Konstanz gehalten wurde [DLA K 39, M 5].

‚Rettung der Phänomene' zwischen Sinnlichkeit und Sinn
Anregungen von Jürgen Mittelstraß

Mit Freude habe ich kürzlich vernommen, dass Jürgen Mittelstraß zum Ehrendoktor der Technischen Universität Berlin ernannt worden ist. Die Technische Universität Berlin war seinerzeit diejenige Universität, an der ich selbst ab 1966 erstmals Professor gewesen bin; so ergibt sich eine neue Querverbindung. Aber unsere Bekanntschaft ist viel älter, weswegen ich auch sofort die Einladung zu diesem Fest angenommen habe. Es ist mindestens 45 Jahre her, wenn ich rechne, daß wir beide an der Universität Erlangen tätig waren, er als Doktorand, ich als Habilitand; wir haben uns seither nie aus den Augen verloren und sind ja auch in benachbarten Universitäten gelandet. Ich arbeitete damals an den Pythagoreern, er am Eudoxos. Während ich als Philologe und Historiker möglichst alle Schnipsel der Pythagoras-Überlieferung zusammenzusetzen suchte, kam ich auch einigermaßen intensiv in die Geschichte der Mathematik und Naturwissenschaften hinein, und bald war ich so weit, von Eudoxos weit mehr zu halten als von Pythagoras. Jürgen Mittelstraß bewegte sich also schon damals in der höheren Sphäre. Wesentlicher war, daß damals in Erlangen die Philosophie einen neuen Aufschwung nahm durch die Verbindung von Wilhelm Kamlah mit Paul Lorenzen. Philosophische Anthropologie und moderne Logik, das ergab etwas Neues, geradezu eine ‚Erlanger Schule'; etwas von dieser Atmosphäre habe auch ich damals, als Philologe am Rande, mitbekommen. Jürgen Mittelstraß stand, als Assistent bei den Philosophen, mittendrin. Übrigens sind dann sein Buch über die ‚Rettung der Phänomene' und meines über den Pythagoreismus im gleichen Jahr erschienen, 1962.

Das ist lange her, aber noch immer steht mir dieses sein erstes Buch besonders nahe. Vielleicht muß man den Außenstehenden doch kurz erläutern, worum es da geht, d.h. in welchem Sinn ‚Phänomene' zu ‚retten' waren und wieso das wichtig war, d.h. wie in dieser Formel eine generationenlange Diskussion aus der Anfangsphase der griechischen Philosophie und Wissenschaft konzentriert erscheint. Es geht um den Bezug des theoretischen Denkens auf die

Wirklichkeit, also doch schon Wissenschaftstheorie. Mit der Entdeckung des scharfen Denkens waren Paradoxe aufgetreten, die vor allem mit dem Namen des Eleaten Zenon verbunden sind, z.B.: Der fliegende Pfeil ruht, denn ein fliegender Pfeil ist ja zweifelsohne in jedem Moment an einem bestimmten Ort und damit fixiert. Natürlich sehen wir, wie er fliegt, aber, sagten die Eleaten, das spricht nur gegen unser Sehen, überhaupt gegen die sogenannte Sinnlichkeit – dieser Begriff des ‚Sinnlichen' geht, über lateinisch *sensus*, natürlich auf die griechische Begriffsbildung *aísthesis* zurück. Das Sinnliche ist verdächtig – von hier aus hat ‚Sinnlichkeit' dann besonders in unserer Sprache einen noch viel verdächtigeren Sinn angenommen, einen körperlichen, ja sexuellen Sinn. Daran sind die Eleaten unschuldig. Für die alten Griechen stand das Denken gegen das Wahrnehmbare. Anaxagoras und Demokrit versuchten trotzdem, im 5. Jh., eine Analyse der wahrnehmbaren Natur aufzubauen, mit der prinzipiellen Formulierung: Der Blick aufs Nicht-Sichtbare ist das, was sich zeigt, die *phainómena*. Hier haben wir die Formulierung von den ‚Phänomenen' als Inbegriff der Erfahrung. Wohl von Anfang an spielten dabei die Himmelserscheinungen eine besondere Rolle. Anaxagoras hat immerhin die Mondfinsternis richtig erklärt: Das ist der Erdschatten, obgleich wir ja die Sonne, die diesen Schatten erzeugt, im Moment der Mondfinsternis nicht sehen. Platon hat dann der Welt des Denkens ein neues Übergewicht verliehen, indem er die strenge, nicht empirische Mathematik heranzog. Die Sternbeobachtungen wurden hier erst recht wichtig, insofern sie problematisch erschienen, besonders die Irregularitäten, die den Namen von ‚Irrsternen', Planeten, begründet hatten; ‚Schafe', die da hin- und herlaufen, sagten die Babylonier. Läßt sich die Welt der ‚Erscheinungen' mit etwas Geistig-Mathematischen zusammenbringen, oder sollten die Vertreter des Geistes die ‚Phänomene' von sich stoßen? Da war es Eudoxos, Platons Zeitgenosse, der erstmals zeigte: Es ist möglich, von präzisen geometrischen Voraussetzungen aus die ‚Phänomene' der Irrsterne zu beschreiben und damit zu ‚retten'. Die geistige Ordnung der Welt bewährt sich in der exakt mathematischen Beschreibung des Bewegten. ‚Der Gott treibt Geometrie', dieser Satz wurde Platon selbst zugeschrieben. Mittelstraß (1962, 151–153) hat überzeugend die Überschätzung von Platon dem Wissenschaftler widerlegt, zugleich aber ebenso überzeugend die Notizen über Eudoxos mit den Passagen in Platons *Nomoi*, seinem letzten Werk, zusammengestellt: Platon spricht dort seine freudige Überraschung aus über diese neue Einsicht in die Regelmäßigkeit der Himmelbewegungen. Ob die Entdeckung des Eudoxos Platons Dialog *Timaios* erst ermöglicht hat, diesen Entwurf eines ‚Kosmos' als mathematisch geordneter Wirklichkeit – darüber kann man weiterhin diskutieren (vgl. Mittelstraß 1962, 158).

Darum also ging es in der Diskussion um die ‚Rettung der Phänomene': Die Postulate eines absoluten Geistes und die natürliche Empirie zusammenzubringen; Mittelstraß verfolgt das dann bis Kepler. Theorie mit Respekt vor der Wirklichkeit; Wirklichkeit, die sich logisch-mathematisch analysieren lässt. Wir sind damit, meine ich, doch schon drin in Diskussionen der Wissenschaftstheorie. Es geht, möchte man sagen, um die Naturwissenschaft als Geisteswissenschaft. Dies spricht ebenso gegen die Selbstbezogenheit der Naturwissenschaft, als ob sie allein mit Empirie arbeite, wie gegen die Selbstverliebtheit der Geisteswissenschaften, als ob alle Wirklichkeiten in Ideologie, Text, kulturbedingte Projektionen aufzulösen seien.

Damit sind wir bei Anliegen, die für Jürgen Mittelstraß fortbestehen. Jürgen Mittelstraß steht ja längst auf eigenen Füßen; er ist entschieden über die Wissenschaftsgeschichte der Antike hinausgewachsen. Ich kann keineswegs behaupten, seine gesamte Tätigkeit zu überblicken. Mit Wissenschaftstheorie wäre wohl das Zentrum seiner Tätigkeit zu bezeichnen. Im Katalog unserer Zentralbibliothek in Zürich freilich steht Mittelstraß verzeichnet als ‚Wissenschaftshistoriker, Philosophiehistoriker'. Ich weiß nicht, ob ihm das recht ist, begrüße aber von mir aus die wissenschaftliche Nähe, in der er damit verharrt. Jedenfalls: Er hat es erreicht, seit Jahrzehnten schon, daß er weitum wahrgenommen wird, bei den Geisteswissenschaftlern ebenso wie bei den Naturwissenschaftlern, selbst bei Technikern, auch in mehreren Akademien und bei sonstigen hochrangigen Gremien, die heute über Wissenschaften entscheiden und offenbar immer mächtiger werden. Ich hatte mehrfach Gelegenheit zu staunen, wie er es schafft, von einer Akademie zur anderen zu eilen. Jürgen Mittelstraß ist überall präsent, wo es um Wissenschaft geht. Man könnte dazu eine lange Liste von anregenden Titeln verlesen, von der *Leonardo-Welt* (1992) bis zum *Flug der Eule* (1989), ja bis zu der Verheißung „Die Eule grüßt den Adler" (Mittelstraß 1996, 233). Aber vor allem steht da die mit Gereon Wolters herausgegebene monumentale *Enzyklopädie Philosophie und Wissenschaftstheorie* (1989); aber auch der schmale, doch gehaltvolle Band *Die Häuser des Wissens* (1998) sei ausdrücklich genannt.

Ich selbst gehöre ja zu den Geisteswissenschaften. Diese Geisteswissenschaften haben seit langem ihre Mühe, ihre Selbstachtung angesichts der Triumphe der Naturwissenschaften aufrecht zu erhalten, mehr noch, solche Achtung gegenüber der Öffentlichkeit zu bewahren und einzufordern. Da sind wir Jürgen Mittelstraß sehr dankbar für die Beachtung, die er den Geisteswissenschaften schenkt, für empfehlende und ermutigende Worte, die er für die Geisteswissenschaften gefunden hat und findet, mit Schriften wie *Die Geisteswissenschaften im System der Wissenschaft* (1991), auch *Griechische Bausteine der neuzeit-*

lichen Rationalität (1985) oder gar *Die Modernität der Antike. Zur Aufgabe des Gymnasiums in der modernen Welt* (1986). Für Jürgen Mittelstraß bleibt die Basis der Tradition auch im modernen Zugriff.

Allerdings gibt er uns damit noch keinen Anlaß zu bequemer Selbstzufriedenheit. Man kann da auch lesen über *Glanz und Elend der Geisteswissenschaften* (1989), ja, besonders beunruhigend, über *Die unheimlichen Geisteswissenschaften* (1996). Und man findet auch harsche Kritik; Zitat: „Diese [sc. die Geisteswissenschaften] graben ... selbst an ihrem wissenschaftstheoretischen Grab – und ziehen sich gleichzeitig immer wieder an den eigenen (wissenschaftshistorischen) Haaren aus demselben" (Mittelstraß 2003, 13). Auferstehung also à la Münchhausen. Ich fürchte, auch ich werde im Folgenden in diesem Sinn zum eigenen Schopf greifen.

Jedenfalls: Wenn Jürgen Mittelstraß über Geisteswissenschaften spricht, dann findet man klare polemische Stellungnahmen. Zum einen: Eine energische Wendung gegen das Reden von den ‚zwei Kulturen', als ob die unverbunden nebeneinander stünden, Naturwissenschaften und Geisteswissenschaften, und sich gegenseitig nichts zu sagen hätten. In gewissem Sinn ist das schade, die Rede von den ‚zwei Kulturen' scheint doch die Einflußsphären so friedlich-schiedlich abzugrenzen, und ein Multi-Kulti-Nebeneinander wäre dann nicht unmöglich. Nein, sagt Jürgen Mittelstraß: „Über die Geisteswissenschaften ... reden, bedeutet auch, über die Naturwissenschaften ... reden" (Mittelstraß 2003, 7). Das ist mir durchaus sympathisch. Es gibt, meine ich immer noch, eine Wirklichkeit außerhalb von Denken und Methode, eine Wirklichkeit, die wir ‚retten' sollten auch in der akademischen Rationalität. Allerdings reicht es natürlich nicht, über Wissenschaften nur zu reden, man sollte sie auch verstehen, und da gibt es Grenzen dessen, was ein Mensch rezipieren kann; die modernen Naturwissenschaften sind der Simplifizierung nicht eben zugänglich, und das vielberufene interdisziplinäre Gespräch ist äußerst zeitintensiv und wird dennoch meist kaum die Oberflächen ritzen.

Es gibt auch Gefahren der Verbrüderung, des ‚Redens'. Es liegt schon wieder 9 Jahre zurück, daß Alan Sokal, in der Zeitschrift *Social Text* (1996, 217–252), einen Aufsatz unterbrachte mit dem Titel „Transgressing the Boundaries. Towards a Transformative Hermeneutics of Quantum Gravity": Ein herrliches Unternehmen, zwei Lieblingsbegriffe moderner Geisteswissenschaft, Transformation wie Chomsky und Hermeneutik wie Gadamer, befaßt mit einem m. W. noch ungelösten Problem der Physik, Gravitation im System der Quantenphysik unterzubringen – das nenne ich mir eine ‚Grenzüberschreitung'. Und doch, dieser Aufsatz war bewußter Unsinn, der aber im Schleier modernster Terminologien als Unsinn nicht mehr zu durchschauen war und darum in einer wissenschaftlichen Zeitschrift prangen konnte. Jürgen Mittelstraß dürfte durch so etwas nicht zu düpieren sein.

Statt der Pseudo-Umarmung der Naturwissenschaft durch Hermeneutik gibt es allerdings auch den Vorstoß der Naturwissenschaft ins Feld der Geistes- oder Sozialwissenschaften, der verstörend wirkt, als ob da eine ‚feindliche Übernahme' droht. Vor Jahrzehnten hat die Ethologie eines Konrad Lorenz so etwas versucht, und sie wurde und wird mit gebührender Feindseligkeit von den Sozialwissenschaften behandelt. Heute ist es vor allem die Gehirnforschung, die ins Zentrum der Geisteswissenschaften einzudringen scheint: Bewusstsein, Denken, Geist erscheinen als Gehirnfunktionen. Die verfeinerten Methoden zum Nachweis von Gehirntätigkeit haben sogar einen ganz kleinen zeitlichen Vorsprung der physikalisch-chemischen Hirntätigkeit gegenüber dem Bewußtwerden der eigenen Tätigkeit ergeben. Zurzeit sind diese Themen in den Medien aufgetaucht, von den Zeitungen bis zum Fernsehen, beschäftigen aber zunehmend auch die Akademien, ja es gibt Aufrufe zur ‚Rettung', Rettung des Geistes, des Subjekts (Gerhard), der Freiheit. Ich meine in der Tat: Hier liegen noch Aufgaben vor uns, Aufgaben, die weder mit Umarmung noch mit Abstoßung zu lösen sind, sondern der Vermittlung durch gegenseitiges Zuhören bedürfen. Es zeigt sich in solchen Diskussionen, wie schwierig es auch für Naturwissenschaftler ist, bei den Feinheiten der Geisteswissenschaften mitzukommen, es zeigt sich freilich auch die Versuchung für die Geisteswissenschaftler, den großen Bruder mit terminologischen Feinheiten abzuschmettern. Jedenfalls ist bemerkenswert: Jürgen Mittelstraß hat dieses Problem schon vor Jahren aufgegriffen, in einem Band *Geist, Gehirn, Verhalten* von 1989, herausgegeben zusammen mit Martin Carrier; ob wir auf eine Neuauflage oder Fortsetzung rechnen können? Eine echte Frage.

Die zweite kritische These von Jürgen Mittelstraß gegenüber den Geisteswissenschaften, die ich festhalten möchte, ist die entschiedene Ablehnung dessen, was er die ‚Kompensationstheorie' der Geisteswissenschaften nennt, „wonach diese Modernisierungsschäden kompensieren sollen, die durch den Fortschritt und das Tempo naturwissenschaftlicher und technischer Innovationen entstehen" (Mittelstraß 2003, 14). Es wirkt ja immer anrührend, wenn Geisteswissenschaftler über Verluste zu klagen haben, Verlust der Mitte, Verlust der Person, Verlust des Ich, Verlust des Sinns in unserer naturwissenschaftlich-technisierten Welt; natürlich können wir uns da an den Haaren unseres historischen Wissens emporziehen und auf eine höhere Warte befördern. An weisen Sprüchen zur Untermalung der Kritik fehlt es natürlich nicht; doch bleibt es dabei, daß aus der Geistesgeschichte bestenfalls eben vergangene Antworten zu gegenwärtigen Problemen zu entnehmen sind, was selten ein spannendes

Gespräch ergibt. Die alten Antworten aus alten Kontexten werden nicht wirklich weiterhelfen. Jürgen Mittelstraß jedenfalls will uns keine ‚Entspannungswissenschaft' gestatten, so ‚zwischen Notdurft und Unsterblichkeit', wie er das nennt, keine „Zwergenrolle einer kompensierenden Begleitung von Modernisierungsprozessen", keinen Kulturbetrieb, „der keine wissenschaftlichen Probleme löst, sondern von diesen gerade ablenkt" (Mittelstraß 2003, 14f.).

Angesichts der ‚Sinnfrage' kann es der Geisteswissenschaftler doch nicht lassen, mit geistesgeschichtlicher Philologie die Tradition zu analysieren und damit auch in Frage zu stellen. Was heißt eigentlich ‚Sinn'? Verzeihen Sie, nun fange ich doch an, nach dem eigenen historischen Zopf zu greifen. Sinn entspricht dem lateinischen *sensus* in einer Weise, die dem griechischen Wort *aísthesis*, das als Ursprung der Rede von der Sinnlichkeit genannt worden ist, keineswegs eignet.

Es geht hier um eine Entwicklung des lateinischen Wortes *sensus*, ‚Sinn' als Wortsinn, Sprachsinn, die von ganz alten lateinischen Traditionen herkommt: Man findet *sentire* und damit *sensus* in einen interessanten Gegensatz zum ‚Wort' gerückt, und zwar zunächst in alten sakralen Formeln. Da gibt es die Auguralformel, ein Spruch der Auguren, wenn sie zur Bestimmung des Vogelflugs antreten: Der Augur grenzt in seinem Blickfeld einen Sektor ab, innerhalb dessen ein Zeichen erscheinen soll, und er verkündet das durch Sprache – *lingua nuncupo* – und grenzt dabei das Gesichtsfeld rechts und links durch Bäume ab. Da heißt es dann: „jener Baum, was für ein Baum immer das ist, der, von dem ich fühle und meine, daß ich ihn genannt habe", *Ollaber arbos quisquis est ... quam me sentio dixisse* (Varro *Ling. lat.* 7,8). Warum so umständlich? Nun, der Augur könnte sich ja verschaut oder auch versprochen haben, und falls er, sagen wir, irrtümlich ‚Weide' statt ‚Erle' sagt – dann wäre die ganze Zeremonie gescheitert. Darum also „jener Baum, was für ein Baum immer das ist, der, von dem ich fühle und meine, daß ich ihn genannt habe", *quam me sentio dixisse*.

Schauriger erscheint eine solche Formel im Zusammenhang der feierlichrituellen Verfluchung von Feinden und von Städten: z.B. bei der Verfluchung von Karthago, offenbar 146 v. Chr. Die Formel ist ziemlich lang; hier nur ein paar Auszüge (Macrobius *Sat.* 3,9,10): „Herr der Unterwelt und Totengeister ... daß ihr diese Stadt Karthago und das Heer, das zu nennen ich fühle und meine, mit Flucht, Angst, Schrecken erfüllt ... daß ihr das Heer der Feinde, ihre Städte, ihre Ländereien, die ich fühle und meine, wenn ich sie jetzt nenne, daß ihr diese Städte, Ländereien, Personen, Altersklassen als verflucht und euch geweiht betrachtet." Wieder das *quos me sentio dicere*, „die ich fühle und meine, wenn ich sie jetzt nenne". Es gibt ja z.B. eine andere Stadt Karthago, heute Cartagena in Spanien, und womöglich anderes so Benanntes anderswo. Darum die Sicherung des Sinns durch dieses ‚was ich fühle und meine'.

Wir verstehen das sofort, wenn wir uns erinnern, daß *verba dare*, Worte geben, im Lateinischen so viel heißt wie einen anderen betrügen. Es geht um ein Grundproblem der Sprache: Mit der Sprache war die Lüge erfunden, oder vielmehr: Die Lüge ist, wie Biologen gezeigt haben, sogar viel älter als die Sprache. Nicht beim Wort ist ein Partner zu behaften, auf etwas anderes kommt es an, und da setzt das Latein ‚Fühlen und Meinen' ein, *sentire, sensus* ‚Sinn', eine sozusagen vorsprachliche Basis des Gemeinten.

Fixiert und gleichsam eingeschliffen wurde der Begriff des sprachlichen ‚Sinns' dann beim Übersetzen. Übersetzen wurde zu einer Grundaufgabe des Christentums mit seiner Heiligen Schrift. Bestimmend war hier Hieronymus, der heilige Hieronymus im Gehäus, der Schöpfer der Vulgata, der eigentliche Meister der Bibelübersetzung. Hieronymus hat über seine Art des Übersetzens ausführlich reflektiert, hat sie mit einer eigenen Schrift *Über die beste Art zu übersetzen, De optimo genere interpretandi*, verteidigt (H. Marti, Übersetzer der Augustin-Zeit, München 1974). Was Hieronymus sagt, ist seither unendlich oft wiederholt worden: man kann nicht Wort für Wort übersetzen, man muß den Sinn zum Ausdruck bringen, *sensum potius quam verbum de verbo exprimere* (Marti 1974 [s.o.], T 4 II). Mit der Suche nach solchem Sinn plagt man die Gymnasiasten seit sehr vielen Jahrhunderten. Der verallgemeinerte Sinn, bis zum Sinn des Lebens und der Welt, ist Ausweitung solcher Bemühung der Hermeneutik. Die Geisteswissenschaft hat an Stelle von *interpretatio* das noch vornehmer klingende griechische Wort wieder eingesetzt: Hermeneutik.

Das Ergebnis scheint mir doch nicht ganz banal: Sinn hängt einerseits am Wort, an der Sprache, andererseits aber an der Persönlichkeit, an der Ehrlichkeit der Selbstwahrnehmung und der Bereitschaft, sich mitzuteilen: *Quod me sentio dicere*. Sinn ist insofern etwas außerhalb von Texten. Sinn ist aber auch nicht etwas, das sich allgemein verordnen läßt, so von oben her setzen läßt. Es setzt persönliches Fühlen und Meinen voraus, und das Bekenntnis zu solchem Fühlen, Meinen und Denken.

Es liegt, glaube ich, darin etwas Wichtiges gerade für unsere eigene Kultur. Ich las kürzlich im autobiographischen Bericht eines klugen Marokkaners, der in Holland lebt, wie er als seine ihn überraschende Erfahrung notiert: „In den Niederlanden muss man immer sagen, was man denkt. Das findet man spontan und sportlich."* Anderswo hält man es offenbar anders und ist bemüht, ja nicht

---

* *[Es handelt sich wohl um Abdelkader Benali, vgl. den Artikel „Mehr Couscous und Concertgebouw", in: Neue Zürcher Zeitung, 13. Januar 2005, S. 45.]*

zu sagen, was man denkt, sondern sich den gesellschaftlichen Erwartungen und den Codes des Wohlanständigen anzupassen, den Erfolg versprechenden Umständen. Aber in der Wissenschaft ist doch wohl nur voranzukommen auf diesem ‚abendländischen' Weg, zu sagen, was man denkt, den Sinn, den man mitbringt, offen zu legen und der freien Diskussion zu stellen, möglichst unabhängig von Interessen. Ich denke, das gilt für Geisteswissenschaften und Naturwissenschaften.

Jürgen Mittelstraß weiß den Geisteswissenschaften durchaus positive Ermahnungen mitzugeben: Ihre Aufgabe sei, „die kulturelle Erinnerung der modernen Gesellschaft wach<zu>halten und den langen kulturellen Atem der modernen Welt <zu> bilden..." (2003, 8); es geht, wie er es auch formuliert, um ‚das lebendige Wissen einer Kultur von sich selbst' (2003, 19). Dies bedeutet auch eine neue Form von Transdisziplinarität. Die Geisteswissenschaften stehen vor der Aufgabe, die ‚Rationalitätsstruktur einer modernen Welt' zu entwerfen, ‚die kulturelle Form der Welt' zu erfassen, zu analysieren und mitzuteilen. Die Frage nach Gehirn und Geist gehört dazu. Insofern möchte Jürgen Mittelstraß ein philosophisches Paradigma statt des historischen setzen (2003, 22), ja er meint, man könne damit geradezu auf die Wiederherstellung der Einheit der Universität hoffen.

Ob und wie wir das schaffen, weiß ich nicht; ich sehe eher, wie die spannungsreiche Dyade von Geist und naturwissenschaftlicher Realität mehr und mehr bedrängt wird von den wirtschaftlichen Zwängen, der wirtschaftlichen Notdurft, um ein Wort von Jürgen Mittelstraß zu gebrauchen. Wo man im Grunde um Gelder ringt, ist die Diskussion am allermeisten belastet, zumal man dann natürlich am allerwenigsten heraussagt, was man im Inneren fühlt, meint und erstrebt. Der Historiker muß aber doch wohl auch resignierend anerkennen, daß das asketische Ideal des Wissenschaftlers – wenn es denn je bestanden hat – kaum ein Publikumserfolg sein kann. Mit Sorge mag ihn auch erfüllen, wie das Arbeitsethos, das hinter den großen und dicken Werken unserer Geisteswissenschaften stand, bis hin zur *Enzyklopädie Philosophie und Wissenschaftstheorie*, in der Spaßgesellschaft am allermeisten bedroht erscheint. Doch möchte ich jetzt am allerwenigsten die Festfreude verderben, auch wenn wir nicht so schnell vom Elend der Wissenschaften zum Glanz zurückfinden werden. Wir brauchen jedenfalls Personen, die für die Wissenschaft einstehen, mit Geist und mit Wirklichkeitssinn. Drum sind wir froh, daß Jürgen Mittelstraß da ist, und hoffen, daß, selbst wenn er nunmehr ‚emeritiert' wird, er uns noch lange erhalten bleibt.

Bibliographie

J. Mittelstraß, Die Rettung der Phänomene. Ursprung und Geschichte eines antiken Forschungsprinzips, Berlin 1962.
— —, Neuzeit und Aufklärung. Studien zur Entstehung der neuzeitlichen Wissenschaft und Philosophie, Berlin/New York 1970.
— —, Die Möglichkeit von Wissenschaft, Frankfurt 1974.
— —, in Verbindung mit Gereon Wolters, Hg., Enzyklopädie Philosophie und Wissenschaftstheorie, 4 Bde., Mannheim 1980–1996.
— —, Fortschritt und Eliten. Analysen zur Rationalität der Industriegesellschaft, Konstanz 1984.
— —, Griechische Bausteine der neuzeitlichen Rationalität, in: W. Schuller, Hg., Antike in der Moderne, Konstanz 1985, 195–209.
— —, Die Modernität der Antike. Zur Aufgabe des Gymnasiums in der modernen Welt, Konstanz 1986.
— —, mit M. Carrier, Geist, Gehirn, Verhalten. Das Leib-Seele-Problem und die Philosophie der Psychologie, Berlin/New York 1989.
— —, Die Geisteswissenschaften im System der Wissenschaft, in: W. Frühwald et al., Geisteswissenschaften heute. Eine Denkschrift, Frankfurt 1991, 15–44.
— —, Die unheimlichen Geisteswissenschaften, in: Berlin-Brandenburgische Akademie der Wissenschaften. Berichte und Abhandlungen 2, 1996, 215–235 = Häuser des Wissens 1998, 110–133.
— —, Die Häuser des Wissens. Wissenschaftstheoretische Studien, Frankfurt 1998.
— —, Die Geisteswissenschaften und die Zukunft der Universität, Schriftenreihe der Kölner Juristischen Gesellschaft 28, Köln 2003.
— —, Griechische Anfänge des wissenschaftlichen Denkens, in: G. Damschen et al., Hg., Platon und Aristoteles – sub ratione veritatis, Göttingen 2003, 134–157.

Unveröffentlichtes Manuskript, Datierung unsicher (Terminus post quem 2004).

Zwischen Ukraine und Griechenland, mit Peter Brang. Eine Plauderei

Die Verbindung mit Peter Brang verdanken wir Heinz Haffter, der als Ordinarius für Latein und damit nächster Kollege von mir dem Gräzisten am Klassisch-Philologischen Seminar in Zürich alles tat, unsere ‚Verschweizerung' zu unterstützen. Als ich mit meiner Frau Maria das erste Mal in Zürich war – das war im Jahr 1968 –, sagte er, da sei an die Fakultät ein neuer Kollege aus Deutschland, Slavist, mit Familie, gekommen, der uns sicher viel Nützliches sagen könne. Das war Familie Brang. Und so fuhren wir am ersten Tag nach Egg, wo die Brangs wohnten. Sie hatten das Haus in Forch schon im Blick, und wir hatten auch in dieser Beziehung Anlass, ihnen nachzueifern – nach 5 Jahren waren wir so weit.

Ich habe wohl damals schon Peter Brang gesagt, dass ich eine gewisse Beziehung zur Slavistik, zur russischen Literatur hatte. Ich hatte an der Uni einen Russisch-Kurs besucht; wir kamen bis zur Lektüre von Puschkins *Pique Dame* bzw. *Pikowaja Dama*. Ich weiss noch immer, dass Katharinas Intimus Potemkin mit seinen Dörfern Patjómkin heisst, auch wenn ich die ‚Palatalisierung' der Konsonanten nie hören oder aussprechen konnte. Zweierlei hatte mich bestimmt: Zum einen hatte die religiöse Atmosphäre der Zeit und besonders zuhause zu Dostojewski geführt – mein Vater hatte Dostojewski-Bände; ich habe in der letzten Schulklasse über *Die Brüder Karamasow* einen Vortrag gehalten; zum andern war die Sowjetunion die Siegermacht, und viele Deutsche, auch unter meinen Freunden, erwarteten die Machtübername der Sowjetunion. Viel geholfen hätte es freilich nicht, wenn man sdravstvujte hätte sagen können.

Aber das Russische hat auch intime Beziehungen zum Griechischen. Das russische Alphabet, das die Normaldeutschen verwirrt, ist natürlich das griechische Alphabet mit slavischen Zusatzbuchstaben für die im Griechischen fehlenden Zischlaute. Die russische Schriftkultur hat sich von Byzanz her aufgebaut, mit neugriechischer Aussprache. Basíleios ist ein Vasilii, und Theódoros ein Fjodor. Der schönste griechische Ortsname auf der Krim, Sevastópol, also

Augsburg (*sebastós* war das griechische Wort für *augustus*), stammt aber erst von Katharina. Weit älter sind Beziehungen aus der klassisch-griechischen Zeit. Hier kommt, ganz aktuell, die Ukraine ins Spiel: Das aufblühende Athen konnte sich nicht mehr selbst ernähren. Griechenland ist keine besonders fruchtbare Gegend; und da entdeckte man als reiche Quelle der Getreideproduktion die Ukraine. Man bezahlte unter anderem mit griechischen Vasen; diese bemalte Keramik von Athen war damals ein mittelmeerweiter Erfolg. Vasen zerbrechen, aber man kann sie leimen, die griechischen Vasenscherben aus der Ukraine wurden seit dem 19. Jh. sorgfältig gesammelt, und die besten griechischen Vasen landeten im Eremitage-Museum von Petersburg. Zurück zur Ukraine: Ein paar griechische Kolonialstädte entwickelten sich, besonders eine Stadt an der Dnjepr-Mündung neben der Krim, die zuerst einfach den griechischen Namen des Dnjepr trug, Borysthenes (klingt fast griechisch), aber noch im 6. Jh. v.Chr. sich kühnlich die ‚Glückselig-Reiche' nannte, Olbia (genauer Olbíe, sie sprachen den Dialekt von Milet). Die vielen folgenden Jahrhunderte brachten natürlich ein rechtes Auf und Ab. Wir haben die Beschreibung eines heruntergekommenen Olbia um 100 n.Chr., die halbe Stadt liegt in Trümmern; sie ist schliesslich ganz verschwunden. Nun, das ist erst recht das Glück des Ausgräbers: im Gegensatz zu seinerzeit berühmten uralten Städten wie Tyros und Sidon (Libanon), die bis heute unausgrabbare Städte sind – Zor und Saida –, ist Olbia eine unüberbaute Stadt, die sich in der Glanzzeit des 6./5. Jh. v.Chr. entwickelt hat. Welche Chance für Archäologen!

Nach Weltkrieg und Stalin-Zeit hat die Normalisierung der Sowjetunion auch zu kulturellen Aktivitäten geführt. Moskau nahm sich des archäologischen Erbes der Ukraine an. So ist ein Kollege aus Moskau damals nach Konstanz gekommen, und zwar zu wiederholten Malen, Juri Vinogradov, Spezialist für Inschriften. Er sprach exzellent deutsch, und er hat besonders in den Ruinen von Olbia gearbeitet. Konstanz und Zürich sind Nachbar-Universitäten. So habe auch ich an dieser Verbindung partizipiert.

An Inschriften hat Olbia Hochinteressantes zu bieten. Ich nenne zweierlei: Man fand Briefe auf Bleifolien (6. Jh. v.Chr.). Normale Briefe sind ja nicht erhalten. Diese Briefe aber sind unmittelbare Zeugnisse aus dem Alltagsleben des 6. Jh., Korrespondenz griechischer Geschäftsleute. Wir lesen etwa: „Die Ware ist mir von Herakleides abgenommen worden. Tu was du kannst, damit ich sie nicht verliere. Ich habe gesagt, sie gehöre dir..." Wer was sagt und wem was gehört, scheint etwas kompliziert zu sein, und wir werden die Sache nicht mehr klären. Aber immerhin: 6. Jh. v.Chr.! Juri Vinogradov – er starb im Jahr 2000 – ist nicht dazugekommen, seine Brieftexte zusammenfassend zu edieren; nach 2000 ergab sich, dass gerade von diesem Text nur noch eine

Xerokopie in meinem Besitz greifbar war; die ist dann 2004 veröffentlicht worden (Zeitschrift für Papyrologie und Epigraphik 148, 2004, 1–14; Supplementum Epigraphicum 54, 2004, 694).

Das andere, was noch mehr Aufmerksamkeit fand, sind einige Knochentäfelchen mit eingeritzten Inschriften aus Olbia, etwa 4 x 5 cm; man weiss nicht genau, wozu sie dienten, aber die Inschriften sind aufregend. Ich erhielt eine mehr als 20-seitige Xerokopie ‚Orfizm i kult Dionisa b Olvii' (‚Orphismus und Kult des Dionysos in Olbia'), im Vestnik Drevnei Istorii (Jahrbuch der Alten Geschichte) 143, 1978, 87–104. Das war mehr Russisch, als ich verkraften konnte. Damals wandte ich mich um Hilfe an Peter Brang, und er stellte mir einen seiner Schüler zur Verfügung, der mir das ganze übersetzte. Die Texte jener Knochentäfelchen sind kurz, aber inhaltsschwer: Da steht: ‚Leben – Tod – Leben', ‚Frieden – Krieg, Wahrheit – Lüge', auch ‚Lüge – Wahrheit, Körper – Seele', dazu zweimal ΔΙΟΝ, offenbar Abkürzung von Dionysos. Das ist ja offenbar, in aller Kürze, Aussage einer auf Todesüberwindung abgestellten Dionysos-Religion oder Dionysos-Sekte. Herodot berichtet von Dionysos-Mysterien in Olbia. Die Publikation dieser Texte, von mir nach Oxford gelangt, ist inzwischen oft wiederholt worden; es gibt Sekundärliteratur. Wichtig bleibt: Das ist nicht etwas ‚Spätantikes', sondern Altgriechisches, ‚Archaisches', in unmittelbaren Dokumenten der klassischen Zeit, älter sogar als Platon, um den im Übrigen die Orphik-Diskussion kreist. Die sogenannte ‚Orphik' sieht also heute ganz anders aus als vor 100 Jahren.

Es kam dann noch zu einem persönlich-intensiven Nachspiel. Mein Telefon läutete: „Hier Vinogradov. Ich habe mein Flugzeug versäumt und sitze auf dem Flughafen Zürich fest." Das Missgeschick hing mit der Sommerzeit zusammen. Als Sowjetbürger – damals noch, vor 1989 – hatte Vinogradov natürlich kein eigenes Geld, nur ein staatliches Ticket, und die Maschine war weg. Mein Name war der einzige, den er kannte, er wusste, dass ich irgendwo im Zürcher Oberland wohnte, aber nicht wo; er hat also stundenlang am Flughafen das Zürcher Telefonbuch durchgeblättert, wo Uster ziemlich am Ende steht. Aber er hat schliesslich doch den Burkert gefunden. Ich bin also zum Flughafen gefahren, habe für Vinogradov ein neues Ticket gekauft und ihn für die Nacht zu uns nach Hause genommen. Am nächsten Tag hat er dann Moskau erreicht. Der Ticket-Preis wurde mir erstaunlich rasch durch einen deutschen Partner erstattet. Wie hat er das gemacht? Er wollte mich auch einladen – Ukraine, Georgien, ich bin mir nicht mehr sicher; es waren aber Peter Brangs Berichte über den Kulturschock seiner Studenten, wenn die die Sowjetunion besuchten, was mich zögern liess; ich war auch nicht mehr ganz jung. Inzwischen ist die Ukraine ein selbständiger Staat und hat ganz andere

Sorgen als griechische Archäologie. Leningrad, wie es damals noch hiess, und das Museum Eremitage habe ich später von Finnland aus besucht. Ich konnte immerhin die Inschriften lesen und lernte, dass der Bahnhof kurioserweise Voksal (Vauxhalle) heisst. Wir sahen die Reiterstatue Peters des Grossen mit der schönen lateinischen Inschrift PETRO PRIMO CATHARINA SECUNDA und auch das Monument von Katharina und Patjomkin ... Kurzum: Es geht nicht ohne Russisch. Wir sind froh, Peter Brang zu haben.

Erschienen in: Le Point, Hors-série : Ésotérisme, Mars-Avril 2005, 19–21.

L'ésotérisme antique

Le développement de la culture grecque pendant les Vᵉ et VIᵉ siècles avant J.-C. a permis l'émergence de la discussion politique d'individus libres, de même que la large diffusion de l'écriture. Ainsi naquirent des formes de « démocratie» en même temps qu'une société « littéraire ». Témoigne de cette société « extravertie » le fait que l'exercice du pouvoir, les décisions concernant les finances et la guerre pouvaient être débattus en public. En même temps, le savoir était accessible grâce à la capacité d'écrire des livres et de les lire.

Néanmoins, comme dans la Grèce préclassique où le pouvoir et le statut découlaient de clans et d'associations ayant chacun leur « secret », la société des Vᵉ et VIᵉ siècles connaît en son sein des groupes qui recherchent statut et distinction à travers une connaissance « secrète », essentiellement centrée sur les thèmes de la mort et de l'au-delà. D'où les « mystères », des cultes qui exigent une initiation secrète et dont les fêtes principales ne sont accessibles qu'aux initiés, les *« mystai »*. Il existe ainsi à Éleusis, près d'Athènes, un sanctuaire bien organisé de Déméter, la déesse des moissons, qui organise chaque année le festival des « Grands Mysteria »*, mais aussi des mystères privés « bachiques » offerts par des prêtres vagabonds, où Dionysos, le dieu du vin, occupe la place centrale.

Des cultes mal connus

Que savons-nous de ces « mystères » ? Peu de chose. Ceux d'Éleusis ou de Dionysos étaient censés faire accéder l'initié à un état de « béatitude » après la mort. Mais les informations sur ces cérémonies sont rares et contradictoire, les participants devant obligatoirement garder le secret. Les témoignages les

---

* *[Les références originales aux autres articles de ce numéro spécial, ici et ailleurs, n'ont pas été retenues.]*

plus directs des mystères dionysiaques sont de petites feuilles d'or découvertes dans des tombes, sur lesquelles sont gravés des textes parlant de l'au-delà et suivant l'enseignement du Livre des morts égyptien. Il est moins certain que ces textes, comme ces rites dionysiaques, aient une quelconque relation avec une littérature *[20]* épique aujourd'hui perdue qui se réclamerait d'Orphée, le chanteur mythique de l'âge héroïque.

Dès la fin du VIe siècle, sous l'autorité de Pythagore, une société secrète fait sensation en Italie du Sud : la secte des pythagoriciens croit à la victoire sur la mort par les pérégrinations de l'âme et ébauche une réflexion quasi philosophique sous couvert d'un « culte » des nombres, considérés comme les puissances qui agencent le monde. Cette pensée contient les germes des mathématiques, mais en même temps cette organisation, en formant un groupe « intérieur » (*esoteroi*) ayant un accès privilégié à la connaissance, produit le concept d'« ésotérisme ». Victime des guerres civiles du Ve siècle, la secte perdura dans les mémoires, souvenir d'autant plus fascinant qu'il évoquait un ésotérisme perdu.

L'héritage platonicien

Les mystères aussi bien que les prolongements du pythagorisme débouchent directement sur Platon, fondateur de la philosophie occidentale. Platon donne une expression au « mystérieux » en cela même qu'il illustre l'élévation de l'âme immortelle et rationnelle à travers le vocabulaire des initiés : on trouve dans le *Phèdre* l'image grandiose du parcours de l'âme jusqu'au plus haut des cieux, où elle est en mesure de voir l'être véritable. Dans le *Timée*, Platon reprend les ébauches de Pythagore pour aboutir à une construction englobante du monde ordonné de manière rationnelle. Aussi bien dans le domaine de la psychologie que dans celui de l'ontologie, il se meut aux confins de ce qui peut se prouver et de « ce qui peut se dire ».

Platon a fondé une école qui a perduré pendant des siècles, avec des tendances divergentes. Un groupe a dès le départ développé l'idée d'une philosophie secrète. Deux écrits du corpus platonicien en témoignent : la *Lettre VII* qui est tenue pour authentique et la *Lettre II* qui ne peut pas l'être mais qui a exercé une grande influence. Le rédacteur de la *Lettre VII* insiste sur le fait que le but de la pensée « *ne peut pas être exprimé comme le sont les objets d'apprentissage* », et que c'est seulement par un long cheminement, fait d'études et de discussions, que la connaissance peut être transmise « *comme une étincelle* ». La *Lettre II* présente une formule énigmatique sur la triple construction

de l'être, expliquée plus tard par les néoplatoniciens, et conclut en ces termes :
« *Et maintenant que tu as lu cette lettre plusieurs fois, brûle-la.* »

Alors qu'après Platon, le monde hellénistique se veut plus rationaliste, les mystères demeurent en vogue et l'on note les traces de sociétés secrètes d'inspiration pythagoricienne. Avant tout se déploie une rhétorique littéraire de type édifiant, inspirée par le *Phèdre* et le *Timée*, et qui tourne autour de l'immortalité de l'âme. Cicéron, dans *Le Songe de Scipion* (*De republica*, livre VI), se saisit du thème, puis il passe dans les traditions juives et chrétiennes. Philon d'Alexandrie dépeint comme des mystères et avec des couleurs platoniciennes les traditions du judaïsme. Clément d'Alexandrie le suit dans le même style.

En parallèle, des éléments de la vision du monde du *Timée* sont repris d'une manière plus naïve, mais significative du point de vue existentiel, par les écrits gnostiques, variantes non orthodoxes du premier christianisme. La découverte en Égypte de la bibliothèque gnostique de Nag Hammadi (en 1945) a révélé nombre de ces textes marqués par une anthropologie ésotérique qui gravite autour du destin de l'âme, opprimée par un créateur du monde bête et méchant mais destinée au salut final.

On ne sait dans quelle mesure les mystères et les écrits dits « orphiques » ont produit une théologie propre, ni jusqu'à quel *[21]* point la rhétorique ésotérique était fondée sur une pratique. On peut supposer que déjà les pythagoriciens s'adonnaient à une sorte de méditation. Mais on ne trouve pas de témoins directs d'une telle pratique dans l'école de Platon. Les élaborations de Philon pourraient être comprises à un niveau purement littéraire, et la pratique des gnostiques, par-delà leurs livres, reste opaque. Il en est autrement avec les débuts du néoplatonisme, au IIIe siècle après J.-C.

Naissance de la mystique

Pour Plotin, comme l'atteste son disciple Porphyre, « *ce dieu qui n'a ni forme ni aspect et qui est au-dessus de l'esprit* » serait accessible par une expérience immédiate. « *Aussi moi, Porphyre, me suis une fois rapproché de lui et me suis uni à lui* » Le terme de « mystique » apparaît. Or Plotin connaissait les écrits gnostiques, et Porphyre a rompu avec fracas avec le christianisme. Les néoplatoniciens recherchèrent ensuite un rapprochement avec la religion égyptienne. Les écrits d'Hermès Trismégiste se situent dans ce contexte.

La « mystique » s'est finalement imposée au christianisme grâce aux œuvres du Pseudo-Denys l'Aréopagite. Ses écrits sont tributaires des formulations du païen Proklos (415–485). L'auteur exerce une rhétorique qui reprend les expressions de « mystères », « initiations », et les surpasse. Un néologisme fut particulièrement couronné de succès : *hierarchia*, « règne du sacré », compris comme « *la sainte exécution des mystères de l'illumination personnelle* ». Le christianisme ainsi proclamé est celui qui « *conduit aux mystères* ». L'auteur se réfère à un enseignant, « *qui non seulement apprenait le divin mais encore l'expérimentait et l'endurait* » et qui est ainsi parvenu à « *l'union mystique avec le divin dans l'accomplissement du sacré* ». Voilà donc la mystique chrétienne telle qu'elle est formulée à la fin de l'Antiquité. Elle a continué à donner le ton en Occident.

Erschienen in: NZZ 135, 14.6.2005, 45.

Das sich selbst überholende Handbuch
Neues zur antiken Philosophie im „Ueberweg"

Als Friedrich Ueberweg seinen „Grundriss der Geschichte der Philosophie" (1863–1866) erstmals erscheinen liess, traf er auf ein neu aufbrechendes Bedürfnis: Nicht mehr um Originalität oder gar Richtigkeit eines philosophischen Ansatzes ging es im expandierenden gesamtdeutschen, bald schon europäischen Rahmen, sondern um umfassende Information, vor allem um Bibliografie. Die Zeiten, als ein paar persönliche Bekanntschaften Geisteswissenschaft machten, waren vorüber. So fand „der Ueberweg" gerade nach dem frühen Tod des namengebenden Verfassers Neuauflage um Neuauflage, alsbald aufgeteilt auf eine Vielzahl von Bearbeitern. Für den Abschnitt „Altertum" trat Karl Praechter an, Professor erst in Bern, dann in Halle; in drei Auflagen, zuletzt 1926, lieferte er eine bewundernswert umfassende und kompetente Darstellung. Zu 670 Seiten Darstellung kamen damals 212 Seiten Bibliografie.

Neuer und neuester „Ueberweg"

Nach dem Zweiten Weltkrieg lag der Plan eines „Neuen Ueberwegs" auf der Hand, gesteuert jetzt vom Schwabe-Verlag, mit einem weit breiter gefächerten Herausgebergremium. 14 Bände sind seit 1983 erschienen, weit mehr Bände sind geplant – eine beträchtliche Aufgabe, während doch die Elektronik auch die Geisteswissenschaften überrollt und das Handbuch durch den Mausklick zu ersetzen verspricht. Zu Buche schlägt, den Gremien zum Trotz, doch die individuelle Leistung: Als ersten Band des „Neuen Ueberwegs" hat Hellmut Flashar 1983 „Antike 3: Ältere Akademie, Aristoteles, Peripatos" herausgegeben, und eben dieser Band erscheint jetzt bereits in zweiter Auflage, während Vorsokratiker, Platon, Spätantike weiter auf sich warten lassen. Hellmut Flashar selbst ist Bearbeiter des zentralen Teils „Aristoteles"; die „Ältere Akademie" hat Hans Krämer übernommen; für die „Schule des Aristoteles" – die massgebende Ausgabe stammt von Fritz Wehrli – sind nach Wehrlis Tod jetzt Georg Wöhrle und Leonid Zhmud eingetreten.

Erstaunlich, wie es gelungen ist, gut zwanzig Jahre Fachdiskussion samt internationaler Bibliografie einzubauen und doch den Umfang nur um hundert Seiten anschwellen zu lassen. Die Bibliografie gewinnt Raum durch Straffung; doch war „Aristoteles" weithin umzuschreiben, und die „Schule" hat dank neuen Studien an Bedeutung und Ausführlichkeit deutlich gewonnen. Die alten Standards sind gewahrt: Vollständigkeit und Zuverlässigkeit der Information durch Werkbeschreibungen, Forschungsreferate, vor allem Bibliografien, gelegentlich mit inhaltlichen und wertenden Hinweisen.

Fragen wird man, was über die wechselnden Gesichtspunkte und die in akademischen Gleisen etablierten Diskussionen samt den inflationären Publikationen hinaus an eigentlich Neuem zutage kommt. Zweierlei dürfte Hervorhebung verdienen: Das Theophrastos-Projekt, das seit Jahrzehnten von William Fortenbaugh getragen wird, hat eine neue, umfassende Fragmentsammlung (1992) samt einer Reihe von begleitenden, kommentierenden Publikationen hervorgebracht; dazu kam Ergänzung zur „Meteorologie" aus arabischer Quelle. Die wahrhaft enzyklopädische Leistung des Aristoteles-Nachfolgers erscheint jetzt erst im rechten Licht.

Zum anderen hat die Neubehandlung „Herculanensischer Papyri" klaren Fortschritt gebracht. Der Vesuvausbruch 79 n. Chr. hatte im überhitzten Schlamm eine ganze Bibliothek, etwa 1500 Buchrollen einer philosophischen Privatuniversität, gleichzeitig verkohlt und konserviert. Darunter befindet sich eine Geschichte von Platons Schule, verfasst von Philodemos. Sie war aus alten Abschriften in verwirrender Weise ediert worden. Eindringliche Untersuchungen von Konrad Gaiser und Tiziano Dorandi anhand der Originale haben nun ein neues Bild ergeben: Es handelt sich bei diesen Blättern um ein „Arbeitsexemplar" des Verfassers, der sich eine vorläufige, chronologisch geordnete Materialsammlung aus älteren Schriftstellern anlegte, wobei zusätzliche Exzerpte auf der Rückseite der Papyrusblätter nachgetragen waren. Also kein fortlaufender Text, wohl aber, zur Freude des Philologen, direkte Auszüge aus älteren Werken des 4., 3., 2. Jahrhunderts v. Chr. Ein Passus über Platon stammt vom Aristoteles-Schüler Dikaiarchos, also immerhin aus der Generation von Platons Enkelschülern; die bewegende Darstellung von Platons letztem Tag und seinem Tod gibt sich als direkte Erzählung seines „Sekretärs" Philipp von Opus gegenüber einem auch sonst bekannten Historiker zu erkennen.

Streit um die Seele

Was wichtiger ist als solch philologischer Gewinn: Im Bereich von Akademie und Peripatos ist erstmals die Diskussion über die menschliche „Seele" und ihre von Platon behauptete „Unsterblichkeit" mit erstaunlicher Direktheit geführt worden. Aristoteles wurde von seinen biologischen Untersuchungen eigentlich zu einer rein biologischen Auffassung der Lebens-Seele gedrängt, mit aufsteigenden Funktionen über Pflanzen und Tiere bis zum Menschen. Dass zumindest der Geist („nous") etwas anderes, Göttliches sei, das „von aussen" in den Körper eingeht, hat Aristoteles nur einmal an geradezu versteckter Stelle geschrieben, in dem Buch über die „Fortpflanzung der Tiere". Die Späteren, Araber und Christen zumal, haben sich auf diese Stelle gestürzt, während der bedeutendste Aristoteliker der Spätantike, Alexandros von Aphrodisias, die Gesamtseele als vom Körper unabtrennbar behandelte. Schon unter den direkten Schülern von Platon und Aristoteles war der Streit entbrannt: Suchten die einen in Erlebnisberichten und literarischen Erzählungen nach Beweisen für eine körperunabhängige Seele, fanden Aristoxenos und Dikaiarchos in der „Seele" allenfalls eine „Harmonie" des Körpers; Dikaiarchos erklärte kühl, „Seele" („psyche") sei doch nur ein Wort ohne Inhalt. Unversehens sind wir da in einer Diskussion, die gerade zum jetzigen Zeitpunkt mit neuer Heftigkeit geführt wird. Mit seinen soliden Informationen über die alten Thesen und Argumente wird der vorliegende Band geradewegs an Aktuelles rühren.

Grundriss der Geschichte der Philosophie, begründet von Friedrich Ueberweg: Die Philosophie der Antike 3. Ältere Akademie, Aristoteles, Peripatos. Zweite, durchgesehene und erweiterte Auflage, hrsg. von Hellmut Flashar. Schwabe, Basel 2004. 760 S., Fr. 160.–.

Erschienen in: Rechtswissenschaftliches Institut der Universität Zürich (UZH), Hg., Marie Theres Fögen. Sexagenaria. 10. Oktober 2006, Zürich/St. Gallen 2007, 81–87.

Laudatio für Marie Theres Fögen

Vor dieser Fakultät empfinde ich mich als rechter Außenseiter, bin ich doch seit je in der Philosophischen Fakultät beheimatet. Allerdings, als ich vor 56 Jahren mein Studium begann, an der Universität Erlangen, da war der Rektor ein Jurist, und er hielt in leuchtend rotem Talar – zu solchen Talaren, die dann 1968 verspottet wurden, hat es die Universität Zürich nie gebracht – im roten Talar der juristischen Fakultät also hielt der Rektor seine Rektoratsrede. Es ging um die Frage: Was ist ein Urteil? Die Antwort war: Ein Urteil ist eine unwiderlegliche Vermutung. Ich weiß nicht, ob dies dieser Fakultät heute noch relevant erscheint, fast schäme ich mich, daß ich mir das gemerkt habe; das kommt, fürchte ich, daher, dass dies die einzige juristische Vorlesung geblieben ist, die ich gehört habe. Dass die Juristerei dennoch allmählich ein wesentlicher Teil meiner geistigen Welt geworden ist, das verdanke ich Marie Theres Fögen.

Als ich vor 37 Jahren als Professor der Klassischen Philologie nach Zürich kam, da hatte diese Juristische Fakultät gerade das Latein für Juristen abgeschafft. ‚Das römische Recht ist nicht mehr', wie wir gerade gehört haben. Es ist kaum als späte Wiedergutmachung für diesen Schritt gedacht, dass ich als Philologe jetzt zu einer *laudatio* für Marie Theres Fögen eingeladen bin. Ich werde auch nicht anfangen, lateinisch zu reden – der derzeitige Papst spricht sehr gut Latein. Ich habe mich immer mehr dem Griechischen als dem Lateinischen zugeordnet. Und gerade dadurch bin ich mit Marie Theres Fögen in besonderem interdisziplinärem Kontakt verbunden.

Ich habe etwas weiter auszuholen. Eingestehen muss ich dabei ein bedenkliches Versäumnis von philologischer Seite her: Wenn die Juristen das Latein abgeschafft haben, so haben die Lateiner, d.h. die klassischen Philologen das Corpus Iuris seit langem ad acta gelegt und praktisch ignoriert, obgleich dieses doch, nächst der katholischen Kirchensprache, eine der zentralen Festungen des Latein in Europa, des lateinischen Europa gewesen ist. Wir Philologen fühlen uns zum ‚Humanismus' hingezogen, zu den Humanisten, die seit der Renaissance gegen die Theologen und die Juristen der mittelalterlichen Universität sich durchzusetzen versuchten. In meinem eigenen Lateinstudium kam das Corpus Iuris, soweit ich mich erinnere, überhaupt nie vor. In meiner Privatbibliothek* hat das dicke Buch erst spät Aufnahme gefunden, immerhin, glaube ich, noch vor Marie Theres Fögens Berufung nach Zürich. Unsere klassische Philologie ist *[82]* an der Rhetorik und an der Dichtung orientiert. Und wenn es auch genug Gerichtsreden von Cicero gibt, halten wir uns sogar bei Cicero lieber an die politische Rhetorik: *Quo usque tandem, Catilina …* Immerhin hat unser Zürcher Seminar für Klassische Philologie einen Doktor des Latein hervorgebracht, der sich dann ganz dem römischen Recht zugewandt hat und inzwischen Professor für römisches Recht an der Universität München geworden ist, Alfons Bürge. Für unser Seminar hat Alfons Bürge seinerzeit einen Streit mit der Verleihfirma des Xerox-Gerätes erfolgreich ausgefochten. Das geht mit Juristik, nicht mit Rhetorik.

Dabei ist eigentlich gerade für einen Philologen die Überlieferung des Corpus Iuris ein Hochgenuss. Da gibt es tatsächlich eine Handschrift der Digesten praktisch aus der Zeit Iustinians, die in den Westen kam, über Pisa nach Florenz, wo sie heute liegt; diese Handschrift, der Florentinus, ist die Grundlage für das Jura-Studium im lateinischen Mittelalter geworden, für das Fach, um das herum die italienische Universität erwachsen ist; führend war bekanntlich Bologna, was mit der heutigen Bologna-Reform unserer Universität nicht zusammenhängt. Entstanden aber ist dieses Corpus Iuris, das Werk des römischen Rechts keineswegs im Bannkreis von Rom, sondern in Konstantinopel, auf dem Hintergrund der Rechtsschule von Beirut im heutigen Libanon, damals Biritós genannt. In dieser alten Stadt hatte sich eine bedeutende Rechtsschule entwickelt, eine juristische Fakultät; dabei sprach man, wenn es um römisches Recht ging, auch in Beirut weder Griechisch noch lokales Aramäisch, sondern eben Latein. Araber gab es noch nicht in der Gegend. Als Kaiser Iustinian in Konstantinopel um 530, kurz nach seinem Amtsantritt als Kaiser – seine Herrschaft reichte damals immerhin bis zum Euphrat, Afrika hatte er gerade zurückerobert, Italien hat er in den folgenden 30 Jahren den Goten wieder abgenommen –, als dieser Kaiser also um 530 den Beschluss fasste, das Privatrecht fürs ganze Imperium Romanum zu vereinheitlichen und zu kodifizieren, da gab er gemessenen Befehl an einen Professor und Minister namens Tribonianus, eine solche Gesetzessammlung herzustellen, mit einer 17-köpfigen Kommission, und siehe da, in 3 Jahren war das fertig (530–533). Wenn man sich vorstellt, wie viele internationale Kommissionen ein solches Unter-

---

* *[Vgl. auch das Verzeichnis aller Bücher seiner Privatbibliothek unter https://t.uzh.ch/IId (abgerufen am 1.7.2024).]*

nehmen heute zu passieren hätte, wie viele auswärtige Gutachten und Anträge auf Drittmittel zu erstellen wären, bis so etwas auch nur in Gang käme, könnte man auf den Gedanken kommen, dass es nichts schadet, wenigstens gelegentlich einen autoritären Kaiser zu haben. Iustinian hat noch ein paar Dekrete als Einleitung verfasst, auch neue Gesetze dazu erlassen, ‚Novellen' – diese schon eher auf Griechisch –. Die ‚Digesten' sind im modernen Druck mehr als 900 zweispaltige Seiten, in antiker Einteilung *[83]* 50 Bücher; die Standardausgabe hat Theodor Mommsen gemacht, Mommsen, studierter Jurist und als solcher auch einige Semester an dieser unserer Fakultät in Zürich tätig. Er hat, uns Philologen zur Freude, in seiner römischen Geschichte einmal auch den Kanton Zürich erwähnt.

Aber bleiben wir bei diesem Rechtsbuch, das auf Befehl des Kaisers Iustinian 533 n.Chr. fertiggestellt wurde, auf lateinisch. Gerade dies war die Schwäche oder der eigentliche Fehlschlag des Unternehmens: Als das ganze fertig war, verstand es kaum einer mehr in Iustinians näherem Bereich. In der Osthälfte des Imperiums trieb man immer weniger Latein, alles lief auf Griechisch. Die Griechen ihrerseits hatten nie große Lust, Latein zu lernen, und sie hatten es auch nicht nötig. Die gebildeten Römer seit Caesar und Cicero konnten sowieso alle Griechisch, und viele in den Unterklassen auch, soweit sie nicht überhaupt als Fremdarbeiter aus dem Osten nach Rom gekommen waren. Als der Apostel Paulus nach Rom reiste, sah er nicht den mindesten Anlass, sich um Latein zu kümmern. Der Römerbrief ist griechisch geschrieben. Als dann Jahrhunderte später, großenteils schon vor Iustinian, der westliche Teil des Imperiums fast flächendeckend von germanischen Stämmen besiedelt und beherrscht wurde, Goten und Vandalen, Franken, Alemannen und zuletzt noch Langobarden, versank das Latein für die östlichen *Rhomaioi* endgültig. Ein Exemplar des Corpus Iuris hat man gerade noch in den von Iustinian teilweise zurückeroberten Westen geschickt; das ist der genannte Codex Florentinus. Zuhause aber, in Konstantinopel und weit rundum blieb nichts übrig als das Corpus Iuris ins Griechische zu übersetzen. Das war ein rechter Brocken, denn in der so wirksamen griechischen Literatursprache hatte man zwar seit vielen Jahrhunderten Wissenschaft und Philosophie getrieben, auch Rechtsphilosophie und Staatsphilosophie, das praktische, formale Recht aber hatte man völlig beiseite gelassen. So war man fortan, nach Iustinian, Jahrhunderte damit beschäftigt, fürs Juristenlatein griechische Neologismen zu erfinden; eine zusammenfassende Neuedition, die sog. Basiliken, sind unter Kaiser Leo dem Weisen um 1000 n.Chr. zustande gekommen. Mit der Eroberung von Konstantinopel durch die Türken (1453) hat all dies sein Ende gefunden. Im Westen aber lebte das lateinische Recht.

Da sind wir nun eben bei Marie Theres Fögen: Sie ist eine der wenigen Spezialisten für griechisch-byzantinisches Recht. Sie hat eine stattliche Reihe von Editionen und Studien zum byzantinischen Recht vorgelegt, teils auch zusammen mit ihrem Lehrer Dieter Simon, der dann von diesem Gebiet abgezogen wurde, indem er Präsident der Berliner Akademie geworden ist. Dafür leitet Marie Theres *[84]* Fögen jetzt sein Max-Planck-Institut für Europäische Rechtsgeschichte in Frankfurt.

Über die genannten griechischen Übersetzungen des Corpus Iuris habe ich erst durch Marie Theres Fögen etwas gelernt. Marie Theres Fögen wirkt interdisziplinär auch an ihrer, an unserer Universität, sie durchbricht die Grenzen bzw. schafft Brücken, die man gar nicht ins Auge gefaßt hatte. Wir haben an unserer Fakultät seit Jahrzehnten ein interdisziplinäres ‚Byzantinisches Kolloquium', ein Kolloquium, an dem fast mehr Professoren als Studenten teilnehmen, Gräzisten, Orientalisten, Slavisten, Historiker des Altertums, Historiker des Mittelalters. Da ist nun auch Marie Theres Fögen eingetreten und hat einige Male teilgenommen. Damit hatten wir zum ersten Mal in diesem Kreis eine Spezialistin der Byzantinistik, vor allem aber auch zum ersten Mal eine Juristin. Und das hat doch eine neue Atmosphäre geschaffen, ein besonderes Leben hereingebracht. Ich erinnere mich vor allem an die Lektüre von Urkunden eines griechischen Klosters aus Süditalien: wie da der scheinbar trockene Stoff in Marie Theres Fögens Behandlung bis ins letzte Wort durchsichtig und lebendig wurde – das ist unvergesslich.

Längst bin ich auch auf das Buch von Marie Theres Fögen aufmerksam geworden, ihre Habilitationsschrift von 1993, erschienen 1997: *Die Enteignung der Wahrsager. Studien zum kaiserlichen Wissensmonopol in der Spätantike*. Das liegt scheinbar ganz im Bereich unserer philosophischen Fakultät, ein Stück Geistesgeschichte der Spätantike in der Zeit, als der Durchbruch des Christentums erfolgte. Dem haben auch wir ‚klassischen' Philologen längst unsere Aufmerksamkeit zugewandt. Auch ich hatte als Religionshistoriker mich mit der Bedeutung und den Formen der offiziellen Wahrsagung zu befassen, der *divinatio*; sie war so wichtig, dass selbst noch Konstantin sie mit dem Durchbruch des Christentums nicht abschaffen konnte. Und doch, die Sicht einer Juristin bringt gegenüber gewöhnlicher Religionsgeschichte eine neue, geradezu aufregende Sicht. Wenn ich in diesem Buch Marie Theres Fögens blättere, dann möchte ich als Philologe und Historiker sagen: Ja, sie ist unser. Da sind im Anhang die wichtigsten Quellen im Urtext abgedruckt, lateinisch und griechisch, sie werden im Text genau übersetzt; da gibt es eingehende Überblicke über die ganze lateinische und griechische Literatur so etwa seit Cicero, und Marie Theres Fögen weiß überall Bescheid; da gibt es sogar das philologische Kunststück der Athetese: was dem Philologen nicht passt, erklärt er für unecht; hier geht es um einen Text des Juristen Ulpian, der in die im übrigen sich abzeichnende Entwicklungslinie nicht einzuordnen ist (p. 178); Marie Theres Fögen betreibt die Athetese allerdings um etliches vorsichtiger als die meisten Philologen: Ein strenger Beweis ist nicht zu führen, sagt sie; es könnte also *[85]* doch sein, dass der Text echt ist – nun, man kommt auch damit zurecht. So weit Glanz und Elend der Philologie. Was aber die Überlegenheit einer Juristin ausmacht: Sie liest und versteht die Gesetze, in diesem Fall die Kaisergesetze, die in rechter Zahl im Originalwortlaut vorliegen. Marie Theres Fögen kann – nicht ohne leichte Ironie – bemerken, dass selbst angesehene Historiker der Spätantike gar nicht auf den Gedanken kamen, sich diese Kaisergesetze anzusehen.

Dabei geht es darum, daß Astrologie und Magie, dann weiter ausgreifend alle Arten von Sehertum Schritt für Schritt verboten und unter Strafe gestellt werden, und zwar – da macht man keine halben Sachen, auch nicht in christlicher Spätantike – gleich unter Todesstrafe. Die härtesten Formulierungen samt entsprechender Praxis gab es unter Kaiser Constantius (337–361); die abschließenden Codifizierungen stammen von Theodosius (379–395). Das Ganze beginnt aber schon vor der Christianisierung, mit dem Edikt des Kaisers Diokletian gegen die Manichäer (um 280), Diokletian, der auch das Christentum durch staatlichen Befehl abschaffen wollte. Marie Theres Fögen kann nun einerseits zeigen, daß solche Verbote im Sinne allgemeiner Gesetze zuvor im römischen Recht nicht vorkommen, dass andererseits diese Unterdrückungsgesetze immer allgemeiner und prinzipieller gefasst werden; zu den Astrologen und Magiern kommen die bislang staatlich anerkannten und angestellten Seher, die Auguren und die Eingeweideschauer dazu; alle zusammen werden dann gar als ‚Feinde des Menschengeschlechtes' tituliert und so aus der Welt der Zivilisation ausgeschlossen. Marie Theres Fögen zeigt, wie damit auch die Gesetzessprache immer rhetorischer wird, wie die sich ändert, Neologismen aufnimmt. Verboten wird die ‚Neugier des Wissens'. Diese Abschaffung der ganzen Geheimwissenschaften – Astrologie, Magie, jede Art von *divinatio* – ist also nicht Aufklärung, nicht einmal kirchliche Ketzerbekämpfung, nicht ein neuer Glaube, sondern ein ‚Lernprozess der politischen Macht' (p. 320). Macht über den Glauben – ein Staatsstreich der Kaisermacht, eine ‚Aggression', wie Marie Theres Fögen schreibt (183). Uns heutigen Aufgeklärten mag am bedenklichsten erscheinen, wie da schon das Wissen-Wollen, die Wissbegierde, die *curiositas* staatlich eingeschränkt wird, „dass schon das Wissen, erst recht das Forschen reguliert und untersagt" wird (183); eine kaiserliche Wissens-Verwaltung wird proklamiert. Dabei finden sich dann allerdings Kaisermacht und

Christentum in schöner Eintracht: Ein Gott, ein Kaiser, der angeblich sogar über dem Schicksal steht (Firmicus Maternus, *Mathesis* 2,30,5); darüber kann und darf keine Wissens-Suche hinausgelangen. Zum Glück, möchte man sagen, ging der Westen an die Germanen verloren, während es im Osten, in Konstantinopel doch immer wieder genügend Chaos gab, so dass ein Zwangsstaat à la Orwell sich nicht *[86]* verwirklichen konnte. Aber es ist eine aufregende Entwicklung, die da vorgeführt wird, von der Juristin an Hand der überlieferten Kaisergesetze. Wir bloßen Philologen und Historiker haben das nicht gesehen.

Nun, es gibt über 80 Publikationen von Marie Theres Fögen, und ich werde nicht weiterfahren im Referat. Herauszuheben ist natürlich ihr neueres Buch von 2002, ‚Römische Rechtsgeschichten'. Der Titel provoziert den Historiker durch diesen unerwarteten Plural, das Buch hat aber auch provozierenden und dabei außerordentlich kurzweiligen Inhalt: Die bekannten, ja berühmten Geschichten des Livius, samt Rezeptionsgeschichte und Nachwirkung, vom Tod der Verginia bis zu Lessings Emilia Galotti, werden aufbereitet, nicht um ein echt historisches Gerippe herauszulösen, sondern um zu zeigen, was diese Geschichten eben als Erzählung in ihrem gesellschaftlichen Zusammenhang aussagen, so dass doch die Entstehung des römischen Rechts durch „Ursprung und Evolution eines sozialen Systems" – so der Untertitel – deutlich wird, selbst wenn die berühmten ‚Zwölf Tafeln' als angeblich älteste römische Rechtskodifikation im Nebel verschwinden. Der Philologe staunt, wie genau Marie Theres Fögen in allen Problembereichen der Historikerzunft Bescheid weiss, auch wie geschickt sie ihre Zitate platziert; dem Nicht-Philologen bietet sie fesselnde Bilder von Lucrezia, Verginia und ihresgleichen, die zur Lektüre einladen.

Genug der Referate. Erzählen möchte ich meinerseits noch von einem gemeinsamen Erlebnis, einer Reise nach Nordsyrien, die von unserem Byzantinischen Kolloquium unter Leitung von Christian Marek im Jahr 1999 unternommen wurde. Da war Marie Theres Fögen dabei. Schwerpunkte waren Antiocheia und Aleppo. Antiocheia, heute Antakia, seit 1938 der Türkei zugesprochen – was sich im Lebensstandard zeigt –, war eine Weltstadt des römischen Reichs; Aleppo, *HLB* mit dem alten, immer noch bestehenden Namen, ist eine Großstadt, die mindestens 5000 Jahre alt ist; Grabungen auf der Höhe der Zitadelle haben kürzlich ein hethitisches Heiligtum mit großartigen Reliefs ans Licht gebracht – das war damals noch nicht zu sehen. Nun, wir besuchten vor allem auch die seit der arabischen Eroberung verfallenden, aber erstaunlich gut erhaltenen christlichen Kirchen, die ‚toten Städte' der vorarabischen Zeit; am eindrucksvollsten die vierfache Kirche, die um den Säulenstumpf des Säulenheiligen Simeon erbaut war – Simeon mit Säule gehört ins 5. Jh., etwa 100 Jahre vor Iustinian. Dem Iustinian begegneten wir wieder bei einem Wasserschloss ob Antiocheia, einem das Wasser im Tal absperrenden Bauwerk für die Wasserversorgung der Großstadt; dieses recht gut erhaltene Bauwerk hat Iustinian erbauen lassen, Prokopios hat es beschrieben; der Weg dahin war eine Wanderung *[87]* durch kaum wegsames Gelände, wobei der Weg sich gelegentlich in einen Bach verwandelte. Da war Marie Theres Fögen dabei. Aufregender noch wurde es, als wir der Wasserleitung der Stadt Seleukeia Pieria nachgingen, der Hafenstadt unweit von Antiocheia. Da geht man einer künstlichen Schlucht nach und kommt dann zu einem veritablen, nicht sehr kurzen Tunnel, der in der Kaiserzeit angelegt worden war. Da gab es gar keinen eigentlichen Weg mehr, nur einen Wasserlauf, der einem die Wahl ließ, auf dem Felsenrand daneben zu balancieren, mit der Chance vom Rand ins Wasser zu rutschen, oder breitbeinig auf dem rechten und dem linken Rand zugleich sich fortzubewegen, oder kühnlich ins Wasser zu steigen. Da war Marie Theres Fögen selbstverständlich dabei, bis zum Licht am Ende des Tunnels – dort gab es dann eine kaiserzeitliche Inschrift –, und wieder zurück. Ich weiß allerdings nicht, wie sie es im Detail gemacht hat, ich war viel zu sehr mit meinen eigenen Füßen und Schuhen beschäftigt, um sie im Auge zu behalten. Aber so viel ist klar: Marie Theres Fögen ist nicht zu stoppen.

Sie steht jetzt, mit 60, wohl in der Mitte ihres akademischen Lebens; sie hat Karriere gemacht, ein doppeltes Ziel erreicht, als Professorin in Zürich und als Direktorin am Max-Planck-Institut in Frankfurt, wo sie von der Antike in die europäische Gegenwart aufbricht. Sie wird es noch weiter bringen, sie wird weiter faszinieren. Wir gratulieren und begleiten sie mit allerbesten Wünschen.

Erschienen in: FAZ 14, 17.1.2008, 33. © Frankfurter Allgemeine Zeitung GmbH, Frankfurt. Alle Rechte vorbehalten. Zur Verfügung gestellt vom Frankfurter Allgemeine Archiv"*

Zwölf Sprachen, vier Schriften und keine Identität

Raoul Schrotts Thesen zur Identität Homers und zum orientalischen Ursprung seiner „Ilias" bewegen sich auf dünnem Eis. Doch was der Schriftsteller zur Kulturlandschaft Kilikien und zur Stadt Karatepe als assyrischem Vorbild Troias schreibt, eröffnet neue Perspektiven.

Mit seinem Artikel „Homers Geheimnis gelüftet" hat Raoul Schrott (F.A.Z. vom 22. Dezember) die Klassischen Philologen verstört und ein allgemeineres Publikum elektrisiert: Was gibt es zu enthüllen? Homer, der griechische Dichter-Übervater, findet sich entlarvt als assyrischer Schreiber in Kilikien, Südtürkei, um 660 vor Christus. Die Gegend liegt im Windschatten des heutigen Tourismus. Reisende werden allenfalls Adana als Umsteige-Flughafen kennen. Weist dieser alte Stadtname auf altgriechische „Danaer" hin?

Nun kann kein Zweifel daran bestehen, dass der uns vorliegende Text von Homers „Ilias" die umkämpfte Stadt Ilios – in älterer Lautgebung Wilios – an den Dardanellen lokalisiert, die selbst den Namen von Dardanos tragen, dem mythischen Gründer von Wilios-Troia und Vorfahren von Priamos und Aeneas; dann spricht alles für die Identifizierung mit Hissarlik, der bronzezeitlichen Ruinenstätte, die zuerst Schliemann ausgegraben hat und die man seither zuversichtlich und mit bedeutendem touristischen Erfolg „Troia" nennt. Die später dort bestehende griechische Stadt hieß Ilion; nach dem Aufstieg Roms posierte diese gern als Ursprung der Römer, das heißt des Troianers Aeneas; insbesondere leitete die Familie der Iulier sich von dort her, indem sie ihren Namen kühn als „Ilier" verstand; Julius Caesar wollte die Hauptstadt des Reichs nach Ilion verlegen.

---

*   *[Der folgende Artikel ist von allen Formen der Open-Access-Lizenz, einschließlich Creative Commons, ausgeschlossen, und der Inhalt darf nicht ohne die Genehmigung der Frankfurter Allgemeinen Zeitung weiterverwendet werden.]*

Sieben Städte stritten sich lange zuvor schon um die „Wurzel", die Herkunft des Dichters Homeros, dessen Namen mit den beiden erhaltenen Großepen Ilias und Odyssee verbunden ist; Ilion ist nicht darunter. Offenbar wusste man nichts von diesem Mann. Vortragskünstler, die im sechsten Jahrhundert vor Christus die epischen Texte vortrugen, nannten sich „Homeriden" – eher eine Handelsmarke als eine Garantie historischer Abkunft. Wie es zu ihrem durchschlagenden Medienerfolg kam, können wir, vom Exzellenz-Argument abgesehen, nicht weiter begründen. Jedenfalls wurden seither die Texte „Homers" zur gesamtgriechischen Grundlage von Schulbildung und literarischer Bildung, ja allgemeiner Bildung überhaupt. Mehr als 1600 „Ilias"-Texte sind in Papyrusresten allein aus Ägypten nachgewiesen. Wo aber liegen die „Wurzeln" dieser Texte?

Schliemanns Stadt am Hellespont war im zwölften Jahrhundert vor Christus zerstört worden; imponierende Mauern sind geblieben. Realisten meinen, von dieser Tatsache aus führe die Tradition direkt zur homerischen Troia-Dichtung, über mindestens vierhundert Jahre hinweg. Die schöne Helena freilich, deren Entführung den Troianischen Krieg auslöste, möchten auch Realisten nicht historisch fixieren – die Entführung der Tochter des Himmelsgottes könnte sogar ein indogermanischer Mythos sein und damit bis ins vierte Jahrtausend vor Christus zurückreichen.

Exzentrisch, exotisch steht dagegen Raoul Schrotts These von Homer in „Kilikien", gestützt auf eine Fülle von Einzelheiten, Eigentümlichkeiten der Landschaft, Kriegsberichte, Ortsnamen, Personennamen, mit Schwerpunkt im achten bis siebten Jahrhundert vor Christus. Es geht um das Land westlich des oberen Euphrat, in der Bronzezeit Bestandteil des hethitischen Großreichs, nach dessen Sturz um 1200 vor Christus in viele kleine Fürstentümer zerfallen. Zentral ist Karkemish am Euphrat-Übergang – just an der heutigen türkisch-syrischen Grenze –; unweit davon liegt Zincirli, damals Samal, „Südstadt", benannt, westlich davon ist Karatepe, „schwarzer Hügel" mit türkischem Namen; zugehörig sind auch im Norden Malatiya – griechisch Melite –, im Osten am Habur Tell Halaf, das damals Guzana hieß. Dutzende von weiteren Orten sind bekannt, teilweise ausgegraben. Dabei hat sich „Kilikien" wohl erst in der Perserzeit als Vasallenkönigtum konsolidiert; jedenfalls überschneidet sich der Bereich mit dem, was man auch „Nordsyrien" nennt – die heutige türkisch-syrische Grenze ist willkürlich und rezent; vielleicht sollte man „Luwien" sagen, doch dieser Name ist nicht eingebürgert.

Dass die ganze „homerische" Dichtung dort im „orientalisierenden" Milieu gleichsam auf einen Schlag geschaffen sei, werden die Gräzisten auf keinen Fall akzeptieren. Sprachlich ist klar, dass die „homerischen" Epen eine verwickelte, rein griechische Vorgeschichte haben. Dies zeigt die komplizierte, paradoxe, ganz vom Hexameter beherrschte Dichtersprache. Der Amerikaner Milman Parry hat hierauf seine Theorie einer mündlichen Phase der „homerischen" Dichtung gebaut. Die wunderlichen Verdrehungen und Missverständnisse, die in dieser Sprache enthalten sind, hat besonders Manu Leumann in Zürich herausgestellt.

Dies kann nicht die Schöpfung eines einzelnen, noch so herausragenden Dichters sein: es ist nur als Effekt einer über lange Zeit weitergegebenen und sich wandelnden Tradition durch viele Sänger-Generationen hin zu verstehen. Ilios und Troes/Troianer, Achilleus und Hektor sind in dieser Sprachtradition fest verankert. Dann liegt es nahe, die uns vorliegenden Großepen mit dem Übergang von der Mündlichkeit zur Schriftlichkeit zusammenzunehmen. Schreiben lernten die Griechen, so weit bislang belegbar, etwa 800 vor Christus. Voraus liegen Generationen griechischer Dichter-Aktivität. Ein assyrischer Schreiber des siebten Jahrhunderts, in Kilikien oder anderswo, kann dies nicht geschaffen haben. So herrscht heutzutage eher das Bild, dass ein Meister-Sänger die Chance der schriftlichen Aufzeichnung erfasst und dabei aus dem an sich knappen Lied vom Zorn des Achilleus, dem Tod des Patroklos und Achilleus' Rache an Hektor eine „Ilias" schuf, das Riesengedicht, das in raffinierter Architektur den ganzen großen Krieg einschließt und erschließt und in dieser Form, durch „Homeriden", zu Erfolg und Wirkung kam.

Dies widerlegt Schrotts „Cilician connection" nicht, verwandelt diese aber entweder in eine Modifikation der überlieferten Epik oder in ein Kapitel aus der Vorgeschichte der homerischen Texte. Auch beides wäre nicht undenkbar. Doch treten damit Hypothesen an Stelle des Greifbaren.

Dies aber scheint Schrotts eigentliches Verdienst: Die von ihm ins Zentrum gerückte Kulturlandschaft ist nicht nur an sich hochinteressant, sie ist ausgezeichnet durch entscheidende Fortschritte der Forschung gerade in jüngster Zeit. Man versteht Schrotts Entdeckerfreude. Im allgemeinen Kulturbewusstsein ist dies kaum wahrgenommen worden. Spezialisten arbeiten mit getrennten Interessen, Archäologen, Indogermanisten, Assyriologen, dazu Semitisten mit „ihrem" besonderen Alphabet.

Was diese Kulturlandschaft auszeichnet: Die Katastrophe, die um 1200 Kreta und Griechenland, Palästina und Phönizien traf und auch das hethitische Großreich verschwinden ließ, die insbesondere allenthalben die Schriftlichkeit über Jahrhunderte hinweg verschwinden ließ, hat sich hier am wenigsten ausgewirkt. Die sonst so genannten „dunklen Jahrhunderte" sind hier glänzend überbrückt: Die hethitische Tradition findet sich in doppelter Weise fortgesetzt, durch Großarchitektur mit steinerner Großplastik im Dienste lokaler Könige und durch eine Hieroglyphenschrift, die man „Späthethitisch" nannte, bis genaueres Verständnis ergab, dass es sich um „Luwisch" handelt, eine dem Hethitischen verwandte Sprache. Die Erschließung dieser Hieroglyphenschrift ist eine der ganz großen Leistungen der letzten Jahrzehnte; sie hat sich freilich unspektakulär, schrittweise in der Zusammenarbeit vieler Gelehrter vollzogen und wurde nicht zur Sensation. Das zusammenfassende „Corpus of Hieroglyphic Luwian Inscriptions" von John David Hawkins stammt von 1999/2000. Es gibt Hunderte von Dokumenten, weithin monumentale Herrscher-Inschriften, doch auch Privatbriefe auf Bleifolien.

Irrig wäre freilich die Vorstellung einer luwischen Nation. Die einzelnen Herrschaften stehen oft genug gegeneinander; vor allem waren sie offen für Einwirkungen der Nachbarkulturen. Dies zeigt sich gerade in ihrer Schriftlichkeit: Die Beziehung zur Keilschriftkultur des Iraq bestand seit der Bronzezeit, sie wurde in neuer Weise akut durch das expandierende Reich der Assyrer, das Tribute erzwingt und seit dem 8. Jahrhundert die Kleinstaaten der Luwier in den Status assyrischer Provinzen überführt, viele auch ruiniert und auf die Dauer zerstört. Immerhin bringen die Texte der erobernden Assyrer einigermaßen ausführliche Angaben über die Unterworfenen, mit Namen und Schicksalen, mit weiteren Einzelheiten. „Bit Hilani" nennen sie den typischen Torbau von „Hatti", den sie nachbauen.

Schon vor den Assyrern aber drängten Semiten von Süden her. Wir unterscheiden sprachlich westsemitische Phöniker oder Kanaanäer und ostsemitische Aramäer; doch gab es allerlei Mischung. Gemeinsames Gut war die Alphabetschrift, diese radikale Vereinfachung der alten Schriftsysteme, wie sie von einem durchschnittlich Begabten in wenigen Wochen erlernt werden kann. Man hat sich das Vordringen der Aramäer als Militärgeschichte von Eroberungen vorgestellt; wichtiger erscheint uns heute die kulturelle Wechselwirkung, das Ineinander: Einige der Könige leiten sich von Hethiterkönigen her, andere bezeichnen sich in semitischer Weise als „Haus des NN". Ein Prinzregent von Karkemish im neunten Jahrhundert behauptet, er kenne zwölf Sprachen und vier Schriften. Keine Rede von nationalen Identitäten. Drei der Schriften kennen wir wohl, ebendie späthethitisch-luwischen Hieroglyphen, die assyrische Keilschrift und die semitische Alphabetschrift.

Das Bemerkenswerte ist, wie das Nebeneinander der Schriften akzeptiert, ja bewusst gepflegt wird: Es gibt, zur Freude der Linguisten, zweisprachige Inschriften. Am ausführlichsten ist die phönikisch-luwische Bilingue von Karatepe, die für die Entzifferung der Hieroglyphenschrift besonders hilfreich war; sie steht nicht allein. 1979 wurde in Tell Fekherye, an der syrisch-türkischen Grenze, eine akkadisch-aramäische Bilingue gefunden, Keilschrift also und Alphabetschrift hintereinander auf einer Herrscherstatue; sie nennt Guzana, sie wird ins neunte Jahrhundert datiert. Etwa damals ist die Alphabetschrift auch in die assyrische Verwaltung eingebrochen: Unversehens erscheinen „Rollenschreiber" hinter den „Tafelschreibern" – die Bilddarstellungen lassen dem „Herrn der Tafel" altmodischen Stils immer die erste Stelle; aber der Fortschritt lag bei der Buchstabenschrift. Auch das Wort für „Buchrolle" (sefer/sifru) wird ins Keilschrift-Akkadische übernommen. Das Perserreich hat die aramäische Verwaltungssprache samt ihrer Schrift dann durchweg verwendet und damit dem Aramäischen für lange Zeit seinen festen Platz im Vorderen Orient gesichert. Der Wettkampf der Schriften ist ein bemerkenswertes Modell kultureller Auseinandersetzung; der Triumph gehörte der Alphabetschrift.

Was hat dies alles mit den Griechen zu tun? Griechen saßen längst auf Cypern, wo der Assyrerkönig Sargon eine Stele hinterließ; Griechen errichteten seit dem neunten Jahrhundert Handelsstationen in Syrien; sie griffen auch nach Norden aus: Die Rede ist von einer Seeschlacht von „Ioniern" und Assyrern bei Tarsos um 700 vor Christus. Tarsos lässt uns an den griechisch schreibenden Apostel Paulus denken, der nur einmal unversehens eine aramäische Phrase einschiebt (1. Kor. 16); Tarsos ist aber auch die westlichste Fundstätte von akkadischen Keilschrifttäfelchen. Ob die „Danuna" in Karatepe griechische Danaer sind – da bleibt ein großes Fragezeichen. Doch nennt die Inschrift von Karatepe die ansässige Herrscherfamilie „Haus des Mopsos" (phönikisch) beziehungsweise „Moksos" (luwisch), das ist von der griechischen Mythologie um den Seher Mopsos oder Moksos nicht zu trennen. Konkurrent des homerischen Kalchas, kommt dieser nach Kilikien und gründet Mopsu(h)estia, etwas östlich von Adana.

Die luwische Plastik, in ihrer Zeit einzigartig, hat deutlich auf die spätere griechische eingewirkt, besonders mit ihren Phantasietieren wie Greif und „Chimaira"; die Chimaira ist in der „Ilias" beschrieben, spätere Griechen haben sie weiter westlich an die Küste Kleinasiens gesetzt und mit dem Erdfeuer von Olympos verbunden. Bronzedreifüße aus Nordsyrien sind die Vorbilder der imponierenden Dreifuß-Produktion in Olympia geworden. Silberner Pferdeschmuck ähnlicher Provenienz ist laut Inschrift in den Besitz des Königs Hazael von Damaskus, um 800, gelangt und schließlich in Griechenland, in Eretria und Samos griechischen Göttern geweiht worden. Die Göttin Kubaba-Kybebe aber war Stadtgöttin von Karkemish und ist offenbar von dort durch Kleinasien bis zu den Lydern und schließlich zu den Griechen gewandert.

Die Bilingue von Tell Fekheriye hat vorgeführt, dass man in der semitischen Alphabetschrift durchaus Vokale schreiben konnte, eben die drei semitischen Vokale a i u durch die zugehörigen Buchstaben aleph, jod und waw; für lange Vokale tut man dies bis heute im Arabischen. Die vielgepriesene Neuerung der Griechen in ihrer Alphabetschrift, die regelmäßige Vokalschreibung, war keine Schöpfung aus dem Nichts. Allerdings hat man, mit leichter Variation der Form, den Konsonanten F (waw) vom Vokal Y getrennt. Für den Ort der Übernahme des Alphabets dächte man gern an Cypern; doch fehlen dort Belege. Das mit Schriften experimentierende „Kilikien" käme durchaus auch in Frage. Dass die Griechen ihre eigene Schrift „Phönikisch" nannten, unterscheidet nicht zwischen Kanaanäisch und Aramäisch. Jedenfalls haben Griechen ihrem semitischen Schullehrer brav die für sie völlig unverständlichen semitischen Buchstabennamen nachgesprochen, Alpha, Beta, Gamma – die Lateiner waren bequemer und sagten A, Be, Ce.

Vom Alphabet zur Literatur: Hesiod, der andere frühgriechische Dichter, hat Einzelheiten hethitischer Mythologie übernommen, vor allem die kuriose Kastration des Himmelsgottes. Die homerische Dichtung aber, wie sie uns vorliegt, hat einige mythische Vorstellungen, ja ganze Szenen offenbar recht direkt den akkadischen Epen nachgebildet, *Atrahasis*, *Gilgamesh* und *Enuma elish*. Wo und wie solcher Kontakt, solche Übernahme zustande kam, dafür gibt es kein Zeugnis. Schrotts weit ausschwingendes Gesamtbild samt seiner Lokalisierung würde nicht übel passen: Warum nicht Karatepe?

Der Schriftsteller malt seine Freskobilder; der Wissenschaftler fragt nach Beweisen; der Philologe bleibt an Einzelproblemen hängen. Eine allgemeine „Lösung" ist nicht in Griffweite. Insofern Schrott sich an Namen hält, Ortsnamen und Personennamen, bewegt er sich auf besonders tückischem Glatteis. Dass uns Ortsnamen in der Regel in mindestens drei Fassungen vorliegen, lokal-ursprünglich, griechisch-römisch und türkisch, ist unsere Last; aber schon in den alten Sprachen, von Schrift zu Schrift, sind die Varianten und Abweichungen ausgesprochen verstörend, Identifikationen nicht selten unsicher und kontrovers. Fast der einzige Name, der die assyrische und die griechische Überlieferung verbindet, ist Gyges/Guggu, König der Lyder, wobei die Griechen ganz andere Geschichten von seinem Ring oder dem Schlafgemach der Königin erzählen als die assyrischen Annalen, die von einer Gesandtschaft und Tributleistungen handeln. Die Landschaften, die Raoul Schrott beschreibt, sind dem über den Flughafen Adana nicht Hinausgekommenen unbekannt. Liest man die lange Inschrift von Karatepe, ist man an nichts erinnert, was wir uns von Priamos vorstellen. Es ist eine neue Offenheit, eine Bereicherung der Perspektiven eher als eine „Lösung", was Raoul Schrott uns vor Augen stellt.

Erschienen in: Welt am Sonntag 9.3.2008, 73 (online mit 10.3.2008 als Datum https://www.welt.de/wissenschaft/article1781286/War-der-grosse-Homer-ein-Plagiator.html [abgerufen am 10.8.2024] und zugleich Berliner Morgenpost https://www.morgenpost.de/web-wissen/article103052733/War-der-grosse-Homer-ein-Plagiator.html [abgerufen am 10.8.2024]).

War der große Homer ein Plagiator?

Um den griechischen Dichter ist ein Expertenstreit entbrannt: Der Österreicher Raoul Schrott provoziert mit seinen Thesen die Fachwelt. In seinem neuen Buch behauptet er nicht nur, dass Homer wahrscheinlich ein Eunuche gewesen sei, sondern auch, dass viele Motive in der „Ilias" aus viel älteren Erzählungen stammen.

Jeder „Homeriker" weiß es aus Erfahrung: Er wird nie einen anderen „Homeriker" treffen, der mit ihm völlig einig ist. Zu groß ist unser Unwissen, zu vielfältig die Faszination dieser großen Texte. „Ilias" und „Odyssee" samt dem Verfassernamen Homer, dessen Existenz, sagt der Schulmund, zweifelhaft ist, von dem aber feststehe, dass er blind gewesen sei. Doch lassen sich die Dimensionen des Dissenses noch erweitern, wie es Raoul Schrott in seinem neuen Buch „Homers Heimat" leistet.

Homer sei in der Mitte des 7. Jahrhunderts v. Chr. ein Schreiber in assyrischen Diensten gewesen, der die Landschaft Kilikiens vor Augen hatte, samt der dramatischen Geschichte jener Stadt, die die heutige Wissenschaft unter dem türkischen Namen Karatepe, „Schwarzer Hügel", kennt und die damals Azatiwada hieß. Dass dieser Schreiber wahrscheinlich ein Eunuche gewesen sei, ist noch ein Gewürz besonderer Art. „Homeriker" sind schockiert, ein großes Publikum zeigt sich interessiert.

Homer war in der humanistischen Sicht isoliert, eine aus sich selbst wunderbar erwachsende Pflanze der Menschheitsdichtung. Doch seit den Entdeckungen des 19. und 20. Jahrhunderts kennt man viel von den weit älteren Kulturen des Nahen Ostens, samt echter Dichtung. Gilgamesch, ein frühgeschichtlicher, sumerischer König, ist gut 1000 Jahre älter als Homer, und sein Schicksal zeigt starke Ähnlichkeiten zu Homers Erzählungen.

Gilgamesch besteht seine Abenteuer mit seinem Freund Enkidu, der dann stirbt. Das stellt dem Helden den eigenen Tod vor Augen, vergeblich versucht er, der Sterblichkeit zu entrinnen. In Homers „Ilias" ist es Achilleus' Freund Patroklos, dem der Zorn des Helden den Tod bringt. So geht Achilleus, zur

Rache verpflichtet, mit heroischem Trotz dem eigenen Tod entgegen, der ihm geweissagt ist.

Hat Homer Gilgamesch gelesen?

Beiden, Gilgamesch wie Achilleus, erscheint der verstorbene Freund noch einmal und gibt Auskunft, was nach dem Tode geschieht. Solche Parallelen und viele weitere verbindende Motive gehen über Zufall hinaus. Wie solcher Kontakt von Keilschrift-Epik und Homer zustande kam, bleibt in Abwesenheit von Dokumenten der Fantasie überlassen. Raoul Schrott hat sich für die radikalste Lösung entschieden: Homer habe Gilgamesch auf assyrischen Keilschrifttafeln gelesen.

Schrott sagt, er habe bei seiner Übersetzung der „Ilias" gemerkt, dass der Text gar nicht recht passe zu Troja an den Dardanellen. So begeistert er sich für Kilikien in der Südtürkei. Er findet Namen, die an Homerisches anklingen, er findet assyrische Berichte über Kriege, Eroberungen, und diese wohl ausgegrabene Stadt Karatepe, die er Troja nennt.

Es ist in der Tat eine überaus interessante Kulturlandschaft im Grenzland der Türkei zu Syrien, etwas jenseits der heutigen Touristenströme. Adana ist immerhin ein internationaler Flughafen, Tarsos mag vielen noch als Heimat des Apostels Paulus bekannt sein. Dort trafen sich die kulturellen Traditionen, die Sprachen und Schriften Kleinasiens, Syriens und des alten Kulturlands Mesopotamien/Irak.

Kleinasien war in der Bronzezeit von den Hethitern beherrscht, die dort ihre Hieroglyphenschrift hinterließen. Dass sie entziffert werden konnte, ist eine der großen Leistungen der letzten Jahrzehnte, wobei eine große Bilingue (zweisprachiges Dokument) aus Karatepe eine entscheidende Rolle spielte.

Am Mittelmeer waren die Städte der semitischen Phöniker aufgeblüht, vor allem Tyrus und Sidon. Sie haben mit großem Gewinn den Mittelmeerfernhandel entwickelt, in den sich spätestens im achten Jahrhundert die Griechen einklinkten. Hatten die Phöniker ihre „Neustadt" Karthago in Tunis, so die Griechen ihr „Neapolis" in Unteritalien. Die Phöniker verfügten über die modernste Schrift, die Alphabetschrift, die jedermann in Kürze leicht erlernen kann.

Währenddessen hatten die Könige von Assur am Tigris mit dem Aufbau eines Weltreichs begonnen. Gestützt auf eine schlagkräftige Armee mit Tributforderungen und Zerstörungsdrohungen, rückten sie den Nachbarn zu Leibe. Bereits in der Mitte des neunten Jahrhunderts erreichte König Assunazirbal das Mittelmeer. Der Höhepunkt von Glanz und Zerstörungsmacht war um 700 v. Chr. erreicht. Betroffen waren Syrien, Palästina, vorübergehend auch Ägypten, die Insel Zypern, und eben Kilikien. In einer neuen, unweit Karatepe gefundenen Bilingue, um 700, versichert der König, die Assyrer und sein Volk, die „Danuna", seien zu einem Volk verschmolzen.

Die Realität war weniger harmonisch, auch Karatepe wurde schließlich zerstört. Dann hat ein vereinter Angriff von Babyloniern und iranischen Medern im Jahr 612 die Assyrerhauptstadt Ninive definitiv vernichtet. Der griechische Söldner Xenophon fand um 400 nur ein riesiges, namenloses Trümmerfeld. Das war nach der Epoche Homers.

Kritische Einwände und Gegenargumente

Schrott ist kein Philologe. Er kommt ohne Anmerkungen aus, hat allerdings eine imponierende Bibliografie zusammengestellt. An kritischen Einwänden, an Gegenargumenten fehlt es nicht. Karatepe liegt etwa 45 Kilometer vom Meer entfernt. Um die Szenerie von belagerter Stadt und griechischem Schiffslager aufzubauen, muss er den Hafen von Tarsos dazunehmen, über kilometerweite Distanz. Dabei ist die Bezeugung von Griechischem im Kilikien der Assyrerzeit spärlich oder nicht existent. Es gibt keine griechische Keramik, wie sie im achten Jahrhundert weiter südlich in Syrien und im Libanon auftaucht.

So bleibt als Brücke zum Griechischen der Name des Königshauses von Karatepe: „Haus des Mopsos". Mopsouhestia ist eine bekannte Stadt unweit Tarsos. Für die Griechen ist Mopsos ein Seher, der Kalchas, den Seher der „Ilias", besiegt und dann nach Kilikien auswandert. Die mythische Geografie der Griechen lässt auch andere Gründerheroen nach Kilikien gelangen, meist über Zypern. Der Herr von Karatepe nennt sein Volk Danuna, semitisch DNN geschrieben. Dass sie „Danaer" sind, identisch mit dem einen Namen der homerischen Griechen, steht für Schrott felsenfest.

Sprachwissenschaftler mögen zweifelnd die Köpfe wiegen, erst recht wenn der damals bereits bestehende Stadtname Adana auch eben diese „Danaer" anzeigen soll. Namen sind so wechselhaft, vielgestaltig und so vielseitig deutbar. Wenn Sankt Blasius in Vierzehnheiligen so heißt, weil er Krankheiten „wegblasen" kann, ist er doch kein Deutscher, sondern laut „Legenda aurea" ein Kappadoker.

Es gibt alte Probleme der Homer-Kommentatoren, auf die Raoul Schrott die Aufmerksamkeit lenkt. So liegt die Stadt, aus der Andromache stammt, im Land der „Kilikes". Und warum spielen die Lykier, beheimatet in der Südwestecke der heutigen Türkei, solch eine tragende Rolle, zusammen mit dem

Zeussohn Sarpedon, den Patroklos erschlägt? Sarpedon hat sein Heiligtum in Kilikien, die Lykier aber sind, wie man heute weiß, Verwandte der Luwier. Hier ahnt man alte, mehrschichtige Beziehungen, die aber nicht auf die Biografie eines einzelnen „Schreibers" reduziert werden können.

Etwas unbestimmt ist bei Schrott das Vorhomerische. Gab es, in einer Sphäre der Mündlichkeit, doch schon griechische Troja-Dichtung? Der Befund der homerischen Sprache erfordert dies zwingend. Dann wäre es zu einem doppelten Transfer gekommen, vom traditionellen Stoff nach Kilikien, wo jener Schreiber die große Dichtung schriftlich ausarbeitete, zugleich aber das ganze Geschehen mit dichterischer Freiheit in ein Troja am Hellespont transportierte.

Es ist Schrotts Verdienst, dass er die „homerische Frage" einmal aus dem Streit um die Steine von Troja und die historische Möglichkeit oder Unmöglichkeit eines „Trojanischen Kriegs" herausführt und stattdessen die bunte Welt der „orientalisierenden Epoche" als die Umwelt eines möglichen Homeros in den Blick rückt. Gewiss, für eigentlich literarische Interpretationen von Dichtung sind Details eines solchen Rahmens unerheblich. Aber dass die Diskussionen um die Realitäten im Gehalt und um die Umstände der Entstehung der „Ilias" packend sind, ja Leidenschaften wecken, zeugt von der andauernden Faszination „unseres" Homer.

Erschienen in: NZZ 214, 13.9.2008, B3.

Heiliger Schauer
Biologische und philologische Blicke auf ein Phänomen der Religion

Die „heiligen Schauer", die zum religiösen Erleben gehören, sind ambivalent. Die Biologie kann zu ihrer Aufhellung beitragen, wie eine Beobachtung von Konrad Lorenz zeigt; aber auch die Philologie kommt dem Schrecklichen, das des Göttlichen Anfang sein mag, auf die Spur.

Es ist viereinhalb Jahrzehnte her, dass „Das sogenannte Böse" von Konrad Lorenz erschien, jenes Buch, das zum Bestseller wurde und dem Verfasser schliesslich auch den Nobelpreis eingebracht hat. Dass der Verhaltensforscher seither fast versunken ist, liegt am Fortschritt und Methodenwandel der Biologie, freilich auch daran, dass die partiell notwendige Kritik an Lorenz politisch kanalisiert wurde. Unbestritten ist, dass Konrad Lorenz Tiere verstand und mit ihnen umgehen konnte wie kaum ein anderer Mensch.

Haarsträubend

Nur einer einzelnen Beobachtung des Verhaltensforschers sei hier nachgegangen: dem „heiligen Schauer": „Es gibt eine Reaktion des Menschen, die besser als jede andere geeignet ist, zu demonstrieren, wie völlig unentbehrlich eine eindeutig ‚tierische', von den anthropoiden Ahnen ererbte Verhaltensweise sein kann. (…) Diese Reaktion ist die sogenannte Begeisterung (…); dazu läuft einem ein ‚heiliger' Schauer über den Rücken und, wie man bei genauer Beobachtung feststellt, auch über die Aussenseite der Arme. (…) Diesem Erleben ist folgendes, objektiv beobachtbare Verhalten korreliert: Der Tonus der gesamten quer gestreiften Muskulatur erhöht sich, die Körperhaltung strafft sich, die Arme werden etwas seitlich abgehoben und ein wenig nach innen rotiert, so dass die Ellenbogen etwas nach aussen zeigen. Der Kopf wird stolz emporgehoben, das Kinn vorgestreckt und die Gesichtsmuskulatur bewirkt eine ganz bestimmte Mimik, die wir alle aus dem Film als das ‚Heldengesicht' kennen. Auf dem Rücken und entlang der Aussenseite der Arme sträuben sich die Körperhaare. (…) An der Heiligkeit dieses Schauers sowie an der Geistigkeit der Begeisterung wird derjenige zweifeln, der je die entsprechende Verhaltensweise eines Schimpansenmannes gesehen hat. Auch ihm sträuben sich die Haare, was eine gewaltige und sicher einschüchternd wirkende Vergrösserung der Körperkonturen bei Ansicht von vorne bewirkt. (…) Die ganze Kombination von Körperstellung und Haaresträuben dient also (…) einem Bluff, nämlich der Aufgabe, das Tier grösser und gefährlicher erscheinen zu lassen, als es tatsächlich ist. Unser ‚heiliger Schauer' aber ist nichts anderes als das Sträuben unseres nur mehr in Spuren vorhandenen Pelzes."

Um die Wirkung dieses Textes zu verstehen, muss man sich klarmachen, wie damals das verkrampfte Nazi-Heldentum noch gar nicht weit zurücklag, samt dem Heldengesicht, das die wertlosen Reichsmark-Scheine zierte. Nun zeigte Konrad Lorenz, mit dem Schritt vom Erhabenen zum Lächerlichen, was hinter der Erscheinungsform heldischer Begeisterung steckt, samt Helmzier und Epauletten: Bluff eines nackten Affen, dem die Mähne abhandengekommen ist.

„Heilige Schauer" – dies verknüpft Äusserliches und Innerliches, Körperliches und geradezu Metaphysisches. Das „Heilige" zeigt sich als Motivation und Ziel von Angst und Aggression. Drei Charakteristika sind hervorzuheben: Erstens, das subjektive Erleben und das beobachtbare Verhalten und Reagieren sind untrennbar verschränkt, Seelisches manifestiert sich in körperlich sichtbarer Weise, die körperliche Reaktion wird zugleich innerpsychisch und am eigenen Körper wahrgenomen: Man sieht die Gänsehaut, und die Vorstellung des Haaresträubens wird zumindest sprachlich festgehalten. Dabei ist die Reaktion dem bewussten Willen nicht unterstellt. Zweitens, diese Erfahrung ist ambivalent, es ist ein Erschrecken, ausgelöst durch drohende Gefahr; dies wird aber eben nicht mit dem Totstellreflex beantwortet, sondern mit eigener Aktivität im Imponiergehabe, dem „Aufstand" von Einsatzmut und Haar. Noch aber bezeichnet der Schauer eine Phase des Innehaltens, eine Spannung, die so oder so sich lösen wird.

Drittens, und darauf hat Konrad Lorenz aufmerksam gemacht: Was in Vorstellung und Sprache als Ruf und Ziel erscheint, als Verpflichtung, was sogar als Übermenschliches, „Heiliges" verinnerlicht sein kann, greift zurück auf eindeutig vormenschliches, tierisches Verhalten. Der Mensch hat die zu sträubende Mähne nicht mehr, und doch funktioniert der Körper so und hält das seelische Erleben auf einer Bahn, als ob sich Haare gewaltig sträuben liessen. Das Verhalten bis zum todesmutigen Einsatz ist vorgespurt.

Markant sind die „heiligen Schauer" in der deutschen Klassik beschworen, bei Goethe zumal. Goethes Faust fasst es am allgemeinsten. „Schaudert's dich?", fragt Mephistopheles, als er die „Mütter" nennt. Faust aber rafft sich auf: „Doch im Erstarren such ich nicht mein Heil, / das Schaudern ist der Menschheit bestes Teil: / Wie sehr die Welt ihm das Gefühl verteure, / ergriffen fühlt er tief das Ungeheure."

Das ist überraschend und einleuchtend zugleich: Faust, als Mensch, stellt sich dem Schauder. Erstarren, das wäre Verteidigung wie durch einen Panzer, der abschliesst; Faust will ausgesetzt bleiben, gerade wenn der „Alarm" signalisiert ist. Tiefes, Ungeheures wird im Gefühl erfasst. Jener Begeisterung, wie sie Konrad Lorenz beschreibt, ist dies nicht fern. Schlichter ist es bei Schiller, doch eben darum wie selbstverständlich: Von Ibykus, dem Götterfreund, heisst es: „Und in Poseidons Fichtenhain / Tritt er mit frommem Schauder ein." Der Gott und sein Hain, sie wirken zusammen im „Alarm" frommer Aufmerksamkeit.

Die antike Literatur verwendet in diesem Bereich die Klaviatur von griechisch *phrike*, lateinisch *horror*; sie verwendet sie souverän als Mittel sprachlicher, zumal poetischer Wirkung, und dies wird dann insbesondere auch zur Kennzeichnung der militärischen Sphäre einerseits, der religiösen Sphäre andererseits eingesetzt. Schiller und Goethe standen in einer längst entwickelten literarischen Tradition, zumal beim heiligen Hain. Die biologisch-körperliche Grundlage geht in den Metaphern der Texte kaum verloren; insofern bestätigt sich: „Erhobensein" reicht zurück bis in Vormenschliches.

Die Tragödie

Man wird das Wort *phrike* dem semantischen Feld von „Furcht" und „Schrecken" zuordnen, doch mit charakteristischer Besonderheit: Der häufigste Wortstamm im Bereich des Fürchtens, *d(w)eid-*, bezeichnet die bleiche Furcht, die sich tot stellt oder zu verstecken sucht; der andere Stamm, *phobos*, drückt die panische Flucht aus, mit fliegenden Haaren – *phobe* ist die Pferdemähne; *phrike* dagegen verweist aufs Haaresträuben im Augenblick von Alarm und Schreck, wobei die Reaktion noch offen ist und aggressive Optionen durchaus im Blick stehen.

Die griechische Fachliteratur, von Hippokrates über Aristoteles bis Galen, bietet allerlei Beobachtungen und Erklärungen zum „Schauder" als biologischem Phänomen. Im literarischen Bereich wird haarsträubendes Entsetzen besonders in der Tragödie beschworen, im Geschehen auf der Bühne und in der vorgesehenen Reaktion des Zuschauers, wie sie vom Chor orchestriert wird. So in den „Sieben gegen Theben" des Aischylos: „Schauder fühle ich vor der hausvernichtenden Erinnys, dem Dämon, der im Fluch des Vaters wirkt." Solcher Schauder bleibt bezeichnend für den Höhepunkt der Tragödie, auch bei Sophokles, etwa im „König Ödipus": „Was für Schauder erregst du in mir", singt der Chor, als der König, geblendet und bluttriefend, aus dem Palast tritt. Dem Zuschauer freilich ist bewusst, dass er selbst nicht direkt gefährdet ist, er kann die Schauer nicht ohne Wohlgefühl vom Theatersitz aus geniessen, als Alarm, der volle Aufmerksamkeit fordert, aber zugleich selbstgewisse Kraftentfaltung durchaus in sich enthält.

Der Helmbusch

Dichter können das Haaresträuben aber auch in ausgesprochen aggressive Kontexte rücken, zunächst und vor allem bei der Beschreibung kämpfender Tiere: In der „Odyssee" ist es ein Keiler, der aus seinem Waldversteck hervorbricht und auf die Jäger losgeht, „trefflich sträubend seine Mähne, Feuer blickend mit den Augen". Ein hesiodeischer Text lässt Wildschweine und Löwen aufeinander losgehen, „und beide sträubten ihre Nackenmähnen". Das ist kaum direkt beobachtet – wer hat damals schon Löwen gesehen? –, es ist Bestandteil eines schon fixierten Bildes.

Im menschlichen Bereich ist das Haaresträuben ersetzt oder vielmehr restituiert durch den „schrecklich nickenden Helmbusch", wie das in der Homer-Übersetzung von Johann Heinrich Voss heisst; das Wort für den Helmbusch ist dabei eben das gleiche wie für die Mähne bei Pferd, Wildschwein oder Löwe. Der homerische Held ist Kämpfer mit dauernd gesträubtem Haar; andere „schaudern vor dir, wie meckernde Ziegen vor einem Löwen".

Merkwürdigerweise verbindet sich das Schaudern nun auch mit religiöser Begegnung. Aufhorchen lässt ein Fragment des Aischylos: „Ich erschaure; doch es verlangt mich nach diesem mystischen Ziel." Leider fehlt uns der Kontext; nur, dass es um eine Mysterienweihe gehe, sagt der zitierende Autor. Die Mysterien lieben das schaudervolle Dunkle und haben mit einer „Schaurigen Göttin" zu tun. Eine Mysteriengöttin ist auch die ägyptische Isis, die sich rühmt, sie habe von Hermes-Anubis die Zeichen der Schrift übernommen, „mit denen ich die den Mysten Schauder einflössende Lehre aufgezeichnet habe".

Ein Blick noch auf die lateinische Literatur. Auch *horror* geht zusammen mit Kältegefühl und mit Haaresträuben und wird auf ähnlichen Bahnen verwendet wie das griechische *phrike*, zumal in der Poesie: Ein Feld mit Ähren „erstarrt" in Stacheln, aber auch leicht bewegte See „erschauert" in der Brise;

wie bei Homer kann sich die Ausdrucksweise auch auf die aggressiv erhobenen Speere einer Armee beziehen, die so „erschauern"; auch die gesträubte Mähne des angreifenden Wildschweins fehlt nicht. *Horrere* kann sogar von einer erzürnten, aggressiven Gottheit gesagt sein: Juno „erschauert von den Stacheln ihrer eigenen Zornesregungen", heisst es in Statius' „Thebais". *Horrida* sind Szenen und viele Einzelheiten der Tragödien, wie sie Seneca gestaltet. So greift er in seinem „Thyestes" nicht nur die Schauergeschichte auf, wie Atreus die Kinder des Thyestes ermordet und dem eigenen Vater, seinem verhassten Bruder, zum Mahle vorsetzt. Seneca erfindet dazu einen „schaurigen" Hain in der Burg von Argos, wo Opfer an blutigem Altar stattfinden: Hier „opfert" Atreus die Kinder. „Hat dich ein Schauder gepackt?", fragt der Bote, der dies ausmalt, und kündigt an, dass noch Schauerlicheres folge, eben das kannibalische Mahl. Schauder auf Schauder gehäuft – dies droht den Effekt des Schaurigen auszulöschen.

Ohne Schauder geht Religion kaum je einher. *Horror* ist den Menschen eingepflanzt worden, meint Lukrez, und nur deswegen errichten die Menschen ihre Heiligtümer und feiern Götterfeste. Vergil führt in seiner „Äneis" den Gott des Capitols ein, Jupiter Capitolinus, wie er schon vor der Gründung Roms sich manifestiert habe: Der Hügel ist „schaurig von waldigem Gestrüpp" – wieder der „schaurige" Hain –; „schon damals schreckte die harte Heiligkeit des Ortes die ängstlichen Bauern, schon damals zitterten sie vor Wald und Fels". Vierfach ist hier religiöse Angst ausgedrückt, *horrere, pavere, terrere, tremere*; das Ganze besagt: „diesen Hain bewohnt ... ein Gott". Dabei werden auch im Römischen „heilige Schauer" keineswegs als bloss negativ empfunden. Selbst Lukrez, der doch den Kampf gegen die *religio* sich zur Aufgabe gemacht hat, erlebt die Epiphanie der Natur mit „göttlicher Freude und Erschauern". Wäre pure Lust selbst einem Epikureer verdächtig? Der sie begleitende *horror* hält, als Alarm, die absolute Ernsthaftigkeit des Erlebens fest.

Solcherart ist auch göttliche Epiphanie in traditionell-mythischer Erzählung, etwa bei Livius: Nach dem Verschwinden des Romulus meldet sich ein Mann beim römischen Senat, dem der vergöttlichte Romulus in Person erschienen ist. Der Zeuge stand, laut seinem Bericht, überwältigt oder vielmehr „von Schauder durchdrungen, Verehrung bezeugend" vor dem höheren Wesen. Das Körperliche ist hier mit „durchdrungen, durchströmt", *perfusus horrore*, in besonderer Weise festgehalten. In einer Szene bei Statius findet Adrastus ein altes Orakel in überraschender Weise erfüllt; als ihm dies klar wird, „presst er die kalten Lippen zusammen, ein freudiger Schauder geht durch seine Glieder". Hier ist einmal ausdrücklich nicht vom schrecklichen, sondern vom frohen Schauder die Rede.

Menschenopfer

Gesteigerte Düsternis dagegen umgibt die berühmte Schilderung des Semnonen-Hains in Tacitus' „Germania". Dies ist sozusagen das Nonplusultra des schaurigen heiligen Hains: „Zu festgesetzter Zeit kommen die Volksgruppen, die gleichen Blutes sind, vertreten durch Gesandtschaften in einem Wald zusammen, der durch die Rituale der Väter und durch alten Schrecken heilig ist; sie erschlagen da in öffentlicher Gemeinschaft einen Menschen und feiern so des alten Ritus schaurige Anfänge." Dem Philologen bleibt unsicher, was genau mit den „Anfängen des Ritus", *ritus primordia*, gemeint ist: Ist es einfach der Beginn des Rituals? Aber der Menschenmord ist doch kaum Anfang, sondern Höhepunkt. Dann wäre eher doch das Beginnen überhaupt, der Ursprung der Welt und des Stammes gemeint: „Von dort sind die Anfänge des Stammes, dort ist der Herrscher über alle, der Gott", fügt Tacitus hinzu. Daher komme auch das seit langem bewährte Glück des mächtigen Stamms; diese Bewährung steigere die Autorität des Festes.

Ein Menschenopfer nach uraltem Brauch ist schrecklich und begründet doch, als Ausgangspunkt von Energie, das Selbstbewusstsein der Semnonen. Die Überlebenden sind es, die stolz und wie gestählt aus dieser Zeremonie hervorgehen. Längst hat man darauf hingewiesen, dass es im indischen Veda einen Text gibt, wonach die ganze Welt aus der Tötung und Zerstückelung eines Menschenwesens hervorgegangen ist, und die „Edda" kennt einen ähnlichen Text. Kann man damit bis auf eine indogermanische Urzeit in Ritus und Mythos zurückgreifen? Das Schaurige ist das Begründende.

Die ambivalenten Schauer, die ungewollt und unkontrollierbar einfach da sind, werden zum Kennzeichen von Religion. Es gibt, kulturenübergreifend, die „heiligen Schauer" als ein Sichaufraffen, Sichstellen, Entgegentreten in einer Situation des Alarms. Der Bezug zum Körperlichen, dem Haaresträuben, ist dabei in verschiedenen Sprachen durchaus festgehalten. Die jeweils individuelle Erfahrung wird freilich erst durch Interpretation übertragbar und überindividuell verstehbar gemacht. Darum ist es nie blosse Biologie, was das menschliche Erleben ausmacht.

Das Christentum hat die Unterwerfung, die Ergebung in Gottes Willen in den Vordergrund gerückt – was de facto grossartiges Auftreten mit entsprechender Umrissvergrösserung ebenso wenig ausschliesst wie tief-inneres Erschauern. Die vorchristlichen Religionen in ihrer bunten, unsystematischen Art können manches aufzeigen und festhalten, was sonst eher tendenziös verhüllt wird, einschliesslich der untergründigen Bereitschaft zur Aggression. Und der Biologe lenkt den Blick noch weiter zurück in vorgeformte Gründe, aus denen wir noch immer leben.

Unveröffentlichtes Manuskript eines im Rahmen der Jahressitzung des Ordens pour le mérite 2009 gehaltenen Vortrags.

Johannes Vahlen
27.9.1830 Bonn – 30.11.1911

Der Präsident hat mich aufgefordert, Johannes Vahlen hier vorzustellen, Professor des Lateinischen an der Universität Berlin, der vor 100 Jahren, 1908, in den Orden aufgenommen wurde. Ich habe das nicht ganz gern übernommen. Denn im Gegensatz zu dem immer noch sehr lebendigen Wilamowitz, über den ich 2008 gesprochen habe, der im gleichen Jahr Ordensmitglied wurde, und mit dem noch heute jeder Gräzist sich herumschlägt, steht vor Johannes Vahlen eher ein grauer Schleier des Nicht-mehr-Aktuellen.

Ich nehme an, daß seine Wahl eben zum Ausgleich mit der von Wilamowitz zustande kam, denn Johannes Vahlen, geboren 1830 in Bonn, war damals schon seit 34 Jahren Professor der Berliner Universität, seit 1874; Wilamowitz war 18 Jahre jünger. Johannes Vahlen war Rektor der Universität Berlin gewesen, 1886/7, war Mitglied der Akademie, Sekretar der Akademie von 1893–1911; er hatte 1900 eine Festschrift zum 70. Geburtstag erhalten. Auch Vahlens Vorgänger Moritz Haupt war schon 1871 Ordensmitglied geworden. Es war also sozusagen höchste Zeit, Vahlen wenigstens zusammen mit Wilamowitz in den Orden aufzunehmen (Eduard Meyer [sc. *kam*] 1918 [*dazu*]*).

Vahlen war Schüler von Friedrich Ritschl (1806–1876) gewesen, der Professor erst in Bonn, dann seit 1865 in Leipzig war. Diese Übersiedelung von Bonn nach Leipzig hing mit einem damals Aufsehen erregenden Krach zwischen Ritschl und seinem Bonner Kollegen Otto Jahn zusammen. Vahlen gehört noch zu den Bonner Schülern, wie auch die wesentlich jüngeren Erwin Rohde und Friedrich Nietzsche; Nietzsche ist dann mit Ritschl nach Leipzig gegangen, Wilamowitz kam zu Jahn. Ritschl war damals ein sehr hoch angesehener Fachvertreter, seine Empfehlung hat Nietzsche mit 24 Jahren und ohne jedes Examen zum Professor in Basel gemacht. Von Ritschl übernahm Vahlen die Auffassung und die Methoden strenger Philologie, deren Krönung die Edition ist. Dazu gehört die Beschäftigung mit den antiken Grammatikern

---

*   [*In Burkerts Manuskript steht „Ed. Meyer 1916".*]

und Kommentatoren, dazu gehört auch das alte Latein – Ritschl hat sozusagen den Grund gelegt für die philologische Beschäftigung mit Plautus –; und auch die Rekonstruktion verlorener Autoren wurde zu einer hohen Kunst. So bekam Vahlen von Ritschl den Ennius zugewiesen. Ennius (239–169 v.Chr.) war ein vielseitiger Dichter und Schriftsteller in der Epoche, als Rom nach dem Hannibal-Krieg im rapiden Aufstieg begriffen war und geradezu leidenschaftlich die griechisch-hellenistische Kultur aufsaugte; Ennius hat als erster lateinische Hexameter nach griechischem Vorbild gemacht, in einem historischen Epos mit dem schlichten Titel *Annales*. Ennius hat aber auch Tragödien gedichtet, und er hat das skandalträchtige Werk des Euhemeros übersetzt, das die Götter als Menschen der Vorzeit vorstellte; der Begriff Euhemerismus ist in der Geistesgeschichte geblieben. Für Cicero war Ennius der Klassiker – dann ist er von den eigentlichen lateinischen Klassikern Vergil, Horaz, Ovid total verdrängt worden. Vahlen also hat *Ennianae Poesis Reliquiae* herausgegeben, erstmals 1854, also mit 24 Jahren; die zweite Auflage ist von 1902, also fast 50 Jahre später; sie umfaßt 530 hochgelehrte Seiten (CCXXIV, 306 S.) und wird bis heute verwendet – ein Lebenswerk, dieser Ennius, kann man sagen. Teile sind erneuert worden durch H. D. Jocelyn (*The Tragedies of Ennius*, Cambridge 1967), die Annalen durch Otto Skutsch (*The Annals of Quintus Ennius. Edited with introduction and commentary*, Oxford 1985), wobei allein aus diesem Stück 848 Seiten wurden. [Es gab Vorgänger (Skutsch nennt Paullus Merula, *Ennii Annalium Libri XVIII, quae apud varios autores, supererant Fragmenta, collecta, composita, illustrata*, Leiden 1595, außerdem zwischen Vahlens beiden Auflagen Lucian Müller, *Q. Enni carminum reliquiae*, St. Petersburg 1884); fürs ganze arbeitet man nach wie vor mit Vahlens nachgedrucktem Ennius].

Das zweite Werk, für das man Vahlen kennt, ist die Edition von Aristoteles' *Poetik* (*Aristotelis de arte poetica liber*, Berlin 1867, 1874², Leipzig 1885³), dazu auch *Beiträge zu Aristoteles' Poetik* (Sitzungsberichte der Kaiserlichen Akademie der Wissenschaften, Phil.-Hist. Classe 50.52.56, Wien 1865–1867); diese Arbeit fällt also noch vor die Berliner Zeit. Meine erste griechische Vorlesung vor 58 Jahren begann mit Aristoteles über den Ursprung der Tragödie, seither kenne ich den Namen Johannes Vahlen. Die *Poetik* des Aristoteles hatte seit der Renaissance enormen Widerhall gefunden – erste lateinische Übersetzung 1498, der Aldina-Druck des griechischen Textes ist von 1508. Endlich sagt uns ein maßgebender Philosoph, was Dichtung ist und was gute Dichtung ist. Im 19. Jh. hatte man aber erst die Methode der Textkritik verfeinert: Das Stichwort war *recensio*. Man schreibt bzw. druckt nicht irgendeine Vorlage ab und macht ein paar Konjekturen; man hat, wenn es mehrere Handschriften gibt, diese zu vergleichen, und man kann so einen Stammbaum aufstellen und dann die sekundären Handschriften, die von erhaltenen abgeschrieben sind, eliminieren, man kann einen Archetypus finden oder rekonstruieren. Als eindrückliches Meisterwerk gilt die Lucrez-Ausgabe (*T. Lucreti Cari De rerum natura libri sex*, Berlin 1850) von Karl Lachmann (1793–1851; in Berlin seit 1825). Lucrez ist allerdings ein Idealfall: offenbar ist eine einzige Handschrift in die Zeit Karls des Großen gelangt, ein verlorener Archetypus, der sich aus zwei direkten Abschriften zeilengenau rekonstruieren läßt. Mit Lachmann hatte die Philologie ihre Methode, man hat sie auch abgekürzt die ‚philologische Methode' überhaupt genannt hat.

Mit der *Poetik* des Aristoteles, an die Vahlen nicht lange nach Lachmann herantrat, stand es scheinbar sehr einfach: Gegenüber einer Reihe von Renaissance-Handschriften fand sich zunächst ein einziger älterer Codex, ein Parisinus, um 1000 n. Chr. (1741; Photo-Faksimile 1891). Daß der Parisinus Archetypus ist, hat vor Vahlen Leonhard Spengel erkannt. Also bleibt nichts, als ernst zu nehmen, was dasteht, Renaissance-Konjekturen rauszuwerfen, gegebenenfalls Fehler zu lokalisieren und Verbesserungen zu versuchen. Allerdings wurde zu Vahlens Zeiten bereits eine arabische Übersetzung bekannt; dies hat Vahlen nicht veranlaßt, Arabisch zu lernen, sondern auf Grund der Berichte von anderen die Bedeutung der arabischen Fassung herabzuspielen. Die ist endlich 1928/1932 ediert worden und gibt in der Tat nicht viel her, zumal der Editor des arabischen Textes viel zu viel herausholen wollte. Wohl aber zeigte sich gerade in Vahlens Todesjahr 1911, daß es doch eine zweite, vom Parisinus unabhängige Handschrift gibt, einen Riccardianus in Florenz, 14. Jh.; dann wurde 1953 erst obendrein eine lateinische Übersetzung ediert, 1278 von Wilhelm von Moerbeke hergestellt, in zwei Codices erhalten. Wilhelm von Moerbeke, ein Niederländer, hatte sich nach der Franken-Eroberung von 1204 nach Griechenland begeben und lieferte für die aufblühende Scholastik – Thomas von Aquin – gute direkte Übersetzungen der griechischen Philosophen von Aristoteles bis Proklos. Kurz und gut, dank Riccardianus sowie arabischer und lateinischer Übersetzung ist Vahlens Edition heute überholt; die neue Oxford-Ausgabe der *Poetik* hat Rudolf Kassel (*Aristotelis de arte poetica liber*, Oxford 1965) vorgelegt. Das Arabische konnte er mit Hilfe von Richard Walzer bewältigen. Kassel hat den Nachlass von Vahlen benützt, er nennt aber Vahlens Ausgabe gar nicht mehr. Obendrein hatte der Oxforder Ingram Bywater 1909 eine Ausgabe der *Poetik* mit Übersetzung veröffentlicht (*Aristotle on the art of poetry. A revised text*, Oxford 1909), neben der sich Vahlens Ausgabe nur behaupten konnte, weil man damals in Deutschland keine englischen Bücher gekauft hat, auch nicht in Zürich.

Dazu noch eine Bemerkung: Das Interessanteste, was im 19. Jh. mit Aristoteles' *Poetik* passiert ist, ging an Vahlen vorbei. Da geht es um die berühmtberüchtigte Formulierung des Aristoteles über die Funktion, die Definition der Tragödie: sie vollzieht „durch Mitleid und Furcht die Reinigung solcher Affekte", δι' ἐλέου καὶ φόβου περαίνουσα τὴν τῶν τοιούτων παθημάτων κάθαρσιν. Um diesen Text haben sich Generationen von Exegeten bemüht, darunter auch Lessing; ganze Bücher sind darüber geschrieben worden. Der entscheidende Fortschritt gelang Jakob Bernays (1824–1881); er war an der Universitätsbibliothek in Bonn; als Jude, der die Assimilation verweigerte, konnte er nicht Professor werden; aber er war einer der besten Gräzisten seiner Zeit. Der fand die entscheidende Parallele in Aristoteles' *Politik*, und er fand etliches mehr; das Wesentliche: diese ‚Reinigung' ist nicht ethisch gemeint, sondern medizinisch, eigentlich magisch-medizinisch. Es gab ‚reinigende' Musik in gewissen Kulten; Aristoteles verallgemeinerte das, um das Verdammungsurteil Platons gegen die Tragödien-Psychologie außer Kraft zu setzen. Bernays hat das 1880 veröffentlicht. Er war im Übrigen mit Sigmund Freud verwandt, und ein gewisser Einfluß von Bernays' Abhandlung über medizinisch-psychologische ‚Reinigung' auf Freuds Psychoanalyse besteht. Aber das lief, wie gesagt, an Vahlen vorbei.

In Berlin war Vahlen ein aktiver und prominenter Professor. Zu seinen akademischen Tätigkeiten, von seinen Vorgängern (Boeckh, Lachmann, Haupt) übernommen, gehörte insbesondere, jedes Semester fürs Vorlesungsverzeichnis, *Index Lectionum*, eine Abhandlung als Einleitung zu schreiben, so 6–10 Seiten, und zwar auf Latein; ich weiß nicht, ob das irgendjemand gelesen hat, Normalstudenten sicher nicht, aber das war eben die Demonstration: Die Universität ist etwas Lateinisches; und das klingt doch schön: Da steht also ‚Verzeichnis der Vorlesungen, die unter der Leitung des erhabensten Königs Wilhelm, deutscher Kaiser, gehalten werden', auf lateinisch: *Index lectionum, quae auspiciis regis augustissimi Guilelmi Imperatoris Germanici habebuntur* (so erstmals 1875); *rex augustissimus Guilelmus Imperator Germanicus*, das war 1875 sogar noch der alte Kaiser Wilhelm, der mit dem Bart. Vahlen hat, gerade als er in den Orden gewählt wurde, diese seine Texte zu den *Indices lectionum* gesammelt (wie schon Boeckh, *Opuscula* IV, Berlin 1874) und in zwei Bänden veröffentlicht (*Opuscula Academica* I/II, Leipzig 1907/8); das sind 1174 Seiten aus 32 Jahren, 64 Semestern (Index Emil Thomas). Er hat im Anschluß daran noch seine anderen Abhandlungen gesammelt und ist darüber gestorben, mit 81 Jahren, 1911. Wilamowitz hielt die Gedächtnisrede (*Kleine Schriften* VI, Berlin 1972, 53–58). Er bezeugt „eindringende[n] Verstand, […] unerbittliche Strenge, […] asketische Selbstzucht […]" (ebd. 53), verweist ihn freilich in eine ältere Form der Philologie, „wo jeder nach Neigung und Geschmack den eigenen Garten pflegt" (ebd. 53), ohne viel Kontakt zu anderen, „weil ein jeglicher in seinem Gärtlein eine andere Sorte zieht" (ebd. 54).

Sein Nachfolger war seit 1906 Eduard Norden (1868–1941), ein anderes Kaliber, möchte ich sagen; Norden hat keine Ausgabe und keine Fragmentsammlung gemacht, aber doch sehr viel – *Antike Kunstprosa*; *Agnostos Theos*; *Die Geburt des Kindes*; *Die germanische Urgeschichte in Tacitus Germania*, um nur ein paar Titel zu nennen. Eduard Norden, ein preußisch assimilierter Jude, war jahrzehntelang der deutsche Latinist; er kam aber nicht in den Orden; obwohl er 1933 immerhin schon 65 Jahre alt war. Er wurde zwangspensioniert und ist als Emigrant nach Zürich gekommen; 1941 ist er gestorben.

In den Orden ist, soweit ich sehe, kein Latinist mehr aufgenommen worden.

Erschienen in: NZZ 155, 8.7.2009, 43.

In Griechenland begann Europa
Christian Meier über eine Kultur, die „um der Freiheit willen" geschaffen wurde

Christian Meier, bekannt für seinen originellen Zugang zur Geschichte der Antike, tritt im Jahr seines achtzigsten Geburtstages mit einer Darstellung der frühgriechischen Geschichte (etwa von 800 bis 500 v. Chr.) hervor – mit dem besonderen Anspruch, den schon der Titel formuliert: „Kultur um der Freiheit willen". Jene griechische Kultur sei, wenn auch mit Fragezeichen, ein immer noch bestimmender „Anfang" unseres eigenen Europa – das sich der Vorwürfe von Kolonialismus, Rassismus und allgemeiner Überheblichkeit kaum erwehren kann.

Der „Orient"

Es geht des Näheren um die sich entfaltende Kultur von autonomen Städten, „poleis", die keinen Monarchen dulden, in denen man „Politik" betreibt, samt der aufkommenden Literatur und den Anfängen von Philosophie und Wissenschaft. Diese Entwicklungen steuern in Richtung „Demokratie" – ein Name und Begriff, der erst nach 500 v. Chr. formuliert wird. Für eine eigentlich soziologische Analyse reicht das Material nirgends aus; was Meier vorlegt, bleibt eine „historische Synthese" als „konstruktive Leistung". Neu ist dabei eine gewisse nervöse Bedenklichkeit, die sich der Grenzen unseres Wissens stets bewusst ist. Die unschönen Aspekte dieser Welt, Sklaverei und Unterdrückung der Frauen, sind genannt, aber nicht ausgebreitet. Auf Anmerkungen ist verzichtet; ein Nachwort gibt detaillierte Hinweise auf Sekundärliteratur und Quellen. Dass der Verfasser über neuere Ansätze bestens Bescheid weiss, ist dem Kenner klar.

Ein Fortschritt gegenüber älteren Darstellungen liegt nicht zuletzt darin, dass der „Orient" ganz ernst genommen wird: Was weiter östlich geschehen war und geschah, ist Hintergrund und Basis der griechischen Entwicklungen. Freilich bleibt es noch immer meist bei diesem Allgemeinbegriff „Orient", der bei den Heiligen Drei Königen am Platze sein mag; längst liegen vielfältige Detailkenntnisse einer komplexen Geschichte vor. Für die behandelte Zeit steht zunächst das Assyrerreich im Zentrum. Der Name „Phöniker" sollte auf die Handelsstädte am Mittelmeer von Ugarit bis Tyros beschränkt werden, im Unterschied zu den luwisch-aramäischen Städten in Nordsyrien/Kilikien einerseits, den Philister-Städten Palästinas andererseits.

„Freiheit" als Kennzeichen, durch das sich die griechische Kultur gegen die östlichen Nachbarn abgrenzt – dies folgt einer Sicht, die die Griechen selbst emphatisch entwickelt haben, freilich erst nach 480 v. Chr., nach dem unerwarteten Sieg in den Perserkriegen. Klar sagt es das Perser-Drama des Aischylos aus dem Jahr 472: Zeus, immerhin der gemeinsame Gott von Persern und Griechen, habe es so gewollt, dass der eine Weltteil, Asia, einem einzigen Herrscher untertan sei, der andere aber, Europa, seine Freiheit rette. Man hat das rasch „anthropologisch" vergröbert: Die „Asiaten" seien mangels Freiheit zu wahrhaft männlichen Tugenden unfähig. Beim späten Euripides wird daraus bereits das Postulat, die Griechen hätten, als Freie, über „die Barbaren" zu herrschen. Rhetoren haben das gerne wiederholt, bis ein Makedonenkönig Ernst damit machte, das Perserreich eroberte und darob selbst zum Perserkönig wurde – Alexander, der „letzte Achämenide", wie man heute gerne sagt. Seine Forderung göttlicher Verehrung ging allerdings übers „Orientalische" hinaus. Die alten Grosskönige schwelgten, laut Selbstzeugnissen, in Frömmigkeit: Sie seien von den Göttern erwählt, Ordnung in der Welt zu halten, „dass der Starke den Schwachen nicht unterdrücke" (Hammurabi) – was gerade heute allgemeinen Beifalls sicher wäre.

Inwieweit ist die griechische „Freiheit" der autonomen, „Politik" treibenden Städte ohne König etwas Neues, Originelles? Dies ist die eigentlich historische Frage. Gibt es in den anderen, älteren Stadtkulturen der Nachbarn Parallelen oder gar Vorbilder? War es nur das besondere Glück der Griechen, dem Zugriff des Grossreiches etwas weiter entrückt zu sein als Phöniker und Israel? Hier stossen wir besonders schmerzlich an die Grenzen unseres Wissens; wir ahnen komplexe Verhältnisse. Einen „Rat der Alten" gab es auch in den „orientalischen" Städten mit Selbstverständlichkeit – eine Urform menschlichen Soziallebens. Die Phönikerstadt Tyros hatte noch zur Alexanderzeit einen König, der aber war beim Perserkönig, die Verhandlungen mit Alexander führte ein Stadtrat. Karthago, Tochterstadt von Tyros, wurde in historischer Zeit von Wahlbeamten regiert; Aristoteles behandelt Karthago in der Reihe der Verfassungen („politeiai") griechischen Typs. Sparta behielt ein Doppelkönigtum und hatte doch eine besondere Art von Bürger-„Gleichheit"; der vielleicht älteste griechische Verfassungstext, die spartanische „Rhetra", wird von Meier nicht behandelt.

Das eigentlich Einzigartige, wohl doch nicht nur durch den Zufall der Überlieferung, ist in der griechischen Städtekultur die Kommunikation durch eine sich entfaltende Individual-Literatur – nach Übernahme der phönikisch-aramäischen Schrift, in der nun Einzelne sich selbst vorstellen, aussprechen, reflektieren. Dies hat Christian Meier in Gänze einbezogen. Man hat von der „Entdeckung der Persönlichkeit in der frühgriechischen Lyrik" gesprochen, findet aber die Ansätze – natürlich – schon bei Homer: ein Achilleus, der sich dem Feldherrn widersetzt und darob sogar seine Heldenrolle als Krieger in Frage stellt; ein Odysseus, der als Bettler im eigenen Haus, ja als Nackter vor der Königstochter seine unverlierbare Persönlichkeit behauptet. Hier geht griechische „Freiheit" über eine Art des Politisierens hinaus und begründet eine besondere Form des Bewusstseins.

Gerne möchten wir Europa hier anschliessen, auch wenn solche „Freiheit" schwierig zu definieren und einzufordern ist. Fast irritierend bleiben im gewählten Zeitausschnitt die spekulativen Gedanken eines Anaximandros, Heraklit, Parmenides, die später „Philosophie" hiessen und ein Potenzial echter Naturwissenschaft bargen. Hier fällt es schwer, um 500 v.Chr. innezuhalten – zu einer Zeit übrigens, als auch schon Chöre von Tragöden und Satyrn in Athen im Bühnenspiel auftraten. Hätte ein Sieg des Perserreichs dies alles abgeblockt? Der Historiker scheut Überlegungen im Irrealis.

Erstaunliches Fortwirken

Griechische Geschichte im Ganzen mag als Desaster erscheinen, mit Blick auf die römischen und dann schliesslich die sukzessiven muslimischen Eroberungen. Und doch fanden die Römer, dann die islamische Kultur, schliesslich Europa, dass man sich aneignen müsse, was diese Griechen an „Anfängen" geschaffen hatten: Mathematik, Astronomie, Geografie, Medizin – und auch jene allgemeine, lebensbezogene Reflexion, die sich „Philosophie" nannte. Nach dem Römischen Reich hat Europa zusätzlich die Rhetorik, die Dichtung und die Bildkunst der Griechen sich anverwandelt. Wie sich so „das Griechische", gerade ohne Machtentfaltung und Ausbeutung, nachhaltig behauptet hat, bleibt erstaunlich. Dass und wie wir in jenen Anfängen unserer eigenen Welt begegnen, hat Christian Meier einem heutigen Publikum von neuem gezeigt.

Christian Meier: Kultur um der Freiheit willen. Griechische Anfänge – Anfang Europas? Siedler-Verlag, München 2009. 367 S., Fr. 39.90.

Unveröffentlichtes Manuskript eines am 4. Oktober 2009 (gewiss in Zürich) gehaltenen Vortrags.

40 Jahre Zürich – aus der Sicht eines Nicht-Zürchers

Ich erbot mich zu sprechen aus meiner O-Situation heraus: ich lebe etwas mehr als 40 Jahre, etwas mehr als die Hälfte meines Lebens im Kanton Zürich, aber ich bin kein Schweizer – immerhin habe ich drei Enkelkinder, die Bürger von Zürich sind, habe also meinen Beitrag für die Zürcher Bürgerschaft geleistet.

Beginnen muß ich mit meiner Standard-Anekdote: Ich wußte, daß mein Vorgänger, Fritz Wehrli, aus einer alten Zürcher Familie stammte; ich traf in meiner Fakultät einen älteren Historiker mit dem schönen Namen von Muralt, und da fragte ich Fritz Wehrli: Sind die von Muralts auch eine alte Zürcher Familie? Ach, war die Antwort, die sind im 16. Jh. aus dem Tessin zugezogen. Ich erzählte das bei einem eher heiteren Fakultätstreffen, ohne Namensnennung, und Herr von Muralt kam sofort zu mir und fragte: wer kann das von uns sagen? Fritz Wehrli, sagte ich. Bei nächster Gelegenheit kam Herr von Muralt wieder zu mir und sagte: Ich habe nachgeschaut, es stimmt. Der Wehrli hat das Bürgerrecht im Jahr 1563 bekommen und wir im Jahr 1567. Aber wir haben es ehrenhalber bekommen, und der Wehrli hat es gekauft. In der Tat, die Wehrlis waren Müller in Stammheim; sie gehören darum der Zunft zum Weggen an. Ich hörte Fritz Wehrli auch einmal sagen: es gebe ja Familien, die sich auf Karl den Großen zurückführen können. Das erzählte ich einmal in den USA, weil dort ja schon das 17. Jh. als absolutely antique gilt, ich erzählte es in Gegenwart eines Schweizer Kollegen; und der sagte: Natürlich kann ich das.

Ich stelle fest: Man lebt in der Schweiz mit historischen Perspektiven, mindestens seit Charlemagne.

So will ich also, als Historiker, etwas aus historischer Sicht über Zürich erzählen. Ich fange nicht mit den ältesten Daten an – das sind, dank der Dendrochronologie, Eichenpfähle von Pfahlbauten aus dem 4. Jahrtausend v. Chr. Es genügt, mit den Römern und den Schwaben zu beginnen. Da ist ein Problem, und ich kann's nur halblaut sagen. Denn wenn die Deutschschweizer, einschließlich der Zürcher, etwas nicht sein wollen, ja sind das ‚Schwaben'. Sie sind es aber doch.

Mit den *Suebi*, wie man sie lateinisch schrieb, hat sich schon Caesar 58 v. Chr. im Elsaß herumgeschlagen. Man hat sich über den Namen der *Suebi* Gedanken gemacht; die hübscheste Etymologie – ich sage nicht, daß sie richtig ist, aber ich finde sie hübsch – ist die: Das ist einfach das indogermanische Reflexivpronomen, lateinisch *se*, griechisch rekonstruierbar *sve*, slavisch *svo*: Die *Suebi* sind, in Selbstbezeichnung, ‚die Selbigen', die Höchstdieselben; ein Lateiner hat das halbwegs verstanden und ins Lateinische übersetzt; das ergab *Germani*, ‚die echten'; *germanus* ist ein lateinisches Wort und heißt ‚echt'. Die Schwaben sind also die Germanen der Germanen.

Doch ich bin Altphilologe und fange mit den Römern an, mit Kaiser Augustus. Der war seit 30 v. Chr. Alleinherrscher in Rom, Weltherrscher. Er hatte keinen Sohn, aber zwei wackere Stiefsöhne, Tiberius und Drusus, geboren um 40 v. Chr.; als die über 20 waren, brauchte man große Aufgaben für sie. Caesar hatte Gallien erobert und de facto die Rheingrenze etabliert; am Rheinknie etwas oberhalb von Basel, auf dem linken Rheinufer hatte man schon 43 v. Chr. eine schöne Römerstadt angelegt, sie hieß dann zu Ehren des Augustus Augusta, Augusta Raurica – heute ist dies Augst, eine reiche Ausgrabungsregion, mit Forum, Tempel, Theater, Amphitheater usw., „die am besten im Boden erhaltene römische Stadt nördlich der Alpen", hat man gesagt. Was weiter östlich davon lag, Alpen und Voralpengebiet, erschien ungesichert und chaotisch. So wurden denn 16 v. Chr. Tiberius und Drusus ausgesandt, dort römische Ordnung zu schaffen. Drusus zog über den Brenner und weiter bis ins heutige Schwaben, wo man noch eine Stadt Augusta anlegte, Augusta Vindelicorum, das ist Augsburg; Tiberius zog weiter westlich über die Bündner Pässe – ein Paß dort heißt bis heute Julierpaß –; die Bündner Pässe kommen zusammen, wo der vereinigte Rhein aus dem Gebirge bricht. Dort wurde als Zentrum der neuen Provinz Raetia die Curia Raetorum gegründet – die Stadt heißt bis heute Chur, sie hat bis etwa 1600 Latein gesprochen, d. h. Rätoromanisch. Von dort fließt der Rhein ziemlich gerade zum Bodensee; doch hat eben der Rhein sein eigenes Tal ruiniert, als wilder Gebirgsfluß: nichts als Steine, Schutt und Sümpfe, vielleicht Malaria; kurz, es bestand Grund, das Rheintal so bald wie möglich zu verlassen. Da öffnet sich ein Felsspalt von Ost nach West, mit Wasser gefüllt ein malerischer See, er heißt Walensee, ‚Welsch-See', weil dort einmal die Grenze zwischen alemannischem und romanischem Sprachgebiet war; da konnte man auf Seetransport umsteigen – für Straßen sind die Felswände am Walensee zu steil; heute hat man Tunnels. Die Stationen am Walensee heißen bis heute Terzen, Quarten und Quinten entsprechend den römischen Meilensteinen. Man kommt dann ins Tal eines sanfteren Flusses, heute Linth, und alsbald an einen sehr viel größeren See; also weiter zu

Schiff, am Ende steigt man aus. Dieser Ort, wo man bald einmal eine Brücke baute, hieß Turicum – ein offenbar vorrömischer Ortsname. Am linken Ufer ist ein bescheidener Hügel; dort hat man ein Kastell angelegt. Im Übrigen bestand wenig Grund, sich in Turicum aufzuhalten, man reiste weiter nach Nordwesten Richtung Rhein, Richtung Augusta Raurica. Turicum blieb eine kleine, unbedeutende Station.

Eine Anmerkung: Warum schreibt man Rhein mit rh? Er teilt dieses Schicksal mit der Rhone. Nun, beide Flußnamen wurden zuerst in griechischen geographischen Werken fixiert. Die Griechen fanden, daß ihr anlautendes R mit einem H zusammenging, die Römer haben das griechische R darum mit Rh transkribiert. Das muß für Rhein und Rhone noch heute jedes Schulkind lernen. Nicht ganz einig ist man sich, ob die in der Gegend der Curia R(h)aetorum wohnenden R(h)äter auch mit Rh zu schreiben sind.

Die Einrichtung der Provinzen im Alpenvorland, Raetia und Vindelicia war erstaunlich glatt gegangen. So hat man weitergemacht, allen voran Drusus, bis an die Nordsee und an die Weser. Leider starb Drusus durch einen Unfall, einen Sturz vom Pferd, im Jahr 9 v.Chr., aber Tiberius konnte die militärische Situation sichern; so hat man damals mit Optimismus an einer römischen Provinz Germania weitergearbeitet. Man hat kürzlich erst in Hessen (Waldgermes) die Anlage einer richtigen Römerstadt aus diesen Jahren ausgegraben, gegründet 4 v.Chr., mit Forum etc., und mit einer goldenen Augustus-Reiterstatue; der Pferdekopf – man fand ihn am 2. August 2009 – ist gut erhalten. Das wäre Germania Magna gewesen. Das weitere ist bekannt, ja berühmt, und man feiert gerade das 2000-Jahre-Jubiläum: Im Herbst des Jahres 9 n.Chr. hat ein Fürst der Cherusker, Arminius, einen Aufstand organisiert und die drei römischen Legionen samt ihrem Befehlshaber Quintilius Varus im ‚Teutoburger Wald' vernichtet. 3 Legionen, das sind 15000 Mann, mit Troß und sonstiger Begleitung werden es an die 20000 Menschen gewesen sein, die da in vier Tagen umgebracht wurden (Flor. 2,30; Dion). Angesichts der jahrhundertelangen Nationalpropaganda, die sich daran geknüpft hat, ist man heuer in Deutschland etwas verlegen. Niemand behauptet mehr, daß Arminius germanisch Hermann hieß; wir kennen nur seinen römischen Namen. Da sein Vater Segimer-Sigmar hieß, könnte sein germanischer Name sehr wohl Siegfried oder Sigurd gewesen sein. Da fängt man an, Mythen zu dichten. Der Drache, den Siegfried erschlug, war das die römische Armee bei Kalkriese? Lassen wir das. Aber daß ich hier deutsch spreche und nicht irgendein Neulatein zwischen Französisch und Rätoromanisch, ist eine der Folgen dieser Varusschlacht. Das Hermann-Denkmal von Detmold steht am falschen Ende des Teutoburger Waldes, seit 1997 hat man eine Menge ziemlich eindeutiger Funde in Kalkriese bei Osnabrück gemacht; dort ist z.Zt. auch eine Jubiläumsausstellung, die Bundeskanzlerin wird erwartet.

Jedenfalls: Augustus, nicht mehr jung, und dann sein Nachfolger Tiberius haben auf den Versuch einer Rückeroberung verzichtet. Der Sohn des Drusus ist noch einmal bis ans Schlachtfeld vorgedrungen, 16 n.Chr., hat verweste Leichen bestattet, er nannte sich von da an Germanicus, aber er hat nichts weiter geleistet und starb kurz danach. Es blieb die Rheingrenze. Im 2. Jh. wurde dann zur Verkürzung der Grenze ein Grenzwall errichtet, der Limes, grob gesagt von Köln bis Regensburg. Es war kein eiserner Vorhang, die Germanen konnten bekommen, was sie wollten, z.B. Wein. Um 260 aber wurde die militärische Besetzung des Limes aufgegeben, wohl wegen der Krise andernorts: Damals fiel Kaiser Decius im Kampf gegen Goten an der unteren Donau (251), und Kaiser Valerian wurde 260 vom Perserkönig Shapur nicht nur geschlagen, sondern gefangengenommen; Shapur hat ein großartiges Monument davon geschaffen, ein Relief und eine große dreisprachige Inschrift in Naqs-i-Rustam.

Für Raetien aber hieß das Aufgeben des Limes: Jetzt waren die Schwaben da. Sie nennen sich in neuer Formation Alemannen und drängen nach Süden, wie ein anderer Germanenverband, die Franken, mehr nach Westen drängte. Schon 270 gab es eine Schlacht gegen Alemannen am Garda-See; die waren offenbar über den Brenner gekommen. Augusta Raurica wurde bereits in den 260er Jahren geplündert. Trotzdem konnte man die Rhein-Grenze noch fast 100 Jahre halten. An einer Stelle nördlich von Zürich, wo der Rhein einen Kringel macht, hat das rechtsrheinische Stück den Flurnamen ‚Schwaben'; da hat man noch die Rhein-Grenze zwischen Schwaben und zivilisierten Menschen. In Augusta Raurica hat man ein Kastell gebaut – es ist ausgegraben und zu besichtigen. Der Kommandant erhielt zur Stärkung seines Wehrwillens eine wunderschöne Sammlung von reliefierten Silberplatten aus Konstantinopel – im Museum von Augst zu bewundern. Gekippt ist die Reichsmacht wieder im Osten, im Jahr 378: Da kamen, von den Hunnen vertrieben, Goten in Masse über die Donau, und als die Migranten sich nicht freundlich genug behandelt fühlten, haben sie den Kaiser Valens samt Heer bei Adrianopel-Edirne totgeschlagen; dann war kein Halten mehr, die Goten konnten machen, was sie wollten, sie haben 410 Rom geplündert, ein Teil hat sich dauerhaft in Spanien niedergelassen, während die Herrschaft des Theoderich über Italien Episode blieb.

Was an der Rheingrenze passierte, darüber haben wir keinen Text. Die Schwaben schrieben nicht. Sie sind eines Tages gekommen und haben das, was jetzt Deutschschweiz ist, eingenommen. Der Kommandant von Augusta Raurica hat seinen Silberschatz im Kastell vergraben, wo ihn spielende Kinder 1962 gefunden haben. Es bleibt das Zeugnis der Sprache: Turicum wandelt sich, streng lautgesetzlich. Die Anfangssilbe wird im Germanischen betont und die Endung fällt weg; anlautendes T wird Z, u-i verschleift sich zu ü, k erweicht sich zu ch, so haben wir glücklich statt Turicum Zürich.

Schriftlichkeit kehrt von außen her zurück: Es gab die iro-schottischen und englischen Mönche, die Germanien zu christianisieren unternahmen; einer, der sich lateinisch Gallus nannte, kam in die Bodensee-Gegend; seit 612 besteht sein Kloster, das Kloster Sankt Gallen (Gallen ist ein schöner althochdeutscher Genitiv, wie ich mir habe sagen lassen). Die Mönche, die sich dort sammelten, konnten schreiben, sie hatten sogar alte Handschriften, z. B. einen spätantiken Vergil-Codex, von dem ein paar Blätter erhalten sind. Die Mönche schrieben aber vor allem sorgsam auf, was dem Kloster geschenkt wurde, mit Ort und Datum, zumindest seit dem 8. Jh. Dieses Archiv ist erhalten, und da finden wir 741 Riedikon und 775 Uster genannt, wo ich wohne, und so die meisten Dörfer aus dem Kanton Zürich: Sie alle konnten längst eine 1200-Jahr-Feier organisieren – da sollen München und Berlin erst einmal mitmachen.

Ordnung kam in diese Welt durch Karl den Großen. Der war, nach seiner Eroberung der Lombardei, am Weg nach Italien sehr interessiert, also auch am Weg über Zürich zu den Bündner Pässen. In der Mitte zwischen Chur und Julierpaß, in Mistail steht eine Kirche aus der Zeit Karls des Großen. Karl hat sich mehrfach in Zürich aufgehalten – es gibt Sagen darüber, bei den Brüdern Grimm nachzulesen. Karl hat die Stadt geprägt: Er stiftete, bei der ersten Limmat-Brücke, ein Kloster für Männer auf der rechten Seite – das ist das Großmünster –, und ein Kloster für Frauen auf den linken Seite – das ist das Fraumünster; dort wurde 853 eine Tochter Ludwig des Deutschen Äbtissin und praktisch Regentin von Zürich. Eine Pfalz wurde statt des Kastells auf dem Hügel links der Limmat gebaut. Die eigentliche Siedlung war daneben, man verehrt dort den heiligen Petrus. Dort ist also die Peterskirche, die Stadtkirche neben den beiden ‚Münstern'. Die Stadt Zürich ist also eine Stadt Karls des Großen. Er thront mit Recht, in Stein gehauen, am Großmünsterturm.

Eine christliche Stadt braucht Heilige, möglichst Märtyrer. Nun war in Raetien, wie erwähnt, offenbar nicht viel passiert, mit einer Ausnahme:

Am Ausgang des Wallis Richtung Genfer See hat gegen Diocletian – das wäre um 300 n.Chr. – angeblich eine ganze Legion aus Ägypten, aus Theben, unter dem Kommando eines gewissen Mauritius sich zum Christentum bekannt und wurde darum massakriert. Man möchte hoffen, daß das nicht wahr ist – der älteste Text darüber ist Eucerius von Lyon, um 450; das Kloster besteht seit 515 –; aber der Ort heißt daher St. Maurice, ein ausstrahlendes Zentrum für alle Moritze; und da hatte man jede Menge an Märtyrern. Eine

Frau ließ man zum Badeort Zurzach kommen – die Heilige Verena –; zwei Fromme aber, erzählte man, seien bis Zürich gelangt, Felix und Regula, wo ein Heidenfürst sie köpfen ließ, unten an der Limmat neben der Brücke, wo eine Insel war. Felix und Regula hoben ihre Köpfe auf und trugen sie ein Stück bergan, wo sie starben. Dort steht das Großmünster, am Exekutionsplatz ist die Wasserkirche. Ich finde es sehr hübsch, wie da der Mythos die lokalen Gegebenheiten umgreift. Die Stadtheiligen Felix und Regula wurden über die Maßen populär. Zwingli konnte später zwar die Heiligenverehrung abschaffen; Felix und Regula sind geblieben.

Zürich ist offenbar aufgeblüht; Otto von Freising, im 12. Jh., nennt Zürich ‚*Nobilissimum oppidum Sueviae*‘, die nobelste Stadt von Schwaben.

Wie, fragt man sich, ist die Schwabenstadt zur Schweizerstadt geworden? Das kam im 13. Jh. durch die Gotthard-Krise. Zürich war, wie gesagt, das Tor zu den Graubündner Pässen. Da entdeckten die Urner, die im Winkel hinter dem Vierwaldstätter See sitzen und sich nach dem Wildstier nennen, daß sie auch über einen zum Pass geeigneten Einschnitt im Gebirge verfügten; man mußte freilich im wilden Felsgelände eine Brücke bauen und einen Weg im Felsen freihauen und aufbauen, durch die Schöllenen-Schlucht, wo Herr Medwedew kürzlich das Denkmal von General Suworow besucht hat – das aber war technisch möglich; die Brücke war 1220 fertig; und alsbald sprach sich herum: dieser nach dem eher obskuren Heiligen Gotthard (Kapelle von Disentis oder Erzbisch. Mailand 1230?) benannte Paß ist die direkteste Verbindung vom Rheinland in die Lombardei, nach Milano, Pavia, Torino, die Zentrallinie Europas, statt Wallis oder Graubünden. Einer, der das auch erkannte, war Kaiser Friedrich II., der ja am liebsten in Apulien lebte, aber nicht vergaß, daß er auch deutscher König war. Er verlieh also noch 1231 den Urnern einen Freibrief; das hieß, daß sie direkt dem Kaiser unterstellt waren und weiter keine Steuern zu zahlen hatten, vorausgesetzt, daß sie diesen Paß für den König stets parat halten würden. 1240 bekam auch Schwyz einen Freibrief. Leider hatte Friedrich II. Krach mit dem Papst, er starb 1250 als ein von der Kirche gebannter; seine Erlasse wurden vom deutschen Reichstag für nichtig erklärt. Und da gab es das Fürstenhaus, das gerade damals von seiner Stammburg aus seine Herrschaft zu festigen unternahm, die Herren von der Habsburg; die Habsburg liegt nördlich vom Vierwaldstätter See, bei Brugg unweit der Aare, heute eine Ruine und ein Restaurant. Die Geschichten um Wilhelm Tell sind erst viel später aufgetaucht. Klar aber ist: die Urner taten sich zusammen mit den Schwyzern, die Unterwaldner machten mit, während, o Schreck, der Habsburger Rudolf deutscher König wurde (1290); die älteste erhaltene Urkunde der ‚Eidgenossenschaft‘, des Bundes von Uri, Schwyz und Unterwalden ist von 1291, natürlich lateinisch, ausgefertigt *mense Augusto*; drum ist der erste August der Schweizer Nationalfeiertag. Man hat sich nicht offiziell gegen Kaiser und Reich gestellt, aber man ging den eigenen Weg. Die im Bundesbrief enthaltene Bestimmung, man werde nie fremde Richter annehmen, ist 1993, bei der Abstimmung um den Beitritt zur EU, plötzlich akut geworden; das Volk hat damals, gegen die Regierung, mit Nein gestimmt. Die Schweiz also entstand um den Gotthardpaß. Die Habsburger unterlagen dann in zwei Schlachten des 14. Jh., wo die Kampfkraft der Berner entscheidend war.

Zürich hat die Zeichen der Zeit erfaßt und ist 1351 dem Bund der Eidgenossen beigetreten. Basel tat das erst 1501. Die Pfalz verschwand, es blieb dort ein ‚Lindenhof'. Den Austritt aus dem deutschen Reich hat später ein Basler, Hans Rudolf Wettstein, 1648 beim westfälischen Frieden in aller Stille durchgebracht. Die Gotthardbahn, eröffnet 1882, wurde von einem Zürcher Unternehmer gebaut, dessen Denkmal vor dem Bahnhof steht: Escher. 1980 war der Autobahn-Tunnel fertig, zurzeit ist der Basis-Tunnel im Bau, der längste Tunnel der Welt, sagt man, 56 km, fast zu viel für die Schweiz. Aber es heißt, der größere, schwierigste Abschnitt sei schon durch. Noch 10 Jahre?

Zurück ins Mittelalter: Zürich nahm Teil an der allgemeinen Entwicklung der deutschen Städte. Ein Höhepunkt ist herauszuheben: Eine Zürcher Familie waren auch die Manesse, in ihrem Auftrag ist in Zürich, um 1330, eine der schönsten und berühmtesten Handschriften des deutschen Mittelalters entstanden, die Manessische Liederhandschrift. Sie ist allerdings nicht in Zürich geblieben, sie ist heute in Heidelberg.

Zwei wichtige Ereignisse haben im folgenden Zürich geprägt: Im 14. Jh. wird Zürich zur Zunft-Stadt, d.h. das Regiment, der Bürgermeister, die Stadtregierung wird bestellt und getragen von den Organisationen der Handwerker und Kaufleute (Rudolf Brun 1336 erster Bürgermeister). Die Adligen werden veranlaßt, eine eigene quasi-Zunft zu bilden, sie heißt Constaffel und hat den Jagdhund als Wappen; man sagt meist einfach ‚Zunft zum Rüden'; sie hat das schönste der alten Zunfthäuser am Limmatquai. Die Zunftverfassung galt bis in die Zeit Napoleons. Heutzutage sind die Zünfte traditionelle Vereine, angeblich unpolitisch; aber stolz ist, wer dazugehört. Es gibt 13 Zünfte plus die Constaffel. Es gibt ein Jahresfest der Zünfte im Frühling, wenig einfallsreich ‚das Sechseläuten' benannt; da treten die Zünfte in großer Prozession an mit traditionellen Gewändern, auch mit Pferden und Kamelen, und um sechs Uhr beim Glockenläuten wird ein Schneemann auf der Sechseläuten-Wiese angezündet und in die Luft gesprengt. Mein Vorgänger Wehrli gehörte zur Bäckerzunft, ein anderer älterer Kollege war sogar Zunftmeister der Schmieden-Zunft; die beiden haben sich nicht besonders gemocht…

Das zweite entscheidende Ereignis ist eigentlich überraschender: Zwinglis Reformation. Es ist dies das einzige europageschichtlich wichtige Ereignis, das von Zürich ausging. Huldrich Zwingli war natürlich kein Zürcher, er war ein Ostschweizer, aber er war Pfarrer am Großmünster, humanistisch gebildet; er war von Luthers Ansatz überzeugt, auch wenn sich dann im Detail der Abendmahlslehre Luther und Zwingli nicht verstanden. Drastischer war die Reaktion der Innerschweizer, Zug, Schwyz etc.: Die wollten sich von Zürich schon gar nichts vormachen lassen, es kam zu einem veritablen Krieg. Zwingli zog in die Schlacht und fiel hinter dem nächsten Hügelzug, der Albis heißt, bei Kappel im Jahr 1531. Sein Nachfolger ist weniger berühmt, Heinrich Bullinger, aber der hat die Reformation in Zürich stabilisiert; er war immerhin 44 Jahre im Amt (1531–1575). Jean Calvin, vor 500 Jahren geboren, hat damals die Reformation in Genf verankert. Die Religions-Spaltung hat sich für die Eidgenossenschaft als Glück erwiesen: In den Religionskriegen des 16./17. Jh. konnte man sich nicht engagieren; so wurde ‚Neutralität' das Grundprinzip der Schweizerischen Außenpolitik.

Über die Folgen der Reformation für die moderne Wirtschaft hat man seit Max Weber viel diskutiert: ‚Vom Protestantismus zum Kapitalismus'. Für Zürich kam ein spezielles Problem dazu: Zwingli, als frommer Christ, fand, Söldnerdienst sei unmoralisch und darum abzuschaffen. Dabei war der Söldnerdienst besonders nach dem Sieg der Schweizer über den Burgunder Karl den Kühnen zu einer Haupteinnahmequelle der ganzen Schweiz geworden. Die katholischen Kantone haben weitergemacht, sie stellen noch heute die Schweizergarde für den Papst in Rom. Für die Protestanten hat es Zwingli verboten. Sie mußten einen Ersatz finden, und sie fanden ihn im ‚Gewerbefleiß', in der ‚Industrie'. Nicht ohne Anregung von den Niederlanden breitete sich in der protestantischen Schweiz vor allem überall die Textilarbeit aus. Inzwischen hat die Bevölkerung sich verschoben, der Kanton Zürich hat seit etlicher Zeit eine katholische Mehrheit; aber der Unterschied zwischen protestantischen und katholischen Kantonen zeigt sich noch heute am Grad der Industrialisierung. Im Kanton Zürich stand bald in jedem Bauernhaus ein Webstuhl. Im 19. Jh. kamen die Maschinen, gerade im Zürcher Oberland hatte bald jedes Wässerchen seine Turbinen – in Uster kam es 1830 zu einem Gewaltakt; die Heim-Weber setzten die Fabrik in Brand. Das steht nicht bei Gerhard Hauptmann. In den letzten Jahrzehnten allerdings ist die Textilindustrie gerade auch im Kanton Zürich restlos eingegangen; die letzte Weberei wurde vor wenigen Jahren geschlossen; aus der einen Weberei bei Uster wurde ein Dinosaurier-Museum.

Zurück zur Reformation: Diese kam zweifellos besonders den Bankgeschäften zugute. Die Protestanten, im Widerstand gegen die Katholiken, konnten wichtige internationale Verbindungen aufbauen, ein Vertrauens-Netz; ganz wichtig wurden die von Spanien abgefallenen protestantischen Niederlande, die sich erfolgreich auf den Weltmeeren ausbreiteten; aber auch in der bedeutendsten europäischen Macht, in Frankreich, gewannen die Protestanten großen Einfluß; sie hießen dort Hugenotten, d.i. Eidgenossen. Getragen von diesem Vertrauens-Netz entstand ein effektives Bankensystem, schon vor der französischen Revolution. Voltaire soll gesagt haben: Wenn Sie sehen, wie ein Schweizer Bankier aus dem Fenster springt, springen Sie hinterher: da gibt es Geld zu verdienen. Als Frankreich pleite war, holte man einen Schweizer Bankier, der Frankreich im letzten Moment noch sanieren sollte, Mr. Necker. Er hat die Erwartungen nicht erfüllt, die Französische Revolution kam, aber er hinterließ eine berühmte schriftstellernde Tochter, Madame de Staël.

Kurzum: Das Schweizer Bankensystem ist viel älter als die Rothschilds, die nach Napoleon dominierend wurden.

Zürich hatte und hat bei alledem die Nase vorne, unbeschadet der strengen protestantischen, zwinglianischen Ethik, die im Bund mit dem Stadtrat von der Kirche überwacht wurde. Beschränkung des Aufwands, Kirchengebote gegen Kleiderluxus. Selbst Gottfried Keller, Stadtschreiber von Zürich, hatte ‚Bettagsmandate' zu verfassen. Sparsamkeit war und ist die höchste Tugend. Man hat das Geld, aber man zeigt es nicht, man redet nicht darüber. Schon die gotischen Kirchen von Zürich sind ja fern jeder Extravaganz; das Zürcher Rathaus, in die Limmat gebaut, wurde sozusagen per Katalog aus Italien bestellt – ans Augsburger Rathaus darf man da nicht denken. Es gibt fast keine Zürcher Barockarchitektur, außer dem Zunfthaus zur Meisen. Anders ist es nebendran bei den Katholiken, siehe die Klosterkirchen von Einsiedeln oder Rheinau. Da wollte man den Zürcher Protestanten zeigen, was Sache ist. Während die süddeutschen Kirchenfürsten – finanziell völlig verantwortungslos – Wunderwerke barocker Architektur schaffen ließen, hat Zürich bares Geld gespart; das hat dann Napoleon mitgenommen. Unter Napoleon ist das letzte Mal Krieg nach Zürich gekommen; die letzten Kanonenkugeln sind am Zürichberg museal ausgestellt.

Der Sparwille fiel mir noch 1969 auf, als ich aus dem Insel-Westberlin nach Zürich kam; West-Berlin hatte kein Geld, also brauchte man nicht zu sparen. In Zürich hat man gespart, obwohl man damals mehr Geld hatte als man ausgeben konnte. Von meinem Vorgänger Fritz Wehrli sagte sein Kollege, sie hätten ernsthafte Meinungsverschiedenheiten nur dadurch gehabt, daß Fritz Wehrli immer meinte, man müsse von dem vom Staat zur Verfügung gestellten Seminarbudget doch eigentlich etwas zugunsten des Staates einsparen. Das ist Zürcher Bürgersinn. Auch an der Universität war zu großen Einladungen,

Kongressen usw. kein Geld vorgesehen. Ein Schweizer Kollege hat's auf den Punkt gebracht: „Das Geld ist ja da; es ist da, weil es nicht ausgegeben wird."

Man sollte aber doch erwähnen, daß im 18. Jh. Zürich zu einem Zentrum der deutschen Literatur geworden ist; das war im Wesentlichen das Verdienst eines Mannes, Johann Jakob Bodmer, 1698–1783, Professor der deutschen Geschichte und Mitglied des Rats; er baute ein hübsches Haus außerhalb der Stadt; in diesem Haus waren bekanntlich Klopstock, Wieland und Goethe zu Gast. Das Bodmerhaus steht jetzt gleich neben dem 1914 dazugekommenen Hauptgebäude unserer Universität, es gehört der Universität, es sollte eine Art Gästehaus sein, ist aber von der Bürokratie verschlungen worden.

Das 19. Jh. brachte die Bundesverfassung (1848), brachte Bern als Hauptstadt, für Zürich aber im Jahr 1833 die Universität – Basel hat seine Universität seit 1460. In Zürich war man damals modern, ‚liberal'; Zürcher Professoren haben nie Talare getragen, was im Jahr 1968 praktisch war. Kurz nach Gründung der Uni berief man als Theologen David Friedrich Strauss, der mit seiner Darstellung des ‚Lebens Jesu' berühmt und berüchtigt geworden war. Die Berufung erfolgte am 26.1.1839 und entfachte einen Aufstand der Frommen rund um den Zürichsee. So hat die Regierung bereits am 18.3.1839 aus Furcht vor der eigenen Courage beschlossen, Professor Strauss zu pensionieren, noch ehe der in Zürich angekommen war. Die Pension von jährlich 1000 Franken hat er bis an sein Lebensende (1874) bezogen. Des ungeachtet kam es in Zürich noch zum Ansatz eines veritablen Bürgerkriegs, am 6. September 1839; da trat die ganze Regierung zurück, und um ein Haar wäre es zur Abschaffung der jungen Universität gekommen; nun, sie hat den ‚Straussenhandel' überlebt. Seither hat die Uni die Stadt Zürich nie mehr in vergleichbarem Maße bewegt. Zürich ist keine Universitätsstadt, sondern eine Bankenstadt. Die ETH ist ‚eidgenössisch', sie kam 1855 dazu. Ihr hat der berühmte Gottfried Semper, der nach 1848 aus Dresden verbannt war, den Bau errichtet. Der Bau der Universität stammt von 1914.

Das wichtigste für die Schweiz im letzten Jahrhundert war natürlich, daß sie sich aus beiden Weltkriegen heraushalten konnte. Ich erinnere mich, wie wir in Deutschland um 1945 die Schweiz glühend beneidet haben. Bedenkt man, was in diesen Kriegen kaputt gemacht wurde, ist der Wohlstand der neutralen Schweiz nicht überraschend. Sie ist wohl das einzige Land Europas, das nie eine ‚Währungsreform' durchgemacht hat; d.h. wenn im 19. Jh. irgendwo eine Million Fränkli gesammelt war, dann ist das immer noch schön.

Ein paar Hinweise allerdings doch noch, um zu zeigen, daß Zürich nicht bloß Bankenstadt, nicht bloß solide und sparsam ist, eher bunter als vermutet. Es gibt in Zürich nicht nur die UBS. Das berühmteste Buch, das in Zürich geschrieben wurde, ist natürlich Heidi (1880), von Johanna Spyri (1827–1901, aus Hirzel), ein Welt-Bestseller, auch nach 130 Jahren immer noch bekannt. Ihr Mann war Jurist und Stadtschreiber, sie sehnte sich nach ihrer ländlichen Jugend, sie projizierte das dann in die Gegend von Maienfeld unterm Falknis (2562 m) an der Grenze zu Liechtenstein; ein aussterbendes Dörfli gibt's dort noch; das Autobahn-Rasthaus heißt Heidiland.

Ein kleiner Blick ins 20. Jh.: Ausgerechnet in Zürich ist Dada erfunden worden, 1916. Es waren Ausländer, Kriegsgegner, der deutsche Hugo Ball, Hans Arp aus Straßburg, sie gründeten das ‚Cabaret Voltaire' in der Spiegelgasse, unweit des Hauses, in dem damals noch Lenin residierte; Klabund dichtete für Dada: „Es blüht die Kunst, hallelujah, s'war auch schon mal ein Schweizer da". Nach Kriegsende hat sich Dada nach Berlin verlagert.

James Joyce kam als Pazifist 1915 nach Zürich; er wohnte 1920–1940 meist in Paris. 1940 ist er nach Zürich geflohen und dort, an einer Operation, 1941 gestorben.

C. G. Jung (*1875) war Schweizer, er lebte seit 1909 in Küsnacht, wo das C. G. Jung-Institut besteht; er hat sich auch ein Haus am Zürichsee gebaut beim Dörfchen Bollingen, wonach die USA-Stiftung, von Mellon finanziert, die Jung in den USA bekannt gemacht hat, Bollingen Foundation heißt. Mit der Psychologie an unserer Uni hat Jung nie zu tun gehabt. Auch mit dem ‚Codex Jung' (NH I 3, *Evangelium Veritatis*) hat m. W. kein Zürcher Professor zu tun gehabt.

1933 hat Erika Mann (geb. 1905) in Zürich mit Freunden ein freches antifaschistisches Kabarett aufgezogen, die ‚Pfeffermühle', bis 1936; ein Kabarett, das selbst hier beinahe verboten worden wäre; von Erika Mann stammt angeblich auch der Spruch: Die Schweiz ist ein Paradies, durch Gottes unerforschlichen Ratschluß leider von Schweizern bewohnt. Die Manns wohnten damals in Küsnacht. Erst 1954 zogen die Manns nach Kilchberg, wo das Familiengrab ist.

1938–1945 war Zürich die einzige nicht-faschistische deutschsprachige Bühne. Hier gab es Bertold Brecht-Uraufführungen; ‚Mutter Courage' 1941, ‚Der gute Mensch von Sezuan' 1943 und ‚Das Leben des Galilei'; 1947/8 war auch Helene Weigel in Zürich; ‚Herr Pountila und sein Knecht' wurde 1948 aufgeführt.

Zürcher war der prominente Schriftsteller Max Frisch (1911–1991), der eine merkwürdige Haßliebe zur Schweiz entwickelte.

Noch eine Anmerkung: Es gibt in Zürich seit langem kein Verbot der Homosexualität, was etliche Probleme, die Deutschland noch im 20. Jh. plagten, vermeiden ließ. Sexgewerbe nimmt der Zürcher mit Fassung, wenn es richtig versteuert ist. Als einmal vor Jahren eine 18-jährige Domina ein 2-Millionen-Haus kaufte, gab es etwas Rauschen im Blätterwald. Das ist verklungen.

Ich schließe mit einer anderen Standard-Anekdote: Eine Umfrage in der Zürcher Straßenbahn – die hier Tram heißt –: Was würden sie tun, wenn Sie eine Million hätten? Antwort des Zürchers, mit gerunzelter Stirn: Wenn ich eine Million hätte, da würde ich mich einschränken müssen.

Erschienen in: UZH News 3.9.2010.

Gerontologietag: Tabus im Alter
„Cicero war ein Frühpensionierter"
Interview mit Marita Fuchs

Wie lebten Senioren vor 2000 Jahren? Wie gingen sie mit Krankheit oder Sexualität um? Walter Burkert, emeritierter Professor für Klassische Philologie, sieht viele Parallelen zwischen der Vergangenheit und der Gegenwart. Seine Gedanken schildert er heute auf dem 11. Gerontologietag und vorab im Gespräch mit UZH News.

Herr Burkert, heute spricht man nicht mehr von den „Alten", sondern eher von Senioren oder Rentnern. Wie war das im Altertum?
„Geron" hiess im alten Griechenland alter Mann. Der Wortstamm „Geras" ist eng damit verwandt und kann mit Ehre übersetzt werden. Die Kombination aus „alt" und „geehrt" gehörten damals zusammen. Fast überall gab es einen Rat der Alten, lateinisch Senatus, der geachtet und einflussreich war.

Im Griechischen jedoch änderte sich die Wortbedeutung. „Geras" bekam ein langes „ä". Dieses Wort bedeutete nur noch Alter und trug nicht mehr gleichzeitig die Bedeutung Ehre. So ist im Laufe der Zeit die Verbindung von Ehre und Alter in der Sprache verschwunden.

Sind die Menschen im Altertum nicht viel früher gestorben? Gab es damals überhaupt so etwas wie eine ältere Generation?
Zwar war damals die Kindersterblichkeit sehr hoch, doch die Älteren wurden etwa so alt wie heute. Genau wie heute gab es eine ältere Generation. Es fallen mir viele ein, die alt wurden: Etwa Platon, der Urvater der Philosophie, wurde 81 und war bis zuletzt literarisch tätig. Kaiser Augustus wurde 76. Der Tragiker Sophokles wurde 90.

Es gab auch Frühpensionierte: Als Cicero sein Buch „Cato Maior oder über das Alter" schrieb, war er 61 Jahre alt. In der Einleitung heisst es: „Ich schreibe jetzt als Greis über das Greisenalter." Cäsar errichtete zu diesem Zeitpunkt seine Diktatur, und der Anwalt Cicero war auch als Politiker kaltgestellt. Deshalb könnte man Cicero als Frühpensionierten bezeichnen.

Mit welchen Tabus waren die Älteren im Altertum konfrontiert?

Es gibt einen Bereich von Tabus, der bis heute im Alter eine grosse Rolle spielt, über den man absolut nicht redet. Das sind die Ausscheidungsfunktionen des Körpers. Sie werden im Alter oft problematisch und spielen bei der Altersbetreuung eine ganz zentrale Rolle. Doch spricht man nicht darüber. Auch Cicero erwähnt es nicht in seiner Schrift über das Greisenalter.

Wir wissen jedoch, dass die Männer häufig Prostataprobleme hatten. Man betitelte diese Krankheit als „Tröpfchenharn". Viele der antiken Philosophen starben daran, so auch Epikur. Er bricht kurz vor seinem Tod das Tabu und schreibt an einen Freund: „Seit sechs Tagen kommt kein Tropfen mehr... Du musst nach meinem Tod die Erbangelegenheiten regeln." Medizinisch stand man damals der Krankheit völlig hilflos gegenüber.

Wie wurde die Sexualität gelebt?

Damals gab es pornografische Schriften und sicherlich auch Kreise, in denen alles erlaubt war. Doch standen die Älteren wohl nicht so unter dem Druck, sexuell aktiv zu sein, wie es heute der Fall ist. Von Sophokles gibt es eine bezeichnende Anekdote: Als man ihn im fortgeschrittenen Alter von bald 90 Jahren fragte: „Kannst Du es noch mit einer Frau?" soll er gesagt haben: „Ich bin heilfroh, das loszuhaben."

Wie gingen die Menschen mit dem Tod um?

Alterslos und unsterblich zu sein, war für die Menschen schon immer ein Faszinosum. Schon im Gilgamesch-Epos, einem literarischen Werk aus dem babylonischen Raum und einer der ältesten überlieferten literarischen Dichtungen, wird den Göttern die Unsterblichkeit vorbehalten: Menschen sind sterblich. Die Griechen haben diese Vorstellung übernommen und zuweilen mit Humor beschrieben.

Das zeigt der Mythos von Tithonos, dem Gatten der Morgenröte (Eos). Tithonos wurde von Eos so geliebt, dass sie für ihn von Zeus das ewige Leben erbat. Dies wurde ihr gewährt. Da sie jedoch übersehen hatte, zugleich ewige Jugend für Tithonos zu erbitten, wurde er älter und älter und schrumpfte zuletzt so zusammen, dass am Ende nur noch seine schrille Stimme übrig blieb: er wurde zur Zikade. Heute weiss man zwar vom Körper viel mehr, doch der Tod ist geblieben.

Cicero schrieb mit 61 Jahren einen philosophischen Dialog, „Cato Maior oder über das Alter". Welche Tipps gab er den Älteren seiner Generation?

Cicero streicht die positiven Qualitäten des Alters heraus: Nicht Kraft,

Behändigkeit oder Schnelligkeit, sondern Voraussicht, Autorität und Entschlusskraft zeichne es aus. Cicero zieht zum Vergleich die Tätigkeit eines Steuermanns heran, der nicht auf die Masten steigt oder durch das Schiff läuft, sondern ruhig auf dem Hinterdeck sitzt und dabei aber Wichtigeres vollbringt als alle anderen. Das Alter mache den Körper schwach; Krankheit aber rühre von unvernünftigem Lebenswandel her. Also gelte es, den Geist zu stärken.

Die Lust stehe dem vernünftigen Lebenswandel entgegen, meint Cicero. Folglich sei es kein Verlust, sondern geradezu ein Geschenk, davon befreit zu sein. Und schliesslich sei die Nähe zum Tod nicht nur dem Alter zu eigen. Vielmehr habe der Greis schon das Alter, das der Jüngling zu erreichen hoffe. Der Tod sei auch nicht zu fürchten, da dieser entweder die Seele vollständig auslösche oder aber zu einem ewigen Leben führe.

Sie selbst sind 79 Jahre alt. Wie erleben Sie Ihr Alter?

Ich höre nicht mehr so gut, wie noch vor fünf Jahren, und ich hatte einen leichten Schlaganfall. Doch als Geisteswissenschaftler hatte ich nie Probleme mit der Pensionierung. Ich konnte einfach mit meiner Arbeit weitermachen, und lästige Sitzungen und administrative Belange habe ich nicht vermisst. Man stellt natürlich fest, dass man sich die Dinge nicht mehr so gut merken kann: Neues zu lernen ist schwieriger geworden.

Ich beschäftige mich schon seit einiger Zeit mit der Keilschrift. Die ist kompliziert, und man kommt kaum zur Könnerschaft. Doch es ist sehr bereichernd, wenn man weiss, wie Texte überliefert wurden und was sie genau bedeuten.

6. Burkert über Burkert

Erschienen in: Numen 25, 1978, 77–79.

Killing in Sacrifice: A Reply

In a polemical article said to go "beyond ... an ordinary book review" (p. 136), Bruno Dombrowski[1] makes it quite clear that he utterly dislikes the thesis of *Homo Necans*, a book which he finds both too long (p. 143) and not detailed enough (*ibid*.); his quotations concentrate on pp. 1–32 and completely ignore pp. 98–325. The author does not even attempt to indicate what the book contains, and actually distorts its thesis by the title he chose for his article. A passage which explicitly describes ancient Greek sacrifice (HN 9), with the ritual cry marking the climax (HN 12), is not only torn from its context and given a seemingly absolute status, but "most powerful" (*am mächtigsten*) is replaced by "most profound", and, even worse, "the god" (*der Gott*) is rendered by "God", thereby bringing in irrelevant and misleading associations with a term stemming from the Jewish and Christian traditions. From such a beginning, Dombrowski sets out to teach "the proper method of historical interpretation" (p. 144). He dwells on the interdependence of the general and the interpretative part of the book (p. 141 f.), as if he had never heard of a "hermeneutical circle" before and he dismisses the biological approach with a formulation which merely exhibits his lack of comprehension, for a behavioral pattern is certainly not an "attitude of animals" (p. 144). His more detailed criticism concentrates on exactly 31 lines of the book. As it happens, these lines, occurring at the beginning and the end of the introductory chapter, contain marginal remarks referring to Hebrew and Islamic religion and were by no means meant as 'interpretations' carrying the weight of an argument. Dombrowski may well be a specialist in this field, and it may be left to the specialists to disentangle the historical Isaiah (p. 138) and his exact dogmatic position. The parallels I drew to Zarathustra and Pythagoras (HN 14f.) have been noticed before by other

---

[1] "Killing in Sacrifice: The Most Profound Experience of God?", *Numen 23* (1976), pp. 136–144, against Walter Burkert, *Homo Necans. Interpretationen altgriechischer Opferriten und Mythen*, Berlin 1972 (henceforth quoted as HN).

writers and were therefore anything but original. But the book, as its title indicates, is on Greek religion and its antecedents. Even if my asides as well as every statement on Judaism *[78]* and Islam in the book were wrong, this would not in the least detract from the main thesis of *Homo Necans*, but merely show once more that Judaism and Islam are farther removed from the older strata of religion as a result of historical developments with which everybody is familiar. But in fact Dombrowski is largely fighting windmills of his own making.

Thus HN 9 quotes Lev. 6:9 for the central importance of animal sacrifice in ancient Judaism "down to the destruction of the temple". Dombrowski says this applies to "pre-exilic Israel" only and triumphantly asserts that the passage is post-exilic (p. 138f.). There were, of course, two destructions of the temple; but the mention of Antiochos Epiphanes in the following sentence (HN 9) leaves no doubt that the passage means "down to 70 A. D.".

HN 15 states that "Diaspora Jewry ... became, in practice, a religion without animal sacrifice" (*daß das Diaspora-Judentum ... praktisch zu einer Religion ohne Tieropfer wurde*). Dombrowski finds that "this implies that Burkert sees fundamental differences between two types of Hellenistic Jewry" (p. 139), and goes to some length to refute the alleged implication. But the statement in HN 15 is much more simple and obvious: Jews did not practice sacrifice outside Jerusalem, and thus were set apart from the 'pagans' and their sacrificial feasts; lip service to sacrifice is quite another thing than life experience of bloodshed and slaughter.

HN 19 mentions the ritual slaughter on the last day of the *Hadjdj*. Dombrowski claims that the author is giving this practice "much greater significance for Muslimic life than it has in reality" (p. 137) — as if the problem were the amount of significance. HN 19 correctly, as even Dombrowski seems to acknowledge, states that the 'center' of the *Hadjdj* is prayer. But neither prayer nor the possibility to "fast instead" (*ibid.*) is the crucial point, but the fact that "mass slaughter" — Dombrowski's words — has occurred, and does occur to the present day, in the context of the most sacred experience. Not even Dombrowski succeeds in explaining this fact with the help of the thrice invoked (pp. 137; 140f.: 144) *communis opinio*, or by the "*do-ut-des* formula" (p. 141) or by the "intention to create communion" (p. 137). To stress that "the ritual is rather indistinctly prescribed and followed" (p. 137) is merely to close one's eyes to the real problem.

It is the very paradox of the sacralization of killing which *Homo [79] Necans* tries to explain — not "all kinds of sacrifice" (p. 138). The solution proposed is that instead of asking how killing ever got into the sphere of the Sacred, we ought to understand how the institution of the Sacred developed from the situation of man killing for food i.e., of hunting. The thesis entails: 1) the continuity of ritual from palaeolithic hunting to animal sacrifice, as found in early civilizations, 2) the functional role, both social and psychological, of aggression and killing with regard to anxiety, and 3) the basic antinomy of death and life in the experience of sacrifice. Hence a sequential structure is derived; which proves successful as a hermeneutical means to understand attested myths and rituals in their structure and meaning. Methodologically, the book works with a concept of 'ritual' analogous to that current in modern biology and strictly avoids reconstructing 'ideas' or 'beliefs' as prior to ritual.[2] All this obviously requires critical re-examination and further discussion,[3] but this is precisely what Dombrowski fails to provide. Hence also this reply has been necessary.

Editors' Note: As B. Dombrowski's article in NUMEN XXIII (1976) was not a review commissioned by NUMEN but the author's spontaneous and critical response to W. Burkert's Homo Necans, the Editors felt that Prof. Burkert was entitled to exercise the right of reply. The discussion is herewith closed.

---

[2] Dombrowski, expressing his belief that, in ritual, "more often than not celebrants are quite conscious of the real and original meaning and significance of the motif of what they are doing" (p. 144) seems to be unaware of scholarly *communis opinio* as regards Greek and Roman rituals since more than 80 years. There are, however, several levels of consciousness in religious practice, even beyond the verbal, let alone the theological. The interpretations offered in HN suggest that there was more understanding in ancient myth and ritual than admitted e.g., by the old *mana*-theory once prominent in handbooks.

[3] I take the opportunity to refer to some works—unknown to me in 1971—which approach the same problem from quite different points of view: Dieter Wyss, *Strukturen der Moral*, Göttingen 1968, p. 136ff. on "Die Verschränkung von Inzestverbot und Opfermythologem"; René Girard, *La violence et le sacré*, Paris 1972; R. Ardrey, *The Hunting Hypothesis*, 1976.

Erschienen in: FAZ 3.8.1988, 29–30. © Frankfurter Allgemeine Zeitung GmbH, Frankfurt. Alle Rechte vorbehalten. Zur Verfügung gestellt vom Frankfurter Allgemeine Archiv = Der Mensch, der tötet. Walter Burkert über „Homo Necans" (1972), in: H. Ritter, Hg., Werksbesichtigung: Geisteswissenschaften. Fünfundzwanzig Bücher von ihren Autoren gelesen, Frankfurt 1990, 185–193.*

Werksbesichtigung (X): Burkert über Burkert
„Homo Necans": Der Mensch, der tötet

Altertumswissenschaft scheint kaum der gegebene Ausgangspunkt für aktuelle Anthropologie, und die Feststellung, daß im geistigen Bereich alles mit allem zusammenhängt und das Detail schließlich und endlich nur im allgemeinsten Rahmen seinen Ort und seine Verständlichkeit erreicht, führt ins offensichtlich Unerfüllbare: Und doch verdankt ein Buch wie „Homo Necans" seine Existenz ebendieser Erfahrung, daß immer wieder eines zum anderen führt und nur im konsequenten Weiterfragen der Horizont sich rundet, daß Philologie in religionshistorischer Perspektive ihrerseits Psychologie, Soziologie, Prähistorie, Biologie durchaus impliziert und daß darum das Humanistische allenfalls im Anthropologischen aufgehoben sein kann. Nach soundsoviel methodischen Prinzipien dürfte es ein solches Buch einer zugegebenermaßen persönlichen und teilweise wohl naiven Synthese „heute nicht mehr" geben. Und doch hat es in drei Sprachen – 1981 erschien eine italienische, 1983 eine amerikanische Ausgabe – seine Leser gefunden.

Daß vor den griechischen Tempeln, den klassischen Urbildern klassizistischer Architektur, stets und vor allem Tiere geschlachtet wurden, scheint eine Kuriosität. Daß das Gesetz Moses' in vielen langen Kapiteln über Tiereschlachten vor dem Antlitz des Herrn handelt, ist Sache für Spezialisten. Daß die Passion Christi traditionellerweise als „Opfer", die christliche Kommunion als „Opfermahl" interpretiert wurde, pflegt man heutzutage eher zu verdrängen. Daß von hier aus eine untergründige Verbindung läuft zum gräßlichsten Verbrechen unseres Jahrhunderts, für das die Medien nun schließlich einen Terminus etabliert haben, der von Hause aus ausgerechnet auf die mosaischen Opfergesetze Bezug nahm,

---
* *[Der folgende Artikel ist von allen Formen der Open-Access-Lizenz, einschließlich Creative Commons, ausgeschlossen, und der Inhalt darf nicht ohne die Genehmigung der Frankfurter Allgemeinen Zeitung weiterverwendet werden.]*

nämlich „Holocaust" – dies bleibt allerdings bestürzend. Daß alles dies nicht nur miteinander, sondern mit einer bestimmten uralten Formung der menschlichen Kultur zusammenhängt, ist die These von „Homo Necans": vom Jagdverhalten zum Opferritual, mit Verzweigungen und Ausläufern in so verschiedene Phänomene wie Kopfjagd, sektiererischen Vegetarismus, terroristische Geheimbünde, Schocks moderner Performance-Künstler, Tragödie und Eucharistie.

Merkwürdig ist in der Rückschau des Autors, wie Biographisches und Zeitgenossenschaft sich überschneiden und immer wieder treffen. Da bot sich zu Anfang der sechziger Jahre, nach dem Abschluß einer Arbeit über die Pythagoreer, über die Anfänge der exakten Wissenschaften und eine dahinter stehende andersartige, irrationale Wirkungsmacht, die Freiheit zu neuer Umschau, ohne daß der professionelle Abschluß rasch gefordert war. Bestimmend war zuvor schon das Buch von E. R. Dodds „The Greeks and the Irrational" (1957) geworden, das als Hintergrund der griechischen Hochkultur ein faszinierendes Bild von archaischen Schuld- und Befleckungsängsten, dionysischem Wahnsinn und schamanistischer Ekstase zeichnet; dazu kam die Verbindung mit Reinhold Merkelbach und seinem Buch „Roman und Mysterium" (1962), das als allgemeineres Problem „Mythos und Ritual" in den Vordergrund rückte.

Das Thema „Mythos und Ritual" schien sich zunächst in der Initiationsthematik zu erfüllen: Die Wandlung vom Kind zum Erwachsenen als Grundmuster eines dramatischen, unumkehrbaren Prozesses mit dem Ziel der sexuellen Reife und der sozialen Integration, in mythischen Erzählungen umspielt, in rituellen Handlungen kontrastierend akzentuiert und ausgespielt, dies ist ein Thema geblieben, das auch heute noch immer wieder neue Forscher fasziniert. Das Eigentümliche an den eigenen Studien war, daß sie, sich verdüsternd, von den Initiations- zu den Opferriten weiterführten. In Erinnerung geblieben sind biographische Zufälligkeiten, etwa eine erste Reise nach Großgriechenland, die fast gleichzeitig das faszinierendste Bilddokument dionysischer Initiation, den Fries der „Villa dei Misteri" bei Pompeii, und die nächtliche Karfreitagsprozession in Sorrent erleben ließ, eine harte und rauhe Demonstration des gewaltsamen Todes, der eben dadurch überwunden sein soll; später eine Wiederbegegnung mit Griechenland, wobei zum erstenmal die Fülle der Kampf- und Tötungsszenen in der antiken Bilderwelt, sei es der Tempel, sei es der Vasen, so recht ins Bewußtsein trat; dazu intensive Beschäftigung mit der griechischen Tragödie im akademischen Unterricht: auch hier die Konzentrierung auf Szenen der Gewalt in Verbindung mit einer Metaphorik des blutigen Opfers. Und wiederum das Zeitgenössische: die Reise nach Oxford zum Vortrag über „Griechische Tragödie und Opferritual" brachte zugleich die Bekanntschaft mit dem Wort „Eskalation" in der Verbindung mit „Vietnam".

Der eigentliche Grundgedanke, schon in diesem Vortrag enthalten, wird im wesentlichen zwei Werken verdankt, „Griechische Opferbräuche" von Karl Meuli (1946) und „Das sogenannte Böse" von Konrad Lorenz (1963). Meuli hatte eben jene scheinbare Kuriosität, daß die Griechen „für" ihre olympischen Götter Tiere zu schlachten und das Fleisch dann selbst zu verzehren pflegen, während sie die Knochen verbrennen, in ebenso überraschender wie großartiger Weise in einen menschheitsgeschichtlichen Rahmen gerückt: Er entdeckt darin die Fortsetzung von Jägerbräuchen, wie sie vor allem bei sibirischen Völkern erhalten waren und offenbar bis ins Paläolithikum zurückreichen. Das notwendige Töten des Wildes zur Nahrung wird kompensiert durch eine symbolisierende Rückgabe von Teilen, besonders des Skeletts, an eine Herrin oder einen Herrn der Tiere, des Lebens. Übergriff und Wiedergutmachung: Karl Meuli hat es gewagt, das Prinzip der „Ehrfurcht vor dem Leben", nach Albert Schweitzer, als eigentliche Erklärung schon für die „Urzeit" anzusetzen.

Eine noch radikalere Ausweitung des Horizonts brachte Konrad Lorenz: Seine Art, Ethologie zu betreiben, ließ Tiere unmittelbar verständlich werden, stellte ihr Verhalten als vereinfachte Modelle unseres eigenen Benehmens und Erlebens vor. Als besonders wichtig erschien dabei die Verallgemeinerung des Begriffs „Ritual", den die Religionswissenschaft seit langem so wichtig genommen hatte: Tiere haben „Rituale" im Sinn standardisierter Verhaltensabläufe mit Zeichenfunktion. Gilt Entsprechendes nicht auch von den menschlich-kulturellen, den religiösen „Ritualen"? Bilden sie damit eine Brücke vom biologischen zum kulturellen Verhalten? Dramatischer noch wirkte die Zurückführung des „Bösen", des Drohens, Attackierens, Kämpfens und Tötens auf die lebensnotwendige und gemeinschaftstiftende Funktion der „Aggression". Das hoffnungslose Gegeneinander im „Lebenskampf" erschien in einer letztlich positiven Wirkungsweise, als Strategie eines „Lebens", das Ehrfurcht verdient; ja, ritualisierte Aggression wurde als Grundlage einer persönlichen, verpflichtenden Gemeinsamkeit vorgestellt.

Dazu kamen eben damals Funde und Überlegungen der Paläoanthropologie, die auf die Rolle der Jagd beim sogenannten „Übergang" von Pongiden zu Hominiden wiesen, die „Hunting Hypothesis". Der Mensch sei Mensch geworden, indem Männergruppen unter Verwendung der dafür hergestellten Werkzeuge, der Waffen, gemeinsam zu jagen unternahmen. Töten also als notwendiges Zentrum der Kultur: *homo habilis* wurde *homo sapiens* als *homo necans*.

Für die Religion, zumindest für die alten, nicht theologisch-philosophisch ausgestalteten Religionen besagt dies: Religion ist Tradition, die „religiösen Vorstellungen" sind von der kulturellen Tradition erweckt und ausgeprägt;

Religion ist damit Sache der Gemeinschaft, die von ihr begründet wird und die sie weitervermittelt; das eigentliche Vehikel religiöser Tradition ist das Ritual, im Sinn der standardisierten Handlungen mit Zeichenfunktion, die zugleich prägende Wirkung haben. Das zentrale traditionelle Ritual aber, das Solidarisierung begründet, ist die zeremonielle Tötungshandlung, das Opfer. Es stammt historisch von der Jagd her; den psychologischen Hintergrund liefert das Aggressionsmodell von Konrad Lorenz, die Theorie von dem durch gemeinsame Aggression geschaffenen persönlichen Band. Konrad Lorenz hat die „Heiligen Schauer", die uns beim feierlichen Akt oder beim begeisterten Aufbruch durchrieseln, physiologisch auf das Sträuben der – nicht mehr vorhandenen – Rückenmähne beim Angriff zurückgeführt. So entlarvt das „Erleben des Heiligen" seine Basis, die ritualisierte Aggression. Zwischen dem Vormenschlichen und der Gegenwart fällt den Altertumswissenschaften damit schließlich eine Vorrangstellung zu, gestatten sie doch, die in der Sprache gegebene Innensicht der menschlichen Kulturtradition am weitesten nach rückwärts zu verfolgen.

Eben darum ist „Homo Necans" allerdings das Buch eines Philologen geblieben, eines Philologen, dem der professionelle Umgang mit Texten am Herzen liegt. Wie Zeugnisse sich zusammenfügen, sich gegenseitig ergänzen und erhellen, Festbeschreibungen, Götternamen, vertraute und abseitige Mythen, wie die fundierende Rolle der Tieropfer bei jeder Art von Gemeinschaftsbildung, Bündnis, Ehe, Vertrag, Eid selbstverständlich wird, dies zu zeigen und zu dokumentieren macht den größeren Teil des Buches aus.

Was alles bei einem solchen Versuch problematisch bleibt, ist nun freilich nicht zu singen und zu sagen. Prinzipielle Vorwürfe gegen Reduktionismus, gegen Biologismus, gegen Funktionalismus überhaupt sind möglich und werden weiter bestehen. Die Betonung der kontinuierlichen Tradition hat das Wohlwollen der intellektuellen Welt weithin verloren; indem der Entstehungsprozeß von „Homo Necans" das Jahr 1968 übergreift, könnte es scheinen, als habe das Buch seinerseits bereits als *survival* das Licht der Welt erblickt. Die Diskussion über Gewalt vor [30] allem ist seither von einer so entschiedenen moralischen und ideologischen Ablehnung der Gewalt, ja von Aggression gegen die Gewalt getragen, daß eine historische Studie, die dem „Guten" im „Bösen" nachgeht, den fundierenden Funktionen von Aggression bis hin zu Gewalt und Terror, in doppelter Weise als unzeitgemäß gelten muß.

So ist denn das Lorenz-Modell der Solidarisierung durch Aggression, exemplifiziert an den berühmten Graugänsen, in der neueren Diskussion ganz in den Hintergrund gedrängt worden; Lorenz' These von der Spontaneität der Aggression – als ob der gesunde Mensch mindestens einen großen Krach pro

Woche brauchte – hat keine Nachfolge gefunden. Die neuere Aggressionsforschung hat vielmehr den Begriff der menschlichen Aggression so fein differenziert, daß das gegenseitige „Band" durch das „sogenannte Böse" nicht mehr als vergleichsweise simpler und eindeutiger Mechanismus faßbar ist. Es mag sein, daß das überwältigende Interesse unserer Gesellschaft an der Dämpfung, ja Beseitigung der Aggression zum Filter geworden ist, der Unbequemes nicht passieren läßt; es wäre zu bedenken, daß Ausnahmezustände „starken Empfindens", Begeisterung ebenso wie Panik, durch die sozialwissenschaftliche Standardmethode des Fragebogens kaum zu erfassen sind; es mag auch sein, daß die Art der Interaktionen heutzutage durch die Revolution der Medien in der Tat verändert wird. Merkwürdig, daß der Vietnam-Krieg als erster nicht die Solidarität, sondern die Zerrissenheit der Nation zutage gebracht und bekräftigt hat. Sei dem wie ihm wolle, zuviel und zu triumphierend ist in „Homo Necans" von Aggression die Rede. Daß aber Tod und Töten nicht einfach Zeichen unter Zeichen sind, sondern mit der Erlebnisqualität des absoluten Ernstes und dem Bewußtsein der Unumkehrbarkeit einen besonderen Status haben und besondere Wirkungen zeitigen, bleibt bestehen.

Zuzugeben ist ferner, daß „Homo Necans" einer noch wenig reflektierten Art von Darwinismus zuneigt: Die Gemeinschaftsformen, die im Opfer solidarisiert waren, sollen sich als die bestimmenden, durchsetzungsmächtigen erwiesen haben. Die durch Computerspiele gestützte Theorie vom „Selbstsüchtigen Gen" (R. Dawkins) hat die alte Idee der Gruppenselektion im biologischen Bereich widerlegt. Andererseits haben die Ansätze der „Sociobiology" auch wieder Möglichkeiten eines neuen, radikalen und raffinierten Funktionalismus eröffnet.

Zuzugeben ist schließlich, daß „Homo Necans" mit einem einzigen und darum einseitigen Modell arbeitet. Dies war ein Erfordernis der Konsequenz im Verfolgen eines hypothetischen Ansatzes, kann aber nicht endgültig sein. Es gibt gerade im Bereich der Opferriten offenbar zumindest noch ein anderes Modell, das wiederum am deutlichsten mit Bezug aufs Opfertier benannt zu werden pflegt, das „Sündenbock-Modell", der „scapegoat-Komplex". In merkwürdiger Zeitgenossenschaft erschien gleichzeitig mit „Homo Necans" das Buch „La violence et le sacré" von René Girard; es könnte dem Titel nach identisch sein, es kommt zu der gleichen Vermutung, daß kulturelle Institutionen über die Opferriten auf eine Art von „Verbrechen" gegründet sind, nimmt aber als Modell nicht die Jagdgesellschaft, sondern die Gruppe, die sich in der Vernichtung eines Außenseiters zusammenfindet und in dieser Polarisation vom Gegeneinander zur Einmütigkeit gelangt. Ob die beiden Modelle zu einem allgemeinen zusammengefaßt werden können oder in dem stets komplexen Konglomerat der Kultur nebeneinander anzusetzen sind, bedarf weiterer Überlegung.

Altertumswissenschaft kann zeigen, was der Fall gewesen ist, sie kann hinweisen auf sich wiederholende Figuren in unserer kulturellen Tradition. Ob das Insistieren auf der Konstellation des Homo necans die definitive Abkehr von der bedenklichen Tradition und damit die Chance zu einer neuen Freiheit bietet oder gar, wie ein Kritiker meinte, in letzter Konsequenz auf die Restauration des Menschenopfers hinauslaufen müßte – in solcher Alternative zeigt sich die Ambivalenz, wohl auch die Hilflosigkeit der „wertfreien Wissenschaft". Einem biologistischen Determinismus ist in keinem Fall das Wort zu reden, am wenigsten heutzutage, wo das Biologische genetisch manipulierbar geworden ist. Die Frage scheint eher, inwieweit wir überhaupt das Recht haben, uns etwas wie Ordnung zu wünschen, Ordnung, die ohne Macht und damit ohne strukturelle Gewalt kaum vorstellbar ist. Oder ist die „Ordnung" im Begriff, sich in ein vom Menschen kaum mehr abhängiges, technisches System zu verwandeln, das man partiell manipulieren oder auch mit systemintegrierten Protesten bedenken, nicht mehr jedoch verstehen und als verbindlich erleben kann? Verstehbare Ordnung bedarf des Verpflichtenden, des Ernstes, und damit auch der Transformation von beliebigen Strukturen in wirkungsmächtige Gestalt. Solches hat Homo necans, nicht zuletzt mit seinen Opferriten, offenbar zustande gebracht. Ob der „alte Mensch" in seiner Gefährlichkeit und doch auch seiner davon kaum ablösbaren Schönheit eine Zukunft hat oder ob man sich von ihm, wenn auch nostalgisch, verabschieden sollte, ist eine Frage, die nicht nur den Altertumswissenschaftler weiterhin betrifft und betroffen macht.

Robert W. Cape, An Interview with Walter Burkert

Walter Burkert, Professor of Classical Philology at the University of Zurich, is one of the best known and most respected Classicists today. His work on Greek society and religion is widely acclaimed. The following is excerpted from an interview with Professor Burkert conducted by the Editor of *Favonius*, Robert W. Cape, in November 1988 at the University of California, Los Angeles. Professor Burkert has helped edit the interview and has added some extra information; the interviewer has added a few footnotes for the interested reader.[1]

RWC: *Let's start right at the beginning and trace your early career. Did you grow up in Bavaria?*

WB: Yes, in two different towns of Bavaria. My father was a minister, and first we lived in a place which was very dominated by the Protestant Church, and then we moved to Dillingen an der Donau which had belonged to Augsburg and was very much dominated by the Catholic Tradition. This experience of the different religions, of the different confessions, I think, had an impression on me.

I studied then in Erlangen and in Munich, and in Erlangen with Otto Seel[2] and Carl Koch.[3] Carl Koch was working mainly on the history of religion, of Roman religion, and so this was part of my training and one source of my interest in the history of religions. Otto Seel was primarily interested in literature, in Latin as well as in Greek literature, with a certain interest in psychology and anthropology. He suggested the theme of my thesis, ἔλεος and οἶκτος before Aristotle, which I completed in 1955.[4]

---

[1] More biographical information about Professor Burkert will be found in *Contemporary Authors* 103 (1982) 64. The interviewer is grateful to Prof. Andrew Dyck for editorial suggestions.
[2] Otto Seel, 1907–1975. See Prof. Burkert's notice in *Gnomon* 48.2 (1976) 217–221.
[3] Carl Koch, 1907–1956. See W. Theiler's notice in *Gnomon* 31.3 (1959) 286–287.
[4] W. Burkert, *Zum altgriechischen Mitleidsbegriff* (Erlangen 1955).

Then somehow I moved from there to Pythagoreanism. This was the problem of Aristotle's definition of tragedy with ἔλεος, φόβος and *[42]* κάθαρσις. I found that the concept of *katharsis* was brought into relation with Pythagoreanism and this sparked my interest in Pythagoreanism. But there was also the problem of censorship of literature and music in Plato's *Republic*; after the experiences of the Third Reich this was somehow very disturbing. It was some time later that I read the book by Karl Popper, *The Open Society and Its Enemies*,[5] which I found very interesting and very important. And, there again I found references to the Pythagoreans; so I began to study this field and I saw that there was very little evidence, but very many interesting problems in the form of religious tradition—these stories about Pythagoras. I had read Dodds' *The Greeks and the Irrational*[6] with the greatest interest, and I found that Pythagoras was one of the archaic miracle workers whom Dodds had called the shamans, following Meuli. On the other hand, I was already interested in religion and physics, so this problem that on the one side we have a shaman and on the other something like the birth of exact science, this is what interested me. I do not pretend to have solved the puzzle, but at any rate I have tried to put together the evidence as fully as possible. Then there was the question, which are the oldest written texts, really, in the Pythagorean tradition. There I tried to show that the Philolaos fragments are genuine, which involved me deeply in the questions of the presocratic texts. This is the main content of the book which appeared in 1962, *Weisheit und Wissenschaft*.[7]

RWC: *So Karl Meuli's writings were very influential on your own work from very early on.*

WB: Yes. On the one hand I had read some of his work before my dissertation, then after my dissertation, when I was working on the Pythagoras book, Reinhold Merkelbach came to Erlangen; he was himself working on his book on romance and mysteries, *Roman und Mysterium*,[8] and this gave me a great impulse to the general problem of myth and ritual. I then discovered that this had been around already for decades. He knew Meuli personally and had the greatest admiration for him. He dedicated one book to Meuli with the dedication "For the man who has done the most for the understanding of the old

---

[5] 5th ed. (Princeton 1971).
[6] (Berkeley and Los Angeles 1951).
[7] *Weisheit und Wissenschaft: Studien zu Pythagoras, Philolaos und Platon.* Erlanger Beitrage zur Sprach- und Kunstwissenschaft, Bd. 10 (Nürnberg 1962). In English as *Lore and Science in Ancient Pythagoreanism* (Harvard 1972), translated by E. L. Minar, Jr.
[8] *Roman und Mysterium in der Antike* (Munich 1962).

religion in our time."⁹ And so, later, I think in 1961, I had the chance at last to meet Meuli personally, but unfortunately he did not live much longer. But his published work, especially his long, long *[43]* article on sacrifice and sacrificial ritual made a great impression on me.¹⁰ So it was mainly the combination of Meuli's theory of animal sacrifice in ancient Greece, the Paleolithic perspective which he brought in, with more recent theories about Paleolithic man, the hunting hypothesis, the idea that the main change between hominid and homo came with hunting and with the development of weapons. On the other hand, there was the book by Konrad Lorenz on aggression which appeared in 1963.¹¹ These three ideas were combined to bring about *Homo Necans*.¹² The project was, at first, a study on initiation in the form of myth and ritual, but then somehow I was struck by all these pictures of violence and killing in Greek art when I visited Greece. When I was there I saw how important fighting and killing was for the Greeks. And this had repercussions on my re-reading tragedy, when preparing lectures for and with students. I found that these problems of violence and "solidarization" through violence, bonds established through killing, this was something very intriguing. This finally resulted in the book *Homo Necans*.

RWC: *Did this element of violence strike a cord in you, recalling your earlier experiences in Germany after the War?*

WB: Of course the experience of the War had a certain impact, that is clear. But also from my early childhood I was very interested in animals, and the fact that animals eat each other was something which was disturbing.

RWC: *Did you have animals?*

WB: Yes, but just rabbits. And once in 1945, when there was no school, I worked with a farmer, and so I had some experience with sheep and cattle. But for the rest I just like to go to the zoo, and to read about animals.

---

[9] *Roman und Mysterium*, Vorwort.

[10] K. Meuli, "Griechische Opferbräuche," in *Phyllobolia* (Festschrift for Peter Von der Mühll) (Basel 1946, 185–288); reprinted in Meuli's *Gesammelte Schriften*, ed. Th. Gelzer (Basel and Stuttgart 1975) II.907–1021. For biographical information on Meuli, 1891–1968, see F. Jung's "Biographisches Nachwort," in the *Gesammelte Schriften*, II.1153–1209.

[11] K. Lorenz, *Das sogenannte Böse: Zur Naturgeschichte der Aggression* (Wien 1963). Trans. *On Aggression* (New York 1966).

[12] *Homo Necans. Interpretationen altgriechischer Opferriten und Mythen* (Berlin 1972). In English as *Homo Necans. The Anthropology of Ancient Greek Sacrificial Ritual and Myth* (Berkeley and Los Angeles 1983), translated by Peter Bing.

But I remember when I first read the *Odyssey*. I was rather young then. In the story about the Cyclops, I found it very disturbing that in the end the nice ram is sacrificed. Why should he be sacrificed if he has saved Odysseus? Well, that is one of these problems which lead directly to *Homo Necans*. On the other hand, this problem that you have to kill animals to eat them I experienced during the War, for we kept the rabbits at a time when there was no other possibility to have meat. During the War and the years *[44]* after the War we were very poor and so this was a problem and somehow we developed a strategy which I have discovered in other customs too, exchange. We exchanged the rabbits I loved most for other rabbits, and these could then be slaughtered and eaten.

RWC: *When* Homo Necans *appeared it was pretty revolutionary.*

WB: Well, I don't know who said it, if you publish a book it is like throwing a rose petal into an abyss and waiting for an echo. I did not get immediate responses. But there were some people who knew about it and thought it was very interesting; some of my students found it interesting, but it did not raise very great attention immediately.

RWC: *The most attentive reviews do seem to have appeared a number of years later.*

WB: And in fact very few reviews appeared! I think some of my colleagues were afraid to write about this because it was uncommon in so far that it had a very general perspective in a form in which perhaps Jane Harrison wrote in a similar mood, just solving riddles of humanity. But at the same time I tried to make it philologically really sound. So I think there is much material and many quotations which are brought together in a way you simply could not find anywhere else. But, as I say, I think in German not many major reviews appeared, only later. Zeph Stewart of Harvard wrote a nice review,[13] but this also appeared a few years later. In fact, I had developed some of these chapters in a seminar I was teaching at Harvard in 1968. So, I think the German edition became more widely known only after a few years. The greater public was only reached with the English edition which came out in 1983.[14]

---

[13] *AJP* 98.3 (1977) 321–325.

[14] For Professor Burkert's recent comments concerning *Homo Necans*, see his "Burkert über Burkert. 'Homo Necans': Der Mensch, der tötet," in *Die Frankfurter Allgemeine Zeitung*, Mittwoch, 3. August, Nr. 178, S. 29–30.

RWC: *And after you had already published* Structure and History.[15]

WB: Yes. This was the chance offered by the Sather lectures in 1977.

RWC: *For the English reading audience* Structure and History, *with its emphasis on "structures", came before* Homo Necans. *Were some of these underlying structures already present when you were writing* Homo Necans? *[45]*

WB: In these Sather lectures, on the one hand, I tried to come to grips somehow with Lévi-Strauss' structuralism, which I had touched only superficially when I wrote *Homo Necans*. This was of course a bit of a delay because Lévi-Strauss' books had appeared in the 1950's and 1960's, but during this time I had been working primarily on *Homo Necans*. There was also more interest in the relations with the Orient, and it was only later that I could develop these studies in more depth. I had always been interested in the relations with the Orient, but I did not have time during my student days. I studied psychology and philosophy in addition to Latin, Greek and history, but I could not take classes in ancient oriental studies then, this came only later. It plays a greater role in *Structure and History* than in *Homo Necans*. The second chapter is a kind of restatement of the theory of *Homo Necans* in the form of a more accessible lecture. So I would see the relationship in this way. But, of course, for the English readers it was the other way around and *Structure and History* made a certain impact, already in the lectures at Berkeley there was great interest. This was a time when myth was "in".

RWC: *Then after* Structure and History *you moved more fully to the study of these oriental relations.*

WB: Yes. And not only religions, but I think it is basically a problem of civilization. How civilizations develop and in how far the incentives from other civilizations play a role. Especially for Greek civilization I found this problem that one had been looking at Greek civilization mainly as a kind of monolith growing by its own internal powers, whereas more and more one saw that in fact there are these interrelations with the adjacent Mediterranean and Near Eastern civilizations. In a way, of course, there was already the development of Mycenaean studies, especially with the decipherment of Linear B. I had been close to Alfred Heubeck[16] in Erlangen, and when I came to Zürich I had Ernst Risch as my immediate colleague, and so the Bronze Age civilizations and the earliest form of Greek was always on my horizon, so to say. And there the

---

[15] W. Burkert, *Structure and History in Greek Mythology and Ritual* (Berkeley and Los Angeles 1979)
[16] Alfred Heubeck, 1914–1987. See Prof. Burkert's notice in *Gnomon* 60.3 (1988) 283–285.

problems of interrelations not only with Crete but also with Egypt and Syria came in. Alfred Heubeck had written an important article on the transmission of oriental myth to Greece after the finding of the Hittite mythological texts[17] and so this had been interesting to me for a long time. At Zürich, also, I have a colleague who is a specialist for Asia Minor, Peter Frei, and I made a trip to Asia Minor with him once, and he knows some of these oriental languages, and together we offered a seminar on Asia Minor and Greece, so I came to know more and more details about these civilizations. I then made an effort to learn some *[46]* Akkadian. With these studies I was often struck by the appearance that what we find here is very close to Greek. Following Heubeck and some publications of John Boardman from the archaeological side gave me the idea that just the time of the 8th and 7th centuries were very important for these contacts. This was just the time when the Assyrians had conquered the west, that is to say, Syria and the southern part of Turkey and Cyprus, in a time when the Greeks were already there. So this was the one time when the Mesopotamian civilization was in direct contact with the Greeks. Well, from this study grew the little book which was published in the Sitzungsberichte der Heidelberger Akademie der Wissenschaften on the orientalizing epoch.[18] This was my main work after the Sather lectures.

RWC: *I recall that Martin West in his review of* Die orientalisierende Epoche ... *called for an English translation.[19] Are there plans for one or is one under way?*

WB: No, there is not one under way, and one problem with it is that in the first part of the work I tried to bring together as much archaeological evidence as possible about oriental objects brought to Greece. But this is a kind of summary which rapidly becomes old and superseded because so much is accumulating. So if there were to be an English edition, it would somehow be necessary really to redo this first part. When *Homo Necans* was translated, I could say that I was giving just a very few further references for the main thesis, since it was not so important whether it was 1972 or 1983, but for a chapter which is mainly on the archaeological evidence which is available for these contacts between the Orient and Greece it is very difficult now not to make changes four or five years after I wrote it. So I don't know what to do about it.

---

[17] "Mythologische Vorstellungen des Alten Orients im archaischen Griechentum," *Gymnasium* 62 (1955) 508–525; repr. in *Hesiod*, Ed. E. Heitsch (Wege der Forschung) (Darmstadt 1966) 545–570.

[18] *Die orientalisierende Epoche in der griechischen Religion und Literatur*. Sitzungsberichte der Heidelberger Akademie der Wissenschaften, Philos.-hist. Klasse, 1 (Heidelberg 1984).

[19] M. L. West, *JHS* 106 (1986) 233–234.

RWC: *Did Martin West's own work, pointing out Near Eastern influences, which received very mixed reviews at the time, have an impact on your work?*

WB: Yes. Especially the one book which Martin West wrote on the origins of Greek Philosophy, which in fact he dedicated to me, and which appeared already in the early 1970's.[20] This is mainly on Pherecydes, Anaximander, Anaximenes, and Heraclitus. This book, I think, has met with the least favorable reception among all the books by Martin West.

I met Martin West through Merkelbach, because he collaborated with Merkelbach on Hesiod. He came to Erlangen when he was still very *[47]* young, I think in 1959,* and he stayed there for a time, and we have remained in contact practically ever since. And these questions of the Orient and of Orphism, especially of Orphism, have been the subjects of really close contact, especially with the Derveni papyrus, by which we were both fascinated, and are both disappointed that it has not been made available in a final publication. But finally after the publication of the text in *ZPE* 1982,[21] Martin West could at least publish his own book on Orphism on which he had been working for nearly twenty years.[22] Already when I first came to Oxford in 1965 to visit him and Lloyd-Jones he showed me a manuscript on the Orphic poems.

RWC: *After your work on the influence of oriental civilizations, your most recent book is on the Mysteries.*[23]

WB: The incentive for this was again the invitation to deliver lectures, this time at Harvard. One basic idea had struck me when I went to Italy with students and saw in Rome the monuments of Isis and Mithras and so on, and one main observation which struck me then was that these so-called mystery religions are in fact so very, very different. If you see how they are organized and how they work, they are on totally different levels, and it was this that led me to criticize the general concept of "mystery religions". On purpose I called the lectures just "Ancient Mysteries," but the publisher, because "Mysteries" usually means something totally different in English, then added "Ancient Mystery Cults". I did not wish to have the title ancient mystery religions because it is one of the main theses that these are not self-sufficient religions, but various options in a great conglomerate of polytheistic cults, options from a personal

---

[20] M. L. West, *Early Greek Philosophy and the Orient* (Oxford 1971).

* *[According to M. L. West, Hesiod, Theogony. Edited with Prolegomena and Commentary (Oxford 1966) vii it was "the summer semester ... in 1960".]*

[21] "Der orphische Papyrus von Derveni," *ZPE* 47 (1982) 1–12, pages renumbered after 300.

[22] *The Orphic Poems* (Oxford 1983).

[23] W. Burkert, *Ancient Mystery Cults* (Cambridge, MA. 1987).

experience of the divine; none of these mysteries was exclusive in the way in which Judaism and Christianity wished to destroy all other forms of religion. They thought that everything was compatible. So I thought one should try to understand these mysteries not just in a Christian sense, but really on the basis of pagan, polytheistic beliefs. So in away it elaborates certain chapters of my *Greek Religion*, but it is also a kind of continuation because it has much about Hellenistic and Roman times.

RWC: *So, where to from here?*

WB: Well. I still like the idea of having an open option, not always having to work towards a specific goal, but having an open view to what comes up which seems to be important or interesting, because a lecture series of this kind, this is a challenge, but also a kind of stress to do it. You are bound to [48] work for this for a long time. The books I really wrote, so-to-say, because I thought they were interesting and really wanted to do, these were practically *Homo Necans* and *Die orientalisierende Epoche*. The big book on Greek religion came as a challenge, that is to say as one of a series. Many years before the volume came out the editor of the series approached me with an offer which was very attractive: after *Homo Necans* to bring together everything in a comprehensive book. So the format and the limits were assigned by the series. This I did practically between *Homo Necans* and the Sather lectures. I had just completed the manuscript of *Greek Religion* before I went to Berkeley. So this was a very close series of books!

But now, in fact, I have already got the next invitation, which is to give the Gifford Lectures at St. Andrews next year. And there I thought that, since the Gifford lectures were founded by one Lord Gifford at the end of the last century who said that they should be about 'natural theology'—I think he still understood this in the form of the Enlightenment, that somehow you could reform Christianity by bringing together reason and religion to make it form a natural religion. Well, I will try to take the chance to rethink some basic problems of *Homo Necans*, that is to say, the relations between biology and human ways of making sense. So I have announced the title, "Tracks of Biology and the Creation of Sense". That's far from being complete, but it is a problem which intrigues me, and perhaps I can say something to it. When I wrote *Homo Necans* I had in fact not read very many studies of anthropology, perhaps I could not even have written it if I had known about all the problems and all the discussions in this field. I think I have learned more about this, also about the problems which are behind the discussions, for example, as to the positions of Lorenz and so on, so I shall try to retrace my steps and perhaps find some well-reasoned answers to these questions, in how far there are predetermined forms of how we behave, how we experience, how we think, and these possibilities of human language and human contacts, and, if you like, human "software" and human "reprogramming" of personalities. I think these problems about biology are becoming more urgent than before, because now man is capable of altering nature in a way never possible before in the altering of genetic codes. What we call nature will in a way disappear totally. Since Aristotle, there has been the idea that 'nature' is something that develops from its own and cannot be changed. But now it has become changeable and so somehow natural science becomes nostalgic and engineering of nature takes over. Well, I think in this situation I shall try to say something about these tracks of biology, the old forms of human experience and human behavior, and the creation of sense, especially religion as a form of making sense, even if it sometimes makes sense in a way which is not at all pleasant to the individual. I think with the ancient evidence, especially if I can add anything with the ancient oriental evidence, we have the oldest strata available to our investigation. So, in this way, perhaps we may see better these old tracks of what is human, as I say, with *[49]* a nostalgic involvement. Well, that is what I shall try to do in these lectures.

RWC: *Since* Favonius *is a journal for graduate students, do you have any advice for students interested in ancient religion, or ancient culture in general, since your work is so wide ranging, covering language and literature and history and archaeology?*

WB: Well, I think the best advice for students doing research, which fortunately we can still follow in the humanities, is just do what you are interested in, follow your own interests, but follow them very thoroughly. One question will lead to another and then you will probably find out something. In a way this is the advice which comes from my teacher Otto Seel. He used to say something like this, just do what you like, but do it as thoroughly as you can. And that is the best way to do Humanities. I, for one, have a firm foundation in languages, others can do more with archaeology and the pictorial evidence, though I tried in my *Greek Religion* to take account of this too; but I think this general advice is the most important advice. Of course, you are very influenced by your own background and your own personality and so on, this is the case with all humanistic research, but one *must* also have respect for the evidence. I mentioned Karl Popper before, his idea that what is a sensible statement is a statement that can be refuted. I think this is important for scholarship. You must have respect for the evidence and be prepared that some of your favorite ideas may be refuted. Well, look out and try as hard as you can.

RWC: *What made you want to study Classics?*

WB: Well, perhaps just because I learned Greek *not* at school but privately, and I somehow became very fond of this language and the tradition associated with it. So I think this was the main reason. Perhaps, as I said, I was interested in physics, and my main prospect was to be a teacher, and somehow I thought teaching physics was not that profitable, especially teaching mathematics, because I had the impression that some understand it without help and the others don't understand it ever. So I did not wish to teach mathematics and physics.

RWC: *Another question about student life in Munich and Erlangen in the 1950's: what was it like?*

WB: Well, it was very much dominated still from the war situation. This meant that one had food again, but very little money, so one had to live as parsimoniously as possible. But nobody had money, so that was not that hard. But it was a time when one could hardly buy books. There were practically no books published at that time, and it was impossible in Germany to get foreign books. And, of course, the currency exchange did *[50]* not function. And the universities were dominated by these much older people who had been in the War, some of them had been kept prisoners in Russia for four or five years and were now thirty-five, or so, and had just come to the university. So this situation of *Kriegsheimkehrer* was very dominating. I am just of the generation which was *not* struck by the War. I am practically among the eldest who were not drafted in the Second World War. Those who were one year older than myself still had a chance to get drafted in 1945, and possibly to die on a mine or something else. I was of the first generation which was not *directly* affected by the War, so I went to the University at nineteen; we were the young people there who began to study. Of course we had an advantage over the older ones because they had had so many other experiences and difficulties. So in this respect, student life was totally different. And one could not yet get out of Germany; it was impossible to travel! Then in 1953 or 1954 it became possible to travel, but then one had no money. So this was a very secluded kind of student life, and when I was in Munich the city was still dominated by the ruins which were everywhere.

RWC: *You mentioned that the Library had been hit and burned.*

WB: Yes, in the libraries of Munich they did not yet know really how many books had been burned or not. They could not yet make the count. But, on the other hand, it was also a very lively time, because somehow people felt that ideas were very important and this was also a kind of incentive to turn to the classics after this catastrophe, there was a certain sense that one should turn back to the foundations of European culture and this gave a great impulse both to the Church and to the study of Classics. So in politics, for the party which called itself "Christian" to become the dominating party, the CDU, was a surprise, because people first thought that, as Nazism had always proclaimed, Nazism was the bulwark against Communism, now Communism will come. But, well, there came this conservative trend which brought Adenauer and the Christian party to the front, but still in these early years I do not think it was really conservative, at any rate, it was not regressive. On the contrary, there was the feeling of spiritual freedom which we got after 1945, that there was no censorship, that you could express your personal opinion, that you could disagree. So in a way I was in just that generation that was re-educated by the American occupation, and I think we responded very much to this after these experiences of utter suppression. You know, Nazism had also suppressed the whole of modern art and modern literature. The most prominent German writers had been expelled. This all came back like a stream when I was sixteen and seventeen; there was so much that was interesting to read and to learn. And so, in this sense, I would say that the 1950's were very lively, but at the same time they were characterized by this post-war situation: no money; ruins everywhere; and soldiers who had come back *[51]* from very weird experiences. This then changed in the late 1950's with the great economic progress, the so-called *Wirtschaftswunder*.

RWC: *When did you first travel outside Germany?*

WB: Hmm, let's see. Well, it was in 1957 that I first came to Greece; only about 1960 or so I travelled to Italy and to Rome. But in the 1960's we still had very little money and it was still comparatively expensive to travel and we could do only one trip a year. Then in 1965 I had the chance to get to America with a program of the Center for Hellenic Studies. So this was the first big trip. In the same year I was at Oxford, and since then I have had these contacts with the English and American world.

RWC: *What is the most influential book you have read?*

WB: In Classics, I would say probably Dodds' *The Greeks and the Irrational*. And outside Classics there have been very many, but perhaps, in a way, this book by Lorenz, *On Aggression*.

RWC: *Who was the most influential person for your work?*

WB: I have difficulties to name just one, but perhaps Otto Seel and Reinhold Merkelbach. They are very different but I think they formed for me especially the picture of the ideal teacher, which I would like to be.

RWC: *What do you consider your most significant contribution?*

WB: Probably it will be *Homo Necans*, though I sometimes think I do not like the title, it is somehow weird to be known for such a contribution. Sometimes I am not at all sure that the theory is really correct, but still I think it *may* have some importance.

RWC: *Well, just one more question. In your own work you focus on Greek religion and Greek civilization, although you did do some work on early Roman religion earlier, but do you see prospects for people interested in the Roman world to use constructs you have used for Greece?*

WB: It *should* be possible. One difference is that in Rome we are dealing with just one polis. What I did in Homo Necans, for example, was to find similar patterns in different places, say Arcadia and Olympia and Argos.

Of course there was much discussion on Roman religion. My teacher Carl Koch, who was in fact a pupil of Walter F. Otto, who wrote on the gods of Homer,[24] tried to treat Roman religion in a more lively way. *[52]* Others, like Brelich and so on, have embarked on other interpretations of Roman religion. But I do think there are still possibilities for work there, especially this problem of myth in Roman tradition. An old idea was that the Romans did not have myths, but I do not think this is correct. My teacher Carl Koch wrote a book[25] showing that it is not the case, that the myths have been pushed into the background by a certain trend in political religion. But to find these myths, some of them hide in the historical tradition, that is a very interesting subject. So I think it is really possible to do more in Roman religion. It is tricky in terms of the sources, for example Ovid's *Fasti*, for one does not know how much material he brought in from other sources. In my work I have paid great attention to the social functions of religion, and many of these will remain practically the same even in Roman religion. In political functions and the role of seers and so on, I would not think there is a basic difference.

RWC: *Thank you very much.*
WB: You are welcome.

---

[24] Walter F. Otto, 1874–1958. See W. Theiler's notice in *Gnomon* 32.1 (1960) 87–90.
[25] *Der römische Juppiter* (Frankfurt 1939).

Erschienen in: Fondazione Internazionale Balzan: Ceremonia per la proclamazione dei Premi Balzan 1990, 29–33 (online https://www.balzan.org/de/preistraeger/walter-burkert/dankes-rede-rom-16-11-1990 [abgerufen am 29.5.2024]).

Dankesrede zum Erhalt des Balzanpreises in Rom, 16.11.1990

Herr Präsident,
Sehr geehrte Damen und Herren der Balzan-Stiftung,
Meine Damen und Herren,

Die grosse Ehre und Auszeichnung, die mir zugefallen ist und für die gebührend Dank zu sagen nicht einfach ist, gilt zugleich meinem Fach, der Altertumswissenschaft im mediterranen Bereich (scienze dell'antichità, bacino mediterraneo). Dies macht es eher noch etwas schwieriger, leichthin zu feiern und sich des Erreichten zu freuen. Inwieweit in Geisteswissenschaften überhaupt von Fortschritt die Rede sein kann, ist an sich schon problematisch; hier aber geht es um die älteste der Humanwissenschaften oder Kulturwissenschaften, die seit gut 2500 Jahren betrieben wird. Nirgends steht der Wissenschaftler so sehr auf den Schultern so vieler Vorgänger, so dass die Anstrengung darauf ausgerichtet, der Erfolg daran gemessen wird, inwieweit es gelingt, das erreichte Niveau zu halten – auch wenn zu unserer Freude und zu unserem Glück Neufunde aus Archäologie, Papyrologie und Epigraphik immer wieder zusätzliche Impulse geben, sodass auch Spezialisten dazulernen können.

Die eigentliche Spannung aber kommt in unser Fach doch eher durch die Bewegung, in der wir selbst uns befinden, wir selbst im Prozess der Gegenwart, wodurch der Abstand zum Vergangenen immer grösser wird, der Widerspruch zwischen dem Erlernten, immer schon Gewussten, und dem, was sich stetig wandelnd uns umgibt, sich immer mehr verschärft. Der Wandel schon im Verlauf einer Forschergeneration ist fast schmerzhaft spürbar. Nach dem zweiten Weltkrieg, als ich zu studieren begann, konnte man sich mit Resonanz und gutem Gewissen auf das „Abendland" berufen mit seiner „humanen" und humanistischen Tradition; wenn man heute von „Europa" spricht, so ist das ein Wirtschaftsraum im Ringen um Selbstbehauptung als Provinz einer Weltgesellschaft und Weltwirtschaft. Eine bestimmte Form, ein Ideal der humanitas als das unsere in Anspruch nehmen zu wollen, sieht nach kolonialistischem Hochmut aus oder gerät gar in Rassismus-Verdacht. Das „antike Erbe" schrumpft zu einem immer kleiner werdenden Bestandteil unseres Selbstverständnisses. Die stolze Selbstdefinition des Menschen als *zoon logikon*, *animal rationale*, wie sie von der Antike geblieben war, scheint um ihren Sinn gebracht zwischen der Rationalität des Computers auf der einen Seite und dem Misstrauen gegen einsträngige, maskulin-gewaltsame Rationalität überhaupt auf der anderen.

Im eigenen Kreis bleibt die Altertumswissenschaft faszinierend und oft erregend, die Aufklärung der eigenen Sprach- und Kulturtradition über mehr als zwei Jahrtausende mit ihrem Wandel und ihrer Beständigkeit, ihrer Fremdartigkeit und zwingenden Nähe. Ich weiss mich da einig mit vielen ausgezeichneten Kollegen und erlebe auch an Studenten immer wieder solche Faszination. Es erscheint von hier aus fast als Eingriff, der die Kreise stört, wenn nun ein einzelner herausgegriffen und durch einen so grossen Preis „ausgezeichnet" wird.

Was sagt der Gott, und was will er andeuten? fragte sich Sokrates, als das Delphische Orakel ihn zu seiner Überraschung zum „weisesten Menschen" erklärt hatte. Dieser Vergleich ist natürlich viel zu hoch gegriffen, ja vermessen; zudem hat der Wissenschaftler von heute Bücher aufzuweisen, die er geschrieben hat, was ein Sokrates bekanntlich verschmähte. Aber ganz unähnlich sind die Überlegungen nicht, die ein Balzan-Preis veranlassen kann. Warum das Herausgreifen, die Vereinzelung? Vielleicht, möchte mir scheinen, war entscheidend, dass ich mich gerade um die Grenzzonen, die problematischen Ränder der antiken Kultur besonders bemüht habe.

Ging es in meinem ersten Buch um die Anfänge von rationaler Mathematik und Naturwissenschaft im Bereich der Pythagoreer, so suchte ich doch im Hintergrund die Wirkung einer vorwissenschaftlichen „Weisheit", verwurzelt in einem Bereich von Wunder und „Schamanismus". Ich versuchte dann weiter einzudringen in die noch ältere Basis griechischer Kultur, in Grundformen menschlicher Kultur überhaupt, die im Bereich der religiösen Tradition ausgeformt erscheint. Auch das haben andere vor und neben mir betrieben. Vielleicht, dass es mir gelang mehr Nachdenken auf den Bahnen von Funktionalismus und Systemtheorie einzubringen; vor allem glaube ich von Karl Meuli einerseits, von Konrad Lorenz andererseits gelernt zu haben, dass man es riskieren kann, von der eigenen Person aus zu „verstehen", ohne im eigenen Überlegenheitsgefühl bei sogenannten „Primitiven" oder anderen Lebewesen stecken zu bleiben. Dass gerade Schockierendes, Erschreckendes in den Blick trat, homo necans, der Mensch, der tötet, war für den zu sehen, der einen Weltkrieg und Umsturz von Werten miterlebt hatte. Im fassbaren, schon literarisch fixierten Bereich habe ich zudem versucht, die Beziehungen nichtgriechischer und griechischer Hochkultur genauer zu fassen, das sogenannte „Orientalische" – ohne direkten Zusammenhang, doch in zeitgenössischer Parallelität zu den Herausforderungen, die heute vom Nahen Osten dem „Abendland" wieder erwachsen sind.

Ich glaube, dass bei alledem durchaus etwas von der „klassischen" Tradition der humanitas übrig bleibt, ein Postulat der geistigen Freiheit, das doch auch in den überraschenden, hoffnungsvollen Entwicklungen der jüngsten Zeit weltweit sich zu Wort gemeldet hat, Freiheit der Information und persönlichen Entscheidung über die Akkumulation von Gütern hinaus; es gehört dazu auch ein Begriff von sachlicher Wahrheit, und der Respekt vor ihr, jenseits von Interessen und Manipulation, eine Wahrheit des „Seienden", wie es die Griechen formuliert haben. Jeder Wissenschaftler wird einem solchen Ideal verpflichtet bleiben.

Gern werden wir Altertumswissenschaftler weiter unseren Garten bestellen, unseren „abendländischen" Garten, Garten der Hesperiden, in dem einst die Götter weilten. Doch wissen wir, dass dieser Garten Teil ist einer von rauhen Winden und Klimakatastrophen bedrohten Welt, den stetigen Bedrohungen vorübergehend abgerungen. Wer den von den Einzelphänomenen gestellten Fragen konsequent nachgeht, wird Altertumswissenschaft in einem allgemeineren kulturwissenschaftlichen Rahmen betreiben; er wird sich in immer weitere, oft überraschende Problemhorizonte geführt sehen – und er wird dann auch in weiteren Kreisen erstaunliche und beglückende Resonanz finden. Für eine solche beglückende Resonanz habe ich, zugleich im Namen meines Faches, der Balzan-Stiftung ganz besonders zu danken.

Erschienen in: Fondazione Internazionale Balzan: Orientamento e attività dei Premi Balzan 1990, 21–28 (online https://www.balzan.org/de/preistraeger/walter-burkert/__trashed, abgerufen am 29.5.2024).

Forschungen zu Religion und Geisteswelt der Griechen, dargestellt anlässlich der Verleihung des Balzan-Preises 1990

Es ist noch immer ein Privileg der Geisteswissenschaften, dass der Forscher selbständig seinen eigenen Interessen nachgehen kann, ja muss; geht es doch immer um Interpretation und Synthese, die nur von einem individuellen Standpunkt aus zu leisten sind, während der äußere Aufwand an Organisation und Ausstattung überschaubar bleibt. Und wenn für den an einer Universität Lehrenden der Bereich festgelegt ist, den er verantwortlich zu ‚vertreten' hat, bleibt doch die Artikulation und die Schwerpunktsetzung ihm anheimgestellt. So hat ein Bericht über die eigene Forschung anlässlich jener Pause der Besinnung, zu der ein Balzan-Preis Anlass gibt, in erster Linie ein persönliches Itinerar nachzuzeichnen, ohne den Anspruch, über Materialien, Probleme, Methoden des Faches objektiv und enzyklopädisch Auskunft zu geben. Das mit solch persönlicher Ausrichtung der Geisteswissenschaften gegebene Risiko eines gewissen Solipsismus, so dass der Gelehrte nur noch in eigenen Gedankengängen sich im Kreise dreht, ist einzurechnen; doch zeigt sich, dass energisches Weiterfragen stets nicht nur weiterführt in die realen und geistigen Welten hinein, sondern auch Kontakte schafft, für die im Übrigen im heutigen wissenschaftlichen Leben schon äußerlich überreich gesorgt ist.

Dass die Religionswissenschaft mein Haupt-Arbeitsfeld werden würde, war nicht von vornherein absehbar. Viel früher war an sich die Faszination der Naturwissenschaften, der Physik und Zoologie fühlbar geworden. Wenn dann der Reiz der griechischen Sprache und Literatur, besonders Platons, die Studienwahl bestimmt hat, war damit zugleich ein lebhaftes Interesse an allgemeinen Fragen der Geschichte verbunden. Von den Lehrern an der Universität Erlangen führte Carl Koch in die römische Religionsgeschichte ein, während Otto Seel mit der Lebendigkeit literarischer Interpretation stets den Blick aufs ‚Anthropologische' verband; einem Problem anthropologischen Verstehens galt die bei ihm 1955 abgeschlossene Dissertation *Zum altgriechischen Mitleidsbegriff*. Was eigentlich Geistesgeschichte sei und wie man sie betreiben könne, lehrten die Vorlesungen von Franz Schnabel in München.

Es war wohl ein persönlich empfundener Zwiespalt zwischen Phantasie und Rationalität, dazu die Verarbeitung einer im Pfarrhaus erfahrenen religiösen Erziehung, was die Spur der Interessen schließlich auf die Religionsgeschichte lenkte. Ein Titel, der als solcher schon faszinierte, war *The Greeks and the Irrational*, ein Buch von E. R. Dodds (1951); die Lektüre führte ein in den Bereich von ‚Schamanismus', Reinigungsritualen, ‚Puritanismus', Orphik und Ekstase; im Grund bin ich von diesen Bereichen nicht mehr losgekommen.

Die Habilitationsarbeit über den Pythagoreismus, die dann 1962 unter dem Titel *Weisheit und Wissenschaft* erschien, war die Leistung, die den Verbleib im akademischen Bereich zu sichern hatte; sie konnte aber in voller Freiheit entwickelt werden. Hier nun war es die Spannung zwischen der Entstehung der rationalen Mathematik und Naturwissenschaft und einer geheimnisvollen ‚schamanistischen' Dimension des kaum fassbaren Meisters und Wundermannes Pythagoras, was am Phänomen des Pythagoreismus besonders fesselte. So war denn ebenso die Geschichte der Religion wie der Naturwissenschaften zu durchmessen und ein Gutteil der Philosophiegeschichte aufzuarbeiten, insbesondere die Eigentümlichkeit von Stil und Denken der ersten griechischen Philosophen, der ‚Vorsokratiker' am Beispiel des Philolaos zu fassen. Die paradoxe Einheit von Irrationalem und Rationalem schlicht zu statuieren, lehnte ich ab; vielmehr suchte ich die Zeugnisse in gut positivistischer Manier historisch zu ordnen. Ob die vorgeschlagenen Auseinanderfächerung von ‚Weisheit' und ‚Wissenschaft' das letzte Wort ist oder nicht, das Buch hat sich jedenfalls als solide Grundlage seither bewährt.

Nach dem Abschluss dieser Arbeit war weitere Forschung frei wählbar geworden, ohne dass ein rasch absehbarer Abschluss gefordert war. Damals nun trat, gleichsam in einer Rückwärtswendung vom Pythagoreismus aus, die Religion entschiedener in den Vordergrund. Wichtig war dabei die Verbindung mit Reinhold Merkelbach, der 1957–1962 in Erlangen lehrte. Sein kühnes Buch ‚Roman und Mysterium' erschien eben 1962; es lenkte die Aufmerksamkeit auf das Problem von ‚Mythos und Ritual'. Damals konnte ich auch zum ersten Mal Unteritalien und Sizilien bereisen, sah die Tempel und Grabausstattungen, die apulischen Vasen in den Museen; ein unvergesslicher Eindruck war vor allem der Mysterienfries der *Villa dei Misteri* bei Pompei.

Das Thema ‚Mythos und Ritual' schien sich zunächst in der Initiationsthematik zu erfüllen, den Ritualen des Übergangs von der Kindheit zum Erwachsensein. Die erste Veröffentlichung dazu, über die athenischen Arrhephoria als Form der Mädchen-Initiation, die vieles Angelo Brelich verdankte, erschien 1965. ‚Initiation' war noch das Arbeitsprojekt, für das ich 1965/66 das Jahresstipendium am Center for Hellenic Studies in Washington erhielt.

Mehr und mehr aber trat verdüsternd die Thematik des blutigen Opfers in den Vordergrund; die Gewaltszenen der griechischen Kunst wirkten dabei ebenso wie das vertiefte Studium von Homer und griechischer Tragödie – nunmehr in selbständigen Vorlesungen –; im Hintergrund wirkte die Diskussion um den Vietnamkrieg wie auch die Kampfansage der Studentenrevolution gegen die ‚repressive' Gesellschaft. Im Bereich des eigenen Fachs erwies sich vor allem Karl Meulis große Studie über die griechischen Opferbräuche als wegweisend, die das sakrale Schlachten letztlich auf eine ‚Ehrfurcht vor dem Leben' zurückführen konnte. Der Aufsatz *Greek Tragedy and Sacrificial Ritual*, als Vortrag in Oxford und USA ausgearbeitet, erschien 1966.

Die Beschäftigung mit Initiations- und Opferriten füllte insgesamt etwa 10 Jahre und mündete in das Buch *Homo Necans*, das 1972 herauskam. Dabei war, über die Anregungen von Dodds, Merkelbach, Meuli hinaus, vieles nachzuholen. Zu rezipieren waren vor allem die englischen Ritualisten, Robertson Smith, J. G. Frazer und Jane Harrison. Harrisons Buch *Themis* (1912) blieb in gewissem Sinn Vorbild und Herausforderung; Harrison wies auch schon den Weg zur Soziologie Durkheims einerseits, zu Freuds ‚Totem und Tabu' andererseits.

Im deutschen Sprachbereich war durch die Isolierung der 30er- und 40er Jahre nur ganz wenig davon rezipiert worden; hier galt Martin Nilssons Diktum, seit 1906 sei „keine durchgreifende oder grundsätzliche Änderung der Methode und Richtung der Forschung" in der Religionswissenschaft eingetreten; obendrein stand eine selbstgenügsame Philologie dem Vergleichen jenseits des eigenen Fachs überhaupt ablehnend gegenüber. So war denn weder der Ansatz von ‚myth and ritual', der im englischen Bereich zu einer ‚Schule' geführt hatte, je konsequent durchgespielt worden, noch waren Prinzipien des soziologisch-anthropologischen Funktionalismus für die antike Religion durchdacht worden. Der psychoanalytische Zugang hatte lediglich in der Form der Jungschen Archetypenlehre eine gewisse Wirkung entfaltet und dies eigentlich nur im Werk Karl Kerényis, der doch vereinzelt blieb. So stand hier ein weites Feld der mannigfachen griechischen Mythen und Rituale einem neuartigen Zugriff offen.

Hinzu kamen dann weitere, die eigentlich modernen Anregungen: 1963 erschien das Buch ‚Das sogenannte Böse' von Konrad Lorenz und machte Furore. Es führte die neue Wissenschaft der vergleichenden Verhaltensforschung, der Ethologie, ins allgemeine Bewusstsein ein, es zeigte Wege auf, Anthropologie und Zoologie zu einer gemeinsamen Wissenschaft vom Leben zu vereinen, es zeigte insbesondere in den Transformationen der Aggression einen Weg, das ‚Böse' der menschlichen Kultur zu verstehen und vielleicht zu bewältigen. Ein Begriff, der in der Ethologie die Transformationen des Verhaltens begleitete, war ‚Ritual', eben jener in der Religionswissenschaft längst schon zentral gewordene Begriff: Er ließ sich nun gerade vom Biologischen her präziser als eine Art von Kommunikation begreifen, die doch, als Transformation von Handlungsprogrammen, die realen Abläufe immer noch in sich spiegelt.

Die andere Erweiterung des Wissens kam aus der Prähistorie. Indem die Funde aus Afrika von Australopithecus bis Homo habilis allmählich an den Tag traten und diskutiert wurden, ließ sich nicht nur die Lücke zwischen dem Menschen und anderen Primaten historisch nahezu schließen, es trat als menschliche Besonderheit die Herstellung der Waffen und die organisierte Jagd in den Blick; eher düstere Beschreibungen vom Urmenschen als einem raubtierhaften Jäger erregten Aufsehen.

Es ergab sich so die Chance zu einer Synthese, die die biologische Evolution, den soziologischen Funktionalismus und die Ethologie des Rituals zu vereinigen suchte, und zwar in der Erklärung des blutigen Opfers als einer sakralisierten Tat der Gewalt. Die Faszination von Tod und Toten tritt uns gewöhnlich in anderer Form entgegen, vom Kruzifix und Märtyrerbild in unseren Kirchen bis zum Tötungsaufruf eines Khomeini, aber auch bis zum *underground* der Brutalo-Videos. Weit verbreitet und ethnologisch wohl beschrieben sind Institutionen, die dem Mann erst auf Grund einer Tötungshandlung, als Jäger oder Krieger, den vollen Platz in der Gesellschaft zuweisen. In der Alten Welt sind es die blutbespritzten Altäre, die wesentliches Kennzeichen des Heiligtums sind. Behauptet wurde in *Homo Necans* nun die Kontinuität einer Ritualtradition, in deren Zentrum das Tiere-Schlachten und -Essen steht, eine Tradition, die ihre praktische Funktion im Jägertum des Paläolithikums hatte, in der Transformation zum Ritual jedoch über die ‚neolithische Revolution' hinaus die antiken Hochkulturen bestimmt hat und auch mit deren Untergang noch keineswegs ans Ende gelangt ist. Zur Praxis des ‚tötenden Menschen' gehört dabei eine Ideologie mit rituellen Formulierungen und Mythen, die einen Bereich des Heiligen konstituiert, eine Welt von Göttern, zu deren ‚Ehre' die blutige Handlung zu dienen hat; damit wird zugleich die Ordnung der Welt samt den sozialen Hierarchien fixiert. So zeigte sich die altgriechische Kultur im Paläolithischen verwurzelt. Ganz in den Hintergrund trat in dieser Sicht die Frage nach dem ‚Glauben', der ‚Vorstellung', der ‚primitiven Mentalität'; doch blieb, was sich beschreiben ließ, zugleich psychologisch voll verständlich: Das Opfer als ein Drama von Angst: Tötungshemmung, Schuldgefühl und Bereitschaft der Wiedergutmachung – hierfür hatte Karl Meuli die Richtung gewiesen, der dem stark und natürlich empfindenden Menschen die entscheidende Gestaltung der Rituale zutraute. Die soziale Funktion und damit der eigentliche Sinn der immer wieder veranstalteten Abläufe wurde, nach der Anregung durch Konrad Lorenz, in der Begründung solidarischer Gemeinschaft durch Ausspielen von aggressivem Ritual gefunden.

Ob eine Synthese dieser Art überhaupt methodisch erlaubt und ‚heute noch' möglich sei, steht dahin; im einzelnen ist gewiss vieles kritisierbar. Die seitherige Entwicklung hat einige Annahmen von *Homo Necans* in Frage gestellt oder widerlegt. So hat die vielfältige Kritik an der Aggressionstheorie von Konrad Lorenz – die freilich auch ihrerseits nicht selten ideologisch befrachtet war – für das Modell der Solidarisierung durch Aggression wenig Raum gelassen. Dass schon Schimpansen jagen und Krieg führen, war in den 60er Jahren noch nicht bekannt geworden. Allgemeine Aussagen über ‚menschliche' Reaktionen psychologischer Art sind problematisch, lässt sich doch wohl jede Verallgemeinerung durch Einzelbeispiele widerlegen. Weniger anfechtbar ist im engeren Bereich der Philologie die in dem Buch vorgeführte Methode einer strukturell vergleichenden Interpretation von vielerlei Mythen und rituellen Notizen, die Verstreutes und Bruchstückhaftes einzuordnen und so dem Verständnis zu erschließen gestattet. Die wissenschaftsethische Frage, inwieweit historische Studien über die Strukturen und Funktionen des Schrecklichen zur Befreiung, zur Emanzipation oder im Gegenteil zur Fixierung beitragen, ist wohl kaum lösbar. Dass den Humanwissenschaften die Neugier des Fragens zusteht, sollte jedenfalls nicht bestritten werden.

Bei aller Problematik darf festgehalten werden, dass das Buch *Homo Necans* einen neuen Problemhorizont aufgezeigt hat. Bewährt hat sich schließlich doch das Wagnis, eine in sich begrenzte und traditionell abgeschlossene Disziplin wie die Klassische Philologie großzügig zu erweitern. Wie die philologisch greifbaren mythologischen Texte zur Realität tatsächlich vollzogener Rituale führen und diese wiederum in einem anthropologischen System ihren Sinn haben, so kann nur im Zusammenwirken der Wissenschaften das kulturelle Verständnis, einschließlich des humanen Selbstverständnisses, gefördert werden. Dies impliziert zumindest ein interdisziplinäres Programm, das auch Entlegenes und Vergangenes in einen aktuellen Zusammenhang stellt. Das Buch *Homo Necans* hat denn auch zwar nicht sofort, im Lauf der Zeit jedoch immer mehr seine Wirkung entfaltet.

Mit der Fertigstellung von *Homo Necans* hatte sich eine neue Herausforderung überschnitten, eine *Griechische Religion* in der Reihe ‚Religionen der Menschheit' zu schreiben. Dies hat dann etwa fünf weitere Jahre in Anspruch genommen. In der Sicht des Autors galt es nun, unter Hintanstellung der eigenen Spezialinteressen die Phänomene allgemeiner fasslich darzustellen; tatsächlich hat die Gesamtdarstellung dann in ihrer größeren Verbreitung die neuartige Sicht der griechischen Religion erst in weitere Kreise getragen. Das Grundkonzept schien sich als tragfähig zu erweisen. Doch forderte der umfassende Anspruch vielseitige Ergänzung, ja nach Kräften Vollständigkeit in der Kenntnis der literarischen Quellen, der archäologischen Befunde, der Diskussionen. Die Anschauung der antiken Stätten und ihrer Ausgrabungen liess sich in diesen Jahren durch Reisen wesentlich erweitern. Eine besondere Aufgabe war das Eindringen in die bronzezeitlichen Kulturen und Religionen; sehr hilfreich waren meine Kollegen an der Universität Zürich, Ernst Risch fürs Mykenische, Peter Frei fürs Kleinasiatische und Altorientalische. Das Buch, dessen Manuskript 1976 abgeschlossen wurde, ist in seiner Art durch die Reihe, für die es entstand, gekennzeichnet: Kein Handbuch zum Nachschlagen, wie das von Nilsson verfasste, sondern als lesbare Darstellung konzipiert, und doch so reich und präzis wie möglich in den Detailinformationen, die unmittelbar an die Befunde der Quellen heranführen.

Wiederum in Überschneidung mit dieser Arbeit kam die Einladung zu den Sather Lectures in Berkeley, California, die dann 1977 stattfanden – eine besondere Herausforderung für den Altertumswissenschaftler, ist doch die Vorlesungsserie mit der Aussicht, ja Verpflichtung zur Buchveröffentlichung gekoppelt. Der gewählte Titel, *Structure and History in Greek Mythology and Ritual*, zeigt an, dass eine einlässlichere Auseinandersetzung mit dem Strukturalismus intendiert war, der damals den Höhepunkt seines Einflusses erreicht hatte; persönliche Verbindung mit der ‚Schule von Paris', mit Jean-Pierre Vernant, Marcel Detienne und Pierre Vidal-Naquet bestand seit 1970. De facto ist eher eine essayhafte Fortführung der Problematik von *Homo Necans* zustande gekommen: Wiederum bestand der Reiz für den Philologen darin, mannigfache, oft bruchstückhaft fassbare Erzähltraditionen als Variationen einer gemeinsamen Struktur zu erfassen. Mehr als in *Homo Necans* sind Probleme des überhaupt im Blick, und weit mehr konnte das Altorientalische berücksichtigt werden.

Genauere Kenntnis der nahöstlichen Sprachen und Kulturen war ein alter Wunsch, der sich aber teils aus äußerlichen Gründen – weder Erlangen noch Zürich hatten altorientalische Abteilungen –, teils einfach aus Zeitmangel nur zögernd und teilweise verwirklichen liess. Aufmerksamkeit für die hier gegebenen Probleme von Kulturvergleich und Kulturaustausch bestand seit je. Auch in diesem Bereich hatte die Klassische Philologie jahrzehntelang sich selbstgenügsam abgeschottet. Die Veröffentlichung hethitischer Texte hatte seit 1945 zwar den Beweis für nahöstliche Quellen des Hesiod erbracht, doch war man meist geneigt, die Kontakte vage in die Bronzezeit zurückzuverlegen. Nur Alfred Heubeck hatte energisch auf die frühe Eisenzeit hingewiesen. Nunmehr gewann wiederum die Archäologie eine bestimmende Rolle, Einzelbeobachtungen sammelten sich, eine gewisse Kenntnis orientalischer Sprachen, insbesondere des Akkadischen ließ sich erarbeiten. So konnte aus verschiedenen Entwürfen schließlich die zusammenfassende Abhandlung *Die orientalisierende Epoche* hervorgehen, die in den Sitzungsberichten der Heidelberger Akademie 1984 erschienen ist. Sie versucht, in den konkreten historischen Zusammenhängen des 8./7. Jahrhunderts die revolutionäre Entfaltung der griechischen Kultur vom Kulturkontakt her verständlich zu machen. Vor allem das Problem Homer rückt damit in ein neues Licht. ‚Der Wissenschaft' war vieles an Faktenwissen seit langem bekannt, doch brachten Neueditionen orientalischer Quellen auch immer wieder Überraschungen: Die Freude des Entdeckens stellt sich immer wieder ein und belohnt die Anstrengungen des Lernens und der Gesprächsbereitschaft, deren es bedarf, um üblicherweise getrennte Fächer zusammenzubringen. Das eigentlich eher als ketzerisch anzusehende Unternehmen, den Einbruch des ‚Orients' ins Abendländisch-Griechische darzustellen, hat dann unerwartet viel Zustimmung und Interesse gefunden und kaum prinzipielle Kritik. Neue Vorstöße und Entdeckungen sind in diesem Bereich ohne Zweifel noch möglich, die Arbeit in dieser Richtung nimmt in den letzten Jahren deutlich zu.

Mein Buch über Mysterien (1987) – eine Reihe von Jackson Lectures an der Harvard University – entsprach wiederum einer von aussen kommenden Herausforderung. Vorgetragen werden wiederum soziologisch-systematische Überlegungen, wobei aber an Stelle der solidarischen Riten die Einzelleistungen und Einzelinteressen der ‚Charismatiker' in den Brennpunkt gerückt werden. Mehr als in den anderen Veröffentlichungen streift der Blick bis in die Spätantike. Dabei werden in philologischer Puzzlearbeit möglichst viele Textzeugnisse über das Mysterienerlebnis vorgestellt und die antiken, besonders die allegorischen Interpretationen ihrerseits interpretiert.

Die letzte, wiederum von aussen gekommene Herausforderung waren *Gifford Lectures* in St. Andrews, Schottland, im Jahr 1989. Nach dem Willen des Stifters sollen sie der ‚Natural Theology' gelten; ich nahm es zum Anlass, die Problematik von Biologie und Religion, die seit der Begegnung mit Konrad Lorenz aufgeworfen war, noch einmal anzugehen. So wurde zum Titel der Vorlesungsreihe *Tracks of Biology and the Creation of Sense* gewählt. Biologisch fassbare Abläufe und Strukturen sollen mit religiöser Praxis konfrontiert werden, von der Bereitschaft, in der Situation von Verfolgung und Panik etwas aufzugeben und wegzuwerfen, bis zum Aufbau absoluter Hierarchien. Als entscheidende Modifizierung erweist sich dabei immer wieder die spezifisch menschliche Form der Kommunikation durch Sprache, die doch gerade im religiösen Bereich sich als nicht autark und hinlänglich erweist: Die Beibehaltung des Rituals oder die Regression ins Ritual wird immer wieder entscheidend, sodass die ‚Spur des Biologischen' erkennbar bleibt.

Bei so in die Breite gewachsenen Forschungen kommt die Begrenztheit des individuell Leistbaren immer wieder schmerzlich zum Bewusstsein. Die internationale Praxis der Symposien und Kongresse liefert Anregungen in Fülle und setzt dabei jeweils befristete Aufgaben, die zu Einzelleistungen anspornen, aber insgesamt eher Stillstand zu bewirken drohen. Inwieweit künftig Zusammenarbeit neben dem Wettbewerb in den Geisteswissenschaften zustande kommen wird, inwieweit die jetzt allgemein ins Kraut schiessende Computerisierung dabei hilfreich sein wird, steht dahin.

Ich ende mit dem Bekenntnis zum individuellen Weg. Ich habe jetzt nicht ein grosses Forschungsprogramm der Altertumswissenschaft in neuen Bereichen und/oder mit durchschlagend neuen Methoden zu verkünden. Die Altertumswissenschaft ist im akademischen Bereich wohl organisiert und weltweit durchaus im Gang, solange ihr ihre – relativ bescheidenen – Mittel gesichert bleiben. Ich glaube aber gezeigt zu haben, dass die intensive Arbeit am einzelnen nach allen Seiten offen sein muss und eben dadurch Interesse weckt, dass sie aus Interesse an der Sache betrieben wird. Geist bedeutet, dass das Ganze sich im einzelnen spiegelt; nur so wird Geisteswissenschaft möglich bleiben.

Erschienen in: Homo Necans. Interpretationen altgriechischer Opferriten und Mythen (Religionsgeschichtliche Versuche und Vorarbeiten 32), Berlin ²1997, 333–349.

Nachwort 1996
[zur zweiten Auflage des Homo Necans]

Im Abstand eines Vierteljahrhunderts tritt ein Werk seinem Verfasser in eigentümlicher Distanz entgegen, zeitbezogen, entwicklungsbezogen, und doch unleugbar ein Stück vom eigenen geistigen Leben. Wenn es über allen Wechsel der Zeit hinweg noch Interesse findet, so ist doch der Autor am wenigsten berufen, darüber zu urteilen. Defensive mit kleinen Berichtigungen zu verbinden, wird wenig nützen. Wohl aber ist der Versuch einer gewissen Einordnung der Betrachtungsweise und der Thesen dieses Buchs in fortlaufende Diskussionen und weiter bestehende Probleme am Platze.

Das vorliegende Werk ist im Grund eine Studie über Mythos und Ritual in der altgriechischen, vorchristlichen Religion und verleugnet keinesfalls den hergebrachten Rahmen der Klassischen Philologie. Es bedient sich einer vergleichenden Methode, die einheitliche Strukturen in Abläufen des Handelns und Erzählens aufzeigt und herausarbeitet. Es beansprucht dabei allerdings, Funktionselemente einer allgemeineren Anthropologie in den Griff zu bekommen, und sieht diese ihrerseits eingebettet in die historische Entwicklung der Menschheit überhaupt: Klassische Philologie weitet sich zur Anthropologie. Dabei werden die auftretenden Elemente und Strukturen als menschlich unmittelbar verständlich im Rahmen einer allgemeinen Psychologie behandelt; ein ‚humanistisches' Anliegen bleibt so bei alledem bestehen.

Die bestimmenden Einflüsse kamen seinerzeit, im allgemeinen Rahmen philologisch-wissenschaftlicher Arbeit an der griechischen Religion von Karl Meuli einerseits, von Konrad Lorenz andererseits.

Karl Meuli, der die klassische Philologie mit einem eindringenden Interesse an der Volkskunde verband, hatte in seiner großen Studie über die *Griechische[n] Opferbräuche* (1946) mit bislang unerhörtem Weitblick die klassisch-griechischen Rituale über die Bräuche sibirischer Jäger bis ins Paläolithicum zurückverfolgt, und er hatte mit dieser gewaltigen Ausdehnung *[334]* menschheitsgeschichtlicher Tradition eine Psychologie der ‚Ehrfurcht vor dem Leben', der menschlichen Einfühlung und Schuldfähigkeit verbunden, die ebenso überzeugend wie ergreifend erscheint: Es gibt ‚Humanität', die sich gerade im Töten, Schlachten und Essen bewährt.

Aus ganz anderem Bereich, von der zoologischen Verhaltensforschung her kam der Impuls von Konrad Lorenz. Die Überraschung und Zustimmung, die sein Buch *Das sogenannte Böse* (1963) bei seinem Erscheinen besonders im deutschsprachigen Raum auslöste, ist heute vielleicht nicht mehr nachfühlbar. In einer noch vom Krieg gezeichneten und bedrohten Welt zeigte Konrad Lorenz die sinnreichen Wurzeln eines Verhaltens auf, das sich als Weltkatastrophe soeben manifestiert hatte, und entwarf damit das hoffnungsvolle Bild einer kontrastreich-harmonisch entfalteten Lebenswelt: Eben das ‚sogenannte Böse' hat sein Gutes, indem es der Stabilität dient und das Umkippen des Ökosystems verhindert. Der Mensch hat sich selbst als Glied im Gesamtkreis des Lebens zu betrachten. Man akzeptiert in solcher Sicht die Tatsache der intraspezifischen Aggression, mit besonderer Aufmerksamkeit für die Mittel, diese zu begrenzen, auszuschalten oder unschädlich zu halten, ja man freut sich der Chancen, die für Freundschaft und Lachen, für Individualität, für Solidarität und Begeisterung aus aggressiven Impulsen erwachsen: Personale, echt menschliche Gemeinschaft, die weder der lieblos zeternden Nachtreiher-Gesellschaft noch dem aggressionslosen Heringsschwarm gleicht.

In Verbindung beider Ansätze schlägt das Buch *Homo Necans* vor, die sakralisierten Tötungshandlungen uralter Tradition, die blutigen Opfer, das Schlachten der Tiere bei festlicher Gelegenheit, als Inszenierungen geregelter Aggression zu verstehen, weshalb denn diese Rituale imstande seien, Gruppensolidarität durch die Schauer des Heiligen zu begründen. Religiöses Verhalten gerade in seinen scheinbar abstoßenden Aspekten von Opfer und Blutvergießen ist dann als eine Art der Bindung zu begreifen, die feste und ernste Gemeinschaft begründet. Die ‚heiligen Schauer', die uns in feierlicher Erregung über den Rücken laufen, lehrt Konrad Lorenz als Relikt des aggressiven Haaresträubens verstehen (S. 45). Dies ist die deutlichste Brücke, die von der Feierlichkeit zum aggressiven Verhalten vormenschlicher Tradition zurückführt. *[335]*

Die Überfülle des Problematischen, das mit einer solchen These einhergeht, bedarf kaum der Andeutung. Ob große Synthesen, die unausweichlich auch ungeheuerliche Vereinfachungen mit sich bringen, überhaupt ‚noch' zu wagen sind, ist durchaus bestreitbar. Der Verfasser muß auch gestehen, im Einzelnen seither so viel dazugelernt zu haben, daß die Gesamtsynthese kaum mehr neu und von Grund auf in Angriff zu nehmen wäre – weshalb denn eben der nun schon alte Text noch einmal zur Diskussion gestellt wird.

Zwei Bereiche sind allerdings in jedem Fall einläßlicher zu diskutieren: Die Plausibilität, ja Zulässigkeit einer wesentlich auf ‚Aggression' aufbauenden

Kulturtheorie zum einen, die hochbedeutenden Fortschritte zum anderen, die naturwissenschaftliche Anthropologie und Primatenforschung in der Zwischenzeit erzielen konnten.

Das Buch *Das sogenannte Böse* hieß in seiner englischen Version schlicht *On Aggression*. Die Aggressionstheorie von Konrad Lorenz hat jedoch sogleich Gegenaggression ausgelöst und scharfen Widerspruch erfahren, worauf *Homo Necans* (S. 8,1) bereits zu verweisen hatte. Es waren vor allem die Überzeugungen einer damals fortschrittlich genannten Soziologie, die gegen eine Erklärung menschlichen Verhaltens vom Vormenschlichen, vom Tierisch-Biologischen her entschieden Front zu machen drängten, zumal die Ausführungen von Konrad Lorenz mit der These einer genetischen Fixierung des Aggressionsverhaltens verbunden waren. Herausgestellt wurde demgegenüber die offenbar in freier Auswahl geschaffene Vielfältigkeit menschlicher Kulturen, die eine etwaige biologische Determiniertheit weit hinter sich gelassen habe und eben darum die Hoffnung auf eine fortschreitende Humanisierung der Gesellschaft zulasse. Daß demgegenüber menschliche Werte von der Tier-Natur des Menschen hergeleitet werden sollten, daß das biologische Erbe menschliches Verhalten bestimme und erkläre, wurde darum als geradezu gefährlich gebrandmarkt: insbesondere daß Aggression ein ererbtes und darum unausrottbares Verhaltensschema sein sollte, schien den Fortschritt der Zivilisation zu negieren.

Die Kontroverse hat sich ein Jahrzehnt später in ähnlicher Weise wiederholt. als E. O. Wilson die Soziobiologie als ‚neue *[336]* Synthese' von Natur- und Kulturwissenschaften vorstellte.[1] Sie setzte die in der Zwischenzeit vollzogene Entwicklung der Computer-Wissenschaften voraus; die Evolution nach Darwin läßt sich seither anders und genauer verfolgen. Theorien eines ‚Sozial-Darwinismus' waren zu Beginn unseres Jahrhunderts robust und eher naiv aufgetreten; ihre Wirkung ins Nazi-Gedankengut hinein sichert ihnen den Abscheu der Nachgeborenen. Insofern die Soziobiologie mit sehr verfeinerten Methoden ähnliche Ansätze wiederaufzunehmen scheint, wird der Widerstand, der ihr entgegentritt, nicht erstaunen. Wie weit sie tatsächlich führen kann, ist eine andere Frage, die emotionslos zu diskutieren bleibt.

Das Thema der Aggression war bereits bei diesen neueren Diskussionen in den Hintergrund getreten. Es scheint seither weiter an allgemeiner Bedeutung zu verlieren: Aggression taucht fast nur noch in den Fragestellungen individualpsychologischer Betreuung auf, als ein Phänomen, das tunlichst wegzutherapieren wäre. Daß zugleich dem Medienkonsumenten eine ungeheure

---

[1] E. O. Wilson, Sociobiology: The New Synthesis, Cambridge, Mass. 1975.

Fülle aggressiver Ersatzbefriedigungen angeboten wird, von ungezählten Krimi-Serien bis zu den extraterrestrischen Hightech-Phantasieabenteuern, die zumeist in Gestalt primitivster Kampfmythen auftreten, ist allerdings bezeichnend, selbst abgesehen vom *underground* der Brutalo-Videos. Dabei ist aggressive Solidarisierung und Begeisterung keineswegs verschwunden. Was in diktatorischen Regimes noch immer in Szene gesetzt werden kann, mag die Außenstehenden wenig interessieren. In unserer eigenen Welt wird aggressive Solidarisierung fast nur in Form ‚rechter' Schlägertrupps wahrgenommen. Daß aber auch die Begeisterung der für ihre Ideale eintretenden Demonstranten eine Form aggressiver Solidarisierung ist, einschließlich der ‚heiligen Schauer', die nicht ausbleiben, wird kaum wahrgenommen, bis dann doch Steine fliegen. Kurzum: Es gibt aggressive Solidarisierung, wie sie Konrad Lorenz bei Tier und Mensch beschrieben hat; daß jedoch Gemeinschaft schlechthin „aus gemeinsamer Aggression" entstehe (S. 45), ist eine übertriebene, einseitige *[337]* These, die auch Konrad Lorenz so nicht bewiesen hat.

Es dürfte freilich auch an einem Methodenproblem der Sozialwissenschaften liegen, wenn ‚Aggression' eher aus dem Blick gerät: Krisenhafte, außerordentliche Reaktionen und Erlebensweisen gehen in den Fragebogen nicht ein, sind obendrein für das normale Konsumverhalten wenig von Belang: ein situationsbezogenes Ausnahmeverhalten wie Aggression läßt sich daher mit den allgemeinen Methoden soziologischer Umfragen nicht in den Griff bekommen. Parallel wirkt eine Eigenheit der mehr und mehr der Werbung verpflichteten Medien: Nichts ist so werbe-widrig wie ein ‚böses' Gesicht; was gezeigt wird, muß freundlich strahlen. Wozu dann sollte die Wissenschaft dem Menschen ein böses und nicht ein sympathisch-hoffnungsfroh lächelndes Gesicht vorhalten? Dazu kommen die – durchaus honorablen – politischen Tendenzen, Ablehnungen und Diskriminierungen der Andersartigen nicht mehr zuzulassen und damit eine weithin und lange übliche Form der kollektiven Aggression nach Möglichkeit auszuschalten. Aber auch ‚Triumphgeschnatter' nach Art von Lorenz' Graugänsen wird zumindest in den demokratischen Medien vermieden, ist doch eher kritische Besorgtheit gefragt; so bleibt eine andere Form des kollektiven Genusses symbolischer Aggression offiziell versagt.

Dabei liegt der selbsterlebte Krieg jetzt mehr als 50 Jahre zurück; auch die Erregung, die der Vietnam-Krieg zur Zeit der Entstehung von *Homo Necans* mit sich brachte, ist kaum mehr nachvollziehbar. Dieser Krieg war ja übrigens der erste, in dem die übliche und erwartbare aggressive Solidarisierung nicht mehr zustande kam, indem der Großteil der Jugend der Politik der Alten die Gefolgschaft versagte (vgl. *Homo Necans* 59 f.). Nun hat vollends die Kriegsangst seit knapp einem Jahrzehnt in einem Maße abgenommen, das vorher

Nachwort 1996 *[zur zweiten Auflage des Homo Necans]* (1997)

unvorstellbar schien. Umso mehr drängen ganz andere, wirtschaftliche Sorgen in den Vordergrund, eine Art von Ängsten, die nicht einfach als Aggression von außen anschaulich zu machen sind und sich darum auch nicht durch Gegenaggression bannen lassen.

Bei alledem ist Konrad Lorenz unversehens fast zur Unperson geworden, indem politische Belastungen aus der Zeit vor 1945 aufgewirbelt wurden. Dies hat die Auseinandersetzung *[338]* mit seinen Leistungen eher gelähmt. Es gibt eindringliche Studien seiner Persönlichkeit,[2] die Einzelheiten seiner Theorien veranschaulichen, aber die sachlichen Fragen nicht direkt fördern.

Wenn ein 1972 publizierter Ansatz in dieser Weise als zeitbedingt erscheint, ist dies nun allerdings von den Trends der Gegenwart nicht weniger zu vermuten. Sie fallen weniger auf; über gängige Spielregeln wird nicht diskutiert. Selbst Tabubrüche vollziehen sich heutzutage nach eingespielten Regeln. Rücksichtnahmen ‚politischer Korrektheit‘, die mehr und mehr in der Öffentlichkeit erwartet werden, beeinflussen die zulässigen Fragestellungen und erst recht die offiziellen Antworten. Das ‚Böse‘, ob sogenannt oder realiter wirksam, ist manipulierbar, abgesehen von seinem festen Platz in der ritualisierten Vergangenheitsbewältigung.

Dies ist nicht als Gegenwartskritik zu verstehen. Die Welt hat sich unwiderruflich geändert. Nicht nur, daß wir Zeugen der elektronischen Revolution sind, die alle Interaktionen mehr und mehr beherrscht. Die Weltbevölkerung hat sich in den letzten 25 Jahren gut und gern verdoppelt. Wenn das eigentlich Gute an der Aggression, nach Konrad Lorenz, darin besteht, daß dem Individuum ein gewisser Lebensraum gesichert bleibt, wird sich die Menschheit Aggression demnächst überhaupt nicht mehr leisten können – es sei denn, daß schauerlichste Katastrophen entfesselt werden. Bleibt für die Menschheit doch schließlich nur das Modell des dichtgedrängten, aggressionslosen Heringsschwarms, rhythmisch zuckend im Techno-Sound? Bis vor kurzem galten in anderer Umwelt ganz andere Regeln, und in manchen Teilen der Welt ist es noch sehr viel anders. Es mag sein, daß die Menschheit sich in der Tat in einen Zustand hineinentwickelt, der mit allen vergangenen Kulturen immer weniger Ähnlichkeiten und Kontinuitäten aufweist. Es mag sein, daß die historischen Wissenschaften damit unversehens allesamt zu Altertumswissenschaften werden. Man wird ihnen immerhin das Interesse zugestehen, das kulturelle Gedächtnis zu pflegen und Verständnis zu suchen für das, was so lange unsere Tradition geprägt hat. *[339]*

---

[2] N. Bischof, Gescheiter als alle die Laffen: Ein Psychogramm von Konrad Lorenz, Hamburg 1991.

Um von allgemeinen Gegenwartsfragen zum besonderen Thema dieses Buchs zurückzukommen: Es geht in ihm nicht um die Rechtfertigung der Aggression, sondern um die Erklärung eines Faktums: Die Präsenz des Tötens gerade inmitten des sogenannten Heiligen. Es ist als Fortschritt zu akzeptieren, daß in unserer Kultur der Gegenwart ritualisiertes Töten, feierliches Töten ausgeschlossen scheint. Es gibt keine öffentlichen Hinrichtungen mehr, die immer ein wenig nach Menschenopfern ausgesehen haben. Die Schauder, die nach wie vor bei Gelegenheit den Rücken herunterlaufen, finden fast nur noch in der virtuellen Welt ihre Auslöser. Aber es ist nicht nur bedenklich, sondern bleibt zu bedenken, daß weltweit in der kulturellen Tradition, die wir kennen können, Gewalt und Blutvergießen immer besondere Aufmerksamkeit auf sich gezogen haben, und daß sie bewußt gestaltet und fixiert worden sind, in Ritualen und Mythen, dann auch in Geschichtsbüchern. Insofern ist gründliches Interesse am Opferritual als Tötungsakt nach wie vor legitim. Dabei ist die Möglichkeit aggressiver Solidarisierung im menschlichen Sozialverhalten unbestritten: nach wie vor läßt sich empfehlen, das eine mit dem anderen zusammenzusehen.

Ein naheliegender moderner Einwand ist, daß die Sicht von *Homo Necans* mit der zentralen Rolle der blutigen Opfer doch eigentlich vom christlichen Paradigma ausgeht, also einen einseitigen und begrenzten westlichen Standpunkt voraussetzt. Der Verfasser hat keinen Grund, seine eigene kulturelle Herkunft zu leugnen. Doch gibt es genügend Hinweise, daß die hier aufgegriffenen Probleme, die sowieso am vorchristlichen Material demonstriert werden, in Variationen auch in ganz anderen Kulturen wiederkehren. Der junge Buddha sollte sein Erwachsensein durch das Schlachten eines Tieres beweisen: Er verletzte nur sich selbst dabei.[3] Der neue Weg der Erlösung setzt den alten *homo necans* voraus, indem er sich absetzt. Noch viel weiter ab von allem uns Vertrauten liegen die amerikanischen Kulturen. Doch gerade dort gibt es die Opfer-Ideologie in besonders grausamer Härte. Zwar werden jetzt sogar die Menschenopfer der Azteken ethnologisch bestritten.[4] Die unbestreitbare *[340]* und schauerliche Prominenz dieses Themas in mittelamerikanischen Bildern und Mythen bleibt erst recht zu erklären.

Ein ernstlicher Zweifel bleibt eher bei der Frage, ob die in *Homo Necans* vorausgesetzte Erlebensweise von ‚Verschuldung' und Wiedergutmachungs-Willen im Zusammenhang des blutigen Opfers als universal anzusetzen ist. Karl Meuli hatte von Albert Schweitzer die Idee der ‚Ehrfurcht vor dem Leben' über-

---

[3] D. Gimaret, Le livre de Bilawhar et Budasf selon la version arabe ismaélienne, Genève 1971, 81 f.
[4] P. Hassler, Menschenopfer bei den Azteken?, Bern 1992.

nommen; ihm lag persönlich viel daran;[5] wer möchte ihm gern widersprechen? Und doch, es gibt so viele Belege, wie Tiereschlachten nah und fern auch ohne merkliche seelische Beteiligung vollzogen wird, sei es von mediterranen Hirten, sei es bei polynesischen Schweinefesten. Eine Generalisierung ist ebenso problematisch wie der Versuch einer Mehrheitsermittlung nach Prozenten. Erst recht ist fraglich, ob eine „Bereitschaft zur Hemmung und zum entsagenden Gehorsam" allgemein menschlich angelegt ist oder allenfalls einer Minderheit durch Erziehung beizubringen ist. Karl Meuli selbst ging davon aus, daß die ‚stark und echt empfindenden' Individuen maßgebend seien. Der Anspruch, von anthropologischen *universalia* zu handeln, ist aber doch wohl zurückzunehmen. Kein Zweifel, daß sowohl Karl Meuli als auch Konrad Lorenz viel von ihren eigenen Erlebensweisen in ihre Interpretationen einfließen ließen; dies läßt sich nicht nur nicht vermeiden, es ist auch durchaus legitim. Der Zyniker wird zynische Interpretationen vorziehen. Inwieweit Formen des Erlebens vorgeprägt, kulturspezifisch eingeübt oder individuell fast unbegrenzt variabel sind, ist eine Frage, die kaum mit hinlänglicher Sicherheit oder gar definitiv zu beantworten ist. Es bleibt dann immer noch die Feststellung, daß ein Strom unserer eigenen Tradition hier zurückverfolgt wird, der von mehr als beiläufiger Bedeutung war und ist; anders ausgedrückt: Es ist auf jeden Fall festzustellen, daß in den Opferritualen, wie sie in *Homo Necans* vorgestellt werden, durch den Schauer des Tötens ganz bestimmte Gefühle geweckt und eingeübt worden sind, und zwar eben solche der Bedenklichkeit und Schuld, der ‚Ehrfurcht vor dem Leben'. *[341]* Dies macht, wie immer verwandelt, einen Bestandteil unserer humanen Kultur aus, der nicht leichthin aufzugeben ist.

Homo Necans zeigt sich in der in dem Buch angewandten und teilweise ausdrücklich diskutierten Psychologie von Sigmund Freud beeindruckt und kann die Faszination von *Totem und Tabu* nicht verleugnen (bes. S. 85 ff.). Daß Sigmund Freud gerade in jenem Buch einen erfundenen Mythos als *just-so-story* vorträgt, war nie zu übersehen. Freuds Rückgriff auf Robertson Smiths Opfertheorie ebenso wie das begeisterte Echo auf Freud bei Jane Harrison, auch Karl Meulis Beeinflussung durch Freud hatte der in *Homo Necans* vollzogenen Verbindung vorgearbeitet. Dazu kam während der Entstehung von *Homo Necans* der Gedankenaustausch mit Georges Devereux, der Freuds Psychologie zu einer ‚Ethnopsychiatrie' auszuweiten unternahm. Inzwischen ist auch Sigmund Freud weiter in die Distanz gerückt: vieles, was seinerzeit so erregend und anstößig zugleich erschien, ist selbstverständlich geworden;

---

[5] Vgl. die Passage aus einem Brief Meulis in F. Graf, Hg., Klassische Antike und neue Wege der Kulturwissenschaften, Symposium Karl Meuli, Basel 1992, 180.

methodisch fundierte und detaillierte Kritik kann umso eher Platz greifen. In der wissenschaftlich fundierten Psychotherapie gilt Freuds Psychoanalyse heutzutage nur als eine von mehreren teilweise erfolgreichen Praktiken. Freud hat sicher nicht den Universalschlüssel zur Anthropologie geliefert; daß seine Beiträge interpretatorisch hilfreich bleiben, ist ebenso wenig zu bestreiten.

Die zentrale These von *Homo Necans*, wonach die blutigen Opfer als ein umgelenktes Aggressionsritual aus jägerischer Tradition zu verstehen seien, ist damit keineswegs gesichert. Gleichzeitig mit *Homo Necans* erschien das Buch von René Girard mit jenem Titel, der auch über *Homo Necans* stehen könnte: *La violence et le sacré*.[6] Belege und Interpretationen in beiden Büchern sind teilweise vergleichbar, suchen doch beide unter den bestehenden Institutionen ein verdecktes ‚Verbrechen' aufzuspüren; doch der Grundansatz differiert: René Girard geht in diesem und seinen folgenden Werken nicht von *[342]* vorgeschichtlicher Jagd aus, sondern von einem sozusagen reinen Aggressionsmodell: Gesellschaftliche Spannungen des ‚Begehrens' entladen sich, indem ein ‚Opfer' bestimmt, ausgestoßen und vernichtet wird. Es ist das Sündenbock-Modell, auf das Girard ausdrücklich zurückgreift. Es hat den Vorteil, daß der gesellschaftlich-psychologische Prozeß, der hier angesetzt wird, von vornherein eine geistig-semantische Komponente hat, insofern in plötzlicher ‚Einmütigkeit' ein Objekt als Opfer bezeichnet wird; dies läßt sich mit semiologischen Theorien zu einer auch theologisch interessanten Geisteswissenschaft entwickeln. Nicht erklären kann es die große Rolle, die unbestreitbar das feierliche Essen in den real existierenden Tieropfer-Ritualen spielt. Es entwickelt auch keine historische Perspektive, und die empirisch faßbaren Belege scheinen eher zufällig ausgewählt, abgesehen von der fortdauernden Aktualität der Juden-Verfolgungen. Der Ansatz von *Homo Necans* hat demgegenüber den Vorteil, von einer praktischen Notwendigkeit des Tötens im Jägertum auszugehen, statt von einer vielleicht doch vermeidbaren Krisensituation. *Homo Necans* konzentriert Opfer auf das Opfermahl: so entsteht eine Linie historischer Kulturentwicklung von der Jagd der Schimpansen über die Altäre des Zeus bis zur Eucharistie.

Eben die eine Linie dürfte allerdings besonders problematisch sein. Die Bedeutung der Totenrituale ist wohl doch unterschätzt (S. 60 ff.); vielleicht sind sie älter als die Jagdrituale, sie lassen sich jedenfalls auch unabhängig von diesen verstehen. Die Erkenntnis des Todes als eines allgemeinen Faktums, was Schimpansen ganz offenbar noch fehlt, muß ein entscheidender Einschnitt im

---

[6] R. Girard, La violence et le sacré, Paris 1972, dt. Das Heilige und die Gewalt, Zürich 1987; Le bouc émissaire, Paris 1982, dt. Der Sündenbock, Zürich 1988.

Prozeß der ‚Hominisierung' gewesen sein: sie geht zusammen mit dem Erfassen der Zeitdimension, dem Blick in die Zukunft. Es gibt Anthropologen, die die Tatsache der Totenbestattung zur wichtigsten Station in der Hominiden-Evolution machen möchten. Erst mit dem Bewußtsein vom Tode aber kann Töten als bewußter Akt vollzogen werden: daß Erkenntnis sich im Handeln vollzieht, ist plausibel. So läßt sich ein Ansatz zu rituellen Tötungshandlungen rekonstruieren, der vom Jagdverhalten zunächst ganz unabhängig ist. Auch Karl Meuli hatte die Totenopfer als etwas grundsätzlich anderes als den Jagd-Opfer-Komplex betrachtet. Doch auch noch etwas anderes ist deutlich in dem direkt faßbaren Material: Opfer, in *[343]* vielerlei Varianten, werden immer wieder als Ersatz zur Rettung eines bedrohten Lebens aufgefaßt, *animam pro anima, vitam pro vita*.[7] Insofern haben sie ihren Platz besonders bei ‚Reinigungen' und ‚magischen' Heilungen. Dies hängt zusammen mit der ‚Sündenbock'-Konstellation und fällt doch nicht mit dieser zusammen. Eigentliche Menschenopfer sind in solchem Zusammenhang denkbar: nachweisbar sind sie am ehesten in Verbindung mit Bestattungen. Besthen bleibt bei alledem, daß rituelle Tötungshandlungen in der allgemeinen Spannung von Tod und Leben ihren Platz haben, dem alles Lebendige ausgesetzt ist. Und so banal es klingt: Die direkteste Verbindung von Zerstörung und Aufbau des Lebens ist im Vorgang des Essens gegeben. Theoretisch läßt sich so auch beim magischen Ersatzopfer und beim Totenopfer ein Hintergrund in der Ursituation von Angst und Verfolgung, in der Dyade von Raubtier und Beutetier konstruieren, wobei im Tötungsakt die passive in die aktive Rolle umschlägt: dies trifft sich dann wieder mit dem Jägertum des ‚Urmenschen'. Doch sollte die Vielfalt möglicher und tatsächlicher kultureller Entwicklungen gegenüber einer einzigen Universal-These offen gehalten werden. Daß die in *Homo Necans* verfolgte eine Linie vieles in der Alten Welt und darüber hinaus verständlich macht, läßt sich getrost behaupten. Verschiedene Wege können nicht nur zum gleichen Punkt führen, sie können sich auch dazwischen mehrfach treffen und überschneiden.

Bleiben bei den *universalia* Probleme, deren definitive Lösung kaum zu erwarten ist, so ist auf der anderen Seite der ungeheure Zuwachs an Wissen nicht aus den Augen zu verlieren, der in den bald 30 Jahren seit der Konzeption von *Homo Necans* sich ereignet hat und dabei allerdings die rezeptiven Fähigkeiten eines einzelnen immer mehr übersteigt.[8] Nicht nur, daß die Zeugnisse für *missing links* zwischen den Primaten in *[344]* Afrika und dem modernen

---

7   Siehe W. Burkert, Creation of the Sacred, Cambridge, Mass. 1996, 34–55.
8   Genannt sei als Beispiel einer verständlichen – schon nicht mehr neuesten – Synthese J. Diamond, The Rise and Fall of the Third Chimpanzee, London 1991.

Menschen wesentlich dichter geworden sind, die Genetik hat völlig neue Wege eröffnet. Verwandtschaftsbeziehungen und damit die ihnen zugrunde liegende Evolution zu bestimmen, während zugleich das Funktionieren der Evolution durch die Entwicklung der Computer-Simulationen mit einer ganz anderen Präzision als zuvor beschrieben und getestet werden kann.

Die Naturwissenschaft ist im Begriff, den Lebensprozeß in seinen molekularen Details aufzuklären, von den in den DNA-Molekülen vorliegenden Genen bis zum voll entwickelten Lebewesen. Überwältigend ist dabei vor allem die Kompliziertheit dieser Prozesse, was den alten Satz des Aristoteles, „ein Mensch zeugt einen Menschen", als eine ungeheuerliche Vereinfachung erscheinen läßt. Was sich jeweils abspielt, ist eine Kaskade von Einzelereignissen, wobei an spezifischen Entwicklungen in der Regel eine Vielzahl von Genen beteiligt ist; dem Prinzip der genetischen Determination steht dabei das immer wichtigere Prinzip der Selbstorganisation gegenüber. Dazu kommt die ständige Interaktion mit Umweltfaktoren und schließlich die Chancen des Sich-Anpassens und Lernens auf verschiedensten Ebenen. Inwieweit die simple Antithese von ‚ererbtem' und ‚erlerntem' Verhalten angesichts all dieser Komplikationen überhaupt noch sinnvoll ist, stellt sich durchaus als Frage; das Ausmaß des einen oder anderen läßt sich jedenfalls nur partiell und von Fall zu Fall mit komplizierten Methoden feststellen.

Homo Necans hat sich in der Frage genetisch fixierten Verhaltens vorsichtig geäußert (vgl. S. 35), besteht allerdings auf der Wirksamkeit der ‚Tradition', in der Ererbtes und Erlerntes, Determinationen und Dispositionen, Möglichkeiten und Tendenzen mannigfach ineinanderwirken können. Nun ist aber auch die kulturelle Tradition nicht einfach als schlichtes Kopieren zu verstehen, sondern als komplexes Ineinander von vorgegebenen Anlagen, Imitationen, Selbstorganisationen, die oft auch unabhängig zu fast identischen Resultaten führen können. Ob nur der vereinfachende Blick des Wissenschaftlers Kontinuitäten in einem bunten Spiel des Zufalls statuiert, wird von Fall zu Fall als Problem auftreten.

Als überwunden gilt, vor allem kraft der Computer-Simulationen, der einst dem Sozial-Darwinismus so einleuchtende Gedanke *[345]* der Gruppen-Selektion.[9] Er schien seinerzeit dem Appell an die Gruppen-Solidarität eine wissenschaftliche Grundlage zu verleihen; gerade die verfeinerte Wissenschaft hat jetzt auf die grundlegende Bedeutung des ‚Egoismus' geführt – was wiederum nicht zufällig derzeitigen Trends entspricht –. Der evolutionäre Vorteil der

---

[9] R. Dawkins, The Selfish Gene, Oxford 1976; The Extended Phenotype. The Gene as the Unit of Selection, Oxford 1982.

Kooperation ist offenbar sehr viel komplizierter zu erklären. Die Thesen von *Homo Necans* über die Solidarisierung im Tötungsakt, im Opfer lassen sich als historischer Befund verteidigen, doch kann dieser nicht schlicht aus einer angeblichen Durchsetzungskraft in der Entwicklung der Menschheit erklärt werden (so S. 35). Der neue Vorstoß der Soziobiologie wurde bereits erwähnt; insofern bei diesem Ansatz der kulturelle Erfolg an der Zahl der erzeugten Nachkommen gemessen wird, sind die Ergebnisse bisher nicht sehr beeindruckend. Wie und warum es zur Durchsetzung bestimmter Regeln in der historisch-kulturell bestimmten Gesellschaft kommt, ist im Grunde immer problematischer geworden. Daß allerdings der einzelne Mensch in seinen Vorlieben und Vorstellungen mehr durch genetische und soziale Faktoren bestimmt ist als durch eigene Spontaneität (S. 36f.), wird heute vielleicht eher akzeptiert als vor 25 Jahren. Doch ein einfacher und direkter Funktionalismus im Sinne der Auslese ist nicht haltbar. Historisch faßbare Befunde sind freilich damit nicht außer Kraft gesetzt: Opfer qua Tötungsrituale sind in alten Kulturen und anderwärts wichtig und wirksam gewesen, und dies bleibt ein beunruhigendes Erbe.

Unbekannt waren dem Verfasser von *Homo Necans* seinerzeit noch die Schimpansen-Studien von Jane Goodall geblieben; die erste populäre, zusammenfassende Darstellung, *In the Shadow of Man*, erschien 1971.[10] Später noch sind die Zwergschimpansen oder Bonobos als eigene Art erkannt worden. Entscheidend wichtig ist besonders die Beobachtung, daß Schimpansen kleinere Tiere jagen und daß es dann zu einer ‚Fleischverteilung' in der Gruppe kommt, die der erfolgreiche ‚Jäger' vornimmt: dies war eine große Überraschung. Bei den [346] Bonobos gibt es noch weitergehende, differenziertere Formen der Essensteilung. Die vereinfachende Antithese von Schimpansen- und Menschenverhalten, wie sie *Homo Necans* S. 25 vorgestellt wird, ist damit widerlegt: Die Schimpansen stehen dem Menschen näher als erwartet, wie ja auch ihre Fähigkeit, Sprache zu erlernen und zu gebrauchen, alle Erwartungen übertroffen hat. Auf dem Niveau der Gene ist jetzt von einer Übereinstimmung mit *homo sapiens sapiens* von mehr als 98 % die Rede. Und doch scheinen mehr als zwei Millionen Jahre die beiden Stämme zu trennen: dies also der Rahmen, in dem der Prozeß der Menschwerdung zu sehen ist.

Die Kontinuität des Verhaltens erscheint bei alledem gelockert. Verschiedene Schimpansengruppen haben verschiedene ‚Kulturen', was ‚Techniken' der Nahrungsbeschaffung betrifft; im Umgang mit der Sexualität zeigen die Bonobos ein markant anderes Verhalten als die eigentlichen Schimpansen.

---

[10] J. Goodall, In the Shadow of Man, Boston 1971 (rev. 1988); Through a Window: My 30 years with the chimpanzees of Gombe, London 1991.

Dabei kennen weder die Bonobos noch die anderen Schimpansen Rituale im eigentlichen Sinn, zeigt sich doch ihre Intelligenz gerade in der Individualität und in der Vielfalt des Erlernbaren: nichts gibt dabei zu der Vermutung Anlaß, daß sie etwas wie Religion besäßen.

Die ‚Erfindung' von Religion muß sich demzufolge in einer bestimmten Phase der späteren Evolution ereignet haben, spätestens im Jungpaläolithicum; es ist am einleuchtendsten, wenn auch unverifizierbar, dies mit der Sprachentwicklung zusammenzusehen. Sprache macht die Entwürfe bezeichneter Wirkungsfelder in ganz neuer Weise möglich. Vielleicht kommt es auch erst auf dieser Stufe zu bewußt durchgeführten Zeremonien, die sich auch sprachlich vorschreiben und tradieren lassen, im Unterschied zu einfacheren und älteren, ‚instinktiven' Gesten und Gebärden etwa des Drohens oder der Unterwerfung. Zu den zoologisch feststellbaren Ritualen im engeren Sinn, etwa bei Haubentauchern oder Graugänsen, besteht dann nur ein Verhältnis der Analogie, nicht der Homologie und lückenlosen Tradition.

Nun hat sich aus neueren Funden überraschenderweise ergeben, daß der ‚Neanderthaler' und der ‚moderne' Mensch Zehntausende von Jahren nebeneinander gelebt haben, bis jener verhältnismäßig rasch verschwunden ist. Sollte dabei die *[347]* Entwicklung der menschlichen Sprache eine ausschlaggebende Rolle gespielt haben?[11] Es wäre dies der dramatischste Fall der Wirksamkeit von ‚Soziobiologie': War der ‚Neanderthaler' physiologisch sprachunfähig, ein Handicap, das dann entscheidend wurde? Gab es etwas wie eine ‚semantische Revolution' vor etwa 40.000 Jahren, faßbar auch in darstellender Kunst und allerlei sonstiger Zeichengebung, die der ‚Neanderthaler' nicht mitgemacht hat?

In diesem Fall müßte dem menschlichen Ritual sogar eine besonders wichtige Rolle zufallen. Denn offenbar gab es auf der Stufe des Neanderthalers so etwas wie Totenriten. Ritual als Sinnstiftung, Ritual, das dem Rätselhaften eine feste Form gibt, müßte dann der uns geläufigen Wortsprache mindestens um eine Stufe in der Evolution vorausgegangen sein. Dies würde sich zur Sicht von *Homo Necans* sehr wohl fügen, zumal sich Rituale für den Beginn und den Abschluß einer Jagd leicht vorstellen bzw. rekonstruieren lassen. Doch werden die Thesen von der Sprachfähigkeit oder Sprachunfähigkeit wohl bis auf weiteres kontrovers bleiben, und auch die prähistorischen Befunde sind nicht unumstritten. Vielleicht, daß weitere Funde einmal Klarheit bringen.

Verloren gegangen sind dagegen gerade jene Befunde, die Karl Meuli besonders hervorgehoben hatte und *Homo Necans* von daher übernahm (21),

---

[11] So mit aller Vorsicht Diamond a.a.O. 47f.

die von Ernst Bächler behaupteten ‚Höhlenbären-Bestattungen' in den Schweizer Alpenhöhlen bereits durch ‚Neanderthaler'. Die seither erhobene Kritik[12] ist unwidersprochen geblieben: Die Funde lassen andere Erklärungen zu; das auf sie projizierte erstaunlich-erbauliche Bild von ‚verehrendem' Ritual ist nicht zu verifizieren und muß aufgegeben werden. Ob weitere Funde einmal mehr Licht in das Verhältnis von ‚Neanderthaler' und modernem Menschen über die primitivste Lebenstechnik hinaus erbringen werden, bleibt auch hier abzuwarten.

Die Rolle der Jagd in der Entwicklungsgeschichte der Hominiden ist in den letzten Jahrzehnten mit neuem, kontroversem Elan diskutiert worden. Nicht nur durch die Tabuisierung *[348]* von Gewalt und Aggression, von der die Rede war, hat die Position von Dart und Morris, die in *Homo Necans* (24f.) aufgegriffen wurde, ihre Popularität verloren und findet kaum noch Sympathie. Es ist besonders die seither mächtig gewordene Front des Feminismus, die im übrigen auch die These von einem prähistorischen Matriarchat in immer neuen Vorstößen zu stützen sucht (vgl. S. 92ff.), die die Bedeutung der Jagd reduzieren möchte. Denn daß die Jagd weltweit nahezu ausschließlich ein männliches Unternehmen war und ist, läßt sich nicht bestreiten. So ist festgestellt, daß in den noch faßbaren Jägergesellschaften de facto die Frauen mit ihrer Sammeltätigkeit den größeren Prozentsatz an Nahrungsmitteln beisteuern. Umso mehr muß allerdings das ganz besondere Prestige auffallen, das an der Jagd haftet und dementsprechend vom männlichen Teil der Bevölkerung in Anspruch genommen wird. Wenn Ideologie und Wirklichkeit nicht zusammenstimmen, bleibt die Ideologie doch ein kulturelles Faktum. Die Definition des Menschen als *hunting ape* (S. 24) mag grob simplifizierend sein. Und doch war es offenbar der Ausbau der Jagd, weit über die Anfänge im Schimpansenbereich hinaus, was einen Hominidenstamm befähigte, die Savannen Afrikas zu verlassen und, als *homo erectus*, bald den gesamten eurasischen Raum zu bevölkern, ja Eiszeiten zu überdauern. Nicht zufällig sind in einem zu Afrika konträren Habitat, im sibirisch-arktischen Raum die Eigenheiten des Jägertums am eindringlichsten zu beobachten geblieben – was zu Karl Meulis Studie zurückführt –. Daß, wie man heute sieht, schon der frühe Mensch am Aussterben ganzer Tierarten ursächlich beteiligt war, am dramatischsten in Amerika,[13] mag mehr den Ökologen als den Kulturwissenschaftler interessieren. Es unterstreicht jedoch von der anderen Seite her die Rolle des bewaffneten Jägers.

---

[12] F. E. Koby. L'Anthropologie 55 (1951) 304–308: G. Bandi in: Helvetia antiqua, Festschrift E. Vogt, Zürich 1966, 1–8.
[13] Diamond a.a.O. 304–312.

Im übrigen ist von vorliegendem Buch weder eine zulängliche Darstellung der prähistorischen Religion oder Religionen, noch ein verantwortlicher Überblick über die ethnologisch faßbare Vielfalt religiöser Rituale und Spekulationen zu fordern. Was in diesem Zusammenhang erwähnt wird, ist zugegebenermaßen teilweise eher zufällig zusammengerafft oder sekundären, ihrerseits problematischen Quellen wie Frazers *Golden [349] Bough* entnommen. Dabei zeigen besonders die neueren Diskussionen über Menschenopfer und Kannibalismus, auf wie schwankendem Boden angeblicher Zeugnisse vieles behauptet und konstruiert worden ist.[14] Eine nicht unwichtige Berichtigung ist hier am Platze: Mit anderen ist der Verfasser den allzuschönen Berichten von R. P. Trilles über die Jagdriten der Pygmäen gefolgt (S. 80; 82; 160). Daß der Missiona Trilles, gedrängt von Pater Wilhelm Schmid, eine phantastische Mystifikation niedergeschrieben hatte, ist im Nachhinein unbestreitbar.[15] Allerdings ist es bezeichnend für die Entwicklung der Ethnologie gerade der letzten Jahrzehnte, daß das notwendige Ineinander von Beobachter und beobachteten Befunden zunehmend kritisch reflektiert wird, bis die angeblich voraussetzungslose, naive Beschreibung einer fremden Kultur zu einem Ding der Unmöglichkeit wird. Alle früheren Beschreibungen sind umso mehr dem Verdacht der ideologisierenden Verfälschung ausgesetzt. Dies schließt nicht aus, daß man einem von fachlichen Skrupeln nicht angekränkelten allgemeinen Publikum einleuchtende Trugbilder vorspielen kann, wie die angeblich aggressionslosen Tasadays.[16] Das Märchen wurde damals gar zu gerne geglaubt, denn es lag im Trend. Der Mensch erkennt das eigene Spiegelbild, doch lange noch nicht sich selbst.*

---

[14] Bestritten wurde die Existenz des Kannibalismus durch W. Arens, The Man-Eating Myth, New York 1979, der aztekischen Menschenopfer durch P. Hassler (oben Anm. 4), der phönikischen Kinderopfer durch S. Moscati, Il sacrificio punico dei fanciulli: Realtà o invenzione? Accademia Nazionale dei Lincei, Quaderno 261, Rom 1987; kritisch zu den griechischen Menschenopfer-Berichten D. D. Hughes, Human Sacrifice in Ancient Greece, London 1991; P. Bonnechère, Le sacrifice humain en Grèce ancienne, Liège 1994.

[15] L. K. Piskaty, Ist das Pygmäenwerk von Herrn Trilles eine zuverlässige Quelle?, Anthropos 52 (1957), 33–48.

[16] Siehe Th. Fleming, The Politics of Human Nature, New Brunswick 1988, 161; O. Iten, Zwischen allen Welten, Zürich 1995, 161–175.

* *[Die im Original an dieser Stelle folgenden Hinweise auf wichtige Neuentdeckungen zu einzelnen Kapiteln sowie zu Publikationen Burkerts, in denen „Aspekte und Probleme von* Homo Necans *[…] weiter diskutiert worden" sind, werden hier nicht abgedruckt.]*

Erschienen in: F. Graf, Hg., Ansichten griechischer Rituale. Geburtstags-Symposium für Walter Burkert, Castelen bei Basel, 15. bis 18. März 1996, Stuttgart/Leipzig 1998, 441–444.

Ein Schlußwort als Dank

Die ‚letzte Vorlesung', die man an der Universität Zürich feierlich begeht, liegt hinter mir. Wenn mir hier Gelegenheit zu einem allerletzten Wort gegeben wird, das keine Vorlesung sein soll, so mag einem jener Professor einfallen, der bei Überreichung seiner umfangreichen Festschrift gesagt haben soll: Um Gottes willen, da muß ich ein ganzes Jahr arbeiten, bis ich das alles widerlegt habe. Nun, dem Alter, das unleugbar erreicht ist, geziemt eher ironische Freundlichkeit: Mein Dank an alle Organisatoren und Teilnehmer ist voll und uneingeschränkt, ganz besonders insofern ich hier nicht so sehr den Widerhall des Eigenen vernommen habe als vielmehr weiterführende, auch kritische Erkundungen.

Es ist so eine Sache mit dem ‚Widerlegen': Karl Popper hat bekanntlich die Widerlegbarkeit einer These zum Kriterium der Wissenschaftlichkeit überhaupt erhoben: Sachhaltig ist, was widerlegt werden kann. Und da klingt mir noch in den Ohren, wie seinerzeit Wendy Doniger O'Flaherty nach einer meiner Sather-Vorlesungen in Berkeley sagte: „You have invented a myth, and you cannot be refuted." Dies klang anerkennend – und doch, da bleibt ein Stachel. Wir haben es im Bereich der Mythen und Kulte von vornherein mit ‚Erfindungen' zu tun, wenn wir denn die Möglichkeit der ‚Offenbarung' im heidnischen Bereich nicht ernsthaft verfolgen; und insofern wir versuchen, solche Projektionen, Symbole, Sinn-Erfindungen nachzuvollziehen, sind wir dann unvermeidbar selbst am ‚Erfinden'? Dabei zielen im kulturgeschichtlichen Kontext die neueren Trends sowieso darauf, kulturelle, ja ideologische ‚Erfindungen' als solche aufzuweisen und darzustellen, sei es schon in der antiken Polis – Nicole Loraux, *L'invention d'Athènes*[1] –, sei es bei den Modernen – Marcel Detienne, *L'invention de la mythologie*[2]. *[442]*

---

[1] *L'invention d'Athènes. L'histoire de l'oraison funèbre dans la cité classique*, Civilisations et sociétés 65 (Paris usw. 1981, 1993)².
[2] Paris 1981.

Solche Herausforderungen kommen in erster Linie von unseren französischen Kollegen; wir haben uns ihnen zu stellen. So sprach hier auch Jan Bremmer über ‚Constructing Religion'. Sind wir also selbst immer wieder mit der ‚Erfindung des Altertums' befaßt, insbesondere der ‚Erfindung der griechischen Religion', etwa von Jane Harrison bis Walter Burkert? Ein durchaus freundlicher Kollege sprach von den neueren mythologischen Studien, die sich entfaltet haben, wie von Werken aus einem Kreis epischer Sänger, wobei mir gar die Rolle des „Homer of this culture" zufallen sollte[3]. Daß solche Studien im übrigen vor allem in den Bereich der Tragödie ausstrahlen, versteht sich, wie dies denn auch in unserem Kreis durch den je besonderen Zugriff von Hugh Lloyd-Jones, Claude Calame und Eveline Krummen lebendig geworden ist.

Ich selber kann demgegenüber zunächst einmal nur vom eigenen Erleben berichten: Mein Eindruck war immer der, daß es nicht um ein Erfinden gehe, sondern um ein Finden. Da fällt einem etwas auf, vielleicht fällt es einem auch zu, vielleicht hat es ein anderer gezeigt, was Aufmerksamkeit erregt; man geht dem nach, man hält Augen und Ohren offen, und man findet dann weitere Einzelheiten oder plötzlich auch weithin offene, aufschlußreiche Perspektiven – vielerlei zeigt sich, oft ganz Unerwartetes, was sich dann doch zusammenfügt.

So waren für mich etwa, nach Abschluß meiner Pythagoreerstudien, zunächst die Anregungen von Reinhold Merkelbach wegweisend, der damals an seinem Buch über *Roman und Mysterium*[4] arbeitete und dabei in kühner, eindrucksvoller Weise Erzählung und Ritual verknüpfte. Gerade damals konnte ich zum ersten Mal an den Golf von Neapel reisen, und ich erlebte unmittelbar nacheinander die Karfreitagsprozession in Sorrent und den Fries der *Villa dei Misteri* in Pompei; irgendwie schien dies miteinander zu tun zu haben, das harte Insistieren auf dem Tod und die verschleierte Verheißung der Sexualität. Die längst bestehende wissenschaftliche Terminologie von Festzyklen, Initiationsbräuchen, *rites de passage* ließ sich dann nachträglich in den Bibliotheken erarbeiten. Danach kam, anläßlich meiner ersten selbständigen Griechenlandreise, die intensivere Begegnung mit griechischem Land und griechischer Kunst, insbesondere mit den älteren Vasenbildern in den Museen; da traten Gewalt und Opfer weit stärker in den Vordergrund und lenkten den Weg von den ins Auge gefaßten Initiationsritualen um zu *Homo Necans*[5]. *[443]*

---

[3] K. Dowden, Rez. v. Bonnechère 1994, *ClassRev* 46 (1996) 278f.
[4] *Roman und Mysterium in der Antike* (München/Berlin 1962).
[5] Burkert 1972b/1983 *[= Burkert, W.: Homo Necans. Interpretationen altgriechischer Opferriten und Mythen, RgVV 32, Berlin/New York 1972 (engl.: Homo Necans. The Anthropology of Ancient Greek Sacrificial Ritual and Myth, tr. by P. Bing, Berkeley etc. 1983).].*

So verfolgt man den Weg, der sich öffnet, vom einen zum anderen, findet Texte und Kontexte in sich weitenden Ringen. Es sei nicht behauptet, daß solcher Weg über das persönliche Glück des Findens hinaus einem objektiven Fortschritt der Wissenschaft oder gar des Weltgeistes entspreche. Ich sehe mich eher in der von Epiktet beschriebenen Situation[6], wie Reisende an einem Strand spazieren gehen und einige hübsche Muscheln und Schneckenhäuser auflesen, mit Interesse und mit Freude – bis der Steuermann zur Abfahrt ruft. Ende und Abschied sind nicht zu umgehen. Immerhin, selbst bei Epiktet richtet sich der Blick auf eine fremdartige Vielfalt und geht mit der Freude des Findens einher: Es ist nicht so, daß wir im Vexierspiegel immer nur das eigene Antlitz erblicken.

Besonders beglückt uns als Finder, wenn Neues in den Blick tritt. Gerade nach Abschluß des Buchs *Weisheit und Wissenschaft*[7] erfuhr ich vom Papyrus von Derveni, der Mythologie und Philosophie so eigenartig verknüpft; die jahrzehntelange Bemühung um diesen Text ist zu einer fast abenteuerlichen Entdeckungsreise geworden, wobei Martin West mit seinen Erkundigungen in Thessaloniki den bedeutenderen Beitrag geleistet hat[8], aber auch die Goldblättchen, die immer wieder neu aufgetaucht sind und unser Wissen dramatisch erweitert und auch modifiziert haben, strahlen dieses Glück des Findens aus; den ersten Hinweis auf das Hipponion-Täfelchen gab mir seinerzeit Fritz Graf aus Rom. Gut, daß die *lamellae* auch in diesem Kolloquium in den Beiträgen von Christoph Riedweg und Hans Dieter Betz ihren gebührenden Platz gefunden haben. Ein anderer überraschender Fund, aus anderer Epoche und anderen Stils, ist der Mani-Codex von Köln, von dem Albert Henrichs bei der Tagung der Mommsen-Gesellschaft 1969 erstmals Kunde brachte; wenn in diesem merkwürdigen Text Pflanzen klagen und Bäume bluten, wenn gerade die Manichäer um die ‚Schuld' beim Essen besorgt sind, ist man mit einem Mal doch wieder in der gleichen Welt von Opfer, Gewalt und Gewissen, mit der *Homo Necans* sich auseinandergesetzt hatte.

---

[6] *Ench.* 7.
[7] Burkert 1962/1972a *[= Burkert, W.: Weisheit und Wissenschaft. Studien zu Pythagoras, Philolaos und Platon, Erlanger Beitr. z. Sprach- u. Kunstwiss. 10, Nürnberg 1962 (Überarb. als: Lore and Science in Ancient Pythagoreanism, tr. by E. L. Minar, Jr., Cambridge, Ma. 1972)].*
[8] Vgl. „Graeco-Oriental Orphism in the Third Century B. C.", in: D. M. Pippidi (Hrsg.), *Assimilation et résistance à la culture gréco-romaine dans le monde ancien. Travaux du VIe Congrès International des Études Classiques, Madrid 1974* (Bukarest/Paris 1976) 221–226; West 1983 *[= West, M. L.: The Orphic Poems, Oxford 1983]*, 68–115.

Wie viel an Neuem aus dem Bereich des Spätantiken und Römischen zu gewinnen ist, haben John Scheid und Fritz Graf hier aufgezeigt. Fast schon selbstverständlich ist das Glück des Findens in der Archäologie. *[444]*
Dort fordern selbst bekannte Bilder neue Deutungen heraus – Erika Simon kann hier immer wieder Wichtiges zeigen; Peter Blome hat in überraschender Weise Motive des *homo necans* in der archaischen Kunst gefunden. Faszinierend sind erst recht jene versunkenen Kulturen am Rand der Geschichte, deren eigener Charakter sich doch fortschreitend erhellen läßt: Ich habe von der Kennerschaft von Nanno Marinatos und Robin Hägg im minoischen und mykenischen Bereich seit vielen Jahren profitiert. Schließlich hat mich die eigene Neugier auch besonders in den Alten Orient geführt, wo man so viel Zusätzliches kennenlernen kann; und es freut mich besonders, daß mich Martin West auch bei diesem Unternehmen begleitet oder vielmehr schon überholt hat[9].

Daß man auf solchen Wanderwegen nicht allein ist, sondern miterlebt und darauf angewiesen bleibt, daß Weggenossen die rechten Hinweise geben, die Augen öffnen, auch mit ihrer oft andersartigen Perspektive und vor allem auch mit ihrer Kritik die *mirages*, die nun einmal immer wieder auftreten, zu überwinden helfen, das ist eigentlich selbstverständlich in der Wissenschaft, soll aber doch ausdrücklich gesagt sein. Für methodische Reflexion haben an diesem Ort vor allem Albert Henrichs und Henk Versnel gesorgt, Gerhard Baudy hat eine alternative Perspektive ins Spiel gebracht, Thomas Szlezák hat die philosophische Dimension hinzugefügt. Daß unter Umständen durch methodische Kritik ein Zeugnis auch verloren geht, wie Philippe Borgeaud vorgeführt hat, ist in Kauf zu nehmen.

Daß auch ich manches finden und anderen zeigen konnte, was jetzt zur Verfügung steht und als Bereicherung gelten mag, ist besonders beglückend. In diesem Sinn ist zu hoffen, daß auch dieses Symposion insgesamt anderen Wesentliches zeigen kann und Wege zu weiterem Finden weist. Das persönliche Glück des συζητεῖν war an diesem Ort, wie ich glaube, für alle besonders spürbar. Dafür sei allen von Herzen gedankt.

---

[9] Vgl. *Early Greek Philosophy and the Orient* (Oxford 1971); ders., *The East Face of Helicon. West Asiatic Elements in Early Greek Poetry and Myth* (ebd. 1997).

Deborah Gentry, An Interview with Walter Burkert

Classical scholars are not generally thought of primarily as writers, although it is through your many publications on our library's shelves that you will be known to most of this magazine's readers. Do you find it easy to write? Which would you say was the most enjoyable to write of your books and why?

I do not really enjoy writing. The thrill is in discovering new phenomena, new details, new perspectives, and gratification comes from putting pieces together and seeing how they fit. Actual writing is a job one has to put up with, using some rhetoric, hoping for some inspiration; writing notes is a chore with which we have to pay for any previous joy.

Homo Necans and *The Orientalizing Revolution* are the two books I really wanted to write, independent from outside suggestions and obligations; here I felt as if I was exploring new territory. On the other hand it was most enjoyable to compose *Structure and History*, the Sather Lectures, because of the uniquely stimulating and exhilarating atmosphere at Berkely in 1977.

The impact of "Homo Necans" in subsequent scholarship has been enormous. What do you, as the author, think will be its most lasting influence? Did you foresee this at the time of publication?

I am not a prophet. When publishing *Homo Necans*, I knew I had important things to say, after struggling for about ten years through unforeseen twisting between Karl Meuli and Konrad Lorenz, from "myth and ritual" via "initiation" to "sacrifice".

For some years after publication, I did not expect much reaction. Reinhold Merkelbach had given me friendly advice not to publish such a book before I had become a professor; years later I learned that some colleagues had decided that the author of such a book was unfit to become editor of a philological journal.

In the meantime, the theme of "sacrifice" has established its role in the interpretation of tragedy and in the analysis of the *polis* system, and has won some respect in general anthropological studies too.

What – following Meuli – I felt to be the central issue, the imperative of humanity amidst the necessity of violence, has hardly been touched. But perhaps one must distinguish between issues fit for public debate and private hopes or idiosyncrasies.

If one takes Homo Necans, Ancient Mystery Cults *and* The Orientalising Revolution, *all these have had the effect of widening dramatically the areas to be considered in assessing the context for the study of Greek society, religion, thought and art. Do you think [11] there are any respects in which classical scholarship remains too narrowly focused on "mainstream" Greek culture?*

I hope others will come to the fore to do interesting things. I, for one, did not develop the feminist perspective. I also have the impression that we do not yet really understand the ancient economical systems, especially the ups and downs during the imperial epoch; and much remains to be done for the turmoils of "the end of antiquity", if there ever was such an end. What does "decline of culture" (see Dodds, *The Greeks and the Irrational*, 244) really mean and how does it come about?

The more imminent problem seems to be that "mainstream culture" is dwindling away in our own surroundings. It remains to be hoped that there will still be people who learn ancient Greek to such an extent that they can really understand and enjoy those central texts of a very special quality.

On an issue which you may or may not regard as related, what do you see as the relevant strengths and weaknesses of "continental" as opposed to "Anglo-American" scholarship (assuming there is a clear-cut distinction to be made)?

I think the interrelations have become much more complicated than an opposition of "continental" and "Anglo-American" scholarship would suggest. The emigrations and immigrations due to the Nazi interval (to mention just Eduard Fraenkel, Rudolf Pfeiffer, Werner Jaeger and Kurt von Fritz) have done much to mix up German and Anglo-Saxon traditions, whereas on the "continent" there is much diversity, nay separation: Interaction between French and German scholarship remains limited; Italians keep more contacts to both. Still in France as well as in Germany there are widely differing tendencies between strictly textual philology, modernising approaches to interpretation and cultural theory. Rudolf Kassel, for example, has done admirable work quite distinct from my own tentative studies. There are no "schools".

At the Bristol Conference on "Mythos into Logos" in 1996, the title was posed as a question. For those who could not make up their minds at the time, do you agree that this is a questionable statement, or indeed that it is right to ask at all?

I think "Myth into Logos" is a meaningful question, but it is not a formula that covers the whole of classical *Geistesgeschichte*. It refers just to one pathway in the development of thought and literature. It does not imply that there ever was *mythos* without *logos*, some happy childhood of humanity surrounded by fairytales without practical intelligence and rational strategies, nor that the use of myths in argumentation ever came to an end, especially in the context of group interests and group identity. By the way, the use of the word *logos* in Ancient Greek is very complicated and does not coincide with the modern concept of logic or science.

Now for a question which everyone finds difficult. If you could discover one lost literary work what would it be?

I would be most curious to see the book of Anaximandros. It must have been *rarissimum* even in antiquity, and the more I try to understand the "Presocratics", the more I realise we have no idea what it was really about. The Derveni papyrus has given a taste of unexpected and baffling discovery. Alas this will hardly happen a second time.

Not to confine ourselves to literary texts, what is the question which you would most like to have answered by the discovery of a new piece of archaeological evidence?

Being a philologist, after all, I would hope for inscriptions together with archaeological findings, especially in the context of the Homeric question. To mention realistic possibilities: What about a seal of "King Priamos" at Troy, in whatever language, or the second copy of the treaty of Alaksandus of Wilusa, which would finally establish the site of Wilusa (Ilios?)? Or a dedication to Chios, in the style, say, of the Apollon of Mantiklos:
Τοῦτ' ἀνέθηκεν Ὅμηρος Ἀπόλλωνι κλυτοτόξωι ...?

Finally, when will our readers next have the opportunity to hear you speak in England?

I have been invited to the Classical Association Conference in Lampeter, Wales, where I plan to speak on the *Odyssey* on April 7th, 1998.

Erschienen in: W. Braun, ed., Review Symposium W. Burkert, The Creation of the Sacred, Method & Theory in the Study of Religion 10, 1998, 129–132.

Response: Exploring Religion in a Biological Landscape

Now and then an author, as if in a bad dream, may be tempted to do the most devastating review of his own work himself, the weaknesses of which are clear to his mind. A book such as *Creation of the Sacred* is open to attack from almost every side, combining, as it does; philological-historical interpretations with the evolutionary perspectives of biology and constant reference to human society in general. This is to abound in uncontrolled generalizations, undemonstrable hypotheses, and lingering pitfalls at every move. I am grateful to the editors of *MTSR* for having brought together a group of constructive critics who, while pointing out assumptions that have to be questioned and additional questions that have to be asked, rather broaden the perspective through contributions from their own fields of competence and open up the prospect that experts of biology and psychology might finally agree with an historian's approach.

Through discussion with specialists in other fields, personal limitations will come out more distinctly. There are blank spots even within my professional area, as Robert Phillips points out. Teaching Greek civilization, literature, and philosophy for 30 years, I have made efforts to get some firsthand knowledge of the ancient Orient, but neglected the Etruscan and the Roman side. It was also impossible to do justice to all the sources in their context at every instance—for Alexander's relation to Zeus Ammon, I followed the remark of Clitus as reported by Plutarch (*Alexander* 50), but did not discuss either diverging testimonies or modern controversies. It is more disturbing to find how many important books on general issues did not come to my attention in time, including Pascal Boyer's approach from cognitive psychology. I may get some consolation, though not an excuse, from the fact that many of these books have appeared after the original delivery of the Gifford Lectures, which took part early in 1989. Anyhow, there is no denying the fact that I have some roots in the philological-historical tradition of nineteenth-century scholarship; hence orientations as "progressive" or "regressive" recede as against *[130]* the job of being a "guide to the available resources", as Daniel C. Dennett puts it. Still hoping for progress, I am the first to accept the proposal that theorists should step in.

Tomoko Masuzawa questions the nature/culture antithesis which pervades my book. Indeed I can hardly do without these concepts. I still insist that this antithesis was not invented in the eighteenth century, however interesting a chapter in the history of thought Masuzawa is describing. The antithesis of *nomos* versus *physis* was formulated in the fifth century B. C., and it was Plato who hailed the chances of cultural versus natural procreation (188 n. 4). I also hope I made it clear that I am not looking back to any state of "nature without culture". Yet I see decisive steps within cultural evolution, such as the invention of language, the invention of writing, and—possibly—the invention of a computerized World Wide Web. Religion seems to go together somehow with the first of these steps, it survived the second, though not without modification: Without writing, neither Judaism nor Christianity nor Islam could exist in the way they do. Hence the curiosity to discover whatever we can learn about more ancient states of religion, before the sacred took the form of books.

My basic question is prompted by the impression that the factual impact of religions, in individual life as in the course of history, an impact which often seems to be "irrational" and uneconomical, is much stronger than any arguments consciously pronounced by their adherents. This prompts the presumption that there must be additional, hidden forces of gravitation to explain the attachment, or antecedent structures that determine strong reactions, forces not directly described in the various creeds. Hence the hypothesis of suprapersonal conditioning which is part and parcel of the evolution of the human animal.

This entails the interest in sociobiology, not as the humanist's craving for science, but as taking account of a modern and serious enterprise that brings together cultural phenomena and their "natural" surroundings, preconditions, and consequences. Sociobiology provides a model how to deal with the constant interactions of both nature and culture. Alas it turns out that the scientific potential of sociobiology can hardly be applied, since the major events and turns of human evolution lie buried in prehistory.

If I claim that human evolution finally stems from and keeps to the conditions provided by biology, I still try to keep clear of the romantic idealization of "Nature". I do not assume nature to be *[131]* ideal, faultless, or blissful. Nature is neither unalterable nor perfect, it is dramatic without purpose, it can be capricious; I know of evolution run wild with random reinforcement, resulting in stags' horns, bowerbirds, or even absent-minded professors. Yet if life has come into existence and has been maintained for billions of years, this is on account of precarious balances, of processes of homoeostasis amidst countless interrelated factors. We can try to become conscious of this, as we are participating in the game anyhow. There have been effects of optimization through the evolution of life, there are results which are "good" in a certain aspect. I am trying to spot the traces of such effects, even in the case of religion.

This leads to the more intricate problems of evolution as discussed by Dennett: "Good for whom?" Dennett pursues the possibility of a successful evolution of "memes", complex ideas that assert themselves, reproduce themselves, multiply themselves. Should we liken them to computer viruses? Perhaps I dismissed the idea too rapidly. I really like Dennett's thought experiments about 'super Shakers'. No doubt it is the case that certain fashions "ride on the piggyback of the meme of tradition itself". It might be possible, and useful, to describe all kinds of fads and fashions, even in their dysfunctional effects, as "cultural parasites". Celibacy, for reasons whatsoever, is a good example indeed, as it combines an apparently attractive idea with the very opposite of genetic effect. Still I would not give up the attempt to discriminate between, say, shadows or spots of reflected light and the "real" mechanisms which are at work and do produce such effects. If light increases at dawn, this is "good for light", but it is not light's achievement. If it is unpredictable where a tornado will have its center, the formation of the whirlpool can still be understood by physical laws.

Religion, I find, is not just a fashion nor self-reinforcing coincidence. The "validation" of ideas, programs, or propaganda does not come from these, not from some multiplication factor plus some attractive "glue" which certain "memes" should contain, but from the system of which they are the expression, from its structures and operative dynamics. As far as I can see from occasional glimpses, all the fantasies of "Space Odysseys" that have been catching the eye of the public for some decades get their power from the most primitive combat tales and sex programs which have been around all the time. In the case of celibacy, I think the idea is so attractive because the human animal is caught in the conflict between its profitable egocentric *[132]* consciousness and the "irrational" sexual drive; it may well try to save the one by giving up the other (47). If I find that religion is on the side of "life" (32)—is this too general to be scientific, or our lasting pledge?

Pascal Boyer brings in the fascinating perspective of cognitive psychology that may give empirical support to some of my statements. I regret my ignorance of this field, its research methods and results so far. It is fascinating to learn how experimental evidence can bring out universal cognitive capacities, which universally produce certain forms of intuitive ontology. I agree that these capacities must have been a decisive factor in the struggles of evolution. It will be all the more gratifying if such "ontologies" finally merge with traits of religion as observed by either historians or anthropologists. It will be especially interesting to see in how far compatibility of the ancient and the contemporary religions can be established. I would still note that questionnaires for average American college students will hardly bring out the dimensions of panic, despair, and desperate hope that speak from so many religious documents.

Thus I tried to grasp some central situations where pressure, concern, and anxiety are encroaching on humans, such as the panic of pursuit, the threat of superiors, the snares of sickness, and to understand the religious solutions we encounter as due to some remodeling of older biological expedients, which led to programs of averting demons; venerating the mighty ones, and atoning for guilt. It remains to explore further the cognitive, emotional, and physiological functionings of *Homo sapiens* even in religious behavior through both documents and experiments, and to try better theories. To end with Dennett's own words: "A world of research opportunities beckons".

Erschienen in: Religion 30/3, 2000, 283–285.

Response*

It is a privilege to be exposed to benevolent criticism from a group of excellent specialists. I cannot claim to have ready answers to all the questions that are being raised. I had been conscious of many imperfections and problems that cling to my enterprise, and I am becoming more and more aware of additional horizons and dimensions of such problems. The great unifying theory has not been reached.

My thanks go to Larry Alderink for a substantial and sympathetic account of my work. I see no need to say much more about this, which would result in repetition.

Gustavo Benavides provides a fascinating essay on labour and power from which religion is inseparable. I like the prominence he assigns to the Atrahasis myth, which has been a favourite of mine ever since I came to know that text. I am content to see that many of my suggestions can be integrated into his further explorations. I gladly take up his remarks on sacrifice as a form to enact distance from labour. I learn from his exposition of formalism and cognitive science how 'cognitive salience' may be analysed as an 'interaction of intuitive and counterintuitive features' and hence can explain 'the attractiveness of ideas, images, narratives, and practices' on a purely cognitive level. It is just this surprising 'attractiveness' which puzzled me, and made me seek for biological foundations, 'memories most easily recalled, emotions they are most likely to evoke', in the words of E. O. Wilson (*Creation of the Sacred*, p. 18; cf. C. J. Lumsden and E. O. Wilson, *Promethean Fire: Reflections on the*

---

* *[The response addresses the following contributions to the session 'On Walter Burkert and the Natural History of Religion' at the 1997 Annual Meeting of the American Academy of Religion and the Society of Biblical Literature: L. J. Alderink, Walter Burkert and a Natural Theory of Religion, 211–227; G. Benavides, Towards a Natural History of Religion, 229–244; R. C. Phillips, Walter Burkert In Partibus Romanorum, 245–258; R. A. Segal, Making the Myth–Ritualist Theory Scientific, 259–271; St. M. Wasserstrom, Sense and Senselessness in Religion: Reflections on Creation of the Sacred, 273–281.]*

Origin of Mind [Cambridge, MA, Harvard University Press 1983], p. 20). It is here that discussions on the basis of detailed evidence should go on.

I thank Robert C. Phillips for a specimen of *Roman Questions* that enlarges the scope of the evidence considered. It is true that the centre of my work has generally been on the Greek side. The Hellenist may excuse himself not only by personal predilections but also by the disastrous lack of older Latin texts. We know about Greek Castores at the Forum and Ceres Liber Libera with Greek priestesses at the Aventine by the beginning of the fifth century, but the earliest accounts of Roman religion come with Greek Polybios, and we hardly get to Latin literature about Roman religion before Varro. If Phillips specifically criticises the myth-and-ritual approach from the Roman perspective, I may still note that my books dealing with this topic, both *Homo Necans* and *Structure and History*, are expressly dealing with Greek religion and literature. In *Creation of the Sacred* the combination of myth and ritual does not play a major role; rituals are currently treated without a mythical context, including Roman ones. At least one text of Ovid does get considered, although much of his material is admittedly neglected. I have been concentrating on rituals for which I thought I could see a context or a background; that is, some suggestion of sense. I have no ready solution for the puzzles of either Argei or Luperci, and so did not deal with these cases. Still I think that my concept of myth is not narrowly Greek. I am perfectly happy with Sumerian and Akkadian myths which have been transmitted in literary forms; the early Romans neglected to do this. I still wish to protest against being credited with the thesis that 'myth can only be such if its origins are forgotten'. This is misunderstanding what I wrote in *Structure and History* about the functioning of a 'traditional tale': 'It is not the "creation", not the "origin" of myth which constitutes the basic fact, but the transmission and preservation'. Whether *[284]* transmission means preservation or change of a problematic origin is of secondary importance; what matters is the functioning.

Robert A. Segal gives a perceptive account both of Konrad Lorenz' ethology and of the Myth-and-Ritual Theory which has dominated some of my earlier publications. I have to insist that Lorenz does not claim that 'human sociability' as such stems from redirected aggression, but only to a very special kind of personal tie, to the exclusion of the others; this I found parallel to the sacrificial communities, contrasting to gregarious sociability.

But primarily Segal spells out the problems of an approach to culture from biology. I am conscious of breaking a taboo. Still, I did not say that myth is biological in origin; I take myth to be a phenomenon of language. As to the 'girl's tragedy', I have paid more respect to the complicated interrelations between biological facts and tales in *Creation of the Sacred* than in some earlier publications. I still tried to spot certain biological programs which I find make of a structuring or programming force within recurrent, traditional tales, going back to biological needs and responses. I take them to be not just a 'reflection on biology' but to some extent a reflection of biology. If Segal comes to the conclusion that myth is 'far more cultural than biological', I would remark that in a modern American car the motor may be quite a small part—but that it makes the car run.

As to ritual, I happily agree with the formula that ritual is 'at once a prohibition and an expression'. But I see no problem with ritualistic behaviour, which is symbolic and expressive and at the same time reflects the memory of dangers which have passed or programs how to deal with them. In social interactions, certain activities are suggested and tried out which find archaic responses and which fit aboriginal patterns. If these are 'survivals', this should not discredit them; it makes them all the more interesting for investigation. What exactly did survive, and how?

Why do these studies need biology? Segal ends up with the suggestion that it is scientific generalisation which takes the lead and finally leads to materialism. I do not think I am going that far. 'Matter' is not what it was to Democritus and Lucretius; there are unfathomable distances from classical physics and chemistry to subatomic physics, from there to molecular physics, from there to living beings and to their ethology. I just tried to get one step back, starting from the observations, which themselves might be contested, that people generally do not really know what they are doing in religion or why they are doing it, and that while clinging to tradition they use all kinds of secondary explanations, mythologies and constructed theologies, not without cunning, disclaimers, hidden interests and make-belief, on which the scholars may elaborate their symbolic systems. I do not deny there are symbolic and expressive functions which demand interpretation, but the question still stands out: why exactly these strange forms of symbolism? To end up with sacrifice: why atrocities for the sake of symbolism, and why honour gods by slaughter? The reductive answer that the 'real' reason is, in this case, the quest for proteins, driven by biological necessity, still has merits.

Steven Wasserstrom raises fundamental questions about 'sense'. Indeed, the title of my Gifford lectures—not accepted by Harvard University Press—had been: 'Tracks of Biology and the Creation of Sense'. Taking issue with this view, Wasserstrom goes as far to plead for the 'absurdity of religion'. He may be right that the obsession with 'sense', regularity and law is one-sided and too conservative, too insistent on 'positive' sides, neglecting the 'negative'. Probably I am guided not just by Plato or by the ancient tradition but also by the European tradition of Christian state religion. Wasserstrom is more modern. I still think the freedom of absurdity is a comparatively recent, *[285]* twentieth-century phenomenon, perhaps a surface phenomenon, hiding the ineluctability of reality. The Hippie episode has been short-lived. Even democracy can be seen as following self-imposed laws rather than asserting itself through civic disobedience.

As to the history of religion, I do emphasise the continuities rather than the discontinuities. As I wrote in *Creation of the Sacred*: 'a religion has never demonstrably been re-invented'. We do not know much about Moses, and the genesis of Israelite monotheism is highly controversial; I did not embark on that. Let us keep to Muhammad. Practically all the characteristics of his religion were there before, Jewish and Christian, including the ritual details of the Hajj. He made a new and powerful synthesis which proved successful in regulating communal and individual life. He made a conquest which the historian of antiquity has difficulty in accepting as progress. Anyhow, even progress presupposes tradition. Life has been linked to a continuous chain of evolution for the last few billion years. Hence the respect for biology.

Unveröffentlichtes Manuskript eines am 21. Juni 2002 an der Hokkaido University gehaltenen Vortrags [DLA K 45, M 6].*

Problems of Animal Sacrifice
'Homo Necans' Revisited

It is nearly tautological to say: The central religious act is sacrifice, for this is the obvious meaning of the word, 'to do sacred things'; Greeks said *hiereuein*, or *hiera rhezein*, 'to do sacred things'. But what do people do when they do 'sacred things'? They try to establish relations with 'higher beings', primarily through some forms of giving; so Joseph Henninger, in Mircea Eliade's *Encyclopedia of Religion* declares 'sacrifice' to be an 'offering', provided that "the recipient of the gift be a supernatural being".[1] Yet in the ancient religions for which I feel competent, the ancient Mediterranean and Near Eastern religions before the advent of Christianity and Islam, 'doing sacred things' normally means just one thing: to slaughter animals, with or without eating them. This is a problem, a paradox, a scandal. But it is ubiquitous, pervasive, universal.

Slaughter and feasting as a central act of religion – this was paradoxical, even for the ancient practitioners. A first voice of protest is perceived in the songs of the Iranian religious reformer Zarathustra, the so-called *Gathas*. There the cow is introduced complaining about her fate, about the murderous fury (*aesma*) of Daeva-worshippers who perform her slaughter; the Daeva-worshippers, for Zarathustra, are the adherents of the false religion, which concentrated on cattle sacrifice. The Greek word 'hecatomb' for big slaughter, literally the 'hundred-cows'-ceremony, comes from Indoeuropean stock: The 'Indoeuropeans' must have been great cattle-sacrificers. In classical Greece we encounter a radical criticism of animal sacrifice with Empedocles, in the 5th century B. C.; Empedocles teaches the transmigration of souls and hence dwells on the gruesome scene how a father will slaughter and eat his own child, reborn as a pig. For Empedocles, animal sacrifice will lead to cannibalism. Pythagoreans and so-called Orphics dealt with the same problems, practicing

---

*   *[Der Herausgeber dankt Yasunori Kasai für die Überlassung des Files, in das handschriftliche Änderungen und Ergänzungen aus dem im Deutschen Literaturarchiv befindlichen Originalmanuskript kursiv eingefügt wurden.]*
[1]   Henninger 1987, 544.

vegetarianism or devising some special rules to avoid the cannibalistic consequences: "A human soul does not enter those animals which divine law allows to be sacrificed". Greek philosophers mainly from the school of Plato took up the impulse, they became confessed adherents of a vegetarian diet. Few even among the early Christians followed them. But there are texts both Greek and Latin how bishops would motivate the farmers to slaughter their animals not for the 'demons', i.e. the old gods, but in honour of some local saint. And so it is done. It is common still in the Eastern realms of Christianity, in Armenia and Greece, to slaughter animals right on Sunday, by the church. The practice is in danger nowadays to degenerate into a touristic attraction. But quite generally eating meat, controlled by rules of fast, long got installed in Christian life. As to Zarathustra's followers, the Persian king Shapur, in the 3rd century A. D., who finally made Mazdaism the Persian state religion, decrees that 1000 sheep a year shall be sacrificed for the king and his family.

From early times, we also find the means and signs of slaughter used as signs, as symbols of power and religious order. Most prominent is the double axe in the Minoan-Mycenaean Bronze Age. This no doubt is the instrument for killing bulls, it is often combined with bull's skulls in ceremonial iconography. In Greek art, copied by the Romans and popular in the imperial epoch, cattle skulls with fillets and garlands are the most common ornament at altars and also on tomb stelae. One of the finest monuments of plastic art from the time of Augustus is the 'altar of peace', the *Ara Pacis* at Rome: The relief frieze shows the emperor, Augustus himself, as he is surveying animal slaughter. This is the essence of 'peace', killing animals instead of men; this is piety.

I wish to draw attention to three aspects of ancient animal sacrifice – primarily with Greeks; but parallels with Romans and with Semites do exist:

(1) There is a feeling of 'sacred shivers' which goes with sacrifice, which is profoundly ambivalent, enthusiasm mixed with horror; basically, this is the experience of bloodshed intersecting with the joy of eating the best food.

(2) If sacrifice is proclaimed to mean 'doing sacred things', to establish and to reconfirm relations with gods, it is still a problem how, in which way the gods participate, if they participate at all.

(3) Sacrifice is a collective act that establishes and reconfirms group solidarity.

So first, the profound 'ambivalence' of animal sacrifice. It is clear and known to all that animal sacrifice goes together with an opulent meal of meat. Eating meat is something rare and special for humans in early civilizations. It is the sacrificial feast that presents rich food for whole groups of persons, for families, clans, or a whole city. Most humans like the taste of meat tremendously; even today the majority of Europeans or Americans can hardly imagine a festive meal without meat. Yet what is normally hidden from the dinner table and even from MacDonald shops, is acted out in the rituals of ancient religions in a demonstrative way: This is slaughter, bloodshed, cutting up a corpse, roasting or cooking the limbs, and serving the pieces. In Greece the pious community forms a ring round about the victim and the altar; there are ritualized acts of 'beginning' (*archesthai*) such as sprinkling the victim with water and cutting some hair from the victim's forehead; at the lethal blow the women are supposed to utter shrill shrieks (*ololyge*); the blood is collected and poured to the altar, where the stains will stay – the blood-stained altars are a current feature in pictures of sanctuaries –. It is different with sacrifice in India, or with the Iranian Scythes: They avoid the spilling of blood and hence strangle the victim to death – which is not exactly more 'humane'. The Jews and Muslims, on the contrary, insist that all the blood should run out of the dying animal, the throat must be cut of the living being, which is resented by non-Jewish animal protectors in European countries. There are different solutions, but one problem: Blood and killing, dying; and this is highly relevant for religion. Killing is celebrated in religious forms and for religious purposes. Sacrifice is "nothing but ritual slaughter", Karl Meuli wrote in 1948; he went to the Basel slaughterhouse to study what exactly it means when, in the Homeric descriptions of sacrifice, the "thighs are cut out". Is it true that the sacred cannot do without butchery?

Second aspect, the participation of the gods – with the one exception of Israel, we are in the midst of polytheistic systems for the early strata: Sacrifice, *ta hiera*, this is a 'sacred act' in honour of the gods – possibly also in honour of lesser demons, or of souls of the dead –, yet it is not at all clear which profit the gods do get out of it. In the Near East we normally find simple 'feeding' of the gods: One lays out the table of the gods in the temples, brings their statues to the place, lights an incense burner; then humans retreat. Later on, the temple servants come back and bring the gods back to their normal habitat. What the gods have left from the dinner – and this will be 100 percent – is reused to feed the temple personnel. The gods know, appreciate and demand that humans should do the work for them and feed them; one can tell the myth how they created men as their robots to do the job. In reality it is the temple organization that feeds on the divine food. One can say: The sacrificial system of the temples is a detour of state organization and taxation.

Greeks too would put up 'tables' for the gods, as did the Hebrews at Jerusalem; priests had the privilege of eating. Certain parts of the animal however were burnt on the altar, in Israel as well as in Greece; one smells the smoke, one sees it rising to heaven and imagines how the gods, or the one god, delight in this scent. The Hebrew term for the most important part of sacrifice is just 'rising up', *colah*. In this context the Hebrews burn fat and the kidneys, the Greeks burn fat, too, and above all the bones, and what cannot be eaten, the gall bladder. Practically the totality of what remains, all the good meat is eaten by the pious community. That this is not a plausible form of honour but a foul trick as against the gods, this is the impression which has been transformed into myth by the Greeks: Prometheus the trickster, friend of the humans, once cheated Zeus, "when humans and gods were separating" their ways and claims; Zeus took his revenge by creating woman, Pandora, and sending all kinds of evil, but the custom has remained.

In fact, in Israel the ritual has changed in the course of time: Normal sacrifice is just called 'slaughter' (*zābah*), and old tradition makes every slaughter a sacrifice. But later sacrifice was only allowed at the temple of Jerusalem, because the multiple local cults were considered unorthodox; hence profane slaughtering was installed, slaughter which was no full sacrifice, even if the special dealings with blood were enforced. Sacrifice concentrated at Jerusalem, and there is meant burning animals totally, two sheep a day, *colah*; Greeks called this 'total burning', 'holocaust'. It is left for us to ask whether this was an act of 'higher' piety, or of total senselessness: Which is the profit for the god in 'smelling' his 'honour' *while destroying two animals a day*?

Third aspect: Animal sacrifice is of prime importance in archaic social organization. This has first been shown, in 1889, by Robertson Smith, in his book on *The Religion of the Semites*. A group is constituted and defined by common sacrifice, in Greece as in Israel as in Rome. House and family, clan, tribe, and polis, coalitions, treaty organizations, they all come together and activate their bonds by sacrifice. 'Hierarchy' is constituted and demonstrated in the distribution of meat. Greek *geras* means 'honour' but also, in a concrete sense, the piece of meat a high-ranking participant in the feast will get; he who is first in rank is *princeps*, to put it in Latin, 'he who gests first'. Greek words we use to translate as 'fate', *moira*, *aisa*, are just the 'portions' that will come to an individual. To outlaw a person means to 'exclude him from sacred dealings', i.e. from sacrifice. Big cities needed huge altars for the great yearly festival; a monster construction of the kind is found in Syracuse, which was one of the biggest Mediterranean cities in the 4th/3rd cent. B.C. Even the Roman empire with its emperor should manifest itself by sacrifice: Remember the *Ara Pacis Augusti*.

There is a special affinity of sacrifice and war. Greeks introduce battle by slaughtering animals, *'sphagia'*, whereas peacemaking is confirmed by sacrifice – see *Ara Pacis* once more. After the victory at Marathon, in 490, the Athenians decreed to sacrifice one goat to the gods for each Persian slain in the battle; they sacrificed 500 animals a year and had not yet come to an end after 90 years (Xen. *Anab.* 3,2,12). Treaties and coalitions in general are concluded in the form of sacrifice. Symmachies of leagues are organized around a common sanctuary with a regular sacrificial festival. The Olympics, the great sports event for the whole of Greece, are enacted with sacrifice at the big altar of Zeus: People come to sacrifice and to do sports, in that order; the victor has the privilege to light the fire at the great altar of Zeus. If Christians designate the parts of their Bible as 'Old' and 'New Testament', the word *Testament, testamentum,* stands for Greek *diatheke*: it means the 'covenant' god has made with his people through sacrificial blood, first of animals, then of Christ. Ceremonial oaths too go with animal sacrifice, and they are instrumental not only in the administration of law and politics, but in all dealings of economy. Anyhow animal sacrifice always is an economic factor: who does pay for the animal? This is regulated in 'sacrificial calendars' we know from Greek and other inscriptions.

When I read the *Odyssey* as a child, I found it annoying that the brave ram who has saved Odysseus from the oger's cave is sacrificed to the god Poseidon. How unjust, how absurd! Later I learned from Karl Meuli how the sanguinary practice of sacrifice can best be understood from the situation of paleolithic hunters. The essay *Griechische Opferbräuche* of Karl Meuli appeared in 1948. It is simple, nay fundamental: Civilizations of hunters largely live on hunting game, and eating it; they could not exist without slaughter. But Karl Meuli showed, mainly from reports on Siberian hunters, that killing is a problem even for hunters, and that their rituals are dealing with this very problem. There is a concern that life could be destroyed finally, unless it is renewed notwithstanding the hunt; and there is something like a bad conscience of the hunters who are forced to kill. Karl Meuli coined the term 'comedy of innocence' for rituals performed by hunters in these contexts: We find wailing and lamenting over the game, disclaiming responsibility while addressing the dead animal: We have not done this out of our own free will, we do it for our women and children; or even: Not we have done this, but others, the foreigners, the Russians. Often the custom demands that the bones are deposited in a sacred place, complete and unharmed, as if to restore the animal; there are tales about gods or fairies reviving an animal from the collected bones. An exquisite performance of 'Unschuldskomödie' goes with the Ainu bear festival; this, after Meuli, has also been studied in detail by Joseph Mitsua Kitagawa.[2] *I have some*

---

[2] Kitagawa 1987, 47–99.

information that even Japanese would perform a memorial service, and set up a monument, to the souls of fish and shellfish they have eaten. I would like to know more about that local form of 'comedy of innocence'.

Karl Meuli was bold enough to find at the basis of these perplexing rituals a basic 'respect for life': 'Respect for Life' had been proclaimed by the doctor and philanthropist Albert Schweitzer as a basis for human morality in general. Skeptics may doubt in how far such a humanitarian thesis can be generalized to comprise the whole of mankind. But the evidence definitely surpasses one single civilization. Meuli's examples came from Siberia. He did not consider the Hebrew Bible: "Any Israelite who slaughters an ox, a sheep, or a goat ... and does not bring it to the entrance of the Tent of Revelation to present it as an offering to the Lord ... shall be guilty of bloodshed: that man has shed blood" (*Lev.* 17,3). Slaughter is murder unless it is done according to the rules of god. If the religion of Israel forbids to eat blood, this is expressly motivated by the belief that 'the blood is life', and 'life' belongs to the Lord. Also the ritual of burning the kidneys most probably comes from taking the kidneys for sexual organs, hence embodiment of 'life'. The Greeks practice those cautious 'beginnings', and the shrieks in the moment of death, but also the care of the blood and the restoration of the bones, 'well ordered' on the altar, as Hesiod says. There is destruction, and there is order. One strange ritual of Athens, felt to be old-fashioned already in the 5th century B. C., was called 'Murder of the ox', *Buphonia*. The founding myth was about a man who had killed an ox who had eaten offerings from the altar; the 'murderer' fled, a court of justice was installed, and as 'guilt' was shifted from one to the other, the knife finally was pronounced guilty, and thrown into the sea. Part of this mock trial was ritual, the strangest example of 'comedy of innocence' in Meuli's evidence. But there is also an Akkadian ritual how to slaughter the bull, whose hide is used to cover the temple drum; when this bull has died, the priest says into his ear: 'This deed – all the gods have accomplished it, not we have accomplished it'. Mesopotamia, Israel, Greece: They come together in musing about 'guilt' in the slaughter of an animal.

These observations become all the more important through the fact that hunting, i.e. killing and eating animals, has been with humanity all the time of its development; we know by now that it is common even with chimpanzees, but it clearly became much more important with human culture. To define man just as the 'hunting ape' has lost sympathy, less because of the chimpanzees' practices but because of the fact that hunting practically everywhere, to 99%, is a prerogative of males. It goes with the cultural gender differentiation. This is not easily acceptable to feminists. It still seems safe to say that far back in prehistory hominids could only get out of Africa and settle the whole of the globe because they had developed hunting, far beyond the capacities of chimpanzees. This implied the use of weapons, among which the wooden spear, hardened by fire, was one of the first and decisive utensils. The oldest exemplar for such a hunting spear found hitherto is about 400.000 years old, i.e. even older than modern man.

Uncertainties abound as one tries to get some orientation in such dimensions of historical, of human, of hominid evolution. It is thought today that about 6 million years separate homo from his nearest relative, the chimpanzee, who still practices hunting in connection with food-sharing. If one dares to go further in anthropological generalizations, one might suggest that two basic functions of animal life are still motivating forces in rituals and ideas, the search, and the flight. Both are intimately connected with food, with eating or being eaten. Both play their role in sacrificial rites: Animal sacrifice aims at the feast in the most direct way, but there are also 'apotropaic' rituals. If humans may feel safe within their civilization, with no carnivores left to threaten them, they constantly invent 'demons' to incorporate the dangers of life. "Your enemy the devil like a roaring lion prowls round looking for someone to devour", St. Peter writes in the New Testament (*1. Petr.* 5,8). Mesopotamian, Greek and Roman sanguinary sacrifice is also found in contexts of 'aversion', as 'substitute sacrifice', which act as if there were pursuing demons or very dangerous 'gods' who must be controlled or kept away 'throwing' something to them, valuables, or living beings, 'scapegoats'. "They decreed to slaughter sacrifice in order to avert the anger of the god", Livy writes in a certain situation (8,6,11), *placuit averruncandae deum irae victimas caedi*. Let other beings die so that we might be safe. Human sacrifice seems to occur in such contexts, or with such motivation, too. This may be contrasted with the joyful feast, but there are also combinations, or complicated overlappings; even animals slaughtered in the course of a purification ritual may end up in a meal. On the other hand, 'normal' sacrifice too always includes the shivers of killing, the shrieks preceding the enjoyment: There has been death, but life is on our side. Rituals are demonstrative and communicative, with a tendency to repetition and exaggeration, they have a message: sacrificial rituals evidently have a message about a basic and terrifying theme, about death and life, also about power, power of death and life, or the terror of death and the joy of life.

It is difficult to substantiate how general or universal such an account of sacrifice, on the lines of Karl Meuli's approach, can be. It should cover some 40.000 years at least – *the minimal period that modern man, endowed with speech, has been around* –, whereas literary testimonies will not exceed

5000 years; and all kinds of differentiations and diversifications within the evolution of single forms of civilization must be allowed for. From the Near Eastern/Mediterranean evidence I know, enriched by some evidence beyond this field, I would try to formulate: At least in certain groups of humans, at a certain date, hunting, killing and bloodshed has not only been felt to be a problem, but it was 'enshrined' in careful and circumstantial rituals; or, to put it the other way round: In a section of the cultural history of humanity those traditions have prevailed which expressed the problem of life and death in religious rituals of sacrifice, in rituals that developed from hunting to sacrifice. This means that a decisive factor in religious behaviour is to be traced to paleolithic hunting. In the history of mankind, not sacrifice has entered the divine sphere but gods have entered the practice of animal slaughter and the eating of meat.

The oldest text that refers to this is a Sumerian myth, a text which is about 4000 years old, more than 1000 years older than the Hebrew biblical texts and Homer. It was published in 1983. The story is about a character who had been known from other Sumerian tales too, Lugalbanda.[3] Lugalbanda takes part in a war campaign, but he falls ill and is left by his comrades in a cave to die. Yet Lugalbanda prays to the gods, and behold, he recovers; but the provisions left by his comrades are finished. How to evade starvation? Lugalbanda re-invents fire-making by flints, and he turns to hunting. It is understood that men did not eat meat before. Lugalbanda succeeds in catching a wild ox and two goats, by the use of traps. Then the gods step in: In a dream, a god appears to tell Lugalbanda about ritual. He must slaughter the animals according to rule, the bull with a stone axe, the goats with a knife, and make their blood flow into a pit (note the dealings with the blood). Lugalbanda awakes before dawn, and he does what he has been told: He slays the ox with the axe, he cuts the goats' throats, blood is flowing; and at dayrise Lugalbanda invites the four great Sumerian gods for the feast, Anu, Enlil, Enki and Ninhursag, right beside the pit. Lugalbanda pours libations of beer and wine, he does the cutting and roasting of the meat, the scent is rising, and "from the dish Lugalbanda was preparing Anu, Enlil, Enki and Ninhursag ate the best parts". It is the gods who legitimate and direct the slaughter of animals for the purpose of eating meat, and they take part in the feast.

It seems to be presupposed in the Hebrew Bible that mankind did not eat meat before the Great Flood. But after the Flood, when Noah leaves the Ark, he sets up an altar and makes sacrifice of "clean beasts and birds of every kind" (*Gen.* 8,20). *How paradoxical that he made the animals survive in his ark to*

---

[3] Hallo 1996, 212–221.

kill them afterwards. The same action is accomplished already by Noah's Mesopotamian models, Ziusudra, Atrahasis, or Utnapishtim. They all perform sacrifice when leaving their ark or 'ship'; the Mesopotamian texts are less pious, though, they write that "the gods assembled like flies" at the odour of sacrifice; they had been starving themselves during the catastrophe. The Hebrew text insists that all kinds of animals, two and two, have been saved through the cataclysm in Noah's ark; now they are available, to be selected for sacrifice. The Greek hero of the flood, Deukalion, equally does sacrifice after the flood. All these texts make animal sacrifice an institution which has been in existence ever since the flood, which reestablished the relations between humanity and divinity, which is part of the world order, or more: its stabilization and guarantee. It is reported that the Azteks of Mexiko believed that the world would collapse unless they continued to sacrifice men for the gods; the ancient world was perhaps less cruel; but killing must be, blood must flow. This is the paradoxon: The gods are the Lords of life; hence they give the license to kill.

The Hebrew Bible has the tale of Abraham and Isaak (*Gen.* 22), the father willing to slaughter his own son, who is replaced by a ram in the last minute. This has often been misunderstood as a historical account of the abolition of human sacrifice, whereas it rather functions as a foundation myth for animal sacrifice. Let us be sure that eating animals has been the current practice all the time. The story in the Bible is more horrible than the gest of Lugalbanda, it is in fact a scandal to human emotion and human morality. But it is creating 'the sacred', for Jewish as well as for Muslim tradition: The rock Moriah on which Abraham 'bound' Isaak in order to cut his throat, this is said to be the very rock at the Mountain of the Temple in Jerusalem where the Jewish Temple had been built and where Khalif Omar has erected the golden Dome of the Rock. For Arabs this is al Quds, 'the Holy One' as such.

In modern civilization, animal sacrifice is not in focus. In fact, the practical basis had lost its importance already with the 'Neolithic Revolution', the production of grain as a basis of food, some 10.000 years ago. Still today most Europeans and Americans enjoy the taste of meat, and Asians can easily be drawn to it; see the world-wide success of McDonald's. But another paradox: While the importance of meat diet decreased, the importance of animal sacrifice, of animal slaughter seems to have increased on the level of symbolism. Neither the religion of Zarathustra nor Jewism nor Christianity nor Islam have ever totally deleted animal sacrifice. If for Jews the regular sacrifice at Jerusalem came to an end with the destruction of the temple in A. D. 70, in the private practice of religion animal sacrifice looms large, such slaughtering chicken or geese at the day of purification (Yom Kippur) – which may be eaten afterwards.

As to Islam, the Hajj, the 'pilgrimage to Mekka', has its conclusion in animal slaughter: upon return from the desert to Mekka, each 'hadji' is supposed to cut the throat of a sheep – rich ones would even sacrifice a camel –; Bedouins come to sell the animals for the purpose; modern Saudi Arabia has to use bulldozers to dispose of hundreds of thousands of carcasses. Besides this special event, there is one 'day of sacrifice' in Muslim tradition, from Morocco to Pakistan, *probably to Indonesia, too*, when every family will slaughter and eat a sheep, or even a bigger animal. These animals are bought at the market, slaughtered by a butcher, and eating is a communal affair: one third of the meat is for the family, one for the relatives, one for the poor. Sacrifice fulfills its social functions even here. But the founding myth for the practice is nothing else but the story of Abraham (Ibrahim, in Arabic) and his son, even if Arab tradition tends to substitute Isaak by Ismael, the ancestor of the Arabs. Even so the slaughter, and the feast, is legitimized, nay ordered by the will of god, and people are allowed to enjoy the meal.

There is one offshoot of the phenomenon of sacrifice which is specifically Greek: This is tragedy. Tragedy, or rather primarily the singers and dancers of the 'tragic' chorus, the *tragoidoi*, are explained by the ancients as the 'singers at the goat sacrifice'. Modern philologists found this frivolous and ridiculous; I tried to take this seriously and to make sense of it:[4] The *tragoidoi* must have been a group of masked men who perform the sacrifice of the he-goat, which takes place in spring, they did this with faked lament, wearing masks, and are allowed to feast on the animal in the end. Masks, songs, music of flutes, lament, at a place called *thymele* which recalls *thyein*, to sacrifice, in Greek. I shall not reopen here the philological discussion about the details of the short remarks of Aristotle about the origin of tragedy nor the controversy started by Nietzsche about 'the birth of tragedy'. I only wish to point out how situations of sacrifice and the language of animal sacrifice pervade the texts of classical tragedy which have survived. Be it Aeschylus, Sophocles, or Euripides, the essence of sacrifice lurks in the background, if not in the very center of the plot.

Suffice it just to mention those plays which directly deal with human sacrifice – Euripides' *Iphigeneia at Aulis, Iphigeneia at Tauris, Phoinissai, Bakchai*; Sophocles wrote a *Polyxena* – Polyxena to be sacrificed at the tomb of Achilles –; Aeschylus too produced a *Pentheus*, which must have been parallel to Euripides *Bakchai*. Human sacrifice occurs as a secondary motif in various Euripidean tragedies – *Heraklides, Erechtheus, Hekabe, Phoinissai, Phrixos*; the details described invariably are those of animal sacrifice. For the historian

---

[4] Burkert 1966.

of religion these descriptions amount to a major source for our knowledge of sacrificial details.

But beyond this it is animal sacrifice which again and again becomes a major focus of meaning in the plot of Greek tragedies. Metaphors of sacrifice are found in nearly all the texts of tragedies that survive. Every act of violent killing can be termed 'sacrifice'. To sacrifice, to slaughter, to kill, this belongs together; the word *phonos* means both murder and 'blood'. These metaphors do not occur in the older Greek choral lyric; they were invented with tragedy. And it is nothing superficial, but rather refers to the necessity of violence and killing that makes tragedy. And since practically every hero has got his sacrificial cult, the sanguinary metaphors often get their reference in cult. But in Euripides' *Alkestis* – Alkestis, the wife who has agreed to die in the place of her husband – Thanatos, Death personified, is called the 'priest', the 'sacrificer' of those dying, *hiereus thanonton* (25), and he cuts a lock from Alkestis' hair, as the priest does with the animal, in the ritual of 'beginning' (*archesthai*). Dying as such is fitted into the pattern of animal sacrifice.

Some sacrificial scenes are first inserted into the plot of Euripides' tragedies: In his *Electra*, Euripides invents a genre scene for the slaying of Aegisthus (774 ff.), Aegisthus celebrating a festival for the Nymphs in the countryside, in the open air; Orestes, in disguise, arrives as if by chance and is promptly invited to the festival, as Greeks may do even today with strangers: The sacrificial meal invites company. Aegisthus even asks the stranger to cut up the bull that has been slain; Orestes proves an expert in this art; and then, while Aegisthus is looking at the liver to detect ominous signs, Orestes hits him from behind with the sacrificial axe. The murderer is murdered in the act of sacrificial bull-slaughter: The same gesture, the same utensil. By the way, such imagery can be reinvented even outside Greek tragedy: In Coppola's well-known movie 'Apocalypse now' the murder wrought on Marlon Brando, the dark Lord of the jungle, is cut with a scene of bull-slaughter.

Another drama of Euripides is generally thought to be right on the way from 'tragedy' to Menandrean 'comedy', his *Helen*, staged in 411 B. C. This Helen of Euripides is a virtuous woman who has fallen victim to the gods, who have sent a mirror-image of hers, an *eidolon* to Troy; she is held captive in Egypt but rescued finally and brought home by her husband Menelaus. Menelaus arrives in the guise of a shipwrecked sailor. He gets a ship to perform pretended funerary rites for Menelaus who allegedly has died at sea; for this they have to load a real bull on the ship for sacrifice, the bull is 'lifted up' by young man in full accordance with Attic ritual (1555 ff.), the bull is slaughtered at sea to let his blood gush into the water; and at this crucial moment they cry (1594):

"slaughter the barbarians" and murder the Egyptians aboard, in order to set sail for Greece. Such a murderous scene would be impossible in Menandrean comedy. It recreates tragedy in the image of animal sacrifice.

Most famous Euripides' Medea, the betrayed wife who takes her revenge by killing her own children. At the climax of her famous monologue, Medea resorts to the language of sacrifice (1053 ff.): Sending her children into the house, where she will kill them, she says: "Who his not allowed to be present at my sacrifices, shall care for himself". So, this will be a secret and uncanny ritual, which might do harm to interlopers – well, shall they blame themselves for the consequences. In Jerusalem, King Herodes had an inscription fixed to the Holiest of Holies in the temple: Access forbidden; who violate this law must blame themselves: there will be capital punishment. But what is sacred in Medea's murder? There are vase paintings which have Medea slaying her children right on an altar. Pictorial metaphor is matching linguistic metaphor. The basic message seems to be: necessary killing is sacrifice, and vice versa. By chance we know about a ritual at Corinth, in the temple of Hera Akraia, which is connected with the Medea myth; Euripides' play refers to it in its last lines. Seven boys and seven girls would live for a year in the sanctuary of Hera Akraia at Corinth, right by the tombs of Medea's children. They wore black garments, they ended their service by sacrifice: A black goat was slaughtered, which had to scratch the sacrificial knife itself from the soil, with which it was butchered – a strange but clear 'comedy of innocence'. The knife, they said, which was reburied and dug out again every year, was the very knife with which Medea killed her children. Thus, the sacrificial metaphor at the center of Euripides' play merges with local ritual.

Finally, Aeschylus, *Agamemnon*. This play, which is about the murder of Agamemnon, the conqueror of Troy, by his unfaithful wife Clytaemestra, is permeated by the language of sacrifice, like a *Leitmotiv*. The chorus begins by recalling a bird omen, which was seen at the start of the Trojan campaign, two eagles tearing up a pregnant hare, no, 'sacrificing' the hare (137). This indicates wrath of the goddess Artemis, who will exact 'another sacrifice' (151), Iphigeneia. There is no explanation, just the fact: Agamemnon managed to "become the sacrificer of his own daughter" (224, vgl. 215). Clytaemestra the mother will never forget nor forgive that. As the news of Agamemnon's victory at Troy arrives at Myceane, Clytaemestra prepares huge sacrifices (83 f.; 261 ff.; 587 ff.), herds of animals are standing in the palace ready "for slaughter" (1056 f.). But Cassandra the prophetess perceives the scent not of sacrifice but of murder (1309 f.), she calls for those piercing shrieks that use to accompany sacrifice (1118). Later, after the murder, Clytaemestra boasts she has slain her husband "to catastrophe (*Ate*) and Erinys", a sacrifice to two uncanny powers of guilt and revenge (1433, vgl. 1415ff.); later she tries to disclaim responsibility: It was not herself, she says who slew Agamemnon, but the demon of the family, the demon of old Atreus who has 'sacrificed' the full-grown victim as a sequence to the small ones (1504), just as for a big feast first small, then the big animals would be slaughtered: Agamemnon in sequence to Iphigeneia. The most touching victim is Cassandra, who confronts her own death with full knowledge: "Like a cow driven by the god you are moving steadfast towards the altar", the chorus comments (1297f.). For sacrificial animals should move to the altar without resistance, as if of their own free will. There remains Cassandra's wish to die without frantic convulsions, blood streaming out 'well' – the ideal performance of undisturbed ritual at the blood altar, as if the gods were not only demanding, but steering the proceedings. Tragedy is about paradoxes of death; animal sacrifice produces the most pertinent descriptions.

It is different with the symbolism of Christianity, which still is hardly separable from the ideology of sacrifice. There are 2000 years of theology involved; the more modern the more difficult the hermeneutics of our own tradition has become. Pilatus the procurator of Judaea will not have qualms to condemn and to execute a potential rebel, who had accepted the acclamation as 'King of the Jews'. But for the followers of Jesus this was the death of the Son of God, an inacceptable scandal that was to transform the world. Immediately, as it seems, the imagery of sacrifice came in, taken from various forms of Jewish sacrificial ritual: There was the 'scapegoat' from *Leviticus* 16, the goat that is made to carry away the sins of the people; there were other forms of purification sacrifice meant to reconcile the wrath of god; there was the passah lamb slaughtered and eaten within the families during the spring festival, according to *Exodus* 12,12f. The blood of the lamb is smeared to the posts of the house to keep off death, death wrought by the God himself in that night; the animal must be eaten in its totality during that night. "I have longed to eat this Passover with you", Jesus said (*Luk.* 22,15). Handling the blood and eating the animal, this is the old ritual; it got a new meaning for Christianity through the death of Christ. The gospel of John combines the scapegoat and the lamb of Passover in the famous words of John the Baptist: "the Lamb of God who carries the sins of the world", *agnus dei, qui tollis peccata mundi* (*Joh.* 1,29) – this final, and central text of the Christian Mass will be known to all because of its manifold musical transformations created to make it unforgettable. The ritual really performed is eating bread and drinking wine; the message is that this 'is' or else 'recalls' the flesh and blood of Jesus Christ. The bread is 'broken', equaling slaughter, a symbolism not always noticed and understood, were it not for the music.

We end with a central piece of 'Western' tradition which is hardly understandable or acceptable any more to moderns who, coming out of that tradition, have left it behind, whereas historians of religion easily retrieve the background in the age-old patterns of sacrifice; historians cannot create new forms of religion nor morality, but they can resuscitate sensibility for the problems never to be solved, life presupposing death, dependent on death, and still trying to overcome death by the force of sacrifice.

Bibliography

G. J. Baudy, "Hierarchie oder: Die Verteilung des Fleisches", in: B. Gladigow, H. G. Kippenberg, ed., Neue Ansätze in der Religionswissenschaft, München 1983, 131–174.

W. Burkert, "Greek Tragedy and Sacrificial Ritual", Greek, Roman and Byzantine Studies 7, 1966, 87–121.

W. Burkert, Homo Necans. Interpretationen altgriechischer Opferriten und Mythen, Berlin 1972, 19972; engl. ed.: Homo Necans. The Anthropology of Ancient Greek Sacrificial Ritual and Myth, Berkeley 1983.

W. Burkert, Anthropologie des religiösen Opfers. Die Sakralisierung der Gewalt, München 1984 (Carl Friedrich von Siemens Stiftung: Themen XL).

W. Burkert, "Opfer als Tötungsritual: Eine Konstante der menschlichen Kulturgeschichte?", in: F. Graf, Hg., Klassische Antike und neue Wege der Kulturwissenschaften, Basel 1992, 169–189.

M. Detienne, J.-P. Vernant, La cuisine du sacrifice en pays grec, Paris 1979.

W. W. Hallo, Origins. The Ancient Near Eastern Background of Some Modern Western Institutions, Leiden 1996.

J. Henninger, "Sacrifice", in: M. Eliade, ed., The Encyclopedia of Religion, vol. 12, New York 1987, 544–557.

M. Kitagawa, The History of Religions. Understanding Human Experience, Atlanta GA 1987.

K. Meuli, "Griechische Opferbräuche" (1948), in: Gesammelte Schriften, Basel 1975, 907–1021.

J. Rudhardt, O. Reverdin, éd., Le sacrifice dans l'antiquité. Entretiens sur l'antiquité classique XXVII, Vandœuvres-Genève 1981.

Erschienen in: Deutsche Akademie für Sprache und Dichtung Darmstadt, Jahrbuch, Göttingen 2003, 162–168.

Gegebenes erhellen
Dankrede

„Bin ich ein Essayist?" hat mein Vor-Vorgänger in Zürich, Ernst Howald, in einem selbstkritischen Aufsatz gefragt, nicht ohne Unbehagen. ‚Bin ich ein Prosaist'? muß ich mich heute fragen, und die Freude über diese ganz unerwartete Ehrung und die besondere Dankbarkeit gegenüber der Akademie für Sprache und Dichtung ist doch durchzogen von einer ähnlichen Unsicherheit, zumal wenn im Hintergrund noch Dr. Sigmund Freud lauert und auf versteckte oder verdrängte Tiefen weist. Ein ordentlicher Professor der Geisteswissenschaften möchte mit seiner Arbeit den Durchbruch schaffen zu einer neuen, maßgebenden Sicht, oder das große, zusammenfassende, unüberholbare Standardwerk zustandebringen, am liebsten beides auf einmal. Aber was bringt er wirklich zustande: wissenschaftliche Prosa?

Natürlich, wir publizieren als Fachvertreter einer historisch-sprachlichen Disziplin in Prosa, sachgemäß, wie wir gern annehmen, ohne ‚Bimbam', wie man es hochtönenden Kollegen auch schon angehängt hat. Es geht, wie man gern sagt, um die Sache. Wir leben in der Vorstellung, daß wir finden, sammeln und zusammenordnen, was zusammengehört, auch ergänzen zu einem Ganzen, das einmal gegeben war. Wir bauen mit Bedacht aus vorgegebenen Bruchstücken, *sine ira et studio*, nach dem oft zitierten Tacitus-Wort – obgleich es ohne *studium* natürlich überhaupt nicht geht und die *ira*, der Zorn über Irrwege der anderen, uns auch wieder leicht erfaßt.

Allerdings ist diese sachhaltige Bezogenheit, die sogenannte Objektivität gerade in den Geisteswissenschaften seit Jahrzehnten ganz grundsätzlich bestritten, sie droht ins Abseits zu geraten oder gar auf der Eselsbank zu enden. Auf der anderen Seite hat die Computerwelt uns eingeholt und präsentiert eine andere Art der Objektivität, Daten, wie sie der Computer mag, fast unbegrenzte Dateien, zugänglich mit Suchmaschinen im Internet und in Sekunden über die Welt versendbar. Das prosaische Werk des Wissenschaftlers ist auf diese Weise gerade heute in doppelter Weise in Frage gestellt.

Es waren die Repressionen und Zwänge des 20. Jahrhunderts, die die

‚Objektivität' der Wissenschaft in ihren Grundfesten erschüttert haben. Zur Rechten *[163]* wie zur Linken ist Ideologie mit Macht verpaart zur Herrschaft gekommen, und nach dem Ende des Ärgsten sieht es nun so aus, als müsste die Befreiung weitergehen, als sei die Entlarvung der Ideologien, der Entgleisungen und ihrer Hintergründe sehr viel interessanter als alles, was sogenannte Geisteswissenschaft positiv und produktiv zustande bringen kann. So sehen wir weit über die Verzerrungen der jüngeren Vergangenheit zurück die Scheuklappen und die listigen Strategien der Ideologien auch im früheren, etwa die Staats- und Kriegspropaganda um den Begriff der ‚Tugend', gerade auch in der antiken Ethik, sei es in der griechischen Polis, sei es im Römerreich: *virtus, areté* – wie verdächtig und ungenießbar, nachdem die staatliche Kultur überwunden scheint, die den Einsatz des Lebens im Kriege bis in die Mitte des 20. Jahrhunderts möglich, ja zum Lebensziel gemacht hat. Nun scheint sich alles in geradezu verdächtiger Weise zu beruhigen. Der politische, oft marxistische Wind, der in den sechziger Jahren wehte, scheint sich inzwischen gelegt zu haben; der abstrakte Formalismus eines ‚Strukturalismus', der sich am Gegensatz von Natur und Kultur aufbaute, hat sich auch schon wieder verabschiedet; einstweilen hat man sich in die ‚Postmoderne' katapultiert und macht sich daran, mit ‚Dekonstruktion' erst recht das Vorgegebene aufzulösen, auch den vermeintlich bestehenden und erreichbaren Sinn von Werken der Kunst und Literatur zu zerbröseln und aus der Sicht zu bringen. Die Phänomene zeigen sich nicht mehr, Tatsachen gibt es angeblich nicht mehr; man sieht nur noch Projektionen, Erfindungen, die man nachkonstruierend entdeckt. In meinem Fach etwa zeigt sich das in Titeln wie: Die Erfindung Homers, die Erfindung Athens, die Erfindung des Barbaren, die Erfindung der Klassik.

Auf der anderen Seite steht immer beherrschender nun doch das Gegebene, die Daten, die Dateien, die gespeicherten Computer-Inhalte, weltweit über Internet zugänglich. Mich hat dies erst im letzten Jahrzehnt meines akademischen Berufs erreicht; ich frage mich, wie anders alles gelaufen wäre, wenn man diese Ausstattung schon vor fünfzig Jahren gehabt hätte. Man sagt uns, daß Hunderte von Lebensarbeitszeiten allein in die Programme eingegangen sind. Da surfen wir nun anonym, ohne an ein ‚Lebenswerk' zu denken. Man hat das menschliche Genom fast ganz entziffert und sozusagen dem Schöpfer sein Werkgeheimnis abgeschaut – aber wer kann mit 30 Millionen Daten umgehen und daraus etwa gar ein ‚Wesen des Menschen' destillieren? Allenfalls der Computer. Indem Geistiges und Biologisches sich untrennbar ineinander verschlingen, wird es praktisch unmöglich, in wissenschaftlich verantwortbarer Weise etwas als ‚angeboren' oder ‚allgemein menschlich' zu bezeichnen. Und auf viel schlichterer Ebene, in meinem an sich begrenzten Fach: Wenn man früher den großen Philologen auf dem Weg sah, den besten Text eines Klassikers *[164]* aus den verschiedenen, oft fehlerhaften oder unvollständigen Handschriften zu gewinnen, mit Erfolg, wenn auch nicht jenseits der Kritik, so hat man jetzt die Möglichkeit, zu jedem Wort eines Textes über ‚links' die alternativen Varianten, selbst orthographischer Art, zugänglich zu machen, also jedem ‚Forscher' alles aufzubereiten und die Entscheidung zu überlassen. Dann hat man alle Teile wissenschaftlich in der Hand, alles Wißbare – aber was wissen wir damit, was bringt uns das? Gewiß keine ‚humanistische' Existenz, an welche man einmal glaubte, in welcher die reine Literatur höchsten Rangs zum feinsinnigen Genuß dient, wie es die bürgerliche Ära sich vorgestellt hat.

Ich habe, als ‚Essayist' im begrenzten individuellen Kreise, in Artikeln und Büchern das zu beschreiben versucht, was mir auffiel, wobei ich immer wieder Grenzen überschritten und fernere Weiten in den Blick gerückt habe, vom klassischen Griechenland zu den Hochkulturen des Nahen Ostens, von der Philologie mit ihren klassischen alten Texten zur Anthropologie und zur Menschheitsgeschichte. Und ich glaube nach wie vor, daß da in den Blick kommt, was zusammengehört, auch über Distanzen hinweg, sei es von der assyrischen zur etruskischen Leberschau, sei es sogar vom vorsprachlichen Ritual zur Sprache und bis zur sprachlich verfaßten Religion. Ich möchte daran festhalten, daß dem Sammeln und Berichten des Wissenschaftlers Tatsachen zugrundeliegen, aufweisbare Tatsachen, oder eben ‚Daten', die nicht erfunden sind. Die Überzeugung, daß man findet, nicht erfindet, bestätigt sich selbst in der Altertumswissenschaft zuweilen durch neue Funde. Da gibt es Fakten, die zuvor nicht zugänglich waren und sich nun einordnen lassen oder sogar ein neues Ordnungssystem erzwingen. Die in der eigenen Kultur und Tradition vorgegebene, ideologisch verdächtigte Sicht ist veränderbar. Freilich geht dies nicht ohne Kontroversen ab.

Als Beispiel aus einem Strudel von Daten und Interpretationen sei kurz herausgegriffen, was man schon den ‚neuen Streit um Troia' genannt hat. Es geht darum, inwieweit der aus der Literatur, aus der *Ilias* des sogenannten Homer seit je bekannte Krieg um Troia eine ‚reale' Basis hat in der Geschichte der späten Bronzezeit, besonders in der Geschichte jener Ruinenstadt an den Dardanellen, die man seit Schliemann Troia nennt. Da gibt es Daten, die z.T. seit langem bekannt sind, neben den lokalen Ausgrabungen vor allem die seit Anfang des 20. Jahrhunderts lesbare Korrespondenz der Hethiter, deren Hauptstadt Hattusa in Zentralanatolien liegt. Besagte Korrespondenz stammt im wesentlichen aus dem 13. Jahrhundert v.Chr., und in ihr tauchen zwei suggestive Namen auf, ein Land *Achijawa*, eine Stadt *Wilusa*. Ist *Achijawa* das Land der *Achaîoi*, wie die Griechen in der *Ilias* heißen, ist *Wilusa* gleich *Wilios*, wie die umkämpfte Stadt in der *Ilias* heißt? Man diskutiert darüber seit mehr *[165]* als siebzig Jahren. Immerhin gibt es auch neue Daten, wenige, aber immerhin. Manfred Korfmann hat die Ausgrabungen von Troia fortgeführt und erweitert, man fand dabei ein luwisches Siegel – Luwisch ist eine dem Hethitischen verwandte Sprache, geschrieben in einer Hieroglyphenschrift, die man in den letzten Jahrzehnten entschlüsselt hat –. Dazu kommt neu auch die Lesung der Hieroglyphen-Inschrift an einem auffallenden hethitischen Monument, dem Krieger-Relief von Karabel zwischen Izmir und Sardes; man liest jetzt einen Königsnamen und den Namen des Landes, *Mira*. Beides bindet Troia ein in das von Hethitern dominierte bronzezeitliche Kleinasien; ob die Festung an den Dardanellen von Griechen aus Mykene zerstört wurde, ist eine andere Frage; aller Wahrscheinlichkeit nach nein, würde ich sagen; und die schöne Helena möchte doch niemand ernsthaft in die Historie einbinden. Doch die Ruinenstätte an den Dardanellen und der Text Homers, das sind ‚Fakten'. Der ‚Streit' aber wird offenbar generiert von Tendenz und Ziel der Forschung, von einem jeweils mitgebrachten Gesamtbild, das seinerseits zur Verhandlung steht. Da ist einerseits die Aussicht, eine dramatische Geschichte von ‚Troia' zu gewinnen und damit überhaupt eine spätbronzezeitliche Geschichte von Kleinasien zwischen Hethiterreich und den später so wichtigen Griechen zu rekonstruieren, real und bebilderbar; da ist andererseits eine Literatur- und eventuell Sozialgeschichte der griechischen Welt etwa 450 Jahre später, in der geometrisch-früharchaischen Epoche, woran die klassische Altertumswissenschaft seit langem arbeitet. Es stehen die gegensätzlichen Optionen zu Wahl, das Spätere entweder abzukoppeln von dem so viel Früheren oder vielmehr eine möglichst umfassende Kontinuität vom einen zum anderen festzustellen oder herzustellen. Dabei sind zusätzliche Triebkräfte oder Vektoren der Diskussion mit im Spiel, die Erwartungen eines Publikums, das Sichtbares im Fernsehen goutiert oder gegebenenfalls einen Bestseller kreiert, die Profilierungs-Notwendigkeiten der Wissenschaftler, die Erwartungen der Türkei, die einer eigenen, nicht-griechischen kulturellen Vergangenheit des eigenen Landes bedarf.

Der seit langem ersehnte, entscheidende Neufund, ein Archiv in den Ruinen des sogenannten Troia, hat sich bisher nicht eingestellt. So kann man denn die Diskussion um ihrer selbst willen betreiben, man mag das Diskutieren als das eigentliche Leben der Wissenschaft begrüßen, mit einem Kolloquium nach dem anderen, wie sie vielleicht sogar in den Medien wahrgenommen werden, mit einem Kongreßband nach dem anderen: ‚Unerschöpfliche Problematik', wie schon 1952 ein Homerbuch schloß.

Die Wissenschaft kann sich auch aufs ‚Wissen' im Sinne des Computers zurückziehen, man kann in Computer-Dateien ebenso jedes in Troia gefundene

Objekt sowie alle vergleichbaren Objekte erfassen, vor allem die Keramik-Scherben, *[166]* an denen die Datierung hängt; man könnte jedes Wort oder Bruchstück der hethitischen Texte einspeisen; das Sprachmaterial Homers ist sowieso seit Jahrzehnten in ähnlicher Form lexikalisch zugänglich. Man kann mit ‚links' alle mehr oder weniger wissenschaftlichen Deutungen, Meinungen, Interpretationen anfügen. Dann hat man alles und zugleich nichts. Das Ziel kann ja nicht sein, die Befunde ins unabsehbare Grau der Internet-Dateien eingehen und dort versinken zu lassen. Die Auswahl und die Art des Zusammenfügens bleibt doch wohl außerhalb des Computers zu leisten.

Nicht vom Computer her zu lösen sind vor allem allgemeinere Fragen: Was gewinnt die Geschichte der Bronzezeit gegebenenfalls durch den um Jahrhunderte späteren Nachhall in griechischer Literatur? Was gewinnt die Literatur, wenn ihr Bezug auf ‚Realität' entschlüsselt werden kann? Fände man die reale Studierstube eines Dr. Faustus im 16. Jahrhundert, was brächte dies für Goethe?

Statt um die Antwort zu streiten, kann man auch den Blick weiter in die Ferne schweifen lassen, bis zu scheinbar entfernteren Neufunden. Ein verlorenes altepisches Gedicht der Griechen, das in der Erzählfolge unserer *Ilias* vorausging, schilderte, wie die Erde unter der Überfülle der Menschen litt und der Gott Zeus aus Mitleid mit der Erde die Vernichtungsmaschine des troianischen Kriegs ins Werk setzte. Ist diese fast moderne Spekulation älter als unser Homer, oder viel spätere Spekulation gegenüber naiv erzählender Kampfes-Epik? Das war seit langem die Frage. Dann wurde 1969 das babylonische Epos *Atrahasis* veröffentlicht, ein Gedicht, das etwa ins 18. Jahrhundert v. Chr. gehöre – in der Tat das älteste große akkadische Gedicht, von dem wir wissen –; und dort wird eben dieses Motiv der von Menschen bedrängten Erde ausführlich gestaltet: Die Menschen vervielfältigen sich, die Erde schreit auf, die Götter sind gestört, und der herrschende Gott beschließt, die Menschheit auszurotten; das Überraschende in diesem alten Text ist, daß die Vernichtung der Menschheit nicht gelinge. Die Geschichte läuft schließlich auf die Sintflut hinaus, die die Menschen dank dem selbstgebauten Schiff dennoch überleben; der Wettergott gibt auf. Es bleibt nur noch ‚Geburtenbeschränkung', so wörtlich in diesem alten Text. Dieser seit 1969 bekannte Text stellt die Dichtung um Troia nicht in einen historisch-realen Zusammenhang, wohl aber bringt sie einen literarisch-spekulativen Kontext, die Vernichtung als Hintergrund, vor dem das *theatrum mundi* abläuft. Bemerkenswert, daß die Griechen statt Seuche, Hungersnot, Sintflut die kriegerische Vernichtung ins Zentrum stellen. Dazu tritt ein unerwarteter Fragehorizont: Ist gerade dieser sehr alte Mythos aus Babylonien eigentlich fromm, wie wir es vom Mythos erwarten, oder eher bereits anti-göttliche Aufklärung, wenn den frustrierten Himmlischen die überlebende Menschheit von der Arche aus ihr „Ätsch" entgegenrufen kann? *[167]* Dies freilich sind, wie gesagt, Fragen, die sich nicht von der Computer-Datei her entscheiden lassen. Sie reizen den Interpreten. Und ich möchte behaupten, daß eben damit die Notwendigkeit der wissenschaftlichen Prosa wieder gegeben ist: als ‚Versuch' der lesbaren Darstellung, als Versuch, einen gangbaren Weg zu finden zwischen Untiefen und Schlammlöchern, Abbrüchen und Überlagerungen, mit einigermaßen festen und überprüften methodischen Grundlagen und zugleich mit freier Sicht nach allen Seiten. Dies bedeutet das Erstellen von Texten, die sich freilich ihres Essay-Charakters bewußt bleiben müssen und doch ihrerseits wegweisend sein können. Es bleibt also, zwischen Ideologieverdacht und Computerdateien, bei der wissenschaftlichen Prosa.

Gegeben ist uns allen die natürliche Sprache; sie ist im Bericht ein Nacheinander, ein Erzählen. Wir kommen dabei nicht los von Erzähl-Schemata, mythischen Schemata, d.h. wir stellen die Gegensätze heraus, kontrastieren, dramatisieren, wir beleuchten und verdunkeln. In gewissem Maß bleiben wir abhängig von traditionellen Mythen, d.h. in sich stimmigen Erzählungen, die etwas erhellen, indem sie Zusammenhänge und Motivationen andeuten und eben durch ihre Anpassung an die Tradition wohl eingepaßt sind in unsere menschliche Art und ihr Habitat. Ich muß zugeben, daß man auch in wissenschaftlicher Prosa nicht nur mit literarischen Vorgaben, sondern gelegentlich gar mit literarischen Tricks arbeitet, z.B. mit fragiler, aber von Fall zu Fall effektiver Namengebung. So habe ich, nicht als erster, Einzelbeziehungen über Jahrhunderte hin zu einer orientalisierenden Revolution, zusammengebunden oder auch das meist wenig bedachte Tieropfer-Ritual zu einem Drama mit dem Durchbruch der Tat und der Abarbeitung der Schuld aufgeladen: *Homo Necans*, ein Essay in genereller Anthropologie. Ich hoffe, ich habe damit trotz allem doch eher Gefundenes präsentiert als Erfundenes in die Welt gesetzt.

Man kann noch immer in solcher Weise, meine ich, nach wie vor sowohl Historie als auch Dichtung sich zu eigen machen und anderen zeigen, wobei das Bekannte sich nicht nur beleben, sondern noch stetig erweitern läßt. Das Postulat der Altertumswissenschaft ist doch wohl, daß die Begebenheiten der Historie einen aussagbaren Sinn in sich tragen, in griechischer Formulierung: *lógon échei*. Diesem *logos*, dem erzählbaren Sinn, spüren wir nach. ‚Sinn' muß dabei weder als Fortschritt noch als stabile ‚Gerechtigkeit' festgelegt sein. Aber wir projizieren nicht nur, nach der bekannten Formulierung von Theodor Lessing, Sinngebung ins Sinnlose, sondern suchen, Gegebenes zu erhellen. Es ist gewiß unser zeitbedingtes Vorverständnis, wenn wir Kampf- und Kriegsmythen weit distanzierter gegenüberstehen als frühere Generationen, obschon eben diese Kampfesmythen in ihren modernen Versionen uns umschwirren, von Science Fiction bis zu den Computer-Kampfspielen. Eher berührt uns die *[168]* Mahnung, der Aufschrei der Erde sei zu vermeiden – ist das moderne Ideologie, oder unsere ganz reale prosaische Notwendigkeit? Lassen wir es bei der Frage, um mit einem nochmaligen, eindringlichen ‚Danke' zu schließen.

Ich möchte den großzügigen Preis in erster Linie dem wissenschaftlichen Nachwuchs zugute kommen lassen.

Daniel Barbu, Entretien avec Walter Burkert

Walter Burkert est l'auteur de nombreux ouvrages, dont un livre phare, *Homo Necans : rites sacrificiels et mythes de la Grèce ancienne*, Paris, 2005 (la première édition en langue allemande a paru à Berlin en 1972). Professeur émérite de philologie classique à l'Université de Zurich depuis 1996, il a été invité à maintes reprises par des universités prestigieuses, parmi lesquelles celles de Berlin, Harvard et Los Angeles. En plus de son analyse de la violence sacrificielle, il a essentiellement travaillé sur les contacts entre la Grèce et le Proche-Orient, ainsi que sur l'orphisme et les cultes à mystères. Il est auteur du manuel actuel de la religion grecque antique, *Griechische Religion der archaischen und klassischen Epoch*e (1977, également traduit en anglais). Signalons encore *La tradition orientale dans la culture grecque* (1984), *Les cultes à mystères dans l'Antiquité* (1987), *Sauvages origines. Mythes et rites sacrificiels en Grèce ancienne* (1990) et *Babylon, Memphis, Persepolis : Eastern Contexts of Greek Culture* (2004).

Dans quelle catégorie peut-on classer votre activité ? A quelle(s) discipline(s) vous sentez-vous affilié ? Philologie, histoire des religions, anthropologie ; où vous situez-vous ?

De formation, je suis philologue et j'ai toujours enseigné la littérature grecque. Je suis arrivé à l'histoire des religions au travers de la philologie grecque et de l'étude du monde hellénique. Je pense avoir été attiré par la religion grecque pour deux raisons : mon éducation dans la tradition chrétienne d'une part et la découverte d'un sujet compliqué, qui stimulait ma curiosité. Quelque part entre ma propre tradition et cette curiosité pour l'inconnu, voire l'exotique, j'ai été amené à m'intéresser à cette discipline. Aussi, lorsque j'ai commencé mes études dans l'Allemagne d'après guerre, l'influence de Walter F. Otto était pour ainsi dire à son comble. Quant à mon professeur de latin, Carl Koch, il était spécialiste de la religion romaine et s'inscrivait encore dans une autre perspective. Il était personnellement un catholique rigoureux et bien que disciple de Walter F. Otto, il n'en reconnaissait pas moins une forte dette envers les écoles de Mommsen et de Wissowa. Pour ma part, c'est la découverte des travaux de Karl Meuli et de Dodds qui s'est révélée déterminante pour ma propre maturation intellectuelle. Ensuite vint Reinhold Merkelbach qui était de passage à Erlangen lorsque j'y étais assistant, en 1957. Il travaillait alors à son livre sur les cultes à mystères et le roman. Ce fut là aussi une forte influence qui accrut mon intérêt pour le domaine de la religion. J'essayai d'approcher ce domaine au travers de la philosophie, ma thèse d'habilitation ayant porté sur le pythagorisme. Pour une bonne part, cette thèse relevait de l'histoire des sciences mais j'y insistai déjà sur *[8]* les aspects irrationnels des traditions relatives à Pythagore, en qui je voyais, comme Meuli et Dodds l'avaient suggéré, une sorte de chaman. Cette opinion peut être débattue, néanmoins j'ai rencontré dans cette tradition une forme curieuse de religion qui m'a particulièrement intéressée ; surtout ce concept de chamanisme en lequel semblent se rencontrer fantaisie et réalité, une réalité rituelle. Il ne s'agit pas seulement de fabuleux, de contes de fées, mais de la présence de personnes spéciales, qui peuvent avoir un effet lorsqu'elles jouent ou représentent certaines puissances supra-humaines sous des formes étranges.

Par la suite, c'est à l'ombre de Merkelbach, qui travaillait sur cette question, que j'ai été amené à m'interroger sur les rites d'initiation. L'étude des initiations rituelles, qui m'a bien sûr mis en contact avec l'œuvre de Brelich et, par d'autres publications, avec celle de Jane Harrisson, m'a laissé croire pour un temps que j'écrirais un livre sur ce sujet. Mais il s'est avéré que la notion de sacrifice y était si profondément impliquée qu'au lieu d'un livre sur les rituels d'initiation j'ai fini par écrire un livre sur le sacrifice, *Homo Necans*, publié en 1972 et qui fut mon billet d'entrée dans le champ de l'histoire religieuse. Cette recherche impliquait, bien évidemment, que je prisse en compte, autant que possible, les parallèles issus de l'anthropologie en général, ou de l'ethnologie, ce qui devint vraiment très intéressant. Cela n'était pas nouveau dans la tradition allemande d'histoire des religions. Usener et ses disciples avaient déjà exploité l'ethnologie. Et Mannhardt évidemment, qui avait eu une influence considérable sur James Frazer. C'est lorsque je me suis lancé dans ces domaines que ces traditions anglaises et allemandes me sont devenues familières.

Et à la suite de ce basculement, vous considérez-vous encore avant tout comme philologue ?

Je pense en effet que je suis philologue et je suis d'ailleurs toujours intéressé par la critique textuelle. Je ne dirai pas que je suis un anthropologue étant donné que je n'ai jamais été véritablement formé dans ce domaine ; il y a simplement eu un très long contact et un intérêt jamais démenti pour cette discipline dont j'ai toujours considéré qu'il était nécessaire de tenir compte. Il y eut bien-sûr à l'époque de nombreuses réactions contre une telle opinion, et nombre de tenants des courants classiques de la philologie et de l'histoire des religions rejetaient de tels parallèles en disant qu'il ne faut construire qu'à partir des textes qui ont été préservés, tout en utilisant bien évidemment aussi l'iconographie. Je n'ai jamais pu accepter ces contraintes trop strictes de la philologie à proprement parler. Quelques années plus tard, j'ai tout de même atterri dans le comité du *Lexicon Iconographicum Mythologiae Classicae*, qui rendit l'évidence iconographique beaucoup plus accessible qu'auparavant ; mais c'était bien après avoir écrit Homo Necans. [9]

Vous avez évoqué vos influences et comment vous êtes arrivé des études classiques à une perspective plus anthropologique, écrivant ainsi Homo Necans. Rétrospectivement, ce chemin était-il tout tracé ? Auriez-vous pu étudier les sciences, par exemple ?

J'étais en position de pouvoir avant tout étudier ce qui m'intéressait. Bien-sûr, ce n'est qu'une fois professeur, une fois débarrassé de problèmes de carrière que j'ai véritablement pu faire ce que je voulais dans mes recherches. Par contre, dans mes conférences et mes séminaires, je m'en tenais principalement à la littérature grecque. Avant cela j'ai fait des études de philologie classique et passé l'agrégation en Bavière, pour laquelle il fallait aussi avoir choisi trois sujets – grec, latin et histoire, pour moi – afin de pouvoir enseigner dans les lycées. J'ai écrit mon mémoire sur Homère et ce n'est qu'après qu'est intervenu ce virage vers la religion et l'anthropologie. A l'arrière-plan, j'ai cependant toujours gardé un fort intérêt pour la biologie, un intérêt que j'avais même avant d'entreprendre des études de philologie. C'est donc avec beaucoup d'enthousiasme que j'ai lu les publications de Konrad Lorenz, où il établissait des liens entre la biologie et une sorte de sociologie ; ou plutôt, il utilisait la biologie pour faire de l'anthropologie. A l'époque, j'ai trouvé cette approche très persuasive. Aujourd'hui, plus de quarante ans se sont écoulés depuis la publication par Konrad Lorenz de *L'agression*, qui eut un énorme succès en 1963 mais qui a désormais pratiquement sombré dans l'oubli. Surtout depuis qu'ont surgi un certain nombre de polémiques sur l'attitude politique de Lorenz durant la période hitlérienne. Ces polémiques ont mis en doute ses théories sociologiques.

C'est donc Lorenz qui a conduit vos recherches vers ces questions éthologiques ?

Oui, mais aussi Meuli, qui m'a d'emblée impressionné par sa thèse qui défendait que le sacrifice était avant tout une forme de boucherie ; il soulignait combien le but premier en était l'alimentation. Il est étrange que nombre d'historiens des religions oublient complètement que le sacrifice est en rapport avec l'alimentation humaine et ne parlent que de nourrir les dieux. Le sacrifice des animaux est toujours lié au problème de l'humain se nourrissant de viande.

N'est-ce pas là le nœud du débat entre ce que l'on pourrait appeler l'école Burkert et l'école Vernant ? Dans l'acte sacrificiel : mysterium tremendum ou simple boucherie ?

Un débat étendu n'a jamais véritablement eu lieu. J'ai rencontré Vernant pour la première fois en 1967 et nous nous sommes depuis croisés plusieurs fois lors de divers congrès, mais il n'y a jamais eu de débat direct. Évidemment, il y avait des différences entre nos approches. Vernant ne s'est jamais aventuré dans la question des émotions privées, pour ainsi dire. Il décrivait le *[10]* système de la *polis* et se cantonnait dans cette sphère de la *polis* grecque depuis l'époque archaïque jusqu'à l'ère hellénistique, alors que moi, à la suite de Meuli, je continuais d'affirmer que ces formes de mises à mort d'animaux remontaient au contexte paléolithique, aux premiers humains. Je continue d'ailleurs de penser qu'il y a là matière à réfléchir.

Les premiers hommes n'auraient jamais pu quitter l'Afrique sans la chasse. Le gibier était la seule ressource alimentaire disponible partout et de tout temps. Il n'y avait pas assez de fruits pour nourrir une importante population d'un mammifère aussi grand que nous. Bon, je ne savais pas, lorsque j'ai écris *Homo Necans*, que les chimpanzés chassent eux aussi. Mais pour ceux-ci, il s'agit juste d'une possibilité parmi d'autres tandis que pour l'Homme, lorsqu'il quitta l'Afrique, la chasse devint une entreprise capitale. Et je continue de penser, comme Meuli, que ceci, pour l'Homme, est problématique. La chasse ne pose pas de problème au lion. Elle ne semble pas poser de problème aux chimpanzés. Mais d'une certaine manière elle pose problème aux humains, parce que ceux-ci ressentent une empathie intense à l'égard de leurs proies. Lorsqu'ils tuent un mammifère, ils voient en lui quelque chose de très similaire à eux-mêmes, ce qui pose un problème qui est la plupart du temps dépassé par certains rituels. Un grand nombre de ces rituels, soulignait Meuli, expriment la culpabilité et le remord. Ils mettent en scène une sorte de comédie de l'innocence. Il est vrai que depuis que j'ai écrit ce livre, la globalisation est devenue beaucoup plus intensive et du coup, je ne suis pas vraiment sûr de l'universalité de telles attitudes. J'ai l'impression que les Chinois, par exemple, en sont passablement exempts, lorsqu'on voit les rapports qu'ils entretiennent avec les animaux. Je n'ai pas trouvé chez eux ces scènes que Meuli avait décrites. Les Japonais aussi qui, lorsqu'ils sont arrivés dans leurs îles, n'ont pas apporté avec eux d'animaux sacrificiels et ont développé une alimentation basée sur le poisson. Ils n'ont pas non plus de traditions de ce type. Mais les Aïnous, au nord du Japon, ce peuple qui possède une langue totalement différente, ont, quant à eux de telles traditions, en particulier une sorte de fête de l'ours, fête qui revêt une grande importance dans l'étude de Meuli. Dans ce contexte, je dirais que l'universalité des sentiments et des émotions est un grand problème pour l'anthropologie.

J'ai d'ailleurs l'impression que nous vivons aujourd'hui une importante transformation dans ce domaine, en particulier depuis le déchiffrement du génome humain. Désormais, les sciences du cerveau ont apporté une approche radicalement nouvelle et la manière dont va se recomposer l'image traditionnelle que nous nous faisons de l'être humain n'est pas encore tout à fait claire. Il y a un progrès indiscutable dans les sciences et dans nos connaissances en général, mais il me semble que ce progrès n'est pas compréhensible au travers de nos critères traditionnels. On ne peut comprendre trente mille ou cent mille gènes. On peut les décrire, construire des statistiques par voies informatiques ; on obtient ainsi des résultats, certes, mais ceux-ci ne *[11]* permettent toujours pas de véritablement comprendre l'humain. Par exemple, où les sciences du cerveau nous aident-elles à appréhender un débat comme celui sur le libre arbitre ? Je pense que la manière dont l'Homme, du moins dans notre propre tradition occidentale, je dirais depuis Platon, se perçoit et se comprend lui-même est aujourd'hui devenue problématique. Les futures générations devront trouver les moyens de traiter une telle question.

Je ne pense pas, dans ce contexte où apparaît une forme nouvelle d'anthropologie, que j'écrirais aujourd'hui *Homo Necans* de la même manière, ni d'ailleurs cet autre livre que j'ai publié dans les années nonante, *The Creation of the Sacred*. Ce serait impossible, étant donné que je m'appuie encore dans ces travaux sur certaines conceptions des émotions, ou des réactions affectives, que je comprenais comme étant universelles, par exemple l'acte sacrificiel comme un moment de terreur. Importer ces actions et rituels dans le domaine des sciences du cerveau, faire des statistiques, etc., me semble très difficile. Bien sûr, cela pourra désormais être fait, étant donné que les ordinateurs permettent cette énorme accumulation de connaissances. Pour ma part, j'avais presque soixante ans lorsque j'ai reçu mon premier ordinateur.

Homo Necans serait donc différent aujourd'hui, mais le livre porterait-il le même titre ? Homo *est-il toujours* necans *à vos yeux ?*

Oui, j'utiliserais le même titre. Il y a deux jours, j'ai lu une nouvelle brève au sujet de l'Afrique du Sud dans la *Neue Zürcher Zeitung*. Un individu, vraisemblablement un criminel, avait été mis en prison mais grâce à des relations familiales il en fut libéré. Une fois sorti de prison, l'homme et sa famille durent pratiquer une cérémonie de purification, où ils devaient tuer un bœuf, ou une vache, et deux moutons. Or, l'individu en question devait lui-même prendre une lance et blesser le bœuf. Un tel rituel s'inscrit parfaitement dans le décor d'*Homo Necans*. L'homme, ayant perdu son statut, devait pour le regagner devenir un *homo necans*, un homme qui est supérieur au bétail, et pour ce faire il doit participer à la mise à mort. Évidemment, une organisation pour la défense des animaux a protesté et c'est ainsi que l'anecdote est apparue dans le journal. Dans une telle cérémonie, qui est bien sûr une cérémonie religieuse, il est difficile de décrire les relations qui apparaissent avec les dieux. Nous avons affaire principalement à *homo necans*, l'homme tueur. Il prouve sa supériorité, son retour d'un état de captif par la mise à mort. Auguste est présenté sacrifiant de la même manière, sur l'*ara pacis*, à Rome. Ainsi je pense que la question de l'*homo necans*, bien au-delà de l'Antiquité classique, est toujours présente. Peut-être aujourd'hui un peu moins dans le monde occidental, mais elle est toujours là. *[12]*

Une question semble s'imposer lorsqu'on vous écoute. Votre approche relève-t-elle de la phénoménologie ? Vous parlez, par exemple, de l'empathie que ressentent les humains vis-à-vis d'autres mammifères.

D'une certaine manière, oui. Mais ce n'est pas qu'une approche phénoménologique. Par exemple, la question de l'empathie peut être étudiée par des méthodes scientifiques, propres à la psychologie. Il y a eu ainsi des études visant à déterminer quand les petits enfants développaient une aptitude à l'empathie, justement. Quand peuvent-ils comprendre le point de vue d'un autre enfant, se mettre à sa place ? Comprennent-ils quand et pourquoi ils blessent un autre enfant ? Par ces études, on obtient une certaine limite d'âge, que j'ai oubliée, peut-être deux ans et demi ou quelque chose comme ça ; et on peut également chercher à déterminer la différence avec de jeunes chimpanzés, différence que l'on trouve, évidemment. Dans cette perspective il ne s'agit plus de phénoménologie mais bien de science, de psychologie. Avec les neurosciences, on doit pouvoir trouver l'endroit du cerveau où la lumière s'allume dans ce contexte.

Comment évalueriez-vous votre impact sur les sciences humaines ?

Il est difficile de s'auto-évaluer. Je sais qu'aujourd'hui j'ai une certaine renommée. Mes livres ont été traduits dans plusieurs langues. Mais de là à dire ce que j'ai pu apporter aux sciences humaines… le concept est trop élevé. Ces dernières années, j'ai commencé à travailler dans un domaine lié, mais tout de même différent, à savoir les rapports en la Grèce et l'Orient. J'ai essayé d'apprendre les cunéiformes et d'appréhender le développement de la civilisation grecque avec les grandes civilisations orientales à l'arrière-plan, ou en communication avec celles-ci. J'ai eu une certaine influence dans ce domaine-là aussi. Mon livre sur ce sujet a d'ailleurs été traduit en grec moderne, ce qui m'a beaucoup surpris, mais les traducteurs lui ont donné pour titre *La civilisation grecque* et ont relégué l'influence orientale au sous-titre.

Avez-vous d'autres projets en cours ?
En conséquence de mon âge avancé je n'ai plus de projet en cours. Je pense qu'il est aujourd'hui important de prendre en compte ces nouveaux développements de l'anthropologie que j'essayais d'esquisser. Mais je ne trouve guère le temps et l'énergie de me lancer dans ces problèmes. Ces dernières années, ces rapports entre la Grèce et l'Orient m'ont principalement préoccupé et je trouve très intéressant de constater qu'il y a encore énormément de choses nouvelles et originales à explorer dans ce domaine ; tandis que dans le domaine des rituels grecs, j'ai [13] déjà parcouru la plupart des dossiers et je ne souhaite donc pas retourner sur ces terrains trop connus, pour ainsi dire.

Vous avez à plusieurs reprises employé le mot « religion ». Ce concept vous semble-t-il problématique ? En France par exemple, à la suite du philosophe Régis Debray, le concept de « fait religieux » s'est imposé dans les médias. Il semble que la remise en question du mot religion soit au goût du jour. Quelle est votre opinion à ce sujet ?
Pour moi, si vous dites « religion » ou « fait religieux », je ne vois pas vraiment la différence. Que certaines personnes agissent de manière religieuse est un fait, par exemple. Il y a des rituels qui sont explicitement liés à ce que j'appellerai des puissances supérieures ou supra-humaines. Là aussi c'est un fait. Nous savons évidemment que toutes les religions ne prennent pas la forme de la religion chrétienne. Ainsi, la religion grecque n'a pas de fondateur, de prophètes centraux ou de livres sacrés. Il s'agit principalement des *nomima patria* : ce que nos ancêtres faisaient nous continuons de le faire et visiblement il est bien pour nous de préserver ainsi nos coutumes. On assume que celles-ci se sont montrées efficaces et qu'il serait vraisemblablement dangereux d'agir différemment ; cela pourrait nous mener à la catastrophe.

Bien sûr, la religion s'inscrit dans le cadre plus global de l'anthropologie. Par exemple la question suivante : comment un être humain reste-t-il optimiste ? C'est, là aussi, une question liée au cerveau et aux différentes sortes d'opiacées que le cerveau libère. Mais dans ce problème général – comment l'être humain survit-il sans se suicider dans une situation désespérée ? – intervient également le « fait religieux ». C'est-à-dire que certaines personnes trouvent de l'énergie dans une attitude religieuse ; d'autres par contre gagnent une certaine influence, voire du pouvoir, en prêchant une telle attitude. Là encore, c'est un fait. Mais je ne crois pas qu'il faille inventer de nouveaux mots pour désigner de tels faits.

Aujourd'hui, il y a tous ces groupes qui s'adonnent à l'étude de la tradition indienne ou orientale et ainsi de suite ; je ne dirais pas qu'il ne s'agit pas, là encore, de religion, bien qu'on y évite de parler de dieux ou de puissances supérieures. On connaît bien sûr ce vieux débat : le bouddhisme est-il une religion ? Mais dans les faits, il y a tant de communautés, chacune avec des formes différentes de religion, que je n'hésiterais pas à qualifier le bouddhisme de religion. Lorsque j'étais au Japon, je n'ai vu aucune différence entre un temple bouddhiste et un autre temple, dédié à un dieu de l'air ou quoi que ce soit d'autre. Les temples étaient similaires et la collecte des contributions était organisée de la même manière. Ceci participe évidemment aussi de ces interactions qui font qu'un temple est bien plus qu'un simple lieu émotionnel. C'est aussi un site économique. Cela pour dire que ces idées très persuasives peuvent avoir un *[14]* impact économique réel. Nous voyons aujourd'hui des sociétés « religieuses » marginales, très efficaces sur le plan économique.

Il y a bien évidemment différentes manières d'exprimer le concept de religion dans différentes langues. Le grec moderne emploie *threskeia*, un mot relativement rare en grec ancien. Religieux se dit *threskeftiki* en grec moderne, mais les anciens grecs auraient parlé de *therapeia theôn*, où nous voyons apparaître le mot « dieux ». Nier la religion est exprimé par *atheos* : « sans dieux ». Cela se complique dans les sociétés modernes, en particulier depuis que nous n'avons plus qu'un seul dieu. Il serait absurde de généraliser ici, mais je ne vois pas de bonne raison de supprimer le concept de religion. Peut-être celui-ci a-t-il été employé de manière naïve, voire dans des buts d'oppression ou de classification politique. En 1968, à l'époque de la révolution estudiantine, lorsque toutes les formes d'autorité furent niées, la religion apparaissait effectivement comme un des moyens utilisés pour soutenir l'autorité. Et il est vrai que la religion a été utilisée, pas seulement en Allemagne mais aussi en Suisse, pour soutenir l'ordre normal, légal et social établit. Mais la religion n'a pas disparu pour autant. Nous sommes témoins aujourd'hui d'une sorte de renaissance islamique, par exemple.

Dès lors, comment aborder cet objet, la (les) religion(s) ? Il y a, par exemple en allemand, deux mots : Religionsgeschichte (histoire des religions) et Religionswissenschaft (science des religions). Quel est votre point de vue ?

Ces distinctions sont avant tout le fruit de développements historiques. Les sciences humaines se sont développées pour devenir historiques au xixe siècle. La science des religions est avant tout une branche des sciences humaines ; elle est donc inévitablement devenue historique. C'est au xixe siècle que s'est développée l'idée d'une évolution de l'esprit humain, d'une forme primitive vers une capacité d'abstraction accrue, d'une mentalité primitive vers une mentalité plus subtile. Le débat évolutionniste a pénétré le domaine de la science des religions. Pour une grande partie du xixe siècle, il était à la mode de tenter de reconstruire la mentalité primitive. Puis, lorsque le concept de mentalité primitive a été abandonné est arrivée la psychanalyse, qui a, pour sa part, découvert le substrat primitif en chacun de nous !

Dans le cadre de cette perspective paléolithique que Meuli a apportée et que j'ai adoptée, je dois dire que, de l'histoire, nous ne voyons que le dernier kilomètre. Nous ne connaîtrons jamais en détail ce qui s'est passé durant ces milliers d'années entre le moment où nous avons quitté l'Afrique et l'apparition de l'homme moderne, qui n'est âgé que de trente mille, voire de cent mille ans. Nous n'avons d'histoire, c'est-à-dire une histoire documentée, que pour les dix mille dernières années environ ; et de la littérature depuis seulement cinq mille ans. Dans ce contexte, parler d'« histoire » pour les phénomènes du paléolithique serait certainement une *[15]* forme d'arrogance. D'un autre côté, si nous employons « science », concept tellement vaste et illimité, il est primordial de garder des repères historiques. Néanmoins, lorsque nous avons organisé en Suisse une association pour étudier les faits religieux, nous l'avons appelée « Société Suisse pour la Science des Religions ».

Quoi qu'il en soit, je pense qu'il est normal en science des religions d'avoir un domaine spécifique où l'on se sente véritablement « chez soi », où l'on connaît les données, la langue, etc. Que ce soit l'Inde, la Grèce ou la Chine n'est en fin de compte pas si important, mais il faut avoir un point de départ à partir duquel on puisse trouver son chemin. Pour le reste, on peut énoncer des théories, mais je n'aime pas les théories. Les théories deviennent une sorte de ligne de conduite, imposant les données qu'il faut prendre en compte et lesquelles il faut mettre de côté. Les théories, pour la plupart, érigent des barrières. Il y a ceci, il y a cela ; chaque chose doit être à sa place et il ne faut en aucun cas les confondre ! Pour les recherches que j'ai effectuées, une certaine curiosité m'entraînait au-delà de telles barrières, me poussait à aller voir dans d'autres domaines. Je ne souhaiterais voir cette liberté limitée par des théories.

Mais n'y a-t-il pas justement une connotation positiviste dans le concept de « science » ? Peut-on prouver quoi que ce soit dans les domaines des sciences humaines ?

Non, il est très difficile de prouver quoi que ce soit dans ces domaines. Nous sommes chanceux lorsque nous pouvons affirmer que tel poème a été écrit par Goethe en authentifiant son écriture sur un manuscrit. Des choses comme cela peuvent être prouvées. Ou encore, nous pouvons démontrer qu'une idée n'est apparue qu'en l'an 500 et n'est donc pas adéquate pour un phénomène antérieur de mille ans. Dans de petits détails de ce genre, nous pouvons trouver de véritables preuves, ce qui, bien sûr, limite les interprétations fantaisistes. Quant aux théories, je pense qu'il est possible d'apporter des témoignages qui les rendent probables, puis de trouver de plus en plus de témoignages ou d'attestations allant dans leur sens et expliquer et interpréter tous ces faits, mais tout cela ne prouve rien. En psychologie, par exemple, il me semble difficile d'affirmer qu'on ait prouvé quelque chose, comme de savoir, dirons-nous, si tel homme est un criminel ou non. Peut-on véritablement établir une preuve psychologique ? Aujourd'hui, nous pouvons objectivement prouver qui est le père de qui, mais ça s'arrête là. On ne sait toujours pas affirmer avec certitude s'il va pleuvoir le lendemain ni où. Dans le cadre des sciences humaines, voire en anthropologie, il est possible d'ériger des bornes, des points de repère, de rendre un certain point de vue acceptable, peut-être même lui donner le vernis d'une évidence ; mais en faire une chose démontrée et figée une fois pour toutes serait à mon sens horrible. Toute autre perspective ou forme d'interprétation serait dès lors interdite.

Erschienen in: Süddeutsche Zeitung 2.2.2011, 14–15.

Johan Schloemann, Jesus war kein Vegetarier

Fleischkonsum und schlechtes Gewissen: Ein Gespräch mit dem Philologen und Religionswissenschaftler Walter Burkert zum 80. Geburtstag

Mit seinen Arbeiten über den „tötenden Menschen" und den Anfang der Religion hat der Gräzist Walter Burkert über Fächergrenzen hinweg Diskussionen angeregt. An diesem Mittwoch feiert er seinen achtzigsten Geburtstag. Aus dem Anlass traf die SZ Walter Burkert in der Villa über dem Zürichsee, die das Klassisch-Philologische Seminar der Universität Zürich beherbergt.

SZ: *Derzeit sind Schriftsteller mit Bestsellern erfolgreich, die sich gegen das Töten und Essen von Tieren aussprechen, es gibt eine neue Welle des Vegetarismus. Sind das Bewegungen, die sich nur aus ökologischen Bedenken speisen, oder hat es auch mit einem alten schlechten Gewissen beim Schlachten und Essen von Tieren zu tun?*

Walter Burkert: Tatsächlich ist der Fleischkonsum eine Frage der Menschheitsgeschichte. Der Mensch ist ja nur *out of Africa* gekommen, weil er Tiere gejagt hat. Schon die Schimpansen, unsere nächsten Verwandten, tun es, wie Jane Goodall herausgefunden hat: Bei Gelegenheit jagen Schimpansen ganz gerne ein Tier, es schmeckt ihnen offenbar gut. Und interessanterweise läuft die Fleischverteilung so: Sie gehen nicht aufeinander los und versuchen das Tier auseinanderzureißen, so wie es ein Raubtierrudel tut; sondern der, der das Tier erlegt hat, hat das Recht zur Verteilung der Stücke.

SZ: *Sie haben in Ihren Forschungen besonders die Praxis des religiösen Opfers mit dem Fleischkonsum verbunden.*

Burkert: Für mein Buch „Homo Necans" von 1972 habe ich versucht, dies exemplarisch an der griechischen Religion zu untersuchen. Natürlich gibt es das Tieropfer auch im Alten Testament, von wo es auch in die christliche Ideologie hineingekommen ist, in der das Opferessen ja eine zentrale Rolle spielt. Ich saß einmal in einem Kreis von Vegetariern, die meinten, Jesus sei auch ein Vegetarier gewesen. Aber man muss nur ins Evangelium schauen, wo es heißt: Mich hat herzlich verlangt, dies Opferlamm zu essen; daran knüpft ja dann die Metaphorik an, wonach Jesus selbst zum Opferlamm wird. Für die hebräische Tradition ist es typisch, dass man zwar durchaus Tiere isst, aber dieses Tiereessen als einen Gottesdienst betrachtet. Allgemeiner heißt das: Man braucht die Götter zur Legitimation des Fleischessens, man erzählt Geschichten darüber, dass die Götter dies wollen und dass man sie dadurch ehren müsse, dass man Tiere schlachtet. Meine Vermutung war, dass das Tieropfer ein sehr alter Versuch ist, den Schrecken des Blutvergießens zu bannen.

SZ: *Sie machten, auch inspiriert von Biologen wie Konrad Lorenz, den gewagten, oder zumindest damals sehr ungewöhnlichen Sprung vom anthropologischen Erbe hin zu einer konkreten Religionskultur, dem Opfer bei den Griechen. Darf man also spätere kulturelle Entwicklungen, wie etwa auch den modernen Vegetarismus, auf ein uraltes Menschheitsproblem zurückführen?*
    Burkert: Gewiss kann man fragen, ob man solche psychologischen Überlegungen über den Urmenschen überhaupt anstellen kann. Angesichts der Ergebnisse der heutigen Mikrobiologie und der Hirnforschung wird manche Hypothese ihrerseits zum reinen Mythos, zur vereinfachenden Erzählung. Aber es erscheint mir trotzdem weiterhin plausibel, dass die Entwicklung des fleischfressenden *Homo* eine Kontinuität seit Urzeiten hat.

SZ: *Aber gilt das wirklich kulturübergreifend?*
    Burkert: Schauen Sie etwa nach Japan. Die Japaner kamen verhältnismäßig spät auf ihre Insel und haben keine Haustiere mitgebracht. Also halten sie sich an Meeresfrüchte, Fisch, Gemüse. Das heißt, es gibt anders als in Europa und Vorderasien keine Tradition für das Fleischessen. Als aber die Japaner in der Neuzeit reicher wurden, stürzten sie sich geradezu aufs Fleisch – ich habe nie so viele Steakhäuser gesehen wie in Japan… Sie holen offenbar nach, was ihnen zwischendurch gefehlt hat.

SZ: *Der Unterschied zwischen den antiken Kulturen mit Fleischopfer und der heutigen westlichen Welt ist allerdings, dass die einstige Nähe zum Tötungsvorgang, zum Schlachten, dass die frühere Sichtbarkeit des Opfers und des Blutes durch die industrialisierte Nahrungsproduktion heute fast verschwunden ist.*
    Burkert: Aber diese Trennung geht auf ein Gefühl zurück, das man schon in frühen Kulturen hatte. Eine ganze Reihe von antiken Philosophen beispiels-

weise hat bemerkt, man müsste eigentlich Vegetarier sein. Und auch frühere Kulturen haben auf ihre Weise versucht, die blutige, tötende Seite des Fleischkonsums eher fernzuhalten.

SZ: *Und sei es eben durch die Sinngebung im Opfer?*
Burkert: Das habe ich jedenfalls versucht zu zeigen. Die Opferpraxis variiert im Einzelnen, aber sie finden sie bei den alten Sumerern vor Tausenden von Jahren bis hin zum massenhaften Schafe-Schlachten, das beim islamischen Opferfest bis heute praktiziert wird.

SZ: *Bei den frühen Menschen hat man ja von einer existenziellen Situation auszugehen, in der man Tiere fangen und töten muss. Daraus entstehen nach Ihrer Darstellung Opferrituale. Würden Sie auch heute noch sagen, dass sich die Religion mit ihren Geschichten und Göttern eher aus solchen Ritualen entwickelt – statt dass umgekehrt das Ritual aus dem Götterglauben entsteht?*
Burkert: Das ist natürlich eine der großen Streitfragen der Kulturtheorie – wie verhalten sich Ritual und Mythos zueinander? Die frühen Menschen haben zunächst in der Tat mit den existenziellen Fragen des Lebens zu tun gehabt: Hunger, Krankheit, Krieg. Mir schien es plausibel, auch aufgrund von Beobachtungen der Verhaltensbiologie, dass die Rituale vor den erzählenden Motiven das Primäre sind. Allerdings zeigte sich mit der Zeit, dass Menschenaffen wie die Schimpansen eigentlich keine Rituale kennen, von Markierungen ihrer Rangordnung einmal abgesehen. Es gibt also keine direkte evolutionäre Gemeinsamkeit, keine Kontinuität, was Rituale angeht.

SZ: *Sie wurden von den Menschen erfunden.*
Burkert: Ja, und dabei hat wohl das Spezifikum der menschlichen Sprache eine Rolle gespielt. Die Ursprungsfrage hängt also eng mit dem Ursprung der Sprache zusammen. In der immer noch lebendigen Diskussion darüber wird übrigens meist übersehen, dass die Grundform des Sprechers beim Menschen der Befehl ist. Ein Schimpanse kann nicht sagen: „Hol mir die Banane!" Aber menschliche Kinder lernen sofort die Befehlsform: Gib das her, lass das, geh dorthin... Der Imperativ ist auch in den meisten Sprachen die Grundform des Verbs. Ein Ritual ist im Grunde auch eine Abfolge von Befehlen – tu dies, tu das. Die Sprache war also wichtig. Aber natürlich befinden wir uns hier in Zeiträumen, die gegenüber der bezeugten Geschichte nur einige Vermutungen zulassen. Die ältesten Holzspeere sind etwa 300 000 Jahre alt. Man kann in der Überlieferung zwar alte Spuren finden – so greift Odysseus beim Kyklopen nicht auf ein Schwert zurück, um ihm das Auge auszustechen, sondern

auf einen feuergehärteten Speer, einen Urspeer gewissermaßen... Aber die Behauptungen über prähistorische Religion sind in der Forschung immer vorsichtiger geworden.

SZ: *Sie betonen jedenfalls immer wieder die Bedeutung der elementaren Gottesfurcht als Kennzeichen der Religion – Ihr jüngster Aufsatz dazu heißt „Horror Stories"...*
Burkert: Die Angst ist ein Urphänomen des Lebens überhaupt, bei allen Säugetieren. Dem Menschen aber ist es möglich, die Angst zu manipulieren. Besonders auch aufgrund von Herrschaftsverhältnissen: Untergebene müssen Respekt haben; der oberste Herrscher hat aber auch seine kreatürliche Sorge, und so hat er noch einen über sich, einen Gott, vor dem er wiederum Angst hat. Die Spezialisten für Religion können dann die Angst einerseits einhegen und andererseits aufrechterhalten. Die Religion wird zu einem menschlichen sozialen Spiel: Angst einflößen und wieder nehmen. Die konkreten Hauptängste sind Hunger, Aggression von außen, Krankheit und das Gefühl, verlassen zu werden. Daran hat sich ja bis heute wenig geändert.

SZ: *Die Religion kanalisiert und bändigt die Angst durch Personalisierung, sie re-inszeniert sie aber auch durch theaterhafte heilige Handlungen, durch Bauten und Geschichten... Im Christentum allerdings wird der Gott ja mit der Zeit humanisiert – letztlich bis zu dem Punkt, wo sich der Glaube an den Gott auflöst, weil er zu harmlos geworden ist?*
Burkert: In Europa wenigstens nähern wir uns diesem Zustand ja schon an. Aber im Islam ist die Furcht vor Allah noch recht präsent.

SZ: *Was geschieht mit den Ängsten der Menschen, wenn die Gottesfurcht verschwindet?*
Burkert: Nun, Hieronymus sagt, die Angst vor Gott vertreibe alle anderen Ängste... Jedenfalls werden die Menschen, so scheint mir, nicht glücklicher.

SZ: *Als Gräzist haben Sie die Verbindungen Europas zu den Kulturen Vorderasiens betont. Die Griechen werden stärker von ihren Ursprüngen her betrachtet, stärker auch von ihren dunklen Seiten her. Nietzsche sagt einmal, „Humanität" sei kein griechischer Begriff – tritt das Klassische, Humane der Antike durch ethnologisch-religionswissenschaftliche Sichtweisen in den Hintergrund?*
Burkert: Der Versuch, das Griechenideal in einer neuen ästhetischen Bewegung nach der allgemeinen Kulturkrise um 1900 noch einmal zu beleben –

im Kreis von Stefan George und anderswo – hat mich über meine Lehrer durchaus noch erreicht. Mein Lehrer Otto Seel war mit Rudolf Alexander Schröder befreundet. Aber nach 1945 war für mein Bildungserlebnis auch, wie für viele, die Öffnung nach Amerika wichtig, die Wiederentdeckung von Thomas Mann oder Hermann Hesse, die moderne Kunst, die Atombombe, die Psychoanalyse…

SZ: *Daher also weniger Idealisierung der Griechen?*
Burkert: Vielleicht. Jedoch darf heute bei aller Gegenbewegung zum Griechenideal nicht vergessen werden, was die historischen Sonderleistungen der Griechen sind: Vokalalphabet, Fernhandel und Innovation; freiere Entfaltung der Kultur, Erfindung des Münzgeldes, Individualität; kaum traditionelles Königtum, dezentrale Politik, Demokratie; Wissenschaft, Philosophie, Debattenpraxis, Buchkultur, Städte mit Bibliotheken…

SZ: *Diese Dinge, die europäische Tradition gebildet haben, wurden immer als das Vorbildliche, das Positive, das Helle der Griechen genannt. Sie aber haben sich nun mal seit den sechziger Jahren dem Dunklen zugewandt – Ihre Themen waren das Gewaltsame der Religion, die Sekten und Mysterien, das Fremde…*
Burkert: Nun ja, ich habe mich auch intensiv mit der griechischen Mathematik beschäftigt. Aber es stimmt schon. Ich glaube, die andere, dunkle Seite war einfach die interessantere, die, die schwerer zu verstehen war. Ein Bereich, der beides verbindet, ist die Tragödie. Die griechische Tragödie interessiert heute noch die modernsten Regisseure. Ich hatte die Idee, dass die Tragödie ursprünglich mit einem Opferritual zusammenhängen könnte – dass der „Bocksgesang" („Tragödie") ein Gesang zum Opfer eines Bockes gewesen sei. Die Metaphorik der Tragödie greift jedenfalls immer wieder aufs Opfer zurück, wenn gemordet wird.

SZ: *Selten treffen Philologie und Geisteswissenschaften so intensiv auf die Naturwissenschaften wie in Ihrem Werk. Was sind denn heute die Orte des Gesprächs zwischen den Wissenschaften?*
Burkert: Das Wichtigste ist wohl die Frage nach dem Verschwinden von „Geist" und „Seele". Die Neurowissenschaft zerstört diese langlebigen Vorstellungen; aber sie rätselt bis heute, was das „Bewusstsein" ausmacht.

SZ: *Ist es denn ein Problem, wenn ein Begriff von „Seele" oder „Geist" fragwürdig wird?*
Burkert: Ich glaube schon – jedenfalls sind wir wieder nackter unseren Grundlagen ausgeliefert.

Walter Burkert

Mit der Opfertheorie in seinem Buch „Homo Necans" von 1972 hat Walter Burkert weit in die Kulturwissenschaften hinein gewirkt, von der Altphilologie über Ethnologie und Religionsforschung bis zur Theorie des Theaters. Einflussreich waren auch seine Erkundungen von Sekten und Mysterien, von Philosophie und Esoterik – angefangen mit der Habilitationsschrift „Weisheit und Wissenschaft. Studien zu Pythagoras, Philolaos und Platon", 1962. Durch seine Analyse der Kontakte zwischen Ost und West, zwischen Griechentum und den Kulturen des alten Vorderasiens wurde „Die orientalisierende Epoche" (1984) zum feststehenden Begriff.

Am 2. Februar 1931 in Neuendettelsau bei Ansbach geboren, ging Burkert nach der Promotion über den griechischen Mitleidsbegriff und der Assistentenzeit in Erlangen im Jahr 1966 als Professor an die Technische Universität Berlin. 1969 wurde er an die Universität Zürich berufen, wo er bis zur Emeritierung 1996 lehrte. Er hatte Gastprofessuren unter anderem in Harvard und Berkeley inne und erhielt zahlreiche Ehrungen, darunter 1990 den Balzan-Preis.

Burkerts gehaltvolle Einzelstudien werden in der auf acht Bände angelegten Edition seiner „Kleinen Schriften" gesammelt, von denen bisher vier Bände publiziert wurden. Kürzlich erschienen ist der Sammelband „Gewalt und Opfer. Im Dialog mit Walter Burkert" (hrsg. von A. Bierl und W. Braungart, Verlag Walter de Gruyter).

7. Nachrufe auf Walter Burkert und Biographical Memoirs

7.1. Tageszeitungen

Erschienen in: NZZ 60, 13.3.2015, 46 (online: https://www.nzz.ch/feuilleton/antike-und-anthropologie-ld.765929 [abgerufen am 13.8.2024]).

Christoph Riedweg
Antike und Anthropologie
Zum Tod des Altphilologen Walter Burkert

Als eminenter Altphilologe, Religionswissenschafter und Kulturhistoriker hat Walter Burkert lange Jahre an der Universität Zürich gelehrt – und sich mit einem weitgespannten Werk in der globalen Gelehrtenrepublik einen Namen gemacht. Am 11. März ist er im Alter von 84 Jahren gestorben.

Kein Zweifel: Walter Burkert war eine Ausnahmeerscheinung – mit Scharfsinn, Arbeitskraft, geistiger Spannweite und Ideenreichtum ausgestattet, wie sie nicht nur unter Altertumswissenschaftern selten zu finden sind. Das imposante Œuvre, welches er hinterlässt, spricht für sich. Die Zahl und die Qualität der Auszeichnungen, die den Balzan-Preis und den Orden Pour le mérite einschliessen, tun dies ebenfalls. Altertumswissenschaft war bei Walter Burkert alles andere als verstaubt. Aus klassischen Texten und Mythen, aus verschiedenen Lesarten, Fragmenten von Inschriften und Bildern sowie archäologischen Befunden wusste er Funken zu schlagen und erfrischend neue Bezüge herzustellen. Seine stupende Gelehrsamkeit erschöpfte sich dabei nicht in antiquarischer Rekonstruktion, sosehr ihm diese am Herzen lag und so souverän er sie insbesondere im Bereich der griechischen Religion praktizierte.

Philologie und Verhaltensforschung

Die Forschungsergebnisse werden in seinem Werk regelmässig an die Gegenwart zurückgebunden und in die historische Entwicklung der Menschheit eingebettet. Sequenzen antiker Mythen und Riten deutet Walter Burkert aus dem Alltag der paläolithischen Jäger- und Sammlergesellschaften, ja selbst der Primaten heraus. Blutige Opfer, wie sie für die griechisch-römische Welt fundamental sind, werden unter Aufnahme von Anregungen des Philologen und Ethnografen Karl Meuli sowie des Verhaltensforschers Konrad Lorenz als „Inszenierungen geregelter Aggression" verstanden, die durch die Erzeugung heiliger Schauer Gemeinschaft erzeugen. Den Nachwirkungen der Kultpraktiken und anderer antiker Denk- und Verhaltensmuster – darunter der Kreislauf des Gebens oder die Suche nach einer ursächlichen Schuld, um bedrängendes Unheil zu bannen – spürt Burkert zuweilen kühn bis in die Tagesaktualität hinein nach. Klassische Philologie, so Burkert im Nachwort zur Zweitauflage seines bahnbrechenden Werks „Homo Necans" – „Der tötende Mensch" –, „weitet sich zur Anthropologie"; und ebendies macht seine Forschungen bis heute über die Grenzen des Faches hinaus so attraktiv.

Walter Burkert, als Wissenschafter und als Mensch, lebte in seiner Zeit und für sie – aber er war der Zeit in mancher Hinsicht auch voraus. Als es trendig wurde, die Geisteswissenschaften zu verabschieden und das Zeitalter der Kulturwissenschaften auszurufen, war Burkert längst dort. In einem gewissen Sinn ergab sich das aus seiner Beschäftigung mit der Antike wie von selbst: Die klassische Philologie betreut seit je das gesamte Spektrum der literarischen Hinterlassenschaft der Antike, von der Dichtung über Geschichtsschreibung, Rhetorik und Philosophie bis zu wissenschaftlicher Fachprosa, zu Briefen, Schul- und Gelegenheitstexten aller Art. Was bei Walter Burkert dazukam, war die konsequente Berücksichtigung der ausserliterarischen ikonografischen Evidenz und die Ausweitung des Blicks auf den Vorderen Orient. Ausserdem verstand er es wie kaum ein Zweiter, Ansätze und Ergebnisse der zeitgenössischen Psychologie, Ethologie und Soziobiologie für die Erforschung der Antike fruchtbar zu machen.

Kritischer war er gegenüber einer semiotisch-strukturalistischen und literaturwissenschaftlichen Theoriebildung eingestellt, die jeden Bezug zu einer wie immer gearteten Realität in Abrede stellt: „A sign system cannot be selfcontained: there are no signs without signification, and signification is void without reference", wie Burkert in seinen Sather Classical Lectures (1979) in Auseinandersetzung mit Lévi-Strauss vermerkte. Schlicht und packend zugleich hat er sein eigenes Erleben von Forschung am Ende des unvergesslichen Basler Kolloquiums zu seinem 65. Geburtstag im Frühjahr 1996 zusammengefasst: „Mein Eindruck war immer der, dass es nicht um ein Erfinden gehe, sondern um ein Finden."

Burkert wäre auch nie auf die Idee gekommen, despektierlich über Mikrophilologie zu reden: Bei aller Aufgeschlossenheit gegenüber modernen Fragestellungen gehörte minuziöses philologisches Arbeiten für ihn zum Kerngeschäft. Ja mehr noch: Ohne solides philologisches Fundament wären seine kulturwissenschaftlichen Globalperspektiven unvorstellbar. Stets hat er die enorme Weite seines Zugriffs durch einzelne Belege detailliert abgesichert, und es ist nicht zuletzt diese modellhafte Aufarbeitung und Präsentation einer oft immensen Datenfülle, welche seine Studien bis heute auch für jene unentbehrlich macht, die den kühnen Thesen nicht uneingeschränkt folgen mögen.

Internationale Resonanz

Die internationale Resonanz, welche Burkerts Standardwerke zur griechischen Religion, zu den Mysterienkulten und zum Kulturtransfer zwischen Orient und Griechenland gefunden haben, lässt sich allein schon an der Tatsache ablesen, dass sie in Sprachen wie Französisch, Spanisch, Neugriechisch, Türkisch, Norwegisch, Portugiesisch, Polnisch und Serbisch übersetzt wurden – von den ursprünglich auf Englisch oder Italienisch publizierten Publikationen ganz zu schweigen. Die aussergewöhnliche Produktivität und Bandbreite seines Schaffens bezeugen die in acht Bänden gesammelten „Kleinen Schriften", die thematisch geordnet sind und von den homerischen Schriften, dem Vorderen Orient, Orphischem, Pythagoreischem und Mysterienphänomenen über Mythos, Ritual und Religion bis zu Tragödie, Historie und Philosophie reichen.

Burkert hat nicht nur regelmässig in den massgeblichen Fachzeitschriften publiziert und wichtige Beiträge zu internationalen Referenzwerken wie der „Cambridge Ancient History", der „Theologischen Realenzyklopädie", dem „Historischen Wörterbuch der Philosophie" oder dem „Oxford Handbook of Presocratic Philosophy" verfasst. Er hat sich darüber hinaus nie gescheut, komplexe Themen – wie die vor einigen Jahren im Zusammenhang mit Raoul Schrotts neuer „Ilias"-Übersetzung heftig diskutierte Frage der Bezüge zwischen griechischer und vorderorientalischer Kultur – einem weiteren Publikum in Form von Zeitungsartikeln zugänglich zu machen. Allgemein vermochte er es wie nur wenige, seine Forschungsergebnisse in gut angelsächsischer Tradition spannend, plastisch und mit beispielhafter Prägnanz zu formulieren. Kein Wunder, dass ihm die Deutsche Akademie für Sprache und Dichtung 2003 den Sigmund-Freud-Preis für wissenschaftliche Prosa verliehen hat.

Der akademische Lehrer

Bei allem Erfolg zeichnete Walter Burkert sein Leben lang eine ausserordentliche Bescheidenheit aus. Er, der aufgrund seiner Fähigkeiten überall, weltweit, als Rat- und Ideengeber, als Redner und Diskussionsteilnehmer gefragt war, stellte seine Person nie ins Zentrum, sondern blieb durch seine lebendige intellektuelle Neugier und durch ansteckende Begeisterungsfähigkeit für Studierende, Kolleginnen und Kollegen ein unprätentiöser, höchst anregender Gesprächspartner. Als akademischer Lehrer war er mitunter schlicht hinreissend. Hatte man sich einmal an den stürmischen Vortragsstil gewöhnt, konnten seine Vorlesungen mit ihrem Perspektivenreichtum und dem Bezug auf das *hic et nunc* recht eigentlich zu Sternstunden werden. Generationen von klassischen Philologinnen und Philologen hat Walter Burkert von 1969 bis 1996 in Zürich ausgebildet und mit seiner Brillanz für die antike Literatur, Kultur und Religion begeistert. Sie werden ihn in dankbarer Erinnerung bewahren. – Am 11. März ist Walter Burkert im Alter von 84 Jahren in Uster gestorben. Die Philosophische Fakultät und mit ihr die ganze Universität Zürich hat einen ihrer Grossen verloren.

Erschienen in: Süddeutsche Zeitung 14.3.2015, 20.

Wolfgang Schuller
Richtige Riten
Der Gräzist Walter Burkert ist gestorben

Was früher einmal als Bonmot gedacht war, ist von dem am 11. März verstorbenen Klassischen Philologen Walter Burkert ernst genommen worden: Einem allzu treuherzigen Forscher, der wirklich an die Existenz der griechischen Götter glaubte, wurde entgegengehalten, dass er dann auch Stiere opfern müsse. Sollte damit eine Art Kinderglauben ad absurdum geführt werden, so war es eine der großen Leistungen Walter Burkerts, aufgezeigt zu haben, dass es in der griechischen Religion auf die richtige Ausführung der Riten ankam, nicht auf subjektives Glauben einer in Dogmen gefassten Offenbarung. Daher der Titel seiner frühen Arbeit „Homo Necans", der tötende Mensch. Die griechischen Priesterämter waren eben Ämter wie andere auch und konnten von jedermann bekleidet werden, und daher war es selbstverständlich, dass solche Ämter verkauft und gekauft wurden.

War die Betonung des Rituals für die griechische Religion bahnbrechend, so stehen die anderen Forschungen Burkerts nicht nach. Er verlängerte sie sozusagen nach hinten, indem er sie in die frühe Vergangenheit der Menschheit zurückführte. Ständig bezog er archäologische und historische Gesichtspunkte ein. Auf dem Gebiet der orientalischen Hochkulturen war er so kundig wie kaum ein zweiter, der nicht selbst Altorientalist ist. Darauf war es wohl zurückzuführen, dass er den Homer-Spekulationen Raoul Schrotts mit wenig Schärfe, sondern väterlich-milde entgegentrat.

Dennoch: Burkert blieb immer Klassischer Philologe, nie verlor er die Rückbindung an die Wissenschaft von den griechischen Texten aus dem Auge. Davon zeugt seine Produktivität, die sich außer in Monografien in acht Bänden Kleiner Schriften zeigt. Seine Geschichte der griechischen Religion verstand er nur als ersten Zugriff, und diese bescheidene Selbsteinschätzung war keine Koketterie. Das Buch ist ein Klassiker geworden, und Burkert selbst, dem man die fränkische Herkunft deutlich anhörte, erhielt neben vielen anderen Ehrungen den Sigmund-Freud-Preis für wissenschaftliche Prosa, den Balzan-Preis – den Nobelpreis der Geisteswissenschaften – und er war Ritter des Ordens Pour le mérite.

Erschienen in: FAZ 16.3.2015, 14. © Alle Rechte vorbehalten. Frankfurter Allgemeine Zeitung GmbH, Frankfurt. Zur Verfügung gestellt vom Frankfurter Allgemeine Archiv.

Uwe Walter
Der große Gräzist
Zum Tod von Walter Burkert

Wenn das Beil in den Nacken des festlich geschmückten Opferrindes fuhr, das Blut emporspritzte und der Todesschrei des in die Knie brechenden Tieres vom Aufjauchzen der versammelten Kultgemeinde übertönt wurde, wenn anschließend Fett und Eingeweide als Gabe für die Götter verbrannt, das Fleisch aber gemeinschaftlich verzehrt wurde, dann war dies ein in der Antike tatsächlich unzählige Male ausgeübtes Ritual, das nicht recht zur gedämpften, marmorweißen „edlen Einfalt und stillen Größe" der Winckelmannschen Hellenen passen will.

Der aus dem Fränkischen stammende Gräzist Walter Burkert hat den Blick auf diesen Teil antiken Lebens gerichtet, freilich nicht in dialektisch-apologetischer oder verfremdender Absicht. Vielmehr hat er in der Tradition der „Cambridge ritualists" und deutschsprachigen Bahnbrecher einer anthropologisch orientierten Religionswissenschaft, doch zugleich weit über diese hinausführend, das Opferritual zum Kern ursprünglicher religiöser Praxis gemacht und zugleich entharmlost. Denn nicht aus den Nöten des Ackerbauern als Beschwören von Natur und Fruchtbarkeit und damit letztlich als Ausfluss magischen Denkens sei es zu verstehen. Vielmehr wurzele das Tötungsritual in altsteinzeitlichen Jägerkulturen. Hinter dem blutigen Opfer nicht nur der antiken Griechen steckten, so die These der bahnbrechenden Studie „Homo Necans" (1972), die Ängste und Schuldgefühle von Jägern, die gemeinschaftlich töten und das Tier essen mussten, um leben zu können, denen aber doch davor graute, weswegen die Griechen später die nicht essbaren Teile den Göttern opferten und die Knochen in den Lebenskreislauf zurückgaben. Diese Religion war keine unaufgeklärte Spekulation über vermeintliche Wirkungszusammenhänge, sondern ein notwendiges Tun. Die Leistung jeder Kultur ist in der Einhegung von Gewalt und Schuld zu sehen.

Der seit 1969 in Zürich wirkende Burkert war in seinen disziplinübergreifenden Studien ein veritabler Ein-Mann-Sonderforschungsbereich. Er hinterlässt neben zahlreichen Monographien, darunter eine gewiss noch lange maßgebliche Geschichte der griechischen Religion, volle acht Bände gesammelter Aufsätze. Vom „Homo Necans" spannte er zwei große Bögen: Da blutige Opfer in beinahe allen antiken Kulturen zu Hause waren, lag es nahe, auch deren Wechselwirkungen nachzugehen. Ohne plakative Engführungen wies der polyglotte, auch für die Bilderwelten der Artefakte sensible Gelehrte immer wieder auf die von den Griechen aufgenommenen Anregungen aus dem Orient hin. Und zuletzt unternahm er das Wagnis, dem Tierischen im Menschen, genauer: den biologischen Grundlagen von Religion nachzuspüren, obwohl Konrad Lorenz und die Naturalisierung von Kultur mittlerweile ziemlich unkorrekt sind. Es sei, so bemerkte ein Rezensent einmal, ein guter Morgen, wenn man ein neues Buch von Walter Burkert in die Hand nehmen könne; selbst seine Irrtümer seien höchst anregend. Wer der hochgewachsenen Gestalt begegnete, den temperamentvollen Vorträgen und Debattenbeiträgen lauschte, spürte eine denkbar unradikal auftretende intellektuelle Radikalität. Burkerts stupende Gelehrsamkeit und sein Beharren auf philologisch präziser Methode schützten seine Thesen freilich vor jener Krawallaufmerksamkeit, die Schlagwörter wie Religion, Gewalt, Orient und Biologie heutzutage sonst gern auslösen. Dem frei flottierenden Konstruktivismus hielt er einmal entgegen, in der Wissenschaft gehe es nicht um ein Erfinden, sondern um ein Finden. Trotz oder wegen dieser Erdung war er für fast ein halbes Jahrhundert der Gräzist mit der wohl am weitesten über die Grenzen seines Faches hinaus reichenden Wirkung. Vergangenen Mittwoch ist Walter Burkert im Alter von 84 Jahren gestorben.

Erschienen in: Independent 31.3.2015. © Independent Digital News & Media Ltd. (online: https://www.independent.co.uk/news/obituaries/walter-burkert-classical-scholar-whosefascinating-books-on-greek-mythology-and-religion-were-packed-with-fresh-insight-10287963.html?origin=internalSearch [abgerufen am 1.2.2024]).

Robert Parker

Walter Burkert:
Classical scholar whose fascinating books on Greek mythology and religion were packed with fresh insight

Walter Burkert was a giant among scholars of ancient Greek culture, one whose work had resonance well beyond the world of classical scholarship. He combined awesome learning, brilliant expository skills in both German and English (the award in 2003 of the Sigmund Freud prize for Scientific Prose was well deserved), and a passionate and wide-ranging intellectual curiosity.

His love and admiration for Greek literature and philosophy were manifest, but his approach to the Greek world was resolutely non-classicising and non-idealising. He always sought out interconnections with the thought and experience of other ancient cultures (an early article was entitled "Iranian Elements in Anaximander"). More controversially, he believed Greek religious practices to have been decisively shaped by homo sapiens' long prehistory as a hunter, and even sought analogies in animal behaviour.

His first major book treated the philosopher and sage Pythagoras. With virtuoso scholarship he illuminated the growth of traditions about this early figure who left no writings. What remained in Burkert's account, once these later accretions had been stripped away, was an archaic sage, more wonder-worker than scientist.

The next book was a study of Greek sacrifice entitled Homo Necans ("Man the Killer"), in grim parody of Johan Huizinga's study of the play element in culture, Homo Ludens. The Swiss comparativist Karl Meuli had argued that Greek sacrificial ritual had its origin in the "comedy of innocence", by which hunters pretended that the killing of their prey was not their fault or indeed had not happened at all. Burkert combined this idea with the then-popular theories of students of animal behaviour, Konrad Lorenz above all, about the inherent aggressivity of animals and men.

Sacrifice for Burkert was a mechanism that both discharged human aggression against an animal and (by the Meuli mechanism) sought guiltily to deny its reality. The shared experience of sacred horror grounded society. Like Jane Harrison, whom he admired, he looked past the facade of the stylish Olympian gods to see in Greek religion something primitive and visceral: "Werewolves around the Tripod Kettle" was a typical chapter title.

Structure and History in Greek Mythology and Ritual reformulated this position in polite polemic against the other innovative, and much more intellectualist, approach of the time, the structuralism of Lévi-Strauss and J.-P. Vernant: "History Against Structure" might have caught its argument more accurately.

A large history of Greek religion published in 1977 was at once recognised as a masterpiece of learning and compression, and brought back to the fore the theme of Greek dependence on other ancient near-eastern cultures that dominated his writing thenceforth – and set the agenda for some of the most innovative work by others of the last three decades.

Burkert learnt the extinct east Semitic language Akkadian, and in the short but brilliant The Orientalizing Revolution argued that Greeks borrowed from the neighbouring cultures in religion, poetry and cosmology no less than in art; he anticipated Bernal's Black Athena in identifying the racism underlying some 19th-century attempts to prove the opposite, while avoiding that work's many excesses.

His theoretical boldness was recognised by the invitation to deliver the Gifford lectures in Natural Theology in 1989. There emerged Creation of the Sacred: Tracks of Biology in Early Religions, which sought to ground forms of action common to many religions (such as sacrifice, expiation, scapegoating, offerings, myth-making) in biological imperatives.

The index sequence "children, sacrifice of; chimpanzees; Christianity" is rather characteristic of the book. As "early religions" in the sub-title suggests, it's a throwback to the big theories about the origins of religion advanced by the founding fathers of anthropology in the 19th century, but abandoned with the rise of the field-based British tradition in the 20th. When published it was isolated; since then, the cognitive science of religion has set itself the same ambitious goal.

Other books include Ancient Mystery Cults, a dense but vivid synthesis which stressed the drastic experience of initiation (as opposed to promises about the afterlife), and Babylon, Memphis, Persepolis: Eastern Contexts of Greek Culture, a study in the exchange of cosmological ideas. His

Kleine Schriften extend to an astonishing eight volumes, and contain much of his best work.

Like several recent scholars of Greek religion, he grew up in a very different religious environment, as the son of a Lutheran minister in southern Germany. For most of his career he taught at the university of Zürich as professor of Greek. With his tall and slightly stooped figure, he was a courteous and benevolent presence at every conference where Greek religion was discussed, attending closely to the contributions of both young and old, and summarising the whole discussion with effortless skill at the end.

Not given to small talk, he became instantly animated when any topic with which a mind could engage was mentioned. His books were widely translated, he held almost all the prestigious visiting lectureships, and had honours showered upon him – chief among them, the Balzan Prize for 1990. He valued such things at no more than they are worth.

Miguel Herrero de Jáuregui

Walter Burkert, un gigante del helenismo

"Héctor blandió fácilmente una roca que hoy dos hombres apenas podrían levantar del suelo" (*Ilíada* 12.442). Así describe Homero a sus héroes, sin que su superior grandeza les reste un ápice de humanidad. También hoy algunos, al morir, dejan el recuerdo de una naturaleza superior cuyas obras alcanzan dimensión heroica. Y sin duda en las ciencias del espíritu estas figuras, escasas por su carácter y empuje para nadar contra corriente, son imprescindibles para abrir caminos hacia horizontes nuevos. En la era de equipos de investigación, consorcios, escuelas, congresos y libros colectivos, Walter Burkert (1931–2015), catedrático emérito de filología clásica la Universidad de Zurich, descuella como representante de otra época en la que un solo hombre dotado de genio y pasión podía cambiar el curso de toda una disciplina. Nunca veremos la antigüedad de igual modo tras sus estudios sobre religión, antropología, filosofía y literatura griegas.

Sus siete grandes obras se convirtieron en clásicos desde su misma publicación. La primera, *Sabiduría y ciencia en el pitagorismo antiguo* (1962) constituye aún la guía más completa para iluminar la oscuridad de las fuentes y distinguir historia de mito, pero también apreciar el solapamiento de ciencia y religión en los albores de la filosofía; *Homo Necans* (1972) es un prodigio de variedad en las fuentes plegada a la unidad de la tesis central: el origen del sacrificio animal en torno al cual gira la religión antigua está en los miles de años anteriores en que el hombre dependió de la caza para sobrevivir, y su relación ambivalente con la víctima explica el ritual sacrificial como una "comedia de la inocencia" que exculpa a los participantes; *Religión griega de época arcaica y clásica* (1977) es aún el manual no superado para estudiosos de la materia; *Estructura e historia en el mito y ritual de la antigua Grecia* (1979), defiende la búsqueda de orígenes y evolución de la tradición frente a la sincronía propugnada por el estructuralismo; *Cultos mistéricos antiguos* (1987) ofrece la primera visión general de los misterios tras muchas décadas de parálisis por las disputas del primer tercio del siglo XX en torno a su relación con el cristianismo; *La revolución orientalizante* (1992) fija la atención en los contactos entre Medio Oriente y Grecia en época arcaica – investigación pionera continuada en un opúsculo de 1999, *De Homero a los magos*, y que inspiró una oleada de nuevos estudios en la materia que aún no ha remitido; *La creación de lo sagrado* (1996) alarga la mirada hasta los descubrimientos de la etología en animales evolucionados y prueba a formular principios de sociobiología que permitieran encuadrar estructuras míticas y rituales antiguas en la evolución biológica del hombre. Salvo la primera y la cuarta aún, todas estas obras han sido traducidas al español en la última década – justa recepción para quien siempre tuvo en alta consideración la buena investigación española. La variedad de intereses e influencias combinadas de otras ciencias (la etnología de Karl Meuli, la antropología de René Girard, la etología de Konrad Lorenz) salta a la vista.

Añádanse un centenar largo de artículos científicos en cinco décadas, siempre destilando curiosidad y precisión, sin cansarse ni cansar. Con sencillez lógica, agudeza teórica y vastísimo conocimiento de fuentes y bibliografía iluminó también, como de paso, problemas intrincados sobre orfismo, presocráticos, cosmogonía y escatología, y muchos otros temas de política, filosofía y literatura antiguas. En su obra se decanta y vivifica lo mejor de la investigación del XIX y del XX, del romanticismo de los ritualistas frazerianos y del positivismo germánico de Wilamowitz y Nilsson, de la erudición alemana y de la capacidad anglosajona para seducir con prosa vibrante. Siempre al tanto de las novedades importantes, pero nunca tentado por la popularidad de la última moda o por terminología autorreferencial que no pocas veces esconde inseguridad. Una gran virtud de Burkert es que siempre habló claro, con el ímpetu de quien sabe exactamente lo que quiere decir, está convencido de su relevancia y novedad, y por eso pretende que se le entienda. Valentía puede parecer una virtud extraña a un profesor. Pero no es otra cosa afrontar los temas capitales con originalidad, amplitud, y sin rehuir complicaciones, pero con la voluntad firme de encontrar sentido a las fuentes.

En esta búsqueda de sentido su gran rival no fue, como se dice a veces, Jean-Pierre Vernant, el otro gigante del helenismo en la segunda mitad del XX. El estructuralismo de la escuela de París no indaga en los orígenes de mito y ritual sino su funcionamiento dentro de los sistemas antiguos de pensamiento. Por ejemplo, no explica el sacrificio remontándose hasta el Paleolítico sino fijándose en la cohesión social conseguida por la participación de la comunidad. La broma tan repetida del alemán obsesionado con la culpa y el francés con la comida era el reflejo chistoso de dos grandes teorías, aún no reemplazadas por cuestionadas que estén, cuyos paladines se respetaban y admiraban. El adversario real para Burkert era el *ars nesciendi* que limita la ciencia histórica a una mera colección de datos positivos y es incapaz de aventurarse a interpretarlos. Frente a los generalistas y diletantes de la cultura, cumple destacar su respeto por los datos empíricos y su cultivo de las fuentes. Hasta el final mantuvo su enorme capacidad y entusiasmo para la crítica textual y el análisis iconográfico y arqueológico. Pero siempre supo alzar la mirada para lanzar flechas teóricas de muy largo alcance, sin jactancia ni afán de protagonismo. Generaciones de discípulos pueden dar testimonio de su carácter cautivador y sencillo, preocupado únicamente de transmitir conocimiento y pasión por los antiguos, y aún más allá, por la naturaleza profunda del hombre.

Y es que en el corazón de su obra siempre está la curiosidad por el sentido de lo humano a lo largo de milenios de existencia. Esa preocupación central, que sustentó su pasión investigadora hasta su muerte el pasado 11 de marzo, hace de su obra una fuente fecunda de inspiración para estudiosos de la antigüedad y del hombre como ser histórico, que seguirá vivísima cuando los premios y homenajes ya queden atrás. Tuvo merecido reconocimiento de sus contemporáneos, y también lo tendrá de la posteridad. Como los antiguos héroes.

7.2. Zeitschriften

Pierre Bonnechere

Hommage à Walter Burkert

Bien des formules de circonstance rendraient compte, sans aucune superficialité, de ce que notre discipline a pu perdre avec la disparition de Walter Burkert[1]. Un géant a disparu, un géant qui, durant cinquante ans, eut la bonne fortune de servir de guide à deux, sinon trois générations de chercheurs. Pour un scientifique, il n'est de plus bel éloge que de voir sa vie jugée à l'aune de l'influence qu'il a exercée sur tout un pan du savoir et de l'éducation, comme un arbre de Jessé intellectuel. Outre ses étudiants directs, et ceux qu'il a pu suivre à un moment de leur carrière, les chercheurs qui se réclament de lui, en religion grecque, sont innombrables. Ken Dowden l'a qualifié d'« Homère » autour duquel gravitent quantité de « poètes cycliques ». L'image est d'autant meilleure que Walter Burkert exerce une sorte de doux enchantement, un vrai *carmen*, mais qui loin d'être contraignant, laissait à chacun le loisir de suivre son propre chemin. À ma connaissance, il n'a pas eu d'étroits épigones qui auraient en tout calqué leur pensée sur la sienne, et je serais bien en peine de définir avec exactitude le ou les liens précis qui me rattachent, avec tant d'autres, à son austère figure magistrale. Car il était assurément une figure d'autorité : ses grandes théories éthologiques sur les origines du sacrifice ou de la violence, ou sur l'influence proche-orientale dans le monde grec, sont autant de fresques captivantes. Une figure d'autorité qui est arrivée sur la pointe des pieds pour s'imposer en moins d'une décennie. C'est de 1972 que date *Homo Necans*, un des livres dont la lecture m'a le plus fasciné sans doute dans mes jeunes années d'université. Walter Burkert restait alors inconnu en dehors du monde germanique et des cercles selects. Quand paraît, en 1977, sa *Griechische Religion*, son aura est plus grande déjà, du fait de l'appui qu'il a tôt trouvé aux États-Unis, où est éditée, en 1972 également, la traduction de

---

[1] Pour la vie de Walter Burkert, je renvoie à la notice obituaire de C. Riedweg, dans la Neue Zürcher Zeitung: http://www.nzz.ch/feuilleton/antike-und-anthropologie-1.18500966 (site consulté le 14 octobre 2015).

Weisheit und Wissenschaft, sous le titre de *Lore and Science in Ancient Pythagoreanism*, aujourd'hui encore la pierre de touche de toute étude sur Pythagore. Quand paraissent, à Harvard toujours, la traduction anglaise d'*Homo Necans* en 1983, et la fameuse *Greek Religion* augmentée en 1985, il s'impose presque partout, en quelques années, comme le *pontifex maximus* de la religion grecque, digne successeur de Martin P. Nilsson. Une place au firmament qu'il ne *[10]* quittera qu'une dizaine d'années après sa retraite, et où il n'a été, je pense, remplacé par personne.

Les théories globalisantes des années 1950–1980, structuralisme, marxisme et autre néo-behaviourisme, ont toutes connu leur déclin, non sans avoir contraint à une profonde réflexion. Pour un jeune étudiant des années 1980, la réflexion qui reliait le sacrifice grec aux chasses du paléolithique était presque sidérante, et plus encore quand on avait lu *L'agression : une histoire naturelle du mal* de Konrad Lorenz. Les théories audacieuses de Walter Burkert, en dépit de toute leur force d'attraction, sont aujourd'hui entrées dans leur rougeoyant crépuscule, mais elles ne doivent pas pour autant faire l'objet du mépris facile des ignorants. Il faut les lire d'abord pour les sonder dans toute leur complexité, et les replacer dans l'atmosphère de la période de leur émergence ; ainsi *Homo Necans* a-t-il été conçu et rédigé dans les années soixante. Ensuite, ces théories ont mis en lumière tout l'intérêt de considérer les liens essentiels entre les comportements humains innés et leur contexte particulier de performance, leur grimage culturel, ou habillage culturel, en quelque sorte. Et si la façon dont la culture explique les usages a sans doute plus de valeur à nos yeux que la dévolution « génétique » de comportements hérités de lointains ancêtres dans la phylogénie, il n'en reste pas moins que, scruté avec les lunettes des behaviouristes, l'envers de notre décor d'historiens demeure lui aussi fascinant. Ces théories, enfin, ont eu un effet dopant sur les jeunes esprits ; elles étaient amples et reposaient sur une érudition multiple qui communiquait une passion sans commune mesure avec l'image un peu empoussiérée de la philologie ou de l'histoire enfermées dans leurs habitudes étriquées. Lire Walter Burkert, c'était passer sans cesse de la philosophie à l'histoire, de la philologie à la linguistique, de l'archéologie à l'orientalisme, et de l'anthropologie la plus complexe à l'histoire des religions.

Certes, nous tentons aujourd'hui, pour l'essentiel, de repartir sur d'autres bases, plus proches des faits, plus proches des textes, moins à la merci d'une théorisation qui parvient toujours à donner vie aux faits les plus disparates dont témoignent les sources. Étrangement, c'est pour cet aspect-là aussi que Walter Burkert nous attirait si fort. En faisant abstraction des aspects les plus conjecturaux de sa pensée, nous restons débiteurs de son extraordinaire maîtrise des faits, de sa faculté d'analyse et d'interprétation critique. Je dirais que son côté visionnaire a tempéré et fait valoir son visage de strict philologue et vice-versa, et que cette dualité peu commune explique en grande partie la profonde empathie scientifique qu'il a suscitée chez autant de personnes d'âge différent, issues de modèles d'éducation divers, et qui se sentent toujours des affinités étroites avec son œuvre, en dépit de l'avancement inexorable de la pensée et de ses écoles.

Sa maîtrise du détail et de l'ensemble est évidente dès qu'on prend la peine de se plonger dans ses écrits. Il est ainsi des auteurs qui ont tout lu, tout assimilé, et qu'il est rarissime de prendre en défaut. C'est un point qui m'a frappé, lors de la traduction de sa *Religion grecque* en 2011 : l'équilibre entre les données y est *[11]* miraculeux. Agençant tour à tour une vision émique et étique, il domine, dans les documents, des aspects les plus pratiques à la spiritualité la plus élevée. Chaque section est admirablement compacte, mais en lien logique avec le tout, et constitue une solide introduction pour les débutants, une gerbe de pistes pour les chercheurs et un dense résumé pour les enseignants. Plusieurs collègues de France, où on a longtemps suivi d'autres chemins, m'ont confié combien leur vision de Walter Burkert avait évolué après la lecture complète de la *Religion grecque* et que leurs volumes, désormais couverts de post-it et aux marges crayonnées, les incitaient à (r)ouvrir le dialogue avec un savant trop longtemps ignoré dans l'Hexagone, un fait dont Walter Burkert avait pris acte, mais qu'il regrettait profondément.

La *Tyché* a laissé à Walter Burkert le temps de livrer une œuvre complète et réfléchie. La mort d'un géant laisse un vide que les chercheurs ne savent trop comment combler. Laissons faire le temps, regardons la moisson intellectuelle qu'il a produite, et réjouissons-nous d'avoir trouvé en lui un savant en qui chacun peut se reconnaître à sa façon et auquel nous devons tous quelque chose, même ceux qui l'ignorent.

Chaire !

Albrecht Dihle
Gedenkworte für Walter Burkert

Mit Walter Burkert hat die Altertumswissenschaft unserer Zeit ihren wohl originellsten und produktivsten Vertreter verloren. Burkert beherrschte das philologische Handwerk, das sich in Jahrhunderten an lateinischen und griechischen Texten herausgebildet hatte, mit beeindruckender Souveränität. Das bezeugt die große Anzahl seiner kleineren Arbeiten zu verschiedenen Themen aus der griechischen Antike. Bedeutsamer jedoch sind Fragestellungen, denen er mehrere große Werke gewidmet hat und die weit über den engen Fachbereich der griechisch-römischen Antike hinausführen. Es geht dabei, bei aller Differenzierung im Einzelnen, um die große Frage nach dem Ursprung nicht nur der klassischen Kultur, aus der die unsere hervorgegangen ist, sondern um den Ursprung menschlicher Kultur schlechthin. Als Wegweiser auf diesem Weg in die ferne Vergangenheit diente ihm dabei die Religion, und zwar die Religion mit ihren jahrtausendealten, oft unverständlich gewordenen Kulten und Ritualen, sowie deren Deutung in Mythen und sprachlichen Formeln. In einem größeren Werk mit dem Titel *Homo Necans* hat Burkert das an der lange geübten Sitte blutiger Opfer demonstriert. Er führte sie auf das Verhalten steinzeitlicher Jäger [245] zurück, das noch lange in geschichtlichen Zeiten weiterlebte. Diese Einsicht führte ihn bis zu der freilich nur zögernd gestellten Frage nach möglichen biologischen Anfängen der Religion.

Das Kapitel Antike und Orient hatte man vorwiegend an der Einwirkung orientalischer Kulturen auf die seit dem Alexanderzug im Orient dominierenden Griechen studiert, etwa im Zusammenhang der Entstehung des Christentums. Ein früherer Einfluß des Orients auf die Griechen war zwar wohlbezeugt, aber erst die archäologische Erschließung Ägyptens und Vorderasiens sowie die Entzifferung der mykenischen Schrift mit den ältesten griechischen Dokumenten gestatteten ein genaueres Verständnis. In seiner monumentalen Geschichte der griechischen Religion hat Burkert sich darum auf die archaisch-klassische Epoche beschränkt und die Spätzeit nach dem Alexanderzug unberücksichtigt gelassen. Dafür hat er in einem bewundernswerten Umfang sich sowohl mit dem archäologisch faßbaren Nachlaß des alten Orients als auch mit dem Inhalt seiner reichen literarischen Überlieferung vertraut gemacht. Es gelang ihm auch, einzelne jener Übernahmen in die Bronzezeit des 2. Jahrtausends zu datieren, andere in die Epoche seit den großen Wanderungen, die am Ende des 2. Jahrtausends die Welt am östlichen Mittelmeer umgestalteten. Der Epoche des intensivsten kommerziellen und kulturellen Austausches im 8. und 7. Jahrhundert v. Chr. ist eine materialreiche Monographie gewidmet. In dieser Zeit häufen sich orientalische Motive in der griechischen Dichtung, und die Anwesenheit von Griechen im Orient wird vielfach nachweisbar. Zwar blieben damals Ägypten und Mesopotamien die kulturell produktivsten östlichen Länder, woher die meisten Motive stammten. Aber die eigentliche Kontaktzone war die Region zwischen Anatolien und Phönizien sowie die Insel Zypern, der seine besondere Aufmerksamkeit galt.

Bewundernswert war Burkerts stupende Gelehrsamkeit. Aber mindestens so eindrucksvoll die Genauigkeit seiner Analysen, die Stringenz der Beweisführung und die Klarheit der Darstellung – gerade da, wo seine Hypothesen recht kühn erscheinen können. Das verdankte er der gründlichen Ausbildung in der griechischen Philosophie, *[246]* die auch seine frühesten Arbeiten bestimmte. Diese philosophische Schulung führte ihn gleichsam von selbst zu grundsätzlichen Fragen, die sich aus dem behandelten Gegenstand ergaben, etwa zu der nach dem Verhältnis von Kultus und Mythos, von praktizierter und reflektierter Religion. Die gute philologische Tradition bewahrte ihn aber davor, Beobachtungen durch die Brille moderner, schnell wechselnder Theorien anzustellen. Wir, seine Fachgenossen, werden seine Stimme im Konzert gelehrter Auseinandersetzungen vermissen.

Erschienen in: ASDIWAL 10, 2015, 5–12.

Fritz Graf

Hommage à Walter Burkert*

Walter Burkert est mort le 11 mars de cette année, peu de temps après son quatre-vingt-quatrième anniversaire. Au cours d'une longue et exceptionnelle carrière de chercheur et enseignant, il aura profondément influencé les études anciennes et d'histoire des religions antiques dans la seconde moitié du xxe siècle.

La carrière de Walter Burkert débute comme celle d'un helléniste traditionnel, avec une thèse de doctorat réalisée à Erlangen sur un problème homérique ; même s'il ne tarda pas à suivre des pistes très différentes, cet intérêt pour Homère l'a accompagné toute sa vie universitaire. Le livre qu'il a rédigé pour son habilitation, à Erlangen toujours, et dont le titre met en valeur une polarité allitérative, *Weisheit und Wissenschaft*[1], eut un impact immédiat sur les études classiques et la philosophie antique : cette enquête impressionnante a profondément marqué la façon dont nous pensons aujourd'hui Pythagore et les premiers pythagoriciens, comme une société secrète religieuse avec des ambitions politiques plus que mathématiques. Il faut dire que, dans les dix années qui séparent l'original allemand de la version anglaise de l'ouvrage[2] le Pythagore de Burkert conçu comme un chaman est devenu un Grand Prêtre de la Mère, conformément à l'évolution d'une pensée qui s'éloigne de la notion de chamanisme inspirée d'Eliade, un paradigme beaucoup trop ouvert, à mesure que Burkert approfondit son intérêt pour le monde complexe des anciens cultes à mystères. C'est essentiellement à l'importance et au renom de ce livre qu'il dut d'avoir été appelé à Zürich, en 1969, pour remplacer un autre helléniste et historien de la philosophie antique, Fritz Wehrli (mon propre professeur de grec jusqu'à la licence), bien connu comme expert de l'aristotélisme hellénistique, à

---

* Traduction de l'anglais par Philippe Borgeaud.
[1] WALTER BURKERT, *Weisheit und Wissenschaft : Studien zu Pythagoras, Philolaos and Platon*, Nuernberg, Verlag H. Carl (Erlanger Beitraege zur Sprach- und Kunstwissenschaft 10), 1962.
[2] WALTER BURKERT, *Lore and Science in Ancient Pythagoreanism*, traduction d'EDWIN L. MINAR JR., Cambridge (MA), Harvard University Press, 1972.

qui l'on doit *Die Schule des Aristoteles*[3]. Burkert devait rester à Zürich pour le reste de sa carrière universitaire, et former toute une génération d'hellénistes : la plupart sont allés enseigner au gymnase ; d'autres comme Eveline Krummen, Christoph Riedweg, Katharina Waldner ou moi-même, *[6]* ont embrassé des carrières universitaires. Tout aussi important pour ses étudiants destinés à une carrière universitaire fut le fait que depuis le début de ses années zurichoises, il a invité d'autres chercheurs pour des séjours plus ou moins longs : c'est ainsi qu'il nous a fait connaître Geoffrey Kirk, qui a passé un semestre à Zürich en 1970, Reinhold Merkelbach qui fut un invité régulier et devait devenir un ami paternel, Hugh Lloyd-Jones et Martin West, mais aussi Albert Henrichs, Marcel Detienne et Nanno Marinatos, pour ne nommer que quelques-uns d'entre eux. Et au fil du temps, il a attiré des étudiants venus de l'étranger, avec qui souvent les contacts devaient rester vivants, comme Aphrodite Avagiannou, Robert Parker, ou Sarah Iles Johnston.

Lorsque Walter Burkert est arrivé à Zürich, il a très vite résolu pour moi un problème épineux : il a accepté de superviser mon projet de thèse sur Éleusis et la poésie orphique, qui avait commencé comme un mémoire de licence avec Fritz Wehrli, et où j'avais été conduit à des conclusions que Wehrli n'aurait pas toujours approuvées. Évènement de très bon augure pour moi, Burkert s'était présenté au poste de Zürich avec une conférence publique sur « Orphée et les Présocratiques », à propos du papyrus de Derveni récemment découvert, et qui n'était encore que partiellement publié (nous avions tous deux travaillé indépendamment sur les photographies en noir et blanc publiées par le premier éditeur, Kapsomenos, et les discussions sur les progrès de la compréhension de ce papyrus furent quasi ininterrompues pendant de nombreuses années à venir). Formellement, comme cela arrivait en ces temps plus informels, Burkert fut invité par la Société philosophique: ses membres attendaient évidemment un historien de la philosophie qui s'appuierait sur la renommée de Wehrli, et n'étaient pas forcément au courant de l'ésotérisme antique. Quand un membre de l'auditoire demanda au jeune orateur quand Orphée avait vécu, la réponse rapide, sans hésitation et impeccable de tout point de vue ou presque, fut : « Sept générations avant la guerre de Troie ».

Son premier livre à Zürich le conduisit sur un chemin éloigné des débuts de la philosophie grecque, en direction du rite et du mythe – un changement de sujet seulement apparent, étant donné l'importance déjà jouée par le rituel dans *Weisheit und Wissenschaft* ou dans l'article séminal de 1966 sur « Greek

---

[3] FRITZ WEHRLI, *Die Schule des Aristoteles : Texte und Kommentar*, 2 volumes, Basel – Stuttgart, Schwabe, 1974–1978.

Tragedy and Sacrificial Ritual »[4]. *Homo Necans : Interpretationen altgriechischer Opferriten und Mythen*[5] a d'emblée frappé ses lecteurs comme une approche nouvelle et surprenante, non seulement pour les rituels et les mythes grecs, mais surtout pour le sacrifice animal, que Burkert interprétait comme étant le rituel clé de la plupart des religions ; il radicalisait ainsi des théories antérieures sur le sacrifice, de Robertson Smith à Hubert et Mauss. Ses étudiants de Zürich ont été confrontés à cette recherche bien avant la publication de l'ouvrage : un des premiers cours magistraux de Burkert (le mardi après-midi, quand le professeur de grec pouvait traditionnellement laisser *[7]* cours à ses intérêts personnels, alors que les matières de bases étaient traitées dans les enseignements du mardi et jeudi matin) porta sur les « Interprétations du mythe grec et du rituel ». Je mentirais si je prétendais que nous autres, hellénistes plutôt traditionnels, avons compris tout ce qui nous fut proposé ces mardi après-midi – ce fut parfois étrange ou même bizarre, mais toujours passionnant. Quelques mois plus tard, quand Burkert m'a demandé de lire les épreuves de son *Homo Necans*, je réalisais d'où cette œuvre était venue, et j'ai utilisé ces épreuves comme un moyen d'approfondir ma compréhension de l'approche de mon nouveau *Doktorvater* – avec pour résultat que j'ai manqué une faute de frappe à la toute fin du texte. Il ne l'avait pas non plus repérée, et il a éclaté d'un bon rire.

Homo Necans, dans sa surprenante étrangeté, répondait à la nécessité d'un nouveau paradigme pour l'étude de la religion grecque, que nous attendions tous. En France et en Italie, Jean-Pierre Vernant et Angelo Brelich s'étaient déjà fait connaître en explorant de nouveaux paradigmes, quelque peu différents des pratiques usuelles ; mais avec sa perspective extrêmement large, allant des coutumes de chasse paléolithiques à l'éthologie animale, et avec le tableau qu'il proposait d'un aspect de la Grèce beaucoup plus sombre que ce à quoi les hellénistes étaient accoutumés – ce qui avait intrigué et excité mon propre esprit – *Homo Necans* eut très vite une large réception, non pas tant cependant en Allemagne (où la rumeur voulait que l'helléniste de Tübingen Wolfgang Schadewaldt ait immédiatement repéré et censuré les Grecs trop sombres de Burkert), mais surtout dans le monde anglophone: là, Eric R. Dodds avait déjà préparé le terrain, avec ses Sather Classical Lectures sur *Les Grecs et*

---

[4] WALTER BURKERT, « Greek Tragedy and Sacrifical Ritual », GRBS 7.2 (1966), pp. 87–121.
[5] WALTER BURKERT, *Homo Necans : Interpretationen altgriechischer Opferriten und Mythen*, Berlin – New York, W. de Gruyter, 1997 (orig. 1972). Traduction française : *Homo Necans : Rites sacrificiels et mythes de la Grèce ancienne*, traduction d'HÉLÈNE FEYDY, avec la collaboration de KAROLA MACHASTCHEK, Paris, Les Belles-Lettres, 2005.

l'irrationnel[6] ; la traduction élégante et lucide d'*Homo Necans* par Peter Bing (en 1983) devait aussi contribuer à y répandre la renommée de Burkert[7]. Et bien avant Dodds, ce dont Burkert était pleinement conscient, Jane Ellen Harrison avait défriché une partie du même terrain[8] ; son *Themis*, avec son arrière-plan durkheimien, eut une grande influence sur Burkert (les enseignements du mardi m'avaient incité à lire ce livre). Le recentrage opéré par Burkert, des religions anciennes sur le rituel sacrificiel, allait de pair avec un intérêt contemporain pour le paradoxe du rituel. L'année même de la publication d'*Homo Necans*, René Girard, professeur de français à l'Université Stanford, publiait *La violence et le sacré*[9], qui devait avoir une grande influence ; un an plus tard, un autre spécialiste de la littérature, Jan Kott, publiait *The Eating of the Gods*[10] (plus drastique encore dans *[8]* son titre allemand, *Gott-Essen*) où la tragédie grecque était lue selon une clé sacrificielle. Kott, à qui je suis venu à travers la critique de Burkert bien avant que je ne lise Girard, est le plus souvent oublié, contrairement à Girard : comme Burkert, Girard proposait une lecture évolutionniste du sacrifice animal basée, en ce qui le concerne, sur une théorie culturelle fortement influencée par Freud. Il était presque inévitable que les deux chercheurs se voient confrontés lors d'un séminaire en Californie, avec Jonathan Z. Smith ajoutant un commentaire très lucide visant à dépasser la croyance scientifique d'une prédominance des sacrifices animaux dans l'antiquité[11]. À long terme, cependant, au moins pour ce qui concerne l'étude de la religion grecque, une autre discussion, antérieure, s'est avérée plus fructueuse que le combat de gladiateurs californien : les « Entretiens de la Fondation Hardt » sur le sacrifice, organisés par Olivier Reverdin en 1980, culminèrent avec une discussion très réfléchie entre Burkert et Jean-Pierre Vernant, qui permit de clarifier les positions respectives et dans le même temps de montrer

---

[6] ERIC R. DODDS, *The Greeks and the Irrational*, Berkeley – Los Angeles, University of California Press (Sather Classical Lectures 25), 1951. Traduction française : *Les Grecs et l'irrationnel*, traduction de MICHAËL GIBSON, Paris, Flammarion, 2007 (orig. Paris, Aubier, 1965).

[7] Traduction anglaise : *Homo Necans : The Anthropology of Ancient Greek Sacrificial Ritual and Myth*, traduction de PETER BING, Berkeley – Los Angeles, University of California Press, 1983.

[8] JANE ELLEN HARRISON, *Themis : A Study of the Social Origins of Greek*, London, Merlin Press, 1977 (orig. Cambridge, Cambridge University Press, 1912).

[9] RENÉ GIRARD, *La violence et le sacré*, Paris, Fayard, 2011 (orig. Paris, B. Grasset, 1972).

[10] JAN KOTT, *The Eating of the Gods. An Interpretation of Greek Tragedy*, traduction de BOLESLAW TABORSKI et EDWARD J. CZERWINSKI, New York, Random House, 1973.

[11] Paru aux USA en 1983 comme ouvrage collectif (*Violent Origins. Walter Burkert, René Girard and Jonathan Z. Smith on Ritual Killing and Cultural Formation*, Redwood City, Stanford University Press, 1987), ce livre a été traduit en français comme s'il s'agissait d'un livre de René Girard : *Sanglantes origines*, traduit de l'anglais par BERNARD VINCENT avec la collaboration de MARK R. ANSPACH et LUCIEN SCUBLA, Paris, Flammarion, 2010.

les différences radicales entre le structuralisme doux de Vernant et l'approche évolutionniste de Burkert[12].

À l'occasion de ses propres Sather Classical Lectures, *Structure and History in Greek Mythology and Ritual*[13], Burkert a clarifié sa position dans le débat qui le confronte à un structuralisme perçu par lui comme essentiellement a-historique (et par rapport à cette perception j'ai découvert un gouffre générationnel ouvert entre Burkert d'un côté et la génération de Calame, Borgeaud, moi-même et mon proche ami, Jan Bremmer). Sa perception des structures le rapproche plus de l'historien Jean-Pierre Vernant que du structuralisme « dur » de Lévi-Strauss – beaucoup plus, je crois, que Burkert en était lui-même conscient – ce qui m'a aidé à trouver dans Vernant une autre figure paternelle savante. Pour la mythologie grecque, Burkert adaptait le paradigme narratologique de la *Morphologie du conte* de Vladimir Propp, que Lévi-Strauss avait abordé de manière quelque peu critique. Dans les études rituelles, il ajoutait une profondeur historique aux rituels grecs, non pas en opérant un saut presque sans intermédiaire en direction de l'époque néolithique, comme il l'avait fait dans *Homo Necans* sous l'influence de Karl Meuli (un savant bâlois demeuré curieusement quasi inconnu à Zürich avant l'arrivée de Burkert, un an après la mort de Meuli), mais en prenant au sérieux l'âge du bronze et le premier âge du fer, dans leurs manifestations aussi bien proches-orientales qu'européennes. Deux ans avant la parution des Sather Classical Lectures, il avait publié sa magistrale histoire de la *[9]* religion grecque avant l'âge hellénistique, écrite pour la série « Die Religionen der Menschheit »[14]. Il l'a écrite très rapidement et comme il m'employait après mon retour d'Oxford pendant un certain temps comme assistant de recherche, il m'a demandé d'examiner le manuscrit de manière critique, en particulier les notes de bas de page ; je me suis senti à la fois flatté et mis à l'épreuve, comme il se devait. Le livre s'est avéré d'une lecture fascinante ; il est encore inégalé dans toutes les langues, à la fois par ses perspectives et sa richesse de détails, et il a établi Burkert comme le principal historien de la religion grecque après Martin Nilsson.

Un peu plus tard, dans ses Gifford Lectures de Saint-Andrews au printemps 1989, Burkert est revenu sur le thème de la biologie et de la religion, qui avait

---

[12] *Le sacrifice dans l'Antiquité*, Vandœuvres – Genève, Fondation Hardt (Entretiens sur l'Antiquité classique XXVII), 1981, spécialement pp. 25–27 et 129–130.

[13] WALTER BURKERT, *Structure and History in Greek Mythology and Ritual*, Berkeley – Los Angeles, University of California Press (Sather Classical Lectures 47), 1979.

[14] WALTER BURKERT, *Griechische Religion der archaischen und klassischen Epoche*, Stuttgart – Berlin, W. Kohlhammer (Die Religionen der Menschheit 15), 1977. Traduction française : *La religion grecque à l'époque archaïque et classique*, traduction de PIERRE BONNECHÈRE, Paris, Picard, 2011.

caractérisé *Homo Necans*. Contrairement à son habitude de publication rapide, il a alors attendu sept ans pour faire imprimer le livre, et j'ai entendu de ses assistants de recherche un peu surpris, combien il a souffert sur ce texte : le livre est paru en 1996 sous le titre *Creation of the Sacred : Tracks of Biology in Early Religions*[15]. Malgré la position prudente du sous-titre, ce fut ce livre de Burkert qui souleva les plus vives objections des historiens de la culture et des historiens de la religion. Ce n'était pas simplement parce que désormais, les sciences humaines étaient devenues hésitantes à accepter des modèles évolutionnistes (cela était déjà le cas dans les années 1960, avec l'accent mis sur la synchronicité et les structures), mais surtout parce qu'elles hésitaient à accepter des approches biologiques qui courraient le risque de paraître déterministes ; cela préfigurait également l'affrontement entre religion et science naturelle, qui devait caractériser les guerres de culture du début du nouveau siècle.

Une autre série de conférences importante, les Carl Newell Jackson Lectures à Harvard, ont été publiées sous le titre *Ancient Mystery Cults*[16]. Les cultes à mystères grecs avaient toujours intéressé Burkert, comme ils avaient fasciné son collègue et ami de toujours Reinhold Merkelbach, depuis la premières rencontre de Burkert avec le papyrus de Derveni en 1968, et les lamelles d'or bachiques peu de temps après : nous avons tous deux participé au Convegno de Tarente en 1974, où Giovanni Pugliese Carratelli introduisit la surprenante tablette d'Hipponion qui allait bientôt révolutionner l'étude des lamelles – comme le réalisa immédiatement Günther Zuntz, visiblement ébranlé, qui était assis avec nous pendant l'exposé de Pugliese. Le survol effectué tout au long de ce livre innove en ce qu'il traite des cultes à mystères d'une manière phénoménologique au lieu de procéder à l'inventaire étendu et chronologique, d'Éleusis à Mithra, qui était devenu la norme avec Cumont : *[10]* cela offre de nouvelles perspectives sur la cohérence du phénomène et donne au livre une unité dont les inventaires sont privés, au risque de mettre l'accent sur l'unité plutôt que sur les différences historiques.

Plus tard dans sa carrière de chercheur, les études sur l'influence que l'âge du bronze tardif et l'Âge du fer proches-orientaux ont eue sur la Grèce archaïque sont devenues plus visibles et importantes, même si cet intérêt était déjà préfiguré dans les Sather Classical Lectures et dans plusieurs articles précédents sur le mythe et sur Homère, qui se déplaçaient lentement d'un intérêt pour

---

[15] WALTER BURKERT, *Creation of the Sacred : Tracks of Biology in Early Religions*, Cambridge (MA), Harvard University Press, 1996.

[16] WALTER BURKERT, *Ancient Mystery Cults*, Cambridge (MA) – London, Harvard University Press (The Carl Newell Jackson Lectures), 1987. Traduction française : *Les cultes à mystères*, nouvelle traduction d'ALAIN-PHILIPPE SEGONDS, Paris, Les Belles Lettres, 2003.

l'Égypte à la prise de conscience de l'importance des cultures ouest-asiatiques de l'âge du bronze. Ce nouveau champ de recherche a commencé de manière visible avec un long exposé donné à l'Académie d'Heidelberg en 1984 (« Die orientalisierende Epoche in der griechischen Religion und Literatur ») qui parut comme un livre en 1992, dans une version anglaise, *The Orientalizing Revolution. Near Eastern Influence on Greek Culture in the Early Archaic Age*[17]. En 1999, dans un ouvrage issu d'une série de conférences à la Ca' Foscari de Venise, Burkert a élargi la perspective historique à l'ensemble du premier millénaire avant notre ère : *Da Omero ai Magi. La tradizione orientale nella cultura greca* – une version « retravaillée et élargie » est parue en 2004 sous le titre *Babylon, Memphis, Persepolis: Eastern Contexts of Greek Culture*[18]. Avec son ami Martin West (décédé quelques mois après lui, le 13 Juillet 2015), Burkert a sérieusement ouvert le Proche-Orient ancien aux hellénistes; à la différence de Martin West, qui a centré son attention sur des textes littéraires et leur relation à des littératures du Proche-Orient de l'âge du bronze (*The East Face of Helicon: West Asiatic Elements in Greek Poetry and Myth*[19]), Burkert, ici comme ailleurs, traitait de la relation entre ces deux ensembles beaucoup plus comme un sujet d'études culturelles et religieuses, incluant la culture matérielle, sans jamais négliger les rigoureuses et sévères exigences des normes de la philologie textuelle : après tout, il s'était lui-même préparé à cet élargissement de son univers par une formation tardive en akkadien cunéiforme.

Son activité de conférencier prestigieux n'est que l'aspect le plus visible d'un travail inlassable comme professeur invité et participant très recherché à de nombreux colloques dans le monde entier – durant ces années, avec ma carrière de plus en plus éloignée de Zürich, on prit l'habitude de se rencontrer régulièrement lors de conférences des deux côtés de l'Atlantique. Il a compris ces activités comme une obligation à respecter en tant que citoyen actif et leader de l'académie, de la même manière qu'il a compris son obligation d'agir en tant que doyen à Zürich – même si j'ai eu la nette *[11]* impression qu'il aimait mieux ses voyages que son décanat. De la même manière il a contribué à plusieurs initiatives importantes dans les études anciennes et religieuses en

---

[17] WALTER BURKERT, *The Orientalizing Revolution. Near Eastern Influence on Greek Culture in the Early Archaic Age*, Cambridge (MA) – London, Harvard University Press, 1992. Traduction française : *La tradition orientale dans la culture grecque*, traduit de l'italien par BERNADETTE LECLERCQ-NEVEU, Paris, Macula, 2001.

[18] WALTER BURKERT, *Babylon, Memphis, Persepolis : Eastern Contexts of Greek Culture*, Cambridge (MA), etc., Harvard University Press, 2004.

[19] MARTIN WEST, *The East Face of Helicon : West Asiatic Elements in Greek Poetry and Myth*, Oxford, Clarendon Press, 1997.

Suisse – son enseignement au premier Colloque de jeunes chercheurs au printemps 1970 à Genève, qui pour la première fois m'a fait rencontrer Philippe Borgeaud, Claude Bérard et Claude Calame ; son engagement dans la Société suisse pour la science des religions et la Société suisse pour l'étude du Proche-Orient ancien ; son rôle clé dans la fondation de l'informelle Metageitnia – un nom qu'il a conçu d'après le nom d'une fête athénienne –, la réunion annuelle des départements d'études classiques de la Suisse allemande, de l'Allemagne du sud-ouest et de l'Alsace, conçue comme un forum pour les jeunes chercheurs qui ont toujours été très importants pour lui, ses propres doctorants, et aussi de nombreux jeunes chercheurs étrangers qui ont passé des séjours à Zürich avec lui.

Il va sans dire que toute cette activité exceptionnelle a apporté avec elle des honneurs exceptionnels : un grand nombre de doctorats *honoris causa*, l'Ordre allemand du Mérite, le prix Balzan (dont une partie alimente une fondation pour aider à publier des thèses de doctorat en études anciennes). Il a accueilli ces honneurs comme ils sont venus, mais je pense que peu d'honneurs lui ont donné autant de satisfaction que la médaille Gauss qu'il a reçue en 1982 : l'association de l'helléniste avec le mathématicien allemand stellaire lui rappelait son vieil intérêt pour les mathématiques pythagoriciennes (qui refait surface dans son dernier article du *Museum Helveticum* publié en 2013[20]).

Après sa retraite en 1996, son impressionnante activité n'a pas cessé ; il voyagea et donna plus que jamais des conférences, pour rattraper, comme il disait, les invitations qu'il avait reportées pendant son décanat. Dans une histoire qu'il m'a racontée ces années-là, il se souvenait de s'être réveillé dans une ville qu'il ne pouvait parvenir à situer, et c'est seulement après avoir regardé les canaux par la fenêtre de l'hôtel, qu'il comprit qu'il était à Venise. Comme auparavant, il était parfois accompagné de Maria, son épouse depuis 1957, et sur laquelle il avait pu s'appuyer toute sa vie ; je n'ai pas oublié comment, lors d'un colloque sur « Plutarque et la Religion » à Ravello (1995), nous avons tous les trois fait un peu de tourisme dans ce magnifique paysage. La mort inattendue de Maria en 2004 le secoua plus profondément que l'attaque cérébrale subie cinq ans plus tard, lors d'une conférence à Berlin. Sarah Iles Johnston, qui les avait connus tous deux du temps de ses études à Zurich, et moi-même, nous lui avons rendu visite deux mois après la mort de Maria, et l'on voyait à quel point cette perte l'avait affecté – la flamme attendue ne se réveilla que lorsque nous lui avons montré le texte de la nouvelle tablette de Pherai, que

---

[20] WALTER BURKERT, « Multiplizieren statt Teilen : Seiten- und Diagonalzahlen bei Platon (*Resp.* 525e) », *Museum Helveticum* 70.2 (2013), pp. 141–144.

nous venions de recevoir de Robert Parker à Oxford : il n'a pas tardé à proposer une lecture conjecturale du texte. Nous lui avons encore rendu visite quelques mois après l'accident vasculaire cérébral qui avait nui à sa capacité de marcher – cela était pénible pour une personne qui avait aimé pratiquer des randonnées dans les montagnes suisses et avait même accompli *[12]* des marches avec varappe. Il nous a expliqué en détail ce qui avait mal tourné dans son cerveau, mais a également reconnu qu'il avait maintenant très peur de voyager. C'est ainsi qu'il est resté de plus en plus confiné dans sa vieille maison d'Uster, où il avait construit depuis son emménagement un bureau et une bibliothèque dans l'abri contre les bombes que dans ces années-là, chaque maison suisse devait avoir ; plus tard, quand ses trois enfants eurent déménagé, il a déplacé sa bibliothèque au rez-de-chaussée. Quand je lui ai rendu visite pour ce qui devait être la dernière fois, en septembre 2014, il m'a régalé avec un gâteau de fruits et des réflexions sur son retour aux mathématiques de Pythagore. Mon aveu d'avoir juste terminé un livre sur les fêtes romaines dans l'Antiquité tardive a rencontré son approbation plutôt hésitante : il aurait préféré me savoir exclusivement fidèle aux Grecs d'autrefois.

Avec Walter Burkert, nous avons non seulement perdu un savant d'une stature, d'une envergure et d'une intégrité très rares ; nous avons aussi perdu quelqu'un qui savait dynamiser et inspirer nos propres efforts, et qui était en mesure de représenter notre travail de manière fascinante auprès d'une communauté culturelle plus large, une tâche qui deviendra de plus en plus importante et urgente à mesure que le XXIe siècle progressera.

Fritz Graf
Walter Burkert (2. Februar 1931–11. März 2015)

Mit Walter Burkert, dem Ordinarius für Klassische Philologie in Zürich von 1969 bis zu seiner Emeritierung 1996, ist ein ausserordentlicher Gelehrter von uns gegangen, der in vieler Hinsicht die klassische Altertumswissenschaft in der zweiten Hälfte des vergangenen Jahrhunderts wie kaum ein anderer mitbestimmt und geformt hat.

Walter Burkert promovierte im Jahre 1955 bei Otto Seel in Erlangen mit einer Dissertation *Zum altgriechischen Mitleidsbegriff*; 1962 habilitierte er sich an derselben Universität. Die Habilitationsschrift erschien im selben Jahr unter dem Titel *Weisheit und Wissenschaft. Studien zu Pythagoras, Philolaos und Platon* und begründete Burkerts Ruf als höchst origineller und gleichzeitig grundgelehrter Philosophie- und Mathematikhistoriker, der unser Bild von Pythagoras und dem Verhältnis von Religion und Mathematik im Pythagoreismus nachhaltig und tief veränderte; die überarbeitete amerikanische Ausgabe von 1972 reflektiert dieses Ansehen. In diesen zehn Jahren formierte sich auch Burkerts akademische Position: Nach einem Jahr als Fellow des Center for Hellenic Studies in Washington D.C. wurde er 1966 auf den altertumswissenschaftlichen Lehrstuhl an der TU Berlin berufen; drei Jahre später erfolgte der Wechsel nach Zürich, das Zentrum und Anker seiner gesamten folgenden Karriere wurde, mit kurzen Gastdozenturen als Sather Professor an der University of California in Berkeley (1977), für die Carl Newell Jackson Lectures in Harvard (1982) und für die Gifford Lectures an der Universität Saint Andrews (1989).

Sein zweites epochemachendes Buch nach *Weisheit und Wissenschaft* erschien 1972 als *Homo Necans. Interpretationen altgriechischer Opferriten und Mythen*. Der Titel spannt die Riten und Mythen des (zumeist) archaischen Griechenland in einen radikal weitergehenden Rahmen, in dem Burkert im Gefolge von Konrad Lorenz und seinen Forschungen zur Aggression als biologischer Grundkraft diese Riten in einer umfassenden Anthropologie verortet, die er evolutionistisch aus der Prägung der menschlichen Kultur durch die Jahrtausende primitiver Jägerkultur herleitet, nicht zuletzt stark beeindruckt durch die Arbeiten des Baslers Karl Meuli. Anders als *Weisheit und Wissenschaft* blieb *Homo Necans* in der deutschen Universität zunächst kaum beachtet (und wenn schon dann durch eine noch klassizistische Wissenschaft eher negativ beurteilt). Erst die italienische (1981) und vor allem amerikanische Übersetzung (1983) änderten dies: Ausserhalb Deutschlands wurde rasch erkannt, dass Burkerts Wurf in seiner Kombination von kühner evolutionistischer Anthropologie und präziser und geduldiger altertumswissenschaftlicher Interpretation geeignet war, das Studium der griechischen Religion neu zu beleben und aus einer Stagnation zu befreien, in die es durch die oft übertriebene Rezeption des Frazerschen Evolutionismus geraten war – wobei Burkert seinerseits einem anderen Mitglied der [2] seither als Cambridge School gekennzeichneten Gruppe stark verpflichtet war, Jane Ellen Harrison und ihrer durch Durkheims Soziologie geformten Monographie *Themis* (1. Auflage 1911). Burkerts Entwurf stellte sich neben denjenigen von Jean-Pierre Vernant, der seinerseits die Forschung zur griechischen Religion mit einem ebenfalls von Durkheim herkommenden, aber nicht-evolutionistischen und eher psychologischen und strukturalistischen Ansatz zu revolutionieren begann, aber erst einmal weder in der deutschen noch der angelsächsischen Akademie wahrgenommen wurde.

In den folgenden Jahrzehnten profilierte sich Burkert als Erforscher der griechischen Religion; an die Stelle des Rückgriffs auf Neolithisches trat zunehmend der historisch weit präzisere auf den Alten Orient. Die Sather Lectures (*Structure and History in Greek Mythology and Ritual*, 1979) brachten zudem die Auseinandersetzung mit dem französischen Strukturalismus, die Gifford Lectures (publiziert nach langer Überarbeitung als *Creation of the Sacred* in 1996) überdachten die in *Homo Necans* skizzierte Anthropologie im Lichte neuerer biologischer Forschungen. Dazwischen steht die monumentale Geschichte der griechischen Religion bis zur klassischen Epoche (1977; überarbeitet 2011), stehen auch die Versuche, Griechisches und Altorientalisches zu verbinden, von der Heidelberger Akademieschrift von 1984 bis zur Vorlesung in Venedig von 1999.

Burkerts herausragende Statur als Forscher fand in einer langen Reihe von Ehrungen ihren Niederschlag; genannt seien bloss der Balzan-Preis (1990), mit dem Burkert eine Stiftung zur Förderung junger Wissenschaftler begründete, der Orden Pour le mérite für Wissenschaft und Künste (1999) und das Grosse Verdienstkreuz des Verdienstordens der Bundesrepublik Deutschland mit Stern (2008) – Ehrungen, die in seltsamem Kontrast zu seiner Bescheidenheit und Zurückhaltung stehen.

Daneben ist der akademische Lehrer zu würdigen, der eine ganze Generation von Klassischen Philologen herangebildet hat, viele von ihnen für den gymnasialen Schuldienst in einer Schweiz, in der Griechisch am Gymnasium zunehmend selten geworden ist; nicht wenige auch als akademische Lehrer in verschiedenen Ländern. Ihnen hat Burkert nicht bloss vorgelebt, was grosszügige und humane Wissenschaft ist, sondern auch, wie spannend und gerade für unsere Gegenwart relevant die Auseinandersetzung mit den Griechen noch immer ist – ein Anliegen Burkerts, das er im Laufe seines Lebens zunehmend deutlicher artikuliert hat. Als Seminarleiter des ersten Treffens der jungen Schweizer Forscher in Genf und als Anreger und Förderer der *Metageitnia* hat er auch vorgelebt, wie erfolgreiche Wissenschaft im Dialog der Forschenden und nicht allein im isolierten Forschen vorangetrieben und geformt wird.

Mit dem *Museum Helveticum* war er zwar nie als Herausgeber, aber immer als kundiger Berater verbunden. Als Autor hat er zudem nicht weniger als ein Dutzend Arbeiten im *Museum* publiziert, vom frühen Aufsatz über Demaratos, Astrabakos und Herakles in Band 22 (1965) bis zu einem der letzten seiner Aufsätze, *[3] Multiplizieren statt Teilen* in Band 70 (2013), und damit die internationale Sichtbarkeit der Zeitschrift bewusst mitgetragen. Wenn er im Demarat-Aufsatz zum ersten Mal in einer publizierten Arbeit den Alten Orient einbringt, greift er im Aufsatz von 2013 auf seine alte Liebe, die pythagoreische Mathematik, zurück. So bezeichnen diese beiden Arbeiten im *Museum Helveticum*, die erste und die letzte, den ganzen Kreis dieser aussergewöhnlichen Forschungsleistung des langjährigen Zürcher Gräzisten.

Kurzfassung erschienen in: Bayerische Akademie der Wissenschaften, Jahrbuch 2014/2015, 102; die hier abgedruckte ausführliche Fassung ist online verfügbar unter https://badw.de/ fileadmin/nachrufe/Burkert%20Walter.pdf (abgerufen am 14.8.2024).

Martin Hose
Walter Burkert
02.02.1931–11.03.2015

Im Jahre 1955 publizierte Wolfgang Schadewaldt in der Zeitschrift „Hermes" einen Aufsatz, in dem er mit scharfsinniger Interpretation herausarbeitete, dass die seit Lessing gängige Übersetzung der zentralen Begriffe *éleos* und *phóbos* der Aristotelischen Tragödientheorie als Mitleid und Furcht verfehlt sei. Vielmehr würden „seelisch-leibliche Elementaraffekte" bezeichnet, die adäquater mit „Jammer" und „Schauder" wiederzugeben seien (W. Schadewaldt, Furcht und Mitleid? Zur Deutung des Aristotelischen Tragödiensatzes, Hermes 83, 1955, 129–171). Ein zentrales Argument für diese späterhin einflussreiche Neudeutung lag für Schadewaldt darin, dass in der Gleichung von *éleos* und Mitleid im deutschen Terminus ein der altgriechischen Vorstellungswelt unangemessenes aktives und eigentlich christliches Moment enthalten sei. Hiergegen erhob ein Jahr später wiederum im „Hermes" Max Pohlenz Einspruch, der sich besonders energisch gegen die Neuübersetzung von *éleos* richtete (M. Pohlenz, Furcht und Mitleid? Ein Nachwort, Hermes 84, 1956, 49–74). Freilich schöpfte Pohlenz hierfür nicht aus eigenen Forschungen. Vielmehr konnte er auf eine im gleichen Jahr wie Schadewaldts Aufsatz erschienene Erlanger Dissertation zurückgreifen, die der damals 24-jährige Walter Burkert unter der Ägide von Otto Seel und Carl Koch angefertigt hatte. Durch Pohlenz, der die Arbeit als „vortrefflich" einstufte, wurde Burkerts im unscheinbaren, verlagslosen Rotationsdruck vervielfältigte Studie „Zum altgriechischen Mitleidsbegriff" schlagartig berühmt, und ohne dass der Verfasser es beabsichtigt hätte, widerlegte sein Nachweis, dass bereits in der griechischen Archaik und Klassik *éleos* nicht einen bloßen Gefühlsausdruck (das wäre Schadewaldts „Jammer"), sondern einen Appell an ein Gegenüber bezeichnet, der zur Tätigkeit aufrufen will, Schadewaldts ambitionierte Neudeutung des Aristotelischen Tragödiensatzes in einem wesentlichen Punkt.

Walter Burkert wurde am 2. Februar 1931 in Neuendettelsau geboren, wo sein Vater als Pfarrer und Direktor des evangelischen Studienseminars tätig war. Die berufliche Laufbahn des Vaters brachte es mit sich, dass Burkert in

Dillingen und Ansbach das Gymnasium besuchte. 1950 nahm er das Studium der Klassischen Philologie und der Philosophie an der Universität Erlangen auf, ein Studienjahr verbrachte er in München, wo er Rudolf Pfeiffer und Friedrich Klingner hörte. Nach Staatsexamen (1954) und Promotion (1955) trat er zunächst in den Schuldienst, erhielt aber 1957 eine Assistentenstelle in Erlangen. Neben dem 1956 verstorbenen Latinisten Carl Koch hatte ihn besonders Otto Seel – der bis zum Tod Kochs die Gräzistik vertrat, dann die Latinistik übernahm – geprägt, der auch das Thema der Dissertation angeregt hatte. Mit dem 1957 neu nach *[2]* Erlangen berufenen Reinhold Merkelbach verstärkte sich in der Erlanger Altphilologie die Ausrichtung auf die griechisch-römische Religiosität, die bereits Koch – ein Schüler Walter F. Ottos – inauguriert hatte. Merkelbach versuchte, den griechischen Roman vor dem Hintergrund antiker Mysterienkulte zu verstehen; zudem zog die von ihm ausgehende Dynamik auch junge ausländische Altertumswissenschaftler nach Erlangen. Burkert begegnete so Martin West, mit dem ihn fortan eine lebenslange Freundschaft verband.

In einem solchen Umfeld entstand die Habilitationsschrift „Weisheit und Wissenschaft. Studien zu Pythagoras, Philolaos und Platon" (1962 vorgelegt und im selben Jahr publiziert). Ausgangspunkt der monumentalen Studie ist eine der traditionellen Fragen der Altphilologie: das Problem, ob und inwieweit es die reiche Überlieferung zu Pythagoras erlaubt, den historischen Pythagoras und seine Lehre zu rekonstruieren. Burkert zog mit großer Gelehrsamkeit aus seiner Analyse einen recht kühnen Schluss. Die vermeintlichen Einflüsse des Pythagoras auf Platon, Aristoteles' Referate über die Pythagoreer und die späteren Traditionen versuchte er als pythagoreisierende Konstruktionen zu erweisen, und er nahm eine Neubewertung der Bedeutung der „Zahl" für Pythagoras vor: Statt Ausdruck eines rationalen Weltverständnisses zu sein (und die Entwicklung der Mathematik zu inaugurieren) lasse sich für diesen ein „magisches" Verständnis des Wesens der Zahl ermitteln, das sich auch in vielen anderen primitiven Kulturen finden lasse. In Verbindung mit der für Pythagoras bezeugten Seelenwanderungslehre zeichnete Burkert einen „Weisen", der weniger in die Reihe der Vorsokratiker als vielmehr in die Tradition orientalisch-asiatischer Wundermänner und Schamanen passt. Zwei für Burkerts spätere Arbeiten charakteristische Elemente finden sich bereits in diesem Buch: Da ist zum einen die Betonung der irrationalen Kräfte in der griechischen Kultur (hier steht Burkert u.a. unter dem Einfluss von Eric R. Dodds und dessen bahnbrechendem Buch „The Greeks and the Irrational" von 1951) und zum anderen der Blick über den griechischen Kulturkreis hinaus, durch den gerade für die Rekonstruktion und das Verständnis religiöser Formen reiches Vergleichs- und Anschauungsmaterial gewonnen wird.

In den auf die Habilitation folgenden Arbeiten zeigt sich eine große intellektuelle Offenheit und zugleich Fähigkeit zur Synthese von Ansätzen aus *prima facie* den Altertumswissenschaften ferner stehenden Disziplinen. Nicht allein die sich zur vergleichenden Ethnologie hin öffnenden Ansätze des Basler Altphilologen Karl Meuli (1891–1968) oder die bahnbrechende Arbeit „Les formes élémentaires de la vie religieuse" des französischen Soziologen und Ethnologen Émile Durkheim, sondern auch Konrad Lorenz' 1963 publizierte Aufsehen erregende Studie „Das sogenannte Böse" finden sich bei Burkert rezipiert. Er erarbeitete sich damit ein neues Verständnis der griechischen Kulte und zumal der Bedeutung des Opfers, das sich durch die Betonung der Bedeutung der Aggression von anderen Neuansätzen, die in den 60er Jahren entstanden (Brelich, Vernant), abhob. Während eines einjährigen Aufenthalts als Junior Fellow am Center for Hellenic Studies in [3] Washington (1965/66) gewann eine Studie ihre endgültige Form, in der die Genese der griechischen Tragödie, ausgehend von einer neubegründeten Deutung ihres Namens, von diesem neuen Verständnis aus erklärt wurde: In „Greek Tragedy and Sacrificial Ritual" (1966) legte Burkert eine neue und wesentlich vertiefte Begründung dafür vor, warum im Namen Tragödie, verstanden als „Gesang beim Bocksopfer" (entgegen der bis dato als *communis opinio* vertretenen Auffassung „Gesang der Böcke") als *constituens* der Gattung eine ritualisierte Bewältigung des Erlebnisses des Tötens eingeschrieben ist, das Ritual des (Tier-)Opfers mit dem Akt des Tötens und der von den Opfernden hierbei empfundene („heilige") Schauder zugleich eine Gemeinschaft herstellt. Wesentlich ausgebaut erscheint dieser Ansatz, der gerade die Tieropfer in der griechischen Kultur in den Blick nimmt, im Buch „Homo Necans" (1972, ²1997). Burkert hatte inzwischen akademische Karriere gemacht: 1966 war er auf einen neu eingerichteten Lehrstuhl für Klassische Philologie an der TU Berlin, von dort 1969 als Nachfolger von Fritz Wehrli auf den gräzistischen Lehrstuhl an der Universität Zürich berufen worden, den er (unter Ablehnung von Rufen nach Heidelberg und Washington) bis zu seiner Emeritierung 1996 innehatte. „Homo Necans" verbreitert den Ansatz von „Greek Tragedy and Sacrificial Ritual" zu einer grundsätzlichen Erklärung der sogenannten blutigen Opfer in den griechischen Riten, die – unter systematischer Nutzung von Paläoanthropologie, Ethnologie wie Verhaltensforschung und Biologie im Gefolge von Konrad Lorenz' Aggressionstheorie (hiervon distanzierte sich Burkert in der 2. Auflage) – als Erbe aus dem Paläolithicum und dem Jägerstadium des Menschen erscheinen. Anders als die ältere religionshistorische Forschung, die den Übergang zu Ackerbau und zum Sesshaftwerden des Menschen als Ursprung von (insbesondere Fruchtbarkeits-) Riten und entsprechenden Sozialstrukturen angesetzt hatte, findet Burkert in der Erfahrung des (gemeinsamen) Tötens und damit verbunden der Überwindung der Tötungshemmung den Ausgangspunkt des Rituals: Am Beginn der Zivilisation steht damit nicht ein *homo ludens*, sondern ein *homo necans*, dessen Erlebnis gemeinsamen Tötens Gruppengemeinschaft mit Hierarchien produziert und im Ritual bewältigt und damit die mit Tötungsakt verbundene Aggression sozial kanalisiert. Zwar hat der Hauptteil des Buches das Ziel, in verschiedenen griechischen Riten diese Funktion nachzuweisen, doch ergibt sich aus ihm zugleich eine Anfrage an unsere Gegenwart: Was wird aus einer Kultur, wenn sie versucht, die im Menschen angelegte Aggression nicht mehr kanalisiert zu beherrschen, sondern zu unterdrücken oder zu ignorieren?

Die Bedeutung von „Homo Necans" erschloss sich den Kulturwissenschaften erst allmählich, gefördert durch Übersetzungen ins Italienische (1981) und Englische (1982). Für die Zwecke der Klassischen Philologie erschien die große Perspektive auf die menschliche soziale Evolution und der Betonung des Rituals fremd und schwer anschließbar. Im Fach verdeutlichte Burkert seinen Neuansatz durch brillante Interpretationen einzelner Texte, so 1974 mit einer Studie zu Euripides' Orestes, in der er pointiert die Bedeutung des Gewaltexzesses herausarbeitete, der die zweite *[4]* Hälfte dieser dem Euripideischen Spätwerk zugehörigen Tragödie prägt, freilich mit der Zuspitzung, dass die Aggression – in Spiegelung der Zeitumstände im vom Peloponnesischen Krieg zerrissenen Athen – absurde Formen annimmt, die jegliche Gemeinschaft und damit letztlich auch die Tragödie als Gemeinschaft stiftendes Ereignis zerstören.

1977 wurde Burkert nach Berkeley eingeladen, um dort die berühmten *Sather-Lectures* zu halten. Diese Vorträge erschienen 1978 als Buch „Structure and History in Greek Mythology and Ritual". Sie zeigen Burkerts Weiterarbeit an seinem Verständnis griechischer Religion. So bietet er nun eine faszinierende Lösung des alten Problems, in welchem Verhältnis Mythos und Ritual zueinander zu sehen sind. An die Stelle der traditionellen Vorschläge, die mit je unterschiedlicher Begründung die eine aus der anderen Form ableiten, setzte er ein neues Konzept, das Ansätze der morphologischen Betrachtung sogenannter „Märchen" (Vladimir Propp) mit einer Ritualtheorie kombinierte: Ritus und Mythos werden als nebeneinander gültige Formen verstanden, die auf der je unterschiedlichen Wiedergabe von Aktionen (Ritus) und Erzählung beruhen, beide jedoch von Festlegungen geprägt sind: der Ritus von Determinationen „biologischer Programme", der Mythos von determinierten Motiven. So gefasst, wird erklärbar, warum der Mythos nicht nur Rituale erläutert, sondern auch unabhängig erzählt und tradiert werden kann. Diesen neuartigen Ansatz verdeutlicht Burkert an zwei Beispielen, dem Herakles-Mythos und dem Magna-Mater-Kult.

Zugleich mit der Arbeit an „Structure and History" stellte Burkert eine große Synthese seiner Forschungen zur griechischen Religion fertig: 1977 erschien in der Reihe „Die Religionen der Menschheit" seine „Griechische Religion der archaischen und klassischen Epoche", ein Buch, das in klarer Struktur mit enormer Kenntnis aller relevanten antiken Zeugnisse und moderner Forschungsliteratur die Formen und Funktionen griechischer Religion erläutert und zugleich im Kontext religiöser Traditionen des östlichen Mittelmeerraumes sieht. Unmittelbar nach seinem Erscheinen wurde dieses Werk als große Leistung gewürdigt, die – jedenfalls bis zur Zeitstellung von ca. 300 v. Chr. – vorausgehende Synthesen wie die Martin P. Nilssons ersetzt. Burkert erweiterte dieses Buch zunächst für die englische Übersetzung, die 1985 erschien, dann für eine zweite deutsche Auflage 2011, durch beständige Aufnahme neuer Bereiche (etwa der Neufunde zu Mysterienkulten oder einem eigenen Kapitel zur Magie). Für einen Teilbereich der griechischen Religion, die Mysterienkulte, legte Burkert 1987 eine bis in die Spätantike gehende Untersuchung vor, „Ancient Mystery Cults" (die deutsche Übersetzung erschien 1990), die aus den *Carl-Newell-Jackson-Lectures* erwachsen war, zu denen Burkert 1982 an die Harvard-Universität eingeladen war.

Was sich in „Griechische Religion" ankündigte, der stärkere Einbezug des alten Orients zum Verständnis der griechischen Religion und Kultur, wurde von Burkert 1984 entschieden ausgebaut: In der Heidelberger Akademie-Abhandlung „Die orientalisierende Epoche in der griechischen Religion und Literatur" unternahm er den Versuch, speziell für das 8. Jh. v. Chr. zu zeigen, [5] in wie engem Austausch das archaische Griechenland mit den östlichen Hochkulturen stand. Die englische Übersetzung „The Orientalizing Revolution. Near Eastern Influence on Greek Culture in the Archaic Age", 1992, verdeutlicht die Bedeutung dieses Austauschs pointiert. Dieser Versuch machte in der Forschung ungeheuren Eindruck, nicht zuletzt, weil Burkert für diese Arbeit die wichtigen altorientalischen Sprachen erlernt hatte und damit einen eigenständigen Zugriff auf die relevanten östlichen Texte hatte. Während Martin West 1971 mit dem – übrigens Burkert gewidmeten – Buch „Early Greek Philosophy and the Orient", noch wenig Resonanz gefunden hatte, war nun der Punkt erreicht, die Vorstellung einer autonom entstandenen griechischen Kultur (und damit einer autonomen europäischen Kulturtradition) endgültig zu verabschieden. Weiter ausbauen konnte Burkert sein Verständnis der Orient-Bezogenheit der archaischen griechischen Kultur in einer Vorlesungsreihe, die er 1996 in Venedig hielt und die 1999 auf Italienisch („Da Omero ai Magi"), erweitert 2003 auf Deutsch unter dem Titel „Die Griechen und der Orient. Von Homer bis zu den Magiern" in Buchform erschien.

Die Einladung zu den *Gifford-Lectures* 1989 an der Universität von St. Andrews gab Burkert den Anlass, sein Verständnis von Religion tiefer zu entwickeln. Der Stifter der *Lectures*, Adam Lord Gifford, hatte 1886 als Zielsetzung dieser Reihe formuliert: „to promote and diffuse the study of Natural Theology in the widest sense of the term — in other words, the knowledge of God." Burkert nutzte diese Aufgabe, die „natürliche Theologie" zu erforschen, zu einer Untersuchung, in der er soziologische Überlegungen zur Funktion von Religion mit Ansätzen von „Sozialbiologie" beziehungsweise Sprachwissenschaft und Erzählforschung verband und – mit Hilfe auch des Materials, das die griechische Kultur wie die Ethnologie bereit stellt – hieraus eine historische Anthropologie der Religion entwarf, bei der er wie in „Structure and History" genetisch angelegte Programme von Handeln rekonstruierte, die ihrerseits durch Riten und Traditionen aktiviert werden können. Die Schaffung von Religion erhält damit eine beachtliche biologische Fundierung. „Creation of the Sacred. Tracks of Biology in Early Religions" (1996, deutsche Fassung 1998: „Kulte des Altertums. Biologische Grundlagen der Religion") ist ein faszinierendes Buch, das aufgrund der vielfältigen Ansätze und Traditionen, die Burkert aufgreift, eine anspruchsvolle Lektüre bedeutet.

Versucht man, Burkerts wissenschaftliches Werk zu überschauen, fällt ins Auge, daß er mit seinen Arbeiten das Verständnis der griechischen Kultur über die Religion anstrebte. Man hat ihn oft und zu Recht als einen Erneuerer der antiken Religionswissenschaft bezeichnet, Erneuerer freilich in dem Sinn, daß es ihm nicht um ein tieferes Verständnis antiken religiösen Erlebens, um Vergegenwärtigung einer uns fremd gewordenen Form von Frömmigkeit oder Ähnliches zu tun war, sondern er vielmehr Religion von ihrer sozialen Dimension her als ein wesentliches *constituens* von Gesellschaft zu verstehen versuchte, er die Äußerungsformen des Religiösen, näherhin Riten *[6]* und Mythen von ihrer prähistorischen Entstehung her sah und damit – in Öffnung der Altertumswissenschaften zur Prähistorie, methodisch jedoch auch zu den Sozialwissenschaften, zur Verhaltensforschung und zur Biologie – in der griechischen Kultur Erkenntnismöglichkeiten für die Bedingungen des Menschseins im Paläolithicum gewann sowie reziprok wesentliche Eigenheit der griechischen Kultur zunächst auf das Paläolithicum, sodann auch konkreter und historisch fassbar auf die altorientalischen Reiche zurückbeziehen konnte. Burkert hat damit eine Gräzistik entworfen, die weniger eine Text- oder Literaturwissenschaft ist (unter seinen Arbeiten finden sich Ergebnisse für die griechische Literaturgeschichte zwar zu Hauf, sie sind indes eher *parerga* im Gesamtwerk), als vielmehr eine historische Kulturwissenschaft darstellt.

Burkert wurde für seine Arbeiten mit zahlreichen Ehren ausgezeichnet: 1982 erhielt er die Gauss-Medaille der Braunschweigischen wissenschaftlichen Gesellschaft, 1990 den Balzan-Preis, 1992 den Ingersoll-Preis, 2003 den Sigmund-Freud-Preis für wissenschaftliche Prosa. Er war Träger von Ehrendoktoraten der Universitäten Toronto, Fribourg, Oxford und Chicago sowie der Hochschule Neuendettelsau. 1999 wurde er als auswärtiges Mitglied in den Orden Pour le mérite für Wissenschaft und Künste gewählt, er gehörte als ordentliches Mitglied der Berlin-Brandenburgischen Akademie, als korrespondierendes Mitglied u.a. der British Academy, der Heidelberger und der Österreichischen Akademie an. Die Bayerische Akademie wählte ihn 1984 zum korrespondierenden Mitglied.

Zu seinem 70. Geburtstag 2001 begannen Burkerts Schüler mit einer Ausgabe seiner „Kleinen Schriften" in insgesamt acht Bänden. Christoph Riedweg, sein Nachfolger auf dem Zürcher Lehrstuhl, eröffnete diese Ausgabe mit der Sammlung von Burkerts Arbeiten zu Homer und dem frühgriechischen Epos: Kleine Schriften I: Homerica, dort findet sich auf S. 234–56 ein Schriftenverzeichnis Burkerts von 1955 bis 2000, das bis zum Jahr 2010 ergänzt wird durch die Aufstellung im von Eveline Krummen edierten abschließenden Band: Kleine Schriften VI: Mythica, Ritualia, Religiosa, 2011, S. 303–308.

Burkert wurde mit einer Festschrift geehrt (F. Graf (Hrsg.), Ansichten griechischer Rituale. Geburtstags-Symposium für Walter Burkert, Stuttgart/Leipzig 1998). Zwei durch Sammelbände dokumentierte Konferenzen in Bielefeld und Rom diskutierten die von seinen Arbeiten ausgehenden Ergebnisse und Impulse (A. Bierl, W. Braungart (Hrsg.), Gewalt und Opfer. Im Dialog mit Walter Burkert, Berlin/New York 2010; Chr. Riedweg (Hrsg.), Grecia Maggiore: Intrecci culturali con l'Asia nel Periodo Arcaico, Basel 2009). Am 11. März 2015 ist Walter Burkert gestorben.

Sarah Iles Johnston
In memoriam Walter Burkert
(February 2, 1931–March 11, 2015)

With the passing of Walter Burkert, all of us who study ancient religions and myths have lost a scholar to whom we are indebted for important paths forward, and a colleague and teacher of seemingly boundless enthusiasm and generosity. It truly seems as if an epoch has ended.

Walter Burkert began his studies in Erlangen, where in 1955 he wrote a dissertation under the direction of Otto Seel, entitled *Zum altgriechischen Mitleidsbegriff*. His Habilitation was awarded in 1962, and his Habilitationsschrift was published that same year under the title *Weisheit und Wissenschaft. Studien zu Pythagoras, Philolaos und Platon*. Its translation into English ten years later (*Lore and Learning in Ancient Pythagoreanism*) marked the beginning of a pattern: almost every book that Burkert wrote was translated into English, as well as into other languages in many cases. The pattern reflects the eagerness with which a world of scholars awaited Burkert's insights. His other major books (I give here their English titles, followed by the year of original publication and year of translation) were: *Homo Necans: The Anthropology of Greek Sacrificial Ritual and Myth* (1972; 1983), *Greek Religion* (1977; 1983), *Structure and History in Greek Mythology and Ritual* (1979), *The Orientalizing Revolution* (1984; 1992), *Ancient Mystery Cults* (1987), *Savage Energies: Lessons of Myth and Ritual in Ancient Greece* (1990; 2001), *Creation of the Sacred: Tracks of Biology in Early Religion* (1996), *Babylon, Memphis, Persepolis: Eastern Contexts of Greek Culture* (2004).

Nor was it only through books that the impact of Burkert's explorations of ancient religion was felt; he was the master of the tide-turning essay: 'ΓΟΗΣ: Zum griechischen "Schamanismus"' (1962), 'Greek Tragedy and Sacrificial Ritual' (1966), 'Apellai und Apollo' (1975), 'Orphism and Bacchic Mysteries: New Evidence and Old Problems of Interpretation' (1977), 'Itinerant Diviners and Magicians: A Neglected Element in Cultural Contacts' (1983), and 'Oriental and Greek Mythology: The Meeting of Parallels' (1987), for example, changed the ways we look at the ancient world, its rituals, and its beliefs.

Luckily for us, his students edited eight volumes of *Kleine Schriften*, published between 2001 and 2011 as supplements to *Hypomnemata* (volumes I and VI include a complete bibliography of his publications through the year 2000). Four of these are dedicated to his work on religions and myths.

But no one's work can be represented by titles alone. What Burkert gave us was new ways of looking at ancient Greek religions and myths that forever changed our ideas about who the Greeks were. Three contributions stand out in particular. First, under the influence of Karl Meuli, who had brought classics into contact with ethnology, and of ethologist Konrad Lorenz, who had studied animal behavior, Burkert offered us models for how ancient Greek sacrifice and other rituals had developed that were anchored in what he argued was basic human nature (*Homo Necans*, *Structure and History in Greek Mythology and Ritual*, and a host of articles). Especially striking were his proposals that much of Greek religion had deep roots in the communal need *[X]* to turn innate aggression outwards, towards an 'enemy' that could be represented by the animal on the altar, and that the shared guilt that was felt following the animal's death helped to bind the community together. Burkert's interest in sociobiological approaches to religion continued throughout his career, and was later expressed, for example, in *Creation of the Sacred*. In 1998, the journal *Method & Theory in the Study of Religion* devoted part of an issue to scholars' responses to *Creation of the Sacred*.

Second, Burkert revived and reformed the myth-and-ritual approach that had been introduced by the Cambridge Ritualists, especially Jane Ellen Harrison. Burkert proposed that both myths and rituals are symbolic expressions of 'programs of action' that have deep roots in biologically-determined events such as puberty and the seeking of a mate, or in basic social realities such as the hunt. Given this, he suggested, myths and rituals usually arose independently from one another, although they sometimes ended up functioning in tandem. In *Structure and History in Greek Mythology and Ritual*, as well as a number of articles, Burkert used his 'programs of action' model to offer a particularly captivating revival of Harrison's argument that the initiation paradigm underlay many Greek myths and rituals.

Thirdly, together with his friend Martin L. West (who passed away on July 13, 2015, just as I was finishing this homage to Walter Burkert), Burkert was one of the earliest and most persuasive voices urging us to study Greek religions and myths within the broader context of other Mediterranean religions and myths. It was through reading Burkert's *The Orientalizing Revolution* and West's *Early Greek Philosophy and the Orient* (1971) and *The East Face of Helicon: West Asiatic Elements in Greek Poetry and Myth* (1999) that hundreds of classicists first came to accept the idea that numerous elements in Greek religious practice and myths had parallels—if not origins—in the civilizations of the ancient Near East.

Of course, one should not forget that in addition to these new ideas, Burkert also gave us the best general reference book on ancient Greek religion since Martin P. Nilsson's *Geschichte der griechischen Religion*—and a reference book that, in its relative brevity and affordability, has proven much more readily available to students as well as scholars around the world. *Griechische Religion der archaischen und klassischen Epoche* has been translated into Italian, English, Greek and Portuguese, and a second German edition was published in 2010.

Burkert's teaching career began with a professorship at the Technische Universität Berlin, but in 1969 he became the professor of Greek at the Universität Zürich and remained there until he retired in 1996. Not only did he direct the doctoral work of several students who have themselves contributed much to the study of ancient religions and myths—Aphrodite Avagiannou, Fritz Graf, Eveline Krummen, Christoph Riedweg, Katharina Waldner—but he also welcomed and mentored many visiting students who stayed in Zürich for shorter periods, including myself and, earlier than me, Robert Parker, who worked on the doctoral dissertation that would become *Miasma* while there. I will never forget his kindness, his willingness to offer his time, and his valuable insights on my own doctoral topic. In addition to his frequent lectures *[XI]* at universities all over the world, Burkert served as the Sather Lecturer at the University of California at Berkeley in 1977, as the Gifford Lecturer at St. Andrews and as a visiting professor at a number of other universities. In 1990, Burkert received the prestigious Balzan Prize. He held many honorary degrees, was a member of several Academies, and won many other prizes, as well; none of them gave him as much satisfaction as the Gauss Medal (1982), named after the mathematician Carl Friedrich Gauss and rarely given to humanities scholars.

In 1988, Burkert was interviewed about his life and scholarship by Robert W. Cape in *Favonius* (vol. 2:41–52); in 2007, Daniel Barbu published another interview with him in *Asdiwal* (vol. 2:7–15). Both make fascinating reading for the many who admire his work. At one point, Cape asked Burkert what advice he'd have for graduate students and he replied, 'just do what you are interested in, follow your own interests, but follow them very thoroughly. One question will lead to another and then you will probably find out something'—a statement behind which we can glimpse Burkert's inherent modesty, his mode of work, and the zeal with which he pursued it to the end.

Erschienen in: Gnomon 87, 2015, 666–671.

Christoph Riedweg
Walter Burkert †*

Walter Burkert (1931–2015) war unvergleichlich – als Forscher, als Lehrer und als Mensch. Dies lassen auch die Reaktionen auf seinen Tod aus aller Welt erneut spüren, von Zeitungsartikeln über Briefe und Mails bis hin zu Social Media-Einträgen. „Sein Tod bedeutet in jeder Hinsicht einen äußerst großen Verlust nicht nur für die Altertumswissenschaften", schreibt der Erste Vorsitzende der Mommsen-Gesellschaft Michael Erler; oder Richard Seaford aus Exeter: „I did not think that I would be so shocked to hear of his death. I admired him more than any other classicist. And although I did not know him very well, I liked him enormously as a Mensch". „¡Cuanto lo siento! Es una terrible pérdida" (Alberto Bernabé), „Per me era un genio!" (Maurizio Giangiulio), „Now there should be a comet in the sky" (Martin L. West).

Ein Jahrhundertphilologe und Gelehrter, der nicht nur physisch die meisten Zeitgenossen um einen Kopf überragte. Der ebenso rasant denken konnte, wie er beim Vortragen sprach – nicht selten begann er seine Vorlesungen am Donnerstag- und Freitagmorgen schon unter der Türe und ließ nach dem Glockenklang erst beim Hinausgehen die letzten Worte fallen. Die kanonischen 45 Minuten schienen schlicht zu kurz, um sein stupendes Wissen und die Fülle der sich ihm erschließenden Perspektiven mitzuteilen. Das war eine Herausforderung vor allem für Studienanfänger/innen, die allerdings ebenso schnell realisierten, daß sie hier Weltklasse gräzistischer Forschung erleben durften.

Der rasante Vortragsstil ist dabei nur eine Seite. Denn genauso gehörte zu Walter Burkert, was Marie Theres Fögen (1946–2008) in ihrer rhetorisch gewohnt funkelnden Laudatio zur Verleihung des Sigmund-Freud-Preises Burkerts Lakonik nannte.[1] Lakonisch konnte er nicht nur das Wesentliche an Ritualen und Mythen prägnant auf den Punkt bringen – Fögen führt als Bei-

---

* [Im Original ist die Fussnotennummerierung nicht fortlaufend, sondern beginnt auf jeder Seite neu.]
1 Cf. https://www.deutscheakademie.de/de/auszeichnungen/sigmund-freud-preis/walter-burkert/laudatio, S. 2.

spiel den Satz an „Es gibt ‚Humanität', die sich gerade im Töten, Schlachten und Essen bewährt". Auch in Seminaren, so *[667]* Fögen, habe sie Burkert nicht weniger lakonisch erlebt: „gebeugt über einen Text mit Lakunen oder Korruptelen, schweigend, während andere lauthals rätselten. Dann irgendwann sein knapper Einwurf: *embaino* statt *emballo*. Der Text ist gerettet, und der Retter schaut um sich, wortlos, mit dem verschmitzt-vergnügten Ausdruck eines kleinen Jungen, der den verloren geglaubten, dringend benötigten Legostein wieder gefunden hat."

Eine äußerst zutreffende Skizzierung. Genauso, wie auf der einen Seite das Vermeiden überflüssiger Worte und die höchste Konzentration auf das für ihn Wesentliche (unter bewußter Ausschaltung aller Störfaktoren) für Burkert charakteristisch waren, zeichnete ihn andererseits eine geradezu kindliche Begeisterungsfähigkeit sowie eine unbändige Lust an Fachdiskussionen aus, wobei er stets darauf zielte, das Besondere zu finden, neue Facetten den längst bekannten Texten und Dokumenten abzuringen und Parallelen bis in die jüngste Gegenwart hinein zu benennen. Mag er sonst zuweilen lakonisch gewesen sein: Für solche Gespräche war Walter Burkert jederzeit zu haben, und zwar ohne Ansehen der Person, mit Studierenden genauso freundlich und offen kommunizierend wie mit gestandenen Fachkolleginnen und -kollegen. Er war eine Fundgrube präziser Detailkenntnisse, und in unvergleichlicher Großzügigkeit und Bescheidenheit ließ er an seinem Wissen teilhaben – immer begierig, auch selbst etwas dazuzulernen.

Wie es zu dieser Ausnahmeerscheinung gekommen ist, lassen die nackten Daten des Werdegangs höchstens erahnen. Es ist davon auszugehen, daß Burkert, der am 2. Februar 1931 im fränkischen Neuendettelsau als zweites von vier Kindern in eine Pfarrersfamilie geboren wurde, sich schon früh durch seine messerscharfe Intelligenz und ein unglaubliches Gedächtnis auszeichnete – eindrücklich bleibt, wie er nicht nur griechische Verse, sondern Gedichte, Balladen und Lieder aus Kindheit und Schulzeit immer wieder spontan einfließen ließ.

Nach Studien der Klassischen Philologie, Geschichte und Philosophie[2] in Erlangen und München promovierte er als 24-Jähriger an der Universität Erlangen mit der bis heute lesenswerten Arbeit ‚Zum altgriechischen Mitleidsbegriff' (1955). Thomas A. Szlezák, den er als Assistent von Erlangen mit auf seinen ersten Lehrstuhl nach Berlin und später auch nach Zürich nahm, hat einmal angedeutet, daß Burkert den weit über die Fachgrenzen hinaus-

---

[2] Bei der Studienwahl hatte er zwischen Klassischer Philologie und Mathematik/Physik geschwankt, cf. R. W. Cape, An Interview with Walter Burkert, Favonius 2 (1988) 49.

greifenden ‚Homo Necans. Interpretationen altgriechischer Opferriten und Mythen' (1972[1]) in den Grundzügen bereits konzipiert hatte[3], als er sich mit seinem nicht minder bahnbrechenden Buch ‚Weisheit und Wissenschaft. Studien zu Pythagoras, Philolaos und Platon' 1961 in Erlangen habilitierte (Verbindungsglied zur Dissertation war nach Burkerts eigener Aussage Aristoteles' Theorie der Katharsis, die mit dem Pythagoreismus in Verbindung gebracht wurde[4]). In diesem auch ins Englische übersetzten, bis heute wirkmächtigen Buch schenkte er nicht nur den wissenschaftlichen, sondern – im Anschluß an E. R. Dodds und Karl Meuli – auch den irrationalen Aspekten besondere Aufmerksamkeit: Pythagoras erscheint als eine Art Schaman, der mit übermenschlichen Kräften ausgestattet ist.

Drei Lehrer hebt Burkert im Dankeswort hervor: Otto Seel, Reinhold Merkelbach und Helmut Berve (in dieser Reihenfolge). Otto Seel, der von 1950–56 Gräzistik in Erlangen unterrichtete, hatte die Dissertation zu ἔλεος und οἶκτος vor Aristoteles angeregt. Was Burkert an ihm bewunderte, gilt in mancher Hinsicht ähnlich für ihn selbst: „Mit bloßer Stoffanhäufung war er nie zufrieden. Sensibilisiert für die Vielschichtigkeiten des Wortes, suchte er stets das menschlich Bewegende. Die wirkungsgeschichtliche Einheit antiker *[668]* und moderner literarischer Kultur war ihm selbstverständlich; gern ging er überraschenden Verbindungen nach […]. Eindringende Verständnisbereitschaft verband sich mit ungewöhnlicher Formulierungsgabe. Dies strahlte über das Klassisch-Philologische Seminar in die ganze Fakultät aus".[5] Auf Seel führt Burkert in einem Interview von 1988 ebenfalls den bis heute gültigen, wenn auch *sub specie Bononiensi* schwieriger zu verwirklichenden Rat für Studierende zurück: „just do what you are interested in, follow your own interests, but follow them very thoroughly" bzw., noch prägnanter, „look out and try as hard as you can".[6]

Beachtung verdient, daß mit Carl Koch, dem zweiten Erlanger Ordinarius und Schüler Walter F. Ottos, zur Zeit von Burkerts Studium Interesse für Reli-

---

[3] Nach Auskunft von Fritz Graf hatte ihm Merkelbach davon abgeraten, mit diesem stärker religionswissenschaftlichen Projekt die Habilitation anzustreben. *[Nachtrag: vgl. auch Szlezák 2018, unten S. 1140, und Burkert, in Gentry 1998, oben S. 1017: „Reinhold Merkelbach had given me friendly advice not to publish such a book before I had become a professor; years later I learned that some colleagues had decided that the author of such a book was unfit to become editor of a philological journal."]*

[4] Cf. Cape (1988) 41 f.

[5] Cf. Burkert, Otto Seel, in: Neue Deutsche Biographie 24 (2010) 146–147 [Onlinefassung: http://www.deutsche-biographie.de/ppn117754862.html]; Burkert verleiht seiner Begeisterung für Seel auch im Nachruf im Gnomon 48 (1976) 217–221 beredten Ausdruck.

[6] Cape (1988) 49.

gion von latinistischer Seite her gegeben war.⁷ Während des Aufenthalts in München kam er überdies mit so eminenten Philologen wie Rudolf Pfeiffer und Friedrich Klingner in Kontakt, auf die Arbeiten von Jula Kerschensteiner pflegte er auch noch später anerkennend hinzuweisen. In Erlangen wiederum prägte ihn nicht nur Helmut Berve als akademischer Lehrer,⁸ sondern mit Alfred Heubeck konnte er auch die spektakuläre Entzifferung von Linear B gewissermaßen hautnah miterleben.⁹

Den größten Einfluß übte aber ohne Zweifel Reinhold Merkelbach aus, der von 1957–1961 als ordentlicher Professor in Erlangen lehrte und an seinem Buch ‚Roman und Mysterium in der Antike. Eine Untersuchung zur Religion' (1962) arbeitete.¹⁰ Merkelbach hat Burkert „in der Zuwendung zur Religionsgeschichte und insbesondere zu E. R. Dodds¹¹ und Karl Meuli bestärkt".¹² Dachte Burkert ursprünglich an eine Überarbeitung von Deubners ‚Attische Feste', so erfolgte, angeregt durch Merkelbachs Studien, zunächst eine stärkere Konzentration auf Initiationsrituale und das Verhältnis von Erzählung und Ritus. Unter dem Eindruck von Reisen in Griechenland und Italien¹³ *[669]* sowie auf den Spuren von Karl Meulis Deutung der Opfer-Rituale und Konrad Lorenz' epochemachendem Buch ‚Das sogenannte Böse' (1963) ver-

---

7   Cf. Cape (1988) 41. 51 und D. Barbu, Entretien avec Walter Burkert, ASDIWAL 2 (2007) 7 [Onlinefassung: https://www.asdiwal.ch/revue/pdf/2-entretien-burkert.pdf].

8   Von Berve angeregt war nach eigenem Bekunden Burkerts packende Vorlesungsstunde über den Tod Alexanders des Großen im Rahmen der „Literatur des Hellenismus", welche mit dem Verlesen der medizinischen ‚Bulletins' schloß.

9   Cf. Burkerts Nachruf im Gnomon 60 (1988) 283–285. Auch in Zürich hat Burkert dann den Austausch mit dem Linguisten Ernst Risch gepflegt.

10 Cf. Cape (1988) 42 „this gave me a great impulse to the general problem of myth and ritual" (dort auch zu Merkelbachs „greatest admiration" für Meuli). Von Seel und Merkelbach sagt Burkert außerdem: „They are very different but I think they formed for me especially the picture of the ideal teacher, which I would like to be" (ibid. 51).

11 Dessen ‚The Greeks and the Irrational' (1951) bezeichnet Burkert in Cape (1988) 51 als das Buch aus dem Bereich der Klassischen Philologie, welches ihn am nachhaltigsten beeinflußt hat.

12 Cf. Burkert, Zwischen Biologie und Geisteswissenschaft. Probleme einer interdisziplinären Anthropologie, in: A. Bierl/W. Braungart (Hg.), Gewalt und Opfer. Im Dialog mit Walter Burkert (MythosEikonPoiesis 2), Berlin 2010, 57. Das Wort „bestärkt" ist mit Bedacht gewählt, denn Burkert scheint Dodds, der sich seinerseits auf Meuli beruft, schon zuvor gelesen zu haben, cf. Cape (1988) 42.

13 Cf. zu den Reisen Cape (1988) 51 „Well, it was in 1957 that I first came to Greece; only about 1960 or so I travelled to Italy and to Rome", ferner 43 und Burkert, Ein Schlußwort als Dank, in: F. Graf (Hg.), Ansichten griechischer Rituale. Geburtstags-Symposium für Walter Burkert (Castelen bei Basel 15. bis 18. März 1996), Stuttgart/Leipzig 1998, 442 (Sorrent und Pompei). Unvergeßlich auch die Reisen, die Burkert später mit den Studierenden zusammen unternahm: Da war er ganz der wissenschaftliche Jäger und Sammler, immer zuvorderst, wenn es etwas zu entdecken galt, die Ruinen eines Hera-Heiligtums von Foce del Sele bei Paestum z.B. geradezu physisch vermessend und erfassend, indem er behend von einem Stein zum andern sprang.

schob sich dann zwar die Perspektive stärker Richtung Gewalt, Solidarisierung durch Gewalt und Opfer, wobei das Ritual neu „als Verbindungsbrücke zwischen tierischem und menschlichem Verhalten" und allgemein Religion über ‚Glauben' hinaus als „sinnvoller Komplex von Ritualen in ihrer sozialen Funktion" gedeutet wurde.[14] Doch läßt die Widmung des ‚Homo Necans' an Reinhold Merkelbach keinen Zweifel an dessen herausragender Bedeutung für Walter Burkerts Entwicklung. Auf ihn geht übrigens auch der Kontakt mit Martin L. West zurück, mit dem Burkert seit 1959 in engem Austausch stand und das Interesse für wichtige Neuentdeckungen wie den Dervenipapyrus und die Goldblättchen sowie für den Kulturaustausch mit dem Vorderen Orient teilte.[15]

Auch wenn ‚Homo Necans' im deutschsprachigen Raum zunächst nicht oder nur zögerlich zur Kenntnis genommen wurde, bedeutete das 1981 in italienischer und 1983 in englischer Sprache erschienene Buch nach eigener Einschätzung sein „billet d'entrée dans le champ de l'histoire religieuse".[16] Schon vorher hatte Burkert, der 1965–1966 mit seiner Familie zusammen ein Jahr als Junior Fellow am Center for Hellenic Studies gelebt hat, mit innovativen und zunehmend auch auf Englisch publizierten Artikeln wie ‚Iranisches bei Anaximandros' (1963) oder ‚Greek Tragedy and Sacrificial Ritual' (1966) seine außergewöhnlichen Fähigkeiten unter Beweis gestellt. Die internationale Anerkennung folgte Schlag auf Schlag. Bereits 1968, noch während seiner Zeit als Ordinarius auf dem 1. Lehrstuhl für Klassische Philologie an der TU Berlin (1966–1969; Kollege auf dem 2. Lehrstuhl war Carl Joachim Classen), erhielt er die Einladung zu einer Gastprofessur an der Harvard University.

1969 wurde er als Nachfolger von Fritz Wehrli auf den Lehrstuhl für Klassische Philologie, bes. Griechisch, an die Universität Zürich berufen, der er trotz Rufen nach Heidelberg und Washington DC (Leitung des Center for Hellenic Studies) bis zu seiner Emeritierung 1996 treu geblieben ist. *Collegae proximi* waren zunächst Ernst Risch[17] und Heinz Haffter, ab 1971 dann Hermann Tränkle, außerdem Heinrich Marti, dem er sich auch persönlich verbunden fühlte, sowie – zunehmend wichtig im Zusammenhang mit seinen Interessen an Kleinasien und am Vorderen Orient – Peter Frei[18] und weitere Kollegen der Geschichte, Archäologie und Theologie, darunter Fritz Stolz. Generationen von Klassischen Philologinnen und Philologen hat er während der 27 Jahre dauernden Zürcher Lehrtätigkeit für die Antike begeistert. In dieser Zeit haben

---

[14] Cf. Burkert (2010) 57f.
[15] Cf. Cape (1998) 46f.
[16] Cf. Barbu (2007) 8.
[17] Ab 1986 von George E. Dunkel abgelöst.
[18] Cf. Cape (1988) 45.

sich Thomas A. Szlezák, Fritz Graf, Christoph Riedweg, Laura Gemelli, Eveline Krummen und – nach seiner Emeritierung – der viel zu jung verstorbene Virgilio Masciadri an der Universität Zürich habilitiert, während sein Berliner Promovend Wolfgang Rösler 1977 die Habilitation in Konstanz abgelegt hat.

Es würde zu weit gehen, alle Auszeichnungen, die Walter Burkert im Laufe der Jahre erhalten hat – darunter fünf Ehrendoktorate, der Balzan-Preis und der Orden Pour le mérite –, aufzuzählen. Eine Liste der Gastprofessuren darf jedoch nicht fehlen, zumal aus jeder größeren Einladung zeitnah ein Buch hervorgegangen ist, welches in der Regel nicht anders als sein Standardwerk ‚Griechische Religion der archaischen und klassischen Epoche' (1977[1], 2011[2]) in mehrere Sprachen übersetzt wurde: Sather Professor of Classical Literature, University of California at Berkeley (1977), → ‚Structure and History in Greek Mythology and Ritual' (1979); Carl Newell Jackson Lectures, Harvard University (1982), → ‚Ancient Mystery Cults' (1987); Gifford Lectures, St. Andrews, Scotland (1989), → ‚Creation of *[670]* the Sacred. Tracks of Biology in Early Religions'[19] (1996); Kurse an der Ca' Foscari in Venedig nach der Emeritierung (1996), → ‚Da Omero ai Magi' (1999).

Verschiedene kleinere, aber nicht minder feine Einzelpublikationen verdanken sich Einladungen zu ehrenvollen ‚lectures': ‚Oedipus, Oracles, and Meaning. From Sophocles to Umberto Eco' (The Samuel James Stubbs Lecture Series 1), Toronto 1991; ‚Platon in Nahaufnahme. Ein Buch aus Herculaneum' (Lectio Teubneriana 2), Stuttgart/Leipzig 1993; „Vergeltung' zwischen Ethologie und Ethik. Reflexe und Reflexionen in Texten und Mythologien des Altertums' (Carl Friedrich von Siemens Stiftung: Themen 55), München 1994; ‚Klassisches Altertum und antikes Christentum. Probleme einer übergreifenden Religionswissenschaft' (Hans-Lietzmann-Vorlesungen 1), Berlin 1996. Von Burkerts atemberaubender Publikationstätigkeit zeugen außerdem die acht Bände ‚Kleine Schriften', welche zwischen 2001 und 2011 von Schülerinnen und Schülern in der Supplement-Reihe der Hypomnemata herausgegeben wurden.

Zu seinen vielfältigen Tätigkeiten als Gutachter und Berater – genannt sei u.a. die jahrelange Mitarbeit in Stiftungsrat und wissenschaftlichem Komitee von *LIMC* und *ThesCRA* – kam 1986–88 das Dekanat der Philosophischen Fakultät I an der Universität Zürich hinzu, ein Amt, das er mit größtem Pflichtgefühl und Engagement ausübte und das ihn auch mit einer gewissen Genugtuung über die institutionelle Anerkennung erfüllte.

---

[19] ‚Tracks of Biology and the Creation of Sense' war der eigentlich von Burkert für dieses Buch vorgesehene Titel, cf. Burkert (2010) 59.

Was das wissenschaftliche Profil Walter Burkerts betrifft, so gehörte es von Beginn weg zu seinem Selbstverständnis, daß er jeweils „the evidence as fully as possible" zusammenzustellen versuchte.[20] Dieses unermüdliche Bestreben um Vollständigkeit war jedoch nie Selbstzweck, sondern ging Hand in Hand mit einer höchst ambitionierten Weite des Zugriffs. So steht im Zentrum des ‚Homo Necans' zwar die altgriechische Überlieferung zu Opferriten und Mythen, „freilich mit dem Anspruch, wesentliche Stationen im Hauptstrom der menschlichen Entwicklung zu erhellen"[21] – „just solving riddles of humanity", wie Burkert es in einem Interview von 1988 formulierte, bei gleichzeitigem Bemühen „to make it philologically really sound: So I think there is much material and many quotations which are brought together in a way you simply could not find anywhere else".[22] Tatsächlich werden seine Arbeiten aufgrund der außergewöhnlichen Dichte und Zuverlässigkeit der Dokumentation noch für Jahrzehnte selbst für jene unverzichtbar bleiben, welche seinen kühnen Thesen nicht in jeder Hinsicht zu folgen bereit sind.

Im Rückblick fällt auf, wie hellwach Burkert auf zeitgenössische Veränderungen reagierte und mit seinen Entwürfen stets an der Spitze der intellektuellen Avantgarde stand. Durch die konsequente Berücksichtigung auch abgelegener Texte und der bildlichen Überlieferung sowie durch den souveränen Einbezug anthropologischer Ansätze, von den Cambridge Ritualists über Meuli und Dodds bis zu Freud und Lorenz, war er ein Kulturwissenschafter, längst bevor die geisteswissenschaftlichen Fakultäten europaweit das Bedürfnis verspürten, sich durch Umbenennung eine neue Legitimation zu verschaffen. Dasselbe gilt für seine Interessen am Kulturaustausch zwischen Griechenland und dem Orient sowie an der Soziobiologie. Und liest man die Dankesrede für den Erhalt des Sigmund-Freud-Preises heute nochmals durch, besticht die Klarheit, mit der Burkert schon 2003 Chancen und Risiken der – trotz zunehmender institutioneller Etablierung noch immer in den Kinderschuhen steckenden – Digital Humanities analysiert hat,[23] von seinen Reflexionen über den „atemberaubenden Fortschritt *[671]* der Gehirnforschung" ganz zu schweigen.[24] Wenn er sich in einer Hinsicht getäuscht hat, dann höchstens in der 2010 geäußerten Einschätzung, daß die Aggression „quer zu zeitgenössischen Trends" liege und

---

[20] Cf. Cape (1988) 42.
[21] Burkert, Homo necans. Interpretationen altgriechischer Opferriten und Mythen (Religionsgeschichtliche Versuche und Vorarbeiten 32), 2., um ein Nachwort erweiterte Auflage, Berlin 1997, 5.
[22] Cape (1988) 44.
[23] Cf. http://www.deutscheakademie.de/de/auszeichnungen/sigmund-freud-preis/walter-burkert/dankrede, S. 2 f. (Editionsphilologie) und S. 4 (Troja-Streit).
[24] Burkert (2010) 62 f.

„eher fortschreitend tabuisiert" werde:[25] Aggression als Solidarität stiftendes Verhalten ist spätestens 2014 in trauriger Weise nicht nur an der Ostgrenze Europas zurückgekehrt, was freilich umgekehrt dem Burkert'schen Frühwerk ‚Homo Necans' wieder ganz neue, ungeahnte Aktualität verleiht.

Bei aller Aufgeschlossenheit gegenüber modernen Ansätzen stand er postmodern-konstruktivistischen Theorien skeptisch gegenüber. In seinem Schlußwort zum Basler Kolloquium von 1996 spricht er in Abgrenzung dagegen von seinem Eindruck, „daß es nicht um ein Erfinden gehe, sondern um ein Finden",[26] und fügt dann schon fast prophetisch hinzu: „So verfolgt man den Weg, der sich öffnet, vom einen zum anderen, findet Texte und Kontexte in sich weitenden Ringen. Es sei nicht behauptet, daß solcher Weg über das persönliche Glück des Findens hinaus einem objektiven Fortschritt der Wissenschaft oder gar des Weltgeistes entspreche. Ich sehe mich eher in der von Epiktet beschriebenen Situation, wie Reisende an einem Strand spazieren gehen und einige hübsche Muscheln und Schneckenhäuser auflesen, mit Interesse und mit Freude – bis der Steuermann zur Abfahrt ruft. Ende und Abschied sind nicht zu umgehen. Immerhin, selbst bei Epiktet richtet sich der Blick auf eine fremdartige Vielfalt und geht mit der Freude des Findens einher: Es ist nicht so, daß wir im Vexierspiegel immer nur das eigene Antlitz erblicken."[27]

Ende und Abschied hatten sich in den letzten Jahren zunehmend angekündigt. Der Tod seiner Frau Maria geb. Bosch, die jeweils seine erste Leserin war und mit der er drei Kinder hatte, im Jahr 2004 bedeutete einen schweren Schlag, von dem er sich nur mit Mühe und dank seiner legendären Arbeitsdisziplin wieder einigermaßen aufraffte. Hinzu kam ein leichter, nicht wirklich kurierter Ictus an der Berliner Dionysostagung 2009, der sich immer stärker und störender bemerkbar machte.

Am 11. März 2015 ist Walter Burkert in Uster 84-jährig gestorben. Er hinterläßt ein Werk, das seinesgleichen sucht und noch für Jahre von der stupenden Gelehrsamkeit des Autors, von der berauschenden Weite seiner Perspektiven und seinem ansteckenden Enthusiasmus zeugen wird.

---

[25] Burkert (2010) 61.
[26] Cf. ähnlich Burkert, Impacts, Evasions, and Lines of Defence: Some Remarks on Science and the Humanities. In: W. Rüegg (Hg.), Meeting the Challenges of the Future. A Discussion between ‚The Two Cultures', Florenz 2003, 94ff. und schon Burkert, Structure and History in Greek Mythology and Ritual, Berkeley, Cal. 1979, 10ff.
[27] Burkert (1998) 442f.

Erschienen in: Antike Welt 3/2015, 5.

Wolfgang Rösler
Nachruf auf Walter Burkert (1931–2015)

Mit Walter Burkert, der am 11. März 2015 im Alter von 84 Jahren gestorben ist, hat die deutschsprachige Altertumswissenschaft einen ihrer bedeutendsten Vertreter verloren. Burkert, der sich 1961 in Erlangen mit einer Arbeit über Pythagoras und den Pythagoreismus habilitiert hatte, wurde 1966 auf den neu eingerichteten Lehrstuhl für Klassische Philologie (mit gräzistischem Schwerpunkt) an der Technischen Universität Berlin berufen; 1969 wechselte er als Nachfolger von Fritz Wehrli auf den entsprechenden Lehrstuhl in Zürich, auf dem er bis zu seiner Emeritierung im Jahr 1996 wirkte.

Burkert ragte durch die besondere Weite seines wissenschaftlichen Horizontes und die synthetische Kraft heraus, mit der er die Anstöße, die sich ihm ergaben, fruchtbar zu machen verstand. Dies gilt zunächst für sein Hauptarbeitsgebiet, die griechische Religion der archaischen und klassischen Epoche, auf dem er Rituale und Einrichtungen des griechischen Götterkults u.a. im Rückgriff auf anthropologische und biologische Modelle erklärte (bahnbrechend das erstmals 1972 erschienene Werk *Homo Necans. Interpretationen altgriechischer Opferriten und Mythen*; ein wichtiges Nachwort in der Neuauflage von 1997). Es gilt nicht minder für seine Studien über das Thema (zugleich Titel eines Buches von 2003) *Die Griechen und der Orient* in den Jahrhunderten vor und besonders nach der Wende vom 2. zum 1. Jt. v. Chr., dem er sich in den letzten drei Dezennien seines Lebens verstärkt widmete. Er, der an sich kein Orientalist war, hatte sich dazu die Kenntnisse angeeignet, die ihm das Studium der Originalquellen ermöglichten.

Darüber hinaus vertrat Burkert sein Fach, wie es oft gefordert, in der Praxis aber selten erreicht wird, tatsächlich „in ganzer Breite". Davon zeugen etliche der insgesamt acht Bände von *Kleinen Schriften*, die zwischen 2001 und 2011 von seinen akademisch tätigen Schülern herausgegeben wurden. Im Anhang des 1. Bandes findet sich neben biographischen Daten und einer Aufstellung akademischer und anderer Ehrungen (wovon hier lediglich der Balzan-Preis und die Mitgliedschaft im Orden Pour le mérite erwähnt seien) auch ein bis 1999 reichendes Schriftenverzeichnis (alles ist aktualisiert auf der Homepage des Zürcher Instituts: https://www.sglp.uzh.ch/de/aboutus/ehemalige/burkert.html). Bemerkenswert sind die zahlreichen Übersetzungen seiner Werke; sie dokumentieren, dass Burkert auch im fremdsprachigen Ausland höchstes Ansehen genoss. Allen, die das Glück hatten, mit ihm in persönlichen wissenschaftlichen Kontakt zu treten, wird das stupende präsente Wissen unvergesslich sein, über das er zu welchem Thema auch immer verfügte, und sie werden sich an die zurückhaltend-freundliche Zugewandtheit erinnern, die er seinen Gesprächspartnern entgegenzubringen pflegte.

Erschienen in: Heidelberger Akademie der Wissenschaften, Jahrbuch 2015, Heidelberg 2016, 340–345.

Bernhard Zimmermann
Nachruf auf Walter Burkert

Am 11.3.2015 verstarb im Alter von 84 Jahren der Klassische Philologe, Altertums- und Religionswissenschaftler Walter Burkert. Der am 2.2.1931 im fränkischen Neuendettelsau geborene Burkert studierte Klassische Philologie, Geschichte und Philosophie in Erlangen und München. Nach der Promotion in Erlangen mit einer Arbeit „Zum altgriechischen Mitleidsbegriff" (1955) war er in den Jahren 1957–1961 zunächst als Assistent, nach der 1961 ebenfalls in Erlangen erfolgten Habilitation bis 1965 als Privatdozent tätig. Es folgte ein Forschungsaufenthalt am renommierten Center for Hellenic Studies in Washington (1965/66). 1966 wurde Burkert auf einen Lehrstuhl für Klassische Philologie an die TU Berlin, 1969 an die Universität Zürich berufen, wo er bis zu seiner Emeritierung im Jahr 1996 wirkte.

Prägenden Einfluss auf Burkerts wissenschaftlichen Arbeitsstil hatte sein akademischer Lehrer Otto Seel. In der „Neuen deutsche Biographie"[1] preist Burkert Seels ständiges Bemühen, sich nie mit bloßer Stoffanhäufung zu begnügen, sondern der Vielschichtigkeit der Texte und Worte nachzuspüren, die wirkungsgeschichtlichen Strahlungen antiker Texte und Ideen bis in die Gegenwart hinein aufzudecken und zu verstehen und sie in den passenden Formulierungen mitzuteilen. Anbindung seiner altertumswissenschaftlichen Studien an Fragen und Probleme der Gegenwart ist denn auch ein Kennzeichen von Burkerts *[341]* vor allem religionsgeschichtlichen Arbeiten;[2] Formulierungsgabe, Klarheit und präzise Knappheit sind wesentliche Charakteristika von

---

[1] W. Burkert, Seel, Otto, in: Neue Deutsche Biographie 24 (2010), S. 146–147; vgl. auch Burkerts Nachruf auf Seel in: Gnomon 48, 1976, S. 217–222.
[2] Man vgl. z. B. in „Griechische Religion der archaischen und klassischen Epoche" (Stuttgart ²2011) S. 9: „Sinn und Funktion von Religion ist heute, zumal durch die Konfrontation mit dem Islam, in neuer Weise in Frage gestellt. Die alten Religionen, die vor Judentum, Christentum und Islam dauerhafte Wirkung geübt haben, dürften umso mehr Aufmerksamkeit erwarten, und sei es als ‚Museum der Gegenbeispiele'." Oder, heutige Konflikte ahnend, im abschließenden Kapitel von „Kulte des Altertums. Biologische Grundlagen der Religion" (München 1998), S. 215 (in Auseinandersetzung mit der modernen Informationsgesellschaft): „Als beunruhigender mag sogar die sich abzeichnende

Burkerts eigenem Stil. In der Urkunde des ihm 2003 verliehenen Sigmund-Freud-Preises der Deutschen Akademie für Sprache und Dichtung wird seine wissenschaftliche Prosa als „nüchtern und philologisch scharfsinnig, lakonisch und nicht ohne Ironie" bezeichnet.

Nicht unerheblich dürfte es gewesen sein, dass Burkert in Erlangen durch Alfred Heubeck (1914–1987)[3] in unmittelbare Berührung mit der Homer-Forschung, insbesondere mit der sprachwissenschaftlichen, indogermanistischen Herangehensweise kam, die nicht nur für seine eigenen Homer-Arbeiten,[4] sondern für wichtige Beiträge wie zum Ursprung der Tragödie von eminenter Bedeutung war. Für Burkerts wissenschaftliche Ausrichtung war jedoch ohne Zweifel Reinhold Merkelbachs (1918–2006)[5] Einfluss entscheidend, der von 1957 bis 1961 in Erlangen lehrte und Burkert mit Martin L. West (1937–2015) in Kontakt brachte, mit dem Burkert in den nächsten Jahrzehnten das Bild der klassischen Antike revolutionieren sollte. In zahlreichen Arbeiten riefen sie die Einflüsse der vorderorientalischen Kulturen auf die Welt des archaischen Griechenlands nachdrücklich ins Bewusstsein der Altertumswissenschaft.[6] Wegweisend war Burkerts Abhandlung „Die orientalisierende Epoche in der griechischen Religion und Literatur",[7] *[342]* aus der eine erweiterte englische Fassung[8] und eine zusammenfassende, zunächst italienische, dann deutsche Darstellung[9] hervorgingen.

Merkelbach bestärkte Burkert in seinen religionswissenschaftlichen Interessen – in der Zeit in Erlangen arbeitete er an seinem Buch „Roman und Mysterium" (erschienen München 1962) –, vor allem dürfte er jedoch Burkert seine in der deutschen altertumswissenschaftlichen Tradition des 19. und beginnenden 20. Jahrhunderts stehende unitarische Herangehensweise an die

---

Chance einer Regression erscheinen, gerade im geistigen Bereich. Primitivreaktionen der Massen, Fundamentalismus ihrer Wortführer: Hier bleiben Formen und Aussichten der Religion auch für die unmittelbare Zukunft; sie bleiben in ihrer Funktionalität durchaus problematisch."

[3] Vgl. Burkerts Nachruf in: Gnomon 60, 1988, S. 283–285.

[4] Kleine Schriften I: Homerica, Göttingen 2001.

[5] Vgl. G. Bitto, Merkelbach, Reinhold, in: P. Kuhlmann – H. Schneider (Hgg.), Geschichte der Altertumswissenschaften. Biographisches Lexikon, Stuttgart – Weimar 2012, Sp. 812f. (Der Neue Pauly. Supplemente 6).

[6] West ging Burkert in der Aufdeckung orientalischer Einflüsse in seinen beiden Kommentaren zu Hesiods Lehrgedichten voraus: Hesiod, Theogony, Oxford 1966; Hesiod, Work and Days, Oxford 1978; vgl. vor allem M. L. West, The East-Face of Helicon: West Asiatic Elements in Greek Poetry and Myth, Oxford 1997.

[7] Sitzungsberichte der Heidelberger Akademie der Wissenschaften, Philosophisch-historische Klasse 1984, 1, Heidelberg 1984.

[8] The Orientalizing Revolution. Near Eastern Influence on Greek Culture in the Early Archaic Age, Cambridge (Mass.) – London 1992.

[9] Die Griechen und der Orient, München 2003; Kleine Schriften II: Orientalia, Göttingen 2003.

Antike nahegebracht haben: „die Verbindung von sonst häufig getrennt arbeitenden alt.wiss. Disziplinen um die Philologie als Kern ... und das Streben nach neuem Wissen über die klass. Antike",[10] das in der Regel über Papyri und inschriftliche Zeugnisse zu gewinnen ist.

Das erste Standardwerk Burkerts, das ihn auf einen Schlag international bekannt machte, seine Erlanger Habilitationsschrift „Weisheit und Wissenschaft. Studien zu Pythagoras, Philolaos und Platon" (Nürnberg 1962), eine Darstellung der Auseinandersetzung mit dem älteren Pythagoreismus durch Platon und die ältere Akademie – ein Meilenstein in der philosophiegeschichtlichen und philologischen Vorsokratiker-Forschung –, enthält in nuce das wissenschaftliche Programm von Burkerts folgenden großen Arbeiten, die sich in dem Spannungsfeld von Mythos, Philosophie, Literatur, Kult und Ritual verorten lassen. Die Tatsache, dass er Pythagoras als ‚Schamanen' auffasst, ihm den Anspruch der Wissenschaftlichkeit abspricht und ihn die Tradition der nahöstlichen Weisheitsliteratur stellt,[11] verweist auf den kulturkomparatistischen Ansatz der späteren Arbeiten und auf sein Interesse an der Orphik und an den Mysterienkulten, zu deren Verständnis er – insbesondere in der durch die Entdeckung des Derveni-Papyrus (1964) und des Goldblättchens von Hipponion (heute Vibo Valentia in Kalabrien, 1971) ausgelösten Forschungsdiskussion – maßgeblich beitrug.[12]

Weit über die engeren altertumswissenschaftlichen Fachgrenzen hinweg wirkte Burkert durch seine religionswissenschaftlichen Arbeiten, insbesondere durch „Homo Necans. Interpretationen altgriechischer Opferriten und Mythen".[13] In Weiterentwicklung von Forschungen Karl Meulis (1891–1968),[14] durch die schon Burkerts Pythagoras-Bild geprägt worden waren, und von Konrad Lorenz *[343]* (1903–1989)[15] schlägt er vor, „die sakralisierten Tötungshandlungen uralter Tradition, die blutigen Opfer, das Schlachten der Tiere bei festlicher Gelegenheit, als Inszenierung geregelter Aggression zu verstehen, weshalb denn diese Rituale imstande seien, Gruppensolidarität durch die Schauer des Heiligen zu begründen. Religiöses Verhalten gerade in seinen scheinbar abstoßenden Aspekten von Opfer und Blutvergießen ist dann als eine

---

[10] Bitto (s. Anm. 5), Sp. 812.
[11] Vgl. Chr. Riedweg, Pythagoras. Leben, Lehre, Nachwirkung, München ²2007, S. 99.
[12] Antike Mysterien, München 1990. Die Aufsätze zur Orphik usw. füllen die Bände 3–6 der Kleinen Schriften (Göttingen 2006–2011).
[13] Berlin – New York 1972; 2., um ein Nachwort erweiterte Auflage Berlin – New York 1997.
[14] Griechische Opferbräuche, Basel 1946. Zu Meuli vgl. R. Baumgarten, in: Kuhlmann – Schneider (wie Anm. 4), Sp. 814f.
[15] Das sogenannte Böse. Zur Naturgeschichte der Aggression, Wien 1963. Fasziniert war Burkert auch, wie er im Nachwort von „Homo Necans" (S. 344) betont, von Freuds „Totem und Tabu".

Art der Bindung zu begreifen, die feste und ernste Gemeinschaft begründet."¹⁶ Burkert steht mit diesem Buch in der Tradition der Cambridge School und Jane Ellen Harrisons „Themis" (1911) sowie E. R. Dodds' „The Greeks and the Irrational" (1951), einer Forschungsrichtung, die nach Nietzsche die dunklen, irrationalen Seiten des archaischen und klassischen Griechenlands auslotet. In dieser Sichtweise auf die Antike weitet sich die Klassische Philologie zur Anthropologie, wie Burkert im Nachwort zur 2. Auflage von „Homo Necans" (S. 333) schreibt.

Den in „Homo Necans" entwickelten Ansatz der gruppenbildenden Funktion von Opferritualen wendet Burkert in einer kleinen, bahnbrechenden Arbeit auf die Frage nach dem Ursprung der Tragödie an. In „Greek Tragedy and Sacrifical Ritual"¹⁷ erklärt er in einer Verbindung von etymologischer und anthropologischer Deutung das griechische Wort τραγῳδία nicht, wie gemeinhin üblich, als ‚Gesang der Böcke', als ‚Bocksgesang', sondern als ‚Gesang, der anlässlich eines Bocksopfers' oder ‚Gesang um einen als Preis ausgesetzten Bock'. Aus der ursprünglichen Opferhandlung, in der die Tragödie ihren rituellen Nucleus hatte, lassen sich – so Burkert – viele Besonderheiten und gattungskonstituierenden Elemente der späteren, hochentwickelten literarischen Form des 5. Jahrhunderts erklären. „Die Transformation auf das Niveau hoher Literatur, mit den Formen der Chorlyrik und der Adaptation des heroischen Mythos, bleibt eine einzigartige Leistung, die sich doch auf vorgegebene Elemente gründet: Gebrauch von Masken, Gesang und Tanz auf der θυμέλη, Klage, Flötenmusik, der Name τραγωιδοί, alles vereint in der Grundsituation des Opfers: Der Mensch im Angesicht des Todes."¹⁸

Die von Opferhandlungen ausgehende Sicht auf die griechische Religion weitet sich in zwei weiteren großen Monographien zu einer Gesamtschau. In „Griechische Religion der archaischen und klassischen Zeit"¹⁹ entwickelt Burkert in souveräner Beherrschung der literarischen wie materiellen Quellen in sieben *[344]* Kapiteln die Geschichte der griechischen Religion seit der minoisch-mykenischen Epoche.²⁰ Die soziobiologischen, anthropologischen und altertumswissenschaftlichen Methoden zur Erklärung von Religion flie-

---

16 Homo Necans, S. 334.
17 Ursprünglich erschienen in: Greek, Roman and Byzantine Studies 7, 1966, S. 87–121 (jetzt: Kleine Schriften VII: Tragica et Historica, Göttingen 2007, S. 1–32); deutsch in: W. Burkert, Wilder Ursprung, Berlin 1990, S. 13–39.
18 Zitat nach der deutschen Fassung, S. 26.
19 Stuttgart 1977; 2., überarbeitete und erweiterte Fassung Stuttgart 2011.
20 1. Vorgeschichte und Minoisch-Mykenische Epoche; 2. Ritual und Heiligtum; 3. Die gestalteten Götter; 4. Tote, Heroen und chthonische Götter; 5. Polis und Polytheismus; 6. Mysterien und Askese; 7. Philosophische Religion.

ßen auf provozierende Weise zusammen in „Kulte des Altertums. Biologische Grundlagen der Religion".[21] Burkert wiederholt in der Einleitung dezidiert sein Credo der untrennbaren Einheit von Anthropologie, Altertums- und Religionswissenschaft: „So stellt Religion eine besondere Herausforderung dar für eine umfassende Anthropologie, die sich zur Aufgabe macht, im Gesamtrahmen unseres Wissens und Vermutens auch das ‚Irrationale' als sinnvoll zu verstehen." (S. 10) „Geisteswissenschaftlich-historische Forschung wirkt in einem Rahmen der Anthropologie, die ihrerseits von Biologie im weitesten Sinne unabtrennbar ist." (S. 12) In derselben Einleitung – auch dies ist ein Credo von Burkerts wissenschaftlicher Arbeitsweise – erteilt er der postmodernen Dekonstruktion der Fakten und Quellen eine brüske Abfuhr (S. 12): „Man mag etwa die Symbolik und Sprache des Opfers in einem bestimmten kulturellen Kontext erfassen und wechselnden Interpretationen unterwerfen; es gibt aber auch als banales Faktum die Tierknochen, die der Ausgräber findet, woraus er unter anderem religionshistorische Schlüsse ziehen kann. Jedenfalls wurde nicht nur symbolisch geschlachtet. Religion ist überaus realistisch – und eben darum ‚natürlich'."

Burkerts wissenschaftliches Arbeiten war geprägt von einer ständigen Suche nach Belegen, Fakten, Texten. Er war keineswegs, wie vor allem „Homo Necans" beweist, Theorien abhold, und er hat ja nicht unwesentlich selbst zur Theoriebildung in der Klassischen Philologie und Altertumswissenschaft beigetragen. Sein Bemühen galt jedoch in erster Linie einer möglichst kompletten Sammlung und Sichtung des zur Verfügung stehenden Materials als unabdingbarer Grundlage wissenschaftlichen Arbeitens, so dass man, selbst wenn man den in seinen Werken entwickelten Interpretationen nicht zustimmt, in ihnen trotzdem einen Schatz an Zeugnissen findet, die für weitere Forschungen von Nutzen sein können.[22] Burkerts Freude am Finden und Begreifen konnte ich selbst auf einer Exkursion in der Magna Graecia erleben, als er im kleinen Museum von Vibo Valentia das orphische Goldblättchen in die Hand nehmen durfte und geradezu verzückt den griechischen Text aus dem Gedächtnis vor sich hin murmelte. *[345]*

Zeugnis des internationalen Ansehens, das Burkert nach „Weisheit und Wissenschaft" und „Homo Necans" genoss, sind die zahllosen Übersetzungen seiner Werke, vor allem sind es die zahlreichen Ehrungen und Auszeichnungen, die ihm zuteil wurden. Erwähnt seien der Balzan-Preis (1990) und der Sigmund-

---

[21] München 1998; der deutschen ging eine englische Fassung voraus: Creation of the Sacred. Tracks of Biology in Early Religions, Cambridge (Mass.) 1996.

[22] Man lese vor allem sein Nachwort in: F. Graf (Hg.), Ansichten griechischer Rituale, Stuttgart – Leipzig 1998, S. 441–444.

Freud-Preis (2003). 1999 wurde ihm der Orden Pour le mérite für Wissenschaften und Künste verliehen. Er war ordentliches und korrespondierendes Mitglied in zahlreichen Akademien – der Heidelberger Akademie gehörte seit 1977 an – und wissenschaftlichen Institutionen und wurde mit fünf Ehrendoktorwürden ausgezeichnet.

Die Welt der Wissenschaft hat mit Walter Burkert einen der herausragenden, weit über die Fachgrenzen hinweg wirkenden Gelehrten verloren, einen Jahrhundertphilologen, der wie kein anderer die Kultur und Denkweise des Faches und unserer Sicht auf die antike Welt in der zweiten Hälfte des 20. Jahrhunderts prägte.[23]

---

[23] Die Nachrufe auf Walter Burkert und ein vollständiges Werkverzeichnis sind einsehbar unter www.sglp.uzh.ch/de/aboutus/ehemalige/burkert.html.

7.3. Biographical Memoirs und Blogeintrag

Thomas A. Szlezák
Biographical Memoirs: Walter Burkert I

"That good-natured chap will no doubt pass me, even if I skip classes the last three weeks of the seminar." Such were my brother's words. I had just finished high school in July 1959 and asked him to go hitchhiking with me through Scandinavia. He was weighing the risk of losing his seminar certificate for a whole term of Latin translation. That was the first time I heard of Walter Burkert, *Assistent* at the Institute of Classics at the University of Erlangen. My brother's calculation proved right: the "good-natured chap" passed him after all. Sometime later, when I saw Walter Burkert at the Institute, I realized that it was probably not his good nature that was responsible for his leniency. More likely, he was not fully aware whether his students conscientiously attended his course. Seeing this tall, slim young man, pacing along the corridor with long strides, wearing shorts, with a pile of books under his arm, suggested that he was pretty much oblivious to his surroundings. Saying "hello" was not one of his habits.

In the summer semester of 1962, a seminar on Plato's *Sophist* was held jointly by the Erlangen philosophers and classicists. I participated as a student of philosophy (to classics I turned only later). From the classicist side, Walter Burkert and the Latinist Otto Seel attended among others, next to the historian Helmut Berve, the most important of Burkert's Erlangen teachers. From philosophy, we were joined by Paul Lorenzen, then a star amongst German philosophers, and Wilhelm Kamlah, the latter working at the time on his book *Platons Selbstkritik im Sophistes*. Walter said little, but when he spoke, it was clear to everyone that he had the most thorough knowledge of the text. That he regarded Kamlah's thesis of Plato's self-criticism as untenable was not immediately transparent from his skeptical but polite comments.

I did not witness Walter's inaugural lecture as a *Privatdozent*, nor his first lectures and seminars. I had moved to Tübingen where, greatly impressed by Wolfgang Schadewaldt, I began to study Greek philology. When I returned to Erlangen for two terms, Walter was teaching in his fifth semester as *Privat-*

dozent. The *Ordinarius* Professor of Greek at the time was Alfred Heubeck, a renowned linguist and Homer scholar. His two-hour lecture on the *Iliad*, which regularly started at 8:00 a.m., was attended by some 80–100 students, packing the room to the last seat. Walter's lecture on Euripides started after an hour's break, in a much more spacious room, but of Heubeck's large audience only five to six male students stayed on. It was not easy to follow the lecture. Intently focused on his manuscript—he hardly ever looked up at the audience—he spoke fast, with a somewhat fuzzy pronunciation, made even harder to follow because of his strong Frankonian accent. Yet, what he had to say was absolutely fascinating. In his interpretation of *Medea*, he addressed all possible ramifications of the myth, adding *[117]* relevant readings from the point of view of narratology and the history of religion, and drawing on a vast body of secondary literature. Medea's killing her children was interpreted as "sacrifice"—it was the semester when Walter conceived his later, famous article, "Greek Tragedy and Sacrificial Ritual," which already contained the main ideas of his *Homo Necans* (1972).

While Professor Heubeck represented the solid standard of German Greek scholarship of those years, it was the young *Privatdozent* who was beginning to shine. The few students who stayed the course with this difficult scholar had understood that the young Walter Burkert was in a class of his own. In his seminars on Empedocles and Herodotus, again delivered to a small circle of students, he proved an excellent teacher, demanding a great deal from them and criticizing them promptly, though never in an offensive manner.

When Walter went to Washington, DC, with his family for a year to work at the Center of Hellenic Studies, I returned once more to Tübingen where, to my great surprise, I received a letter from him offering me the position of *Assistent* to the Chair he was about to accept at the Technische Universität Berlin. He knew full well that I had not yet sat the *Staatsexamen*. To offer a student a position before his final exam was a rather unconventional move. When Schadewaldt invited me to a similar position after I had passed the exam in Tübingen, I fulfilled my promise to work with Walter. Only later did I realize that I had chosen between the two foremost German Greek scholars of the 20th century.

At the new Institute in Berlin, the task was to speedily create a seminar library within the humanities, which the Senate of (West) Berlin wanted to establish as an alternative to the humanities at the Free University that had increasingly become dominated by extreme, left ideologues. Funding was no problem; the problem was that there were no students. Nonetheless, Walter offered his lectures, sometimes before an audience of no more than two or three students.

My time was divided between work for the library, writing my doctoral dissertation, and participating in the innumerable political events of the 1968 student movement. My early sympathies for the movement—sympathies that evaporated when the occupation of Czechoslovakia by the Warsaw Pact in August 1968 elicited no more than mild criticism from its leaders—were no secret to Walter. After all, I did not hide my views. But he refrained from making any critical remarks. Anyone who knew him, though, was well aware of his position. Even demonstrations against the Vietnam War seemed to him unjustified. Forty years later, our political views were to be reversed. At the time, Walter and I had no time to talk about my doctoral dissertation. *[118]* Only once did we find two hours to discuss certain textual problems of my edition of the *Categories* of the Neopythagorean *Archytas*. The remainder of my work, well over 90 percent, remained unknown to my *Doktorvater* when I submitted it to the Faculty.

In the spring of 1969 Walter moved to the University of Zurich as successor of Fritz Wehrli. Again he offered me the post of *Assistent*, an offer he was by no means obliged to make (there were other well-qualified candidates both in Berlin and in Zurich). In Zurich, Walter, for the first time, enjoyed a somewhat larger audience. His lecturing style changed, he began to speak more slowly, and poured fewer of his inexhaustible scholarly treasures over his students. How important teaching was to him became evident only years later when he was invited to join the Institute for Advanced Study at Princeton. His privately expressed response was that he would not like to spend the last 15 years before retirement without contact with the younger generation.

At least some of his Swiss students would have been astonished by this answer. Precisely at that time—I had just been elected *Vertrauensdozent*—a few among them complained to me about a certain personal coldness in the great scholar, whom they continued to regard as a German foreigner. But what Walter wanted to convey was not his personal humanity, but the stimulation of new insights. In this he was uniquely successful. Complaints came also from young female classicists. It was well known that Walter felt that academic career and family life were incompatible for a woman. Even for himself he saw a problem here, certainly in his early years. When I once asked him during our Berlin time whether he always worked at night, he answered with a painful expression on his face: "That's impossible once you have children." His wife Maria no doubt shouldered by far the greater part of the family burden all her life.

In spite of a lack of time for evening work, his knowledge of Greek philology, the history of religions, anthropology, and oriental studies increased year by year at an unimaginable pace. One precondition for this was his unique powers of focus. When in 1971–1972 Geoffrey Kirk spent a few months in Zurich as visiting staff from Yale, the Institute assigned him an office that was accessible only through another room. One afternoon Walter and I worked in the anteroom at desks opposite each other, in complete silence, as usual. After about an hour Geoffrey left his room and passed by our desks with a friendly "goodbye." I responded in kind, while Walter did not even look up from his reading. An hour later, Walter had finally found what he was looking for. He got up and asked, "Where is Kirk?" I told him that he had left an hour ago. "That's terrible," Walter exclaimed. "I wanted to *[119]* talk to him urgently. I have important things to tell him." I couldn't but envy his extraordinary powers of concentration.

I was grateful that Walter had no inclination to interfere with my work. We never discussed my *Habilitationsschrift* on the metaphysics of Plotinus, although we regularly met in the Institute two to three times a week to raise all kinds of topics, from Homer to Lucian and Plutarch. When he realized well before my Habilitation that I had sided with the "Tübingen School" of Plato interpretation in my articles and reviews, he warned me that this decision might very well jeopardize my career. That I was not so much interested in a career as in a methodologically tenable Plato interpretation was an answer that was clearly not to his taste. As for himself, he told me much later that he had postponed the publication of the rather unconventional perspectives of his *Homo Necans*, conceived early in his career, for tactical reasons until he had secured his second chair.

Walter received repeated offers to move to German universities (which I only knew about through my wife, who was a close friend of Maria Burkert). Yet he preferred to stay in his Swiss "exile," even if his relationship with the country of his choice remained ironically distanced. What attracted him to the Zurich region was the proximity of the Alps, where he liked to hike. When I asked him whether he did not suffer from vertigo, his answer had a tone of indignation that made me believe that he regarded a lack of such preconditions as reprehensible. In retrospect, after many years, I read his answer as a metaphor: in his scholarly work he had undertaken tours to such giddy heights where methodological, multidisciplinary surefootedness and freedom from intellectual vertigo in the face of daunting chasms and daring syntheses are indispensable preconditions.

Laura Gemelli
Biographical Memoirs: Walter Burkert II

I met Walter Burkert in 1985 when he had already written his most important works and was a famous scholar. *Lore and Science* (1962 in German; 1972 in English) was for a long time (and still is) the "Bible" of Pythagorean studies. *Homo Necans* (1972 in German) had become a best seller in its English translation (1983). *Greek Religion* (1977 in German) had been published in English (1985) as well as Italian (1984), and *The Orientalizing Revolution* (1984 in German) had been published as well.

I wrote to Walter asking if he would accept me as a Ph.D. student. I had received my master's degree at Genoa in Italy and spent some years as a high school teacher in the Italian part of Switzerland without ever stopping my research into early Greek "philosophy." When I stepped into the old-style building of the former Seminar für Klassische Philologie at the University of Zurich, I was feeling anxious at the prospect of meeting such a famous scholar. But as soon as I entered the small room, too small for the tall professor I encountered, all my fears vanished. In front of me stood the friendliest human being. I was impressed by his huge hands, which almost completely swallowed the small pencil he used for writing, and especially by his vivid, transparent, piercing eyes. As I also noticed later, he had a particular body language for communicating to students or colleagues his interest in what they were saying. He would lean forward, his face would light up, his eyes would become more piercing, and he would start nodding, "Yes, yes, yes." It was quite clear that, already from the first sentence, he had caught all the implications of what was being said.

He was interested in my project on the language of Empedocles, but also asked very directly why I wanted to write a dissertation. "Because I love doing research" was my answer. This love had a price, though, as all his pupils knew very well, because he expected from them a total commitment to their research. "Do what you are interested in, but do it thoroughly" was the advice he gave graduate students in a later interview (Cape and Burkert 1988).

The meeting with Walter changed my life. His lectures, together with the countless talks and intense discussions with him over the following years, were an unforgettable experience. Ancient Greeks were raised from their "slumber" and began acting and speaking in real life. He would start from a very concrete, seemingly insignificant detail which would had gone unnoticed by anybody else and build on it to create a whole picture. He let himself be carried along by his love of searching and his excitement at discovering "shells," the remains of ancient life, as he so effectively describes in his final comments at the end of his volume *Ansichten griechischer Rituale*, edited by F. Graf (2007, 443). He didn't like starting from "theories": "theories, for the *[121]* most part, erect barriers ..." He was curious, wanted to look beyond: "I wouldn't like to see this freedom limited by theories" (Barbu and Burkert 2007).

I received my Ph. D. in 1988. Walter had urged me to finish it by the summer semester because in the fall he would be leaving for the United States. In the meantime, he had been Dean of the Faculty for two years (a very demanding task) and had published the lectures he gave at Harvard in 1982 as *Ancient Mystery Cults* (1987). Unlike many other historians of religion, he was ready to take seriously the "experiences" of the mysteries described in the ancient texts: "Being ignorant of the ritual and unable to reproduce it, we cannot recreate this experience, but we may acknowledge that it was there," he says (114), in commenting on a passage from Proclus (*In Remp*. II.108.17–30 Kroll) about the different reactions of different souls to the mystery rituals.

Much has also been written and said about his commitment to biology and his search for "wild origins" in *Homo Necans* and related publications. Historians of religion have reproached him for being too heavily influenced by authorities such as Karl Meuli and Konrad Lorenz. Even if such criticism is partly justified, the basic principle guiding his research still remains valid: the more disturbing aspects of humanity—the body with its basic needs and animal impulses, sheer violence, and the struggle for survival—need to be included because they form the basis of "civilized" life. As he openly declared at the end of his introduction to the book, "The aspects of Greek religion and of humanity that emerge in this study are not those which are particularly edifying, not the ideal or the most likable traits of Greek culture. Yet we can invoke the Delphic god's injunction that mankind should see itself with absolute clarity, no illusions: *Gnôthi sauton*." In a sense his words were prophetic because these same aspects are dramatically emerging nowadays in our "good ordered world," where rituals that have become far too raw for our tastes have been banished but sheer violence lurks under the surface of all our efficiency and political correctness.

Another subject that occupied him a great deal was the question of contacts between Greece and the Near East. After *The Orientalizing Revolution* he deepened his knowledge of the oriental world by learning to read cuneiform at the Theological Faculty in Zurich together with a group of students and professors. He attended these lectures regularly almost until his death. The second volume of his *Kleine Schriften: Orientalia* (2003) and *Babylon, Memphis, Persepolis* (2004), the first edition of which was published in Italian (*Da Omero ai Magi*, 1999) from lectures he had given at the University of Venice (German expanded version: *Die Griechen und der Orient*, 2003), *[122]* testify to this enthusiasm and offer careful readers an enormous amount of useful suggestions and materials.

Although religion and oriental studies occupied him the most, his interest in early Greek philosophy continued to find expression in his lectures and publications. Paradigmatic in this regard was his ongoing study of the Derveni papyrus which reflected all these interests. Less well known is the impulse he gave his students to read the Hippocratic writings. Several Ph. D.s in the nineties revolved around this subject; to me, personally, it opened the way for a deeper understanding of the Presocratics.

In 1990 I was employed as assistant and my first task was to translate into Italian the speech he would be giving at Rome, in German, on receiving the prestigious Balzan Prize. He wanted an Italian version for the organization's archive. He mentioned the prize only in passing, as he was to do on many other occasions when receiving his many honorary degrees.

During the same year we had moved out of the old building at the present location of the Seminar, the wonderful 19th-century Villa Tanneck in central Rämistrasse. Eventually Walter got a more spacious room whose doorway he could enter without being forced to bend his head. This door was always open to students, collaborators, and foreign scholars who came for advice. He managed to create a friendly atmosphere just by being there. When he spoke about his research, or was simply in a good mood, he released an enormous, contagious energy. Even his notorious state of "distraction," due mostly to his total absorption in his studies, was something special. Once the Italian lady responsible for cleaning the Seminar rooms complained to me because often he didn't greet her when meeting her on the stairs in the morning. Was he angry with her for some reason? In fact she was bumping into him before his lectures when he used to rush downstairs to the library with a tiny piece of paper in his hands to check some quotation. At times like those, he noticed nobody.

In 1990 I begun working on my *Habilitationsschrift* (*Democrito e l'Accademia*, 2007). Walter had suggested the subject himself because in his opinion there was still much to do in this field. As for the rumors about his attitude toward women's academic careers, perhaps he had changed his mind over time because I didn't notice any discrimination whatsoever. He gave both Eveline Krummen and me the warmest support when we were writing our *Habilitationsschrift* and, from the eighties onward, almost half of his Ph. D. students were women. He was equally supportive when I gave birth to my daughter in 1992, and told me to take care because I was not *furchtbar jung* [terribly young]; but a *[123]* few weeks after the birth he was already urging me to get back to work on my *Habilitationsschrift*.

From 1993 until his retirement in 1996 I worked with him as a research assistant collecting fragments and testimonia of the early Greek Atomists. The planned edition never saw the light of day because after his retirement he was absorbed by other more urgent tasks and had neither the energy nor the time for such a demanding project. He could well have retired two years later; when I asked why he didn't I was told one has to retire at the right time, and that was all.

After my Habilitation in 1996 I stayed on in Zurich, sharing the same office with him. Often he would return with news of his many lectures and conferences all over the world, recounting the most knowledgeable anecdotes about scholars both living and dead. But oriental studies and religion were the subjects he enjoyed speaking about most. It was also his way of communicating on a human level. He didn't say too much about his personal successes or tragedies. Even the death of his wife, which affected him so deeply for the rest of his life, was only mentioned very occasionally in conversation although it was clearly an open wound.

Despite his wide-ranging interests he remained an outstanding philologist who never, until he died, gave up working intensely on textual problems. One day he walked into the office excitedly holding the text of the Getty magical tablet, and showed me a *[124]* controversial passage in the first few lines: he had come up with a brilliant conjecture, which he published as "Genagelter Zauber. Zu den 'Ephesia Grammata'" in the *Zeitschrift für Papyrologie und Epigraphik* (2012). In December 2014, a few weeks before the accident that led to his death, he told me he had just sent off to *Gnomon* his review of *The Getty Hexameters* (Faraone and Obbink 2014). He regretted that his conjecture was not mentioned in the book: possibly it had not been accessible to the contributors. This review, published in *Gnomon* in 2015, was to be his last publication.

References

Barbu, D., and W. Burkert. 2007. "Interview by D. Barbu." *Asdiwal* 2: 7–15.
Cape, R. W., and W. Burkert. 1988. "An Interview with Walter Burkert." *Favonius* 2: 41–52.
Faraone, Christopher A., and Dirk Obbink, Eds. 2014. *The Getty Hexameters: Poetry, Magic, and Mystery in Ancient Selinous*. Oxford: Oxford University Press.

Erschienen in: Visioni del Tragico, Studiosi 11.2.2021, https://visionideltragico.it/blog/studiosi/il-cacciatore-di-conchiglie-walter-burkert (abgerufen am 14.8.2024).

Sotera Fornaro/Christoph Riedweg
Il cacciatore di conchiglie: Walter Burkert*

[Nell'aprile del 2005 Walter Burkert, il grande storico della religione greca, per la prima volta si trovava in Sardegna e visitava in mia compagnia il nuraghe di Sant'Antine a Torralba, a trenta chilometri da Sassari.

Aveva parlato in un'aula gremita da centinaia studenti di *Una teogonia di "Orfeo" ritrovata. Mitologia internazionale nella Grecia arcaica*, su un testo enigmatico e difficile, una delle scoperte papiracee più significative del XX secolo, il Papiro di Derveni, al centro di accese discussioni interpretative, su cui Burkert aveva accettato di anticiparci la sua autorevolissima opinione. Burkert era un nome fondamentale della mia formazione, ma non lo avevo mai incontrato prima di allora: come capita, per me era solo l'autore dei suoi libri. Uno dei miei primi lavori pubblicati era stata la postilla bibliografica al suo libro laterziano del 1989 *Antichi culti misterici*, apparsa in "Belfagor", di cui ero troppo giovane redattrice, nel primo fascicolo del 1990: due paginette per scrivere le quali avevo impiegato mesi di letture. Mesi per scrivere queste frasi di sintesi: "la generale e discussa ricostruzione storico religiosa di Burkert approda alla conclusione che all'esperienza dell'uccidere cacciando, propria dell'uomo paleolitico, risalirebbe la pratica sacrificale e tutto il rito greco, misteri compresi. Le iniziazioni partecipano, a vedere di Burkert, dell'universale ritmo per antitesi «lutto e gioia, ricerca e ritrovamento, digiuno e banchetto, uccidere e mangiare, morte e vita»."

Ma torniamo a quella lontana primavera in Sardegna, e all'uomo Walter Burkert che finalmente incontravo.

C'era un 'importante' consiglio di facoltà, quella mattina, i colleghi si dileguarono, ma questo non dispiacque al poco cerimonioso professore nordico, un po' meravigliato del fatto stesso che a Sassari ci fosse un'Università. Dopo

---

* [Der Abschnitt in eckigen Klammern stammt von Sotera Fornaro, die im Anschluss daran Ausschnitte aus dem von ihr erwähnten Technai-Artikel zitiert, bei dem es sich um eine italienische Übersetzung der 2015 im Gnomon und in der NZZ erschienenen Nachrufe von Christoph Riedweg handelt. Die im Blog eingefügten Illustrationen werden hier nicht abgedruckt.]

la lezione, Burkert non volle andare al ristorante, così ci mettemmo subito in macchina, poiché ero ansiosa di mostrargli i resti archeologici della zona. Il nuraghe di Sant'Antine impressiona nella sua austera e intoccata imponenza, e supponevo che sarebbe stato interessante visitarlo per Burkert, che tanto aveva viaggiato per il mondo mediterraneo con inesausta curiosità. L'anziano professore, però, per quasi tutto il tempo della visita guardò in alto, non il monumento ma il cielo instabile della primavera sarda; poi fissava il prato erboso scosso dal vento, inseguendo chissà quali pensieri.

Avrei voluto che mi dicesse una sola parola su quella straordinaria testimonianza archeologica, una parola soltanto, una comparazione, ad esempio, o una suggestione: camminò invece in silenzio nello sterrato, entrò qualche attimo nei corridoi bui del nuraghe, non volle salire sulla torre, come impaurito. Il passo, certo, non era più quello della giovinezza; si sentiva il belare delle pecore, non tanto lontano, che sembrava interessarlo più delle pietre scure della 'reggia' nuragica.

Sempre in silenzio, tornammo in macchina, cambiò argomento, raccontò della commissione che aveva valutato i professori dell'ex Germania comunista, la DDR, di cui aveva fatto parte, delle molte conoscenze in comune, dei suoi allievi da cui io avevo tanto imparato, specie Fritz Graf che mi aveva accolto ed ospitato nel seminario di filologia classica di Basilea, e Wolfgang Rösler, conosciuto a Costanza e professore di letteratura greca a Berlino, che l'anno dopo sarebbe venuto anche lui in Sardegna per una lezione sul più antico libro edito dall'autore stesso. Allora letteratura greca a Sassari contava centinaia di studenti; e non ho remore a dire che l'insegnamento teneva testa a tutti gli standard internazionali ed era internazionale nel senso proprio, perché tutti i colleghi e gli amici d'oltralpe vennero da noi per lezioni e seminari. Altri tempi, ma soprattutto altre speranze e altri progetti, più produttivi di quelli di oggi e non solo dal punto di vista culturale. Forse torneranno con la next generation.

Burkert, quel giorno, parlò molto, contraddicendo la sua proverbiale laconicità, dei suoi anni di insegnamento; si inferverò un po' difendendo l'idea dell'importanza dello studio della lingua greca, espresse un grande affetto per il "geniale" Christoph Riedweg che aveva sottratto alla musica per avviarlo alla carriera universitaria, suo successore sulla cattedra di Zurigo; ma non volle darmi nemmeno un'impressione sul nuraghe e su altri monumenti preistorici che riuscimmo a vedere, nonostante io con qualche timidezza cercassi di tornare sull'argomento.

Ad Alghero, il cielo minacciava pioggia e il mare non sembrava colore del vino come quello di Omero; eppure sui bastioni, guardando il profilo imponente di Capocaccia, ebbe finalmente un'espressione di meraviglia e una parola per tanta bellezza. Poi un'ombra di malinconia, rievocando la moglie. Non volle che lo accompagnassi all'aeroporto, prese il bus di linea il giorno dopo, da solo, col suo zaino, la camicia a quadroni, la giacca di velluto, da buon escursionista svizzero.

Il pensiero è andato a Walter Burkert infinite volte, soprattutto da quando abbiamo dato inizio al progetto 'Visioni del tragico'. Manca infatti uno studio che delinei *l'importanza delle riflessioni storico religiose di Burkert per la tragedia contemporanea e per le messe in scena e i ripensamenti della tragedia greca nel teatro contemporaneo*. Troppo filologica, tagliente, erudita l'argomentazione di Burkert, troppo esigente, anche di tempo per la riflessione, forse. In Italia, poi, i suoi libri principali non sono ristampati, sebbene non abbiano perso d'attualità.

Il suo libro più importante e conosciuto, *Homo Necans. Antropologia del sacrificio cruento nella Grecia antica*, tradotto in italiano nel 1981, nove anni dopo l'edizione originale, propone una teoria del sacrificio e suggerisce, tra l'altro, una discussa linea interpretativa del fatto tragico greco che non è solo di Burkert: accanto a lui, bisogna almeno ricordare René Girard e in Italia Giuseppe Fornari; ma qui non si può che essere cursori.

Nel 2017, Carmelo Rifici nella sua messinscena dell'*Ifigenia in Aulide* al Piccolo Teatro di Milano ha posto questa linea interpretativa sacrificale al centro stesso dell'atto teatrale, e si tratta solo di un prodotto di quella che chiamerei la linea dionisiaca di ripensamento della tragedia greca nelle *performances* e *reperformances* contemporanee. In questa linea, il confronto con la tragedia greca si svolge sul filo della rappresentazione della violenza e della violenza (anche verbale) della rappresentazione, come si dice in un contributo seminale di Patrick Primavesi che traduciamo qui *[= https://www.visionideltragico.it/blog/parole/violenza]*. Per questa sua importanza per il teatro tragico contemporaneo, non ancora adeguatamente valorizzata, pubblichiamo, come materiali, due profili di Walter Burkert che mi sembrano fondamentali per la conoscenza di questo studioso per i nostri lettori.

Quello che segue è un profilo sintetico redatto dal già citato Christoph Riedweg, allievo di Burkert, professore di Letteratura greca a Zurigo e a lungo direttore dell'Istituto di cultura svizzera a Roma, uno dei più poliedrici grecisti contemporanei, che ringraziamo per aver messo a disposizione il materiale che noi abbiamo adattato alle esigenze del blog. Alcuni stralci di quel che segue sono presenti nell'articolo *Walter Burkert: l'uomo, lo studioso, il maestro*, apparso in *Akousmata. Atti della giornata in onore di Walter Burkert. Roma 9 giugno 2016*, a cura di Lorenzo Perilli, in *Technai. An International journal for Ancient Science and technology*, 7, 2016. Si rinvia inoltre alla pagina dell'Università di Zurigo per altri profili e commemorazioni di Burkert, qui. (Sotera Fornaro)]

Walter Burkert (1931–2015) è stato impareggiabile: come studioso, come docente, come uomo.

Filologo ed erudito che ha lasciato il segno sul suo secolo, Burkert sovrastava la maggior parte dei suoi contemporanei di una spanna, e non solo fisicamente. Sapeva pensare in modo fulmineo, pari alla rapidità del suo parlare in pubblico: non di rado iniziava le lezioni del giovedì e del venerdì mattina quand'era ancora sulla porta dell'aula e pronunciava le ultime parole solo uscendo, dopo che la campanella aveva suonato. I canonici 45 minuti sembravano addirittura troppo brevi per trasmettere il suo magnifico sapere e la ricchezza delle prospettive che gli si aprivano dinanzi. Era una sfida, soprattutto per studenti e studentesse alle prime armi, che tuttavia si rendevano conto ben presto che qui avrebbero potuto vivere un'esperienza di studi di greco di primissima classe e di rango internazionale.

Il fulmineo stile espositivo è soltanto uno degli aspetti: giacché peculiare di Walter Burkert era anche quella che la giurista e storica del diritto Marie Theres Fögen (1946–2008), nella brillante retorica della Laudatio pronunciata in occasione del conferimento del Sigmund-Freud-Preis, chiamò la laconicità di Burkert.

Laconicamente egli sapeva non soltanto cogliere in modo pregnante l'essenziale di rituali e miti – Fögen adduce come esempio la frase «c'è una 'umanità' che si mantiene proprio nell'uccidere, macellare e mangiare»: anche nei seminari Fögen ricorda di aver fatto esperienza di un Burkert non meno laconico, «chino su un testo con lacune e corruttele, in silenzio, mentre altri tiravano a indovinare ad alta voce. Poi d'un tratto il suo sobrio intervento: *embaino* invece di *emballo*. Il testo è salvo, e il salvatore si guarda intorno, muto, con l'espressione tra il furbo e il divertito tipica del bambino che ha ritrovato il mattoncino di Lego che credeva perduto, e di cui v'era urgente bisogno».

Una descrizione davvero calzante. Se da un lato era infatti caratteristico di Burkert il fare a meno di ogni parola superflua, così come il dedicare la massima concentrazione a quel che gli appariva essenziale (con consapevole rimozione di ogni fattore di disturbo), dall'altro però lo contraddistingueva una capacità di entusiasmarsi quasi infantile, unita a una passione irrefrenabile per le discussioni specialistiche, nelle quali era costantemente teso ad individuare il dettaglio particolare, a far emergere da testi e documenti già noti nuove sfaccettature, a evidenziare paralleli che giungessero fino alla più recente contemporaneità.

Di quando in quando era sì laconico; ma a questo genere di conversazioni era sempre pronto e disponibile, senza fare distinzioni, rivolgendo il medesimo fare amichevole, aperto e comunicativo sia agli studenti che ai colleghi di rango. Era una miniera di conoscenze precise e dettagliate, e con una generosità rara se non unica, pari alla modestia, consentiva a chiunque di avere parte al suo sapere – sempre desideroso di imparare egli stesso qualcosa di nuovo.

Come sia giunto a questa personalità d'eccezione, si intravede solo vagamente dagli scarni dati relativi alla sua carriera. C'è da presupporre che Burkert, nato il 2 febbraio del 1931 a Neuendettelsau nella Franconia bavarese come secondo di quattro figli di un pastore protestante, si segnalasse presto per la sua tagliente intelligenza e per l'incredibile capacità mnemonica: resta infatti impressionante la spontaneità con la quale egli faceva continuamente cadere nel discorso non solo versi greci, ma anche poesie, ballate e *Lieder* che aveva appresi al tempo della fanciullezza o della scuola.

Dopo studi di filologia classica, di storia e di filosofia a Erlangen e a Monaco, Burkert conseguì il dottorato a 24 anni presso l'Università di Erlangen con una tesi che ancora oggi vale leggere, dal titolo *Zum altgriechischen Mitleidsbegriff* (*Sul concetto greco antico di compassione*, 1955). Quando ancora stava preparando la sua abilitazione, che avrebbe conseguita a Erlangen nel 1961 con il libro non meno pioneristico *Weisheit und Wissenschaft. Studien zu Pythagoras, Philolaos und Platon* (*Sapienza e scienza. Studi su Pitagora, Filolao e Platone*), aveva già concepito a grandi linee il suo libro di vastissima portata interdisciplinare *Homo Necans. Interpretationen altgriechischer Opferriten und Mythen*, apparso in prima edizione nel 1972 [la traduzione italiana appare per Bollati Boringhieri nel 1981 col titolo *Homo Necans. Antropologia del scarificio cruento nella Grecia antica*, traduzione dal tedesco di Francesco Bertolini in una collana diretta da Mario Vegetti, di grande importanza per gli studi di antichistica di quegli anni].

Anello di congiunzione tra il secondo libro e la tesi di dottorato fu, stando a quanto lo stesso Burkert ebbe a dire, la teoria aristotelica della catarsi, che veniva messa in relazione con il pitagorismo. In questo volume, uscito poi in inglese nel 1972 in una versione rivista e ampliata con il titolo *Lore and Science in Ancient Pythagoreanism* e autorevolissimo ancora oggi, egli rivolse la propria attenzione non solo agli aspetti scientifici, ma anche – sulla scia di Eric R. Dodds, l'autore di *I Greci e l'irrazionale*, e di Karl Meuli – a quelli irrazionali: Pitagora appare come una sorta di sciamano, dotato di capacità sovrumane.

L'influenza maggiore su Walter Burkert, tra i suoi maestri, fu senza dubbio quella esercitata da Reinhold Merkelbach (1918–2006), che dal 1957 al 1961 insegnò come professore ordinario a Erlangen, lavorando al suo libro *Roman und Mysterium in der Antike. Eine Untersuchung zur Religion* (*Romanzo e mistero nell'antichità. Un saggio sulla religione*). Merkelbach ha consolidato l'orientamento di Burkert verso la storia delle religioni. Burkert pensava da principio a una revisione dell'opera 'classica' sulle feste attiche (*Attische Feste*, 1932) di Ludwig Deubner, ma stimolato dagli studi di Merkelbach, ne risultò innanzitutto una maggiore concentrazione sui rituali di iniziazione e sul rapporto tra racconto e rito.

Sotto l'influenza delle impressioni ricavate dai viaggi in Grecia e in Italia, e seguendo le tracce dell'interpretazione dei sacrifici rituali offerta da Karl Meuli nonché del memorabile libro di Konrad Lorenz *Das sogenannte Böse* (1963, trad. italiana: *L'aggressività. Il cosiddetto male*), la prospettiva si spostò allora più marcatamente verso la violenza, il solidarizzare attraverso violenza e sacrificio, laddove il rituale viene nuovamente inteso «come un ponte di collegamento tra comportamento animale e umano», e più in generale la religione, al di là della «fede», come «un significativo complesso di rituali nella loro funzione sociale». Da qui scaturì *Homo Necans*, il libro che procurò a Burkert, come ha dichiarato lui stesso, «un biglietto d'ingresso nella storia delle religioni», dedicato a Reinhold Merkelbach.

Walter Burkert, fin dall'inizio del suo percorso scientifico seguì il principio per cui occorreva «raccogliere quanti più dati possibili». Questo instancabile sforzo di completezza non era tuttavia mai fine a sé stesso, bensì andava di pari passo con un'ampiezza di prospettiva assai ambiziosa.

Accade così che al centro di *Homo Necans* stia sì la tradizione greca antica riguardante riti sacrificali e miti, ma «con l'ambizione di far luce su tappe essenziali del corso dello sviluppo dell'umanità» – di risolvere dei veri e propri enigmi della storia dell'umanità, secondo la formulazione offerta da Burkert in una intervista del 1988, sforzandosi al contempo «di renderlo un libro davvero solido dal punto di vista filologico: così – penso – nel libro c'è tanto materiale e ci sono tante citazioni raccolte e incastonate in una maniera che non è possibile trovare altrove».

I risultati della ricerca vengono però regolarmente posti in relazione con il presente e inquadrati all'interno dello sviluppo storico dell'umanità. Burkert interpreta sequenze di miti e riti antichi a partire dalla vita quotidiana delle società paleolitiche di cacciatori-raccoglitori, e persino dei primati.

I sacrifici cruenti, fondamentali per il mondo greco-romano, vengono intesi – seguendo appunto le sollecitazioni del filologo ed etnografo Karl Meuli e dell'etologo Konrad Lorenz – come *Inszenierungen geregelter Aggression* («messe in scena di aggressività regolata») che, generando un terrore sacro, creano comunità, perché la comunità diventa coesa proprio perché i suoi membri provano la stessa emozione davanti allo 'spettacolo' della aggressione a cui assistono.

«Al centro del sacrificio – scrive Burkert già in un suo saggio del 1966 dedicato alla tragedia greca e al sacrificio rituale – non c'è né l'offerta agli dei, né la comunanza con essi, ma l'uccisione dell'essere vivente e l'uomo in quanto uccisore. Con le parole di Meuli: il sacrificio è "null'altro che una macellazione rituale". È soltanto necessario ampliare un po' la definizione, per includervi tutti i tipi di sacrificio cruento: il sacrificio è un'uccisione rituale. Nel rito sacrificale l'uomo provoca e sperimenta la morte.»

Burkert segue le ripercussioni delle pratiche cultuali e degli altri antichi modelli di pensiero e di comportamento – tra cui la reciprocità del dare e avere, la ricerca di una colpa originaria e di un colpevole, bandendo il quale si cerca di porre fine a una sciagura incombente (il cosiddetto 'capro epiatorio') – talora audacemente, fino all'immediata attualità.

La filologia classica, così scriveva Burkert nella postfazione alla seconda edizione (1997) di *Homo Necans*, «si estende fino all'antropologia»; ed è proprio questo che ancora oggi rende così avvincenti le sue ricerche, ben al di là dei confini della disciplina. Di fatto i suoi lavori, grazie alla straordinaria densità e affidabilità della documentazione, resteranno ancora per decenni indispensabili anche per chi non sia disposto a seguirne sotto ogni rispetto le tesi audaci e coraggiose.

Guardando in retrospettiva si fa evidente con quale perspicacia Burkert reagisse ai cambiamenti del mondo contemporaneo, e come egli occupasse costantemente con le sue idee la prima linea dell'avanguardia intellettuale.

Attraverso l'attenzione coerentemente rivolta anche ai testi più remoti e alla tradizione figurativa, e grazie al magistrale recupero degli approcci dell'antropologia – dai ritualisti di Cambridge a Freud e Lorenz passando per i citati Karl Meuli e Eric Dodds – egli si poneva come 'studioso delle civiltà' (*Kulturwissenschaftler*) ben prima che le facoltà umanistiche in tutta Europa sentissero il bisogno di trovare nuova legittimazione cambiando così il proprio nome (in italiano, ad esempio: 'beni culturali').

Lo stesso vale per il suo interesse per gli scambi culturali tra Grecia e Oriente, così come per la sociobiologia. E chi rilegga oggi il discorso di ringraziamento per il conferimento del Sigmund-Freud-Preis, rimarrà colpito dalla chiarezza con la quale Burkert già nel 2003 analizzava possibilità e rischi insiti in quelle *Digital Humanities* che, nonostante il crescente consolidamento istituzionale, si trovano ancor oggi nella loro infanzia, per non parlare delle sue riflessioni sul «progresso mozzafiato della ricerca sul cervello».

Se si è ingannato in qualcosa, è stato soprattutto nella valutazione espressa nel 2010 secondo la quale l'aggressività e il comportamento conseguente, l'aggressione, era «incongrua rispetto alle tendenze contemporanee» e che essa veniva piuttosto «progressivamente tabuizzata». Invece l'aggressione è un comportamento che ha generato nell'ultimo decennio più di una volta solidarietà all'interno di una comunità, nei confini orientali dell'Europa e non solo, e le tesi di *Homo Necans*, il libro giovanile di Burkert, sono ridiventate di insospettata attualità.

Pur nella massima apertura nei confronti di approcci di ricerca contemporanei, Burkert era scettico di fronte alle teorie costruttiviste e strutturaliste postmoderne. Nelle conclusioni al colloquio di Basilea del 1996, egli ne prende le distanze esprimendo la sua impressione «che si tratti non di un inventare (*Erfinden*), ma di un trovare (*Finden*)», aggiungendo quasi profeticamente:

> «Così si persegue la via che si apre, da un punto all'altro, trovando testi e contesti in cerchi che si vanno progressivamente ampliando. Non s'intende con ciò che a tale via, al di là della personale fortuna del trovare, corrisponda un oggettivo progresso della scienza o persino del Weltgeist (dello 'spirito del mondo'). Piuttosto, vedo me stesso nella situazione descritta da Epitteto, del viandante che passeggia lungo la riva del mare raccogliendo belle conchiglie, con interesse e piacere, fin quando il nocchiero chiama per la partenza. La fine e il commiato non si possono scansare. Tuttavia, anche in Epitteto lo sguardo è rivolto verso una molteplicità estranea ed è accompagnato dalla gioia del trovare: non è un guardare nello specchio deformante per vedere sempre e soltanto il nostro stesso volto».

La fine e il commiato si andavano sempre più annunciando negli ultimi anni. La morte nel 2004 della moglie Maria (nata Bosch), che era sempre stata la sua prima lettrice e con la quale aveva avuto tre figli, fu un duro colpo, dal quale si era ripreso in qualche misura soltanto a fatica e grazie alla sua leggendaria disciplina nel lavoro. A questo si era aggiunto, durante il convegno berlinese su Dioniso del 2009, un leggero ictus, i cui effetti si andavano facendo via via sempre più visibili.

Walter Burkert è morto a Uster il giorno undici di marzo del 2015; aveva 84 anni. Lascia un'opera senza eguali, che testimonierà ancora per molti anni della stupenda erudizione dell'autore, della inebriante ampiezza delle sue prospettive e del suo contagioso entusiasmo.

Anhang

1. Biographische Daten

Geboren am 2. Februar 1931 in Neuendettelsau, Bayern, Deutschland

Studium der Klassischen Philologie, Geschichte und Philosophie an den Universitäten Erlangen und München 1950–1954

Dr. phil. Universität Erlangen 1955

Assistent, Universität Erlangen, 1957–1961

Heirat mit Maria geb. Bosch 1957, 3 Kinder (Reinhard, Andrea, Cornelius)

Habilitation, Universität Erlangen, 1961

Privatdozent, Universität Erlangen, 1961–1966

Junior Fellow, Center for Hellenic Studies, Washington, D. C. 1965–1966

Professor der Klassischen Philologie, Technische Universität Berlin, 1966–1969

Gastprofessor, Harvard University, 1968

Professor der Klassischen Philologie, bes. Griechisch, Universität Zürich, 1969–1996[1]

Sather Professor of Classical Literature, University of California at Berkeley, 1977

Carl Newell Jackson Lectures, Harvard University, 1982

Dekan der Philosophischen Fakultät I der Universität Zürich, 1986–1988

Gastprofessor, University of California at Los Angeles, 1988

Gifford Lectures, St Andrews, Scotland, 1989

Emeritiert 1996

Gastprofessor, Università Ca' Foscari di Venezia, 1996

Gestorben am 11. März 2015 in Uster, Kanton Zürich, Schweiz

Ehrungen

Carl-Friedrich-Gauss-Medaille 1982

Doctor of Law h.c. University of Toronto 1988

Dr. phil. h.c. Universität Fribourg (Schweiz) 1989

Balzan-Preis 1990

---

[1] Ein Verzeichnis aller Lehrveranstaltungen Walter Burkerts an der Universität Zürich von 1969–1996 unter https://t.uzh.ch/1og

Ingersoll-Preis 1992

Dr. theol. h.c. Hochschule Neuendettelsau 1993

Doctor in Litteris h.c. University of Oxford 1996

Orden Pour le mérite für Wissenschaften und Künste 1999

Dr. of Humane Letters h.c. University of Chicago 2001

Sigmund-Freud-Preis 2003

Ordentliches Mitglied der Berlin-Brandenburgischen Akademie der Wissenschaften und der Academia Europaea

Corresponding Fellow der British Academy

Korrespondierendes Mitglied der Heidelberger Akademie der Wissenschaften, der Braunschweigischen Wissenschaftlichen Gesellschaft, der Bayerischen Akademie der Wissenschaften und der Österreichischen Akademie der Wissenschaften

Foreign Member der American Philosophical Society und der American Academy of Arts and Sciences

Honorary Member der Society for the Promotion of Hellenic Studies, London

2. Verzeichnis der Veröffentlichungen

a) Bücher und gesondert erschienene Abhandlungen

Zum altgriechischen Mitleidsbegriff, Diss. Erlangen 1955 [= KS IX, 3–137].

Weisheit und Wissenschaft. Studien zu Pythagoras, Philolaos und Platon (Erlanger Beiträge zur Sprach- und Kunstwissenschaft 10), Nürnberg: Hans Carl Verlag 1962.
> Engl. Ausg.: Lore and Science in Ancient Pythagoreanism, transl. by E.L. Minar, Cambridge, Mass.: Harvard University Press 1972.

[Introduzione, in: Pitagora. le opere e le testimonianze, a cura di M. Giangiulio, Milano: Mondadori 2000, V–XIX (= Lore and Science 208–217, trad. M. Giangiulio).]

Homo Necans. Interpretationen altgriechischer Opferriten und Mythen (Religionsgeschichtliche Versuche und Vorarbeiten 32), Berlin: De Gruyter 1972; 2., um ein Nachwort erweiterte Auflage 1997.
> Ital. Ausg.: Homo Necans. Antropologia del Sacrificio Cruento nella Grecia Antica (Società antiche), trad. di F. Bertolini, Torino: Boringhieri 1981.
> Engl. Ausg.: Homo Necans. The Anthropology of Ancient Greek Sacrificial Ritual and Myth, transl. by P. Bing, Berkeley, Cal.: University of California Press 1983.
> Franz. Ausg.: Homo Necans. Rites sacrificiels et mythes de la Grèce ancienne, trad. de l'all. par H. Feydy, avec la collab. de K. Machatschek pour les notes (Vérité des mythes), Paris: Les Belles Lettres 2005.
> Kroat. Ausg.: Homo necans. Interpretacije starogrčkih žrtvenih obreda i mitova, trad. N. Filipašić, N. Zubović, Zagreb: Breza 2007.
> Griech. Ausgabe: Homo necans. Ανθρωπολογική προσέγγιση στη θυσιαστήρια τελετουργία και τους μύθους της αρχαίας Ελλάδας, Μετάφραση: Βάιου Λιαπή, Αθήνα: Μορφοτικό ίδρυμα εθνικής τραπέζας 2011.

[Das Opferritual in Olympia, in: G. Gebauer, Hg., Olympische Spiele – die andere Utopie der Moderne, Frankfurt 1996, 27–38 (= Homo Necans 108–119); The Function and Transformation of Ritual Killing, in: R.L. Grimes, ed., Readings in Ritual Studies, Prentice Hall 1996, 62–71 (= Homo Necans Engl. Ausg. 35–48).]

Griechische Religion der archaischen und klassischen Epoche (Die Religionen der Menschheit 15), Stuttgart: Kohlhammer 1977; 2. überarbeitete und erweiterte Auflage 2011.
> Ital. Ausg.: I Greci, I: Preistoria, epoca minoico-micenea, secoli bui (sino al sec. ix), II: Età arcaica, età classica (sec. ix–iv), trad. di P. Pavanini (Storia delle religioni 8), Milano: Jaca Book 1984; Zweite und dritte ital. Ausg.: La religione Greca, Seconda/terza edizione italiana con aggiunte dell'Autore a cura di G. Arrigoni. Milano: Jaca Book 2003; 2010.
> Engl. Ausg.: Greek Religion. Archaic and Classical, transl. by J. Raffan, Cambridge, Mass.: Harvard University Press 1985.
> Griech. Ausg.: ΑΡΧΑΙΑ ΕΛΛΗΝΙΚΗ ΘΡΗΣΚΕΙΑ. Ἀρχαϊκή καί Κλασσική Ἐποχή, μετάφραση· Νικ.Π. Μπεζαντάκος – Ἀ. Ἀβαγιανοῦ. Φιλολογική ἐπιμέλεια· Νικ.Π. Μπεζαντάκος, Athen: Kardamitsa 1993.
> Portug. Ausg.: Religiâo Grega na época clássica e arcaica, trad. de M.J. Simôes Loureiro, Lisboa: Fundaçâo Calouste Gulbenkian 1993.
> Span. Ausg.: Religión griega arcaica y clásica, trad. H. Bernabé, revisión A. Bernabé, Madrid: Abada 2007.
> Franz. Ausg. der 2. Auflage: La religion grecque à l'époque archaïque et classique, trad. et mise à jour bibliogr. par P. Bonnechere, Paris: Picard 2011.

[Afrodite e il fondamento della sessualità, in: C. Calame, ed., L'amore in Grecia, Bari 1983, 135–140, 290–291 (= Griechische Religion 238–243).]

Structure and History in Greek Mythology and Ritual (Sather Classical Lectures 47), Berkeley, Cal.: University of California Press 1979.
    Ital. Ausg.: Mito e Rituale in Grecia. Struttura e Storia, trad. di F. Nuzzaco (Biblioteca universale Laterza 348), Bari: Laterza 1987.
    Griech. Ausg.: ΕΛΛΗΝΙΚΗ ΜΥΘΟΛΟΓΙΑ ΚΑΙ ΤΕΛΕΤΟΥΡΓΙΑ. ΔΟΜΗ ΚΑΙ ΙΣΤΟΡΙΑ, μετάφραση· Ἡ. Ἀνδρεάδη, Athen: Μορφωτικό ἵδρυμα Ἐθνικῆς Τραπέζης 1993.
[Trasformazioni del capro espiatorio, Aut aut 184/5, 1981, 175–192 (= Structure and History 59–77, trad. P. Govi).]

Die orientalisierende Epoche in der griechischen Religion und Literatur (Sitzungsberichte der Heidelberger Akademie der Wissenschaften, Philosophisch-historische Klasse 1984,1), Heidelberg: Carl Winter 1984.
    Engl. Ausg.: The Orientalizing Revolution. Near Eastern Influence on Greek Culture in the Early Archaic Age. Transl. by M.E. Pinder and W. Burkert (Revealing Antiquity 5), Cambridge, Mass.: Harvard University Press 1992 (Paperback 1995).
    Griech. Ausg.: ΑΡΧΑΙΟΣ ΕΛΛΗΝΙΚΟΣ ΠΟΛΙΤΙΣΜΟΣ. Η ΕΠΙΔΡΑΣΗ ΤΗΣ ΑΝΑΤΟΛΗΣ. Μετάφραση· Α. Λογιακή. Athen: Papadima 2000.
    Arab. Übers. der engl. Ausgabe: Ṯawrat ta'ṯīr al-Šarq. Ta'ṯīr al-Šarq al-Adnā 'alā l-ṯaqāfa al-iġrīqiyya fī awā'il al-'aṣr al-qadīm. Al-Riyāḍ: Ǧāmi'at al-Mālik Sa'ūd, al-Našr al-'Ilmī wa-l-Muṭābi' 2011.

Anthropologie des religiösen Opfers. Die Sakralisierung der Gewalt (Carl Friedrich von Siemens Stiftung: Themen 40), München 1984; 2. Auflage 1987 [= KS V, 3–22].
[= Anthropologie des religiösen Opfers. Die Sakralisierung der Gewalt, in: H. Rössner, Hg., Der ganze Mensch. Aspekte einer pragmatischen Anthropologie, München 1986, 205–227.]

Ancient Mystery Cults (Carl Newell Jackson Lectures), Cambridge, Mass.: Harvard University Press 1987.
    Ital. Ausg.: Antichi culti misterici, trad. di M.R. Falivene, Bari: Laterza 1989.
    Dt. Ausg.: Antike Mysterien. Funktionen und Gehalt, München: Beck 1990; 2., unveränderte Auflage 1991; 3., durchgesehene Auflage 1994.
    Franz. Ausg.: Les cultes à mystères dans l'antiquité, trad. par B. Deforge, L. Bardollet, G. Karsai, Paris: Les Belles Lettres 1992; nouv. trad. par A.-Ph. Segonds, Paris: Les Belles Lettres 2003.
    Brasil. Ausg.: Antiguos Cultos de Mistério, trad. de D. Bottman, São Paulo: Editora da Universidade de São Paulo 1992.
    Griech. Ausg.: Μυστηριακές Λατρείες Της Αρχαιότητας, μετάφραση· Ἐ. Ματθαίου, Athen: Kardamitsa 1994.
    Norweg. Ausg.: Oldtidens mysteriekulter. Carl Newell Jackson-forelesninger, oversatt av K.A. Lie, Oslo: Pax Forlag 1997.
    Türk. Ausg.: Ilkçağ Gizem Tapıları, çeviren S. Şener, Ankara: Imge Kitabevi 1999.
    Poln. Ausg.: Starozytne Kulty Misteryjne, Wstep, przeklad i opracowanie, przelozyl K. Bielaeski, Krakow: Homini 2007.
[Antike Mysterien. Eine Einführung, Bibel und Kirche 45, 1990, 118–124 (redaktionell leicht verkürzt und bearbeitet aus: Antike Mysterien 9–18); "Strasse der Seligen" – griechische Mysterien, in: R. Beck, Hg., Der Tod. Ein Lesebuch von den letzten Dingen, München 1995, 57–64 (aus: Antike Mysterien 19–34).]

Wilder Ursprung. Opferritual und Mythos bei den Griechen (Kleine kulturwissenschaftliche Bibliothek 22), Berlin: Wagenbach 1990.
[enthält ausser dem Vorwort von G.W. Most (Strenge Erforschung wilder Ursprünge. Walter Burkert über Mythos und Ritus, 7–12) folgende, im Verzeichnis der Veröffentlichungen unter b) aufgeführte

Artikel: Griechische Tragödie und Opferritual (1966; Rückübersetzung), 13–39; Kekropidensage und Arrhephoria. Vom Initiationsritus zum Panathenäenfest (1966), 40–59; Neues Feuer auf Lemnos. Über Mythos und Ritual (1970; Rückübersetzung), 60–76; Buzyge und Palladion: Gewalt und Gericht im altgriechischen Ritual (1970), 77–85; Demaratos, Astrabakos und Herakles. Königsmythos und Politik zur Zeit der Perserkriege (Herodot 6, 67–69) (1965), 86–95]

    Ital. Ausg.: Origini selvagge. Sacrificio e mito nella Grecia arcaica, trad. di M.R. Falivene, Bari: Laterza 1992.

    Franz. Ausg.: Sauvages Origines. Mythes et rites sacrificiels en Grèce ancienne, trad. par D. Lenfant (Vérité des mythes: collection 15), Paris: Les Belles Lettres 1998.

    Engl. Ausg.: Savage Energies. Lessons of Myth and Ritual in Ancient Greece. Transl. by P. Bing, Chicago: University of Chicago Press 2001.

Oedipus, Oracles, and Meaning. From Sophocles to Umberto Eco (The Samuel James Stubbs Lecture Series 1), Toronto: University College 1991 [= KS VII, 53–72].

Platon in Nahaufnahme. Ein Buch aus Herculaneum (Lectio Teubneriana 2), Stuttgart/Leipzig: Teubner 1993 [= KS VIII, 148–166].

‚Vergeltung' zwischen Ethologie und Ethik. Reflexe und Reflexionen in Texten und Mythologien des Altertums (Carl Friedrich von Siemens Stiftung: Themen 55), München 1994 [= KS IV, 255–278].

    Japan. Übers. in: The book, ed. by Yoshihide Suzuki (Comparative Studies of Myth and Tradition), Tokyo 2003, 163–180.

Creation of the Sacred. Tracks of Biology in Early Religions, Cambridge, Mass.: Harvard University Press 1996 (Paperback 1998).

    Dt. Ausg.: Kulte des Altertums: Biologische Grundlagen der Religion, München: Beck 1998.

    Ital. Ausg.: La creazione del sacro. Orme biologiche nell'esperanza religiosa. Trad. F. Salvatorelli (Collezione Il ramo d'oro 42), Milano: Adelphi 2003.

    Poln. Ausg.: Stwarzanie Swietosci. Slady biologii we wczesnych wierzeniach religijnych, przelozyl L. Trzcionkowski, Krakow: Homini 2006.

    Span. Ausg.: La creación de lo sagrado: la huella de la biología en las religiones antiguas, trad. del inglés de S. Mastrangelo, corregida por J. Vivar, Barcelona: Acantilado 2009.

[Causalité religieuse: La faute, les signes, les rites, Métis 9/10, 1994, 27–40 ("un chapitre condensé" aus: Creation of the Sacred 102–128); Beglaubigung jenseits der Sprache. Der Eid, in: P. Friedrich, M. Schneider, Hg., Fatale Sprachen. Eid und Fluch in Literatur- und Rechtsgeschichte (Literatur und Recht 4), München 2009, 47–56 (aus: Kulte des Altertums 205–212).]

Klassisches Altertum und antikes Christentum. Probleme einer übergreifenden Religionswissenschaft (Hans-Lietzmann-Vorlesungen 1), Berlin: De Gruyter 1996.

    Ital. Ausg.: Antichità Classica e Cristianesimo Antico. Problemi di una scienza comprensiva delle religioni, trad. di Maria L. Sancassano (Biblioteca di Studi Religiosi 3), Cosenza: Edizioni Lionelleo Giordano 2000.

Da Omero ai Magi. La tradizione orientale nella cultura greca, a cura di C. Antonetti (Saggi Marsilio), Venezia: Marsilio 1999.

    Franz. Ausg.: La tradition orientale dans la culture grecque, trad. par B. Leclercq-Neveu (Argô), Paris: Éd. Macula 2001.

    Span. Ausg.: De Homero a los Magos. La tradición oriental en la cultura griega, trad. X. Riu, Barcelona: El Acantilado 2002.

Dt. Ausg.: Die Griechen und der Orient. Von Homer bis zu den Magiern, München: Beck-Verlag, 2003.
Engl. Ausg.: Babylon, Memphis, Persepolis. Eastern Contexts of Greek Culture, Cambridge/Mass: Harvard University Press, 2004.
Griech. Ausg.: ΒΑΒΥΛΩΝ – ΜΕΜΦΙΣ – ΠΕΡΣΕΠΟΛΙΣ. Αθήνα: ΕΚΔΟΣΕΙΣ ΕΝΑΛΙΟΣ, μετάφραση· Πέρσα Κουμούτση 2009.

Kleine Schriften I–X (Hypomnemata Suppl., Bd. 2), Göttingen: Vandenhoeck & Ruprecht 2001–2024.
- I: Homerica, herausgegeben von Ch. Riedweg in Zusammenarbeit mit F. Egli, L. Hartmann und A. Schatzmann, Göttingen 2001.
- II: Orientalia, herausgegeben von M.L. Gemelli Marciano in Zusammenarbeit mit F. Egli, L. Hartmann und A. Schatzmann, Göttingen 2003.
- III: Mystica, Orphica, Pythagorica, herausgegeben von F. Graf, Göttingen 2006.
- IV: Mythica, Ritualia, Religiosa 1, herausgegeben von F. Graf, Göttingen 2011.
- V: Mythica, Ritualia, Religiosa 2, herausgegeben von F. Graf, Göttingen 2011.
- VI: Mythica, Ritualia, Religiosa 3, herausgegeben von E. Krummen, Göttingen 2011.
- VII: Tragica et Historica, herausgegeben von W. Rösler, Göttingen 2007.
- VIII: Philosophica, herausgegeben von Th.A. Szlezák und K.-H. Stanzel, Göttingen 2008.
- IX: Addenda zu den Bänden I–VIII, herausgegeben von Ch. Riedweg in Zusammenarbeit mit V. Dietrich, J. Li, M. Paratte, T. Richter und M. Schlager (Hegi), Göttingen 2024.
- X: Varia, herausgegeben von Ch. Riedweg in Zusammenarbeit mit V. Dietrich, J. Li, M. Paratte, T. Richter und M. Schlager (Hegi), Göttingen 2025.

b) Aufsätze (einschliesslich Lexikonbeiträge, Personalia)

1959

ΣΤΟΙΧΕΙΟΝ. Eine semasiologische Studie, Philologus 103, 1959, 167–197 [= KS VIII, 80–110].

1960

Das Lied von Ares und Aphrodite. Zum Verhältnis von Odyssee und Ilias, Rhein. Mus. 103, 1960, 130–144 [= KS I, 105–116].

Engl. Übers.: The Song of Ares and Aphrodite: On the Relationship between the *Odyssey* and the *Iliad*, in: G.M. Wright, P.V. Jones, ed., Homer. German Scholarship in Translation, Oxford 1997, 249–262 = L.E. Doherty, ed., Homer's Odyssey (Oxford Readings in Classical Studies), Oxford 2009, 29–43.

Platon oder Pythagoras? Zum Ursprung des Wortes ‚Philosophie', Hermes 88, 1960, 159–177 [= KS III, 217–235].

Portug. Übers.: Platão ou Pitágoras? sobre a origem do termo ‚filosofia', introd. e trad. de C. Araújo, Kléos 18, 2014, 109–138.

1961

Hellenistische Pseudopythagorica, Philologus 105, 1961, 16–43; 226–246 [= KS III, 236–277].
Elysion, Glotta 39, 1961, 208–213 [= KS IV, 129–134].

1962

ΓΟΗΣ. Zum griechischen ‚Schamanismus', Rhein. Mus. 105, 1962, 36–55 [= KS III, 173–190].

Caesar und Romulus-Quirinus, Historia 11, 1962, 356–376 [= KS IX, 469–490].

1963

Iranisches bei Anaximandros, Rhein. Mus. 106, 1963, 97–134 [= KS II, 192–222].

A Note on Aeschylus, *Choephori* 205ff., Class. Quarterly 13, 1963, 177 [= KS X, 3–4].

1965

Cicero als Platoniker und Skeptiker. Zum Platonverständnis der ‚Neuen Akademie', Gymnasium 72, 1965, 175–200 [= KS VIII, 186–212].

Demaratos, Astrabakos und Herakles. Königsmythos und Politik zur Zeit der Perserkriege (Herodot 6, 67–69), Mus. Helv. 22, 1965, 166–177 [wiederabgedr. in: Wilder Ursprung 1990, 86–95] [= KS VII, 173–185].

Artikel 'Herodot', in: Lexikon der Alten Welt, Zürich 1965 (ND 1990), 1277–1281 [= KS X, 133–139].

Artikel 'Historia', in: Lexikon der Alten Welt, Zürich 1965 (ND 1990), 1310 [= KS X, 141].

Artikel 'Ktesias', in: Lexikon der Alten Welt, Zürich 1965 (ND 1990), 1632 [= KS X, 143].

Artikel 'Neupythagoreer', in: Lexikon der Alten Welt, Zürich 1965 (ND 1990), 2084–2085 [= KS X, 145–146].

Artikel 'Pseudopythagoreer', in: Lexikon der Alten Welt, Zürich 1965 (ND 1990), 2467 [= KS X, 147].

Artikel 'Universalgeschichte', in: Lexikon der Alten Welt, Zürich 1965 (ND 1990), 3165 [= KS X, 149–150].

Artikel 'Xenophon', in: Lexikon der Alten Welt, Zürich 1965 (ND 1990), 3290–3294 [= KS X, 151–156].

1966

Kekropidensage und Arrhephoria. Vom Initiationsritus zum Panathenäenfest, Hermes 94, 1966, 1–25 [wiederabgedr. in: Wilder Ursprung 1990, 40–59] [= KS V, 160–185].

Greek Tragedy and Sacrificial Ritual, GRBS 7, 1966, 87–121 [dt. Fassung in: Wilder Ursprung 1990, 13–39] [= KS VII, 1–36].

1967

Urgeschichte der Technik im Spiegel antiker Religion, Technikgeschichte 34, 1967, 281–299 [= KS V, 104–125].

1968

Orpheus und die Vorsokratiker. Bemerkungen zum Derveni-Papyrus und zur pythagoreischen Zahlenlehre, Antike und Abendland 14, 1968, 93–114 [= KS III, 62–88].

1969

Einleitung, in: Hermann Diels, Kleine Schriften zur Geschichte der antiken Philosophie, herausgegeben von W. Burkert, Darmstadt 1969, VII–XIII [= KS IX, 961–968].

Das Proömium des Parmenides und die Katabasis des Pythagoras, Phronesis 14, 1969, 1–30 [= KS VIII, 1–27].

> Engl. Übers. mit einem kurzen Vorwort von Walter Burkert: V. Adluri, ed., Philosophy and Salvation in Greek Religion (Religionsgeschichtliche Versuche und Vorarbeiten 60), Berlin/Boston 2013, 85–116.

Das Lebensrecht der Klassischen Philologie, in: Berichte aus Instituten und Seminarien, Neues aus der Universität Zürich, Mai 1969, No. 11, 3–4 [= KS X, 795–796].

1970

Jason, Hypsipyle, and New Fire at Lemnos. A study in Myth and Ritual, Class. Quarterly 20, 1970, 1–16 [wiederabgedr. in: R. Buxton, ed., Oxford Readings in Greek Religion, Oxford 2000, 227–249. Dt. Fassung in: Wilder Ursprung 1990, 60–76] [= KS V, 186–205].

Buzyge und Palladion: Gewalt und Gericht im altgriechischen Ritual, ZRGG 22, 1970, 356–368 [wiederabgedr. in: Wilder Ursprung 1990, 77–85] [= KS V, 206–217].

La genèse des choses et des mots. Le papyrus de Derveni entre Anaxagore et Cratyle, Études Philosophiques 25, 1970, 443–455 [= KS IX, 973–986].

1971

Nachwort, in: Xenophon, Erinnerungen an Sokrates (Reclams Universalbibliothek), Stuttgart 1971, 157–174 [= KS VIII, 68–79].

Die ‚Samia' Menanders. Zu einer wiederentdeckten antiken Komödie, NZZ 25.7.1971, 37–38 [= KS X, 797–808].

1972

Die Leistung eines Kreophylos. Kreophyleer, Homeriden und die archaische Heraklesepik, Mus. Helv. 29, 1972, 74–85 [= KS I, 138–149].

Zur geistesgeschichtlichen Einordnung einiger Pseudopythagorica, in: Pseudepigrapha I, Entretiens sur l'antiquité classique 18, Vandœuvres/Genève 1972, 23–55 [= KS III, 278–298].

Vom Kontinuum geistiger Tradition. Fritz Wehrli zum siebzigsten Geburtstag, NZZ 9.7.1972, 49–50 [= KS X, 809–813].

1973

Von Amenophis II. zur Bogenprobe des Odysseus, Grazer Beiträge 1, 1973, 69–78 [= KS I, 72–79].

1974

Die Absurdität der Gewalt und das Ende der Tragödie: Euripides' Orestes, Antike und Abendland 20, 1974, 97–109 [= KS VII, 97–110].

Artikel 'Gott', Abschnitt I: Antike, in: J. Ritter, Hg., Historisches Wörterbuch der Philosophie III, Basel/Stuttgart 1974, 721–725 [= KS X, 157–162].

1975

Apellai und Apollon, Rhein. Mus. 118, 1975, 1–21 [= KS VI, 3–20].

Rěsep-Figuren, Apollon von Amyklai und die ‚Erfindung' des Opfers auf Cypern. Zur Religionsgeschichte der ‚Dunklen Jahrhunderte', Grazer Beiträge 4, 1975, 51–79 [= KS VI, 21–42].

Aristoteles im Theater. Zur Datierung des 3. Buchs der ‚Rhetorik' und der ‚Poetik', Mus. Helv. 32, 1975, 67–72 [= KS IX, 987–993].

Le laminette auree: Da Orfeo a Lampone, in: Orfismo in Magna Grecia. Atti del XIV convegno di studi sulla Magna Grecia, Taranto, 6–10 ott. 1974, Napoli 1975, 81–104 [= KS III, 21–36].

Le laminette auree di Thurii: Da Orfeo a Lampone, Magna Graecia 10.1/2, 1975, 5–7.

Plotin, Plutarch und die platonisierende Interpretation von Heraklit und Empedokles, in: J. Mansfeld, L.M. de Rijk, ed., Kephalaion. Studies in Greek Philosophy and its Continuation offered to Prof. C.J. de Vogel (Philosophical Texts and Studies 23), Assen 1975, 137–146 [= KS VIII, 213–221].

Nochmals das Arrian-Epigramm von Cordoba, ZPE 17, 1975, 167–169 [= KS X, 5–7].

1976

Das hunderttorige Theben und die Datierung der Ilias, Wiener Studien 89 (N. F. 10), 1976, 5–21 [= KS I, 59–71].

Opfertypen und antike Gesellschaftsstruktur, in: Der Religionswandel unserer Zeit im Spiegel der Religionswissenschaft, Darmstadt 1976, 168–187 [= KS V, 83–96].

Otto Seel †, Gnomon 48, 1976, 217–221 [= KS X, 361–363].

1977

Air-Imprints or Eidola. Democritus' Aetiology of Vision, Illinois Class. Studies 2, 1977, 97–109 [= KS VIII, 43–54].

Orphism and Bacchic Mysteries: New Evidence and Old Problems of Interpretation, in: W. Wuellner, ed., Protocol of the Twenty-Eighth Colloquy: 13 March 1977 (The Center for Hermeneutical Studies), Berkeley 1977 [= KS III, 37–46].

Le mythe de Géryon: Perspectives préhistoriques et tradition rituelle, in: B. Gentili, G. Paioni, ed., Il Mito greco. Atti del Convegno Internazionale, Urbino, 7–12 maggio 1973, Roma 1977, 273–283.

1978

Analyse structurale et perspective historique dans l'interprétation des mythes grecs, Cahiers internationaux de symbolisme 35/6, 1978, 163–173.

Killing in Sacrifice. A Reply, Numen 25, 1978, 77–79 [= KS X, 965–967].

1979

Mythisches Denken. Versuch einer Definition an Hand des griechischen Befundes, in: H. Poser, Hg., Philosophie und Mythos. Ein Kolloquium, Berlin 1979, 16–39 [= KS IV, 42–65].

Von Ullikummi zum Kaukasus: Die Felsgeburt des Unholds. Zur Kontinuität einer mündlichen Erzählung, Würzb. Jahrb. für die Altertumswissenschaft N. F. 5, 1979, 253–261 [= KS II, 87–95].

Kynaithos, Polycrates, and the Homeric Hymn to Apollo, in: G.W. Bowersock, W. Burkert, C.J. Putnam, ed., Arktouros. Hellenic Studies presented to B.M.W. Knox, Berlin 1979, 53–62 [= KS I, 189–197].

1980

Griechische Mythologie und die Geistesgeschichte der Moderne, in: Les études classiques aux XIXe et XXe siècles: Leur place dans l'histoire des idées, Entretiens sur l'antiquité classique 26, Vandœuvres/Genève 1980, 159–199 [= KS IV, 66–95].

Neue Funde zur Orphik, Informationen zum Altsprachlichen Unterricht 2.2, 1980, 27–42 [= KS IX, 373–390].

(zusammen mit H. Hoffmann) La cuisine des morts. Zu einem Vasenbild aus Spina und verwandten Darstellungen, Hephaistos 2, 1980, 107–111 [= KS IX, 491–498].

1981

ΘΕΩΝ ΟΠΙΝ ΟΥΚ ΑΛΕΓΟΝΤΕΣ. Götterfurcht und Leumannsches Missverständnis, Mus. Helv. 38, 1981, 195–204 [= KS I, 95–104].

Indogermanische Horizonte und griechische Sprache. Ernst Risch zum 70. Geburtstag, NZZ 9.10.1981, 41 [= KS X, 815–818].

Vorwort, in: Ernst Risch, Kleine Schriften, zum siebzigsten Geburtstag herausgegeben von A. Etter und M. Looser, Berlin 1981, V–VII [= KS X, 9–11].

Mythos und Mythologie, in: Propyläen Geschichte der Literatur. Literatur und Gesellschaft der westlichen Welt I: Die Welt der Antike, Berlin 1981, 11–35 [= KS IV, 3–41].

Portug. Übers.: Mito e Mitologia, Coimbra 1986.

Seven against Thebes: An oral tradition between Babylonian Magic and Greek Literature, in: C. Brillante, M. Cantilena, C.O. Pavese, ed., I poemi epici rapsodici non omerici e la tradizione orale. Atti del convegno di Venezia, 28–30 settembre 1977, Padova 1981, 29–48 [= KS I, 150–165].

Glaube und Verhalten: Zeichengehalt und Wirkungsmacht von Opferritualen, in: Le sacrifice dans l'antiquité, Entretiens sur l'antiquité classique 27, Vandœuvres/Genève 1981, 91–133 [= KS IX, 499–530].

1982

Craft versus Sect: The Problem of Orphics and Pythagoreans, in: B.F. Meyer, E.P. Sanders, ed., Jewish and Christian Self-Definition III: Self-Definition in the Graeco-Roman World, London 1982, 1–22, 183–189 [= KS III, 191–216].
    Span. Übers.: Profesión frente a secta: el problema de los órficos y los pitagóricos, Taula. Quaderns de pensament 27/28, 1997, 11–32.

Literarische Texte und funktionaler Mythos. I˘star und Atra·asis, in: J. Assmann, W. Burkert, F. Stolz, Hg., Funktionen und Leistungen des Mythos (Orbis biblicus et orientalis 48), Freiburg/Göttingen 1982, 63–82 [= KS II, 1–16].

Konstruktion und Seinsstruktur: Praxis und Platonismus in der griechischen Mathematik (Abhandlungen der Braunschweig. Wiss. Gesellschaft 34), Göttingen 1982, 125–141 [= KS VIII, 111–128].

Götterspiel und Götterburleske in altorientalischen und griechischen Mythen, Eranos Jahrbuch 51, 1982, 335–367 [= KS II, 96–118].

Ein Zeuge neben anderen: Klassische Philologie, Zürich Uni 13,3, Mai 1982, 6 [= KS X, 819–820].

Die orientalisierende Epoche in griechischer Religion und Literatur, Jahrb. der Heidelberger Akademie der Wissenschaften, 1982, 35–36.

1983

Apokalyptik im frühen Griechentum: Impulse und Transformationen, in: D. Hellholm, ed., Apocalypticism in the Mediterranean World and the Near East. Proceedings of the International Colloquium on Apocalyptism, Uppsala, August 12–17, 1979, Tübingen 1983, 235–254 [= KS IV, 204–224].

Der griechische Nachtigallen-Mythos und das Märchen ‚Von dem Machandelboom'. Vom Mythos zum Volksmärchen, Landbote und Tagblatt von Winterthur und Umgebung 18, 22.1.1983, 21–22.

Oriental Myth and Literature in the Iliad, in: R. Hägg, ed., The Greek Renaissance of the Eighth Century B. C.: Tradition and Innovation. Proceedings of the Second International Symposium at the Swedish Institute in Athens, 1–5 June 1981, Stockholm 1983, 51–56 [= KS IX, 235–246].

Itinerant Diviners and Magicians: A Neglected Element in Cultural Contacts, ib., 115–119.

Eraclito nel Papiro di Derveni: Due nuove testimonianze, in: L. Rossetti, a cura di, Atti del Symposium Heracliteum 1981, Roma 1983, 37–42 [= KS IX, 995–1000].

ΠΟΜΠΕΙΑΔΟΣ Α. Unveröffentlichtes, zum Erinnerungsabend verfasstes Scherzepyllion über die Erlebnisse in Pompeji bei der Süditalienexkursion des Klassisch-Philologischen Seminars der Universität Zürich im April 1983 [= KS X, 821–822].

1984

Magister Ludi. Zum ‚Griechischen Lehrgang' von Günther Zuntz, NZZ 31.3./1.4.1984, 70 = Latein und Griechisch in Berlin 28/3, 1984, 38–40 [= KS X, 823–826].

Vom Nachtigallenmythos zum ‚Machandelboom', in: W. Siegmund, Hg., Antiker Mythos in unseren Märchen (Veröffentlichungen der Europäischen Märchengesellschaft 6), Kassel 1984, 113–125, 196 f [= KS IV, 115–128].

Sacrificio-Sacrilegio: Il ‚Trickster' fondatore, Studi Storici 25, 1984, 835–845 = C. Grottanelli, N.F. Parise, ed., Sacrificio e società nel mondo antico, Bari 1988, 163–175 [= KS I, 178–188].

Artikel 'Mythos, Mythologie', Abschnitt I: Antike, in: J. Ritter, Hg., Historisches Wörterbuch der Philosophie VI, Basel/Stuttgart 1984, 281–283 [= KS X, 163–166].

Artikel 'Orphik', in: J. Ritter, Hg., Historisches Wörterbuch der Philosophie VI, Basel/Stuttgart 1984, 1378–80 [= KS X, 167–169].

1985

Das Ende des Kroisos. Vorstufen einer Herodoteischen Geschichtserzählung, in: Catalepton. Festschrift für Bernhard Wyss zum 80. Geburtstag, Basel 1985, 4–15 [= KS VII, 117–127].

Opferritual bei Sophokles. Pragmatik – Symbolik – Theater, Altsprachl. Unterricht 28.2, 1985, 5–20 [= KS VII, 73–91].

Herodot über die Namen der Götter: Polytheismus als historisches Problem, Mus. Helv. 42, 1985, 121–132 [= KS VII, 161–172].
    Engl. Übers.: R. Vignolo Munson, ed., Herodotus on the names of the gods: Polytheism as a historical problem, in: Herodotus: Volume 2. Herodotus and the World (Oxford Readings in Classical Studies), Oxford 2013, 198–209.

Anfänge der Polisreligion. Tradition – Kristallisation – Akkulturation, in: XVIe Congrès international des sciences historiques, Stuttgart, du 25 août au 1er septembre 1985. Rapports I (Grands thèmes, méthodologie, sections chronologiques I), Stuttgart 1985, 295–297 [= KS IX, 531–534].

Artikel 'Griechische Religion', in: Theologische Realenzyklopädie XIV, Berlin/New York 1985, 235–253 [= KS IV, 157–185].

1986

Krieg, Sieg und die Olympischen Götter der Griechen, in: F. Stolz, Hg., Religion zu Krieg und Frieden, Zürich 1986, 67–87 [= KS VI, 122–138].

Der Autor von Derveni: Stesimbrotos Περὶ τελετῶν?, ZPE 62, 1986, 1–5 [= KS III, 89–94].

1987

Oriental and Greek Mythology: The Meeting of Parallels, in: J. Bremmer, ed., Interpretations of Greek Mythology, London 1987, 10–40 [= KS II, 48–72].

The Making of Homer in the Sixth Century B. C.: Rhapsodes versus Stesichoros, in: Papers on the Amasis Painter and his World. Colloquium Sponsered by the Getty Center for the History of Art and Humanities and Symposium Sponsored by the J. Paul Getty Museum, Malibu, Cal.: J.P. Getty Museum 1987, 43–62 = D.L. Cairns, ed., Oxford Readings in Homer's Ilias, Oxford 2001, 92–116 [= KS I, 198–217].

Xenarchos statt Poseidonios. Zu Pap. Gen. Inv. 203, ZPE 67, 1987, 51–55 [= KS IX, 1001–1006].

Die antike Stadt als Festgemeinschaft, in: P. Hugger, Hg., Stadt und Fest. Zu Geschichte und Gegenwart europäischer Festkultur, Unterägeri 1987, 25–44 [= KS VI, 241–258].

Offerings in Perspective: Surrender, Distribution, Exchange, in: T. Linders, G.C. Nordquist, ed., Gifts to the Gods. Proceedings of the Uppsala Symposium 1985 (Acta Universitatis Upsalensis, Boreas 15), Uppsala 1987, 43–50 [= KS V, 69–82].

The Problem of Ritual Killing, in: R.G. Hamerton-Kelly, ed., Violent Origins, Stanford 1987, 149–176 [= KS V, 23–49].

Omophagia, in: M. Eliade, ed., The Encyclopedia of Religion XI, New York 1987, 70–73 [= KS V, 97–103].

Die betretene Wiese. Interpretenprobleme im Bereich der Sexualsymbolik, in: H.P. Duerr, Hg., Die wilde Seele. Zur Ethnopsychoanalyse von Georges Devereux, Frankfurt 1987, 32–46 [= KS X, 13–25].

Zur Trauerfeier von Fritz Wehrli am 1. September 1987. Unveröffentlichtes Manuskript [= KS X, 763–766].

Geist der Antike – Gegenwart des Humanen. Zum Tode von Fritz Wehrli, NZZ 31.8.1987, 19 = Bull. Schweiz. Altphilologenverband 30, 1987, 8 [= KS X, 767–769].

Denkformen der Kosmogonie im Alten Orient und in Griechenland, in: M. Münzel, Hg., Ursprung. Vortragszyklus 1986/7 über die Entstehung des Menschen und der Welt in den Mythen der Völker (interim 6), Frankfurt 1987, 9–18; 137 [= KS IX, 247–266].

Artikel 'Gordischer Knoten', in: R. W. Brednich et al., Hg., Enzyklopädie des Märchens V (Fortuna – Gott ist auferstanden), Berlin 1987, 1402–1404 [= KS X, 171–173].

1988

Katagógia-Anagógia and the Goddess of Knossos, in: R. Hägg, N. Marinatos, G.C. Nordquist, ed., Early Greek Cult Practice. Proceedings of the Fifth International Symposium at the Swedish Institute at Athens, 26–29 June 1986, Stockholm 1988, 81–88 [= KS VI, 90–103].

The Meaning and Function of the Temple in Classical Greece, in: M.V. Fox, ed., Temple in Society, Winona Lake 1988, 27–47 [= KS VI, 177–195].

Platonische Systematik – menandrische Heiterkeit. Zum Tod von Konrad Gaiser, NZZ 13.5.1988, 27 [= KS X, 771–772].

Werksbesichtigung (X): Burkert über Burkert. „Homo Necans": Der Mensch, der tötet, FAZ 3.8.1988, 29–30 = Der Mensch, der tötet. Walter Burkert über „Homo Necans" (1972), in: H. Ritter, Hg., Werksbesichtigung: Geisteswissenschaften. Fünfundzwanzig Bücher von ihren Autoren gelesen, Frankfurt 1990, 185–193 [= KS X, 969–974].

R.W. Cape, An Interview with Walter Burkert, Favonius 2, 1988, 41–52 [= KS X, 975–986].

Heros, Tod und Sport. Ritual und Mythos der Olympischen Spiele in der Antike, in: G. Gebauer, Hg., Körper- und Einbildungskraft. Inszenierungen des Helden im Sport (Reihe Historische Anthropologie 2), Berlin 1988, 31–43 [= KS V, 218–230].

Alfred Heubeck †, Gnomon 60, 1988, 283–285 [= KS X, 773–777].

Abschied von Ernst Risch, Bull. Schweiz. Altphilologenverband 32, 1988, 6–10 = Universität Zürich, Jahresbericht 1988/89, 135–138 [= KS X, 779–782].

1989

Schweiz: Die klassische Philologie, in: La Filologia Greca e Latina nel Secolo XX. Atti del Congresso Internazionale Roma, Consiglio Nazionale delle Ricerche, 17–21 settembre 1984, vol. I (Biblioteca di studi antichi 56), Pisa 1989, 75–127 [= KS X, 27–69].

Weibliche und männliche Gottheiten in antiken Kulturen: Mythische Geschlechterrollen zwischen Biologie, Phantasie und Arbeitswelt, in: J. Martin, R. Zoepffel, Hg., Aufgaben, Rollen und Räume von Frau und Mann (Veröffentlichungen des Instituts für historische Anthropologie 5), Freiburg 1989, 157–179 [= KS VI, 104–121].

Artikel 'Pythagoreismus', Abschnitt I: Antike, in: J. Ritter, Hg., Historisches Wörterbuch der Philosophie VII, Basel 1989, 1724 [= KS X, 175–176].

1990

Ein Datum für Euripides' Elektra: Dionysia 420 v. Chr., Mus. Helv. 47, 1990, 65–69 [= KS VII, 92–96].

Apollon Didim i Ol'vija, Vestnik drevnej Istorii 193, 1990, 155–160.
[Engl. Abstract: Apollo of Didyma and Olbia; deutsches Original in den Burkert-Separata des DLA.]

Herodot als Historiker fremder Religionen, in: Hérodote et les peuples non grecs, Entretiens sur l'antiquité classique 35, Vandœuvres/Genève 1990, 1–32 [= KS VII, 140–160].

Neues aus der Altertumswissenschaft, Uni-Zürich 6/1990, 3–6 [= KS X, 827–831].
[Weitgehend mit Scherben, Folien und Papyri: Neues in der Altertumswissenschaft 1995 (unten) übereinstimmend.]

Dankesrede zum Erhalt des Balzan-Preises in Rom, 16.11.1990, in: Fondazione Internazionale Balzan: Ceremonia per la proclamazione dei Premi Balzan 1990, 29–33 (online https://

www.balzan.org/de/preistraeger/walter-burkert/dankesrede-rom-16-11-1990, abgerufen am 29.5.2024) [= KS X, 987–989].

Forschungen zu Religion und Geisteswelt der Griechen, dargestellt anlässlich der Verleihung des Balzan-Preises 1990, in: Fondazione Internazionale Balzan: Orientamento e attività dei Premi Balzan 1990, 21–28 (online https://www.balzan.org/de/preistraeger/walter-burkert/__trashed, abgerufen am 29.5.2024) [= KS X, 991–998].

1991

Typen griechischer Mythen auf dem Hintergrund mykenischer und orientalischer Tradition, in: D. Musti et al., a cura di, La Transizione dal Miceneo all'Alto Arcaismo. Dal palazzo alla città. Atti del Convegno Internazionale, Roma, 14–19 marzo 1988, Roma 1991, 527–536 [= KS I, 1–12].

Oriental Symposia: Contrasts and Parallels, in: W.J. Slater, ed., Dining in a Classical Context, Ann Arbor 1991, 7–24 [= KS II, 119–134].

Homerstudien und Orient, in: J. Latacz, Hg., Zweihundert Jahre Homer-Forschung: Rückblick und Ausblick (Colloquium Rauricum 2), Stuttgart/Leipzig 1991, 155–181 [= KS I, 30–58].

Homer's Anthropomorphism: Narrative and Ritual, in: D. Buitron-Oliver, ed., New Perspectives in Early Greek Art (Studies in the History of Art 32), Washington: National Gallery of Art 1991, 81–91 [= KS I, 80–94].

1992

Opfer als Tötungsritual: Eine Konstante der menschlichen Kulturgeschichte?, in: F. Graf, Hg., Klassische Antike und neue Wege der Kulturwissenschaften. Symposium Karl Meuli, Basel, 11.–13. September 1991 (Beiträge zur Volkskunde 11), Basel 1992, 169–189 [= KS V, 50–68].

The Formation of Greek Religion at the Close of the Dark Ages, Studi italiani di filologia classica 10, 1992, 533–551 [= KS I, 13–29].

Eracle e gli altri eroi culturali del Vicino Oriente, in: C. Bonnet, C. Jourdain-Annequin, éd., Héraclès: d'une rive à l'autre de la Méditerranée (Institut historique belge de Rome, Études de philologie, d'archéologie et d'histoire anciennes 28), Bruxelles 1992, 111–127 = Cenobio. Rivista trimestrale di cultura 41, 1992, 229–238 [= KS II, 73–86].

La religione greca, in: M. Vegetti, a cura di, L'esperienza religiosa antica (Introduzione alle culture antiche 3), Torino 1992, 137–171 [= KS IX, 535–569].

Perikles von Mylasa, Architekt des Tempels der Venus und Roma, in: H. Froning, T. Hölscher, H. Mielsch, Hg., Kotinos. Festschrift für Erika Simon, Mainz 1992, 415–417 [= KS IX, 571–576].

GAIA: Mythische Variationen, Gaia 1 (Jan./Feb.), 1992, 2–3 [= KS X, 833–835].

Athenian cults and festivals, in: D.M. Lewis, J. Boardman, J.K. Davies, M. Ostwald, ed., The Cambridge Ancient History V2: The Fifth Century B. C., Cambridge 1992, 245–267 [= KS VI, 208–230].

Der Standpunkt des Schmetterlings, Swissair Gazette 6/92, 55 [= KS X, 837–838].

Professor Dr. Hermann Koller, Universität Zürich, Jahresbericht 1991/92, 170–171 [= KS X, 783–784].

1993

Lescha-Liˇskah. Sakrale Gastlichkeit zwischen Palästina und Griechenland, in: B. Janowski, K. Koch, G. Wilhelm, Hg., Religionsgeschichtliche Beziehungen zwischen Kleinasien, Nordsyrien und dem Alten Testament. Internationales Symposion Hamburg, 17.–21. März 1990, Freiburg/Göttingen 1993, 19–38 [= KS II, 135–153].

Bacchic Teletai in the Hellenistic Age, in: Th.H. Carpenter, Chr.A. Faraone, ed., Masks of Dionysus (Myth and Poetics), Ithaca 1993, 259–275 [= KS III, 120–136].

Concordia Discors: The literary and the archaeological evidence on the sanctuary of Samothrace, in: N. Marinatos, R. Hägg, ed., Greek Sanctuaries. New approaches, London 1993, 178–191 [= KS III, 137–151].

Kronia-Feste und ihr altorientalischer Hintergrund, in: S. Döpp, Hg., Karnevaleske Phänomene in antiken und nachantiken Kulturen und Literaturen (Stätten und Formen der Kommunikation im Altertum 1), Trier 1993, 11–30 [= KS II, 154–171].

Attische Feste in der ‚Aulischen Iphigenie' des Euripides, in: J. Dalfen, G. Petersmann, F.F. Schwarz, Hg., Religio Graeco-Romana. Festschrift für Walter Pötscher (Grazer Beiträge Suppl. 5), Graz 1993, 87–92 [= KS VII, 111–116].

Heraclitus and the Moon: The New Fragments in *P. Oxy.* 3710, Illinois Class. Studies 18, 1993, 49–55 [= KS VIII, 28–34].

Philodems Arbeitstext zur Geschichte der Akademie. Zu Tiziano Dorandis Neuedition des Academicorum Index, ZPE 97, 1993, 87–94 [= KS IX, 1007–1016].

Classics — Past Ideology and Persistent Reality, Chronicle. A Magazine of American Culture, April 1993, 19–21 [= KS X, 839–844].

Mythos – Begriff, Struktur, Funktionen, in: F. Graf, Hg., Mythen in mythenloser Gesellschaft: Das Paradigma Roms (Colloquium Rauricum 3), Stuttgart/Leipzig 1993, 9–24 [= KS IV, 96–114].

Randkulturen und Weltreiche. Zum Rücktritt von Professor Peter Frei, NZZ 30.4.1993, 55 [= KS X, 845–846].

1994

Griechische Hymnoi, in: W. Burkert, F. Stolz, Hg., Hymnen der Alten Welt im Kulturvergleich (Orbis Biblicus et Orientalis 131), Freiburg/Göttingen 1994, 9–17 [= KS IX, 577–585].

Olbia and Apollo of Didyma: A New Oracle Text, in: J. Solomon, ed., Apollo. Origins and Influences, Tucson 1994, 49–60, 145–147 [= KS VI, 43–55].

Orpheus, Dionysos und die Euneiden in Athen: Das Zeugnis von Euripides' Hypsipyle, in: A. Bierl, P. v. Möllendorff, Hg., Orchestra. Drama – Mythos – Bühne. Festschrift für Hellmut Flashar anlässlich seines 65. Geburtstages, Stuttgart/Leipzig 1994, 44–49 [= KS III, 112–119].

Artikel 'Praxidikai', in: Lexicon Iconographicum Mythologiae Classicae (LIMC) VII.1, Zürich 1994, 504–505 [= KS X, 177–178].

1995

Orientalische und griechische Weltmodelle von Assur bis Anaximandros, Wiener Studien 107/8 (= SPHAIROS: Festschrift Hans Schwabl), 1994/5, 179–186 [= KS II, 223–229].

„Irrevocabile verbum": Spuren mündlichen Erzählens in der Odyssee, in: U. Brunold-Bigler, H. Bausinger, Hg., Hören – Sagen – Lesen – Lernen. Bausteine zu einer Geschichte der kommunikativen Kultur. Festschrift für Rudolf Schenda zum 65. Geburtstag, Bern 1995, 147–158 [= KS I, 117–126].

Lydia between East and West or How to Date the Trojan War: A Study in Herodotus, in: J.B. Carter, S.P. Morris, ed., The Ages of Homer. A Tribute to Emily Townsend Vermeule, Austin 1995, 139–148 [= KS I, 218–232].

Krieg und Tod in der griechischen Polis, in: H. v. Stietencron, J. Rüpke, Hg., Töten im Krieg (Veröffentlichungen des Instituts für historische Anthropologie 6), Freiburg 1995, 179–196 [= KS VII, 195–209].

Der geheime Reiz des Verborgenen: Antike Mysterienkulte, in: H.G. Kippenberg, G.G. Stroumsa, ed., Secrecy and Concealment. Studies in the History of Mediterranean and Near Eastern Religions (Numen Book Series: Studies in the History of Religions 65), Leiden 1995, 79–100 [= KS III, 1–20].

Greek Poleis and Civic Cults: Some Further Thoughts, in: M.H. Hansen, K. Raaflaub, ed., Studies in the Ancient Greek Polis (Historia Einzelschriften 95), Stuttgart 1995, 201–210 [= KS VI, 231–240].

Katastrophe als Mythos, Zeitschrift für Schweizerische Archäologie und Kunstgeschichte 52, 1995, 75–80 [= KS IX, 587–598].

Scherben, Folien und Papyri: Neues in der Altertumswissenschaft, in: Gymnasium Fridericianum. Festschrift zum 250-jährigen Bestehen des humanistischen Gymnasiums Erlangen, Erlangen 1995, 17–21.
[Weitgehend mit Neues aus der Altertumswissenschaft 1990 (oben) übereinstimmend.]

Artikel 'Seelenwanderung', Abschn. I: Antike, in: J. Ritter, Hg., Historisches Wörterbuch der Philosophie IX, Basel 1995, 117–20 [= KS X, 179–183].

„Kunst des Lebens" zwischen Dogmatismus und Skepsis. Die hellenistische Philosophie im neuen „Ueberweg", NZZ 11./12.11.1995, 70 [= KS X, 847–850].

1996

„Mein Gott"? Persönliche Frömmigkeit und unverfügbare Götter, in: H. Cancik, H. Lichtenberger, P. Schäfer, Hg., Geschichte – Tradition – Reflexion. Festschrift für Martin Hengel zum 70. Geburtstag, Bd. II: Griechische und Römische Religion, Tübingen 1996, 3–14 [= KS IV, 225–236].

Zum Umgang der Religionen mit Gewalt: Das Experiment des Manichäismus, Berliner Theologische Zeitschrift 13, 1996, 184–199 [= KS IV, 237–254].

Greek Temple-builders: Who, Where, and Why?, in: R. Hägg, ed., The Role of Religion in the Early Greek Polis. Proceedings of the Third International Seminar on Ancient Greek Cult, Organized by the Swedish Institute at Athens, 16–18 October 1992, Stockholm 1996, 21–29 [= KS VI, 196–207].

‚Königs-Ellen' bei Alkaios: Griechen am Rand der östlichen Monarchien, Mus. Helv. 53, 1996, 69–72 [= KS II, 248–251].

Plutarco: religiosità personale e teologia filosofica, in: I. Gallo, a cura di, Plutarco e la Religione. Atti del VI Convegno plutarcheo, Ravello, 29–31 maggio 1995 (Collectanea: collana di atti e miscellanee 12), Napoli 1996, 11–28.
    Dt. Fassung: Plutarch: Gelebte Religion und philosophische Theologie, in: KS VIII, 222–239.

Konstruktion des Raumes und räumliche Kategorien im griechischen Denken, in: D. Reichert, Hg., Räumliches Denken (Reihe Zürcher Hochschulforum 25), Zürich 1996, 57–85 [= KS VIII, 129–147].

Isonomia und Polisreligion im Kleisthenischen Athen, in: M. Sakellariou, éd., Démocratie Athénienne et Culture. Colloque International, organisé par l'Académie d'Athènes (23, 24 et 25 novembre 1992), Athen 1996, 51–65 [= KS VII, 128–139].

1997

Fitness oder Opium? Die Fragestellung der Soziobiologie im Bereich alter Religionen, in: F. Stolz, Hg., Homo naturaliter religiosus. Gehört Religion notwendig zum Mensch-Sein? (Studia religiosa Helvetica 3), Bern 1997, 13–38 [= KS IV, 279–298].

From epiphany to cult statue: early Greek *theos*, in: A.B. Lloyd, ed., What is a God? Studies in the nature of Greek divinity, London 1997, 15–34 [= KS VI, 139–155].

Karl Kerényi über griechische Mysterien. Unveröffentliches Manuskript eines Vortrags, der im Rahmen der Tagung „Humanismus und Hermeneutik. Karl Kerényi und die europäische Kulturwissenschaft im 20. Jahrhundert" aus Anlass von Kerényis 100. Geburtstag auf dem Monté Verità in Ascona am 20. Februar 1997 gehalten wurde [DLA K 5, M 6] [= KS IX, 391–413].

Impact and Limits of the Idea of Progress in Antiquity, in: A. Burgen, P. McLaughlin, J. Mittelstrass, Hg., The Idea of Progress (Philosophie und Wissenschaft: transdisziplinäre Studien 13), Berlin/New York 1997, 19–46 [= KS VIII, 240–259].

Star Wars or One Stable World? A Problem of Presocratic Cosmogony (PDerv. Col. XXV), in: A. Laks, G.W. Most, ed., Studies on the Derveni Papyrus, Oxford 1997, 167–174 [= KS VIII, 35–42].

Euenios der Seher von Apollonia und Apollon Lykeios: Mythos jenseits der Texte, Kernos 10, 1997, 73–81 [= KS VII, 186–194].

Logik und Sprachspiel bei Leukippos/Demokritos: Οὐ μᾶλλον als These und Denkform, in: H.-C. Günther, A. Rengakos, Hg., Beiträge zur antiken Philosophie. Festschrift für Wolfgang Kullmann, Stuttgart 1997, 23–33 [= KS VIII, 55–67].

Nachwort 1996, in: Homo Necans. Interpretationen altgriechischer Opferriten und Mythen (Religionsgeschichtliche Versuche und Vorarbeiten 32), Berlin ² 1997, 333–349 [= KS X, 999–1012].

Karl Otfried Müller und die Historisierung des Mythos. Unveröffentlichtes Manuskript eines im Rahmen von „Karl Otfried Müller: Philologe – Archäologe – Historiker 1797–1840, Veranstaltungen zu seinem 200. Geburtstag" am 3. November 1997 in Göttingen gehaltenen Vortrags [DLA K 39, M 32].²

1998

Towards Plato and Paul: The 'Inner' Human Being, in: A.Y. Collins, ed., Ancient and Modern Perspectives on the Bible and Culture. Essays in Honor of Hans Dieter Betz (Homage Series 22), Atlanta 1998, 59–82 [= KS VIII, 167–185].

Eleusis und Bakchika: Staatliche und private Mysterien in der griechischen Antike, in: H. Sonnabend, Hg., Antike und moderne Religion. Vorträge und Beiträge als Grundlage für Deutung und Bewältigung heutiger Probleme (Humanistische Bildung Heft 20), Stuttgart 1998, 57–73 [= KS IX, 417–434].

Le secret publique et les mystères dits privés, Ktema 23, 1998, 375–381 [= KS IX, 435–444].

Héraclès et les animaux. Perspectives préhistoriques et pressions historiques, in: C. Bonnet, C. Jourdain-Annequin, V. Pirenne-Delforge, éd., Le Bestiaire d'Héraclès. IIIe Rencontre héracléenne (Kernos Suppl. 7), Liège 1998, 11–26 [= KS VI, 74–89].

La cité d'Argos entre la tradition mycénienne, dorienne et homérique, in: V. Pirenne-Delforge, éd., Les Panthéons des cités des origines à la Périégèse de Pausanias. Actes du Colloque organisé à l'Université de Liège du 15 au 17 mai 1997 (2e partie) (Kernos Suppl. 8), Liège 1998, 47–59 [= KS I, 166–177].

La via fenicia e la via anatolica: Ideologie e scoperte fra Oriente e Occidente, in: Convegno per Santo Mazzarino, Roma, 9–11 maggio 1991 (Saggi di Storia Antica 13), Roma 1998, 55–73 [= KS II, 252–266].

Pythagoreische Retraktationen: Von den Grenzen einer möglichen Edition, in: W. Burkert, L. Gemelli-Marciano, E. Matelli, L. Orelli, Hg., Fragmentsammlungen philosophischer Texte der Antike/Le raccolte dei frammenti di filosofi antichi. Atti del Seminario Internazionale, Ascona, 22–27 Settembre 1996 (Aporemata 3), Göttingen 1998, 303–319 [= KS III, 299–316].

Die neuen orphischen Texte: Fragmente, Varianten, ‚Sitz im Leben', ib., 387–400 [= KS III, 47–61].

Ein Schlusswort als Dank, in: F. Graf, Hg., Ansichten griechischer Rituale. Geburtstags-Symposium für Walter Burkert, Castelen bei Basel, 15. bis 18. März 1996, Stuttgart/Leipzig 1998, 441–444. [= KS X, 1013–1016]

---

² *Vgl. zu diesem und zu den im Folgenden jeweils kursiv aufgeführten unveröffentlichten Manuskripten das Vorwort zu Bd. IX.*

Deborah Gentry, An Interview with Walter Burkert, Pegasus 41, 1998, 10–11 [= KS X, 1017–1019].

Vom Vorlesungsmanuskript zum Standardwerk. Hermann Diels hat die „Vorsokratiker" erschlossen / Würdigung zum 150. Geburtstag, Der Tagesspiegel 18.5.1998, 30 [= KS X, 851–853].

Response: Exploring Religion in a Biological Landscape, in: W. Braun, ed., Review Symposium W. Burkert, The Creation of the Sacred, Method & Theory in the Study of Religion 10, 1998, 129–132 [= KS X, 1021–1024].

Uvo Hölscher †, Gnomon 70, 1998, 474–477 = Jahrbuch der Heidelberger Akademie der Wissenschaften für 1998, 143–148 [= KS X, 785–791].

Artikel 'Orphism', in: E. Craig, ed., Routledge Encyclopedia of Philosophy VII, London/ New York 1998, 163–165 [= KS X, 185–187].

1999

Aggression und Behagen. Die heiligen Schauer des Essens, in: A. Keck, I. Kording, A. Prochaska, Hg., Verschlungene Grenzen. Anthropophagie in Literatur und Kulturwissenschaften (Literatur und Anthropologie 2), Tübingen 1999, 243–256 [= KS IX, 599–613].

Vom Gott ergriffen. Ein ambivalentes Erleben und seine Darstellung. Unveröffentliches Manuskript eines zum Festakt anlässlich des 70. Geburtstages von Nikolaus Himmelmann am 6. Februar 1999 an der Universität Bonn gehaltenen Vortrags [DLA K 39, M 18].

ΠΑΡΑΣΤΑΣΙΣ: Taking Children to Sanctuaries. Unveröffentlichtes Manuskript eines im Rahmen des 7th International Seminar on Ancient Greek Cult über "The Child in Ancient Greek Cult" am 17. April 1999 an der Göteborgs Universitet gehaltenen Vortrags [DLA K 39, M 1].

Osiris and Dionysus: Interference and divergence. Unveröffentlichtes Manuskript eines im Rahmen der International Conference on Religious Studies "Religion as a bond and a boundary" am 22. August 1999 an der University of Crete gehaltenen Vortrags [DLA K 45, M 12].

The Logic of Cosmogony, in: R. Buxton, ed., From Myth to Reason? Studies in the Development of Greek Thought, Oxford 1999, 87–106 [= KS II, 230–247].

Die Artemis der Epheser: Wirkungsmacht und Gestalt einer Grossen Göttin, in: H. Friesinger, F. Krinzinger, Hg., 100 Jahre Österreichische Forschungen in Ephesos (Textband), Wien 1999, 59–70 [= KS VI, 56–73].

Antiker Mythos – Begriff und Funktion, in: H. Hofmann, Hg., Antike Mythen in der europäischen Tradition (Attempto Studium generale), Tübingen 1999, 11–26 [= KS IX, 615–630].

Von Selinus zu Aischylos: ‚Reinigung' im Ritual und im Theater, Berlin-Brandenburgische Akademie der Wissenschaften, Berichte und Abhandlungen 7, Berlin 1999, 23–38 [= KS VII, 37–52].

Diels' *Vorsokratiker*. Rückschau und Ausblick, in: Hermann Diels (1848–1922) et la science de l'antiquité, Entretiens sur l'antiquité classique 45, Vandœuvres/Genève 1999, 169–197 [= KS IX, 1017–1044].

On "Nature" and "Theory". A Discourse with the Ancient Greeks, Michigan Quarterly Review 38/2, 1999, 178–193.
[Weitgehend mit Revealing Nature Amidst Multiple Cultures 2000 (unten) übereinstimmend.]

2000

Revealing Nature Amidst Multiple Cultures: A Discourse with Ancient Greeks, in: G.B. Peterson, ed., The Tanner Lectures on Human Values 21, 2000, 125–151 [= KS IX, 1045–1064].

Dämonenaustreibung und Katharsis. Wunder, Metapher und Therapie von Hippokrates zum Neuen Testament. Unveröffentlichtes Manuskript eines im Rahmen eines Festakts für Hans Schmoll am 15. Februar 2000 an der Augustana-Hochschule in Neuendettelsau gehaltenen Vortrags [DLA K 41, M 6].

Wozu braucht der Mensch Religion? Die Mensch-Gott-Beziehung in den alten Religionen, in: S.M. Daecke, J. Schnakenberg, Hg., Gottesglaube – ein Selektionsvorteil? Religion in der Evolution – Natur- und Geisteswissenschaftler im Gespräch, Gütersloh 2000, 103–124 [= KS IX, 631–654].

Neanthes von Kyzikos über Platon. Ein Hinweis aus Herculaneum, Mus. Helv. 57, 2000, 76–80 [= KS IX, 1065–1070].

„Stumm wie ein Menander-Chor": Ein zusätzliches Testimonium, ZPE 131 (2000) 23–24 [= KS X, 71–73].

Migrating Gods and Syncretisms: Forms of Cult Transfer in the Ancient Mediterranean, in: A. Ovadiah, ed., Mediterranean Cultural Interaction (The Howard Gilman International Conferences), Tel Aviv 2000, 1–21 [= KS II, 17–36].

Private Needs and *Polis* Acceptance. Purification at Selinous, in: P. Flensted-Jensen, Th. Heine Nielsen, L. Rubinstein, ed., Polis & Politics. Studies in Ancient Greek History Presented to Mogens H. Hansen, Copenhagen 2000, 207–216 [= KS VII, 210–219].

La violence sacrificielle: faits et réflexions, in: A. Nayak, éd., Religions et violences, Fribourg 2000, 296–313 [= KS IX, 655–668].

Mythen um Oedipus: Familienkatastrophe und Orakelsinn, in: Freiburger Universitätsblätter 148, 2000, 7–20 [wiederabgedr. in: B. Zimmermann, Hg., Mythische Wiederkehr: Der Ödipus- und Medea-Mythos im Wandel der Zeiten, Freiburg 2009, 43–62] [= KS IX, 881–899].

Unsere Akademiker (7): Die Trümmer der Griechen. Eduard Zeller (1814 bis 1908), FAZ 26.6.2000, BS 3 [= KS X, 855–858].

Artikel 'Gigon, Olof', in: Deutsche Biographische Enzyklopädie 11/1, 2000, 69 [= KS X, 189–190].

Response *[to the contributions to a special session at the 1997 Annual Meeting of the AAR and the SBL]*, Religion 30/3, 2000, 283–285 [= KS X, 1025–1028].

2001

Il Medio Oriente e l'emergere della ‚Grecia classica', in: G. Bocchi, M. Cerruti, a cura di, Le radici prime dell'Europa, Milano 2001, 348–358 [= KS IX, 267–278].

"Opfer" als Skandalon des Lebens. Eine religionsgeschichtliche Perspektive, in: H.J. Luibl, S. Scheuter, Hg., Opfer. Verschenktes Leben (DenkMal: Standpunkte aus Theologie und Kirche 3), Zürich 2001, 25-28 [= KS IX, 669-672].

Der Odyssee-Dichter und Kreta, in: Kreta & Zypern: Religion und Schrift, Altenburg 2001, 87-100 [= KS I, 127-137].

La religione greca all'ombra dell'Oriente: I livelli di contatti e degli influssi, in: S. Ribichini, M. Rocchi, P. Xella, a cura di, La questione delle influenze vicino-orientali sulla religione greca, Rom 2001, 21-30 [= KS II, 37-47].

Artikel 'Innerer Mensch', Abschnitt II: Antike, in: Religion in Geschichte und Gegenwart RGG[4] IV, 2001, 155 [= KS X, 191].

Science, Mysteries and Mysticism: Greek psyché in Experience and Theory. Unveröffentlichtes Manuskript eines am 7. Juni 2001 an der University of Chicago gehaltenen Vortrags [DLA K 45, M 3].

Können wir ohne Schuld essen?, Berliner Zeitung 27./28.1.2001, Magazin, 4 [= KS X, 859-864].

[Eine leicht gekürzte Fassung auch im Tagesanzeiger 20.2.2001, 59.]

Das Wunder der Panaghia, Magazin UniZürich 4/01, 59 [= KS X, 865-866].

2002

'Iniziazione': un concetto moderno e una terminologia antica, in: B. Gentili, F. Perusino, a cura di, Le orse di Brauron, Pisa 2002, 13-27 [= KS V, 126-139].

‚Mythos und Ritual' im Wechselwind der Moderne, in: H.F.J. Horstmanshoff, H.W. Singor, F.T. van Straten, J.H.M. Strubbe, ed., Kykeon. Studies in Honour of H.S. Versnel (Religions in the Graeco-Roman World 142), Leiden 2002, 1-22 [= KS V, 231-251].

Mysterien der Ägypter in griechischer Sicht: Projektionen im Kulturkontakt, in: J. Assmann, M. Bommas, Hg., Ägyptische Mysterien?, München 2002, 10-26 [= KS III, 152-172].

Die Waffen und die Jungen: Homerisch OPLOTEROI. In: M. Reichel, A. Rengakos, Hg., EPEA PTEROENTA. Beiträge zur Homerforschung. Festschrift für Wolfgang Kullmann zum 75. Geburtstag, Stuttgart 2002, 31-34 [= KS IX, 139-143].

From Oral Tradition to History: The Shadow of Homer. Unveröffentlichtes Manuskript eines am 11. Juni 2002 an der Kyoto University, am 14. Juni 2002 an der Tokyo University und am 18. Juni 2002 an der Niigata University gehaltenen Vortrags [DLA K 27, M 10, dort zusammen mit dem inhaltlich sehr ähnlichen Vortragsmanuskript "The Historical Setting of Homer: Odyssey, Ithaca, and Crete", Chicago, 18.4.2001] [= KS IX, 145-164].

Problems of Animal Sacrifice. 'Homo Necans' Revisited. Unveröffentlichtes Manuskript eines am 21. Juni 2002 an der Hokkaido University gehaltenen Vortrags [DLA K 45, M 6] [= KS X, 1029-1042].

Greek Margins: Mysteries of Samothrace/Ελληνική Περιφέρεια· Τα μυστήρια της Σαμοθράκης, in: A.A. Avagianou, ed., Λατρείες στην περιφέρεια του αρχαίου Ελληνικού κόσμου, Athen 2002, 31-61.

Edle Einfalt. Zufall oder Zusammenfall: Die Konstellation der „Griechischen Klassik", Berliner Zeitung 27./28.4.2002, Magazin, 1–2 [= KS X, 867–872].

2003

‚Seele', Mysterien und Mystik. Griechische Sonderwege und aktuelle Problematik, in: W. Jens, B. Seidensticker, Hg., Ferne und Nähe der Antike, Berlin 2003, 111–128 [= KS VIII, 260–276].

Impacts, Evasions, and Lines of Defence: Some Remarks on Science and the Humanities. In: W. Rüegg, ed., Meeting the Challenges of the Future. A Discussion between 'The Two Cultures' (Balzan Symposium 2002), Florenz 2003, 91–102 [= KS X, 873–883].

Die Götter wollen das Blut. Opfer als Skandalon des Lebens: Wer gibt dem Menschen das Recht, Tiere und andere Menschen zu schlachten?, Süddeutsche Zeitung 7.2.2003, 17 [= KS X, 885–889].

Vorwort, in: H. Diels, Parmenides. Lehrgedicht. Reprint of the first edition from 1897, with a new preface by W. Burkert and a new bibliography by D. De Cocco (International Pre-Platonic Studies 3), Sankt Augustin 2003, IX–XIII [= KS IX, 1071–1075].

Qualität und Quantität in der antiken Philosophie: Zur Genese einer Fragestellung, in: E. Neuenschwander, Hg., Wissenschaft zwischen Qualitas und Quantitas, Basel 2003, 33–48 [= KS IX, 1077–1092].

Prophecy and Ecstacy in the Ancient World. Unveröffentlichtes Manuskript eines im Rahmen der International Conference in Honour of Walter Burkert der University of Thessaly in Volos vom 21.–22. Juni 2003 gehaltenen Vortrags [DLA K 41, M 14].

Gegebenes erhellen. Dankrede, in: Deutsche Akademie für Sprache und Dichtung Darmstadt, Jahrbuch, Göttingen 2003, 162–168 [= KS X, 1043–1049].

Johann Jakob Bachofen, Karl Meuli, and Classical Studies in Switzerland: Unveröffentlichte englische Version des auf Japanisch in JCS 51, 2003, 1–19 publizierten Artikels [DLA K 7, M 21] [= KS X, 75–90].

2004

‚Rettung der Phänomene' zwischen Sinnlichkeit und Sinn. Anregungen von Jürgen Mittelstraß. Unveröffentlichtes Manuskript eines Vortrags, der am 28. Januar 2004 im Rahmen von „‚Homo sapiens' und ‚Homo faber' – Symposion anlässlich der Emeritierung von Jürgen Mittelstraß" an der Universität Konstanz gehalten wurde [DLA K 39, M 5] [= KS X, 891–899].

Streit um die Deutung des ältesten Originalschriftstücks Europas, Spektrum der Wissenschaft Januar 2004, 7.

Im Vorhof der Buchreligionen. Zur Rolle der Schriftlichkeit in den Kulten des Altertums, in: A. Holzem, Hg., Normieren Tradieren Inszenieren. Das Christentum als Buchreligion, Darmstadt 2004, 25–39 [= KS IX, 673–687].

Tieropfer: Realität – Symbolik – Problematik. in: H. Böhme et al., Hg., Tiere. Eine andere Anthropologie (Schriften des Deutschen Hygiene-Museums Dresden 3), Köln 2004, 177–186.

Sinn und Sinnlichkeit: Antike Wurzeln unserer Sprache. Gymnasium Carolinum Ansbach, Jahresbericht über das Schuljahr 2003/2004, 8–17 [= KS VIII, 293–303].

Sacrifice, Offerings, and Votives: Introduction, in: S.I. Johnston, ed., Religions of the Ancient World: A Guide, Cambridge, Mass. 2004, 325–326 [= KS IX, 689–691].

Opfertod als ‚schöner Tod'? Altgriechische Perspektiven. Unveröffentlichtes Manuskript eines Vortrags, der im Rahmen des Tags der Geisteswissenschaften „Zur Natur- und Gesellschaftsgeschichte des Todes" der Berlin-Brandenburgischen Akademie am 12. November 2004 in Berlin gehalten wurde [DLA K 41, M 9] [= KS IX, 693–705].

Policrate nelle testimonianze letterarie, in: E. Cavallini, a cura di, Samo. Storia, letteratura, scienza (AION 8), Pisa 2004, 351–361 [= KS IX, 901–912].

Artikel '3.c. Initiation', in: Thesaurus Cultus et Rituum Antiquorum (ThesCRA) II, Los Angeles 2004, 91–124 [= KS X, 193–267].

Gyges to Croesus: Historiography between Herodotus and Cuneiform in: A. Panaino, A. Piras, ed., Melammu Symposia IV, Milano 2004, 41–52 [= KS IX, 913–926].

Epiphanies and Signs of Power. Minoan Suggestions and Comparative Evidence, Illinois Classical Studies 29 (2004) 1–23 [= KS VI, 156–176].

Mikroskopie der Geistesgeschichte. Bruno Snells „Entdeckung des Geistes" im kritischen Rückblick, Philologus 148, 2004, 168–182 [= KS VIII, 277–292].

Zwischen Ukraine und Griechenland, mit Peter Brang. Eine Plauderei. Unveröffentlichtes Manuskript, Datierung unsicher (Terminus post quem 2004) [= KS X, 901–904].

2005

Signs, Commands, and Knowledge: Ancient Divination between Enigma and Epiphany in: S.I. Johnston, P.T. Struck, ed., Mantikê. Studies in Ancient Divination (Religions in the Graeco-Roman World 155), Leiden 2005, 29–50 [= KS V, 140–159].

Artikel '6.a. Divination', in: Thesaurus Cultus et Rituum Antiquorum (ThesCRA) III, Los Angeles 2005, 1–16, 31–37, 39–45, 48–51 [= KS X, 269–334].

Artikel '6.h. Profanation', in: Thesaurus Cultus et Rituum Antiquorum (ThesCRA) III, Los Angeles 2005, 271–281 [= KS X, 335–360].

Kritiken, Rettungen und unterschwellige Lebendigkeit griechischer Mythen zur Zeit des frühen Christentums in: R. v. Haehling, Hg., Griechische Mythologie und frühes Christentum, Darmstadt 2005, 173–194 [= KS IV, 135–154].

La teogonia originale di Orfeo secondo il Papiro di Derveni. In: G. Guidorizzi, M. Melotti, a cura di, Orfeo e le sue metamorfosi. Mito, arte, poesia, Roma 2005, 46–64 [= KS III, 95–111].

Platon und Demokritos: Probleme eines Erfolgs. Unveröffentlichtes Manuskript eines Vortrags, der erstmals im Rahmen der Gründungstagung der GANPH am 12. Oktober 2001 unter dem Titel „Platon und der Atomismus: Probleme eines Erfolgs" in München und dann nochmals am 31. Mai 2005 an der Humboldt-Universität zu Berlin gehalten wurde [DLA K 41, M 8] [= KS IX, 1093–1109].

Near Eastern Connections, in: J.M. Foley, ed., A Companion to Ancient Epic, Oxford 2005, 291–301 [= KS IX, 279–296].

Hesiod in context: abstractions and divinities in an Aegean-Eastern Koiné, in: E. Stafford, J. Herrin, ed., Personification in the Greek World. From Antiquity to Byzantium, Aldershot 2005, 3–20 [= KS II, 172–191].

Vergöttlichung von Menschen in der griechisch-römischen Antike, in: J. Stagl, W. Reinhard, Hg., Grenzen des Menschseins. Probleme einer Definition des Menschlichen (Veröffentlichungen des Instituts für historische Anthropologie 8), Wien 2005, 401–420 [= KS VI, 259–276].

L'ésotérisme antique, Le Point, Hors-série: Ésotérisme, Mars-Avril 2005, 19–21 [= KS X, 905–908].

Das sich selbst überholende Handbuch. Neues zur antiken Philosophie im „Ueberweg", NZZ 14.6.2005, 45 [= KS X, 909–911].

2006

Der Meister in seiner Werkstatt: Homer-Vorlesung bei Wilamowitz, in: P. Dräger, Hg., Ulrich von Wilamowitz-Moellendorff. Homers Ilias (Spudasmata 109), Hildesheim 2006, 9–14 [= KS IX, 165–169].

Mythen – Tempel – Götterbilder, in: R.G. Kratz, H. Spieckermann, Hg., Götterbilder – Gottesbilder – Weltbilder. Polytheismus und Monotheismus in der Welt der Antike II: Griechenland und Rom, Judentum, Christentum und Islam, Tübingen 2006 (Forschungen zum Alten Testament 18), 3–20 [= KS IV, 186–203].

Jacob Burckhardt über griechische Religion, in: L. Burckhardt, H.-J. Gehrke, Hg., Jacob Burckhardt und die Griechen (Beiträge zu Jacob Burckhardt 6), Basel 2006, 209–227 [= KS IX, 707–726].

Ritual between Ethology and Post-modern Aspects. Philological-historical Notes, in: E. Stavrianopoulou, ed., Ritual and Communication in the Graeco-Roman World (Kernos Suppl. 16), Liège 2006, 23–35 [= KS IX, 727–741].

Griechische Religion als „primäre Religion"?, in: A. Wagner, Hg., Primäre und sekundäre Religion als Kategorie der Religionsgeschichte des Alten Testaments (Beihefte zur Zeitschrift für die alttestamentliche Wissenschaft 364), Berlin 2006, 211–226 [= KS IX, 743–760].

2007

Smileumata Iliaka: Three Puzzling Verses, in: P.J. Finglass et al., ed., Hesperos. Studies in Ancient Greek Poetry Presented to M.L. West on his Seventieth Birthday, Oxford 2007, 58–65 [= KS IX, 171–178].

„Blutsverwandschaft". Mythos, Natur und Jurisprudenz, in: Chr. v. Braun, Chr. Wulf, Hg., Mythen des Blutes, Frankfurt 2007, 245–256 [= KS IX, 761–771].

Nachwort, in: Homer. Odyssee. Aus dem Griechischen übersetzt und kommentiert von K. Steinmann, Zürich 2007, 369–379.

Alfred Heubeck (1914–1987): Erinnerungen vom Aufbau eines wissenschaftlichen Lebenswerks. Unveröffentlichtes Manuskript eines im Rahmen des Ehrensymposions für Alfred Heubeck am 28. April 2007 am Melanchthon-Gymnasium in Nürnberg gehaltenen Vortrags [DLA K 39, M 11] [= KS X, 91–103].

The Root of Evil and the Role of the Prophet. Unveröffentlichtes Manuskript eines im Rahmen des Kongresses „Humanities at Stake" vom 27.–31. August 2007 in der Fondation Hardt in Vandœuvre gehaltenen Vortrags [DLA K 40, M 7].

Laudatio für Marie Theres Fögen, in: Rechtswissenschaftliches Institut der Universität Zürich (UZH), Hg., Marie Theres Fögen. Sexagenaria. 10. Oktober 2006, Zürich/ St. Gallen 2007, 81–87 [= KS X, 913–919].

D. Barbu, Entretien avec Walter Burkert, ASDIWAL 2, 2007, 7–15 (online: https://www.asdiwal.ch/revue/pdf/2-entretien-burkert.pdf, abgerufen am 21.6.2024) [= KS X, 1051–1060].

Otto Kerns ‚Religion der Griechen': Ein Lebenswerk ohne Ausstrahlung? Unveröffentlichtes Manuskript eines im Rahmen einer Gedenkfeier zum hundertsten Jahrestag von Otto Kerns Berufung nach Halle am 7. Dezember 2007 in Halle gehaltenen Vortrags [DLA K 39, M 27].

2008

Das frühgriechische Epos und der Orient, in: Badisches Landesmuseum Karlsruhe, Hg., Zeit der Helden. Die „dunklen Jahrhunderte" Griechenlands 1200–700 v. Chr., Karlsruhe 2008, 330–331.

Odysseen. Phantasien, Realitäten und Homer, in: E. Wagner, W. Burkhardt, Hg., Odysseen. Mosse-Lectures 2007, Berlin 2008, 14–36 [= KS IX, 179–194].

Zwölf Sprachen, vier Schriften und keine Identität, FAZ 17.1.2008, 33 [= KS X, 921–926].

War der große Homer ein Plagiator? Erschienen in: Welt am Sonntag 09.03.2008, 73 (online mit 10.03.2008 als Datum https://www.welt.de/wissenschaft/article1781286/War-der-grosse-Homer-ein-Plagiator.html [abgerufen am 15.8.2024] und zugleich Berliner Morgenpost https://www.morgenpost.de/web-wissen/article103052733/War-der-grosse-Homer-ein-Plagiator.html [abgerufen am 15.8.2024]) [= KS X, 927–930].

Prehistory of Presocratic Philosophy in an Orientalizing Context, in: P. Curd, D. W. Graham, ed., The Oxford Handbook of Presocratic Philosophy, Oxford 2008, 55–85.

Der Klassische Philologe Ulrich von Wilamowitz-Moellendorff, in: Orden Pour Le Mérite für Wissenschaften und Künste, Reden und Gedenkworte 36, 2007–2008, 115–126 [= KS X, 105–113].

Medea. Arbeit am Mythos von Eumelos bis Karkinos, Freiburger Universitätsblätter 181, 2008, 37–47 [wiederabgedr. in: B. Zimmermann, Hg., Mythische Wiederkehr, Freiburg 2009, 153–166] [= KS IX, 927–939].

Heiliger Schauer. Biologische und philologische Blicke auf ein Phänomen der Religion, NZZ 13.9.2008, B3 [= KS X, 931–936].

Die Gestaltwerdung der Götter, in: D. Grassinger et al., Hg., Die Rückkehr der Götter. Berlins verborgener Olymp, Berlin 2008, 67–109 [= KS IX, 773–792].

Portug. Übers.: O surgimento dos deuses e suas áreas de influência, in: D. Grassinger et al., ed., Deuses Gregos, Coleçâo do Museu Pergamon de Berlin, Sâo Paulo 2007, 66–109.

El Dios solitario. Orfeo Fr. 12 Bernabé, en contexto, in: A. Bernabé, F. Casadesús, ed., Orfeo y la tradición órfica, Madrid 2008, 587–597 [= KS IX, 445–456].

Assyrer, Homer und Ktesis. Unveröffentlichtes Manuskript eines am 17. Dezember 2008 an der Universität Bern gehaltenen Vortrags [DLA K 39, M 9]; vgl. auch Assiri, Greci e Ctesia. Contatti e finzioni: Università degli Studi di Milano, 4. März 2009 [DLA K 40, M 6].

2009

'Orient' since Franz Cumont. Enrichment and Dearth of a Concept, in: C. Bonnet, V. Pirenne-Delforge, D. Praet, éd., Les religions orientales dans le monde grec et romain. Cent ans après Cumont (1906–2006) (Études de philologie, d'archéologie et d'histoire anciennes 45), Bruxelles/Rome 2009, 105–118 [= KS IX, 297–307].

Die Entdeckung der Nerven. Anatomische Evidenz und Widerstand der Philosophie, in: Chr. Brockmann, W. Brunschön, O. Overwien, Hg., Antike Medizin im Schnittpunkt von Geistes- und Naturwissenschaften (Beiträge zur Altertumskunde 255), Berlin 2009, 31–44 [= KS IX, 1111–1124].

Griechische Weltkultur. Logos-Welt inmitten der Sprachenvielfalt, Gymnasium 116, 2009, 103–119 [= KS IX, 941–957].

Im Schatten des *Basileus*: Griechisch-persische Kulturbegegnungen, in: Ch. Riedweg, a cura di, Grecia Maggiore. Intrecci culturali con l'Asia nel periodo arcaico/Graecia Maior: Kulturaustausch mit Asien in der archaischen Periode. Atti del simposio in occasione del 75⁰ anniversario di Walter Burkert/Akten des Symposions aus Anlass des 75. Geburtstages von Walter Burkert (Bibliotheca Helvetica Romana 30), Basel 2009, 87–97 [= KS IX, 309–317].

Pleading for Hell: Postulates, Fantasies, and the Senselessness of Punishment, Numen 56, 2009, 141–160 [= KS IX, 793–810].

Johannes Vahlen. 27.9.1830 Bonn – 30.11.1911. Unveröffentlichtes Manuskript eines Vortrags im Rahmen der Jahressitzung des Ordens pour le mérite 2009 [= KS X, 937–941].

In Griechenland begann Europa. Christian Meier über eine Kultur, die „um der Freiheit willen" geschaffen wurde, NZZ 8.7.2009, 43 [= KS X, 943–945].

Sardanapal zwischen Mythos und Realität. Das Grab in Kilikien, in: U. Dill, Chr. Walde, Hg., Antike Mythen. Medien, Transformationen und Konstruktionen (Fritz Graf zum 65. Geburtstag), Berlin 2009, 502–515 [= KS VI, 288–302].

Diskontinuitäten in der literarischen und bildlichen Ritualtradition, in: V. Lambrinousakis, B. Jaeger, Hg., Religion in Lehre und Praxis. Akten des ThesCRA Kolloquiums, Basel am 22. Oktober 2004 (Archaiognosia Supplementband 8), Athen 2009, 37–47 [= KS IX, 825–838].

Prolusione: Asclepio – un dio guaritore nel contesto dei politeismi greco e romano, in: E. De Miro, G. Sfameni Gasparro, V. Calì, a cura di, Il culto di Asclepio nell'area Mediterranea. Atti del Convegno Internazionale Agrigento 20–22 novembre 2005, Roma 2009, 17–26 [= KS IX, 811–824].

Ludwig Deubner als Philologe und Religionshistoriker. Unveröffentlichtes Manuskript eines Vortrags, der im Rahmen der erstmaligen Vergabe des Ludwig-Deubner-Stipendiums am 14. Januar 2009 im Senatssaal der Humboldt-Universität zu Berlin gehalten wurde [DLA K 39, M 25] [= KS X, 115–125].

Raoul Schrott, Homers Heimat – Erster kritischer Kommentar. Unveröffentlichtes Manuskript eines am 11. Dezember 2009 im Rahmen von „Symposion in der Residenz" vor der Würzburger wissenschaftlichen Gesellschaft in Würzburg gehaltenen Vortrags [DLA K 41, M 5] [= KS IX, 195–210].

40 Jahre Zürich – aus der Sicht eines Nicht-Zürchers. Unveröffentlichtes Manuskript eines am 4. Oktober 2009 (gewiss in Zürich) gehaltenen Vortrags [= KS X, 947–958].

2010

Horror Stories. Zur Begegnung von Biologie, Philologie und Religion, in: A. Bierl, W. Braungart, Hg., Gewalt und Opfer (MythosEikonPoiesis 2), Berlin 2010, 45–56 [= KS IX, 839–848].

Zwischen Biologie und Geisteswissenschaft. Probleme einer interdisziplinären Anthropologie, in: A. Bierl, W. Braungart, Hg., Gewalt und Opfer (MythosEikonPoiesis 2), Berlin 2010, 57–70 [= KS VI, 277–287].

Artikel 'Seel, Otto', in: Neue Deutsche Biographie 24, 2010, 146–147 [= KS X, 361–363].

Gerontologietag: Tabus im Alter. „Cicero war ein Frühpensionierter". Interview mit Marita Fuchs, UZH News 3.9.2010 (online https://www.news.uzh.ch/de/articles/2010/cicero-war-ein-fruehpensionierter.html, abgerufen am 21.6.2024) [= KS X, 950–961].

2011

Varianten der Kulturbegegnung im 8. und 7. Jahrhundert v.Chr., in: C. Ulf, R. Rollinger, Hg., Lag Troia in Kilikien? Der aktuelle Streit um Homers Ilias, Darmstadt 2011, 409–423 [= KS IX, 319–333].

Dionysos – ‚different' im Wandel der Zeiten. Eine Skizze, in: R. Schlesier, ed., A Different God? Dionysos and Ancient Polytheism, Berlin 2011, 15–22 [= KS IX, 849–858].

The Derveni Papyrus on Heraclitus (Col. IV), in: M. Herrero de Jáuregui, A.I. Jiménez San Cristóbal, E.R. Luján Martínez, R. M. Hernández, M.A. Santamaría Álvarez, S. Torallas Tovar, ed., Tracing Orpheus. Studies of Orphic Fragments. In Honour of Alberto Bernabé (Sozomena 10), Berlin 2011, 361–364 [= KS IX, 1125–1129].

J. Schloemann, Jesus war kein Vegetarier. Fleischkonsum und schlechtes Gewissen: Ein Gespräch mit dem Philologen und Religionswissenschaftler Walter Burkert zum 80. Geburtstag, Süddeutsche Zeitung 2.2.2011, 14–15 [= KS X, 1061–1066].

2012

Der Abschluss der Ilias im Zeugnis korinthischer und attischer Vasen (580/560 v.Chr.), Mus. Helv. 69, 2012, 1–11 [= KS IX, 211–221].

Ancient Views on Festivals. A Case of Near Eastern Mediterranean Koine, in: J. Rasmus Brandt, J.W. Iddeng, ed., Greek and Roman Festivals. Content, Meaning, and Practice, Oxford 2012, 39–51 [= KS IX, 859–870].

Genagelter Zauber. Zu den *Ephesia Grammata*, ZPE 183, 2012, 109–110 [= KS IX, 871–873].

2013

Frühgriechische Philosophie und Orient, in: H. Flashar et al., Hg., Die Philosophie der Antike 1: Frühgriechische Philosophie (Grundriss der Geschichte der Philosophie, begründet von Friedrich Ueberweg, völlig neu bearbeitete Ausgabe), Basel 2013, 97–125 [= KS IX, 1131–1168].

Sacrificial Violence. A Problem in Ancient Religions, in: M. Juergensmeyer et al., ed., The Oxford Handbook of Religion and Violence, Oxford 2013, 437–454.

Nochmals: Thales und die Sonnenfinsternis, Rhein. Mus. 156, 2013, 225–234 [= KS IX, 1169–1177].

Multiplizieren statt Teilen: Seiten- und Diagonalzahlen bei Platon (*Resp.* 525e), Mus. Helv. 70, 2013, 141–144 [= KS IX, 1179–1182].

Jenseits des Olymp. Mysterienkulte in der griechischen Religion, in: Imperium der Götter: Isis – Mithras – Christus. Kulte und Religionen im Römischen Reich, herausgegeben vom Badischen Landesmuseum, Karlsruhe 2013, 52–63 [= KS IX, 457–466].

Seven Sages and Apollo of Delphi. Im Jahre 2013 abgefasster, ursprünglich für den von Ursula Renz herausgegebenen Sammelband „Self-Knowledge. A History" (Oxford 2017) vorgesehener, unpublizierter Artikel [= KS IX, 875–878].

2014

The Worlds of Odysseus, in: J. Aruz, S.B. Graff, Y. Rakic, ed., Assyria to Iberia at the Dawn of the Classical Age (Catalog of an exhibition held at The Metropolitan Museum of Art, New York, September 22, 2014 – January 4, 2015), New York 2014, 255–257; 371 [= KS IX, 223–232].

How to Learn about Souls. The Derveni Papyrus and Democritus, in: I. Papadopoulou, L. Muellner, ed., Poetry as Initiation. The Center for Hellenic Studies Symposium on the Derveni Papyrus (Hellenic Studies 63), Washington, D.C. 2014, 107–114 [= KS IX, 1183–1190].

2015

Vorwort, in: M. Haubold, Hg., Erwin Rohde: Briefe aus dem Nachlass Band 1: 1865–1871, Hildesheim/Zürich/New York 2015, 7–9 [= KS X, 127–129].

2016

Greece and the Greeks, in: B.T. Arnold, B.A. Strawn, ed., The World around the Old Testament: The People and Places of the Ancient Near East, Grand Rapids 2016, 467–500 [= KS IX, 335–369].

c) Rezensionen

W. Kullmann, Das Wirken der Götter in der Ilias, Berlin 1956: Gnomon 29, 1957, 164–170; 479 [= KS X, 367–374].

H. Dörrie, Leid und Erfahrung, Abh. Mainz, Wiesbaden 1956: Gymnasium 66, 1959, 168–170 [= KS X, 375–377].

G. Bona, Il 'nóos' e i 'nóoi' nell'Odissea, Torino 1959: Gnomon 32, 1960, 669–671 [= KS X, 379–382].

K. Reinhardt, Vermächtnis der Antike, Göttingen 1960: Gymnasium 67, 1960, 548–550 [= KS X, 383–386].

K. Ries, Isokrates und Platon im Ringen um die Philosophia, München 1959: Gnomon 33, 1961, 349–354 [= KS X, 387–392].

W. Mattes, Odysseus bei den Phäaken, Würzburg 1958: Gymnasium 68, 1961, 559–560 [= KS X, 393–395].

H. Thesleff, An Introduction to the Pythagorean Writings of the Hellenistic Period, Åbo 1961: Gnomon 34, 1962, 763–768 [= KS X, 397–403].

K. Reinhardt, Tradition und Geist, Göttingen 1960: Gymnasium 69, 1962, 68–70 [= KS X, 405–407].

J.D.P. Bolton, Aristeas of Proconnesus, Oxford 1962: Gnomon 35, 1963, 235–240 [= KS X, 409–415].

A.-M. Malingrey, 'Philosophia', Paris 1961: Gnomon 35, 1963, 569–573 [= KS X, 417–422].

H. Fränkel, Dichtung und Philosophie des frühen Griechentums, München 1962: Gnomon 35, 1963, 827–828 [= KS X, 423–426].

M. Detienne, De la pensée religieuse à la pensée philosophique, Paris 1963: Gnomon 36, 1964, 563–567 [= KS X, 427–432].

A. Battegazzore e M. Untersteiner, a cura di, Sofisti. Testimonianze e frammenti. Fasc. IV: Antifonte, Crizia, Firenze 1962; M. Untersteiner, a cura di, Zenone, Firenze 1963: Göttingische Gelehrte Anzeigen 216, 1964, 141–149 [= KS X, 433–442].

M. von Albrecht, Hg., Iamblichi De vita Pythagorica liber, Zürich 1963: Gnomon 37, 1965, 24–26 [= KS X, 443–446].

M. Delcourt, Pyrrhos et Pyrrha, Paris 1965: Gnomon 38, 1966, 436–440 [= KS X, 447–451].

H. Thesleff, ed., The Pythagorean Texts of the Hellenistic Period, Åbo 1965: Gnomon 39, 1967, 548–556 [= KS X, 453–462].

C.J. de Vogel, Pythagoras and Early Pythagoreanism, Assen 1966: Gymnasium 74, 1967, 458–460 [= KS X, 463–466].

W. und H.G. Gundel, Astrologumena. Die astrologische Literatur in der Antike und ihre Geschichte, Wiesbaden 1966: Erasmus 19, 1967, 104–108 [= KS X, 467–470].

I. Trencsényi-Waldapfel, Untersuchungen zur Religionsgeschichte, Amsterdam 1966: Gnomon 41, 1969, 113–117 [= KS X, 471–477].

T. Cole, Democritus and the Sources of Greek Anthropology, Western Reserve Univ. 1967: Archiv für Geschichte der Philosophie 51, 1969, 291–298 [= KS X, 479–486].

R. Cuccioli Melloni, Ricerche sul Pitagorismo, Bologna 1969: Gnomon 42, 1970, 833 [= KS X, 487–488].

É. des Places, La religion grecque, Paris 1969: Erasmus 22, 1970, 566–568 [= KS X, 489–491].

R. Stiglitz, Die Grossen Göttinnen Arkadiens, Wien 1967: AnzAW 24, 1971, 200–202 [= KS X, 493–496].

A. Szabó, Anfänge der griechischen Mathematik, München 1969: Erasmus 23, 1971, 102–105 [= KS X, 497–499].

F. Krafft, Dynamische und statische Betrachtungsweise in der antiken Mechanik, Wiesbaden 1970: Erasmus 23, 1971, 876–878 [= KS X, 501–504].

R. Dion, Les anthropophages de l'Odyssée: Cyclopes et Lestrygons, Paris 1969: Mus. Helv. 28, 1971, 234 [= KS X, 505].

G. Säflund, ed., Opuscula Carolo Kerényi dedicata, Stockholm 1968: Mus. Helv. 28, 1971, 254 [= KS X, 507].

G.S. Kirk, Myth, Cambridge/Berkeley 1970: Gnomon 44, 1972, 225–230 [= KS X, 509–515].

J. Bollack, Empédocle II/III, Paris 1969: Gnomon 44, 1972, 433–442 [= KS X, 517–528].

C.A. Privitera, Dioniso in Omero e nella poesia greca arcaica, Roma 1970: Mus. Helv. 29, 1972, 281 [= KS X, 529].

Mythos. Scripta in honorem Marii Untersteiner, Genova 1970: Mus. Helv. 29, 1972, 303–304 [= KS X, 531–532].

G. Zuntz, Persephone, Oxford 1971: Gnomon 46, 1974, 321–328 [= KS X, 533–541].

L. Feder, Ancient Myth in Modern Poetry, Princeton 1971: Mus. Helv. 31, 1974, 254 [= KS X, 543].

B. Bergqvist, Herakles on Thasos, Uppsala 1973: Mus. Helv. 32, 1975, 264 [= KS X, 545].

J. Annequin, Recherches sur l'action magique et ses représentations, Paris 1973: Mus. Helv. 32, 1975, 278 [= KS X, 547].

J.-P. Vernant, Mythe et société en Grèce ancienne, Paris 1974: Mus. Helv. 33, 1976, 57 [= KS X, 549].

D. Babut, La religion des philosophes grecs de Thalès aux Stoïciens, Paris 1974: Mus. Helv. 33, 1976, 57–58 [= KS X, 551].

L. H. Lenz, Der Homerische Aphroditehymnus und die Aristie des Aineias in der Ilias, Bonn 1975: Mus. Helv. 33, 1976, 255 [= KS X, 553].

K. Wilkens, Die Interdependenz zwischen Tragödienstruktur und Theologie bei Aischylos, München 1974: Mus. Helv. 33, 1976, 256 [= KS X, 555].

N.J. Richardson, ed., The Homeric Hymn to Demeter, Oxford 1974: Gnomon 49, 1977, 440–446 [= KS X, 557–564].

I. Weiler, Der Agon im Mythos. Zur Einstellung der Griechen zum Wettkampf, Darmstadt 1974: Mus. Helv. 34, 1977, 249 [= KS X, 565].

B. Gladigow, Hg., H. Hommel, Symbola, Bd. I: Kleine Schriften zur Literatur- und Kulturgeschichte, Hildesheim 1976: Mus. Helv. 34, 1977, 273 [= KS X, 567].

Th. Gelzer, Hg., K. Meuli, Gesammelte Schriften, Basel 1975: Mus. Helv. 34, 1977, 273 [= KS X, 569–570].

L. Brisson, Le mythe de Tirésias, EPRO 55, Leiden 1976: Mus. Helv. 35, 1978, 159 [= KS X, 571].

R. Fleischer, Artemis von Ephesos und verwandte Kultstatuen aus Anatolien und Syrien, EPRO 35, Leiden 1973: Mus. Helv. 36, 1979, 244 [= KS X, 573].

H. Dörrie, Sinn und Funktion des Mythos in der griechischen und der lateinischen Dichtung, Opladen 1978: Mus. Helv. 36, 1979, 244–245 [= KS X, 575].

P. McGinty, Interpretation and Dionysos, The Hague 1978: AnzAW 33, 1980, 204–207 [= KS X, 577–580].

P. Janni, Etnografia e mito. La storia dei Pigmei, Roma 1978: Mus. Helv. 37, 1980, 249 [= KS X, 581].

J.M. Blázquez, Imagen y mito. Estudios sobre religiones mediterráneas e ibéricas, Madrid 1977: Mus. Helv. 37, 1980, 263 [= KS X, 583].

J. Gagé, Enquêtes sur les structures sociales et religieuses de la Rome primitive, Bruxelles 1977: Mus. Helv. 37, 1980, 263 [= KS X, 585].

F. Prinz, Gründungsmythen und Sagenchronologie. Zetemata 72, München 1979: Mus. Helv. 38, 1981, 175 [= KS X, 587–588].

R. Böhme, Der Sänger der Vorzeit. Drei Kapitel zur Orpheusfrage, Bern 1980: Mus. Helv. 38, 1981, 175 [= KS X, 589].

E. Vermeule, Aspects of Death in Early Greek Art and Poetry, Berkeley 1979: Mus. Helv. 38, 1981, 176 [= KS X, 591].

J. Ferguson, Greek and Roman Religion. A Source Book, Park Ridge, NJ 1980: Mus. Helv. 38, 1981, 182 [= KS X, 593].

K. Ranke et al., Hg., Enzyklopädie des Märchens I (A–Ba)/II (Be–Chri), Berlin 1977/1979: Gnomon 54, 1982, 713–719 [= KS X, 595–603].

H. v. Thiel, Iliaden und Ilias, Basel 1982: Bull. Schweizerischer Altphilologenverband 20, 1982, 20–21 [= KS X, 605–606].

H. Meyer, Medeia und die Peliaden, Roma 1980: Mus. Helv. 39, 1982, 318 [= KS X, 607].

R. Bloch, éd., Recherches sur les religions de l'antiquité classique, Genève/Paris 1980: Mus. Helv. 39, 1982, 336–337 [= KS X, 609].

S. Düll, Die Götterkulte Nordmakedoniens in römischer Zeit, München 1977: AnzAW 36, 1983, 210–212 [= KS X, 611–614].

D. O'Brien, Theories of Weight in the Ancient World, Leiden 1981: Mus. Helv. 40, 1983, 259 [= KS X, 615].

K. Ranke et al., Hg., Enzyklopädie des Märchens III (Chronikliteratur–Engel und Eremit), Berlin 1981: Gnomon 56, 1984, 547–548 [= KS X, 617–619].

F. Muthmann, Der Granatapfel. Symbol des Lebens in der alten Welt, Fribourg 1982: Mus. Helv. 41, 1984, 242 [= KS X, 621].

B. Snell, Griechische Metrik, 4. Aufl., Göttingen 1982: Mus. Helv. 41, 1984, 243 [= KS X, 623].

D. O'Brien, Pour interpréter Empédocle, Paris/Leiden 1981: Mus. Helv. 41, 1984, 246 [= KS X, 625].

G. Gnoli, J.-P. Vernant, éd., La mort, les morts dans les sociétés anciennes, Cambridge 1982: Gnomon 57, 1985, 209–212 [= KS X, 627–631].

E. Simon, Festivals of Attica. An Archaeological Commentary, Madison 1983: Histor. Zeitschrift 241, 1985, 656–657 [= KS X, 633–634].

A. Stückelberger, Vestigia Democritea, Basel 1984: Mus. Helv. 42, 1985, 354 [= KS X, 635].

C. Eucken, Isokrates: seine Positionen in der Auseinandersetzung mit den zeitgenössischen Philosophen, Berlin 1983: Mus. Helv. 42, 1985, 355–356 [= KS X, 637].

F. Schachermeyr, Die griechische Rückerinnerung im Lichte neuer Forschungen, SBWien 1983: AnzAW 40, 1987, 88–92 [= KS X, 639–643].

R. Bloch, F. Bader, D. Briquel, F. Guillaumont, D'Héraclès à Poséidon, Genève/Paris 1985: Histor. Zeitschrift 246, 1988, 394–395 [= KS X, 645].

G. Sfameni Gasparro, Misteri e Culti Mistici di Demetra, Roma 1986: History of Religions 28, 1988, 161–163 [= KS X, 647–649].

H.W. Parke, Athenische Feste (übersetzt von G. Hornbostel), Mainz 1987: Histor. Zeitschrift 249, 1989, 133–134 [= KS X, 651–652].

R. Turcan, Les cultes orientaux dans le monde romain, Paris 1989: Jahrb. f. Antike und Christentum 33, 1990, 248–251 [= KS X, 653–657].

K. Ranke et al., Hg., Enzyklopädie des Märchens IV (Ente–Förster), Berlin 1984/R. W. Brednich et al., Hg., Enzyklopädie des Märchens V (Fortuna–Gott ist auferstanden), Berlin 1987: Gnomon 63, 1991, 639–641 [= KS X, 659–663].

G. Sissa, Greek Virginity, transl. by A. Goldhammer, Cambridge, Mass. 1990: Mus. Helv. 48, 1991, 193 [= KS X, 665].

D.J. O'Meara, Pythagoras revived. Mathematics and philosophy in late antiquity, Oxford 1989: Freiburger Zeitschrift für Philosophie und Theologie 38, 1991, 502–506 [= KS X, 667–670].

J. G. Griffiths, Atlantis and Egypt, with Other Selected Essays, Cardiff 1991: Class. Review 48, 1993, 149–150 [= KS X, 671–672].

H. Münkler, Odysseus und Kassandra. Politik im Mythos, Frankfurt 1990: Histor. Zeitschrift 256, 1993, 126 [= KS X, 673].

D. D. Hughes, Human Sacrifice in Ancient Greece, London 1991: Gnomon 66, 1994, 97–100 [= KS X, 675–679].

R.-J. Durling, A Dictionary of Medical Terms in Galen, Leiden 1993: Gesnerus 51, 1994, 310–311 [= KS X, 681–682].

MENTOR – eine Datenbank zur griechischen Religion (Mentor. Guide bibliographique de la religion grecque. Bibliographical Survey of Greek Religion, Liège 1992), Mus. Helv. 51, 1994, 226–228 [= KS X, 683–687].

R. Drews, The Coming of the Greeks. Indo-European Conquests in the Aegean and the Near East, Princeton 1995: Das Historisch-Politische Buch 43, 1995, 456 [= KS X, 689].

J.-P. Vernant, Mythos und Religion im alten Griechenland, Frankfurt 1995: Das Historisch-Politische Buch 43, 1995, 363 [= KS X, 691].

Th. Buchheim, Die Vorsokratiker. Ein philosophisches Porträt, München 1994: Archiv für Geschichte der Philosophie 78, 1996, 60–65 [= KS X, 693–698].

L.G. Westerink, ed., Stephanus of Athens: Commentary on Hippocrates' aphorisms sections V–VI (CMG 11,1,3,3), Berlin 1995: Gesnerus 53, 1996, 134 [= KS X, 699–700].

Ph. de Lacy, ed., Galen: On the elements according to Hippocrates (CMG 5,1,2), Berlin 1996: Gesnerus 53, 1996, 284 [= KS X, 701–702].

P. Kingsley, Ancient Philosophy, Mystery, and Magic. Empedocles and Pythagorean tradition, Oxford 1995: Mus. Helv. 53, 1996, 308 [= KS X, 703].

F.T. van Straten, Hierà kalá, Leiden 1995: Histor. Zeitschrift 264, 1997, 427 [= KS X, 705–706].

S. Moscati, Die Karthager. Kultur und Religion einer antiken Seemacht, Stuttgart/Zürich 1996: Das Historisch-Politische Buch 45, 1997, 364–365 [= KS X, 707].

W. Faulstich, Das Medium als Kult, Göttingen 1997: Histor. Zeitschrift 267, 1998, 722–723 [= KS X, 709–710].

J.P. Brown, Israel und Hellas, Berlin 1995: Mus. Helv. 55, 1998, 254 [= KS X, 711].

J.M. Duffy, ed., John of Alexandria: Commentary on Hippocrates' Epidemics VI fragments, Commentary of an anonymous author on Hippocrates' Epidemics VI fragments — T.A. Bell et al., ed., John of Alexandria: Commentary on Hippocrates' On the nature of the child (CMG 11,1,4), Berlin 1997: Gesnerus 56, 1999, 137 [= KS X, 713–714].

Mentor 2. 1986–1990. Guide bibliographique de la religion grecque. Bibliographical Survey of Greek Religion, Liège 1998: Mus. Helv. 56, 1999, 262–263 [= KS X, 715].

D. Damaskos, Untersuchungen zu hellenistischen Kultbildern, Stuttgart 1999: Das Historisch-Politische Buch 48, 2000, 352–353 [= KS X, 717].
B. Dreyer, Untersuchungen zur Geschichte des spätklassischen Athen (323 – ca. 230 v.Chr.), Stuttgart 1999: Das Historisch-Politische Buch 48, 2000, 131 [= KS X, 719].
S. Funke, Aiakidenmythos und epeirotisches Königtum. Der Weg einer hellenischen Monarchie, Stuttgart 2000: Das Historisch-Politische Buch 48, 2000, 573 [= KS X, 721–722].
A. Hupfloher, Kulte im kaiserzeitlichen Sparta. Eine Rekonstruktion anhand der Priesterämter, München 2000: Das Historisch-Politische Buch 49, 2001, 247–248 [= KS X, 723–724].
J. Rüpke, Die Religion der Römer. Eine Einführung, München 2001: Das Historisch-Politische Buch 49, 2001, 464–465 [= KS X, 725–726].
W. Furley, J.M. Bremer, ed., Greek Hymns. Bd. I: The Texts in Translation; Bd. II: Greek Texts and Commentary (Studien und Texte zu Antike und Christentum 9–10), Tübingen 2001: Mus. Helv. 60, 2003, 222 [= KS X, 727–728].
D. Sedley, ed., The Cambridge Companion to Greek and Roman Philosophy, Cambridge 2003: Mus. Helv. 61, 2004, 229 [= KS X, 729].
I. Nielsen, Cultic Theatres and Ritual Drama. A Study in Regional Development and Religious Interchange between East and West in Antiquity, Aarhus 2002: Klio 86, 2004, 455–457 [= KS X, 731–734].
J.D. Mikalson, Herodotus and Religion in the Persian Wars, North Carolina 2003: Das Historisch-Politische Buch 53, 2005, 350 [= KS X, 735].
R.G. Edmonds, Myths of the Underworld Journey. Plato, Aristophanes and the „Orphic" gold tablets, Cambridge 2004: Gnomon 79, 2007, 294–297 [= KS X, 737–741].
M. Malaise, Pour une terminologie et une analyse des cultes isiaques, Bruxelles 2005: Gnomon 81, 2009, 82–83 [= KS X, 743–745].
G.A. Lehmann, H. Schmidt-Glintzer, Hg., WBG Weltgeschichte. Band 2: Antike Welten und neue Reiche (1200 v.Chr. Bis 600 n.Chr.), Darmstadt 2009: Das Historisch-Politische Buch 59, 2011, 254–255 [= KS X, 747–748].
Ch.A. Faraone, D. Obbink, ed., The Getty Hexameters. Poetry, Magic, and Mystery in Ancient Selinous, Oxford 2013: Gnomon 87, 2015, 481–484 [= KS X, 749–753].

3. Liste der von Walter Burkert betreuten Dissertationen

W. Rösler, Reflexe vorsokratischen Denkens bei Aischylos (Beiträge zur Klassischen Philologie 37), Meisenheim 1970. – Diss. Berlin 1968.

Th.A. Szlezák, Pseudo-Archytas über die Kategorien. Texte zur griechischen Aristoteles-Exegese (Peripatoi 4), Berlin 1972. – Diss. Berlin 1969.

H. Schmitz, Hypsos und Bios. Stilistische Untersuchungen zum Alltagsrealismus in der archaischen griechischen Chorlyrik (Europäische Hochschulschriften XV 3), Bern 1970. – Diss. Zürich 1970.

F. Graf, Eleusis und die orphische Dichtung Athens in vorhellenistischer Zeit (Religionsgeschichtliche Versuche und Vorarbeiten 33), Berlin 1974. – Diss. Zürich 1971/2.

W.D. Meier, Die epische Formel im pseudohesiodeischen Frauenkatalog. Eine Untersuchung zum nachhomerischen Formelgebrauch, Zürich 1976. – Diss. Zürich 1975.

M. Hirschle, Sprachphilosophie und Namenmagie im Neuplatonismus. Mit einem Exkurs zu ‚Demokrit' B 142 (Beiträge zur Klassischen Philologie 96), Meisenheim 1979. – Diss. Zürich 1975.

G.A. Caduff, Antike Sintflutsagen (Hypomnemata 82), Göttingen 1986. – Diss. Zürich 1978.

B. Gallistl, Teiresias in den Bakchen des Euripides, Würzburg 1979. – Diss. Zürich 1979.

D. Flückiger-Guggenheim, Göttliche Gäste. Die Einkehr von Göttern und Heroen in der griechischen Mythologie (Europäische Hochschulschriften III 237), Bern 1984. – Diss. Zürich 1983.

M. Danieli, Zum Problem der Traditionsaneignung bei Aristoteles. Untersucht am Beispiel von ‚De Anima' I (Beiträge zur Klassischen Philologie 151), Königstein 1984. – Diss. Zürich 1984.

Ch. Riedweg, Mysterienterminologie bei Platon, Philon und Klemens von Alexandrien (Untersuchungen zur antiken Literatur und Geschichte 26), Berlin 1987. – Diss. Zürich 1984/5.

J. Büchli, Der Poimandres. Ein paganisiertes Evangelium. Sprachliche und begriffliche Untersuchungen zum 1. Traktat des Corpus Hermeticum (Wissenschaftliche Untersuchungen zum Neuen Testament II 27), Tübingen 1987. – Diss. Zürich 1985/6.

A. Kurmann, Gregor von Nazianz, Oratio 4 gegen Julian. Ein Kommentar (Schweizerische Beiträge zur Altertumswissenschaft 19), Basel 1988. – Diss. Zürich 1986/7.

E. Krummen, Pyrsos Hymnon: Festliche Gegenwart und mythisch-rituelle Tradition als Voraussetzung einer Pindarinterpretation (Isthmie 4, Pythie 5, Olympie 1 und 3) (Untersuchungen zur antiken Literatur und Geschichte 35), Berlin 1990. – Diss. Zürich 1987/8.

L. Gemelli Marciano, Le metamorfosi della tradizione. Mutamenti di significato e neologismi nel PERI PHYSEOS di Empedocle („le Rane", Studi 5), Bari 1990. – Diss. Zürich 1988.

M. Luginbühl, Menschenschöpfungsmythen. Ein Vergleich zwischen Griechenland und dem Alten Orient (Europäische Hochschulschriften XV 58), Bern 1992. – Diss. Zürich 1989/90.

K. Metzler, Der griechische Begriff des Verzeihens. Untersucht am Wortstamm συγγνώμη von den ersten Belegen bis zum vierten Jahrhundert n.Chr. (Wissenschaftliche Untersuchungen zum Neuen Testament II 44), Tübingen 1991. – Diss. Zürich 1989/90.

A. Avagianou, Sacred Marriage in the Rituals of Greek Religion (Europäische Hochschulschriften XV 54), Bern 1991. – Diss. Zürich 1990/1.

A. Humbel, Ailios Aristeides, Klage über Eleusis (Oratio 22). Lesetext, Übersetzung und Kommentar (Wiener Studien Beiheft 19: Arbeiten zur antike Religionsgeschichte 3), Wien 1994. – Diss. Zürich 1991.

R.E. Harder, Die Frauenrollen bei Euripides. Untersuchungen zu „Alkestis", „Medeia", „Hekabe", „Erechtheus", „Elektra", „Troades" und „Iphigeneia in Aulis" (Drama Beiheft 1), Stuttgart 1993. – Diss. Zürich 1991/2.

D. Margreth, Skythische Schamanen? Die Nachrichten über Enarees-Anarieis bei Herodot und Hippokrates, Schaffhausen 1993. – Diss. Zürich 1993.

V. Masciadri, Die antike Verwechslungskomödie. „Menaechmi", „Amphitruo" und ihre Verwandtschaft (Drama Beiheft 4), Stuttgart 1996. – Diss. Zürich 1993/4.

L. Orelli, La pienezza del vuoto. Meccanismi del divenire fra embriologia e cosmogonia nell'ambito dell'atomismo antico („le Rane", Studi 19), Bari 1996. – Diss. Zürich 1993/4.

Ch. Schefer, Platon und Apollon. Vom Logos zurück zum Mythos, St. Augustin 1996. – Diss. Zürich 1993/4.

A. Broger, Das Epitheton bei Sappho und Alkaios. Eine sprachwissenschaftliche Untersuchung (Innsbrucker Beiträge zur Sprachwissenschaft 88), Innsbruck 1996. – Diss. Zürich 1994.

M.A. Seiler, POIESIS POIESEOS. Alexandrinische Dichtung KATA LEPTON in strukturaler und humanethologischer Deutung (Beiträge zur Altertumskunde 102), Stuttgart 1997. – Diss. Zürich 1995/6.

K. Waldner, Geburt und Hochzeit des Kriegers. Geschlechterdifferenz und Initiation in Mythos und Ritual der griechischen Polis (Religionsgeschichtliche Versuche und Vorarbeiten 46), Berlin 2000. – Diss. Zürich 1997.

F. Hoessly, Katharsis: Reinigung als Heilverfahren. Studien zum Ritual der archaischen und klassischen Zeit sowie zum Corpus Hippocraticum (Hypomnemata 135), Göttingen 2001. – Diss. Zürich 1997.

Ch. Utzinger, Periphrades Aner: Untersuchungen zum ersten Stasimon der Sophokleischen „Antigone" und zu den antiken Kulturentstehungstheorien (Hypomnemata 146), Göttingen 2003. – Diss. Zürich 1998/9.

S. Bettinetti, La statua di culto nella pratica rituale greca („le Rane", Studi 30), Bari 2001. – Diss. Zürich 1999.

Th.M. Kappeler, Hiketeumata: Humanethologische Untersuchungen zu griechischen Flehritualen oder Telephos, Themistokles und das missbrauchte Kindchenschema. – Diss. Zürich 2001 (Internetpublikation: https://www.zora.uzh.ch/id/eprint/163828/ [abgerufen am 27.8.2024]).

F. Egli, Euripides im Kontext zeitgenössischer intellektueller Strömungen. Analyse der Funktion philosophischer Themen in den Tragödien und Fragmenten (Beiträge zur Altertumskunde 189), München 2003. – Diss. Zürich 2001/2.

F. Geisser, Götter, Geister und Dämonen: Unheilsmächte bei Aischylos – zwischen Aberglauben und Theatralik (Beiträge zur Altertumskunde 179), München 2002. – Diss. Zürich 2002.

Für ein Verzeichnis aller Lehrveranstaltungen Walter Burkerts an der Universität Zürich von 1969–1996 siehe https://t.uzh.ch/1og (abgerufen am 1.7.2024).

Verzeichnis der in seiner Privatbibliothek befindlichen Bücher unter https://t.uzh.ch/1Id (abgerufen am 1.7.2024).

Indizes

a) Ausgewählte Stellen

Aesopica
  T 51, p. 221 Perry   450
Ailianos
  NA
    11,2   613
Aischylos
  Ag.
    83f.   1040
    104–58   279, 281
    137   1040
    146   752
    151   1040
    215   1040
    224   1040
    261ff.   1040
    322   285
    587ff.   1040
    1056f.   1040
    1072–330   296
    1090–330   294
    1118   1040
    1209   295
    1256   294
    1297ff.   1041
    1309f.   1040
    1415ff.   1041
    1433   1041
    1504   1041
    1562   660
  Ch.
    205ff.   3–4
  Eu.
    104f.   291

Kabeiroi
  TrGF III fr. 95–97   220
Prom.
  484–99   272, 274
  879   209
Psychagogoi
  TrGF III fr. 273, 273a   297
Theoroi
  TrGF III fr. 78a,7   406
Alexandros Polyhistor bei Diog. Laert.
  8,32   428
Alkman
  fr. 5,2 col. II Page   424
Anakreon
  fr. 346 Page   20
Anaxagoras
  59 B 3 D.-K.   499
Anaximander
  12 A 27 D.-K.   527
Antiphon
  87 B 1 D.-K.   436
  87 B 10 D.-K.   436
Apollonios von Rhodos
  1,916–21   216
Apuleius
  Apol.
    42   285
  Met.
    13   745
Archelaos
  60 A 1 D.-K.   485
  60 A 4 D.-K.   485

Archilochos
  fr. 174–81 West   473, 601
  fr. 196a West   18–25, 101, 830
  fr. 201 West   24
Archippos
  fr. 2, p. 10   21
Archytas
  47 A 19 D.-K.   498
  47 A 23a D.-K.   520
Aristeides
  Or.
    47–51   291
    53,5   221
Aristophanes
  Av.
    556–60   16
  Equ.
    109–44   319
  Nu.
    133ff.   250
    984f.   124
  Pax
    1039–51   281
  Pl.
    696–741   291
  Ran.
    24–32   660
    111–58   740
  Thesm.
    473–89   597
  Vesp.
    68–9   16
    122   237
    1182   597
Aristoteles
  De cael.
    II 2, 285a3   279
  Fragmente
    fr. 10 Rose   289
    fr. 15   376
  Oec.
    1344a8   118
  Poet.
    4, 1448b28–1449a2   23
  Pol.
    VIII 7, 1341b32–1342a18   223

  [Probl.]
    30,1, 954a36   293, 295
Aristoxenos
  fr. 18/19 Wehrli   145
Arnobius
  Adv. nat.
    5,19   241
    5,21   243
Arrian
  An.
    7,16f.   276
Artemidor
  2,69   272, 274
AT
  Es.
    3,8f.   354
  Ex.
    12,12f.   1041
  Gen.
    8,20   1036
    15,11   278
    22   1037
    41   290
    44,5   285
  Jd.
    9,45   344
  Lev.
    16   1041
    17,3   1034
  I. Macc.
    1,41–51   355
    2,1–28   355
  II. Reg.
    23,10   350
  I. Sam.
    9f.   292
Augustinus
  Civ.
    4,23   337
Ps.-Augustinus
  Quaest. vet. et nov. test.   234

Berossos
  FGrHist 680 F 15–22   276

Cassius Dio
  52,36,1–2 345
  77,16 619
Cato
  Orig.
    fr. I 23 Jordan = fr. 24 HRR2 I
      p. 63 337
Censorinus
  6,6 525
Chrysipp
  fr. 1018 = SVF II, p. 304,33f. 274
  fr. 1189 = SVF II, p. 342,12–4 274
  fr. 1209 = SVF II, p. 346,26f. 282
Cicero
  Div.
    1,1 270f., 274
    1,2 271, 274
    1,9 271, 274
    1,39–57 289
    1,118 282
    1,120 281
    2,32–41 282
    2,32 282
    2,35f. 282
    2,112 320
  Leg.
    2,21 236
  Vatin.
    14 282
Clemens Alexandrinus s. Klemens von
  Alexandrien

Damaskios
  V. Is.
    191 286
Demokrit
  68 A 49 D.-K. 702
  68 B 9 D.-K. 695
  68 B 144 D.-K. 482
  68 B 165 D.-K. 695
  68 B 276–7 D.-K. 482
  68 B 278 D.-K. 482
Demosthenes
  18,258–60 206
  19,128 206
  19,199 206
  19,249 206

Diodor
  4,6,4 208
  19,55,7 276
  34,1 355
Diogenes Laertios
  2,116 21
  8,47 3
Dionysios von Halikarnass
  Ant.
    1,33 493

Empedokles
  31 A 33 D.-K. 519
  31 B 3,8 D.-K. 521
  31 B 6 D.-K. 518–519, 703
  31 B 9,5 D.-K. 521
  31 B 17,1–5 D.-K. 525
  31 B 26,7 D.-K. 527
  31 B 30 D.-K. 526
  31 B 35,15 D.-K. 523
  31 B 46 D.-K. 525
  31 B 62,4 D.-K. 440
  31 B 78 D.-K. 537
  31 B 90 D.-K. 521
  31 B 111 D.-K. 518
  31 B 115 D.-K. 625
  31 B 121,3 D.-K. 537
  31 B 133–4 D.-K. 536
  31 B 137,2 D.-K. 537
  31 B 158 D.-K. 537
Ephoros
  FGrHist 70 F 134 310
  FGrHist 70 F 149 263
Epiktet
  Ench.
    7 1015
Eudem
  fr. 37a Wehrli 440
Eudoxos
  fr. 338 Lasserre 237
Eumelos
  Europia
    fr. 11 Bernabé 222
Euripides
  Andr.
    1090ff. 448
    1111ff. 451

Ba.
   120–34   222
   345–51   345
   347–50   281
   757   449
   1345   377
Cret.
   TGrF V fr. 472 (= Porph.
     Abst. 4,19)   240
Cyc.
   171   21
El.
   774ff.   1039
   825   282
Hel.
   1555ff.   1039
   1594   1039
Heracl.
   914   6
Hipp.
   742–51   20
Med.
   1053ff.   1040
Ph.
   840   281
Eusebios
   Praep. ev.
     1,10,12   733
Eustathios von Thessalonike
   In Hom. Il.
     12,101   80

Festus
   396 L.   267
Firmicus Maternus
   Err.
     5   233
     10   243
     19,1   654
     22,1   654
   Math.
     2,30,5   918

Georgios Monachos
   Chronicon
     p. 237,20–239,15 de Boor   272, 274

Goldblättchen
   Hipponion   168, 182–186, 205–206, 212, 655, 686–687, 737, 1015, 1098, 1131
   Pelinna   186, 206, 212, 655, 686, 737, 739
   Pherai   212, 738, 1100
   Thurioi   206, 212, 538–539, 655
Gregor von Nazianz
   Or.
     4,55–56   253

Herakleides Pontikos
   fr. 130–1 Wehrli   301
Heraklit   294
   22 B 1 D.-K.   695
   22 B 14 D.-K.   210
   22 B 80 D.-K.   695
   22 B 92 D.-K.   296, 301
   22 B 123 D.-K.   244
Herodot
   Prooem.   134
   1,34   290
   1,107f.   290
   1,182   315
   2,51   216
   2,55f.   303
   2,81   402
   4,79   210
   4,94–6   241
   5,90,2   319
   6,83   327
   7,6   319
   7,16, bes. β 2   289
   8,134f.   303
   8,134   312
   8,135   294
   9,33–6   299
   9,91   271
   9,94,3   298
Hesiod
   Fragmente
     fr. 177   216
     fr. 240   303
     fr. 275   662
     fr. 278   301

Op.
    106–201   326
    219   375
Theog.
    805–6   178
Hieronymus
    Epist.
        107   233
Hippokrates
    Nat. puer.   71
Hippolytos
    Haer.
        5,8,9–10   216
        5,8,35   23
        5,8,39–40   200
        5,8,43   21
        5,8,44   23
Homer
    Il.
        1,5   370
        1,63   289
        2,1ff.   290
        2,300–30   329
        16,233–5   303–304
        17,32 = 20,198   375
        19,351ff.   371
        24,292–321   279
        24,292   271
    Od.
        2,146–56   279
        2,157–76   279
        2,181   278
        8,266ff.   369
        8,287   16
        11,14   310
        11,121–34   619
        13,18ff.   393
        14,327–30   303
        16,428f.   83
        17,384   321
        18,136f.   379f.
        19,560–5   289
        20,96–121   271
        20,350ff.   294
Homerische Hymnen
    h. Ap.
        383   6
        387   6

h. Cer.
    367–9   563
    373   558
    424   558
    478   558

Iamblich
    Myst.
        3,2   289
    VP
        29f.   118
        29   670
        30 = Arist. fr. 192   428
        50   444
        65   445
        84   118
        163   443
        176   444
        225   444
        261   444
Ibykos
    fr. 286 Page   20
Idomeneus
    FGrHist 338 F 2   206
Inschriften
    IG
        IV 1² 121–7   290
    SEG
        26,1215   5–7
Isokrates
    2,6   245
    4,28   200
    4,156   343
    10,3   437
    11   390, 637

Julian
    Or.
        8 [5]   223, 225
Justin der Märtyrer
    Apol.
        1,66   232

Kallimachos
    fr. 397 Pfeiffer   23
    h. Cer.
        128–9   236

Klemens von Alexandrien
   Protr.
      15,2–3   223
      16,2   243
      21,1–22,2   200, 223
Kritias
      88 B 11/2 D.-K.   436

Livius
      1,18   246
      1,55,2f.   337
      5,21–3   342
      7,2   734
      8,6,11   1035
      10,8,2   320
      10,38   249
      39,8–19   207, 348
Lollianos
      p. 92–3 Henrichs   249
Lukan
      5,92f.   332
Lukian
   Dem.
      37   332
   Ver. hist.
      1,29   661
      1,30–2,1   661

Macrobius
   Sat.
      3,9,1–2   341–342
      3,9,7f.   342
      3,9,10f.   344
      3,9,10   896
      3,9,13   344
Margites
      fr. 5 West   24
      fr. 7 West   24
Menander von Ephesos
      FGrHist 783 F 1   733

Naevius
      fr. 12 Strzelecki   311
      fr. 13 Morel   316
Nigidius Figulus
      fr. 98, p. 123f. Swoboda   248

NT
   I. Cor.
      16,23   925
   Ioh.
      1,29   1041
      11,50   886
   Luc.
      22,15   886, 1041
   Marc.
      5,1–15   295
   Matt.
      7,13   22
   I. Petr.
      5,8   1035

Oinomaos von Gadara
      Γοήτων φωρά   332
Origenes
   Cels.
      4,88–96   281
      6,21   232, 237
Orpheus, Orphiker
      fr. 47 Kern   538
      s. auch *Goldblättchen*
Ovid
   Met.
      9,666–797   661
      10,221–37   732

Parmenides
      28 B 7,1 D.-K.   698
      28 B 8,5f. D.-K.   439
      28 B 16 D.-K.   440, 697
Pausanias
      4,1,7   219
      8,15,1–4   732
      9,39   312
Pindar
      fr. 131a Maehler   210
   N.
      7,46f.   451
      9,24   6
Platon
   Def.
      414b   271, 274
   Epin.
      984b–985c   618

Euthd.
   277d 223
Grg.
   493a–c 538
   524a 21
Leg.
   677a–683a 481
   715e 490
   738b–c 327
   888d–890a2 435
   909d–910e 345
Phd.
   67c 429
   108a 21
Phdr.
   244a–c 271, 274
   244b 301
   244c 281
   278ef. 390
Phlb.
   16c 668
Plt.
   290e 248
Prm.
   127df. 437
   127ef. 440
   128a–b 441
Prt.
   322a2–5 484
   322b 484
Rep.
   378d 368
   589a 191
Soph.
   237a 698
Symp.
   188b 271, 274
   201d 331
   202ef. 330, 334
Thg.
   124d 301
Tht.
   175a 128
Ti.
   70e–72b 282
   71c 283
   71e 293, 295

Plinius
   Nat.
      28,18 341–342
      34,58 3
Plutarch
   Alex.
      50 1021
   Apophth. Lac.
      217c–d 216
      229d 216
      236d 216
   Art.
      3,1 248
   Cic.
      22,2–6 245
   De def. or.
      418a 734
   De Is. et Os.
      364e 227
      369e 232
      382c–d 227
   De Pyth. or.
      398d 282
   Flam.
      2 245
   Pomp.
      24,7 232
   Reg. et imp. apophth.
      174f 619
Porphyrios
   Abst.
      2,6 563
      2,10 124
      2,51 282
      3,5 p. 193, 1–6 Nauck 281
      3,5 p. 193, 6–9 Nauck 278
      28 124
   Antr.
      6 233
   VP
      20 428
Poseidonios
   fr. 106 Edelstein-Kidd 282
Ps.-Iustin
   Coh.
      37 310f.

Sappho
  fr. 2   19
  fr. 111,7   15
Seneca
  Nat.
    7,30,1   244
Servius auctus
  Aen.
    3,359   272
    3,443   295
    4,212   344
    4,374   266
    9,446   337
Sextus Empiricus
  M.
    7,94   455
    10,261   499
Sokrates Scholastikos
  Hist. eccl.
    3,2–3   234
Sophokles
  Ant.
    331–75   484
    998–1004   281
    1005–11   283–284
  OT
    21   315
    897–901   303
    898–910   329
    900   315
  Phil.
    727ff.   449
Statius
  Theb.
    1,719–20   232
Strabon
  14, S. 650   21
Synesios
  Insomn.   289

Tacitus
  Ann.
    3,60   357
  Hist.
    1,4   245
    2,3   281

Tertullian
  Adv. Marc.
    1,13   233
  Apol.
    9,2   351
  Coron.
    15   233
  Praescr.
    40   233
Theophrast
  fr. 194 Fortenbaugh   277
Theosophia Tubingensis
  1   320
Thukydides
  2,17,1–5   339
  2,47,4   322
Timaios Lokros
  210,1–212,24   460

Valerius Maximus
  1,3,2   277
  1,7   289
Varro
  Ant.
    I fr. IV Cardauns   286
    56a Cardauns   318
  LL
    5,58   216
Vergil
  Aen.
    3,443–52   311
    3,443   293
    6   297
    6,42–101   296
    6,78–80   294
    6,236ff.   309
    6,739–47   660

Xenokrates
  fr. 39 Heinze   455
  fr. 230 Isnardi Parente   678
Xenophon
  An.
    3,2,5   287
    3,2,12   1033
    5,6,29   282
    6,1,22–4   280
    6,4,13   282

Hell.
  3,3,4–11   325
  3,3,4   282
  4,7,7   283
Mem.
  1,1,3   272, 274, 280

Zenon
  29 A 25 D.-K.   439
  29 A 27 D.-K.   440
  29 B 1 D.-K.   439
  29 B 2 D.-K.   439
  29 B 3 D.-K.   438

b) Namen und Sachen

Abaris   84
Aberglaube s. Glaube/Aberglaube
Abraham und Isaak   862, 886, 1037–1038
Achilleus   255, 279, 303, 358, 373, 381, 425, 439, 447, 553, 598, 600, 609, 645, 721, 923, 927–928, 945, 1038
Ackerbau s. Getreide/-anbau
Adoleszenz s. Initiation (Pubertätsweihen)
Adonis   14, 799
Ägypten/Ägyptisch   79, 116, 133–134, 136, 179, 186, 205–206, 226, 248–250, 252, 276, 288–289, 316, 320, 348, 355, 390, 402, 421, 468, 481, 513, 533, 540–541, 581, 591, 597–598, 602, 611, 621, 627, 631, 642, 655, 671–672, 689, 709, 731, 733, 743–744, 749, 751, 797, 828, 830, 838, 848, 869, 872, 906–907, 922, 929, 951, 980, 1039, 1091–1092
  s. auch Ammon, Isis, Osiris, Sarapis/Serapis
Aeneas   297, 309, 553, 598, 921
Affen s. Primaten
Afrika   80, 350, 581, 583, 602, 656, 860, 862, 876, 886–887, 914, 994, 1007, 1011, 1035, 1038, 1054–1055, 1059, 1061
  s. auch Ägypten/Ägyptisch, Karthago
Agamemnon   99, 290, 294, 339, 375–376, 381, 555, 641–643, 765
  s. auch Aischylos
Agesilaos   151, 153, 339
Aggression   XX, 87, 543, 834, 878, 917, 932–933, 936, 967, 971–973, 977, 993, 995, 1001–1007, 1011–1012, 1026, 1053, 1064, 1069, 1078–1088
  s. auch Gewalt

Agone   41, 82, 84, 88, 254–255, 257, 264, 369, 545, 565, 570
  s. auch Olympia
Agora s. Athen
Agrai   19, 197
Aias der Lokrer   358, 536
Aias der Telamonier   38, 370, 642
Aischines (Redner)   206, 243, 655, 740
Aischylos   3–4, 17, 47, 91, 109, 135, 220, 272, 285, 289, 293–294, 297, 309, 328–329, 340, 344, 375, 377, 405, 409–410, 490, 555, 727, 752, 810, 934, 1038, 1190–1191
  Agamemnon   279, 1040–1041
  Orestie   109
  Perser   298, 944
  Sieben gegen Theben   933
Akademie   252, 402, 420, 427–429, 796, 847, 849, 909–911
Akkader/Akkadisch   XIX, 99, 511, 600–601, 631, 845–846, 924–926, 980, 997, 1026, 1034, 1047, 1078
Akropolis   124, 257–258, 339, 536, 540, 633–634, 651, 871
Albinos   162, 181
Alexander der Grosse   149, 171, 276, 282, 290, 294, 300–301, 304, 313, 316, 322, 326, 340, 357, 359, 362, 420, 619, 743–744, 768, 845, 848, 872, 944, 1021, 1091
Alexander von Abonuteichos   145, 300, 332, 547, 657, 667
Alexander von Aphrodisias   911
Alexandrien   71, 107, 198, 227, 399, 411, 460–461, 699, 713
  s. auch Iohannes von Alexandrien, Klemens von Alexandrien, Philon von

Alexandrien, Ptolemaios IV., Septuaginta
Alkibiades 302, 346
Alkman 410, 424–425
Allegorie 20, 23, 161, 163, 167, 185, 187, 209, 384, 519, 538, 540, 663, 672, 997
  s. auch ὑπόνοια
Alphabet 100, 776, 870–872, 901, 923–926, 928, 1065
Altar 5, 123, 125, 206, 212–213, 215, 222, 225, 230, 257, 260, 264–267, 280, 283, 339, 354, 358, 451, 545, 560, 840, 935, 994, 1006, 1030–1034, 1036, 1040–1041
Alter s. Gerontologie, Institutionen (politische: Rat der Alten)
Altertumswissenschaft 13–14, 32, 34, 42, 48, 101, 107, 168, 479, 567, 577, 595, 597–598, 618–619, 767, 809, 827, 845–846, 969, 972, 974, 987–998, 1003, 1045–1046, 1048, 1069
  s. auch Archäologie, Geschichte, Indogermanistik, Klassische Philologie, Philosophie/-geschichte, Religionsgeschichte/-wissenschaft, Rom/Römer (Römisches Recht), Theologie
Amazonen 80, 256, 369, 598
Amerika XIX, XX, 40, 45, 48, 83, 94, 98, 110, 121, 510, 543, 578, 581, 633, 651, 679, 729, 747, 749, 765, 772, 786, 851, 867, 875, 877, 923, 947, 957, 975, 978–979, 981, 985, 993, 996–997, 1004, 1011, 1013, 1017–1018, 1031, 1037, 1051, 1065, 1070–1071, 1082, 1087
Center for Hellenic Studies XVII, 115, 985, 992, 1103, 1109, 1123, 1130, 1156
Ammon 288, 316, 325
Ammonios Sakkas 40
Amphiaraos 285, 290, 294, 300, 317, 323
Anakreon 20
Anatolien 411, 473, 654, 684, 731, 774, 815, 870, 1045, 1092
  s. auch Kleinasien, Türkei/Türkisch, Vorderer Orient
Anaxagoras 159, 276, 299, 431, 441, 454, 465, 483, 485–486, 499, 694–696, 869, 871, 892

Anaximander 158, 424, 431, 485, 513, 527, 694–693, 696, 765, 787, 981, 945, 1019, 1077
Anaximenes 465, 696, 981
Andania s. Mysterien
Anfang s. Ursprung
Angleichung an das Göttliche s. Götter/Gott/Göttliches
Angst 209, 245, 252, 272, 312, 631, 808, 859, 885–888, 896, 932, 935, 967, 994, 997, 1002, 1007, 1024, 1064, 1075
  s. auch Furcht
Anthesterien 123, 255, 529, 651
Anthropogonie 167, 185, 219, 276, 540, 598, 739, 887, 994, 1009, 1031, 1045, 1190–1191
Anthropologie 41–42, 77, 83–85, 87–89, 120, 136–137, 159, 191, 254–255, 270, 367, 375–377, 427, 445, 479–486, 509, 540, 628, 694, 761, 764, 768, 812, 819, 833–834, 837–838, 840, 843, 859, 867, 875, 877–878, 882, 891, 907, 944, 969–975, 978, 982–983, 988, 991, 993, 995, 999–1012, 1018, 1024, 1035, 1045, 1047–1048, 1052–1053, 1055, 1057, 1060, 1062, 1070, 1075, 1078, 1081–1082, 1088
  s. auch Apotheose, Emotionen, Funktionialismus, Gehirn/-forschung, Götter/Gott/Göttliches (Göttlicher Mensch), Humanismus, Humanität, Initiation (Pubertätsweihen), Kreta (Knabeninitiationen), Leib-Seele, Primaten, Seele, Sparta (Knabeninitiationen)
Anthropomorphismus 137, 157–158, 510
Antigonos von Karystos 107
Antiochos von Askalon 40, 462
Antiphon 289, 330, 434–436
Antisemitismus/Antijudaismus 354–355, 600
  s. auch Makkabäeraufstand
Antisthenes 154–155, 387, 389, 419, 466, 637
Apaturien 254, 529
Aphrodite 14, 18–24, 177, 258, 290, 507, 534–536, 613, 621, 831
  Aphrodite-Hymnus 553, 559, 561

s. auch Venus
Apollon 239, 251, 254, 271–272, 278, 287, 293–294, 299, 304–306, 310, 313, 315–316, 318, 322, 325, 340, 356, 413–414, 428, 447–448, 490, 495, 613, 618, 752, 802–803, 1019, 1191
  Apollon-Hymnus 6, 495
  s. auch Delphi, Didyma, Klaros, φοιβόληπτος
Apollonios von Tyana 119, 145, 175, 312, 400, 465–466, 547, 667, 670
Apotheose 186, 447–448, 482, 491, 612, 783, 908
  s. auch Götter/Gott/Göttliches (Angleichung an das Göttliche; Göttlicher Mensch), Kaiserkult
Apuleius 227, 290, 353, 547, 597–598, 671, 745
Arabien/Arabisch 3, 279, 398, 453, 520, 597, 601, 667, 676, 701–703, 713, 826, 910–911, 914, 918, 925, 939, 1037–1038
  s. auch Islam, Semiten/Semitisch
Aramäer/Aramäisch 326, 602, 618, 711, 845, 914, 924–926
Archäologie XVIII, 7, 27, 32, 48, 93, 100, 121, 196, 201, 216–217, 219–220, 250–251, 303, 308, 311–312, 314, 343–344, 451, 489, 493, 507, 533–534, 539, 545, 560, 573, 583, 587, 607, 611–614, 627–628, 630, 633–634, 639–643, 653, 675–676, 689, 705, 717, 731, 776, 789, 795, 828, 902, 904, 923, 948–950, 980, 983, 987, 996–997, 1016, 1019, 1045, 1047, 1069, 1073, 1083, 1088, 1091–1092
  s. auch Ikonographie, Malerei, Statue, Tempel/-bau
Archelaos 484–486
Archilochos 10, 18–24, 101, 410, 424, 473, 623, 830
Archimedes 401, 461, 501–502
Archytas XVIII, 147, 175, 401, 453–456, 459, 461, 498–499, 502, 520, 1139, 1190
Ares 15–16
  s. auch Mars
Argonauten/Argonautika 41, 82, 220, 300, 569, 598, 789

Argos 282, 294, 316, 326, 341, 490, 619, 935, 986
Aristarch von Samos 461, 525, 659
Aristeas von Prokonnesos 84, 409–415, 425
Aristeides 228, 289, 291, 649, 1190
Aristophanes 16, 18, 111, 124, 138, 223, 290–291, 299, 316–317, 345, 362, 407, 465, 474, 597, 651, 705, 737, 740, 759, 798, 806
  Frösche 16, 727, 737–741
  Ritter 474
  Wolken 250
Aristoteles 23, 34–36, 39, 91, 102, 109, 118, 122–123, 141, 160–161, 164, 189, 223, 275, 289, 376, 387, 418, 420, 427–430, 438–441, 444, 446, 454, 456, 458–459, 464–465, 479–480, 483, 487, 490, 501–502, 519–520, 523, 525–527, 551, 615, 668, 670, 680–697, 703, 727, 729, 763–764, 767–768, 809–811, 842, 847–848, 851–852, 855, 869, 874, 883, 909–911, 933, 938–940, 944, 975–976, 983, 1008, 1038, 1094, 1108, 1121, 1190
  Athenaiōn politeia 108–109
  Ethik 668
  Physik 668, 852
  Poetik 938–940
  Protreptikos 117
  s. auch Peripatos
Aristoteleskommentare 668, 852, 858
Aristoxenos 45, 444–446, 454, 465, 486–488, 764, 911
Arkadien 359, 493–496, 643, 675, 986
Arrian 5–7, 138, 847
Artemidor 272, 288–289, 435
Artemis 5, 7, 19, 88, 240, 254, 257–261, 279, 341, 356, 493–496, 534, 558, 569, 573, 612, 634, 652, 654, 888, 1040
  s. auch Brauron, Elaphebolia, Ephesos, Laphria
Artemis-Verlag 46, 189
Asklepios 290, 318, 325, 340, 345, 359, 642
Assyrien/Assyrisch 100, 135, 281, 286, 473, 573, 631, 684, 747, 845, 921–929, 944, 980, 1045
  s. auch Syrien/Syrisch

Astrologie 145, 147, 231, 272, 275–278, 331–332, 352, 461, 467–470, 491, 601, 656, 917
  s. auch Tierkreis/-zeichen
Astronomie 116, 160–161, 175, 275–277, 331, 461, 468–469, 524, 695, 748, 764, 786, 840–841, 869, 876, 892, 945
  s. auch Aristarch von Samos, Eudoxos, Himmel/-sbeobachtung, Kosmos/Kosmogonie/Kosmologie, Mond, Planeten, Ptolemaios Klaudios, Sonne/Sonnengott, Tierkreis/-zeichen
Asyl 336, 355–359
AT 278, 281, 292, 301, 343, 350, 473, 476, 541, 660, 662, 711, 761, 785, 861, 1033–1034, 1061
  Daniel 326, 354
  Genesis 164, 833
  1.–4. Makkabäerbuch 354
  4. Makkabäerbuch 419, 421
  Numeri 861
  s. auch Abraham und Isaak, Bibel, David, Mose, Noah, Septuaginta
Atheismus 159, 435, 810
Athen 92, 108–109, 120–121, 125, 127, 134–137, 151, 153, 155, 196, 216, 243, 252, 254, 257–258, 276, 280, 299, 317, 322–323, 325, 339, 341, 345, 356, 360, 388, 507, 560, 607, 629, 640–642, 648, 651, 669, 697, 719, 739–740, 799–800, 812, 830–831, 848, 868–872, 888, 902, 905, 945, 992, 1033–1034, 1044, 1190
  Agora 121
  Hermenverstümmelung 249, 346, 359
  s. auch Akropolis, Aristoteles (*Athenaiōn politeia*), Athena, Attika, Demokratie, Demosthenes, Eleusis, Ephebie, Epikur/Epikureismus, Lampon, Krieg/-sdienst (Peloponnesischer Krieg), Peisistratos/Peisistratiden, Perikles, Persien/Persisch (Perserkriege), Platon, Sokrates/Sokratiker, Solon, Stephanos von Athen, Stoa, Xenokrates von Athen, Xenophon
Athena 21, 124, 266, 278, 341, 355, 358, 534, 536, 558, 564, 571, 607, 634, 717, 723, 841, 1078
  s. auch Minerva

Athenaios 107, 567
Atlantis s. Platon
Atomismus s. Demokrit, Leukipp
Attika 119–125, 238, 300, 633–634
  s. auch Mysterien (Phlya in Attika)
Attiskult 22, 223
Attizismus 138, 156
Aufklärung 27, 328, 332, 551, 597, 799, 833, 857, 917, 982, 1048
Augusta Raurica s. Basel
Augustinus 40, 332, 337, 765
Augustus 150, 240, 309, 318, 326, 344, 348, 350, 357, 359, 848, 948–950, 959, 1030, 1032, 1056
Avesta/Avestisch 280
  s. auch Zarathustra
Avunkulat 81, 880

Babylon/Babylonier 15, 134, 150, 276, 292, 301, 412, 468–469, 473, 509, 684, 689, 733, 834, 860, 892, 929, 960, 1047
Bacchanalien 194, 206, 293, 312, 347, 449
  s. auch Mysterien (bakchische)
Baiae s. Cumae
Bakchos s. Mysterien (bakchische)
Bakchylides 108
Bakis 316–317, 319, 330, 474
Balzanpreis 875, 987–998, 1069, 1074, 1079, 1100, 1104
Barbaren 134, 136, 149, 410–411, 414, 417, 511, 722, 768, 886, 944, 1040, 1044
Basel 29–33, 35, 38, 41, 43–45, 75, 88, 106, 189, 767, 847, 937, 948, 953, 956, 1031, 1070
  Augusta Raurica 948, 950
Begeisterung s. Enthusiasmus/Verzückung
Belgien 30, 35, 109, 683
Berlin 36, 38, 76, 81, 106, 108–109, 112, 767, 786, 795, 823, 852, 855, 858, 891, 916, 937–940, 951, 957, 1051, 1100, 1103, 1109, 1113, 1117, 1120, 1123–1124, 1126–1127, 1129, 1138–1139, 1148
Bern 28–31, 33, 38, 43–44, 46, 76, 95, 189, 635, 847, 855, 909, 956

Bestattung s. Totenbestattung/-kult
Bestrafung s. Strafe, Strafgericht
Bettelumzüge 41, 474, 732
Bewegung/-slehre 161, 280–281, 283, 288, 316, 438–439, 441, 499, 501–502, 892
Bibel 320, 617, 841, 845, 882, 897, 1036–1037
s. auch AT, NT
Bibliotheca Bodmeriana s. Genf
Bibliotheca Helvetica Romana s. Schweiz
Bibliotheken 27–28, 73, 95, 98, 107, 116, 127, 411, 686, 848–849, 852, 856, 866, 893, 910, 914, 1014, 1065
s. auch Genf, Nag Hammadi
Bildende Kunst s. Ikonographie
Biologie 476, 700, 764, 859, 863, 874, 877, 880, 897, 911, 931–936, 965, 967, 969, 971, 973–974, 982–983, 994, 997–998, 1001, 1021–1024, 1027–1028, 1044, 1053, 1062, 1076, 1078
s. auch Ethologie, Genetik, Medizin, Soziobiologie
Bisexualität s. Eros/Erotik
Bion von Abdera 454
Blut/-vergiessen 223–224, 227, 231, 240–241, 249, 294, 297–298, 315, 354, 648, 678, 840, 861–862, 885–889, 935, 970, 993–995, 1000, 1004, 1006, 1030–1032, 1034, 1036–1037, 1039, 1041, 1062–1063, 1069, 1075
s. auch Opfer/-kult/-riten, φόνος, Tötung
Böotien 177–178, 300, 315, 317, 339, 344, 495
Böses/Gutes 159, 162, 766, 931, 971–973, 993, 1000, 1002–1003, 1032, 1088
s. auch Aggression
Bonn 35, 43–44, 98, 105, 785, 851, 937, 940
Brauron 257–261, 489, 601, 634, 734
Bronzezeit 91, 100, 125, 326, 591, 633, 642, 661, 728, 732, 831, 845, 921–922, 924, 928, 979, 996, 1030, 1045–1047, 1092
s. auch Mykene/Mykenisch

Buddha/Buddhismus 747, 829, 1004, 1058
Buphonia 1034
Byzanz/Byzantinisch XIX, 23, 35, 107, 400, 453, 455, 598, 698–699, 846, 865–866, 901, 916, 918
s. auch Justinian, Mittelalter, Psellos

Caesar 44, 247, 290, 318, 350, 357, 362, 725, 758–761, 915, 921, 948, 959
Cambridge 511, 797, 1071
   Cambridge Ritualists 511–512, 993, 1104, 1116, 1075
Center for Hellenic Studies s. Amerika
Chaldäer 276, 281, 352, 420, 469
   s. auch Orakel (chaldäische)
China 549, 581, 597, 747, 872, 1054, 1059
   s. auch Dschingis Khan
chorou-Vermerke s. Komödie
Christus/Christentum 14, 77–79, 93, 111, 115–116, 118, 122, 129, 162, 164, 167, 181, 187, 194, 231, 244, 251, 262, 271, 277, 282, 289, 305, 307, 318, 324, 326–327, 330, 332, 336, 352–353, 355, 417–422, 503, 567, 583, 621, 656, 660, 662, 670–671, 684, 713, 725, 749, 765, 768, 829, 845–847, 856, 862–863, 875, 885–886, 897, 907–908, 911, 916–918, 936, 951, 965, 969, 982, 985, 994, 1004, 1006, 1022, 1028–1030, 1033, 1037, 1041, 1051, 1057, 1061–1062, 1064, 1078, 1091
   Heilige 71, 599, 951
   Konfessionen/Reformation XIX, 27–28, 975, 954–955, 1079
   s. auch AT, Glaube/Aberglaube, Gnostizismus, Götter/Gott/Göttliches, Katholizismus, Klemens von Alexandrien, Laktanz, Nag Hammadi, NT, Origenes, Paulus, Protestantismus, Ps.-Dionysios Areopagita, Synesios, Tertullian
Chrysipp 282, 419, 461
Chur 948, 951
Cicero 156, 189, 247, 271–272, 282, 289, 313, 338, 362, 454, 462, 469, 475, 487,

519, 567, 729, 758–759, 761, 819, 848,
  907, 915–916, 938, 959–961
De divinatione 271
Clemens von Alexandrien s. Klemens von
  Alexandrien
Codex s. Textüberlieferung
Computer s. Digitalisierung
confarreatio s. Heirat/Hochzeit
Cordoba 5–7
Cumae 212, 294, 297, 301, 309–311,
  318, 326, 630

Dada 957
Daduchos s. Eleusis
Daidalos 406, 618
  Daidalos und Ikaros 837
daimones/Dämonen 160, 164, 191, 271,
  280, 282, 286, 288–289, 298, 330, 345,
  370–371, 427–432, 472, 490, 618, 625,
  660, 678, 741, 744, 838, 887, 1024,
  1030–1031, 1035, 1041, 1191
  s. auch δαίμων
Danae 472, 641–642
Dardanos 216, 921
Dark Ages s. Dunkle Jahrhunderte
Darwinismus s. Evolution/-ismus
Datenbanken s. Digitalisierung
David 617, 673, 841
Definition 272
Dekonstruktion 843, 1044, 1133
  s. auch Sozialkonstruktivismus
Delphi 134, 137, 227, 272, 276, 283,
  286, 294, 301, 303, 316–317, 323–325,
  328–332, 339, 356, 358, 512, 540, 665,
  721, 727–728, 734, 782, 988
  Pyrrhos/Pyrrha 447–451
  s. auch Mantik
Demeter 80, 123, 157, 196–204, 217,
  219, 222, 226, 239, 278, 325, 384, 490,
  493–496, 534–535, 538–539, 561–563,
  621, 647–649, 727, 732, 734, 750–751,
  905
  Demeter-Hymnus 197–199, 557–564,
    647–648
  s. auch Eleusis, Mysterien
    (Frauenmysterien der Demeter),
    Thesmophorien

Demetrios von Phaleron 73
Demokratie 151–152, 719, 796, 870, 872,
  882, 905, 943, 1028, 1065
  s. auch Athen, Institutionen (politische:
    Volksversammlung)
Demokrit 159, 330–331, 385, 479–486,
  599, 615, 635, 693–694, 696, 701–702,
  811, 892, 1027, 1191
Demosthenes 123, 281, 655
Dervenipapyrus 185, 490, 589, 672, 686,
  693, 738, 830, 981, 1015, 1019
Deutschland/Deutsch 9, 17, 24, 29–31, 38,
  40, 43–44, 46, 48–49, 75–78, 82, 95–96,
  101, 106, 108–109, 119–120, 127, 129,
  195, 386, 405, 445, 479, 487, 578, 596,
  605, 617, 623, 651, 662, 684, 691, 693,
  744, 747, 751, 758, 763, 767, 772, 775,
  780, 789, 816, 824, 868, 850, 852, 855,
  858, 866, 875, 878, 885, 901–902, 909,
  929, 932, 939, 941, 947, 949, 951–953,
  955–957, 977–978, 984–985, 993,
  1000, 1018, 1051–1052, 1058, 1071,
  1075, 1077, 1079, 1082, 1087
  s. auch Berlin, Bonn, Erlangen,
    Germanen/Germanisch, Göttingen,
    Heidelberg, Köln, München,
    Schwaben, Tübingen
Deutung s. Hermeneutik
devotio s. Rom/Römer
Dialekte s. Griechische Sprache
Dichtung 23, 46, 72, 81, 107, 109, 111,
  137, 163–164, 181, 281, 318, 328,
  405–407, 423–426, 490, 529, 561,
  575, 591, 641, 749–753, 758, 760, 768,
  781, 783, 786, 790, 809–809, 820, 831,
  833, 839, 868, 878, 882, 914, 923, 927,
  933–934, 938, 945, 1039, 1047–1048,
  1070, 1078, 1092, 1190–1191
  Getty Hexameter 1144
  s. auch Alkman, Anakreon,
    Bakchylides, Drama, Empedokles,
    Ennius, Epos, Homer, Horaz,
    Hymnen, Ibykos, Kallimachos,
    Komödie, Lukrez, Lyrik, Musen, Ovid,
    Parmenides, Pindar, Poseidippos von
    Pella, Sappho, Simonides, Solon,
    Statius, Timotheos, Tragödie, Vergil

Didyma 300, 304–306, 332
Digitalisierung XXI, 657, 683–688, 699, 715, 875, 879, 843, 909, 988, 998, 1001, 1003, 1008, 1022, 1043–1049, 1055
  Datenbanken 683, 715, 850, 875, 1046–1047
Dikaiarchos 45, 465–466, 480, 764, 772, 910–911
Diodor 150, 208, 354, 464, 466, 479–482
Diogenes Laertios 36, 38, 117, 119
Diogenes von Apollonia 40, 159, 441
Diokletian 282, 305, 336, 917, 951
Dionysien 92, 123
Dionysios von Halikarnass 138
Dionysos 15, 80, 108, 122, 154, 167, 178, 185–187, 197, 204–215, 222, 226, 240, 243, 245, 255, 293–294, 344, 346, 377, 448, 490, 529, 531, 540–541, 561, 577–580, 609, 612–613, 634, 654–655, 662, 671, 677, 723, 728, 740, 830, 903, 970
  s. auch Anthesterien, Bacchanalien, βάκχος/βάκχη, Dionysien, Mänaden, Mysterien (bakkische), Raserei, Satyr, Wahnsinn, Wein, Zerreissung/Zerstückelung
Dioskuren 157, 198, 241, 613, 618, 723, 868, 1026
Diotima 282, 299, 331
Dipolieia 124
Divination s. Mantik
Dodona 294, 303, 316, 324, 339
Dorier/Dorisch 147, 325, 587, 639, 641–642, 817
Doxographie 145, 154, 461, 518–519, 522, 615, 851
Drache 20, 607, 618, 734
  s. auch Schlange
Drama 19, 731–734, 748, 786, 799, 839
  s. auch Komödie, Masken, Tragödie
Dreifüsse 98, 414, 448, 514, 607, 925, 1078
Dschingis Khan 472
Dunkle Jahrhunderte 100, 529, 629, 774, 789, 923

Editiones Helveticae s. Schweiz
Ehe s. Heirat/Hochzeit
Eid 177–178, 229, 248–249, 254, 527, 564, 696, 711, 972, 1033
  s. auch Verschwörung
Eines/Einheit 145, 159, 162, 175, 439
Einsiedeln 27, 955
Ekstase 222–223, 272, 292, 295, 303, 326, 344, 356, 415, 425, 491, 970, 992
  s. auch ἔκστασις, Enthusiasmus/Verzückung, Raserei, θεοφορεῖσθαι, Wahnsinn
Elaphebolia 7, 651
Eleaten 437, 441–442, 498–499, 892
  s. auch Ontologie, Parmenides, Zenon von Elea
Eleusis 121, 125, 194, 196–206, 217, 223, 238–240, 252, 299, 325, 449, 485, 493–494, 557, 560–564, 633–634, 647–648, 655, 739, 750, 905, 1190
  Daduchos 197–198
  Ferkelopfer 123
  Hierophant 196–198, 200, 238, 240, 346, 649
  Kleine und Grosse Mysterien 22, 197–198, 562
  Mysterienprozess (415 vC) 346
  s. auch Agrai, Dadouchos, Demeter, Epoptie, Feuer (mystisches), Getreide/-anbau, Iakchos, κίστη, Mystagoge, Mysterien, Persephone, σύνθημα, Triptolemos
Emotionen 42, 85, 87, 362, 376, 628, 684, 940, 1024–1025, 1037, 1054–1055
  s. auch Aggression, Angst, Ekstase, Enthusiasmus/Verzückung, Furcht, Mitleid, Schauer (heiliger), Schuld/Unschuld, θυμός, Trauer, Zorn
Empedokles 21–23, 108, 159, 179–180, 384, 414, 429, 441, 486, 517–528, 533, 536–538, 540–541, 625, 693–694, 696–697, 703, 729, 788, 790, 1029, 1190
England/Englisch XIX, XX, 28, 40, 45, 47–48, 83, 94, 96, 98, 108–109, 115, 120, 510, 543, 578, 621, 625, 651–652, 662, 701, 729, 744, 772, 776, 786, 788, 823, 828–830, 855, 939, 951, 978–981, 985, 993, 1018–1019, 1052, 1071, 1077–1078, 1082
  s. auch Cambridge, Oxford, Schottland

Ennius 938
Enthusiasmus/Verzückung 292–295, 330, 332, 811, 878, 931–933, 1000, 1002, 1030
 s. auch Ekstase, ἔνθεος, κάτοχος, φοιβόληπτος, Raserei, Wahnsinn
Ephebie 254–255, 263–264
Ephesos 240, 278–279, 301, 356–357, 534, 573, 654, 656, 687
Ephoros 138, 141, 149, 261, 303, 309, 641
Epidauros 290, 489, 727
Epigraphik XIX, 5–7, 101–102, 121, 125, 135, 157, 196, 200, 206–207, 211–212, 218–222, 225, 229, 231, 234, 236, 238–241, 243, 245, 247, 250–251, 253, 257, 260, 263, 265, 278, 280, 290–291, 302, 304–306, 308, 312–313, 321, 324, 327, 343, 347–348, 358, 489, 494, 545, 567, 593, 611–614, 631, 634, 642, 649, 651, 653, 705, 715, 719, 723, 725, 727, 739, 743, 780, 782, 828, 902, 919, 924–925, 987, 1019, 1033, 1069
Epiktet 729, 847, 1015, 1126
Epikur/-eismus 36, 161, 163, 330, 332, 421, 479–482, 486, 551, 763, 848–850, 935, 960
Epilepsie s. Krankheit
Epiphanie 285, 372, 561, 935
Epoptie 197, 200, 217
Epos 41, 84, 137, 149, 157, 163, 207, 328, 331, 358, 367, 410, 414, 473, 514, 587, 659, 676, 721, 810, 834, 839, 906, 922, 926, 938, 960, 1047, 1190
 s. auch Hesiod, Homer, Kypria, Margites, Nonnos, Orpheus
Erde 122, 158, 180, 186, 223, 248, 252, 276, 425, 485, 519, 524, 540, 645, 695, 752, 788, 833–835, 837, 869, 892, 1047, 1049
Eretria s. Euboia
Erinnerung 134, 180, 186, 312, 540, 630, 639–643, 739, 898, 1025, 1027
Erinyen 178, 495, 561, 564, 1041, 1191
Erlangen XVII, XVIII, XIX, 43, 91, 95, 361–363, 758–759, 761, 773–775, 777, 780, 891, 913, 975–976, 979, 981, 984, 991–992, 996, 1052, 1093, 1103, 1108, 1115, 1120–1123, 1127, 1129–1131, 1137–1138

Erlösung/Errettung/Heilung 205, 223, 227, 231, 290, 293, 321–322, 655, 662, 677, 863, 887–888, 907, 1004, 1007, 1036, 1070
 s. auch Krankheit (Krankenheilung)
Eros/Erotik 13–26, 80–81, 154, 208, 244, 252, 261–262, 353, 495, 507, 511, 514, 522, 536, 543, 591, 648, 660, 799–808, 830, 838, 880, 957, 959–960, 1009, 1014, 1023
 Bisexualität 571, 662
 s. auch Feminismus und Frauen/-vertretung, Gewalt (Vergewaltigung), Homosexualität, Obszönität, παλλακή, Phallos
Erythrai 240, 301, 318
Erzählkunst s. Narratologie
Eschatologie 474, 563, 647, 655, 660–662, 1082
 s. auch Hades, Insel der Seligen, Unterwelt/-serzählung
Esoterik 42, 227, 252, 464, 905–908
Essen s. Fleischmahlzeit
Ethik 25, 80, 85, 147, 155, 389, 391–392, 418, 463, 480, 482, 484, 551, 565, 675, 764, 767–768, 771, 806–807, 811, 870, 885, 887, 940, 972, 1034, 1037, 1042, 1044
 s. auch Aristoteles
Ethnographie/-logie 41, 79–85, 88, 120, 134–135, 138, 194–195, 292, 409, 425, 581, 597, 675, 877, 994, 1004, 1012, 1052, 1064, 1069, 1082
 s. auch Avunkulat, Bettelumzüge, Volkskunde
Ethologie 489, 840, 877–879, 895, 931–936, 965, 971, 993–994, 1000, 1027, 1053, 1063, 1069–1070, 1077–1078, 1082, 1087, 1191
 s. auch Biologie
Etrusker/Etruskisch 14, 81, 205, 208, 281–282, 295, 300, 341, 343, 352, 583, 585, 607, 609, 645, 656, 725, 732, 868, 881, 1021, 1045
Etymologie 14, 97, 99, 124, 209, 271, 377, 400, 403, 412, 424, 431, 495, 558, 612, 643, 928, 948

Euboia
  Eretria 48, 629, 925
  Lefkandi 629, 642, 676
Eudoxos 469, 498–499, 891–892
Euhemeros 164, 480–481, 938
  s. auch Religion (Euhemerismus)
Euklid 497–499, 501, 669
Euripides 4, 16–17, 19, 21, 45, 102, 106, 108, 111, 240, 252, 279, 329, 567, 607, 750, 801, 803, 807, 824, 944, 1038–1039, 1190–1191
  Alkestis 1039
  Andromache 721
  Bakchen 205, 344, 377, 609, 1038, 1190
  Elektra 1039
  Helena 1039
  Herakles 108
  Kyklops 21
  Medea 532, 1040, 1138
  Orestes 407, 1110
  s. auch Iphigeneia
Europa XX, 45–48, 75–76, 83, 88, 110, 325, 596, 660, 744, 795, 815, 826, 840, 846, 849, 865, 867, 881–882, 887, 909, 913, 919, 943–945, 952–953, 956, 984, 987, 1028, 1031, 1037, 1062, 1064–1065
  s. auch Belgien, Deutschland/Deutsch, England/Englisch, Frankreich/Französisch, Malta, Russland/Russisch, Schottland, Schweiz, Spanien/Spanisch, Ukraine, Zypern
Evolution/-ismus 80, 86, 120, 481, 577, 579, 843, 859, 878–880, 887, 918, 994, 1001, 1007–1008, 1010, 1021–1023, 1028, 1035–1036, 1059, 1063, 1082

Fabel 88, 163, 473, 511, 596–597, 599–602, 659, 661
Fakten s. Realismus/Realität
Felix und Regula s. Zürich
Feminismus und Frauen/-vertretung XX, 34, 78, 101, 118, 129, 300, 313, 455, 600, 613, 648, 661–662, 676, 723, 739, 799–801, 804, 807, 860, 872, 875, 886, 943, 988, 1011, 1018, 1031–1032, 1034, 1191

Jungfräulichkeit 21, 23, 256–257, 259–260, 323, 414, 536, 665, 678
  s. auch Eros/Erotik, Mutterrecht
Feste 85, 115, 119–125, 128, 246, 254, 262, 265, 302, 304, 349, 369, 430, 451, 485, 490, 495, 535, 563, 565, 613, 633–634, 651–652, 659, 684, 706, 731, 860–861, 886, 935–936, 972, 1005, 1014, 1032–1033, 1035–1036, 1055, 1190
  s. auch Anthestherien, Apaturien, Bacchanalien, Dionysien, Dipolieia, Ephebolia, Initiation, Laphria, Metageitnia, Mysterien, Opfer/-kult/-riten, Thesmophorien
Feuer 158, 161, 175, 197–198, 231, 233, 240, 257, 294, 447–451, 480, 485, 512–513, 519, 661, 703, 842, 861, 1033, 1036
  mystisches 200
Fleischmahlzeit 85, 859–864, 886–888, 971, 994, 1006–1007, 1009, 1030, 1033, 1035–1036, 1038, 1041, 1054, 1061–1066, 1075, 1082
  s. auch Opfer/-kult/-riten
Fliegen 837–838
  s. auch Daidalos, Mantik (Vogelschau)
Flucht 209, 346, 837–838, 896, 933, 1035
Fondation Hardt s. Genf
Frankreich/Französisch 30–31, 75–76, 98, 109–110, 120, 491, 510, 518, 597, 651, 686, 715, 780, 855, 949, 955, 1014, 1018, 1057, 1071, 1082, 1089
  s. auch Paris
Frau s. Feminismus und Frauen/-vertretung
Freiburg/Fribourg 30–31, 34, 43, 76, 189, 1113
Freiheit 14, 136, 338, 373, 872, 882, 943–945, 974, 985
Freundschaft 151, 153, 156, 172, 463–464, 927–928, 1000
Frömmigkeit 152, 154, 159, 277, 332, 335–336, 359–360, 414, 446, 551, 807, 857, 862, 887, 933, 944, 1030, 1032, 1037, 1047
  s. auch Glaube/Aberglaube

Funktionalismus 88, 579, 967, 972–973, 988, 993–995, 1009
Furcht 206, 896, 933, 940, 1030, 1035, 1055, 1062, 1064
s. auch Angst, δείδω/δέος, φόβος

Gaia s. Erde
Galen 71, 279, 436, 567, 681–682, 699, 701–702, 713, 933
Garten 18–21
s. auch Hain
Gebet 271, 297, 377, 489–490, 609, 861, 1036
s. auch Hymnen
Geheimnis/Geheimhaltung 195–197, 217, 236, 250, 346–347, 431, 473, 563, 665, 905, 970, 1040
s. auch Mysterien
Gehirn/-forschung XIX, 882–883, 887, 895, 898, 1055–1056, 1062, 1065
Geist s. Seele
Geistesgeschichte 35, 38, 42, 109, 127, 369, 375–377, 415, 431, 443, 474, 476, 490, 501, 514, 597, 617–618, 654, 657, 663, 670, 705, 760, 763, 765, 768, 774, 796, 820, 830, 840, 848, 852, 857, 865, 870, 895–896, 916, 938, 991, 1019
s. auch Kultur/-wissenschaft/-entstehungslehre
Geisteswissenschaften XIX, XIX, 29, 32, 93, 129, 766, 768, 815, 827, 873–883, 893, 896, 981–899, 909, 961, 991, 998, 1006, 1043–1044, 1056, 1059–1060, 1065, 1070, 1081
Gemeinschaft XX, 120, 450, 464, 477, 629, 655, 859, 879, 944, 972–973, 977, 995, 997, 1000, 1002, 1004, 1008, 1026, 1030, 1032, 1058, 1070, 1075, 1082
s. auch Feste, Gesellschaft
Genetik 81, 874, 881–882, 887, 974, 983, 1001, 1008–1009, 1023, 1044, 1055, 1088
Genf 28, 30–34, 76, 797, 954
Bibliotheca Bodmeriana 28, 32, 72, 797, 829
Fondation Hardt 32

Geographie 125, 134–135, 138, 143, 410, 414, 597, 689, 695, 929, 945
Geometrie 116, 499, 840, 892
Georgien/Georgisch 601, 660, 903
Gerechtigkeit 158, 179, 375, 669, 1048
Germanen/Germanisch 256, 513, 597, 656, 948–951
Gerontologie 959–961
Geschichte XVII, 107, 109, 141, 149–150, 163, 543, 580, 639–643, 645, 673, 678, 719, 721, 735, 747–748, 764, 768, 772, 781, 845, 856, 868, 874, 877, 881, 891, 898, 943–945, 947, 979, 983, 986, 991, 1004, 1006, 1021, 1024, 1046–1048, 1053, 1059, 1071, 1073, 1078, 1088
Universalgeschichte 149–150, 758
s. auch Bronzezeit, Hellenismus, Kaiserzeit, Philosophie/-geschichte, Prähistorie, Religionsgeschichte/-wissenschaft, Spätantike
Geschichtsschreibung 77–78, 138, 141, 149, 152, 164, 323, 328–329, 361, 383, 386, 585, 719, 763, 768, 811, 839, 868, 872, 882, 1070
s. auch Diodor, Dionysios von Halikarnass, Ephoros, Geschichte, Hekataios von Milet, Herodot von Halikarnass, ἱστορία, Ktesias, Livius, Polybios, Tacitus, Theopomp, Thukydides
Gesellschaft XX, 473, 475–477, 480–481, 485, 495, 510, 512, 549, 577, 627–634, 648, 684, 691, 705, 806, 820, 828, 834, 859, 870, 878, 885, 898, 918, 967, 970, 975, 979, 986, 994, 1006, 1009, 1018, 1021, 1027, 1058, 1064
s. auch Gemeinschaft, Öffentlich-Privat, Soziologie
Gesetze/Gesetzgebung 258, 352–353, 435, 1033
heilige Gesetze 7, 239, 258, 291, 545
s. auch Lykurg, Mose, Rom/Römer (Römisches Recht), Solon
Getreide/-anbau 80, 120, 123–124, 196–199, 231, 311, 325, 475–476, 485, 495, 549, 561, 563, 631, 634, 648, 689, 834, 902, 1037, 1075

Getty Hexameter s. Dichtung
Gewalt   840, 863, 885, 970, 972, 974, 977, 993–995, 1004, 1006, 1011, 1014–1015, 1018, 1051, 1065, 1075–1076, 1087
  Vergewaltigung   207, 225, 347, 358, 495
  s. auch Aggression, Opfer/-kult/-riten
Gilgamesch   369, 510, 926–927, 960
  s. auch Keilschrift/-literatur
Glaube/Aberglaube   111, 159, 270, 328, 330–331, 335, 347, 367, 370, 372, 431, 541, 570, 684, 740, 765, 917, 994, 1064, 1073, 1191
  s. auch Frömmigkeit, Magie
Gnostizismus   22–23, 164, 175, 181, 199, 252, 828, 907, 1190
  s. auch Mani/Manichäismus
Götter/Gott/Göttliches   42, 71, 79, 84–85, 88, 111, 137, 145, 147, 152–153, 155, 157–168, 177–178, 180, 191, 193–362, 367–374, 386, 407, 414, 424, 430–431, 427, 485, 490, 511, 555, 558, 562, 569, 571, 591, 611–614, 631, 633, 648, 654, 660, 668, 676, 679, 691, 713, 731, 739, 764, 807, 833–834, 838, 840–842, 860–862, 864, 869, 885–889, 892, 907, 911, 922, 925–926, 934, 936, 938, 944, 960, 971, 986, 988, 994, 1027, 1030–1031, 1034–1039, 1041, 1047, 1054, 1056, 1058, 1062, 1064, 1073, 1075, 1078, 1190–1191
  Angleichung an das Göttliche   160–161
  Bestrafung von Göttern   359
  Göttername   158, 341, 493–496, 749, 972
  Göttlicher Mensch   158–159, 332
  s. auch Adonis, Anthropomorphismus, Aphrodite, Apollon, Apotheose, Ares, Artemis, Asklepios, Athena, Demeter, Dionysos, Dioskuren, Enthusiasmus/Verzückung, Erinyen, Hades, Hekate, Hephaistos, Hera, Hermes, Iakchos, Ishtar, Isis, Jahwe, Juno, Jupiter, Kronos, Magna Mater, Mithras, Musen, Neptun, Nymphen, Osiris, Pan, Persephone, Poseidon, Priapos, Religion, Rhea, Romulus, Sabazios, Salambo, Sarapis/Serapis, Telipinu, Theologie, Thetis, Titanen, Unsterblichkeit, Zeus, Zorn (Zorn des Göttlichen)
Göttingen   36, 38, 76, 106–107, 587, 719
Goldblättchen   168, 179, 186, 205–206, 533, 538–541, 631, 655, 687, 737–741, 751–752, 824, 830, 906, 1015
  s. auch Orphik
Gordischer Knoten   171–173
Gorgias   376, 436, 811
  s. auch Platon
Gorgo   178, 255
Grabkult/-vasen   123, 206–207, 611–612, 621, 630–631, 872, 1030, 1039
  s. auch Dervenipapyrus, Goldblättchen, Totenbestattung/-kult
Granatapfel   96, 558, 583, 621
Gregor von Nazianz   252, 527, 1190
Griechenland/Griechen *passim*   81, 84, 106, 110–111, 134, 149, 210, 245, 275, 340, 320, 489, 551, 593, 617, 639–643, 651, 689, 711, 722, 725, 729, 731, 747, 765, 768, 779, 791, 795, 819, 838–839, 843, 845, 855–858, 868, 886, 891, 901–904, 923, 925, 928, 939, 943–945, 970, 977, 981, 985, 1014, 1045, 1059, 1092, 1122
  s. auch Agrai, Argos, Arkadien, Athen, Attika, Böotien, Delphi, Dodona, Eleusis, Epidauros, Euboia, Griechische Literatur/Gräzistik, Griechische Sprache, Helikon, Kleinasien, Korinth, Kreta, Lakonien, Lebadeia, Lemnos, Lesbos, Mantineia, Messenien, Mykene/Mykenisch, Mysterien (Andania, Hekate von Aigina, Phlya in Attika), Orientalische Einflüsse auf griechische Kultur, Pheneos, Polis, Pylos, Samothrake, Sparta, Thasos, Thera, Theben (böotisches), Thesproter, Thessalien
Griechische Literatur/Gräzistik   10, 16, 18, 23, 36, 38, 46, 79, 81, 88, 91, 93, 95, 99, 101–102, 105, 107, 112, 122,

350, 361, 375–377, 379, 401, 514,
575–728, 734, 759, 761, 764, 767, 771,
775, 783, 820, 839, 840, 844, 901, 903,
913, 916, 922, 926, 937–938, 940, 975,
979, 988, 991, 996, 1021, 1047, 1051,
1053, 1061, 1064, 1073, 1075–1076,
1081–1083
Griechische Sprache   5, 9–11, 15–16, 28,
33, 72, 80, 92, 97, 99–100, 123, 171,
194, 222, 230, 270–272, 293, 347, 352,
354, 398, 414, 418, 453, 474, 484, 491,
497, 502, 505, 521, 527, 537, 539, 565,
567, 614, 618, 684, 689, 695, 701–702,
711, 715, 717, 729, 734, 741, 743, 752,
780–781, 806, 815, 819, 823–826,
828–829, 833, 838, 841, 843–844,
848–849, 855, 861, 865, 868–869, 872,
878, 881, 892, 896–897, 914–916,
925–926, 933–934, 948–949, 959, 979,
984, 991, 1018–1019, 1029, 1032–
1033, 1045, 1048, 1057–1058
   Dialekte   10, 147, 399–402, 456, 459,
640, 779–781, 816–817
   s. auch Dorier/Dorisch, Indogermanistik, Mykene/Mykenisch,
Nestorbecher, Index c (Griechische
Wörter)
Grosse Mutter s. Magna Mater
Grotte s. Höhle
Güte s. Böses/Gutes, Götter/Gott/Gött-
liches (Güte des Göttlichen)
Gymnasium   28–29, 41, 44, 91–92,
101–102, 759, 761–762, 767, 773, 779,
783–784, 816, 823–825, 894, 1053
   Basler Humanistisches
Gymnasium   81
   Schulpforta bei Naumburg   105, 107

Habsburg   952–953
Hades   196, 201, 217, 519, 538, 563, 647,
703, 740
Hain   22, 24, 219, 238, 315, 613, 933,
935–936
   s. auch Garten
Halikarnass   133
   s. auch Dionysios von Halikarnass,
Herodot

Halloween s. Bettelumzüge
Handel s. Ökonomie
Handschriften s. Textüberlieferung
Hebräisch   618, 711, 845, 861, 1032
   s. auch Judentum/Juden
Heidelberg   101, 785–786, 788, 980, 997,
953
Heil s. Erlösung/Errettung/Heilung,
Kontingenzbewältigung, Krankheit
(Krankenheilung)
Heilige Gesetze s. Gesetze/Gesetzgebung
Heiligtümer   19–20, 244, 287, 290,
303–304, 306, 322, 325, 335–338,
343–344, 348, 355, 476, 489, 493, 495,
534, 540, 633, 655, 727, 731, 860, 918,
935, 994, 1031
   s. auch Altar, Hain, Kultbild,
Profanation, Tempel/-bau
Heirat/Hochzeit   20, 23, 77, 254–255,
257–258, 261–262, 266, 321, 338, 549,
565, 613, 630, 799–808, 972, 1191
   confarreatio   266
   heilige Hochzeit   122–123, 472, 619,
709, 733–734, 1190
   s. auch Feminismus und Frauen/-ver-
tretung, Kinder
Hekataios von Milet   135, 149, 163
Hekate   360, 547, 613, 750–751
   s. auch Mysterien (H. von Aigina)
Held   367, 375, 405, 407, 591, 931–932,
945
   s. auch Heros/Heroenkult
Helios s. Sonne/Sonnengott
Hellenismus   40, 107, 111, 122, 145, 149,
156, 161, 181, 189, 191, 194, 206, 216,
223, 227, 240, 317–319, 324, 330, 397,
399–400, 417, 419, 453, 460, 468,
480–482, 486, 507, 551, 627, 630, 655,
684, 693, 717, 729, 831, 845, 847–850,
907, 982, 1054
Helmbusch s. Krieg/-sdienst
Hepatoskopie s. Mantik (Leberschau)
Hephaistos   283, 325, 368, 424
Hera   20, 164, 278, 490, 534, 612, 621,
717, 1040
   s. auch Juno
Herakleides Pontikos   413, 419, 465

Herakles 20, 128, 198, 255, 288, 367–369, 469, 514, 531, 545, 587, 609, 613, 639, 642–643, 645, 661, 717, 723, 733
Heraklit 158, 189, 205, 244, 377, 385, 406, 449, 465, 509, 527, 693–696, 788, 841–843, 945, 981
Herculaneum 107, 732, 772, 848–849, 910
Hermeneutik 13, 40, 79, 272, 278, 387, 394, 424, 489, 510–511, 515, 790, 795, 843, 873, 875, 883, 894–895, 897, 936, 965, 967, 991, 995, 1018, 1041, 1048, 1059–1060, 1070, 1082–1083
 s. auch Allegorie, Dekonstruktion, Funktionalismus, Positivismus, Postmoderne, Realismus/Realität, Sozialkonstruktivismus, Strukturalismus, Textkritik, Zeichen/-system/-theorie
Hermes 22, 97, 177, 217, 239, 285, 287, 312, 359, 547, 934
 s. auch Athen (Hermenverstümmelung)
Hermes Trismegistos 907
Herodot 80, 92, 98, 133–139, 141, 143, 149, 179–180, 197, 205, 216–217, 241, 276, 287, 289, 298–290, 303, 317, 328–329, 331, 375, 377, 385, 402, 411, 413, 684, 735, 773, 871, 903, 1191
Heros/Heroenkult 430–431, 448, 451, 490, 513, 611, 628–629, 721, 830, 928, 1039, 1081, 1083, 1190
 s. auch Euboia (Lefkandi), Held
Herrscherkult 157, 717, 727
 s. auch Kaiserkult
Hesiod XVIII, 85, 149, 163, 187, 189, 278, 303, 317, 326, 371, 410, 424–425, 430, 471, 473, 513, 532, 559–560, 589, 640, 765, 810, 833, 841, 926, 934, 981, 996, 1034
 Erga 111, 480
 Kataloge 216, 303, 410, 587, 1190
 Theogonie 149, 414
Hesperiden 20, 661, 989
Hethiter/Hethitisch 10, 88, 98–100, 341, 369, 490, 495, 513, 534, 587, 602, 619, 627–628, 654, 686, 689, 780–781, 787, 815–817, 841, 845, 918, 922–923, 926, 928, 980, 996, 1045–1047
 s. auch Keilschrift/-literatur, Telipinu

Hierarchie s. Rangordnung
Hieronymus 897, 1064
Hierophant s. Eleusis
hieros gamos s. Heirat/Hochzeit (heilige Hochzeit)
Hikesie 1191
Himmel/-sbeobachtung 84, 158, 161, 164, 180, 185–186, 221, 246, 252, 275–278, 425, 472, 485, 511, 539–540, 695, 787, 833, 837–838, 869, 892, 922, 926
 s. auch Astrologie, Astronomie, Kosmos/Kosmogonie/Kosmologie
Hippokrates/Hippokratische Schriften 71, 250, 279, 295, 400, 429, 483, 599, 635, 665, 696, 699–702, 713–714, 933, 1191
Hippolytos (Bischof) 21, 23, 199, 562, 625, 648
Hippolytos (Sohn des Theseus) 19
Hirnforschung s. Gehirn/-forschung
Hochzeit s. Heirat/Hochzeit
Höhle 201, 230–231, 239–240, 301, 309, 315, 411, 485, 534, 861, 1011
Holokaust 861, 863, 888, 970, 1032
 s. auch Opfer/-kult/-riten
Homer XVIII, 3, 9, 23, 28, 36, 38–39, 41, 44–45, 47–48, 82, 91–98, 100, 102, 107, 110, 137, 163, 187, 279, 281, 289, 309, 316, 377, 379, 384, 401, 405–406, 411, 425, 471, 475–476, 490, 495, 505, 507, 509–511, 514, 519, 524, 529, 539, 543, 553, 559–560, 581, 587, 605–606, 627, 629, 640–643, 660, 727, 752, 758, 765, 773–776, 780, 783, 787–788, 809, 816, 819–820, 826, 828, 830–831, 840–841, 843, 921–930, 934–935, 945, 986, 993, 997, 1014, 1019, 1031, 1036, 1044–1045, 1047, 1053, 1071, 1073, 1081
 Scholien 101, 107
 s. auch Epos, Ilias, Odyssee, Oral-Poetry-Theorie
Homerische Hymnen s. Apollon (Apollon-Hymnus), Demeter (Demeter-Hymnus)
Homosexualität 347, 957

Honig 231, 297
Horaz 46, 567, 757, 810, 938
Humanismus 28–29, 36, 39, 42, 46,
  48–49, 76, 386, 405, 417, 476–477,
  528, 761, 768, 790–791, 795, 812,
  823–824, 862, 883, 913, 927, 969, 987,
  999, 1045
Humanität 34, 89, 137–138, 156, 191,
  567, 761–764, 767, 795, 799, 812, 987,
  989, 995, 1000, 1005, 1018, 1034, 1064
Hydro-/Lekanomantie s. Mantik
Hymnen 102, 167, 240, 306, 490, 553,
  557, 727–728, 849
  s. auch Apollon, Demeter, Orphik
Hyperboreer 409, 414–415, 428

Iakchos 197–198, 431, 727
Iamblich XVIII, 115–116, 146, 175, 181,
  252, 289, 306, 332, 428, 457, 463–465,
  487, 667–670
  Vita Pythagorica 115–119, 443–446
Ibykos 20
Ikonographie 14, 16, 121–122, 178,
  196–198, 201–209, 212–215, 219–222,
  226, 229, 231, 234–236, 242–243, 253,
  257, 260, 280, 282, 284–286, 290,
  292–293, 296, 298, 302, 304, 321, 343,
  431, 507, 565, 569, 583, 591, 607, 618,
  630, 633, 685, 705–706, 734, 744, 748,
  798, 838, 868, 925, 945, 970, 977, 983,
  993, 1010, 1014, 1016, 1030, 1040,
  1053, 1069–1070, 1076, 1078, 1083
  *Lexicon Iconographicum Mythologiae
    Classicae* 1053, 1124
  s. auch Kultbild, Malerei, Myron,
  Pheidias, Polyklet, Pythagoras von
  Rhegion, Statue, Xenokrates von Athen
Ilias 37, 39, 93, 96, 107, 110, 275, 303,
  322, 329, 367–374, 381, 406, 410, 553,
  559, 605, 619, 774, 789, 810, 831, 841,
  921, 927–930, 1045, 1047, 1071
  s. auch Achilleus, Agamemnon, Aias
  der Lokrer, Aias der Telamonier,
  Homer, Menelaos, Paris Alexandros,
  Patroklos, Priamos, Sarpedon, Troja
Indien/Altindisch 10, 79, 143, 179, 412,
  421, 513, 581, 627, 661, 676, 747, 780,

815–816, 829, 876, 886, 936, 1031,
  1058–1059
Indogermanistik 9–11, 21, 33, 35, 53, 84,
  92, 97, 99, 275, 448, 490, 583, 598,
  645, 684, 689, 773, 779–782, 815–818,
  821, 825, 845–846, 881, 922–923, 936,
  948, 1029
  s. auch Klassische Philologie, Sprache/
  Sprachentwicklung/-wissenschaft
Initiation 186, 193–267, 306, 336, 358,
  424, 447, 472–473, 533, 536, 539, 560,
  645, 647, 661, 677, 740, 905, 908, 970,
  977, 992–995, 1014, 1017, 1052, 1078,
  1191
  Pubertätsweihen 254–255
  s. auch Brauron, Königskult/-weihe,
  Kreta (Knabeninitiationen), Mysterien,
  Priester/-innen (Priester-Initiation),
  Rom/Römer (*inauguratio*), Sparta
  (Knabeninitiationen), τελεῖν,
  τελεστής, τελετή
Inschriften s. Epigraphik
Institutionen, politische
  Rat der Alten 944
  Volksversammlung 276
Interpretation s. Hermeneutik
Iohannes von Alexandrien 71
Ionia/Ionier 123, 134, 137, 179, 425, 587,
  640–642, 925
  Ionische Prosa 135
  Ionischer Aufstand 135–136, 871
Iphigeneia 279, 323, 677, 1038, 1040–
  1041
Iran/-isch s. Meder/Medisch, Persien/
  Persisch
Isaak s. Abraham und Isaak
Ischia 627, 630, 776, 789, 831
Ishtar 19, 561, 573
Isis 226, 248, 290, 347–349, 612, 654,
  727, 732, 734, 743–745, 934, 981
Isis-Mysterien 194, 227–228
Islam XX, 22, 581, 597, 703, 829,
  845–846, 862, 872, 876, 886, 945,
  965–966, 994, 1022, 1028–1029, 1031,
  1037–1038, 1058, 1063–1064
Isokrates 152–153, 387–392, 419–420,
  435, 484, 637

Israel 289, 335, 711, 747, 845, 861, 886–887, 944, 1031–1032, 1034
  s. auch AT, Hebräisch, Jahwe, Jerusalem, Judentum/Juden, Mose, Palästina
Italien/Italienisch/Italisch 9–10, 28, 30, 75–76, 106, 127, 208, 265–266, 361, 474, 588, 609, 627, 651, 732, 744, 758, 772, 780, 817, 914, 981, 985, 1071, 1095, 1099–1100, 1104, 1110–1112, 1117–1018, 1122–1124, 1130, 1141, 1143, 1147, 1149
  s. auch Balzanpreis, Etrurien/Etrusker/Etruskisch, Ischia, Rom/Römer, Sardinien, Sizilien, Unteritalien

Jagd/Jäger 41, 84–86, 154–155, 261–262, 475–476, 591, 631, 633, 645, 648, 860–861, 887–888, 934, 967, 970–973, 977, 994, 999, 1006–1007, 1009–1011, 1033–1036, 1054, 1069, 1075, 1077, 1081, 1088, 1091
  s. auch Paläolithikum
Jahwe 861, 886
  s. auch AT, Monotheismus, Mose
Japan/Japanisch 75, 887, 1029–1042, 1054, 1058, 1062
Jenseits s. Eschatologie, Insel der Seligen, Katabasis, Strafgericht (im Jenseits), Unterwelt/-serzählung
Jerusalem 71, 319, 343, 354, 861–862, 885–886, 1031–1032, 1037, 1040
Johannes von Alexandrien 713
Judentum/Juden 92, 162, 167, 187, 243, 318, 336, 354–355, 417, 419–421, 460, 468, 651, 655, 671, 684, 749, 761, 862, 886, 888, 907, 965–966, 982, 1006, 1022, 1028, 1031, 1037, 1041, 1062
  s. auch Antisemitismus/Antijudaismus, AT, Israel, Makkabäeraufstand, Semiten/Semitisch
Julian (Kaiser) 115, 251–252, 298, 318, 1190
Jungfräulichkeit s. Feminismus und Frauen/-vertretung
Juno 341, 725, 935
  s. auch Hera

Jupiter 318, 337, 654–655, 725, 868, 935
  s. auch Zeus
Just-so-stories s. Narratologie
Justinian 914–915, 918–919

Kabiren/Kabirion 216–222, 241
Kadmos 99, 216, 377, 613, 618
Kaiserkult 240, 611, 660, 723–724
  s. auch Herrscherkult, Königskult/-weihe, Monarchie
Kaiserzeit 102, 122, 150, 157, 181, 187, 194, 197–198, 203, 205, 207, 216, 243–244, 254, 264, 299, 305–306, 310, 347, 353, 502, 507, 573, 593, 612, 654, 684, 723–725, 731–734, 749, 798, 919, 1018, 1030
  s. auch Augustus, Diokletian, Julian (Kaiser), Rom/Römer, Spätantike, Tiberius
Kalchas 279, 300–302, 306, 322, 329, 925, 929
Kallimachos 6, 23, 411, 571, 727
Kalypso 20, 380
Kannibalismus 249, 485, 505, 675, 859–860, 935, 1012, 1029
Karer/Karisch 98, 133, 294
Karthago 340–343, 347, 350, 678, 707, 848, 868, 896, 928, 944
  s. auch Phönizier/Phönizisch
Kassandra 293, 299–300, 307, 328–329, 358, 376, 490, 536, 673, 1040–1041
Katabasis 251, 297–298, 306, 309, 311, 313, 538, 561–562, 783
  s. auch Unterwelt/-serzählung
Katholizismus 30, 913, 954–955, 975, 1051
  s. auch Christus/Christentum (Konfessionen/Reformation)
Keilschrift/-literatur 98, 275–276, 469, 709, 711, 733, 833, 845, 925, 928, 961, 924–925, 1057
  s. auch Akkader/Akkadisch, Gilgamesch, Hethiter/Hethitisch, Sumerer/Sumerisch
Kelsos 280, 625
Kelten/Keltisch 351, 627, 656, 868, 881, 886

Kilikien 100, 230, 281, 300, 315, 642, 921–930, 944
Kimmerier 309, 410, 412, 414
Kinder 80, 123, 254–255, 274, 288, 295, 313, 328–329, 350, 482, 613, 676, 678, 707, 733, 800, 935, 947, 959, 1029, 1040, 1063
  s. auch Kreta (Knabeninitiationen), Opfer/-kult/-riten (Menschenopfer), Sparta (Knabeninitiationen)
Klaros 251, 286, 294, 298, 300, 306, 320, 332, 687, 717
Klassik/Klassisch XXI, 14, 167, 386, 407, 790–791, 795, 819–820, 827, 839–841, 843, 867–872, 932, 969, 989, 1044, 1064, 1077
Klassische Philologie XVII, 3–129, 189, 361–363, 383, 386, 407, 449, 479, 501, 507, 509, 533, 538, 557, 580, 603, 607, 628, 633, 648, 652, 654, 660, 669, 671, 693, 697, 761, 763, 766–767, 771–772, 783, 785, 788, 790–791, 795–831, 703, 714, 728, 819–820, 824, 827, 839–844, 851, 874, 891, 896, 901, 910, 913–917, 921, 926, 929, 931–936, 938, 948, 959, 969, 972, 978, 983–985, 993, 995–996, 999, 1017–1018, 1021, 1038, 1045, 1051–1053, 1061–1066, 1069–1070, 1072–1073, 1075–1077, 1081, 1088–1089, 1091–1092
  s. auch Griechische Literatur/Gräzistik, Hermeneutik, Indogermanistik, Klassik/Klassisch, Kommentar, Lateinische Literatur/Latinistik, Textkritik, Textüberlieferung
Kleinasien XVIII, 91–92, 97–98, 100, 157, 171, 187, 205, 207, 223, 239, 243, 279, 281, 313, 341, 424, 507, 534, 573, 607, 630, 640–641, 717, 845, 848, 925, 928, 980, 996, 1045–1046
  s. auch Didyma, Ephesos, Erythrai, Kimmerier, Klaros, Lydien/Lydisch, Lykien/Lykisch, Milet, Pergamon, Phrygien/Phrygisch, Telmissos, Troja
Klemens von Alexandrien 199, 208, 223, 244, 318, 417, 488, 562, 648, 654, 685, 907, 1190

Protreptikos 124
Knoten s. Gordischer Knoten
Köln 101–102, 663, 721, 749, 829–830, 950, 1015
Könige s. Monarchie
Königskult/-weihe 248
  s. auch Kaiserkult
Körper 185, 252, 293, 936, 960
  s. auch Leib-Seele
Kolonialismus/Kolonisation 86, 325, 474, 505, 587, 902, 943
Kommentar 71–72, 116, 138, 279, 424, 456, 460, 480, 519, 667, 669, 713
  s. auch Aristoteleskommentare, Dervenipapyrus, Homer (Scholien), Lukian-Scholien
Komödie 23, 34, 47, 83, 122, 204, 362, 377, 407, 420, 607, 727, 734, 765, 767, 1191
  chorou-Vermerke 72
  s. auch Aristophanes, Drama, Menander
Konfessionen s. Christus/Christentum (Konfessionen/Reformation)
Konjektur s. Textkritik
Kontingenzbewältigung 321–322, 655, 752, 887
  s. auch Erlösung/Errettung/Heilung, Krankheit
Kore s. Persephone
Korinth 151, 227, 229, 343, 505, 811
  s. auch Periandros
Korybanten s. Kureten/Korybanten
Kosmos/Kosmogonie/Kosmologie 158, 160–161, 164, 167, 175, 231, 244, 252, 277, 331, 385, 424–425, 461, 482, 484–486, 519, 695, 787, 833, 840–841, 892, 1078, 1082, 1191
  s. auch Anthropogonie, Astronomie, Hesiod (Theogonie), Orphik (Theogonie), Theogonie
Krankheit 293, 321–322, 613, 700, 887, 959–960, 1024, 1036, 1047, 1063–1064
  Epilepsie 294–295
Krankenheilung 84, 237, 304, 322, 691

s. auch Erlösung/Errettung/Heilung
Kranz   19, 208, 231, 233, 239, 256, 298, 356
Kreta   10, 100, 186, 205, 223, 240, 250, 322, 538, 641, 662, 676, 691, 732, 737–738, 749, 831, 837–838, 865–866, 923, 980
Knabeninitiation   261–262
Krieg/-sdienst   XX, 16, 27, 44, 106, 110, 119, 129, 134, 136, 151, 153, 155–156, 231, 255–256, 262–263, 275–276, 280, 282–285, 299, 322–324, 340, 349, 355, 357, 370, 391, 400, 403, 474, 484, 502, 549, 585, 629, 645, 678, 689, 749, 765, 785, 805–806, 823, 861, 871, 886–889, 896, 903, 905–906, 923–924, 928, 933, 935, 938, 945, 949–950, 954–957, 970, 994–995, 1002, 1032, 1036, 1044, 1046–1048, 1063, 1191
  Helmbusch   932, 934–935
  legio linteata der Samniten   249
  Peloponnesischer Krieg   134, 151–152, 276, 301, 325, 872
  Vietnam   XX, 970, 973, 993, 1002
  Zweiter Weltkrieg   XX, 33, 37, 43, 48, 92, 109, 111, 362, 443, 759, 773, 785–786, 816, 866, 902, 977–978, 984–985, 987–988, 1000, 1002, 1051, 1065
  s. auch Amazonen, Persien/Persisch (Perserkriege), Troja
Kritias   159, 433, 436
Kroisos   134, 137–138, 290, 304, 315, 328–329, 375, 413
Kronos   185, 231, 288, 350, 510, 678
  s. auch Saturnus
Ktesias   138, 143, 150
Kult s. Kaiserkult, Königskult/-weihe, Opfer/-kult/-riten, Religion, Ritual
Kultbild   288, 290, 339–341, 358–359, 472, 476, 511, 573, 634, 677, 691, 717, 725, 869, 1191
  s. auch ἄγαλμα, Statue
Kultur/-wissenschaft/-entstehungslehre   385, 480–481, 483, 485–486, 510–511, 561, 567, 648, 656, 764, 783, 785–786, 819, 853, 859, 868, 874–875, 877–880, 898, 924, 970–971, 979, 988, 1001, 1008, 1011, 1013, 1018, 1026–1027, 1036, 1057, 1065, 1069–1070, 1075, 1091, 1191
  s. auch Geistesgeschichte, Geisteswissenschaften, Natur und/vs. Kultur
Kureten/Korybanten   221, 223, 239–242, 262, 293
Kybele s. Magna Mater
Kyklops   329, 381, 409, 505, 511, 861, 978, 1033, 1063
  s. auch Euripides
Kypria   358, 369, 447
  s. auch Zypern
Kyros II.   134, 151, 154, 304, 375

Lakonien   177, 642
  s. auch Sparta
Laktanz   318, 476, 810
Lampon   299, 324–325
Landwirtschaft s. Getreide/-anbau
Laphria   7
Lateinische Literatur/Latinistik   43, 46, 79, 91, 93, 101–102, 361–362, 471, 575, 758–760, 762, 783, 820–821, 829, 839, 848, 901, 913, 916, 934–935, 937, 941, 975, 979, 996, 1026, 1051, 1053, 1191
Lateinische Sprache   10, 28, 33, 46, 116, 122, 141, 171, 194, 227, 254, 270, 272, 293, 335, 347, 349, 362, 398, 453, 486, 614, 681, 701, 713, 729, 762, 766, 768, 780–781, 784, 816–817, 819, 823, 826, 834, 846, 848, 851, 869, 878, 881, 885, 892, 896–897, 904, 913–915, 933, 938–940, 948–949, 953, 1032
  Thesaurus Linguae Latinae   33, 44
  s. auch Indogermanistik, Rom/Römer
Lausanne   30–31, 34, 76
Lebadeia s. Trophonios
Leben   86, 181, 196, 211, 216, 276, 289, 429–430, 510, 514, 527–528, 535, 540, 561, 563, 570, 661, 677, 740, 830, 834, 859, 862–863, 887–889, 903, 961, 967, 971, 993, 999–1000, 1004–1005, 1007–1008, 1023, 1028, 1034–1037, 1042, 1064
  s. auch Tod

Leib-Seele 186, 211, 414, 812, 882, 903, 911, 932
  s. auch Seele
Leid s. Schmerz
Lemnos 220, 319
Lesbos 186, 424, 612
Leukipp 441, 483, 694–695, 701, 1191
Linear B s. Mykene/Mykenisch
Links s. Rechts/Links
Livius 79, 207, 246, 329, 341, 347, 734, 918, 935, 1035
locus amoenus s. Garten, Hain
Löwe 191, 222, 230–231, 306, 645, 868, 934, 1035, 1054
Logik 81, 331, 437, 525–526, 555, 772, 783, 833, 843, 850, 853, 857, 877, 891, 893, 1019
Luft 158, 164, 180, 198, 289, 519, 528, 703
Lugalbanda 860–861, 888, 1036–1037
Lukian 138, 300, 331–332, 471, 565, 657, 678
Lukian-Scholien 122–123, 127
Lukrez 32, 471, 475, 479–480, 524, 729, 848, 935, 939, 1027
Luwier/Luwisch 922, 924–925, 930, 944, 1046
Lydien/Lydisch 98, 136, 222, 276, 313, 329, 774, 871, 925–926
  s. auch Kroisos
Lykien/Lykisch 80–81, 98, 177, 315, 845, 929
Lykurg 155, 261, 263
Lyrik 30, 107–108, 543, 764, 830, 839, 945, 1190–1191
  s. auch Alkman, Archilochos, Sappho

Mänaden 206, 209, 211, 213, 215, 293, 295
Märchen/-forschung 41, 163, 209, 472, 595–603, 617–619, 657, 659–663, 766, 789, 1052
  Helfermärchen 41, 82
  s. auch Gordischer Knoten, Mythos, Narratologie
Magie 86, 116, 120, 124, 128, 145, 147, 175, 194, 252, 285, 290, 297, 317, 336, 345–346, 353–354, 371, 377, 420–421, 449–450, 476, 539, 547, 562, 585, 656, 662, 671, 703, 749–753, 917, 940, 1007, 1075, 1190
  Fruchtbarkeitsmagie 123
  s. auch Glaube/Aberglaube
Magna Mater 239–240, 262, 293, 485, 533, 612, 621, 647, 654, 734, 739, 925
  s. auch Mysterien
Makedonien 133, 150, 205, 216, 241, 258, 319, 360, 611, 719, 737, 944
  s. auch Alexander der Grosse, Aristoteles, Poseidippos von Pella
Makkabäeraufstand 354
  s. auch AT
Malerei 177
  Vasenmalerei 121–123, 125, 197, 204, 208, 341, 358, 449, 529, 581, 609, 621, 633, 902, 992
Malta 533, 541
Mani/Manichäismus 101, 181, 662–663, 829, 862–863, 888, 917, 1015
Mantik 137, 145, 154, 269, 336, 347, 351–354, 490, 645, 725, 916–917
  Hydro-/Lekanomantie 285–286
  Leberschau 272, 275, 281–286, 323, 490, 1039, 1045
  Traummantik 272, 289–290
  Vogelschau 272, 275, 278–281, 329, 331, 337, 837, 896
  s. auch Cicero (*De divinatione*), μαντική/μάντις, Orakel, Rechts/Links, Seher/-innen
Mantineia 152, 282
Marathon s. Persien/Persisch (Perserkriege)
Margites 23–25, 601
Mars 673
  s. auch Ares
Marxismus 78, 476–477, 1044, 1088
Masken 41, 83–84, 231, 474–475, 512, 569–570, 634, 732, 1038
Materie/Materialismus 161–162, 252, 565, 812, 853, 862, 1027
Mathematik 107, 145, 154, 175, 180, 277, 437, 454, 464, 466, 497–499, 501, 503, 524, 667–670, 695, 748, 764, 772, 840–841, 868, 874, 877, 891–893, 906, 945, 984, 988, 992, 1065

s. auch Archimedes, Euklid, Geometrie
Maximos von Tyros 122
Matriarchat s. Mutterrecht
Mechanik 501–504, 874
s. auch Technik
Medea 607–608
s. auch Euripides
Meder/Medisch 276
Medien XX, 49, 709, 867, 870, 895, 922, 969, 973, 994, 1001–1002, 1046
Medizin 4, 71, 107, 293, 463, 482, 600–601, 635, 665, 681–682, 695, 699, 713, 811–812, 940, 945, 960
s. auch Erlösung/Errettung/Heilung, Galen, Hippokrates/Hippokratische Schriften, Krankheit, Ktesias
Meer 100, 124, 133, 152, 197, 205, 216, 240, 257, 275–276, 358, 380, 410–412, 425, 505, 535, 540, 596, 619, 635, 645, 752, 830, 837, 868, 872, 902, 928–929, 944, 955, 1034, 1039
s. auch Wasser
Meinungsumfragen s. Soziologie
Menander 28, 47, 71–73, 111, 431, 475, 567, 600, 765, 767, 771, 829, 1039–1040
Samia 797–808
Menelaos 177, 288, 643, 1039
Mensch s. Anthropogonie, Anthropologie, Humanität
Menschenopfer s. Opfer/-kult/-riten (Menschenopfer)
Mesopotamien 275–276, 468, 509, 540–541, 621, 627, 672, 709, 732, 827, 833, 835, 838, 845, 861, 928, 980, 1034–1035, 1037, 1092
s. auch Akkader/Akkadisch, Assyrien/Assyrisch, Keilschrift/-literatur, Sumerer/Sumerisch
Messenien 238, 329, 640
Metageitnia 1100, 1105
Metaphysik s. Ontologie
Meter s. Magna Mater, Mysterien (Magna Mater)
Metrik 94, 521, 524, 557, 623, 698
Milet 100, 304, 540, 902

s. auch Anaximander, Anaximenes, Hekataios von Milet, Thales
Militär s. Krieg/-sdienst
Minerva 725
s. auch Athena
Minos/Minoisch 99, 178, 261, 529, 580, 641, 660, 676, 684, 691, 728, 732, 837, 1016, 1030
s. auch Kreta
Mithras 194, 230–236, 252, 611, 654, 684, 981
Mitleid 86, 834, 940, 991, 1047, 1054, 1056
s. auch ἔλεος, οἶκτος
Mittelalter XIX, 14, 27, 39, 116, 150, 175, 301, 325, 467–468, 471, 503, 581, 597, 619, 621, 703, 771, 820, 867, 876, 913–914, 953
s. auch Byzanz/Byzantinisch
Mittelmeer s. Meer
Monarchie 99, 276, 326, 421, 472, 475–476, 535, 540, 602, 631, 643, 721–722, 783, 787, 848, 867–868, 872, 888, 917, 923, 926–929, 943–944, 1030, 1041, 1046, 1065
s. auch βασιλεὺς βασιλέων, Kaiserkult, Kaiserzeit, Königskult/-weihe
Mond 331, 427, 430, 524
Mondfinsternis 276, 695, 869, 892
Monotheismus 167, 187, 307, 317–318, 489, 918, 1028
Moral s. Ethik
Mose 335, 354, 419, 421, 969, 1028
s. auch AT
München XVII, 32–33, 41, 44, 78, 81, 93, 98, 101, 189, 361, 611, 723, 780, 786, 790, 816, 866, 914, 951, 975, 984, 991, 1108, 1120, 1122, 1129
Münzen 206, 279, 300, 303, 315, 318, 413, 463, 507, 532, 567, 611–614, 715, 743, 871–872, 1065
Musaios 211, 316–317
Musen 5–7, 20, 414
Museum Helveticum s. Schweiz
Musik/-theorie 106, 116, 175, 185, 223, 239, 263, 306, 453, 460, 498, 565, 641, 783, 940, 976, 1038, 1041
Mutter s. Magna Mater

Mutterrecht 78–81, 88, 475, 589, 709, 880, 1011
Mykene/Mykenisch XVIII, 10, 93, 97–100, 121, 123, 125, 339, 472, 560, 562, 580, 587–589, 621, 629, 633, 640–643, 648, 651, 660, 687, 689, 691, 715, 774–776, 779–782, 789, 815–817, 825, 831, 979, 996, 1016, 1030, 1040, 1046, 1091
Myron 3
Mystagoge 197, 235, 239, 246, 251, 298, 431
Mysterien 22, 124, 164, 167, 179, 181, 186, 194–196, 254, 336, 344–345, 347, 376, 418, 430–431, 560–564, 647–649, 665, 691, 703, 739, 749–753, 812, 905–907, 934, 976, 981, 970, 982, 992, 997, 1014, 1051–1052, 1065, 1071, 1078, 1081, 1190
   Andania 238–239
   bakchische 167, 186, 194, 204–215, 223, 529, 655, 737, 739, 830, 903, 905–906, 970
   Frauenmysterien der Demeter 236
   Hekate von Aigina 237
   Magna Mater 194, 219, 222–226
   Mysterienmetaphorik 244–245, 1190
   Pheneos 239
   Phlya in Attika 238
   Priapos 244
   Samothrake 194, 216–219
   s. auch γάλλοι, Eleusis, Initiation, Isis, Mithras, μυστήριον und Verwandtes, Mystagoge, Priester/-innen (Priester-Initiation), Sabazios, Seligkeit/-preisung, σύμβολον
Mythos 19–21, 25, 78–80, 85, 98, 115, 120–121, 134, 149, 155, 159–166, 177, 179–181, 197, 205, 207, 216, 219, 221, 230, 255, 282, 288, 299–300, 315, 317, 323, 325, 341, 358, 367, 371, 386, 401, 412–413, 424, 431, 436, 447–450, 465, 471–475, 485–486, 490, 494–495, 509–515, 535, 543, 549, 551, 557, 560, 562, 565, 571, 575, 581, 583, 587, 598, 607–608, 613, 617, 633, 640, 642–643, 645, 648, 673, 684–685, 691, 703, 721–722, 731–732, 737, 740, 765, 768, 774, 787, 796, 809–812, 819, 830, 833, 837, 841, 860, 877, 888, 922, 925–926, 929, 967, 970, 972, 980, 986, 995, 1002, 1004–1005, 1013, 1015, 1019, 1026–1027, 1031–1032, 1036, 1047–1048, 1069, 1071, 1077–1078, 1082, 1091, 1190–1191
   Gründungsmythen 587–588, 639, 1037
   myth and ritual 120, 450, 511–513, 579, 598, 647, 684, 725, 732, 841, 970, 976–977, 992–993, 999–1012, 1017, 1026, 1063, 1069, 1092
   s. auch Ikonographie (*Lexicon Iconographicum Mythologiae Classicae*), Märchen/-forschung

Nacht 185, 197, 228, 239–240, 258, 344, 347, 524
Nacktheit 14, 252, 257, 358, 485
Naher Osten s. Vorderer Orient
Nag Hammadi 252, 662, 686, 829, 907, 957
Narratologie 134–137, 254, 369, 381, 513–514, 569, 595, 597–603, 617–619, 659–663, 811, 996, 999, 1014, 1023, 1025, 1048
   Just-so-stories 579, 1005
Nationalsozialismus XX, 78, 92, 111, 758–759, 786, 868, 875, 878, 957, 976, 985
   s. auch Antisemitismus/Antijudaismus, Krieg/-sdienst (Zweiter Weltkrieg)
Natur und/vs. Kultur 86–87, 502, 509–512, 875, 1022, 1044, 1076
   s. auch Kultur/-wissenschaft/-entstehungslehre, φύσις
Naturphilosophie XVIII, 141, 147, 158, 167, 175, 189–190, 244, 329, 384, 433–435, 453–454, 482–486, 490, 501–503, 524, 551, 615, 693–698, 703, 763, 768, 786–788, 830, 840–841, 847, 851–853, 868, 909, 976, 992, 1019, 1071, 1082, 1190–1191
   s. auch Kosmos/Kosmogonie/Kosmologie, Philosophie/-geschichte
Naturwissenschaften XIX, XXI, 467, 578, 635, 748, 757, 786, 843, 873–883,

891–899, 945, 970, 976, 983, 988, 991–992, 1001, 1008, 1019, 1022, 1052–1053, 1055, 1065, 1065
   s. auch Astronomie, Gehirn/-forschung, Genetik, Geographie, Geometrie, Mathematik, Naturphilosophie, Physik
Neanderthaler 80, 880, 1010–1011
Neapel 538, 627–628, 772, 831, 1014
Nekyia s. Odyssee
Neolithikum 80, 475, 495, 512–513, 533, 598, 633, 645, 881–882, 994
   s. auch Paläolithikum
Neptun 359, 645
   s. auch Poseidon
Nestor 99, 587, 609, 640, 642, 645
Nestorbecher 630, 776, 789, 831
Neuchâtel 30–31, 76
Neurowissenschaften s. Gehirn/-forschung
Neuplatonismus 39–40, 115, 146, 164, 167, 175, 187, 244, 317, 332, 464, 490, 625, 668–669, 693, 907, 1190
   s. auch Iamblich, Plotin, Porphyrios, Proklos, Simplikios, Synesios, Theurgie
Neupythagoreer 145–146, 175, 277, 397, 400
Nigidius Figulus 145, 248, 277
Nikomachos 119, 668
Noah 861, 1036–1037
   s. auch Sintflut
Nonnos 207, 449
NT 22, 208, 295, 417, 532, 660, 662, 856, 865–866, 872, 1033, 1062
   s. auch Bibel
Numa 246, 285, 288, 347, 398
Nymphen 110, 177, 285–286, 294, 317, 413, 493, 495, 534, 1039

Obszönität 15–16, 18, 21, 23–24, 197
Odyssee 36–37, 39, 41, 44–45, 82–83, 93, 95–96, 111, 287, 289, 303, 316, 329, 379–382, 393–395, 406, 410–411, 505, 559, 567, 569, 589, 605, 774, 776, 787, 789, 810, 861, 934, 978, 1019, 1033
   Nekyia 297, 309, 313, 547, 564
   s. auch Kyklops, Nestor, Odysseus, Penelope

Odysseus 20, 84, 216, 297, 303, 309, 313, 341, 379–382, 393–395, 505, 588, 661, 673, 861, 945, 978, 1063
Öffentlich-Privat 905
Ökonomie XXI, 134, 154–155, 263, 476, 549, 629, 631, 711, 842, 868, 870–871, 879, 885, 898, 902, 905, 928, 944, 954, 987, 1003, 1018, 1033, 1058, 1065, 1092
   s. auch Getreide/-anbau, Münzen
Ogygos 177–178
Oidipus 99, 326, 329, 331, 511, 555, 617, 642, 673, 765, 801, 803, 807, 810
   s. auch Sophokles (König Ödipus)
Olbia XIX, 133, 205, 210–211, 304, 902–903
   s. auch Orphik (Knochentäfelchen aus Olbia)
Olympia 82, 85, 151, 276, 315, 323, 490, 507, 569, 868, 925, 986, 1033
Ontologie 40, 145, 158, 161–162, 164, 167, 187, 425, 429, 434, 437–438, 479, 490, 668, 694–695, 764, 771, 788, 812, 842–843, 857, 906, 1023
   s. auch εἶναι
Opfer/-kult/-riten 6, 41, 83, 85, 124, 197, 227, 240, 249, 252, 257, 262, 266–267, 272, 276, 280, 290, 294, 297–299, 306, 312, 323, 330, 338–340, 348, 351, 354, 410, 448–449, 451, 490–491, 512, 537, 545, 549, 551, 562–563, 569–570, 598, 651, 677, 691, 721, 723, 725, 738, 743–745, 807, 840, 861–862, 885–889, 935, 965–974, 977–978, 993–998, 999–1012, 1014–1015, 1017, 1025–1027, 1051–1052, 1054, 1056, 1062–1063, 1065, 1069, 1075–1078, 1081–1082, 1087–1088, 1091
   Brandopfer 7, 283, 315
   Menschenopfer 282, 318, 323, 329, 336, 350–352, 609, 675–679, 707, 886, 936, 974, 1004, 1007, 1012, 1037–1039
   Schlachtopfer (mit Opfermahl) 85, 230, 655, 705–706, 1000, 1029–1041, 1061, 1075
   Stieropfer 223, 230–231, 860, 1030, 1073

Tieropfer 124, 675, 678, 705, 861,
  863, 886, 889, 966, 972, 1006,
  1029–1042, 1048, 1061–1062
  s. auch Fleischmahlzeit, Holokaust,
  Kinder, σφάγια, Sündenbock, Tötung
Opferteilung zwischen Menschen und
  Göttern 85, 1032, 1075
  s. auch Prometheus
Orakel 135, 137, 223, 251, 271, 276, 297,
  301–316, 325, 629, 651, 691, 735, 841,
  935, 988
  chaldäische 317, 332, 418, 537
  Orakelbücher 316–321
  Prophet/-in 14, 271, 294, 303,
    305–306, 315
  s. auch Ammon, Bakis, Cumae, Delphi,
  Didyma, Dodona, Klaros, Mantik,
  Musaios, Seher/-innen, Telmissos,
  Thesproter, Trophonios
Oral-Poetry-Theorie 37, 39, 41, 93–96,
  110, 368, 558–560, 589, 605–606, 640,
  774, 776, 789, 923, 1190
  s. auch Homer, Schrift/Schriftlichkeit–
  Mündlichkeit
Orestes 3, 255, 358, 641–643
  s. auch Aischylos (Orestie)
Orient s. Vorderer Orient
Orientalische Einflüsse auf griechische
  Kultur 186, 281, 425, 645, 731, 774,
  841, 921–930, 979–980, 989, 996–997,
  1048, 1057, 1071, 1076, 1078, 1082,
  1087, 1091
Orientalismus/Orientalische Kulte 509,
  653–657
Origenes 181, 280, 418, 420
Orpheus 22, 84, 163, 167, 179, 185–186,
  205–206, 211, 241, 288, 314, 317–318,
  398, 469, 490, 560, 589, 727,
  738–739, 906
Orphik XIX, 111, 167–169, 179–181,
  185–187, 223, 250, 384, 398, 485, 490,
  401, 532, 540–541, 589, 598, 655, 686,
  691, 737–739, 751, 830, 903, 907, 981,
  992, 1029, 1051, 1071, 1082, 1190
  Hymnen, orphische 187
  Knochentäfelchen aus Olbia 186,
    205, 211, 738, 830, 903
  Orpheotelesten 167

Rhapsodien 167
Theogonie 186, 830
  s. auch Goldblättchen, Orpheus
Osiris 206, 226–227, 654, 671, 744
Ovid 543, 575, 662, 725, 938, 1026
  Fasti 986
Oxford 31, 98, 109, 823–824, 903,
  939, 970, 981, 985, 993, 1071, 1113

Paläographie s. Textkritik, Textüberlieferung
Paläolithikum 41, 80, 85–86, 475–476,
  495, 840, 971, 977, 994, 999, 1010,
  1033, 1036, 1054, 1059, 1069, 1082,
  1088
  s. auch Neolithikum
Palästina XX, 354, 476, 870, 923, 929, 944
  s. auch Israel
Pan 359
Paphos 48, 281
Papyri/Papyrologie 28, 47, 72, 107–108,
  186, 228–229, 297, 405, 434, 558, 561,
  693, 709, 749, 771–772, 797, 828–830,
  848, 910, 922, 987
  s. auch Dervenipapyrus, Herculaneum
Paris 9, 48, 94, 369, 372, 406, 549,
  627–628, 645, 665, 691, 877, 939, 957,
  996, 1082
Paris Alexandros 177, 1019
Parmenides 22, 84, 158, 189, 406, 414,
  425, 431, 438–439, 465, 499, 589,
  694–696, 787–788, 842–843, 945
Patriarchat s. Mutterrecht
Patroklos 80, 373, 605, 630, 677, 923,
  927, 930
Paulus 660, 862, 915, 925, 928
Pausanias 219, 238, 294, 310, 312, 317,
  322–323, 329, 493, 495, 723, 732
Peisistratos/Peisistratiden 92, 201, 316,
  319, 325, 560, 605, 607, 766
Penelope 83, 380–381, 789
Pergamon 206, 221, 291, 340, 649, 717,
  734
Periandros 314, 328, 766
Perikles 134, 201, 356, 407
Peripatos 34, 147, 330, 402, 763–764,
  767–768, 809, 812, 847, 850,
  909–911

Persephone 22, 157, 177, 179, 185–186, 196–205, 217, 219, 290, 356, 493–496, 533–541, 557–564, 598, 647, 660, 750–751, 824
Perseus 255, 472, 837
Persien/Persisch 10, 136, 138, 143, 149–151, 154, 179, 230–231, 243, 248, 286, 298, 317, 339–340, 354, 385, 412, 468, 472, 449, 602, 607, 621, 627–628, 654, 684, 563, 700, 747, 815, 817, 829, 845, 868, 871, 886, 925, 929, 945, 950, 994, 1030–1031, 1077
  Perserkriege 133, 136, 201, 254, 299, 304, 315, 323, 343, 355, 359, 677, 735, 870–871, 888, 944, 1033
  s. auch Avesta/Avestisch, Kyros II., Meder/Medisch, Zarathustra
Personifikation 384, 685
Pferd 155, 178, 384, 495, 583, 599, 641, 676, 689, 837, 925, 933–934, 949, 953
Phallos 13, 122, 128, 178, 207–209, 216, 360
Pheneos s. Mysterien
Philolaos 147, 175, 401, 454, 458, 468, 976, 992
Philon von Alexandrien 162, 244, 419–420, 458, 462, 520, 703, 907, 1190
Philosophie/-geschichte XVII, 45–46, 53, 145–148, 157–169, 175, 179–187, 191, 329–334, 347, 376, 383, 387, 417–446, 449, 464, 467–468, 502, 509, 551, 625, 637, 654, 667, 678, 684, 693, 701, 703, 719, 729, 740, 748, 763–764, 768, 771–772, 783, 785, 787–788, 796, 812, 824, 833–834, 839, 841–844, 847–853, 855–858, 870, 872, 878, 881–882, 891–899, 906, 909–911, 938, 943, 945, 960, 971, 979, 981, 992, 1015, 1030, 1052, 1065, 1070–1071, 1077, 1081–1082, 1088, 1092, 1190–1191
  s. auch Ammonios Sakkas, Anaxagoras, Anaximander, Antiochos von Askalon, Antisthenes, Archelaos, Aristoteles, Aristoxenos, Arrian, Bion von Abdera, Demokrit, Dikaiarchos, Diogenes von Apollonia, Doxographie, Eleaten, Empedokles, Epiktet, Epikur/-eismus, Ethik, Eudoxos, Gnostizismus, Herakleides Pontikos, Heraklit, Kelsos, Klemens von Alexandrien, Leukipp, Logik, Mani/Manichäismus, Materie/Materialismus, Naturphilosophie, Neuplatonismus, Neupythagoreer, Nikomachos, Origenes, Ontologie, Parmenides, Platon, Platonismus, Poseidonios, Ps.-Pythagoreer, Pythagoras/Pythagoreismus, Seneca, Skepsis, Sokrates/Sokratiker, Sophisten, Stoa, Thales, Theagenes von Rhegion, Theologie, Theophrast, Theurgie, Xenokrates von Chalkedon, Xenophanes, Zenon von Elea
Phlya in Attika s. Mysterien
Phönizier/Phönizisch 281, 630, 656–657, 678–679, 731–733, 747, 831, 868, 923–926, 928, 944, 1092
  s. auch Karthago
Phrygien/Phrygisch 98, 222, 243, 278, 281, 313, 345, 654
  s. auch Sabazios
Physik 501–502, 695, 841, 868, 874, 894, 976, 984, 991, 1023, 1027
  s. auch Aristoteles
Pindar 38, 102, 111–112, 179–180, 276, 289–290, 303, 316, 410, 468, 529, 563, 623, 721, 727, 739, 1190
Planeten 161, 232, 276, 869, 892
Platon 36, 45, 93, 110–111, 128, 145–147, 153–154, 159–160, 164, 167, 179–181, 185–187, 189, 199, 205, 223, 244, 248, 251–252, 271, 282, 293, 299, 303, 330, 344, 353, 368, 371, 386–392, 407, 419–420, 428–431, 435, 437, 439–441, 454–455, 463–466, 479–482, 484, 489–491, 499, 502, 524, 551, 630, 637, 668–671, 694, 696, 698, 713, 729, 737, 740, 758, 764, 768, 771–772, 783, 810–812, 819, 833, 838, 840, 847, 848, 851–852, 857, 892, 903, 906–907, 909–911, 940, 959, 991, 1022, 1028, 1055, 1190–1191
  Atlantis 491, 671
  7. Brief 110, 739
  Gesetze 164, 324, 857, 892
  Gorgias 44, 164, 388–389, 435, 538

Phaidon 164, 429, 703, 737–741, 812, 857
Phaidros 110, 180, 388, 857, 907
Staat 164, 190–191, 390, 486, 637, 857, 976
Theaitetos 128, 497
Timaios 164, 180, 398, 437, 524, 892, 907
'Tübinger Platon' 771–772
Platonismus 115–116, 162, 175, 181, 635, 765, 769, 809, 849, 906–907
s. auch Akademie, Albinos, Cicero, Neuplatonismus, Philon von Alexandrien, Plutarch
Plinius 341, 547
Plotin 29, 34–35, 39–40, 47, 95, 116, 146, 162, 164, 181, 191, 251–523, 419, 539, 668–669, 670, 851, 907
Plutarch 108, 138, 164, 171, 181, 227, 230, 245, 248, 263, 282, 315, 330, 346, 362, 431, 448, 519, 524–525, 625, 671, 760, 728, 798
Polis 157, 254, 302, 324–325, 336, 340–341, 344, 349, 376, 392, 475, 485, 549, 629, 640, 648, 656, 673, 691, 738–740, 812, 828, 869–870, 943–945, 986, 1013, 1018, 1030, 1032, 1044, 1054, 1190–1191
political correctness XX, 875, 1142
Polybios 39, 149, 354, 481–482, 1026
Polyklet 3
Polykrates (Sophist) 154
Polyphem s. Kyklops
Polytheismus 121, 167, 187, 278, 317, 648, 651, 691, 725, 981–982, 1031
Pompeji 102, 207–209, 285, 507, 821–822, 970, 992, 1014
Porphyrios 40, 116–117, 124, 164, 181, 187, 231, 280, 282, 419, 466, 487, 520, 667–668, 670, 677, 685, 907
Poseidippos von Pella 299, 739
Poseidon 121, 371, 495, 641, 645, 652, 861, 933, 1033
s. auch Neptun
Poseidonios 40, 95, 164, 277, 282, 289, 327, 331, 351, 354, 454–455, 480, 849

Positivismus 40, 42, 78, 398, 849, 992, 1060, 1082
Postmoderne XXI, 789, 839, 843, 874, 1043–1044, 1070
s. auch Sozialkonstruktivismus
Prähistorie 80, 85, 489, 533, 675, 689, 824, 881–882, 969, 994, 1010–1012, 1022, 1035, 1064, 1077
Praxidikai 177–183
Priamos 279, 358, 921, 926, 1019
Priapos 660
s. auch Mysterien
Priester/-innen 167, 186, 194, 198, 205–206, 216, 219, 223, 238–240, 248, 252, 258, 264, 272, 282, 290, 294, 298, 302–303, 305, 312, 315–316, 322, 330, 341, 344, 346, 349, 351, 355, 534, 451, 495, 613, 648, 655–656, 723–725, 860, 905, 1026, 1031, 1034, 1039, 1073
Priesterinitiation 245–246
s. auch Diotima, Eleusis (Daduchos, Hierophant), Seher/-innen, Sibylle
Primaten 859–860, 878, 880, 887, 932, 994–995, 1001, 1006–1007, 1009, 1011, 1034–1035, 1054, 1056, 1061, 1063, 1069, 1078
s. auch Ethologie
Prinzip s. ἀρχή, Naturphilosophie
Profanation 335–360
devotio 343–346, 547, 896
evocatio 336, 340–344
exauguratio 336–337
Proklos 162, 165, 167, 181, 187, 317, 440, 454, 460, 491, 538, 668–669, 670, 907, 939
Prometheus 85, 91, 219, 549, 660, 765, 810, 888, 1032
Propheten s. AT, Orakel
Proportionen 3–4, 497–498
Protagoras 159, 334, 440, 480, 483, 485–486, 499
Protestantismus 76, 885, 954–955, 975, 992
s. auch Christus/Christentum (Konfessionen/Reformation)
Prozession 14, 122–123, 196, 198, 204,

206, 236, 239, 261, 276, 288, 304, 306, 359, 448, 633, 677, 731–732, 953
Ps.-Dionysios Areopagita 907
Psellos 35, 286, 667
Ps.-Pythagoreer 147, 397–403, 453–462
Psychoanalyse 120, 543, 940, 993, 1065, 1106
Psychologie XX, 25, 41, 86, 89, 120, 194, 450, 476, 489, 509, 514, 575, 597, 796, 906, 957, 967, 969, 972, 975, 979, 993–995, 999, 1005–1006, 1021, 1023, 1043, 1056, 1059–1060, 1062, 1065, 1070
Ptolemaios IV. 206
Ptolemaios Klaudios 277, 657
Pygmäen 581
Pylos 10, 98–100, 529, 640, 642–643, 676, 782, 815
Pyrrhos/Pyrrha s. Delphi
Pythagoras von Rhegion 3
Pythagoras/Pythagoreismus XVIII, 84, 115–119, 147, 162, 175, 179–181, 186, 240, 250, 397, 427–432, 438, 443–446, 453, 463–466, 487–488, 498, 507, 538, 540–541, 635, 667–670, 703, 738, 812, 840–841, 850, 891, 906–907, 965, 970, 976, 988, 992, 1014, 1029, 1052, 1071, 1077, 1081, 1088
s. auch Archytas, Neupythagoreer, Philolaos, Ps.-Pythagoreer

Quintilian 362, 762

Rache/Rächer 82, 84, 177, 1032, 1040–1041
Rangordnung 231, 994, 997, 1032, 1063
Raserei 293–294, 1029
s. auch Wahnsinn
Rassismus XX, 875, 943, 988, 1078
Rationalität/Rationalismus 137, 164, 167, 282, 371, 656, 695, 703, 760, 765, 795, 807, 811, 833, 840, 861, 870, 894, 898, 907, 982, 988, 992, 1019
s. auch λόγος, νόος/νοῦς
Rätoromanisch 10, 75, 948–949
Realismus/Realität 110, 891–899, 1028, 1044–1045, 1047, 1052, 1070, 1190

Rechtswissenschaft 485, 913–919
s. auch Avunkulat, Mutterrecht, Rom/Römer (Römisches Recht), Tribonianus
Rechts/Links 278–280
Reformation s. Christus/Christentum (Konfessionen/Reformation)
Regula s. Zürich (Felix und Regula)
Reinheit/Reinigung 19, 42, 85, 118, 179–180, 186, 198, 203–206, 211–213, 222–224, 227, 231, 237, 239–240, 246, 259, 267, 300, 360, 447, 625, 739–740, 812, 862, 886, 940, 976, 992, 1007, 1035, 1037, 1041, 1056, 1191
s. auch κάθαρσις, καθαρτής
Religion XVIII, 32, 42, 45, 79, 85, 111, 116, 137, 145, 149, 185, 193, 269–270, 347, 384, 386, 407, 427–432, 449, 467, 489–491, 507, 511, 513, 549, 551, 557, 583, 593, 609, 611–614, 633, 647, 656, 671, 678, 683–686, 691, 705, 707, 715, 725, 729, 735, 796, 807, 819, 824, 840, 931–936, 965–1066, 1069, 1071, 1073, 1075, 1076, 1077, 1078, 1079, 1081, 1091, 1092, 1190–1191
Entstehung/Erfindung 482, 860, 887, 1010, 1061, 1063, 1078, 1091
Euhemerismus 938
s. auch Altar, Anthropomorphismus, Apotheose, ἀποτροπή, Asyl, AT, Atheismus, Attikult, Buddha/Buddhismus, Christus/Christentum, *daimones*/Dämonen, Eid, Eleusis, Epiphanie, Erlösung/Errettung/Heilung, Frömmigkeit, Funktionalismus, Gebet, Glaube/Aberglaube, Götter/Gott/Göttliches, Heiligtum, ὅσιος, Islam, Judentum/Juden, Kabiren/Kabirion, Krankheit (Krankenheilung), Kultbild, Magie, Monotheismus, Mysterien, Mythos, NT, Nymphen, Opfer/-kult/-riten, Polytheismus, Profanation, Prozession, Religionsgeschichte/-wissenschaft, Ritual, Salambo, Seligkeit/-preisung Statue, Tempel/-bau, Theologie, θρησκεία, Theurgie, Votivgaben, Zarathustra, Zorn (Zorn des Göttlichen)

Religionsgeschichte/-wissenschaft XVIII, 42, 77, 84, 87, 115, 119–120, 195, 252, 370, 425, 448, 471–477, 489, 564, 569, 575, 577–578, 580, 633, 647, 651, 685, 728, 776, 845, 874, 880, 916, 975, 969, 971, 991–993, 1028, 1039, 1042, 1051–1054, 1058–1059, 1061–1066, 1069, 1073, 1075–1076, 1078, 1088
Renaissance 14, 28, 76, 156, 171, 301, 839, 865, 913, 938–939
Rhadamanthys 179, 739
Rhetorik 137, 163, 362, 387, 390–392, 420, 434, 463, 672, 762, 811, 872, 907, 914, 917, 944–945, 1070
  s. auch Aischines (Redner), Demosthenes, Isokrates, Quintilian, Sophisten
Ritual 41, 84–85, 115, 120, 124, 193–267, 269–360, 414, 431, 450, 474, 476, 485, 490, 494–495, 509, 511–513, 515, 535–536, 539, 541, 543, 545, 562, 565, 585, 598, 609, 612, 628, 630, 654–655, 672, 675, 684, 709–710, 723–726, 731–734, 740, 796, 812, 835, 840, 877–878, 936, 967, 970–972, 992, 994–995, 997–1000, 1004, 1006, 1010–1012, 1014, 1026–1027, 1031, 1033, 1035, 1039–1041, 1045, 1052, 1054–1055, 1057, 1063, 1071, 1073, 1075, 1078, 1082, 1091, 1190–1191
  rite de passage 209, 219, 227, 257, 267, 740
  s. auch Cambridge (Cambridge Ritualists), Mythos (*myth and ritual*), Opfer/-kult/-riten, Sündenbock, ‚Unschuldskomödie', Zerreissung/Zerstückelung
Rom/Römer 79, 100, 145, 149–150, 156, 206–207, 216, 223, 227, 230–231, 236, 248, 265–266, 272, 278, 288, 293, 301, 311, 318, 329, 337, 341, 343, 345, 347–349, 351–352, 324, 326, 355, 362, 403, 449, 468, 486, 538, 567, 583, 593, 609, 611–614, 628, 630, 645, 653–657, 656, 681, 717, 725, 729, 731, 734, 743, 747, 758, 760–761, 798, 819, 839, 845, 848–850, 867–868, 886, 914–915, 935, 938, 954, 975, 981–982, 985–986, 991, 1015–1016, 1021, 1026, 1030, 1032, 1035, 1044, 1051, 1056
  compitalia 349–350
  inauguratio 246, 337
  Republik 318
  Römisches Recht 76–78, 81, 913–919
  Vestalinnen 338
  s. auch Augustus, Bacchanalien, Byzanz/Byzantinisch, Caesar, Cicero, Diokletian, Julian, Justinian, Kaiserkult, Kaiserzeit, Lateinische Literatur/Latinistik, Lateinische Sprache, Livius, Lukrez, Nigidius Figulus, Numa, Ovid, Profanation (*devotio, exauguratio, evocatio*), Quintilian, Romulus, Seneca, Sibylle/-n, Statius, Sulla, Tacitus, Tanaquil, Tarquinius, Tertullian, Tiberius, Tribonianus, Varro, Vergil
Roman 127–128, 154, 227, 244, 249, 362, 619, 678, 768, 810–811, 970, 976, 992, 1014, 1052
Romantik 79, 167, 597, 1082
Romulus 79, 585, 609, 645, 935
Russland/Russisch XIX, 602, 780, 816, 851, 901–903, 984
  s. auch Schamanismus, Sibirien

Sabazios 206, 223, 243, 345, 654–655
Salambo 14
Salamis s. Persien/Persisch (Perserkriege)
Salz 343, 635
Samos 133–134, 175, 240, 249, 301, 507, 534, 925
  s. auch Aristarch, Pythagoras/Pythagoreismus
Samothrake 22, 194, 216, 540
  s. auch Kabiren/Kabirion, Mysterien
Sappho 10, 15, 19, 108, 425, 727, 781
Sarapis/Serapis 226–227, 322, 348, 532, 671, 744
Sardinien 350, 678, 1147
Sarpedon 80, 605, 930
Saturnus 231, 350, 474
  s. auch Kronos
Satyr 208, 734, 945
Schamanismus 42, 84, 88, 300, 385, 409, 411–415, 425, 429, 466, 569, 589, 645, 764, 840, 859–860, 863, 976, 988, 970, 992, 1052, 1191

s. auch Götter/Gott/Göttliches (Göttlicher Mensch)
Schauer, heiliger 878, 931–936, 972, 1000, 1002, 1004–1005, 1030, 1070, 1078
s. auch Enthusiasmus, Verzückung
Schicksal 137, 161, 172, 277, 279, 331–332, 427, 611, 799–780, 918, 1032
s. auch αἶσα, εἱμαρμένη, μοῖρα
Schimpansen s. Affen
Schlaf 19, 289, 293, 326, 761
s. auch Traum
Schlange 186, 198, 206, 230, 243, 252, 571, 613, 618, 654, 671
Schmerz 180, 186, 264, 375–377, 790, 863
Schottland 997, 1097, 1103–1104, 1078, 1112
Schrecken s. Angst, Furcht, Schauer (heiliger), φρίκη
Schrift/Schriftlichkeit–Mündlichkeit 94, 100, 368, 509–510, 597, 605, 617, 630, 642, 725, 750–751, 776, 789, 820, 828, 831, 871, 905, 923–925, 928, 930, 934, 945, 951, 1022
s. auch Alphabet, Oral-Poetry-Theorie
Schuld/Unschuld 42, 86, 124, 137, 180–181, 185–186, 859–864, 970, 994, 999, 1004–1005, 1015, 1024, 1034, 1041, 1048, 1054, 1070, 1075, 1077, 1081–1082
s. auch ‚Unschuldskomödie'
Schwaben 858, 947–952
Schweigen s. Geheimnis/Geheimhaltung
Schweiz 27–69, 75–90, 95, 796, 816–817, 866, 881, 947, 1011, 1058–1059, 1077
Bibliotheca Helvetica Romana 48
Editiones Helveticae 37, 44
Istituto Svizzero di Roma 48
Museum Helveticum 45–47, 189, 768–769
Schweizerische Beiträge zur Altertumswissenschaft 45
s. auch Basel, Bern, Chur, Einsiedeln, Freiburg/Fribourg, Genf, Lausanne, Neuchâtel, Rätoromanisch, St. Gallen, Tessin, Uster, Zürich

Seefahrt s. Meer
Seele 42, 78, 127, 145–146, 161, 163–165, 167, 180–181, 185–186, 191, 209, 251–252, 280, 282, 289, 293, 371, 373, 379, 386, 412, 418, 427, 429, 514, 569, 764, 830, 838, 853, 859, 863, 882, 886, 888, 898, 906–907, 911, 961, 1005, 1030–1031, 1065
s. auch Leib-Seele, νόος/νοῦς, ψυχαγωγία/ψυχαγωγός, ψυχή, Unsterblichkeit, Wiedergeburt
Seelenwanderung s. Wiedergeburt
Seher/-innen 271, 293–297, 322–330, 336, 356, 691, 735, 841, 917, 925, 929, 986
s. auch Alexandros von Abonuteichos, Amphiaraos, Apollon, Apollonios von Tyana, Kalchas, Kassandra, Lampon, Mantik, Orakel, Teiresias
Selbstorganisation 1008
Seligkeit/-preisung 21, 157, 196–197, 205–206, 212, 655, 905
Semiotik s. Zeichen/-system/-theorie
Semiten/Semitisch 14, 217, 654, 684, 845–846, 923–926, 1030
s. auch AT
Seneca 40, 244
  Thyestes 935
Septuaginta 162
Sexualität s. Eros/Erotik, Homosexualität
Sibirien 41–42, 83–85, 88, 971, 1011, 1033–1034
Sibylle/-n 282, 293–294, 299, 301, 303, 309, 317–318, 326
Sibyllinen 317–318, 327, 352, 398, 474
s. auch σιβυλλαίνειν/σιβυλλιᾶν
Simonides 155, 290, 424
Simplikios 459, 518–519, 523, 615, 625, 697–698, 852
Sintflut 448, 661, 834, 861, 1036–1037, 1047, 1190
s. auch Noah
Sizilien 290, 326, 350, 533–535, 703, 737, 749–753, 868–869, 992
  Monte Iato 48
s. auch Syrakus
Skepsis 331–332, 849–850
Sklaven 136, 321, 326, 356–357, 476,

549, 662, 676, 740, 799–780, 803, 869, 871–872, 943
Skythen 42, 84, 134, 410, 414, 569, 619, 684, 1031, 1191
Sokrates/Sokratiker 45, 151, 153–155, 159, 189, 250, 287, 330, 345, 389, 392, 440, 551, 796, 847, 850, 871, 988
s. auch Platon, Xenophon
Solon 138, 326, 405–406, 640
Sonne/Sonnengott 158, 228, 230–231, 319, 425, 454, 472, 524, 869, 892
Sonnenfinsternis 276, 524, 695, 876
Sophisten 137–138, 155, 159, 163, 299, 329, 377, 433–437, 442, 484, 809, 811
s. auch Antiphon, Gorgias, Kritias, Polykrates (Sophist), Protagoras, Rhetorik
Sophokles 108, 134, 197, 272, 279, 283, 303, 315, 329, 340, 370, 376, 407, 810, 871, 959–960, 1038
  Antigone 283, 630, 834, 1191
  König Oedipus 807, 870, 934
Sowjetunion s. Russland
Sozialkonstruktivismus 88, 875–876, 883, 1014, 1076
s. auch Postmoderne
Soziobiologie 81, 512, 514, 877, 879–880, 969, 973, 982, 1001, 1009–1010, 1022, 1025–1028, 1070, 1082
s. auch Biologie, Ethologie
Soziologie XX, 48, 77, 81, 120, 194, 231, 476, 481, 489, 579, 628, 651, 655, 719, 725–726, 796, 827, 877–878, 943, 969, 993, 997, 1001, 1046, 1053
  Meinungsumfragen 973, 1002, 1005, 1024
s. auch Avunkulat, Funktionalismus, Gesellschaft
Spätantike 39, 117, 167, 219, 223, 237, 307, 329–330, 332, 376, 445, 449, 455, 460, 507, 612, 653, 667–670, 698, 729, 810–811, 830, 838, 847, 850, 852, 858, 903, 909, 911, 916–917, 951, 997, 1016, 1018
s. auch Byzanz/Byzantinisch, Justinian
Spanien/Spanisch 351, 583, 609, 881, 897, 950, 955, 1071

s. auch Cordoba
Sparagmos s. Zerreissung/Zerstückelung
Sparta 128, 134–137, 151, 153–155, 262, 276, 282, 290, 297, 299, 316, 322, 325, 341, 355, 642–643, 723–724, 732, 944
  Knabeninitiation 263–264
s. auch Agesilaos, Lakonien, Lykurg, Krieg (Peloponnesischer Krieg), Messenien
Sprache/Sprachentwicklung/-wissenschaft XVIII, 33, 97, 480–481, 484–485, 510, 513–515, 522, 672, 711, 815–818, 824–825, 875, 831, 837, 877, 879, 881, 896–867, 897, 923, 929, 983, 998, 1009–1010, 1022, 1026, 1045, 1048, 1058, 1063, 1088, 1190 –1191
s. auch Ägypten/Ägyptisch, Akkader/Akkadisch, Arabien/Arabisch, Aramäer/Aramäisch, Assyrien/Assyrisch, Avesta/Avestisch, Deutschland/Deutsch, England/Englisch, Etrusker/Etruskisch, Etymologie, Frankreich/Französisch, Germanen/Germanisch, Griechische Sprache, Hebräisch, Hethiter/Hethitisch, Indien/Altindisch, Indogermanistik, Italien/Italienisch/Italisch, Karer/Karisch, Kelten/Keltisch, Lateinische Sprache, Lydien/Lydisch, Lykien/Lykisch, Minos/Minoisch, Persien/Persisch, Phrygien/Phrygisch, Rätoromanisch, Russland/Russisch, Semiten/Semitisch, Spanien/Spanisch, Sumerer/Sumerisch, Syrien/Syrisch, Türkei/Türkisch, Ugarit/Ugaritisch
Sprichwörter 137, 171, 376, 401, 429, 450–451, 540, 600, 662, 711, 764, 824, 841, 887
St. Gallen 27, 951
Staat/Stadt s. Polis
Statius 230, 617, 761, 935
Statue 3, 22, 177–178, 198, 218, 226, 230, 262, 266, 288, 305, 340, 356, 359, 495, 573, 611, 652, 717, 728, 743, 802, 904, 924, 949, 1031
s. auch Kultbild
Stephanos von Athen 699–700

Stoa 40, 145, 156, 161, 163, 187, 191, 331–332, 454, 461, 464, 482, 519, 551, 630, 635, 763, 810, 812, 848–850
   s. auch Chrysipp
Strabon 261, 294, 351, 431
Strafe 179–180, 209, 563–564
   Todesstrafe XX, 344–346, 348, 353, 358, 917, 1040
Strafgericht
   im Jenseits 167, 179–180, 186
   s. auch Minos/Minoisch, Rhadamanthys
Strukturalismus 30, 88, 489, 509–511, 549, 571, 603, 651, 877, 979, 995–996, 1044, 1070, 1078, 1081–1082, 1088, 1191
Sulla 122, 290, 318, 348
Sumerer/Sumerisch 99, 412, 464, 476, 485, 509–511, 533, 540, 561, 601, 619, 621, 661, 860, 888, 927, 1026, 1036, 1063
   s. auch Keilschrift/-literatur, Lugalbanda
Sündenbock 450, 676, 678, 887, 973, 1006–1007, 1035, 1041, 1078
Symbole 25, 79, 621, 630, 671, 684, 1013, 1027, 1030, 1041
   s. auch Zahlen/-mystik/-symbolik
Symposion 38, 123, 154, 204, 240, 710, 783
Synesios 40, 102, 289
Syrakus 110, 155, 329, 535, 871, 1032
Syrien/Syrisch 281, 294, 353, 573, 621, 654, 656–657, 731, 848, 862, 870, 918, 922, 925, 928–829, 944, 980
   s. auch Assyrien/Assyrisch

Tacitus 245, 941, 1043
   Germania 936
Tanaquil 79, 266, 585
Tanz 82, 208, 216, 223, 239–240, 257, 263, 511, 732
Tarquinius 79, 318
Taurobolion s. Opfer/-kult/-riten (Stieropfer)
Technik 78, 272, 332, 435, 479, 481, 484–485, 635, 748, 833, 851, 889, 893, 974
   s. auch Mechanik

Teiresias 272, 279, 283, 297, 300, 326, 329, 344, 380, 571, 662
Telipinu 495, 561–562
Telmissos 313
Tempel/-bau 6, 171, 216, 222, 227, 244, 246, 257, 306, 316, 337, 340, 348, 351, 358, 447, 495, 533, 560, 609, 629, 725, 731–732, 861, 868–869, 885–886, 969–970, 992, 1031–1032, 1034, 1037, 1058, 1064
   s. auch Heiligtümer
Tertullian 181, 350, 487
Tessin 32, 947
Textkritik 35–37, 102, 112, 117, 172, 238, 397, 405, 443–444, 455, 457–458, 476, 520–522, 525, 532, 537, 558, 654, 695, 702, 764, 772, 819, 917, 938–939, 1018, 1045, 1052, 1069, 1083
   s. auch Klassische Philologie
Textüberlieferung 28, 35, 37, 107, 109, 115, 117, 127, 318, 410, 455, 558, 567, 667, 698–699, 701, 714, 819, 824, 827, 830, 865, 914, 938–939, 951, 1045
Thales 276, 424–425, 551, 693, 695, 787–788
Thasos 545
Theagenes von Rhegion 163
Theben (böotisches) 99–100, 153, 155, 219–220, 279, 287, 315, 323, 641–642, 810
   s. auch Kadmos, Oidipus, Teiresias
Theogonie 157, 167, 185, 221, 231, 559, 738
   s. auch Anthropogonie, Hesiod, Kosmos/Kosmogonie/Kosmologie, Orpheus, Orphik
theios anēr s. Götter/Gott/Göttliches (Göttlicher Mensch)
Theologie 160, 207, 223, 231, 307, 317, 320, 372, 375, 431, 490, 541, 551, 555, 578, 668, 684, 725, 765, 823–824, 846, 856, 882, 885–886, 907, 913, 982, 956, 971, 997, 1006, 1027, 1041, 1071
   negative 162
   s. auch Religion
Theophrast 34, 125, 199, 275–276, 421, 480, 483, 486, 519, 524, 526, 563, 615, 696–697, 703, 772, 910

Theopomp 138, 329, 419, 465
Theosophie s. Tübingen (Tübinger Th.)
Thera 10, 661
Thesaurus Linguae Latinae s. Lateinische Sprache
Theseus 255, 314, 514, 607, 641
Thesmophorien 123–124, 127, 236, 540, 561–562, 647–648, 651
Thesproter 313–314
Thessalien 186, 205, 258, 655, 737, 830, 881
Thetis 177, 424, 447, 619
Theurgie 116, 251–253, 332, 656
Thrakien/Thraker 133–134, 205, 241, 326, 531, 611–613, 654, 656
Thukydides 136–138, 141, 149, 152, 346, 385, 587, 765, 809, 811, 872
2,54 322
Thurioi 133–134, 299
Tiberius 277, 288, 327, 331, 349, 351, 356, 948–950
Tierkreis/-zeichen 177, 231, 276, 461, 469
Timotheos 108
Titanen 167, 186, 540
Tod 41, 82, 84, 179, 186, 196, 205, 228, 211, 240, 358, 413, 490, 510, 513, 543, 563, 570, 591, 607, 613, 627–631, 655, 661, 676, 739–740, 830, 840, 887–889, 903, 905, 928, 960–961, 967, 970, 973, 994, 1007, 1014, 1034–1036, 1039, 1041–1042
s. auch Leben
Tötung 85, 255, 675, 677, 885–889, 977, 988, 993, 1000, 1004, 1007, 1027, 1033–1034, 970, 861–862, 1039–1040, 1075
Tiertötung 84, 840, 861, 887, 965–974, 978, 1029–1042, 1036, 1054, 1056, 1061–1062, 1075
s. auch Blut/-vergiessen, Kannibalismus, Opfer/-kult/-riten, φόνος, Strafe (Todesstrafe), Zerreissung/Zerstückelung
Totenbeschwörung 297–298
Totenbestattung/-kult 41, 82–84, 87, 205, 449, 583, 591, 630–631, 640, 676, 834, 1006–1007, 1010–1011, 1039
s. auch Bettelumzüge, Grabkult/-vasen

Totenklage 82, 85, 87, 591
s. auch Trauer
Tourismus XX, 83, 99, 314, 846, 921
Tragödie 16, 23, 30, 91, 105–106, 108–109, 127, 137, 163, 204, 323, 326, 329, 331, 344, 407, 555, 567, 623, 678, 727, 734, 803, 807, 809–810, 819, 830, 840, 867, 870–871, 933–935, 938, 945, 970, 976–977, 993, 1018, 1038–1041, 1065, 1071
s. auch Aischylos, Drama, Euripides, Sophokles
Trauer 41, 569
Traum 227, 272, 289–290, 294, 322, 329–330, 332, 340, 428, 435, 450, 514, 804, 888, 1036
s. auch Artemidor, ἐνύπνιον, Mantik (Traummantik), ὀνειροκρίτης, ὀνειροπόλος, ὄνειρος, Schlaf
Tribonianus 914
Triptolemos 197, 560–561, 739
Troja XVIII, 93, 100, 216, 279, 300, 339–341, 403, 483, 567, 629, 641–642, 677, 782, 834, 921–930, 1019, 1039–1040, 1045, 1047
Trophonios 298, 311–312
Tübingen 128–129, 771, 367, 786, 824, 855–856
Tübinger Theosophie 317, 319
s. auch Platon (‚Tübinger Platon')
Türkei/Türkisch 602, 824, 846, 865, 915, 918, 921–922, 928–929, 980, 1046, 1071
s. auch Anatolien, Kilikien, Kleinasien
Turicum s. Zürich
Tyche s. Schicksal
Tyrann/-is 92, 119, 155, 323, 325, 421–422, 436, 719, 766, 811, 870, 1002
s. auch Peisistratos/Peisistratiden, Periandros

Übersetzung 30, 77, 109, 138, 189, 194, 434, 443, 445, 488, 490, 497, 518, 520, 578, 618, 653, 681, 686, 699, 701, 703, 713, 727, 732, 744, 752, 771–772, 829, 849, 852, 897, 915–916, 928, 934, 938–939, 948, 978, 980, 1056–1057, 1071, 1079, 1082, 1088–1089

Ugarit/Ugaritisch 99–100, 369, 541, 733, 944
Ukraine XIX, 868, 901–904
  s. auch Olbia
Universalgeschichte s. Geschichte
‚Unschuldskomödie' 86, 124, 860, 888, 1033–1034, 1040, 1054, 1077, 1081
Unsterblichkeit 157–158, 161, 181, 186, 430, 764, 907, 911, 960
Unteritalien 134, 147, 175, 186, 205, 358, 397, 400–401, 453, 460, 507, 533–541, 627, 630, 737, 739, 821, 824, 830, 906, 928, 992, 970, 1014
  s. auch Cumae, Herculaneum, Neapel, Pompeji, Thurioi
Unterwelt/-serzählung 21, 84, 163, 167, 179, 186, 196, 205–207, 228, 252, 297, 300, 312, 411–412, 561, 631, 660, 737–741, 812, 905–906, 1078
  s. auch Eschatologie, Goldblättchen, Hades, Katabasis, Odyssee (Nekyia), Persephone
Ursprung s. Anthropogonie, ἀρχή, Kosmos/Kosmogonie/Kosmologie, Theogonie
Uster 1072, 1101, 1126, 1156

Varro 208, 254, 272, 285, 301, 400, 462, 540, 725, 1026
Vasenmalerei s. Ikonographie, Malerei
Vegetarismus 175, 180–181, 186, 240, 860–862, 888, 970, 1030, 1061–1063
Vereinigte Staaten von Amerika s. Amerika
Vergewaltigung s. Gewalt
Venus 476, 673
  s. auch Aphrodite
Vergil 28, 293, 297, 301, 309, 340, 474, 543, 672, 685, 819, 938, 951
  4. Ekloge 301, 318, 326, 474
  Aeneis 935
Vergottung s. Apotheose
Verhaltensforschung s. Ethologie
Verlage s. Artemis-Verlag, Schweiz (*Editiones Helveticae*)
Verschwörung 249–250, 325, 803, 807
Verzückung s. Enthusiasmus/Verzückung
Vestalinnen s. Rom/Römer

Vietnam s. Krieg/-sdienst
Vogelschau s. Mantik
Volkskunde 41–42, 81, 83–84, 128, 474, 509, 513, 581, 598, 751, 999
  s. auch Ethnographie/-logie, Märchen/-forschung
Vorderer Orient XVIII, 19, 86, 98, 133, 136, 138, 149, 278, 285, 289–290, 292, 373, 411, 424–425, 448, 471, 473, 476, 485, 489, 495, 533, 561–562, 567, 571, 583, 601–603, 611, 648, 660–661, 689, 711, 731, 774, 783, 787, 795, 807, 841, 845–846, 881–882, 925, 927, 943–944, 979–980, 983, 989, 996, 1016, 1021, 1029, 1031, 1036, 1045, 1051, 1064, 1070–1071, 1073, 1076–1077, 1088, 1092, 1190
  s. auch Orientalische Einflüsse auf griechische Kultur
Vorsehung 160–161, 331–332, 417
Vorsokratiker s. Naturphilosophie
Votivgaben 217, 223, 227, 243, 266, 290–291, 533–534, 611, 655, 725, 735, 1078

Wahnsinn 205, 209, 271, 293–296, 326, 514, 970
  s. auch μανία
Wasser 19, 80, 180, 248, 276, 283, 297, 305–306, 312, 315, 332, 448, 495, 511, 534, 540, 583, 645, 739, 788, 919
  s. auch Mantik (Hydro-/Lekanomantie), Meer
Weihe s. Initiation, Mysterien
Weihegaben s. Votivgaben
Wein 205–206, 219, 249, 255, 297, 534, 861, 905, 1036, 1041
Weisheit 138, 153, 175, 484, 812, 840–842, 988, 1077
  s. auch σοφία/σοφιστής, φιλόσοφος und Verwandtes
Weltalter 326
  s. auch Zeitalter (Goldenes)
Weltkriege s. Krieg/-sdienst
Wiedergeburt 167, 175, 179–186, 231, 429, 464, 540, 667, 740, 863, 906, 1029
  s. auch μετεμψύχωσις/μετενσωμάτωσις, παλιγγενεσία

Willensfreiheit s. Gehirn/-forschung
Wirklichkeit s. Realismus/Realität
Wirtschaft s. Ökonomie

Xenokrates von Athen 3
Xenokrates von Chalkedon 145, 330, 427, 429, 439, 455
Xenophanes 158, 163, 179, 407, 429, 431, 486
Xenophon 40, 151–156, 189, 264, 272, 279–280, 282, 287, 325, 376, 435, 929

Zahlen/-mystik/-symbolik 116, 145, 175, 288, 502, 667–669
Zalmoxis 241, 600
Zarathustra 385, 469, 602, 656, 885, 965, 1029–1030, 1037
s. auch Avesta/Avestisch
Zauber s. Magie
Zeichen/-system/-theorie 270–275, 843, 877, 896, 973, 1006, 1070
s. auch Hermeneutik, Symbole
Zeit 186, 1007
Zeitalter, Goldenes 318, 326, 430, 474, 511, 513
s. auch Weltalter
Zenon von Elea 437–442, 499, 526, 697

Zerreissung/Zerstückelung 205, 227, 448, 451, 490, 540, 936
Zeus 20, 124, 157, 164, 171, 185–187, 216, 221–222, 240, 243, 275, 278, 288–289, 303, 311, 358, 370–371, 375–376, 379–380, 473–474, 490, 555, 609, 612, 655, 675, 685, 691, 703, 727, 803, 834, 849, 944, 960, 1006, 1021, 1032–1033, 1047
s. auch Dipolieia, Jupiter, Orphik (Zeus-Hymnus), Sarpedon
Zorn 276, 803, 807, 923, 927, 1043
Zorn des Göttlichen 237, 259, 279, 322, 353, 562, 935, 1035, 1041
Zürich XIX, 9–11, 29–33, 35, 43–44, 75–76, 96–97, 99, 763–769, 779–784, 795, 809–818, 821, 823, 829, 845–846, 856, 865–866, 893, 947–958, 979–980, 996, 901–902, 913–919, 923, 939, 1013, 1043, 1051, 1061, 1069–1072, 1075, 1079, 1081, 1093–1101, 1117, 1123–1124, 1139–1144
Felix und Regula 952
Zweiter Weltkrieg s. Krieg/-sdienst
Zypern 100, 581, 641–615, 676, 732, 848, 925–926, 929, 980, 1092
s. auch Paphos

c) Griechische Wörter

ἄγαλμα 717
ἀγάστονος 752
ἄθεος 1058
αἶσα 1032
αἴσθησις 892, 896
αἰσχρός 15
ἀλέξιμος 752
ἄναρμος 635
ἄπειρον 696
ἀποτροπή 677
ἀρετή 565
ἄρχεσθαι 1031, 1039
ἀρχή 158, 161, 464
ἀρχηγέτις 634
Ἀσία 944

ἀτρεκής 696

βάκχος/βάκχη 205, 240
βάρος 615
βασιλεὺς βασιλέων 671
βορέας 410
βωμός 711

γάλλος 222
γελοῖος 15
γέρας 959, 1032
γέρων 959

δαίμων 427–432
δαίστωρ 6

Indizes 1233

δείδω/δέος 933
διαθήκη 1033
διοσημία 275
δόξα 637
δύναμις 497-498

εἱμαρμένη 331
εἶναι 843
ἑκατόμβη 1029
ἔκστασις 293
ἔλεος 975-976
ἐμβατεύειν 306
ἔμπυρος 283
ἔνεμα 682
ἔνθεος 293
ἐνύπνιον 289
ἔξοθεν 558

θειασμός 270
θεῖος 157
θεός 157, 270
θεοφορεῖσθαι 293
θεωρία 133
θρησκεία 1058
θυμός 380-381

ἱερὰ ῥέζειν 1029-1030
ἱερεύειν 1029
ἱερὸς λόγος 164, 398, 540
ἰσονομία 870
ἱστορία 133, 136, 141

κάθαρσις 223, 976, 1191
καθαρτής 205
κάτοχος 293
κῆτος 618
κίστη 198-199, 206-208
κλίμα 869
κοινόβιος 118
κρητηρίζειν 240

λόγος 161, 163, 498, 842-843, 1019, 1048
λόγος ἐνδιάθετος 191

μάθος 375-377
μανία 293

μαντική/μάντις 271
μετεμψύχωσις/μετενσωμάτωσις 179
μηχανή 502
μοῖρα 1032
μῦθος 163, 1019
μυστήριον und Verwandtes 194, 209, 421, 486

νόμος 435
νόος/νοῦς 160-161, 164, 191, 379-382, 911
νωμᾶν 558

οἶκτος 975
ϝοῖνος 711
ὀλολυγή 1031
ὀνειροκρίτης 289
ὀνειροπόλος 289
ὄνειρος 289
Ὀρφικοί 167
ὅσιος 7, 521

πάθος 375-377
παλιγγενεσία 72, 179, 700
παλλακή 711
πλάνητες 892
πνεῦμα 331
Πόρος 424
Πραξιδίκαι 177
πρόνοια 331
προφήτης/-ῆτις 271, 303, 305, 315

σιβυλλαίνειν/σιβυλλιᾶν 294
σοφία/σοφιστής 419
  s. auch φιλόσοφος und Verwandtes
συγγνώμη 1190
σύμβολον 243, 540
συμμετρία/σύμμετρος 3
σύνθημα 197, 199, 223
σφάγια 1032

ταῦρος 711
Τέκμωρ 424
τελεῖν 194, 563
τελεστής 205
τελετή 740
τέλος 254

τέρας 272
τέχνη 435
τραγῳδοί 1038
ὑπεραιρέτης 612
ὑπόνοια 163

φιλόσοφος und Verwandtes 417–422
s. auch σοφία/σοφιστής
φόβη 933
φόβος 933, 976

φοιβόληπτος 295, 413–414
φόνος 1039
φρίκη 878, 933–934
φύσις 869

χρᾶν 271

ψυχαγωγία/ψυχαγωγός 297
ψυχή 180–181, 838, 911

d) Moderne Autorinnen und Autoren

Aarne, Antti Amatus 596, 617
Adenauer, Konrad 985
Albrecht, Michael von 443–446
Alderink, Larry J. 1025
Alföldi, Andreas 411, 654
Allen, Thomas William 37, 558, 563
Althoff, Friedrich 106
Andersch, Alfred 825
André, Jacques 681
Annequin, Jacques 547
Arp, Hans 957
Assmann, Jan 335
Auden, Wystan Hugh 543
Austin, Colin 47, 72, 797
Avagianou, Aphrodite 1094, 1117, 1190

Babut, Daniel 551
Bachofen, Johann Jakob 31, 42, 75–82, 87–89, 167, 578, 880
Bader, Françoise 645
Bächler, Ernst 1011
Bäumler, Alfred 78
Ball, Hugo 957
Barbu, Daniel 1051–1060
Barocas, Claudio 631
Battegazzore, Antonio 433–437
Baudy, Gerhard 1016
Baur, Ferdinand Christian 856
Bausinger, Hermann 598
Beazley, John 121
Beck, Marcel 845–846

Beck, Roger 684
Beethoven, Ludwig van 98
Bekker, Immanuel 456
Bell, T. A. 713–714
Beloch, Julius 587
Benavides, Gustavo 1025
Benveniste, Émile 94
Béranger, Jean 98
Bérard, Claude 628–629, 1100
Bergqvist, Birgitta 545
Bergson, Henri-Louis 579
Bernabé, Alberto 737–739, 749–750
Bernal, Martin 841, 1078
Bernays, Jakob 940
Berve, Helmut 98, 101–102, 1121–1122, 1137
Bethe, Erich 43
Bettinetti, Simona 1191
Betz, Hans Dieter 749, 1015
Beutler, Rudolf 40
Bianchi, Ugo 647
Bignone, Ettore 436, 522
Billerbeck, Margarethe 34
Bing, Peter 1096
Blázquez, José M. 583
Blegen, Carl 98, 641
Bloch, Raymond 609, 645
Blome, Peter 1016
Blümner, Hugo 43, 493
Boardman, John 980
Bodmer, Johann Jakob 956

Bodmer, Martin 32, 47, 797, 829
Boeckh, August 76, 940
Böhme, Robert 589
Bollack, Jean 36, 45, 517–528, 788
Boll, Franz 467
Bolton, James David Pennington 409–415, 460–461
Bona, Giacomo 379–382
Bonnard, André 30
Bonnechere, Pierre 1087–1089
Bopp, Franz 97
Borgeaud, Philippe 48, 224, 698, 1016, 1093, 1097, 1100
Bottéro, Jean 631
Bouché-Leclercq, Auguste 275
Bouda, Karl 97
Boulanger, André 30
Boyer, Pascal 1021, 1023
Brandenstein, Wilhelm 671
Brang, Peter XIX, 901–904
Brecht, Bertold 957
Bréguet, Esther 34
Brelich, Angelo 648, 986, 992, 1052, 1109
Bremer, Jan Maarten 727–728
Bremmer, Jan N. 42, 750, 1014, 1097
Briquel, Dominique 645
Brisson, Luc 571
Broger, Anne 1191
Brown, John Pairman 711
Brunner-Traut, Emma 602
Buchheim, Thomas 693–698
Buchner, Giorgio 630
Büchli, Jörg 656, 1190
Büchner, Karl 46
Bürge, Alfons 914
Bullinger, Heinrich 954
Burckhardt, Jacob 31, 76, 786
Burkert (geb. Bosch), Maria 901, 1100, 1126, 1139–1140, 1144
Burnet, John 615
Buschor, Ernst 121
Buttmann, Philipp Karl 466
Bywater, Ingram 939

Caduff, Gian Andrea 1190
Calame, Claude 52, 55, 195, 1014, 1097, 1100

Calogero, Guido 437
Calvin, Jean 954
Camerarius, Joachim 455
Cape, Robert W. 975–986
Carpenter, D. P. 713–714
Carrier, Martin 895
Cassirer, Ernst 509
Cavalli-Sforza, Luigi Luca 881–882
Cerri, Giovanni 630
Chadwick, John 587, 639
Chambers, Mortimer 109
Chantraine, Pierre 371
Chiappelli, Alessandro 390
Chomsky, Noam 873, 894
Classen, Carl Joachim 1123
Clinton, Kevin 648
Cobet, Carel Gabriel 117
Cole, Thomas 479–486
Comte, Auguste 77, 81
Coppola, Francis Ford 1039
Cornford, Francis Macdonald 512
Creuzer, Friedrich 79, 165–167, 578, 685
Crusius, Otto 81, 128–129
Cuccioli Melloni, Rita 487–488
Cumont, Franz 232, 467, 653, 655–656, 684, 686, 744, 1098
Curtius, Ernst Robert 596

d'Agostino, Bruno 627, 630
Dakaris, Sotiris 314
Damaskos, Dimitris 717
Danieli, Marco 1190
Daraki, Maria 630
Dart, Raymond Arthur 1011
Darwin, Charles 77, 579, 879, 973, 1001, 1008
Dawkins, Richard 879, 973
Debray, Régis 1057
Debrunner, Albert 33, 43–44
de Lacy, Phillip 701–702
Delatte, Armand 119, 464, 563
Delcourt, Marie 447–451
Delz, Josef 35, 47
Dennett, Daniel C. 1022–1024
Deonna, Waldemar 32
Derrida, Jacques 873

Descartes, René 882
des Places, Édouard XVIII, 489–491
de Staël, Germaine 955
Detienne, Marcel 427–432, 549, 738, 877, 996, 1013
Deubner, Ludwig 115–125, 128, 443–445, 487, 633, 651, 685, 1122, 1152
Devereux, Georges 13–14, 1005
Diels, Hermann 34, 36, 84, 105, 109, 117, 119, 129, 437, 439, 458, 463, 517–522, 536, 539, 694, 699, 729, 768, 851–853, 856–858
Dieterich, Albrecht 119, 122, 749
Dietz, Friedrich Reinhold 72, 713
Dihle, Albrecht 101, 553, 1091–1092
Dilthey, Wilhelm 875
Dindorf, Karl Wilhelm 456
Dion, Roger 505
Dodds, Eric Robertson XVIII, 84, 88, 577, 579, 738, 840, 970, 976, 985, 992–993, 1018, 1052
Dölger, Franz 866
Dörrie, Heinrich 375–377, 575
Dombrowski, Bruno 965–967
Dorandi, Tiziano 910
Dornseiff, Franz 78
Dostojewski, Fjodor 901
Dowden, Ken 1087
Dow, Sterling 125
Drachmann, Aage Gerhardt 502
Drews, Robert 689
Dreyer, Boris 719
Dschingis Khan 472
Düll, Siegrid 611–614
Dümmler, Georg Ferdinand 390, 435
Duffy, John M. 713–714
Dumézil, Georges 609, 628, 645
Dunkel, George E. 1123
Durkheim, Émile 120, 476, 579, 993, 1104, 1109
Durling, Richard J. 681–682

Edelstein, Ludwig 40, 849
Edmonds, Radcliffe G. 737–741, 751
Edwards, Mark 559
Egli, Franziska 1191
Einstein, Albert 873

Eisenhut, Werner 91
Eliade, Mircea 577, 1029
Elliot, Thomas Stearns 543
Engels, Friedrich 77, 475–477
Erasmus von Rotterdam 31, 76, 171–172
Erbse, Hartmut 101
Erler, Michael 693, 848–849, 1119
Ernst, Juliette 48
Escher, Alfred 953
Étienne, Henri 28
Eucken, Christoph 637
Evans, Arthur 98

Fabre, Pierre 30
Fairman, Herbert Walter 733
Faraone, Christopher A. 749–753
Faulstich, Werner 709–710
Fedeli, Paolo 30
Feder, Lillian 543
Fehling, Detlev 598, 617
Ferguson, John 593
Fernández Galiano, Manuel 5–6
Festa, Nicola 117, 457
Finley, Moses I. 641
Finsler, Georg 29
Fischart, Johann 172
Fittschen, Klaus 607
Flashar, Hellmut 847, 909–911
Fleischer, Robert 573
Flückiger-Guggenheim, Daniela 662, 1190
Fögen, Marie Theres XIX, 913–919, 1119–1120, 1150
Förster-Nietzsche, Elisabeth 128
Fontenrose, Joseph Eddy 450, 677, 686
Fornari, Giuseppe 1149
Fornaro, Sotera 1147–1154
Forssman, Bernhard 97
Forster, Peter 881
Fortenbaugh, William 910
Fraenkel, Eduard 767, 1018
Fränkel, Hermann 423–426, 693
Frazer, James George 83, 120, 450, 472, 489, 493, 510, 512, 543, 579, 659, 686, 993, 1012, 1052, 1082
Frei, Peter XIX, 661, 845–846, 980, 996

Freud, Sigmund 82, 86, 120, 510, 543, 579, 673, 685, 940, 993, 1005, 1043, 1071, 1074, 1077
Friedlaender, Paul 823
Friedrich II. 952
Frisch, Max 957
Fritz, Kurt von 437, 1018
Fröbe-Kapteyn, Olga 32
Fuchs, Harald 44, 46
Fuchs, Marita 959–961
Funke, Susanne 721–722
Furley, William 727–728

Gadamer, Hans-Georg 693, 787, 853, 873, 875, 894
Gagé, Jean 585
Gaiser, Konrad 771–772, 910
Galilei, Galileo 503
Gallistl, Bernhard 1190
Gaster, Theodor 659, 733
Gauss, Johann Carl Friedrich 1100, 1117
Gawlick, Günter 848
Geisser, Franziska 1191
Gelzer, Thomas 35, 48, 88, 569–570
Gemelli Marciano, Laura 1124, 1141–1145, 1190
Gennep, Arnold von 195
Gentry, Deborah 1017–1019
George, Stefan 111, 786, 1065
Gernet, Louis 549
Giangiulio, Maurizio 1119
Gifford, Adam Lord 982, 1021
Gigante, Marcello 772
Gigon, Olof 31, 35, 44–45, 189–190, 693
Ginsberg, Allen 543
Girard, René 967, 973, 1006, 1082
Giraud-Teulon, Alexis 77
Gnoli, Gherardo 627–631
Görler, Woldemar 848, 850
Goethe, Johann Wolfgang von 111, 362, 405, 407, 578, 760, 761, 786, 882, 932, 956, 1047, 1060
Gomperz, Heinrich 390
Goodall, Jane 1009, 1061
Graf, Fritz 29, 560, 677, 1015–1016, 1093–1105, 1190
Grassi, Ernesto 47

Graves, Robert 543
Greco Pontrandolfo, Angela 630
Griffith, John G. 17
Griffiths, John Gwyn 671–672
Grimm, Jacob und Wilhelm 384, 597, 951
Gruber, Joachim 102
Guillaumont, François 645
Gundel, Hans Georg 467–470
Gundel, Wilhelm 461, 467–470
Gundert, Hermann 423
Gusmani, Roberto 97
Guthrie, William Keith Chambers 464, 490, 525, 577, 615

Hägg, Robin 1016
Haffter, Heinz 33, 44, 47, 901, 1123
Halliday, William Reginald 558, 563
Hamel, Elisabeth 881
Hamilton, William Donald 879
Harder, Richard 39
Harder, Ruth E. 1191
Hardt, Kurd von 32, 47
Harrison, Jane Ellen 120, 512, 577–580, 686, 728, 734, 978, 993, 1005, 1014, 1052, 1078
Hartog, François 684
Haubold, Marianne 127–129
Hauptmann, Gerhard 954
Haupt, Moritz 937, 940
Hawkins, John David 924
Hebel, Johann Peter 597
Hegel, Georg Wilhelm Friedrich 81, 856–857
Heidegger, Martin 693, 853
Heinimann, Felix 35, 45
Heinze, Richard 427
Heitsch, Ernst 553
Henderson, John 17
Henninger, Joseph 1029
Henrichs, Albert 677, 749, 1015–1016, 1094
Henry, Paul 35, 47
Hercher, Rudolf 455
Herrero de Jáuregui, Miguel 1081–1083
Herter, Hans 122
Herzog, Rudolf 43
Hesse, Hermann 1065

Heubeck, Alfred XVII, XVIII, 91–103, 773–777, 979–980, 997
Hildebrandt, Kurt 111
Himmler, Gebhard 825
Hirschle, Maurus 1190
Hitzig, Hermann 43, 493
Höhne, Ernst 101
Hoekstra, Arie 559
Hölderlin, Friedrich 786, 790
Hölscher, Uvo 368, 406, 526, 693–694, 785–791
Hoenn, Karl 46
Hoessly, Fortunat 1191
Hoffmann, E. T. A. 618
Hoffmann, Karl 97, 773
Hofmann, Johann Baptist 46
Hofmannsthal, Hugo von 761
Hommel, Hildebrecht 567
Hoorn, Gerardus van 123
Horálek, Karel 598
Hose, Martin 1107–1113
Howald, Ernst 31, 44–46, 48, 81, 369, 765, 767, 783, 1043
Hubert, Henri 1095
Hughes, Dennis D. 675–679
Huizinga, Johan 1077
Humbel, Achilles 1190
Humboldt, Wilhelm von 405
Hupfloher, Annette 723–724

Imhof, Max 29
Immisch, Otto 455

Jachmann, Günther 43
Jackson, Kassandra 750
Jacoby, Felix 34–35, 38–39, 92, 101, 361, 380, 488, 758–759, 764, 767–768, 773–774
Jaeger, Werner 36, 43, 117, 397, 431, 501, 774, 1018
Jahn, Otto 106, 937
Janko, Richard 93, 749–750
Janni, Pietro 581
Jason, Heda 617
Jeanmaires, Henri 578
Jocelyn, Henry David 938

Johnston, Sarah Iles 751, 1094, 1100, 1115–1117
Jordan, David R. 749
Jørgensen, Ove 370
Joyce, James 957
Jüthner, Julius 43
Jung, Carl Gustav 32, 543, 829, 957, 993
Jung, Franz 570
Junod, Helena 34

Kaegi, Adolf 33, 823
Käppel, Lutz 728
Kafka, Franz 407
Kahn, Charles H. 525
Kahn, Laurence 630
Kaibel, Georg 105, 107, 109
Kakridis, Johannes 37, 369
Kallipolites, Maximos 865
Kamlah, Wilhelm 891, 1137
Kant, Immanuel 856
Kappeler, Thomas Michael 1191
Kapp, Ernst 623
Kapsomenos, Stylianos Georgiu 1094
Karageorghis, Vassos 581
Karl der Grosse 939, 947, 951
Kasai, Yasunori 1029
Kassel, Rudolf 3, 72, 939, 1018
Kasser, Rodolphe 797
Keller, Gottfried 955
Kepler, Johannes 876, 893
Kerényi, Karl 32, 45, 491, 507, 511, 515, 563, 578, 648, 993
Kerferd, George Briscoe 440
Kerschensteiner, Jula 1122
Kidd, Ian Gray 40, 849
Kingsley, Peter 703
Kirk, Geoffrey Stephen 15, 434, 509–515, 697, 1094, 1140
Kitagawa, Joseph Mitsua 1033
Klabund 957
Klages, Ludwig 78, 81
Klein, Ulrich 117
Kleist, Heinrich von 405, 761
Klingenschmitt, Gert 97
Klingner, Friedrich 774, 786, 1108, 1122
Klopstock, Friedrich Gottfried 956

Klotz, Alfred   93, 361, 758–760
Kluckhohn, Clyde   512
Knight, William Francis Jackson   672
Koch, Carl   91–92, 101, 361, 759–760, 975, 986, 991, 1051
Körte, Alfred   43
Koller, Hermann   29, 783–784
Kolumbus, Christoph   869
Kommerell, Max   786
Kopernikus, Nikolaus   175, 876
Korfmann, Manfred   1046
Kotansky, Roy D.   749
Kott, Jan   1096
Krämer, Hans Joachim   771, 909
Krafft, Fritz   501–504
Kranz, Walther   384, 454
Kroll, Wilhelm   117, 467
Krummen, Eveline   1014, 1094, 1113, 1117, 1124, 1144, 1190
Kühn, Carl Gottlob   681
Kühn, Herbert   476
Kugler, Franz Xaver   468
Kuhn, Helmuth   92
Kuhn, Thomas   876
Kullmann, Wolfgang   96, 367–374, 438, 789
Kurmann, Alois   253, 1190
Kuster, Ludolph   487
Kyrtatas, Dimitris   866

Labriolle, Pierre de   30
Lachmann, Karl   939–940
Lämmli, Franz   29, 484
Lafitau, Joseph-François   77
Lanig, Karl   93
Lasserre, François   19, 31, 45
Latacz, Joachim   96
Latte, Kurt   43, 435
Launey, Marcel   545
Leach, Edmund Ronald   510, 512
Lehmann, Gustav Adolf   747–748
Lehmann, Karl   216
Leibniz, Gottfried Wilhelm   874
Leisegang, Hans   386
Lenin, Wladimir Iljitsch   477, 957
Lenz, Lutz H.   553
Lersch, Philipp   381

Lesky, Albin   48, 95, 368, 598
Lessing, Gotthold Ephraim   918, 940
Lessing, Theodor   1048
Leumann, Manu   9, 11, 33, 44, 47, 96, 779–780, 783, 816–817, 845, 923
Lévi-Strauss, Claude   81, 476, 509–511, 513–514, 549, 571, 645, 738, 873, 877, 979, 1070, 1078
Lévy, Isidore   465
Leyen, Friedrich von der   598
Lloyd-Jones, Sir Hugh   3, 98, 981, 1014, 1094
Lobeck, Christian August   685
Lobel, Edgar   98
Lohmeyer, Dorothea   786
Loraux, Nicole   629, 1013
Lorenz, Konrad   XX, 840, 877–879, 895, 931–936, 971–972, 977, 982, 985, 988, 993, 995, 997, 1000–1001, 1005, 1017, 1026, 1053, 1062, 1069, 1076, 1078, 1082, 1088
Lorenzen, Paul   891, 1173
Luginbühl, Marianne   1190
Lumsden, Charles J.   1025
Luria, Solomon   434–435
Luther, Martin   954

Maas, Paul   623
Maddalena, Antonio   487
Magellan, Ferdinand   869
Malaise, Michel   743–745
Malingrey, Anne-Marie   417–422
Malinowski, Bronisław   512
Mann, Erika   957
Mann, Thomas   111, 1065
Mannhardt, Wilhelm   83, 120, 1052
Mansfeld, Jaap   697
Marcovich, Miroslav   5–6
Marek, Christian   918
Margreth, Donat   1191
Marg, Walter   453, 455, 460
Marinatos, Nanno Ourania   1016, 1094
Mariotti, Italo   30
Marti, Heinrich   29, 897
Martin, Victor   31, 45
Marx, Karl   78, 476–486
Masciadri, Virgilio   1124, 1191

Masing, Uku 602
Masuzawa, Tomoko 1022
Mattes, Wilhelm 393–395
Mauss, Marcel 549, 1095
Mayrhofer, Manfred 97, 773
McCredie, James Robert 216
McGinty, Park 577–580
McLennan, John Ferguson 77
Méautis, Georges 31
Medwedew, Dmitri Anatoljewitsch 952
Megas, Georgios A. 598
Meier, Christian 943–945
Meier, Werner Dietrich 1190
Mensching, Eckart 36
Meraklis, Michalis 598
Merkelbach, Reinhold XVIII, 42, 88, 95–96, 101–102, 569, 605, 654, 684, 687, 733, 744, 775, 970, 976, 981, 985, 992–993, 1014, 1017, 1052
Merlan, Philipp 540
Metzler, Karin 1190
Meuli, Karl XVIII, 29, 34–35, 40–42, 44–45, 75–78, 81–90, 124–125, 368, 409, 490, 535, 569–570, 628, 686–687, 732, 790, 971, 976–977, 988, 993–994, 999, 1004–1005, 1007, 1010–1011, 1017–1018, 1031, 1033–1035, 1052–1055, 1059, 1069, 1077–1078, 1082
Meyer, Eduard 129, 587
Meyer, Hugo 607–608
Michaut, Gustave 30
Michelangelo 14
Mikalson, Jon D. 735
Mireaux, Emile 505
Mittelstrass, Jürgen XIX, 891–899
Moerbeke, Wilhelm von 939
Mommsen, August 120–121
Mommsen, Theodor 43, 79, 106, 109, 120, 857, 915, 1052
Mondolfo, Rodolfo 487
Morgan, Lewis Henry 77
Morris, Desmond John 1011
Moscati, Sabatino 707
Moser, Dietz-Rüdiger 598, 617
Motte, André 683–687, 715
Müller, Karl Otfried 685

Müller, Konrad 32
Münkler, Herfried 673
Münzer, Friedrich 43
Müri, Walter 29
Mullach, Friedrich Wilhelm August 397, 455
Murray, Gilbert 109
Mussolini, Benito 119
Musti, Domenico 630
Muthmann, Friedrich 621
Mylonas, George Emmanuel 560, 562

Napoleon, Bonaparte 953, 955
Narten, Johanna 97
Natorp, Paul 110
Nauck, August 117–118, 487
Neugebauer, Otto Eduard 461, 468–469
Neumann, Günter 97, 773, 776
Niebuhr, Barthold Georg 79, 80
Niedermann, Max 33
Nielsen, Inge 731–732
Nietzsche, Friedrich 43, 75, 78, 105–106, 108, 111, 127–129, 383–384, 386, 407, 578, 686, 785–786, 790, 795, 857, 937, 1038, 1064, 1132
Nilsson, Martin P. 120–121, 264, 272, 367, 448, 489, 577–580, 629, 686, 737, 993, 996, 1082, 1088, 1097, 1111, 1117
Noack, Ferdinand 121
Nock, Arthur Darby 685
Nolle, Joseph 455, 459
Norden, Eduard 45, 471, 941

Obbink, Dirk 749–753
O'Brien, Denis 525, 615, 625
Öttinger, Norbert 97
O'Flaherty, Wendy Doniger 1013
Oldenberg, Hermann 426
Oltramare, André 31
Oltramare, Paul 31
O'Meara, Dominic J. XVIII, 667–670
Orelli, Johann Kaspar von 29, 455
Orelli, Lucia 1191
Otto, Rudolf 32
Otto, Walter F. 93, 367, 372, 386, 491, 577, 578, 580, 758, 786, 843, 986, 1051–1052

Page, Denys 728
Panzerbieter, Friedrich 525
Parke, Herbert William 115, 651–652
Parker, Robert 740, 1077–1079, 1094
Parry, Milman 94–96, 110, 559, 605, 660, 758, 774, 789, 923
Pasquali, Giorgio 361, 758
Patzer, Harald 393, 553
Pembroke, Simon 587
Penella, Robert J. 17
Pestalozzi, Johann Heinrich 96, 369, 788
Pfeiffer, Rudolf 47, 93, 102, 786, 1018, 1108, 1122
Philippson, Robert 687
Phillips, Robert C. 1021, 1026
Picard, Charles 687
Pickard-Cambridge, Arthur 122
Piérart, Marcel 30
Pirenne-Delforge, Vinciane 683–687, 715
Pistelli, Hermenegildus 117
Pizimentius, Dominicus 455
Planck, Max 873
Plath, Robert 100
Plinval, Georges de 30
Pöhlmann, Egert 362
Pohlenz, Max 1107
Popp, Harald 101
Popper, Karl 976, 983, 1013
Portmann, Adolf 32
Porzig, Walter 44
Potemkin, Grigori Alexandrowitsch 901
Pouilloux, Jean 545
Pound, Ezra 543
Praechter, Karl 43, 390, 847, 909
Preisendanz, Karl 749
Primavesi, Patrick 1149
Pringsheim, Heinz Gerhard 198
Prinz, Friedrich 587–588, 639
Privitera, Giuseppe Aurelio 529
Propp, Vladimir 596, 1097, 1110
Prückner, Helmut 535
Puelma, Mario 47
Pugliese Carratelli, Giovanni 1098
Puschkin, Alexander Sergejewitsch 901

Radermacher, Ludwig 466
Radloff, Wilhelm 472

Raeder, Hans 390
Ranke, Kurt 595–603, 617–619, 659–663
Rasmussen, Knud 859
Raven, John Earle 434, 697
Regenbogen, Otto 34
Reinach, Salomon 32, 685
Reinhardt, Karl 40, 47, 93, 189, 367, 369, 383–386, 405–407, 479–481, 483, 486, 553, 555, 693, 696, 758, 774, 786–787, 789, 849, 853, 857
Reitzenstein, Richard 471, 685
Renfrew, Colin 689, 881
Reverdin, Olivier 45
Richardson, Nicholas James 557–564
Ricœur, Paul 873, 875
Riedweg, Christoph 187, 648, 654, 1015, 1069–1072, 1094, 1113, 1117, 1119–1126, 1147–1154, 1190
Ries, Klaus 387–392
Rifici, Carmelo 1149
Risch, Ernst XIX, 9–11, 33, 44, 97, 99, 779–782, 815–818, 821–822, 979, 996, 1123
Ritschl, Friedrich 43, 106, 937, 938
Rivier, André 45
Robert, Carl 105, 120, 607
Robert, Louis 5, 613
Röhrich, Lutz 662
Rölleke, Heinz 598, 662
Rösler, Wolfgang 1124, 1127–1128, 1148, 1190
Rohde, Erwin 106, 118–119, 123, 127–129, 448, 465, 488, 577–578, 580, 628, 937
Roscher, Wilhelm Heinrich 121, 403
Rosenthal, Franz 437
Rostagni, Augusto 463
Rostovtzeff, Mikhail Ivanovich 409
Rouveret, Agnès 630
Rudhardt, Jean 32, 48
Rüegg, Walter 46, 48
Rüpke, Jörg 725–726
Rutherford, Ian 752
Ryle, Gilbert 460

Sabbatucci, Dario 648
Sachs, Eva 128

Saffrey, Henri-Dominique 668
Samuel, Alan 121
Saussure, Ferdinand de 33
Savigny, Friedrich Carl von 76
Scaliger, Julius 217
Schachermeyr, Fritz 495, 639–643
Schadewaldt, Wolfgang 37, 95, 96, 112, 367, 369, 371, 393, 771, 774, 786–788, 843, 1095, 1107, 1137–1138
Schefer, Christina 1191
Scheid, John 1016
Scheller, Meinrad 10
Schiller, Friedrich 933
Schleiermacher, Friedrich 856
Schliemann, Heinrich 921–922, 1045
Schloemann, Johan 1061–1066
Schmid, P. Wilhelm 1012
Schmid, Wilhelm 95
Schmidt, D. W. 713
Schmidt, Pia 866
Schmidt-Glintzer, Helwig 747–748
Schmitt, Alfred 97, 773
Schmitt-Pantel, Pauline 630
Schmitz, Heinz 1190
Schnabel, Franz 991
Schnapp, Alain 627
Schnapp-Gourbeillon, Annie 630
Schober, Adolf 687
Schöll, Fritz 128
Schöne, Hermann 43
Schofield, Malcom 697
Scholem, Gerschon 32
Scholz, Udo 362
Schopenhauer, Arthur 129
Schott, Siegfried 733
Schrade, Hubert 372
Schröder, Rudolf Alexander 1065
Schröder, Stephan 728
Schrott, Raoul 921–930, 1071, 1073
Schuller, Wolfgang 1073–1074
Schulten, Adolf 758
Schwabl, Hans 685, 787
Schwartz, Eduard 36, 95, 605, 787
Schwegler, Albert 79–80
Schweitzer, Albert 971, 1004, 1034
Schwyzer, Eduard 9, 33, 35, 43, 816
Schwyzer, Hans-Rudolf 29, 35, 44, 47

Seaford, Richard 1119
Sedley, David 729
Seel, Otto XVII, 92–93, 101, 361–363, 757–762, 975, 983, 985, 991, 1065
Segal, Charles 740
Segal, Robert A. 1026–1027
Seiler, Hansjakob 10
Seiler, Mark Andreas 1191
Seiterle, Gérard 573, 654
Semper, Gottfried 956
Sfameni Gasparro, Giulia 647–649
Sikes, Edward Ernest 558, 563
Simon, Dieter 916
Simon, Erika 115, 633–634, 1016
Sissa, Giulia 665
Skutsch, Otto 938
Smith, Jonathan Z. 1096
Smith, Robertson 993
Smith, William Robertson 512, 1005, 1032
Snell, Bruno 36, 111, 367, 370, 623, 693, 774, 786
Snodgrass, Anthony 628
Sokal, Alan 873, 894
Solmsen, Friedrich 788
Sommer, Ferdinand 9–10, 43, 780, 816
Sourvinou-Inwood, Christiane 587, 607
Spengel, Leonhard 939
Spengler, Oswald 543
Spoerri, Walter 35, 48, 479, 486
Spyri, Johanna 957
Stählin, Otto 93, 758
Staiger, Emil 372
Stamatopoulou, Maria 740
Steinmetz, Peter 849
Stenzel, Julius 38
Stewart, Zeph 978
Stiglitz, Roman 493–496
Stoessl, Franz 45
Stolz, Fritz 1123
Straub, Johannes 98
Strauss, David Friedrich 856, 956
Strohm, Hans 101–102
Stroux, Johannes 43
Stückelberger, Alfred 29, 635
Susemihl, Franz 118
Szabó, Árpád 438, 497–499

Szilasi, Wilhelm   47
Szlezák, Thomas Alexander   XVIII, 1016, 1120, 1124, 1137–1140, 1190

Tannery, Paul   438, 497
Teichmüller, Gustav   390
Terrasson, Jean   194
Theiler, Max Wilhelm   461
Theiler, Richard   95
Theiler, Willy   34–35, 38–40, 43–44, 48, 95, 96, 849
Thesleff, Holger   XVIII, 397–403, 453–462
Thomas von Aquin   939
Thompson, Homer   93
Thompson, Stith   596, 617
Timpanaro Cardini, Maria   458, 487
Tovar, Antonio   5
Tränkle, Hermann   102, 821, 1123
Tregenza, Leo Arthur   3
Trencsényi-Waldapfel, Imre   471–477
Treu, Max   19
Trilles, Henri-Louis-Marie-Paul   1012
Turcan, Robert   653–657, 684
Tylor, Edward Burnett   77, 120, 510

Ueberweg, Friedrich   847, 909
Untersteiner, Mario   433–442, 531–532
Usener, Hermann   34, 36, 43, 105, 384, 685, 749, 851, 1052
Utzinger, Christian   1191

Vahlen, Johannes   937–941
Valla, Laurentius   138
Van der Ben, Nicolaas   625
Van der Waerden, Bartel Leendert   469, 497, 669
Van Straten, Folkert T.   705–706
Van Thiel, Helmut   598, 605
Vennemann, Theo   881
Ventris, Michael   98
Vermaseren, Maarten Jozef   653, 684
Vermeule, Emily   591
Vernant, Jean-Pierre   510, 549, 627–631, 691, 996, 1054, 1078, 1082, 1095–1097, 1104
Versnel, Hendrik Simon   1016

Vicent, Ana Maria   6
Vidal-Naquet, Pierre   511, 587, 996
Vinogradov, Juri G.   902–903
Visser, Edzard   96
Vitelli, Girolamo   117, 457
Vogel, Cornelia Johanna de   463–466
Vogt, Ernst   434
Voltaire   955
Von der Mühll, Peter   29, 31, 34–38, 41–42, 44–45, 47–48, 81, 95–96, 189, 483, 605, 767
Voss, Johann Heinrich   934

Wackernagel, Jacob   33, 36–37
Wagner, Heinrich   10
Wagner, Richard   112
Walcott, Derek   840
Waldner, Katharina   1094, 1117, 1191
Walter, Uwe   1075–1076
Walzer, Richard   939
Wasserstrom, Steven M.   1027
Wathelet, Paul   683–687, 715
Weaver, Richard M.   839
Weber, Max   954
Webster, Thomas Bertram Lonsdale   122
Wehrli, Fritz   XIX, 31, 34–36, 40, 44–45, 112, 444, 488, 763–769, 783, 806, 809–813, 910, 947, 953, 955, 1093–1094, 1109, 1123, 1127, 1139
Weigel, Helene   957
Weiler, Ingomar   565
Welcker, Friedrich Gottlieb   685
Westerink, Leendert Gerrit   71, 668, 699–700
Westermann, Anton   117, 443
West, Martin L.   XVIII, 557 623, 980–981, 1015–1016
Wettstein, Hans Rudolf   953
Whitman, Cedric   16
Wieland, Christoph Martin   956
Wiesehöfer, Josef   747
Wilamowitz-Moellendorff, Tycho von   36, 105–113
Wilamowitz-Moellendorff, Ulrich von   3–4, 36, 95, 105, 109, 127, 129, 386, 434, 536, 538, 540, 787, 790, 805, 823, 937, 940, 1082

Wili, Walter 44, 46–48
Wilkens, Karsten 555
Williams-Krapp, Werner 617
Wilson, Edward Osborne 877, 879–880, 1001, 1025
Winkelmann, Johann Joachim 1075
Wirth, Gerhard 101
Wissowa, Georg 1052
Witte, Kurt 93–95, 361, 758–759, 773
Wöhrle, Georg 910
Wölfflin, Eduard 33, 43
Wolf, Friedrich August 95
Wolters, Gereon 893
Wünsch, Richard 119, 749
Wyss, Bernhard 35, 44

Yeats, William Butler 543

Zeilhofer, Gerd 101
Zeller, Eduard 115, 128–129, 397, 463, 487, 615, 729, 852, 855–858
Zhmud, Leonid 910
Ziegler, Konrat 91
Zimmermann, Bernhard 1129–1134
Zuntz, Günther 533–541, 655, 687, 823–826
Zwingli, Huldrych 952, 954